Eine islamische Reise

Das Buch

Wie lebt man in Ländern, in denen die Religion Vehikel politischer Veränderung ist? Wie lebt man unter der Herrschaft des Islam? Das ist die Frage, die Naipaul den Ayatollahs, Studenten, Mullahs, Dichtern, Lehrern, Journalisten und anderen »Gläubigen« stellt. Iran, Pakistan, Malaysia und Indonesien sind seine Reiseziele. Es entstehen Porträts von seltener Lebendigkeit, Szenen von Schärfe und Genauigkeit. Manche dieser Porträts verdichten sich zu Gestalten von exemplarischer Gültigkeit, wie bei Behzad, dem kommunistischen Studenten aus Teheran, der auf eine Fortentwicklung der religiösen Volksbewegung hofft, am Ende der Reise jedoch, tief enttäuscht, seine eigene Verfolgung befürchten muss.

Der Autor

Vidiadhar Surajprasad Naipaul wurde am 17. August 1932 auf Trinidad geboren und lebt seit 1950 in Großbritannien. Der Romancier, Reiseschriftsteller und Journalist gilt weltweit als bedeutendster Vertreter der englischsprachigen Autoren aus dem früheren Empire und hat alle nur denkbaren literarischen Auszeichnungen erhalten, zuletzt den Nobelpreis für Literatur. V. S. Naipaul lebt in England.

In unserem Hause sind von V. S. Naipaul bereits erschienen:

Abschied von Eldorado · *Amerika* · *An der Biegung des großen Flusses* · *Auf der Sklavenroute* · *Briefe zwischen Vater und Sohn* · *Guerillas* · *Ein halbes Leben* · *Ein Haus für Mr. Biswas* · *Herr und Sklave* · *Eine islamische Reise* · *In den Sklavenstaaten* · *Magische Saat* · *Jenseits des Glaubens* · *Land der Finsternis* · *Das Lesen und das Schreiben* · *Miguel Street* · *Der mystische Masseur* · *Des Nachtwächters Stundenbuch* · *Das Rätsel der Ankunft* · *Wahlkampf auf karibisch* · *Ein Weg in die Welt*

V. S. Naipaul

Eine islamische Reise

Unter den Gläubigen

Aus dem Englischen
von Monika Noll und
Ulrich Enderwitz

List Taschenbuch

Besuchen Sie uns im Internet:
www.list-taschenbuch.de

Mix
Produktgruppe aus vorbildlich bewirtschafteten Wäldern und anderen kontrollierten Herkünften
www.fsc.org Zert.-Nr. GFA-COC-1223
© 1996 Forest Stewardship Council

Dieses Taschenbuch wurde auf FSC-zertifiziertem Papier gedruckt.
FSC (Forest Stewardship Council) ist eine nichtstaatliche, gemeinnützige Organisation, die sich für eine ökologische und sozialverantwortliche Nutzung der Wälder unserer Erde einsetzt.

Ungekürzte Ausgabe im List Taschenbuch
List ist ein Verlag der Ullstein Buchverlage GmbH, Berlin
1. Auflage Dezember 2002
3. Auflage 2007

Titel der englischen Originalausgabe:
Among the Believers. An Islamic Journey
(André Deutsch, London)
Umschlaggestaltung und Konzeption:
RME Roland Eschlbeck und Kornelia Bunkofer
(nach einer Vorlage von Hauptmann und Kompanie Werbeagentur, München – Zürich)
Foto: Olivier Föllmi © VG Bild-Kunst, Bonn 2001 (unten)
Satz: Pinkuin Satz und Datentechnik, Berlin
Papier: Munken Print von Arctic Paper Munkedals AB, Schweden
Druck und Bindearbeiten: Clausen & Bosse, Leck
Printed in Germany
ISBN 978-3-548-60254-7

In den Zeiten davor bestand die Weltgeschichte gewissermaßen in einer Abfolge unverbundener Geschehnisse, deren Ursachen und Auswirkungen so weit auseinander liegen wie ihre Schauplätze. Von nun an indessen wird die Geschichte zu einem organischen Ganzen: Die Geschicke Italiens und Afrikas verbinden sich mit denen Asiens und Griechenlands; sämtliche Ereignisse sind aufeinander bezogen und wirken zu einem gemeinsamen Endzweck zusammen.

Polybios (gest. 118 v. Chr.), *Historiai (Geschichte)*, über den Aufstieg Roms

»Doch nicht bloß in der Poesie tat ich mich hervor. Ich hatte viel Talent für Mechanik. Ich verfertigte ein sich immer drehendes Rad, das nur einer kleinen Nachhülfe bedarf, um sich in alle Ewigkeit zu drehen. Ich machte verschiedene Sorten farbiges Papier, erfand ein neugeformtes Dintefaß, und war nahe daran, Tuch zu bereiten, als ich darin durch Seine Majestät den König aufgehalten ward, der zu mir sprach: ›Asker, bleibe bei Deiner Poesei; sobald ich Tuches bedarf, bringen meine Kaufleute es mir aus Europa.‹«

James Morier, *Die Abenteuer Hadschi Baba's aus Isphahan* (1837; engl. Original 1824)

Inhalt

I

Iran
Die Doppelrevolution

»Dieses Kom ist ein Ort, an welchem man die Lippen nur um der Religion willen oder deßhalb öffnet, um zu äußern, wer des ewigen Heiles, oder wer der Verdammniß würdig ist. Jeder, den Du hier antriffst, ist entweder ein Abkömmling des Propheten oder ein Mann des Gesetzes ... Vielleicht weißt Du nicht, Freund Hadschi, daß dies hier die Wohnung des berühmten Mirza Abdul Kossim, des ersten M u s c h t e h e d 's [Geistlichen] Persiens, also eines Mannes ist, der, wenn er sich nur zu dem Ende genügend zu regen wüßte, die Leute jeglichen Lehrsatz glauben machen würde, den zu verbreiten ihn die Lust anwandeln möchte. Sein Einfluß ist so groß, daß Manche glauben, er könnte sogar die Autorität des Schahs selbst überflügeln, und dessen Unterthanen auf seine Firmans, wie auf unnütze Wische, hinblicken lassen.«

James Morier, *Die Abenteuer Hadschi Baba's aus Isphahan* (1837; engl. Original 1824)

1

Todespakt

Mein Begleiter von Teheran in die etwa hundertsechzig Kilometer südlich gelegene heilige Stadt Qom sollte Sadeq sein. Ich hatte mich nicht selbst mit ihm getroffen; alles war am Telefon verabredet worden. Ich brauchte einen iranischen Dolmetscher, und jemand von einer Botschaft hatte mir Sadeq genannt.

Sadeq war frei, weil er wie viele Iraner nach der Revolution arbeitslos geworden war. Er besaß ein Auto. Am Telefon sagte er, wir sollten lieber mit seinem Wagen nach Qom fahren; die iranischen Busse seien grauenvoll, und am Steuer säßen manchmal verantwortungslose Leute, die ein furchterregendes Tempo vorlegten.

Wir einigten uns auf einen Preis für Auto, Fahren und Dolmetschen; und was er verlangte, war akzeptabel. Er meinte, wir sollten am nächsten Morgen so früh wie möglich aufbrechen, um der Hitze des Augusttages zu entgehen. Er werde zuerst seine Frau zum Büro bringen – sie hatte noch einen Arbeitsplatz – und dann sofort zum Hotel kommen. Ich sollte mich auf halb acht einstellen.

Wenige Minuten vor acht kam er dann. Er war Ende zwanzig, klein und sorgfältig gekleidet, ein gut aussehender Mann mit perfektem Haarschnitt. Er gefiel mir nicht. Ich empfand ihn als einen Mann von einfacher Herkunft und einfachem

Bildungsniveau, aber voll von höhnischem Stolz, höflich zurückhaltend, aber ressentimentgeladen, wie jemand, der sich bei dem, was er tat, nicht mochte. Er gehörte zu denjenigen, die die iranische Revolution ohne jede politische Doktrin, allein aus Ressentiment mitgemacht hatten. Eine oder zwei Stunden mit ihm zu sprechen wäre interessant gewesen; aber es würde schwer sein, mehrere Tage mit ihm zu verbringen – wozu ich mich verpflichtet hatte.

Er lächelte, aber er hatte schlechte Nachrichten für mich. Er bezweifelte, dass sein Auto es bis Qom schaffen würde.

Ich glaubte ihm nicht. Ich dachte, er hätte sich nur anders entschieden.

»Das Auto war Ihre Idee«, sagte ich, »ich wollte mit dem Bus hinfahren. Was ist denn zwischen gestern Abend und heute passiert?«

»Eine Autopanne.«

»Warum haben Sie mich nicht angerufen, bevor Sie von zu Hause wegfuhren? Dann hätten wir noch den Bus um acht Uhr bekommen. Jetzt haben wir ihn verpasst.«

»Das Auto streikte, nachdem ich meine Frau zur Arbeit gebracht hatte. Wollen Sie wirklich heute nach Qom fahren?«

»Was ist los mit dem Auto?«

»Wenn Sie wirklich nach Qom fahren wollen, könnten wir's drauf ankommen lassen. Sobald der Motor läuft, geht es. Das Problem ist das Anspringen.«

Wir gingen zum Auto, um es in Augenschein zu nehmen. Es war verdächtig gut geparkt: nicht weit vom Hoteleingang entfernt, am Straßenrand. Sadeq setzte sich auf den Fahrersitz. Er rief einen Passanten herbei, einen der vielen unbeschäftigten Arbeiter Teherans, und zusammen mit dem Mann begann ich zu schieben. Ein junger Mann mit Aktentasche, vermutlich ein Büroangestellter auf dem Weg zur Arbeit, half unaufgefordert mit. Die Straße war aufgerissen und staubig; das Auto war sehr staubig. Es war heiß; durch die Auspuffgase der vorbeifahrenden Autos und Lastwagen kam es mir noch heißer vor. Mal schoben wir mit dem Verkehr, mal gegen ihn; und die ganze Zeit über saß Sadeq in aller Seelenruhe am Steuer.

Vom Bürgersteig kamen Leute und halfen ein wenig mit, dann gingen sie wieder ihren eigenen Geschäften nach. Mir schoss der Gedanke durch den Kopf, auch ich sollte lieber den meinen nachgehen. Denn auf diese Weise – indem wir Sadeqs Auto hin und her schoben – würde ich nie nach Qom kommen; was so aussichtslos begonnen hatte, würde nicht gut enden. Ohne damals oder später jemandem etwas zu sagen, verließ ich Sadeq, sein Auto und diejenigen, die ihn freiwillig anschoben, und ging zurück zum Hotel.

Ich rief Behzad an. Auch er war mir als Dolmetscher empfohlen worden. Aber ich hatte Mühe gehabt, ihn aufzutreiben – er lebte als ungebundener Student in der großen Stadt Teheran; und als er sich am Vorabend bei mir meldete, hatte ich mich schon mit Sadeq geeinigt. Jetzt sagte ich ihm, meine Pläne seien ins Wasser gefallen. Er machte keinerlei Schwierigkeiten – und das gefiel mir an ihm. Er erklärte, er sei noch frei und werde in einer Stunde da sein.

Nach seiner Ansicht sollten wir nicht mit dem Auto nach Qom fahren. Der Bus sei billiger, und ich würde mehr von den Menschen im Iran sehen. Er riet mir auch, vor der Abfahrt etwas Gehaltvolles zu essen. Es sei gerade Ramadan, der Monat, in dem die Muslime von Sonnenaufgang bis -untergang fasten; und in Qom, der Stadt der Mullahs und Ayatollahs, werde man nichts zu essen oder zu trinken bekommen. In einigen Gegenden des Landes hatte man im Zuge des allgemeinen Islamfiebers Leute ausgepeitscht, weil sie gegen die Fastenregel verstoßen haben sollten.

Behzad ging schon am Telefon ganz anders an die Sache heran als Sadeq. Sadeq, ein kleiner Aufsteiger, der kaum mehr als eine oder zwei Stufen über dem Bauern stehen mochte, versuchte den Eindruck zu erwecken, als habe er sich über das Durchschnittsniveau der Iraner erhoben. Aber eigentlich stimmte das nicht; hinter seinen lächelnden Augen verbarg sich ein Gutteil iranischer Hysterie und Konfusion. Behzad, der sein Land zu erklären suchte und sich rückhaltlos zu ihm bekannte, hörte sich gleichwohl objektiver an.

Als wir uns zu der von ihm angegebenen Zeit in der Hotelhalle trafen, fühlte ich mich sofort wohl in seiner Gesellschaft. Er war jünger, größer, dunkelhäutiger als Sadeq. Außerdem war er gebildeter und hatte nichts Dandyhaftes, nichts von Sadeqs Nervosität und ungehobeltem Stolz an sich.

Mit Linientaxis – Taxis, die festgelegte Stadtrouten abfuhren – ging es zum Busbahnhof im Süden Teherans. Das nördliche Teheran, das sich bis in die braunen, im Tagesdunst verblassenden Hügel hinaufzog, war der elegante Teil der Stadt; hier gab es Parks und Gärten, platanengesäumte Boulevards, teure Wohnblocks, Hotels und Restaurants. Das südliche Teheran war immer noch eine orientalische Stadt, dichter besiedelt und enger gebaut, basarähnlicher, voll gestopft mit Menschen, die vom Land hierher gezogen waren; und die Menge, die sich auf dem staubigen, abfallübersäten Parkplatz des Busbahnhofs drängte, sah aus wie eine Menge von Landbewohnern.

In einem schmutzigen kleinen Büro erhielt Behzad die Auskunft, in einer halben Stunde werde ein Bus nach Qom abfahren. Der Bus, um den es ging, parkte in der prallen Sonne und war leer. Keine Taschen oder Bündel auf dem Dach, keine geduldigen Bauern, die draußen warteten oder drinnen vor sich hin schmorten. Der Bus sah aus, als sei er für den Tag dort abgestellt. Ich bezweifelte, dass er in einer halben Stunde abfahren würde; auch Behzad bezweifelte es. Von Teheran aus gebe es allerdings noch eine andere Buslinie mit klimatisierten Bussen und Platzreservierung. Behzad suchte ein Telefon, fand Münzen, telefonierte, erhielt keine Antwort. Die Augusthitze war auf dem Höhepunkt, die Luft staubgeschwängert.

Ein Linientaxi brachte uns zu dem anderen Busbahnhof im Zentrum Teherans. Auf Tafeln, die über einem langen Schaltertresen hingen, standen die Namen entlegener iranischer Städte; es gab sogar einen täglichen Bus nach Europa, über die Türkei. Aber der Vormittagsbus nach Qom war bereits fort; erst nach Stunden würde der nächste fahren. Es war fast Mittag. Uns blieb nichts anderes, als zum Hotel zurückzukehren und noch einmal nachzudenken.

Wir gingen zu Fuß; in den Linientaxis war kein Platz frei. Es herrschte starker Verkehr. Seit der Revolution war Teheran nicht mehr als arbeitende Stadt zu bezeichnen; aber die Leute besaßen Autos, und so konnte die untätige Stadt mit ihren vielen aufgegebenen Projekten, ihren vielen still stehenden Kränen auf unvollendeten Gebäuden, den Eindruck verzweifelter Geschäftigkeit erwecken.

Der Eindruck der Verzweiflung ging auf den Fahrstil der Iraner zurück. Sie fuhren wie Leute, für die das Auto etwas Neues ist. Sie fuhren, wie sie gingen; der Teheraner Verkehrsstrom, der sich, weil jeder hielt und ausscherte, wie es gerade kam, nur stoßweise vorwärts bewegte und an keine klaren Fahrspuren gebunden war, ähnelte einer drängelnden Menge auf dem Bürgersteig. Und diese Fahrweise war nicht gerade von besonderem Teheraner Glück begleitet. An jedem Auto waren Tür oder Kotflügel eingebeult beziehungsweise ein-

und wieder ausgebeult. In einer Lokalzeitung (die dem Schah vorwarf, die Stadt nicht mit einem modernen Straßennetz versorgt zu haben) hieß es, Verkehrsunfälle seien in Teheran die häufigste Todesursache; jeden Monat kämen zweitausend Menschen dabei ums Leben oder würden verletzt.

Wir erreichten eine Kreuzung. Und hier kam Behzad mir abhanden. Ich wartete darauf, dass der Verkehrsstrom anhielt. Behzad aber wartete nicht. Er begann einfach, die Straße zu überqueren, indem er sich jedes herankommende Fahrzeug gesondert vornahm: Mal blieb er stehen, mal eilte er weiter, mal änderte er die Laufrichtung, und wie jemand, der auf einem schmalen, umgestürzten Baumstamm eine Waldschlucht überquert, blickte er sich kein einziges Mal um. Das tat er erst, als er auf der anderen Straßenseite angelangt war. Er winkte mich herüber, aber ich konnte mich nicht von der Stelle rühren. Weiter oben war die Ampel ausgefallen, und die Autos hielten nicht an.

Er begriff meine Hilflosigkeit. Durch den Verkehr kam er zu mir zurück, und dann führte er mich – wie ein Teichhuhn sein Küken durch die reißende Strömung eines Baches – durch Gefahren, die mich jeden Augenblick fortzureißen drohten. Er führte mich an der Hand; und genau wie das Huhn, das selbst ein wenig unterhalb des Kükens bleibt und so die Kraft der Strömung abbremst, die sonst das kleine Lebewesen für immer mit sich fortreißen würde, hielt Behzad mich gleichsam in seinem Windschatten, indem er ein wenig vor und ein wenig seitlich von mir ging, sodass er zuerst angefahren worden wäre.

Und als wir auf der anderen Straßenseite waren, sagte er: »Sie müssen mir immer die Hand geben.«

Im Grunde hatte ich schon damit begonnen. Ohne Behzad, ohne den Zugang zur Landessprache, den er mir verschaffte, wäre ich in Teheran fast wie ein Blinder gewesen. Und besonders frustrierend für den Sprachunkundigen erschien es mir in diesen Straßen, denn sie waren mit vielfarbigen Slogans und Gegenslogans in der fließenden persischen Schrift besprüht und mit revolutionären Plakaten und Karikaturen beklebt, in denen überall Blut floss. Jetzt, in Behzads Begleitung, begannen die Mauern zu sprechen; vieles andere bekam Sinn; und die Stadt veränderte sich.

Anfangs schien es, als kommentiere Behzad ganz unparteiisch, und ich dachte schon, das gehöre zu seinem korrekten Verhalten, zu seinem Bestreben, nicht über die Rolle des Übersetzers hinauszugehen. Aber Behzad war unparteiisch vor lauter Verwirrung. Er war Revolutionär und begrüßte den Sturz des Schahs; doch die religiöse Revolution, die im Iran stattgefunden hatte, war nicht diejenige, die er wollte. Er hatte keinen religiösen Glauben.

Wie war das möglich? Wie hatte er es in einem Land wie dem Iran und als Heranwachsender in einer Provinzstadt geschafft, ohne Religion auszukommen? Ganz einfach, so Behzads Antwort. Seine Eltern hatten ihn weder im Glauben erzogen noch zur Moschee geschickt. Der Islam war eine komplizierte Religion: keine philosophische oder spekulative, sondern eine Offenbarungsreligion mit einem Propheten und einem fertigen System aus Vorschriften. Um zu glauben, musste man viel über die arabischen Ursprünge der Religion wissen und dieses Wissen verinnerlichen.

Im Iran war der Islam sogar noch komplizierter; hier wich er von der Hauptrichtung des Glaubens ab, und diese Abweichung ging zurück auf den politisch-ethnischen Streit um die Nachfolge des 632 n. Chr. gestorbenen Propheten. Fast von Beginn an war der Islam nicht nur Religion, sondern auch Imperialismus gewesen, und seine Frühgeschichte glich in verblüffender Weise einer Zeitrafferversion der Geschichte Roms: dieselbe Entwicklung vom Stadtstaat über die Beherrschung einer Halbinsel bis zum Imperium – samt den Spannungen, die jedes Stadium mit sich brachte.

Die iranische Abweichung war zur Doktrin geronnen, und es kam zu Abweichungen von der Abweichung. Die Iraner glaubten an eine bestimmte Nachfolge des Propheten. Aber dann spaltete sich eine Gruppe ab, die dem vierten Mann in der iranischen Nachfolge, dem Vierten Imam, anhing; und eine andere Gruppe hatte eigene Vorstellungen vom Siebten Imam. Nur ein Einziger aus der Reihe, nämlich der Achte (wie der Vierte vergiftet), war im Iran bestattet; und zu seinem Grab in Mashhad, unweit der russischen Grenze, strömten die Pilger.

»Viele dieser Menschen wurden ermordet oder vergiftet«, sagte Behzad, als erkläre das seinen fehlenden Glauben.

Der iranische Islam, die Schia, war etwas Hochkompliziertes. Wer uralte Feindschaften am Leben erhalten, selbst nach tausend Jahren noch dem Gedanken der persönlichen Rache anhängen und eine gesonderte Liste von Helden, Märtyrern und Bösewichtern anerkennen soll, der muss unterwiesen werden. Aber Behzad hatte keinerlei Unterricht bekommen, er war einfach fern geblieben. Wenn überhaupt von Unterweisung die Rede sein konnte, dann bestand sie in dem, was er von seinem Vater, einem Kommunisten, in Sachen Unglauben gelernt hatte. Der Vater erzählte nicht von den Heiligen, sondern von den Armen. Ein besonders ehrfürchtiges Andenken bewahrte Behzad dem Tag, an dem sein Vater zum ersten Mal mit ihm über Armut gesprochen hatte – über die eigene und die anderer.

Auf dem Gehsteig vor der türkischen Botschaft saßen zwei sonnenverbrannte, mit Turban bekleidete Heilkundige samt ihrem Angebot aus gefärbten Pülverchen, Wurzeln und Mineralien. Ich hatte in Teheran schon andere gesehen und sie für das iranische Gegenstück zu den homöopathischen Heilkundigen in Indien gehalten. Doch die Namen, die diese Iraner – so berichtete Behzad, nachdem er ihrem Gespräch mit einer Gruppe bäuerlicher Kunden zugehört hatte – als medizinische Autoritäten nannten, waren Avicenna, Galen und »Hippokrat«.

Avicenna! Für mich nur ein Name, irgendjemand aus dem europäischen Mittelalter: Nie wäre ich auf den Gedanken gekommen, dass er Perser sein könnte. In diesen staubigen, im Straßenverkauf feilgebotenen Medikamenten steckte die Erinnerung an die tausend Jahre zurückliegende arabische Blütezeit, als der arabische Glaube mit Persien, Indien und den Resten der Alten Welt, die er überrannt hatte, verschmolz und die Kultur des Islam die wichtigste Kultur des Abendlandes war.

Behzad sah das weniger ehrfürchtig als ich. Diese muslimische Vergangenheit war ihm schnuppe; an die Heilmittel von Straßenverkäufern glaubte er nicht. Auch die Baukunst aus der Schahzeit war ihm gleichgültig: zum Beispiel die altpersischen Motive an der Iranischen Zentralbank und die arische, vorislamische Vergangenheit, von der sie kündeten. Für Behzad zeugte diese Rückbesinnung auf das uralte Persien und die uralte Monarchie nur von der Ruhmsucht des Schahs.

Er blickte auf die Zentralbank, auf Bronze und Marmor, und meinte leidenschaftslos: »Mir sagt das gar nichts.«

Blieb wirklich nichts von seiner Bilderstürmerei verschont? War er Perser oder Iraner nur dort, wo seine Liebe zum iranischen Volk ins Spiel kam? Hatte sein politischer Glaube ihn reingewaschen?

Nein. Teheran hatte eine Revolution erlebt. Aber das normale Leben ging in merkwürdiger Weise weiter, und mitten zwischen den bluttriefenden Slogans und Plakaten saßen Bilderverkäufer auf den Gehwegen. Sie boten vergrößerte Farbfotos von Schweizer Seen und deutschen Wäldern feil, Traumlandschaften mit Flüssen und Bäumen. Sie verkauften auch Bilder von Kindern und schönen Frauen. Aber die Frauen weinten, und die Kinder weinten. Große, gallertige, liebevoll gemalte Tränen rannen ihnen die obere Hälfte der Wangen hinab.

Behzad, dessen Vater persische Literatur unterrichtete, sagte: »In der persischen Dichtung steckt ganz viel Traurigkeit.«

»Aber«, wandte ich ein, »Tränen um der Tränen willen, Behzad –«

Unbeirrbar, wie jemand, der sich weigert, über Offenkundiges zu diskutieren und sich künstlerischen Unfug anzuhören, sagte er: »Diese Tränen sind *schön*.«

Wir ließen es dabei. Vom Thema Tränen kamen wir beim Weitergehen noch einmal auf das Thema Revolution. Zwei Plakate hatte ich immer wieder in vielen Stadtteilen gesehen. Sie hatten dasselbe Format, waren im selben Stil gestaltet und gehörten unzweifelhaft zusammen. Das eine zeigte eine kleine Gruppe Bauern, die auf dem Feld arbeiten und dazu einen Schubkarren oder Pflug benutzen – aus dem Bild wurde nicht deutlich, was es genau war. Das andere zeigte im Schattenriss eine Menschenmenge, die wie zum Gruß Gewehre und Maschinengewehre in die Luft hielt. Beide Bilder wirkten wie Plakate einer Volksrevolution: das erwachte, siegreiche Volk, die neue Würde der Arbeit. Aber was stand als persischer Begleittext darüber?

»Zwölfter Imam, wir warten auf dich«, übersetzte Behzad.

»Was bedeutet das?«

»Das heißt, dass sie auf den Zwölften Imam warten.«

Der Zwölfte Imam war der letzte der im Iran anerkannten Nachfolger des Propheten. Diese Nachfolge war vor mehr als elfhundert Jahren zu Ende gegangen. Aber der Zwölfte Imam war nicht gestorben; irgendwo lebte er noch und wartete auf seine Rückkehr zur Erde. Und sein Volk wartete gleichfalls darauf; die iranische Revolution war eine für ihn bestimmte Opfergabe.

Besser konnte Behzad es mir nicht erklären; er konnte mir nicht helfen, die Verzückung zu verstehen. Er begnügte sich damit, die Fakten darzulegen. Zwar war er selbst nicht gläubig, aber er war vom Glauben umgeben und verstand dessen emotionale Dynamik. Für ihn reichte es zu sagen – was er denn auch ganz unironisch tat –, der Zwölfte Imam sei eben der Zwölfte Imam.

Erst in einer späteren Phase meiner islamischen Reise, als schwierige Fakten aus Geschichte und Genealogie vertrauter, zu mehr als Fakten, zu spontan erfassten Glaubensartikeln wurden, begann ich etwas von der muslimischen Leidenschaft zu begreifen. Aber jetzt, wo Behzad mir den Begleittext der Revolutionsplakate übersetzte, wusste ich nichts damit anzufangen.

Von diesem verborgenen Messias hatten die Iraner vor der Revolution kein Sterbenswort auf die Mauern Londons und anderer ausländischer Städte geschrieben. Auf Englisch schrieben sie von Demokratie, von den Folterungen durch die Geheimpolizei des Schahs, vom »Faschismus« des Schahs. *Nieder mit dem faschistischen Schah*, das war der Slogan, der immer wieder auftauchte.

Ich hatte die Entwicklung im Iran nicht Schritt für Schritt verfolgt; aber wenn ich mich an die Graffiti der im Ausland lebenden Iraner hielt, schien es mir, als sei die Religion sehr spät in der iranischen Protestbewegung aufgetaucht. Erst als die Revolution begann, ging mir auf, dass sie einen religiösen Führer hatte, der seit Jahren im Exil saß. Ayatollah Khomeini, so mein Eindruck, war nur langsam aus dem Dunkel getreten. Mit fortschreitender Revolution schien er an Heiligkeit und Autorität zu gewinnen, und am Ende erkannte man, dass beide immer schon unumschränkt gewesen waren.

Schließlich kam er gänzlich zum Vorschein und entpuppte sich als der Einzige, der den Iranern den göttlichen Willen verdolmetschen konnte. Sobald er auf den Plan trat, wurden alle vorangegangenen Proteste gegen den »Faschismus« des Schahs gegenstandslos oder nebensächlich. Und er nahm seine Rolle an. Als Dolmetscher des göttlichen Willens wandte er sich in einer Anzeige, die er in der *New York Times* vom 12. Januar 1979 abdrucken ließ, an »die Christen in aller Welt« – drei Wochen, bevor er aus dem französischen Exil in den Iran zurückkehrte.

Die eine Hälfte der Botschaft bestand in Segnungen und Grußworten Gottes. »Segnungen und Grüße des Allmächtigen Gottes an den Heiligen Jesus … seine glorreiche Mutter … Grüße an die Geistlichkeit … die freiheitsliebenden Christen.« Die andere Hälfte bestand in der Bitte um christliche Gebete an heiligen Feiertagen und in der Warnung an die »Oberhäupter einiger christlicher Staaten, die den tyrannischen Schah mit ihrer teuflischen Macht unterstützen«.

Und so herrschte Khomeini im Iran als Dolmetscher des göttlichen Willens, als höchster Richter über das, was islamisch ist und was nicht. Ein paar Tage nach meiner Ankunft in Teheran verkündete er über den Rundfunk: »Ich muss euch Folgendes sagen: Unter dem vergangenen diktatorischen Regime waren Streiks und Sit-ins gottgefällig. Nun aber, unter einer muslimischen und nationalen Regierung, ist der Feind eifrig dabei, Komplotte gegen uns zu schmieden. Und deshalb sind Streiks und Sit-ins aus religiösen Gründen verboten, denn sie richten sich gegen die Grundprinzipien des Islam.«

Obgleich ich mich erst wenige Tage in Teheran aufhielt, war mir dies schon vertraut und intellektuell nachvollziehbar geworden: die besondere Autorität jenes Mannes, der sowohl als politisches Oberhaupt wie auch als Stimme Gottes herrschte. Der Gedanke hingegen, die Revolution solle darüber hinaus eine Opfergabe an den Zwölften Imam sein, der 873 n. Chr. von der Bildfläche verschwand und sich seither »im Verborgenen« hielt, war schwerer zu begreifen. Und der Rückgriff auf die Revolutionsmotive des späten zwanzigsten Jahrhunderts – die Plakate mit ihrer Verherrlichung der Bauern und der Stadtguerilla, der Che-Guevara-Look der Revolutionswächter – machte diesen Gedanken nur noch unheimlicher.

Behzad übersetzte; die Mauern sprachen; Teheran wirkte fremd. Und der Norden Teherans – ein teures Stück Europa, für viel Geld in Sand und Gestein der Hügel gesetzt, die Schöpfung des Schahs und des breiten Mittelstands, der sein Dasein dem nicht selbst geschaffenen Erdölreichtum verdankte – wirkte wie ein Fantasiegebilde. Da gab es Wolkenkratzer, internationale Hotels, Geschäfte mit teuren internationalen Markenwaren im Schaufenster; doch diese große Stadt war auf das südliche Teheran nur aufgepfropft. Aus dem Gemeinwesen des Südens hatte der Norden sich überstürzt herausentwickelt. Und dann zwang das südliche Teheran, das sich dem Willen Gottes und dem Zwölften Imam beugte, den Norden in die Knie.

Zu der kleinen indischen Gemeinde auf Trinidad, in die ich hineingeboren wurde, gehörten auch Muslime; und zeit meines Lebens, so könnte man sagen, habe ich Muslime gekannt. Von ihrer Religion indessen wusste ich wenig. Ich kam aus einer Hindufamilie und wuchs mit dem Wissen auf, dass die Muslime zwar auch von Indern abstammten und daher in vielerlei Hinsicht waren wie wir, aber dass sie auch anders seien. Nie belehrte man mich über Einzelheiten ihrer Religion, und vielleicht wusste niemand in unserer Familie wirklich darüber Bescheid. Der Unterschied zwischen Hindus und Muslimen war eher eine Sache des Gruppengefühls und blieb rätselhaft: Die Feindseligkeit, die unsere Hindu- und Muslimgroßväter aus Indien mitgebracht hatten, lebte abgeschwächt im Volksmund weiter, der von der Unberechenbarkeit und Verräterei der jeweils anderen Seite zu erzählen wusste.

Ich selbst besaß keinerlei religiösen Glauben. Die Rituale und Zeremonien, mit denen ich aufwuchs, habe ich kaum verstanden. Auf Trinidad mit seinen vielen Ethnien bestand mein Hinduismus im Grunde nur in der Bindung an meine Familie und ihre Lebensform, in der Bindung an meine Eigenart; und ich stellte mir vor, dass es bei Muslimen und anderen ähnliche Bindungen und Privatzusammenhänge gab.

Über den Islam wusste ich nicht mehr als das, was jedermann wusste, der nicht zu dieser Religion gehörte. Sie hatten einen Propheten und ein heiliges Buch; sie glaubten an einen Gott und lehnten Bilder ab; sie hatten eine Vorstellung von Himmel und Hölle – etwas, was mir immer schwer gefallen ist. Sie hatten ihre Märtyrer. Einmal im Jahr wurden nachgebaute Mausoleen durch die Straßen gerollt; Männer »tanzten« mit schweren Halbmonden, die sie mal zur einen, mal zur anderen Seite schwenkten; immer wurden Trommeln geschlagen und manchmal rituelle Stockkämpfe vorgeführt.

Die Stockkämpfe stellten eine alte Schlacht dar, aber die Prozession galt dem trauernden Gedenken an die Niederlage in dieser Schlacht. Wo hatte sie stattgefunden? Was war ihr Grund? Als Kind fragte ich nie danach; und erst später erfuhr ich, dass es bei dem ganzen Ereignis – an dem sowohl Muslime als auch Hindus teilnahmen – hauptsächlich um die Schia ging, dass die Schlacht mit der Nachfolge des Propheten zu tun und im Irak stattgefunden hatte und dass der Mann, den man besonders betrauerte, der Enkel des Propheten war.

Nach allem zu schließen, was ich von außen am Islam wahrnahm, war er weniger metaphysisch und unmittelbarer als der Hinduismus. Bei dieser mit Krieg und weltlicher Trauer seltsam vermischten Religion der Furcht und Belohnung erinnerte mich vieles ans Christentum, das auf Trinidad mehr öffentliche Präsenz und »offiziellen« Charakter besaß; und so konnte ich meinen, ich wüsste darüber Bescheid. Die islamische Lehre, oder was ich dafür hielt, reizte mich gar nicht. Es schien mir nicht lohnend, ihr weiter nachzuforschen; und in späteren Jahren kam trotz meiner Reisen wenig zu dem als Kind auf Trinidad erworbenen Wissen hinzu. Die Blütezeit dieser Religion lag in ferner Vergangenheit; so etwas wie eine Renaissance hatte sie nie hervorgebracht. In muslimischen Ländern, sofern sie nicht kolonisiert waren, herrschten despotische Regime; und fast alle waren arm, bis endlich das Erdöl kam.

Der Gedanke, in bestimmte muslimische Länder zu reisen, kam mir im Winter, während der iranischen Revolution. Damals war ich gerade in Connecticut und sah mir manchmal abends die Fernsehnachrichten an. Nicht minder interessant als die Ereignisse im Iran fand ich die Iraner in den USA, die in manchen Sendungen interviewt wurden.

Ein Mann im Tweedjackett sprach wie ein lupenreiner Marxist, war aber gleichwohl komplizierter, als seine Sprache vermuten ließ. Er hatte etwas Dandyhaftes und führte stolz vor, wie gut er mit dem irgendwo aufgeschnappten Jargon umgehen konnte; er wirkte wie jemand, der demonstriert, wie perfekt er die Idiomatik einer Fremdsprache beherrscht. Seine iranische Revolution erfüllte ihn mit Stolz – sie verlieh ihm Glanz. Aber zugleich begriff er, dass die religiöse Seite der Revolution für sein Publikum überhaupt nichts Glanzvolles hatte; und so versuchte er, sich mittels Tweedjackett, Idiomatik und Auftreten als ebenso aufgeklärt – und in derselben Weise aufgeklärt – zu präsentieren wie seine Zuschauer.

An einem anderen Abend, in einer anderen Sendung, trat eine Iranerin mit Kopfbedeckung auf und teilte uns mit, dass der Islam den Frauen Schutz biete und Würde verschaffe. Vor vierzehnhundert Jahren, so sagte sie, seien Mädchen in Arabien lebendig begraben worden; dem habe der Islam ein Ende gesetzt. Freilich: Wir lebten alle gar nicht in Arabien (nicht einmal die Frau mit der Kopfbedeckung), und seit dem siebten Jahrhundert war viel geschehen. Brauchten Frauen – zumal wenn sie so streitbar waren wie diejenige, die da sprach – noch den Schutz, den der Islam ihnen gewährte? Brauchten sie den Schleier? Mussten sie unbedingt aus dem öffentlichen Leben und vom Fernsehschirm verbannt werden?

All dies ging mir durch den Kopf. Aber der Interviewer, der Tag für Tag irgendjemandem seine vorbereiteten Fragen stellte, hielt sich nicht weiter auf. Er ging zur nächsten Frage über, in der er wissen wollte, welche Art von islamischem Staat sich die Frau für den Iran wünsche. Schwebte ihr etwas vor wie Saudi-Arabien? Schon streitbar genug, brauste sie nun noch heftiger auf; und mit ihrem vom Schador umrahmten Gesicht sah sie aus wie eine wütende, tadelnde Nonne. Diesen Fehler, sagte sie, machten viele Leute; Saudi-Arabien sei *kein* islamischer Staat. Womit sie zu sagen schien, jeder müsse doch wissen, dass Saudi-Arabien eine Barbarei sei, und der islamische Staat im Iran werde gänzlich anders aussehen.

Ein dritter Iraner, den ich hörte, sprach von der Schönheit des islamischen Rechts. Aber warum studierte er dann Jura an einer amerikanischen Universität? Was zog diese Iraner in die Vereinigten Staaten und den durch sie repräsentierten Kulturkreis? Konnten sie es nicht sagen? Die Anziehung war fraglos da, und sie ging über das Bedürfnis nach Bildung und Fachwissen hinaus. Aber sie wurde nicht eingestanden; und in dieser Anziehung, die für ein altes und stolzes Volk so demütigend war, dass sie nicht eingestanden werden konnte, steckte etwas, das sie nicht in Ruhe ließ – und sich in Dandytum, Nachäffen, Prahlerei und Ablehnung äußerte.

Die Frau im Schador bezog ihre Kompetenz und Autorität aus amerikanischer oder nichtislamischer Bildung. Jetzt aber schien es, als wolle sie der Person, die sie geworden war, ihren Wert absprechen; sie verleugnete einige ihrer Talente. All diese im US-Fernsehen befragten Iraner waren sich bewusst, dass sie vor einem amerikanischen Publikum standen, und hinterließen den Eindruck, als sagten sie nicht alles, was sie meinten. Vielleicht fehlten ihnen die sprachlichen Mittel, um alles zu sagen, was sie empfanden; vielleicht gab es bestimmte Dinge, die sie lieber nicht sagen wollten. (Erst im Iran begriff ich, worauf die Frau im Schador mit ihrer Bemerkung über Saudi-Arabien hinauswollte. Ihr ging es um einen Sektenstandpunkt, den sie für ein Fernsehpublikum zu kompliziert finden mochte: Araber und Perser gehören verschiedenen Glaubensrichtungen an, glauben an eine je eigene Nachfolge des Propheten, und seit langem hat das böses Blut zwischen ihnen geschaffen.)

Aus einem hervorragenden iranischen Roman, den ich um diese Zeit las, erfuhr ich mehr. Während Menschen sich hinter direkten Äußerungen verstecken können, kann die Literatur mit ihrer scheinbar indirekten Sprache verborgene Impulse sichtbar machen. Der Roman *Foreigner* (»Fremd«), vom amerikanischen Verlag präsentiert als der erste auf Englisch geschriebene Roman einer Iranerin, stammte von Nahid Rachlin. Das Buch erschien 1978, als der Schah noch an der Macht war. Es vermeidet jeden politischen Kommentar. Der Protest wird eher versteckt formuliert; die politische Einengung drängt die Leidenschaft in die Tiefe; und aller scheinbaren Harmlosigkeit zum Trotz ist der Roman eine Geschichte von Gewalt, Hilflosigkeit und Scheitern.

Die Erzählerin der Geschichte ist Feri, eine zweiunddreißigjährige Iranerin, die in Boston lebt. Sie hat in den Vereinigten Staaten studiert, ist mit einem amerikanischen Universitätsdozenten verheiratet und arbeitet als Biologin in einem Forschungsinstitut. Einem plötzlichen Impuls folgend, reist Feri für zwei Ferienwochen nach Teheran. Die Stadt, in die sie zurückkehrt, hat zwar viele Autos und »westliche« Gebäude (seltsamerweise sagt die Erzählerin nicht »neu« oder »modern«, sondern »westlich«), entbehrt aber allen Glanzes. Auf den Straßen geht es mitunter brutal zu; und das Familienleben in den verborgenen Innenhöfen alter Häuser ist eingeengt und ärmlich; in Feri weckt es Erinnerungen an inzestuöse Annäherungsversuche, Frauengespräche über Menstruation und Vergewaltigung und an Frauen, die einmal im Monat der Predigt eines muslimischen Geistlichen lauschten und in Wehklagen ausbrachen, wenn sie wieder einmal vom tragischen Schicksal der schiitischen Helden des Iran hörten.

Für Feri ist das Leben im Elternhaus nur noch Bruchstück. Die Mutter wohnt mit einem anderen Mann in einer anderen Stadt; der Vater hat wieder geheiratet. Feri beschließt, ihre

Ferien abzubrechen und die Heimreise nach Boston anzutreten. Dafür aber braucht sie ein iranisches Ausreisevisum, und das bekommt sie nur mit Zustimmung ihres Ehemannes. Erstmals sieht es so aus, als habe sie sich selbst eine Falle gestellt und werde nie in die Klarheit und Helligkeit der Bostoner Vorstadt zurückkehren.

Sie begibt sich auf die Suche nach ihrer Mutter und findet in einer heruntergekommenen Provinzstadt eine traurige, erschöpfte Frau. Die Mutter braucht Hilfe; aber Feri, die Biologin aus Boston, braucht viel mehr noch Liebe. Sobald sie die Mutter gefunden hat, wird sie wieder zum Kind; sie erkrankt und kommt ins städtische Krankenhaus. Dort hat sie Bedenken wegen des medizinischen Standards, aber der behandelnde Arzt beruhigt sie. Alle Geräte seien modern, sagt er, er selbst habe seine Ausbildung in den Vereinigten Staaten erhalten. Er hätte dort bleiben können, sei aber – aus Gründen, die er nicht zu nennen weiß, außer dem einen, dass Iraner, die in die Vereinigten Staaten gehen, aus dem Gleis geraten – lieber zurückgekehrt; einen Monat lang, so schließt er, habe er sich getröstet, indem er Moscheen und Heiligtümer besuchte.

Durch die Einsicht des Arztes nachdenklich geworden, denkt Feri im Krankenhaus über ihre Zeit in den Vereinigten Staaten nach. Immer ist sie eine Fremde gewesen, eine Einzelgängerin, trotz Ehemann und Freunden sexuell und sozial verunsichert; sie kann nicht erklären, warum sie dies oder jenes getan hat, warum sie ein amerikanisches Leben geführt hat. Sie hat hart gearbeitet, aber sogar diese Arbeit – Experimentieren und Forschen – kommt ihr jetzt sinnlos vor, scheint Arbeit um ihrer selbst willen, um der Anpassung willen zu sein. Ihre Zeit in den Vereinigten Staaten ist trotz Studium, Arbeit und Ehemann eine Zeit der Leere gewesen.

Und dann teilt der Arzt ihr mit, die Magenschmerzen stammten von einem alten Geschwür. »Sie haben es mit hergebracht«, sagt der Arzt. »Jetzt haben Sie keinerlei Grund mehr, vor der Klinik, vor mir oder Ihrem Land Angst zu empfinden. Denn was Sie da haben, ist eine westliche Krankheit.«

Feris amerikanischer Ehemann, den sie vor ihrer Erkrankung herbeigerufen hat, trifft ein und will sie mitnehmen. Geschildert wird er – freilich ohne Parteilichkeit (und ebendies gehört zu den Stärken des Romans) – als Fremder: als Mann der Arbeit und des Intellekts, nicht Einzelgänger, sondern als Privatperson, die sich selbst genügt, als ein von einer anderen Kultur geschaffener Mann, dessen Ehe mit einer Iranerin die einzige unkonventionelle Handlung bleibt. Mit jemandem, der so in die Ferne gerückt ist, kann Feri nicht in die amerikanische Leere zurückkehren. Sie wird ihre Forschungsarbeit verlieren, aber das ist ihr egal.

Dieses beklemmende, ganz und gar äußerliche Leben der Arbeit und des Intellekts wird sie aufgeben. Sie wird es genauso machen wie der Arzt: Moscheen und Heiligtümer besuchen und dazu den Schador anlegen. Sie hat das Gefühl, niemals richtig glücklich gewesen zu sein. Im Augenblick der Entsagung (als ihr seltsamerweise – dies ein gelungener Schachzug der Autorin – Ideen zur Forschungsarbeit kommen, die sie nun nie mehr ausführen wird) findet sie innere Ruhe.

Und obgleich die Autorin nicht eigens darauf hinweist, hat man den Eindruck, als hätten sich Feri und der Arzt mit der Abwendung vom Leben des Intellekts und des rastlosen Strebens zu einem iranischen Todespakt vereint. In der Gefühlswelt ihrer ureigenen schiitischen Religion werden sie Selbstachtung und Ganzheit wiederfinden und unversehrte Menschen sein. Sie werden nicht länger hinter anderen herlaufen müssen, ohne zu wissen, wohin das Gleis sie führt. Sie werden nicht länger Letzte – oder auch nur Zweite – sein müssen. Und das Leben wird weitergehen. Andere Menschen werden in geistig-seelischer Ödnis jene Geräte produzieren, die der Arzt mit so viel Stolz sein Eigen nennt, und die medizinischen Zeitschriften verfassen, die er mit so viel Stolz liest.

Diese Erwartung, dass andere weiter kreativ tätig sind, dass die fremde, unverzichtbare Kultur nicht zum Stillstand kommt, ist in der Entsagung mitgedacht – und ihr großer Schwachpunkt.

2

Die Herrschaft Alis

Im August 1979, sechs Monate nach dem Sturz des Schahs, hörte man noch immer von Hinrichtungen im Iran. Die amtliche iranische Nachrichtenagentur zählte genau mit und gab regelmäßig neue Zahlen bekannt. Zuletzt hatte man Prostituierte und Zuhälter exekutiert; die iranische Revolution nahm eine böse Wendung. Ayatollah Khomeini, so hieß es, habe Musik für ungesetzlich erklärt. Auch islamische Vorschriften, die den Frauen galten, wurden erneut in Kraft gesetzt. Gemeinsames Baden beider Geschlechter war mittlerweile verboten; die Revolutionswächter überwachten die Ferienstrände am Kaspischen Meer und sorgten für die Trennung von Männern und Frauen.

In London erzählte mir der Mann im Reisebüro, der Iran sei ein Land, aus dem die Menschen weggingen. Niemand reise dorthin; ich würde das Flugzeug für mich haben. Es kam anders. Am Tag meiner Reise wurde der Flug der Iran Air gestrichen, und auf die Maschine der British Airways nach Teheran warteten viele Leute.

Die meisten Passagiere – das internationale Gemisch des Flughafengewühls sortierte sich durch das Sieb der Flugsteige und Gänge in mehr oder weniger ethnisch geordnete Wartezonen – waren Iraner; und sie sahen nicht aus wie Leute, die vor der islamischen Revolution davonliefen oder zu ihr zurückkehrten. Keine der Frauen trug Schleier oder Kopfbedeckung, eine oder zwei waren sogar ganz modisch gekleidet. Alle hatten groß eingekauft und hielten verschieden bedruckte Plastiktüten von Londoner Kaufhäusern in der Hand: Lillywhite, Marks and Spencer, Austin Reed.

Im Flugzeug saß ich zwischen zwei iranischen Passagieren. Die Frau auf dem Fensterplatz war mittleren Alters und hatte kupferfarbene Haut und goldenes Haar. Das Haar sah gefärbt aus, die Haut bemalt, und beides zusammen wirkte orientalisch und altertümlich, ägyptisch: uralte Kosmetika, die einer uralten Schönheitsvorstellung dienten. Sie sprach kein Englisch und verhielt sich nicht wie jemand, der Flugreisen gewohnt ist. Sie fühlte sich durch die Belüftung gestört und sprach mit dem Mann zu meiner Linken. Sie war groß, er klein. Ich nahm an, ich säße zwischen Ehepartnern und bot dem Mann an, die Plätze zu tauschen.

Er wehrte ab und sagte auf Englisch, seine Familie sitze auf der anderen Seite des Gangs: seine beiden Kinder, Sohn und Tochter, und seine hübsche Frau, die kein Englisch sprach, aber meinen Irrtum mit einem verzeihenden Lächeln quittierte.

Er war Arzt. Gemeinsam hatten sie seinen achtzehnjährigen Sohn in den Vereinigten Staaten besucht.

Ich merkte, dass wir in einen orientalischen, indischen Gesprächston verfielen, und so antwortete ich, wie ich meinte, antworten zu sollen. »Das muss aber teuer gewesen sein«, sagte ich.

»War es auch. Allein die Reisekosten 800 Pfund pro Person. Nur für das Mädchen nicht, es ist noch keine zwölf. Über zwölf bezahlt man den vollen Preis. Sind Sie schon mal in den USA gewesen?«

»Ich habe gerade ein Jahr dort gelebt.«

»Sind Sie Arzt?«

Ich hatte das Gefühl, auf einem Flug in den Iran sollte ich lieber nicht sagen, dass ich Schriftsteller sei. So antwortete ich: »Ich bin Lehrer.« Dann schien mir, ich hätte etwas untertrieben, und ich setzte hinzu: »Professor.«

»Das ist gut.« Und als machten mein Beruf und meine Zeit in Amerika ihm Mut, sagte er: »Die Revolution ist grauenhaft. Sie haben das Land kaputtgemacht. Die Armee, alles. Sie haben alle Offiziere umgebracht. Teheran war eine schöne Stadt. Restaurants, Cafés. Jetzt gibt es nichts mehr. Deshalb habe ich meinen Sohn fortgeschickt.«

Der Junge war nach der Revolution in die Vereinigten Staaten geschickt worden und hatte sich dort bereits bewährt. Er besuchte Vorbereitungskurse für das Medizinstudium in Indiana. Aber die USA waren mehr als ein Ort, wo man eine Ausbildung erhielt. Sie waren zugleich – für den iranischen Arzt ebenso wie für die Neureichen so vieler unsicherer Staaten: für arabische, südamerikanische, westindische oder afrikanische Politiker und Geschäftsleute – ein Asylland.

»Ich habe dort ein Haus gekauft«, sagte der Arzt.

»Was haben Sie bezahlt?«

»Vierundsechzigtausend. Vierundvierzig bar, zwanzig als Kredit.«

»Können Ausländer denn in Amerika Grundbesitz erwerben?«

»Ich will's Ihnen verraten. Ich habe es auf den Namen meines Bruders gekauft.« Also war das Asyl schon vor der Revolution vorbereitet und die Auswanderung in Angriff genommen worden. »Aber jetzt habe ich das Haus auf den Namen meines Sohnes umschreiben lassen. Zurzeit wird es vermietet. Für vierhundert im Monat. Um den Kredit abzuzahlen. Wie viel verdient man als Professor?«

Ja, wie viel? Was für eine Zahl mochte einem Mann einleuchten, der gerade sechstausend Dollar für den Urlaubsflug seiner Familie ausgegeben hatte? »Vierzigtausend Dollar«, sagte ich. »Wie viel verdienen Sie?«

»Ich bin morgens im Staatsdienst, in einem Krankenhaus. Dafür bekomme ich fünfzehnhundert.«

»Ich dachte, Ärzte im Iran würden besser bezahlt.«

»Aber nachmittags habe ich meine eigene Klinik. Die bringt mir etwa dreißigtausend pro Jahr.«

»Da verdienen Sie etwa achtundvierzigtausend.«

Für mich hatte ich vierzigtausend angesetzt.

»Aber ich arbeite viel«, verteidigte er sich. »Ich bin jetzt vierundvierzig. Und im Augenblick«, setzte er hinzu, um seinen Vorteil beiseite zu wischen und unsere Chancen gleichzumachen, »weiß ich nicht, wie es weitergeht. Diese Muslime sind ein seltsames Völkchen. Sie haben eine *alte* Denkweise, eine *uralte* Denkweise. Sie gehen schlimm mit Minderheiten um.«

Was mochte er selbst sein? Christ, Armenier, Anhänger der Religion des Zarathustra, Jude? Da wir unsere Unterhaltung im orientalischen Stil geführt hatten, brachte ich es nicht über mich zu fragen; und zu guter Letzt sagte er es mir selbst, weil er mich für ungefährlich hielt. Er war Bahai. Das Wort kannte ich, mehr aber nicht.

Als er über die Revolution und die üblen Machenschaften der Muslime sprach, hatte er die Stimme nicht gesenkt. Daraus schloss ich, dass er sich auf die Mitreisenden verlassen konnte; dass ich mit einer Gruppe von Bahais zusammensaß. Und in dem bemalt wirkenden Gesicht und dem goldgefärbten Haar meiner Nachbarin entdeckte ich nun eine weitere beunruhigende Zeitenferne.

»Wir sind international«, sagte er. »Wir haben einen Tempel in Amerika. Einen schönen kleinen Tempel.«

Aber so offen der Arzt sich in Sachen Geld und Beruf geäußert hatte, über seine Religion sprach er weniger freimütig. Die Bahais – wie ich später von Behzad erfuhr – hatten ihre eigene geheime Besessenheit, und die leitete sich von der Schia-Besessenheit des Iran ab. Die Schiiten warteten auf den Zwölften Imam; die Bahais glaubten, im neunzehnten Jahrhundert sei ein Abgesandter oder Stellvertreter oder sogar der Zwölfte Imam selbst gekommen und wieder gegangen und nur sie, die Bahais, hätten ihn erkannt. Behzad erzählte mir, zu Beginn seien sie wohl revolutionär gewesen, dann aber hätten sie sich von den Briten, die mit den Russen um die Macht im Iran konkurrierten, kaufen lassen.

Es hörte sich fantastisch an – ich wusste, dass Behzad nur das schätzte, was revolutionär war. Aber es war keine bloße Fantasie. In der Frühzeit des islamischen Imperiums bestand die schiitische Protestbewegung in einem politisch-ethnischen Aufbegehren der vom arabischen Weltreich unterworfenen Völker; und der Glaube, der sich im Zuge dieses Protestes herausgebildet hatte, blieb immer politisch oder ließ sich politisch manipulieren. Mit ihrem Festhalten an einer eigenen Nachfolge des Propheten, mit ihrer jährlichen Trauer um die Märtyrer, um jene Männer, deren gerechte Forderungen zurückgewiesen wurden, haben sich die Schiiten ein Misstrauen gegenüber staatlicher Autorität bewahrt. Der Bahaismus des neunzehnten Jahrhunderts war auf Umsturz gerichtet. In einem frühen Aufruf hieß es, man solle »Köpfe abschlagen, Bücher und Buchseiten verbrennen, Gebäude niederreißen und verwüsten und ein allgemeines Gemetzel veranstalten«; 1852 versuchte ein Attentäter, den König umzubringen.

Politisch, wenn auch nicht der Lehre nach, hatte der Bahaismus Ähnlichkeit mit Khomeinis Bewegung gegen den

Schah. Politisch aber setzte er sich nicht durch; und wie vielen anderen muslimischen Sekten blieben den Bahais nach ihrem Scheitern schließlich nur noch die kaum nachvollziehbaren Komplikationen ihres Glaubens: Offenbarung innerhalb der Offenbarung, Abweichung innerhalb der Abweichung.

Recht hatte der Arzt allerdings in puncto Verfolgung. Was die Bahais vom Zwölften Imam behaupten, stellt für die iranischen Schiiten die allersträflichste Gotteslästerung dar; und nach der islamischen Revolution – die als Beweis für die Richtigkeit des wahren Glaubens galt – machte sich der bahaifeindliche Volkszorn freudig Luft, und es kam zu vereinzelten »revolutionären« Exekutionen. Die Zufluchtsstätte in den Vereinigten Staaten wurde dringend gebraucht.

In Kuwait gab es eine Zwischenlandung, nur zum Tanken; niemand verließ das Flugzeug. Es war noch dunkel, aber schon kurz vor der Morgendämmerung. Das Tageslicht kündigte sich an; die Nacht verblasste. Und wir sahen, dass der Flughafen – von oben nur ein durch elektrische Lampen gebildetes Muster – auf Sand gebaut war. Aus den Ventilatoren strömte warme Luft. Draußen herrschten 40 Grad Celsius, und der eigentliche Tag hatte noch gar nicht begonnen.

In Teheran werde es kühler sein, sagte der Steward. Es lag eine Flugstunde entfernt in nordöstlicher Richtung: noch mehr Wüste, hier und da Rechtecke mit blasser Vegetation, hier und da Erdanhäufungen mit Kräuselmuster, die sich bisweilen zu Bergen auftürmten.

Nach allem, was ich von den großen Plänen des Schahs für sein Land gehört hatte, war das Teheraner Flughafengebäude eine Enttäuschung. Die Ankunftshalle sah aus wie ein großer Schuppen. Leere rechteckige, von rotem Staub umrandete Flecken – Geisterbilder in Geisterrahmen – zeigten, wo die Fotos des Schahs und seiner Familie oder seiner Denkmäler gehangen haben mussten. An Wände und Säulen waren revolutionäre Flugblätter und Karikaturen geklebt; desgleichen – wobei Klebepapier und handschriftliche Mitteilungen den großen Ereignissen etwas seltsam Informelles verliehen – Farbfotos des Ayatollah Khomeini, auf denen er einen so harten Blick und eine so lüsterne, unberechenbare Schurkenvisage hatte, dass sein ärgster Feind ihn nicht besser hätte porträtieren können.

Die Zweigstelle der Melli Bank am Flughafen – primitive Tische, drei Angestellte, viel Papier, der Fußboden mit Abfall übersät – erinnerte an einen indischen Basarladen. Eine handschriftliche Mitteilung auf dem Schaltertresen lautete: *Liebe Gäste. Gott ist der Größte. Willkommen in der Islamischen Republik Iran*. Braune Klebezettel sprenkelten die Tafeln mit den Zollvorschriften, auf denen die Passagiere über zollfreie Waren informiert wurden. Das braune Papier beseitigte die zollfreie Alkoholeinfuhr; es gehörte zur islamischen Begrüßung.

Das Transportband, das eigentlich unser Gepäck heranschaffen sollte, setzte sich lange Zeit nicht in Bewegung. Und die iranischen Passagiere mit ihren Londoner Einkaufstüten (darunter der Arzt und seine Familie) schienen zu anderen Menschen zu werden. Am Londoner Flughafen waren sie Iraner, Menschen aus dem Märchenland des Öls und des Geldes, die reichlich ausgeben konnten; jetzt, in der heruntergekommenen Ankunftshalle, als geduldig Wartende in der eigenen Welt und unter ihresgleichen, wirkten sie wie Leute vom Lande, die in der Stadt gewesen waren.

Der Zollbeamte hatte einen kleinen schwarzen Bürstenschnurrbart. Er fragte: »Whisky?« Die Art, wie er das Wort aussprach und dazu lächelte, schien die Frage zu einem

Scherz zu machen. Als ich verneinte, gab er sich gleich zufrieden und winkte mich lächelnd hinaus ins gleißende Sommerlicht; dort erwartete mich die postrevolutionäre Gier der Taxifahrer, die nach sechs Monaten mehr denn je den alten Zeiten nachtrauerten, als Geschäftsleute aus aller Welt nach Teheran kamen, als es nie genug Hotelzimmer gab und kein Fahrer sich nach Fahrgästen sehnen musste.

Die Farben der Stadt waren genauso staubig und blass, wie sie schon aus der Luft gewirkt hatten. Staub wehte über die Straße, hüllte die Bäume ein, dämpfte die Farben der Autos. Backsteine und Mauerputz waren staubfarben; unfertige Gebäude sahen aus, als seien sie aufgegeben und im Begriff zu zerfallen; und Mauern, die wie ein Abriss der Gegenwart wirkten, waren übersät mit persischen Aufschriften und Schablonenporträts von Khomeini.

Am Stadtrand bemerkte ich auf einem offenbar ungenutzten Stück Land ein niedriges khakifarbenes Zelt, davor Männer und verschleierte Frauen, die Schlange standen, sowie ein paar Halbuniformierte. Zuerst meinte ich, hier warteten Flüchtlinge aus den Dörfern oder Arbeitslose auf ihre Unterstützung. Aber dann, als ich vor einem unvollendeten Wohnblock wieder ein Zelt und eine Menschenschlange sah, fiel mir ein, dass heute Wahltag war und zum zweiten Mal seit der Revolution der Volkswille abgefragt wurde. Das erste Mal ging es um ein Referendum; damals hatte das Volk für eine islamische Republik votiert. Die jetzige Wahl galt einer »Expertenversammlung«, die eine islamische Verfassung ausarbeiten sollte. Khomeini hatte empfohlen, Geistliche zu wählen.

Experten waren erforderlich, weil eine islamische Verfassung nicht einfach übernommen werden konnte. Etwas Derartiges gab es nicht oder hatte es nie gegeben. Diese Verfassung musste ganz neu zusammengestellt werden und außerdem so beschaffen sein, dass der Prophet ihr zugestimmt hätte. Das Problem war nur, dass der Prophet, der im siebten Jahrhundert, von der göttlichen Offenbarung geleitet, seinen arabischen Staat geschaffen hatte, mehr oder weniger als Alleinherrscher regierte. Deshalb waren jetzt Geistliche gefragt. Von einer Verfassung hatten sie vermutlich keine Ahnung – deren Konzept kam schließlich von außerhalb der muslimischen Welt. Aber dank ihrer Kenntnis vom Koran und vom Handeln des Propheten wussten sie, was unislamisch war.

Mein Hotel befand sich im Zentrum Teherans und gehörte zu den älteren Hotels der Stadt. Es lag hinter einer hohen Mauer, hatte eine Pförtnerloge, eine asphaltierte kreisförmige Auffahrt und kleine Rasenflächen mit Sträuchern und Bäumen. Es war besser in Schuss, als ich mir ausgemalt hatte, und stellte sogar ein paar Autos zur Verfügung. Aber das Gebäude, zu dem der Fahrer mich brachte, war mit einer Kette vor der Glastür versperrt. Von der anderen Seite des Geländes rief uns jemand etwas zu. Das Haus, vor dem wir standen, war geschlossen. Es war das ältere Hotelgebäude; während des Wirtschaftsbooms hatte man einen neuen Komplex errichtet, und nun war nur der noch geöffnet.

Mehrere junge Männer – die Taxifahrer des Hotels, denen die draußen parkenden Autos gehörten – saßen untätig in einer Ecke des Foyers unweit der Rezeption. Ansonsten war die Halle leer. In der Mitte lag auf dem Fußboden ein riesiger gemusterter Teppich; die darauf angeordneten Sessel schienen auf große Gästemengen eingerichtet zu sein. An zwei Seiten des Raumes befanden sich Glaswände. Zur einen Seite hin lag der Hof mit den staubigen Sträuchern und Pinien und den geparkten Hoteltaxis. Auf der anderen Seite sah man ein kleines gepflastertes Swimmingpool-Gelände, das sich bis zur Hotelmauer hinaufzog: Es war leer, glänzte im Sonnenlicht, und unter einem offenen Schuppendach standen gestapelte Metallstühle.

Das Zimmer, zu dem man mich hochbrachte, war ziemlich groß, mit derben Holzmöbeln ausgestattet und an den Seitenwänden etwa einen Meter hoch mit Holz getäfelt. Die Glaswand an der Stirnseite ging auf das nördliche Teheran hinaus; eine Glastür führte auf den Balkon. Aber aus der Leitung der Klimaanlage tropfte es am Abluftsieb, und die blauen Teppichfliesen im Vorraum waren durchweicht und schmutzig.

Der Hotelmann – bei der Untätigkeit des Hotels fiel es nicht leicht, ihm den beruflichen Status des »Boy« zuzuweisen, obgleich er die entsprechende Uniform trug – lächelte, zeigte auf das Stockwerk über uns und sagte »Bad«, als brauche man jetzt einfach nur eine Erklärung. Der Mann, den er nach oben schickte, erzählte etwas von Kondenswasser; damit ließ er das Tropfen als etwas Normales, ja Notwendiges erscheinen. Und dann, nach dem abrupten Ende aller Erklärungen, erhielt ich ein anderes Zimmer.

Möbliert war es wie das erste und hatte dieselbe Aussicht. Doch auf dem Fernseher stand hier eine weiße, in der Mitte gefaltete Karte. Sie informierte über das Wochenprogramm im »internationalen« englischsprachigen Sender des iranischen Fernsehens. Das Programm war längst eingestellt, die Karte sechs Monate alt. Dieses Hotel war von der Revolution überrascht worden.

Wir befanden uns im Ramadan, im muslimischen Fastenmonat; es war Freitag, der arbeitsfreie Tag der Woche, und außerdem fanden Wahlen statt. Teheran war ungewöhnlich ruhig, aber das wusste ich nicht; als ich nachmittags spazieren ging, hatte ich den Eindruck, in einer Stadt zu sein, die von einer Katastrophe heimgesucht worden war. Die Geschäfte in den Hauptstraßen waren geschlossen und mit Stahltüren gesichert. Reklameschilder an jeder Etage schrien die Markennamen der Importgüter hinaus: Seiko, Citizen, Rolex, Mary Quant of Chelsea, Aiwa; an diesem Nachmittag ohne Einkaufsbetrieb wirkten sie wie Namen aus Teherans Vergangenheit.

Das Pflaster der Bürgersteige war kaputt. Viele Ladenschilder waren zerstört oder hatten einige ihrer Reliefbuchstaben verloren. Staub und Schmutz waren so allgegenwärtig und wirkten auf beleuchteten Schildern so sehr wie Rauchspuren, dass die schon vor längerer Zeit ausgebrannten Gebäude nicht sofort ins Auge fielen. Bauarbeiten schienen eingestellt; Schutt- und Kieshaufen sahen aus, als lägen sie schon ewig da.

An den Mauern klebten Plakate der Revolution, und in den Straßenkiosken lagen Zeitschriften der Revolution. Auf einem Titelbild prangte eine Fotomontage, die den Schah als Badeschönheit zeigte: Sein Kopf saß auf einem Frauenkörper im Bikini, aber der Bikini war mit dickem Pinselstrich geschwärzt worden, um das Schamgefühl nicht zu verletzen. In einer anderen Karikatur saß der Schah mit Jackett, gelockerter Krawatte und heruntergelassener Hose auf dem Klo, in der Hand eine Maschinenpistole. Auf einem Koffer neben ihm stand *Nach Israel* und *Bahamas*; in einer offenen Segeltuchtasche sah man eine Whiskyflasche und eine Ausgabe des *Time Magazine*.

Junge Männer in eng anliegenden Hemden mit offenem Kragen bummelten die kaputten Bürgersteige entlang: gut aussehende Burschen mit unverkennbaren rassischen Merkmalen, klein, breitschultrig, mit schmaler Taille. Es waren Arbeiter bäuerlicher Herkunft, aber an diesem Nachmittag hatten sie etwas irgendwie Eitles und Gefährliches an sich. Die gemeinschaftlichen Freitagsgebete mussten sie in nervöse Spannung versetzt haben. An ihrer Kleidung und vor allem den Hemden war jener Hauch von Protzerei, den ich – nach allem, was ich in Indien gesehen hatte – mit Menschen verband, die gerade ihre traditionelle Lebensform hinter sich gelassen haben und nun der Vorstellung anhängen, sie könnten sich alles, ob Kleidung oder andere Dinge, frei aussuchen.

Der Nachmittagsverkehr rollte vorbei: Autos und Motorräder, im iranischen Fahrstil; ich sah zwei Zusammenstöße. Ein Geschäft hatte seinen Namen geändert. Es hieß jetzt »Our Fried Chicken«, nicht mehr »Kentucky Fried Chicken«, und der Südstaaten-Colonel war zu einer nichts sagenden (nur noch für jene, die sich an den Colonel erinnerten, verständlichen) Figur umfrisiert worden. Die Revolutionswächter, junge Männer mit Gewehren, überraschten mich schon bald nicht mehr; sie gehörten zur revolutionären Feiertagskulisse hinzu. Vor den Kinos standen Menschenmengen, und trotz des Ramadan kauften die Leute Pistazien und Süßigkeiten in den *confiseries* – so nannten sie sich –, die geöffnet hatten.

Weit im Norden, am Ende eines langen, von Platanen gesäumten Boulevards, den der Vater des Schah hatte anlegen lassen, stand das Royal Tehran Hilton. Doch es hatte nichts »Königliches« mehr. Am Hauptschild zur Straßenseite war das Wort Royal entfernt und über dem Eingang abgeschlagen worden; im Innern des Hotels indessen lebte es fort wie fest verwurzeltes Unkraut und sprang einem frisch und sauber von Servietten, Rechnungen, Speisekarten und Geschirr entgegen.

Die Lounge war fast menschenleer; das dort herrschende Schweigen zwischen Kellnern und vereinzelten Stammgästen war ein Schweigen der Verlegenheit. Zum Dekor gehörten iranische Samoware. (Man trieb Handel mit diesen Samowaren und verkaufte sie als folkloristische Schmuckgegenstände; etwa zwei Jahre zuvor hatte ich etliche, zu Lampenständern umfunktioniert, in Londoner Kaufhäusern gesehen.) Alkohol durfte nicht mehr ausgeschenkt werden; aber für Leute der Schickeria (und Nichtchristen), die das Bedürfnis hatten, stilvoll an einem nichtalkoholischen Getränk zu nippen, gab es *Orange Blossom* oder *Virgin Mary* oder *Swinger*.

Chez Maurice war das französische Restaurant des Hilton-Hotels. Es war entsprechend eingerichtet, mit bräunlicher Tapete, dunkler Verkleidung am unteren Teil der Wände und Wandleuchtern. Auf den Glastafeln der einen Wand stand in weißen, zu kleinen Bögen angeordneten Buchstaben: *Vins et Liqueurs, Le Patron Mange Içi, Gratinée à Toute Heure*. In dem großen Raum, der Platz für hundert Gäste bieten mochte, befand sich nur eine Gruppe von fünf Personen, und deren Stimmung war ebenso gedämpft wie die der Gäste in der Lounge. Die Suppe, die ich aß – und desgleichen der nachfolgende Stör –, versank unter einer braunen Paste. Aber noch immer entfalteten die Kellner Servietten und bedienten mit großspurigen Bewegungen, was die Verlegenheit nur vermehrte.

Jeder Tisch war gedeckt. Auf jedem gab es eine frische Rose und vorrevolutionäre Gastgeschenke: die farbige Ansichtskarte (das Restaurant war vier Jahre zuvor, 1975, eröffnet worden); den kleinen zehnseitigen Notizblock, den Gäste an solchen Orten angeblich brauchten: *Chez Maurice, Tehran's Most Distinctive Restaurant, Le Restaurant Le Plus Sélect de Tehran*. Sechs Monate nach der Revolution gab es diese Spielsachen – Notizblöckchen, Ansichtskarten – noch immer; sobald sie aufgebraucht wären, würde es keine mehr geben.

Der Swimmingpool neben dem Hotel war geschlossen, laut

Mitteilungszettel wegen chemischer Reinigung. Aber der riesige Betonrohbau auf dem Nachbargrundstück, die geplante Erweiterung des Royal Tehran Hilton, war zusammen mit dem gesamten Baumaterial und den Kränen definitiv aufgegeben worden. Zurzeit seien keine »Reisenden« da, erklärte der Kellner; und die Bauunternehmer hätten das Land verlassen. Vom Hilton aus konnte man zu den anderen Hügeln des nördlichen Teheran hinüberschauen und dort weitere unfertige, im Innern leere Gebäude entdecken, die gleichfalls aussahen, als seien sie aufgegeben worden. Die »internationale« City des nördlichen Teheran war mitten in ihrer Entstehung von der Revolution überrascht worden.

Als ich bei meinem Hotel eintraf, kam mir der Gedanke, dass in dem Revolutionsplakat an der gläsernen Eingangstür eine unbeabsichtigte Symbolik steckte. Das Plakat war auf beiden Seiten bedruckt. Die dem Hof zugewandte Seite war eine direkte Aussage, ein Pin-up-Foto von PLO-Chef Yassir Arafat im Guerillalook mit Sonnenbrille und rot kariertem Tuch um den Kopf.

Auf der Rückseite sah man ein allegorisches Bild, das von Blut und Rache handelte. Im Vordergrund eine flache Landschaft: plattes, nichts sagendes Land, in zwei Hälften geteilt durch eine schnurgerade schwarze Straße mit einer gestrichelten Mittellinie. Auf dieser Straße lag, mit dem Rücken zum Betrachter, eine halb zusammengebrochene verschleierte Frau, die mit letzter Kraft ihr Kind hochhob, als wolle sie es dem Himmel entgegenstrecken. Der Rücken der Frau war blutbesudelt, ebenso die schwarze Straße. Aus diesem Blut wuchsen, ein Stück weit entfernt, riesige rote Tulpen, die die schwere Straßenkruste mit der weißen Markierung aufbrachen; und über den Tulpen, am Himmel, stand das Gesicht des Erlösers Khomeini, der finster herabblickte.

Khomeini, der Erlöser und Rächer. Aber die Tulpen, die er aus dem Blut der Märtyrer wachsen ließ, hatten die moderne Straße (die der Künstler so präzise wiedergab) endgültig zerstört; die durch die Einöde gezogene Straße führte nirgends mehr hin.

Eine Persönlichkeit wurde in dieser Allegorie der Revolution nur noch dem Rächer zugestanden. Die verwundete Frau, die klein im Vordergund lag und von deren Schmerz die Umwälzung ausging, war verschleiert und gesichtslos; sie reduzierte sich auf ihren Schmerz. Gewiss, darin bestand die künstlerische Freiheit des Allegoristen oder Karikaturisten; und es wäre auch kaum erwähnenswert gewesen, hätte ich nicht den ganzen Tag auf Plakaten und Bildern so viele gesichtslose Menschen gesehen.

Auf einem Wahlplakat hielt eine gesichtslose Menschenmenge – die verschleierten Frauen waren zu Dreiecken vereinfacht – Fotos der Kandidaten einer bestimmten Partei in die Höhe. In einer Zeitung sah man das Gesicht Alis, des schiitischen Helden, des Vetters und Schwiegersohns des Propheten, als durchsichtige surrealistische Silhouette vor einer Landschaft. Auf einem der Plakate hatte sogar Khomeini kein Gesicht, denn seine Züge (umrahmt von Turban, Wangen und Bart) waren durch eine geballte Faust ersetzt.

Gesichtslosigkeit kam mir nach und nach vor wie ein islamisches Motiv. Und tatsächlich war sie in *Iran Week* (in denselben Lettern geschrieben wie *Newsweek*), einer postrevolutionären englischsprachigen Zeitung, die ich an einem Zeitungsstand gekauft hatte, zur Zielscheibe des Protestes geworden. Das Blatt unterstützte die Revolution, wandte sich aber gegen das, was sie zurzeit mit sich brachte: die ganzen islamischen Verbote, die gegen Alkohol, westliches Fernsehen, Mode, Musik, gemeinsames Baden von Männern und

Frauen, Frauensport und Tanzen gerichtet waren. Das Titelbild zeigte ein zum Käfig entstelltes Wohnzimmer, dessen Wände durch Gitter ersetzt waren. Die Familie, die dort für ein Foto posierte – Vater, Mutter, zwei Kinder – war westlich gekleidet; aber statt ihrer Gesichter sah man leere weiße Flecken.

Individualismus sollte dem Erlöser und Rächer überantwortet, aber dann, nach vollendeter Revolution, in der großen, vom Schah erbauten Stadt wieder gewürdigt werden. Dies schien die Botschaft zu sein, die *Iran Week* mit dem Titelbild vermitteln wollte.

Am Morgen rollte dichter Verkehr über die zur Linken des Hotels gelegene Straßenüberführung. Im Frühlicht hatten die nördlich gelegenen Berge weiche Konturen, die aber sehr bald im Dunst verschwanden.

Ich rief den Chefredakteur von *Iran Week* an, und er bat mich, sofort zu kommen. Allerdings müsse ich gut aufpassen, sagte er, es gebe in der Straße nämlich zwei Gebäude mit derselben Hausnummer 61. Und wenn ich die richtige Nummer 61 gefunden hätte, sollte ich nicht vergessen, dass die Redaktion, wenn man den Aufzug nimmt, im sechsten, und wenn man die Treppe nimmt, im vierten Stockwerk liegt.

Der Taxifahrer des Hotels hatte Mühe, überhaupt eine Nummer 61 zu entdecken. Und die eine, die wir fanden, nachdem wir ein paar iranische Kehrtwendungen im iranischen Verkehr gemacht hatten, war die falsche. So jagten wir hin und her, und der Vormittag schmolz dahin; und schließlich sahen wir die zweite 61. Mit dem Aufzug der sechste Stock, hatte der Redakteur gesagt; über die Treppe der vierte. Aber auf der Tafel in der Eingangshalle stand, die Zeitung befinde sich in der fünften Etage; und von einem Aufzug war nichts zu sehen. Zusammen mit dem Fahrer stieg ich endlose Treppen hoch.

Die Redaktion war unerwartet geräumig, im Vorzimmer saß am Schreibtisch eine abweisende junge Frau. Und der gleichfalls junge Chefredakteur Mr Abdi war – nach der langen Zeit, die ich für den Weg hierher gebraucht hatte, und nach seiner beschwingten Einladung – aufrichtig enttäuscht. Ich kam ja nicht, wie er annahm, von einer englischen oder amerikanischen Zeitung. Er sagte, er habe zehn Minuten Zeit für mich; ich solle den Fahrer nicht fortschicken.

Dann jedoch, in seinem persönlichen Büro, mäßigte er seine Chefallüren, verhielt sich mehr wie ein Iraner und bestellte wohlwollend Tee für uns, der in kleinen Gläsern serviert wurde. Er erklärte, den Iran würde ich besser verstehen, wenn ich in die heilige Stadt Qom führe und mich dort mit den Leuten auf der Straße unterhielte. Ich erwiderte, ich könne kein Persisch; worauf er sagte, sie könnten kein Englisch. Und schon saßen wir fest.

Dann wurde er noch einmal entgegenkommender und meinte – aber in einem Ton, dem ich entnehmen konnte, dass nichts passieren würde –, er werde jemanden aus seinem Rechercheteam bitten, einen Termin mit mir auszumachen.

Just in diesem Augenblick kam der Leiter des Teams herein. Er versprach zu schauen, was er für mich tun könne. Die Arbeit im Untergrund, so erzählte er, habe sie allesamt drei Jahre lang vollauf beschäftigt; und noch immer hätten sie viel zu tun. Für einen Perser wirkte er groß – und gesetzt –, und er besaß eine schöne Lederaktentasche. Aber er war weniger stilvoll als sein Chefredakteur; der sah außergewöhnlich gut aus und hatte in seinem Managergebaren etwas Schelmisches.

Ich erkundigte mich nach dem Titelbild der Zeitung. Waren iranische Familien, selbst in der Mittelschicht, tatsächlich so sehr »Kernfamilie«, wie hier suggeriert wurde? Ich hatte vermutet, sie seien traditioneller, hätten mehr von der Großfamilie. In scharfem Ton, als wolle er mich vom Thema der muslimischen Polygamie abbringen, sagte Abdi, iranische Mittelschichtfamilien seien genau so, wie das Titelblatt sie darstellte.

An der Wand hing eine große Landkarte: Karibik und Golf von Mexiko. Ich nahm an, sie hinge dort wegen Kuba und Nicaragua, wegen des alten und neuen Zentrums der Revolution. Mitnichten. Abdi war irgendwann nach Cayenne in Französisch-Guayana gereist, um für eine iranische Zeitschrift, die eine Serie über Gefängnisse publizierte, über die Teufelsinsel zu berichten.

»Allein Reisen ist nicht gut«, sagte er. »Sie sollten ein Mädchen dabeihaben.«

Auf seiner Cayenne-Reise habe er eines gehabt, die westindischen Frauen seien sehr hübsch. Westindisch? Eine Schwarze für Mr Abdi? »Stimmt gar nicht«, sagte er, »sie war nicht aus Westindien. Sie war *mexique*.« Er hob den Kopf ein wenig, als erinnere er sich; und seine schwarzen Augen traten in die Höhlen zurück.

Dies war die Dandyseite der Revolution. Schon nach einem Tag in Teheran – und trotz des Ratschlags, nach Qom zu fahren und mit den dortigen Menschen zu reden – merkte ich, dass sie von Khomeinis Revolution und von der Straße weit entfernt war. Und sechs Monate später, als ich am Ende meiner islamischen Reise nach Teheran zurückkehrte, war die Zeitung *Iran Week* kaum noch zu finden.

Da der folgende Tag erneut ein öffentlicher Feiertag sein würde – der Tag der Verfassung, mit dem der ersten schriftlichen

Verfassung gedacht wurde, die der Iran im Jahr 1906 erhalten hatte –, herrschte in den Geschäftsstraßen viel Betrieb.

Der Nadir-Shah-Boulevard – benannt nach jenem Perserkönig, der 1739 Delhi erstürmte und Shah Jahans Pfauenthron, dessen Edelsteine noch heute zum iranischen Staatsschatz gehören, raubte und in Stücke schlug – wirkte dank Straßenhändlern und Sonne und Staub, als sei Indien ganz nahe gerückt. Und die Firdausistraße, wo gegenüber der langen glatten Mauer des britischen Botschaftsgeländes die Buden der Geldwechsler standen, hatte etwas von der Atmosphäre eines Rotlichtviertels, weil jedermann suchend umherstreifte und entweder andere ansprach oder darauf wartete, angesprochen zu werden.

Die Geldwechsler tauschten zu besseren Kursen als die Banken. Sie hatten Namensschilder, und einige stellten im Fenster Münzen und faksimilierte Banknoten aus; aber ansonsten waren ihre kleinen Buden ausschließlich fürs Geschäft eingerichtet: Schreibtisch, Stühle, Telefon, eiserne Tresore, Khomeiniporträt. Und ihr Verhalten stand dem Raum in nichts nach. Sie blickten auf, sagten nein, blickten weg. Meine unterschriebenen Travellerschecks wollten sie nicht. Nur Mr Nasser war interessiert; aber dann wollte er alle Schecks, die ich dabeihatte; und dann wollte er mir den alten Seidenteppich, der an der Wand hing, für fünfhundert Pfund verkaufen.

Einige Geldwechsler arbeiteten von regelrechten Mauerlücken aus. Andere hatten gar kein Büro; sie waren sorgfältiger gekleidet und zogen mit ihrer Aktentasche nach Beute suchend auf der Firdausistraße umher.

Am oberen Ende der Straße sah ich neben einem Zeitungskiosk einen kleinen Mann mittleren Alters, der eher wie ein Inder als wie ein Iraner aussah. Zuerst dachte ich, er schnappe nur mal Luft; dann hielt ich ihn für einen Geldwechsler. Ich sprach ihn an, und er benahm sich, als sei ich selbst einer.

Er war Inder, ein Schiit aus Bombay, und lebte seit zwanzig Jahren im Iran. Er war kein Wechsler, sondern Käufer und wollte sich in der Firdausistraße Dollars besorgen. Jemand hatte ihm Dollars für 115 Rial angeboten. Das war ein guter Kurs; aber er war Geschäftsmann und meinte, wenn er weiter ausharrte und sichtbar bliebe, könnte er zu guter Letzt einen der umherlaufenden Geldwechsler dazu bewegen, noch einen oder zwei Rial herunterzugehen.

Ein junger Mann – Inder, Pakistani oder Iraner – trat hinzu und blieb ängstlich neben uns stehen. Er war ein Freund oder ein Familienangehöriger des Mannes aus Bombay. Dieser hatte ihn mitgenommen, damit er ihm beim Dollarkaufen half, und der junge Mann hatte auf eigene Faust Erkundigungen eingezogen.

Und als hätte er das Gefühl, er müsse eine Erklärung geben, sagte der Mann aus Bombay: »Früher waren diese Läden randvoll mit ausländischer Währung. Randvoll. Niemand hatte Interesse an ausländischer Währung. Alle wollten Rial.« Doch er weine dem Schahregime keine Träne nach. »Verzeihen Sie meine Ausdrucksweise. Der Schah war ein Schweinehund.«

Das war ein hartes Wort; es ermutigte den jungen Mann, seine Ängstlichkeit abzulegen und zu erzählen. Das Thema ausländische Währung wurde beiseite geschoben; beide Männer sprachen nun von den Ungerechtigkeiten des Schahs, wobei jeder den anderen bestärkte, ihn mit sich zog, bis beide – auf dieser staubigen Straße mit den Platanen, den Schuhputzern und den Münzverkäufern auf dem Gehsteig – sich in dieselbe Leidenschaft hineingesteigert hatten.

Während der Herrschaft des Schahs sei im Iran alles nur für

ihn da gewesen. Er habe Milliarden aus dem Land herausgepresst; er habe es von ausländischen Firmen ausplündern lassen; er habe es mit ausländischen Beratern und Technikern voll gestopft. Diese Ausländer bekamen Riesengehälter und wohnten in großen Häusern; die Amerikaner hatten sogar einen eigenen Fernsehsender. Die Iraner selbst hätten den Eindruck gewonnen, ihr Land sei nicht mehr ihres. Und die Religion, der unschätzbare schiitische Glaube, sei dem Schah nie wichtig gewesen.

»Wie gut ist es jetzt«, sagte der Mann aus Bombay, »unter Alis Herrschaft! Die Frauen wieder im Schleier und nicht mehr auf dem Fernsehschirm. Kein Alkohol.«

Nach all der Leidenschaft war das erstaunlich. Gab es sonst gar nichts an Alis Herrschaft? Hatte das schiitische Paradies auf Erden nichts Höheres zu bieten? Der Mann aus Bombay und sein Begleiter konnten nichts nennen, hatten nichts mehr zu sagen; aber was sie nicht auszusprechen vermochten, war vielleicht nur dies, dass der eigentliche Lohn der Revolution – die nicht nur dem Sturz der Schurken gegolten hatte, sondern auch dem Protest gegen die Herabwürdigung Alis und des wahren Glaubens – im Himmel zu erwarten war.

Der Mann aus Bombay hielt noch eine weitere Überraschung für mich bereit. Er war im Begriff, der Herrschaft Alis Lebewohl zu sagen und nach seinen zwanzig guten Jahren unter dem schlechten Schah nach Bombay zurückzukehren. Deshalb war er in der Firdausistraße, um Dollars zu kaufen. Das Übergewicht seines Fluggepäcks – und mir schwante, dass es eine Menge war – musste in Dollar bezahlt werden.

Es war, als spreche ein anderer Mensch, als er sagte: »Ich weiß nicht, was hier demnächst passieren wird.«

Bei der *Iran Week* hatte man zehn Minuten für mich. Bei der *Tehran Times* bot man mir fast einen Job an. Die *Times* war die neue englischsprachige Tageszeitung; ihr Motto lautete: »Der Wahrheit die Ehre«. Die Redaktion war neu eingerichtet, gut ausgestattet und voll emsiger Mitarbeiter; es gab auch ein paar Helfer aus Amerika oder Europa.

Der Herausgeber Mr Parvez war Iraner indischer Herkunft, ein freundlicher Mann Mitte vierzig. Pausenlos wurden Druckfahnen an seinen Tisch gebracht, und ich merkte, dass die Erklärung für meinen Besuch ihn nicht sonderlich fesselte. Dann nahm unser Gespräch eine befremdliche Wendung.

»Sind Sie Muslim?«, fragte er.

»Nein. Aber ich glaube, das ist nicht erforderlich.«

»Der Islam ist bei uns ein heikles Thema.« An der Wand hinter Mr Parvez hing ein großes Foto mit einem streng blickenden Khomeini.

»Ich weiß.«

»Um wie viel Geld geht es dabei?«, fragte Parvez und beugte sich über einen Fahnenabzug.

»Bei was, Mr Parvez?«

»Bei dem, was Sie für uns schreiben wollten.«

Wir trennten uns – das heikle Thema in dieser Redaktion war, wie ich später erfuhr, in Wirklichkeit das Geld: es war knapp –, und ich wurde zum nächsten Schreibtisch weitergereicht, zu Mr Jaffrey, einem älteren Mann, der gerade einen Artikel oder eine Reportage oder einen Leitartikel in der Schreibmaschine hatte, seine Arbeit jedoch unterbrach, um sich mit mir zu unterhalten.

Auch er war indischer Schiit und stammte aus Lucknow. Er erzählte, 1948 habe man ihm »ziemlich unverblümt« gesagt, als Muslim habe er in der indischen Luftwaffe keine Zukunft. So sei er nach Pakistan ausgewandert. Dort aber geriet er als

Schiit in Schwierigkeiten anderer Art, und zehn Jahre später war er in den Iran gegangen. Zurzeit blicke er mit Sorge auf das Land.

Er sprach impulsiv; was er sagte, hatte er schon im Kopf. »Die Muslime neigen dazu, an einen einzigen Mann zu glauben. In den sechziger Jahren hat man den Schah geliebt. Jetzt liebt man Khomeini. Ich hätte nie gedacht, dass Khomeini sich einmal an die Stelle des Schahs setzen würde.« Nach der Revolution hätte Khomeini zugunsten der Verwaltungsfachleute verzichten sollen, aber er habe es nicht getan; nun sei das Land in der Hand von »Fanatikern«.

Jemand brachte Jaffrey eine Platte mit Spiegeleiern und einen Teller mit *pappadom*, knusprig gebackenem indischem Brot.

»Was ist mit dem Ramadan?«, fragte ich.

»Ich faste nicht«, sagte er in seiner impulsiven Art.

Die ganze Revolution hindurch war er für Khomeini gewesen, weil die Alternative unter dem Schahregime sehr einfach war: Religion oder Atheismus. Während dieses Regimes hatten sich im Iran alle nur möglichen Formen des Sittenverfalls breit gemacht: finanzielle Bestechung, Prostitution, Homosexualität. Der Schah war zu weit entfernt von allem; zu spät begriff er, was da vor sich ging.

»Und selbst damals«, sagte Jaffrey, »dachte ich, der Islam wäre die Antwort.«

Ich konnte ihm nicht folgen. Religion, die Ausübung der Religion, als Antwort auf eine politische Notlage?

»Die Antwort worauf, Mr Jaffrey?«, fragte ich.

»Auf die Situation des Landes. Der Islam steht für vier Dinge: Brüderlichkeit, Redlichkeit, Arbeitswille, gerechter Arbeitslohn.«

Noch immer konnte ich nicht folgen. Warum nicht diese

vier Dinge einfordern? Warum über sie hinausgehen? Warum diese vier Dinge an etwas binden, das so groß war wie der Islam?

»Wissen Sie«, sagte Jaffrey und wurde sanfter, »zeit meines Lebens habe ich mir gewünscht, die wahre *jamé towhidi* zu sehen. Ich übersetze das mit ›Gemeinschaft der Gläubigen‹.«

Wieder die Herrschaft Alis, der Traum von einer Gesellschaft, die allein vom Glauben beherrscht wird. Aber Jaffreys Glaube reichte tiefer als der Glaube des Mannes aus Bombay; für ihn war Alis Herrschaft mehr als die Tatsache, dass die Frauen wieder in den Schleier hineingezwungen wurden. Sein Gedanke einer Gemeinschaft der Gläubigen ging auf eine Vorstellung von der Frühzeit des Islam zurück, von jener Zeit, als der Prophet die göttlichen Gebote weiterreichte und sein Volk in Kriegen ebenso führte wie in Gebeten, als jedes noch so weltliche Tun dem wahren Glauben diente.

Eine solche Gesellschaft müsste im Iran entstehen. Und aufgrund seiner indisch-britischen Erziehung und gewissermaßen mit einer Rückseite seiner Persönlichkeit vertrat Jaffrey die Ansicht, diese Gesellschaft lasse sich durch Institutionen sichern: Man müsse nur dafür sorgen, dass die Mullahs sich in die Moscheen zurückziehen und Khomeini verzichtet, und dann Politiker und Verwaltungsfachleute in die Regierung holen. Damit sein Traum vom Einssein Wirklichkeit werden konnte, müssten – obgleich er das nicht so sagte – Kirche und Staat getrennt werden. Glaube, Erziehung und politischer Instinkt hielten ihn in diesem Widerspruch fest.

Für den Mann aus Bombay lagen die Dinge einfacher. Freudig begrüßte er Alis Herrschaft und lief davon. Jaffrey dagegen fürchtete, dass Khomeini einen Traum, der so nahe war, zerstört hatte.

Aber ich musste auch erkennen, dass der Traum von der

Gemeinschaft der Gläubigen mich ausschloss. In dieser Zeitungsredaktion – Schreibmaschinen, Druckfahnen, englische Sprache, Telefone, »Der Wahrheit die Ehre« – zählte nichts von jenem Geistesleben, das mir lieb und teuer war; gelegentliche gefühls- oder verstandesmäßige Berührungspunkte waren reiner Zufall.

In der offenen Halle im Erdgeschoss rief mich jemand mit amerikanischer Chefstimme an: »Kann ich Ihnen helfen?«

Es war einer der iranischen »Direktoren« der Zeitung, und nie hätte man vermutet, dass eine Person wie er im Dienst der *jamé towhidi* stehen sollte. Er war jung, sah gut aus, hatte einen perfekten Haarschnitt und einen schwarzen Schnurrbart. Mit den Fingerspitzen zog er am unteren Rand eines schokoladenbraunen Jacketts, das kantig auf seinen Schultern saß und die hellbraune Hose, das beigefarbene Hemd und die breite Krawatte mit breitem Knoten besonders betonte.

Er muss mich für einen weiteren indischen Schiiten gehalten haben, der das Englische beherrscht und ein paar Rial braucht; und in seiner chefmäßigen Art begann er, mich auf und ab zu führen, bombardierte mich mit Fragen, blickte finster zu Boden, wobei seine Haut wegen der vielen Kleidungsstücke, die er trug, ein wenig feucht wurde, und sagte zu allem, was ich antwortete: »Gewiss, gewiss.« Als ihm aufging, dass ich nicht für die Zeitung schreiben wollte, blieb er stehen. Und als ich mich verabschiedete, sagte er: »Gewiss, gewiss.«

Diesen Direktor, diese geschäftige Zeitungsredaktion – mitsamt Mr Jaffrey an der Schreibmaschine und den Druckfahnen, die auf den Schreibtisch jenes freundlichen Redakteurs fielen, der sogar einem Fremden Arbeit angeboten hätte – sollte man im Gedächtnis behalten. Sechs Monate später, als ich nach Teheran zurückkehrte, war die Redaktion verwaist.

Eine der englischsprachigen Zeitschriften, die ich mir besorgte, erschien in der heiligen Stadt Qom. Sie hieß *The Message of Peace*, und wie der Titel befürchten ließ, war sie erfüllt von blinder Wut.

Sie wütete gegen den Schah; gegen die »Teufel« aus dem Westen und die Übel der westlichen Technologie; sie wütete sogar gegen den armen alten Desai, den indischen Premierminister, der zwar den Alkohol verbot (was aus muslimischer Sicht gut war), aber Urin trank (was aus muslimischer Sicht erbärmlich war). Allerdings kaufte ich die Zeitschrift nicht wegen dieses Wütens, auch nicht weil sie Khomeinis Reden oder Biografien schiitischer Imame enthielt. Die *Message of Peace* kaufte ich wegen eines Artikels über islamische Stadtplanung.

Gab es so etwas wirklich? Offenbar ja; mehr noch, es war dringend erforderlich. Der Islam war eine ganzheitliche Lebensform; er trennte das Weltliche nicht vom Geistlichen. Es galt also dem Artikel zufolge, nicht nur den materialistisch-industriellen Auswüchsen zu wehren, sondern überdies für eine »theozentrische Gesellschaft« zu planen. Außerdem müsse diese Gesellschaft den Frauen Schutz bieten. Was für Probleme! Doch allein dass es sie gab, bewies schon, dass man bewusste islamische Planung brauchte. Und man konnte sie lösen.

Man baue vier Wohnbezirke an den Rändern eines imaginären Quadrats. Man gebe jedem eine Moschee, eine Poliklinik und einen Kindergarten: Dort werden die Frauen sich zu schaffen machen. Die Männer werden zur Arbeit gehen. Und zwar im Innern des Quadrats. Mitten in diesem der Arbeit gewidmeten Stadtviertel steht eine Moschee, die so groß ist, dass sie die gesamte männliche Bevölkerung fasst. Ihr angeschlossen ist ein Armenhilfezentrum, da das Verteilen von Almosen im Islam genauso eine Rolle spielt wie Beten, Fasten oder die Wallfahrt nach Mekka.

Im Kreis rund um die Moschee liegt ein Basar; rund um den Basar liegen Büros; und am äußeren Rand dieses Bürokreises befinden sich Krankenhäuser, Entbindungsheime und Schulen, sodass die Männer auf dem Weg zur Arbeit ihre Kinder in die Schule bringen können und bei anderen Anlässen schnell in den Krankenhäusern oder Entbindungsheimen sind.

In der Freizeit können die Frauen zum Plaudern zusammenkommen. Die Männer können reiten oder Flugstunden nehmen. »Dahinter steht der Gedanke, dass wir keinen Sport fördern dürfen, der das religiöse Bewusstsein der Gemeinschaft stört.«

Es gibt noch weitere islamische Vorschriften. Geklärte Abwässer dürfen nur zur Bewässerung verwendet werden. »Im Islam spielt die Vorstellung von Sauberkeit und vom Wasser als dem Mittel körperlicher Säuberung eine wichtige Rolle. Das Reinigende am Wasser ist das Wasser selbst; chemische und biologische Verfahren sind aus religiöser Sicht nicht zulässig.«

Die Häuser in den Wohnvierteln sind so angeordnet, dass der aus der Moschee ertönende Ruf zum Gebet jedes Haus ohne Lautsprecher erreichen kann. Und schließlich ein letztes Detail. »Sanitäre Einrichtungen wie etwa WCs sollen so ausgerichtet sein, dass ihre Benutzer der heiligen Stadt Mekka weder das Gesicht noch den Rücken zuwenden.«

Die nördlich von Teheran gelegenen Berge wurden im Morgenlicht sichtbar, verschwanden im Tagesdunst und waren bei Sonnenuntergang eine blasse amethystfarbene Silhouette. Dann leuchteten die Lichter der Stadt auf; hier und da tanzte eine Neonreklame. Der Verkehr dröhnte. Aber den ganzen so hektisch wirkenden Tag über hatten die Kräne auf den unfertigen Gebäuden sich nicht ein einziges Mal bewegt.

Technik war von Übel. So wenigstens sagte es Ernst Friedrich Schumacher, Autor von *Small is Beautiful: Die Rückkehr zum menschlichen Maß*; in der *Message of Peace* wurde er häufig zitiert, man geißelte den Westen mit seinen eigenen Worten. In Teheran freilich waren wir von Technik umgeben, und die hatte man zum Teil so gründlich islamisiert oder einem einwandfreien islamischen Gebrauch zugeführt, dass ihre Herkunft aus dem Ausland keine Rolle zu spielen schien.

Der Taxifahrer des Hotels ließ sich mit Koranlesungen aus dem Autoradio durch die abendlichen Verkehrsstaus leiten, und im Hotel erwarteten uns Mullahs im Fernsehen. Manche modernen Konsumgüter und Geräte – Autos, Radios, Fernseher – waren einfach notwendig; sie zu besitzen war Teil gerechten islamischen Stolzes. Aber diese Dinge galten als wertfrei; man assoziierte sie nicht mit einem bestimmten Glauben, einem bestimmten Kulturkreis; sie galten als Warenbestand eines großen globalen Basars.

Nur mit Geld ließen diese Dinge sich kaufen. Und Geld war im Iran zum wahren Gottesgeschenk geworden, zum Lohn der Tugend. Ob Teheran arbeitete oder nicht – täglich gingen siebzig Millionen Dollar auf den Auslandskonten des Landes ein und konnten nach Bedarf abgezogen werden: ausländische Währungen, garantiert durch ausländische Gesetze und Institutionen, um die islamische Revolution in Gang zu halten.

Aber manche Menschen waren verbittert. Zum Beispiel waren sie verbittert über die leeren Restaurants, wo es die

Gerichte nicht gab, die auf den alten Speisekarten angeboten wurden. Sie brauchten Gäste, aber sie konnten nicht anders, als diejenigen, die kamen, zu hassen. In meinem Hotel haderten sie noch aus einem weiteren Grund. Nach der Revolution hatten die Eigentümer das Land verlassen. Das Hotel war von einem Revolutions-*komiteh* übernommen worden, und im Erdgeschoss legte jedermann Wert darauf, ostentativen Stolz zu zeigen. (In den oberen Stockwerken war das anders. Das Zimmermädchen machte mir eines Morgens durch Zeichensprache verständlich, dass ich nicht die Hotelwäscherei benutzen sollte; sie werde meine Kleidung selbst waschen. Und sie tat es. Als ich am Nachmittag zurückkam, sah ich meine feuchten Kleider im Korridor, wo sie zum Trocknen am Türknauf nicht besetzter Gästezimmer hingen.)

Eines Abends besuchte mich Nicholas, ein junger britischer Journalist, und begann aus heiterem Himmel, mit dem Mann an der Rezeption hemmungslos über die Taxigebühren des Hotels zu streiten. In der leeren Hotelhalle spitzte sich der Streit rasch zu.

Der große, dünne Nicholas mit seinem Bärtchen war ganz kribbelig vor Übermüdung: Schuld war die lange Arbeitszeit als Auslandskorrespondent, die »Desinformation«, die er beständig zu prüfen hatte, die schiere Wortzahl, die er täglich nach Hause schicken musste. Und die Geschehnisse, von denen er berichtete, regten ihn allmählich auf.

Der Mann an der Rezeption war groß und dickbäuchig, er hatte eine blasse Haut und schwarzes gelocktes Haar. Er trug einen Anzug und strotzte vor Stolz. Sein Stolz und Nicholas' Wut sorgten dafür, dass er den Kopf verlor. Er kehrte zum Verhalten und zur Sprache alter Zeiten zurück.

»Wenn Ihnen das Hotel nicht passt«, sagte er, »dann können Sie gehen.«

Mit der Förmlichkeit des Gereizten antwortete Nicholas: »Ich habe das Glück, *nicht* in diesem Hotel zu wohnen.«

Um beide zu beruhigen, nahm ich das Auto zum festgesetzten Preis.

Nicholas lehnte sich auf den Empfangsschalter, blickte jedoch beiseite. Der Mann an der Rezeption füllte den Taxibestellschein aus. Obgleich man es ihm nicht ansah, kam er vom Lande. Er hatte eine stattliche Geldsumme bezahlt, um seine Mutter auf Wallfahrt nach Mekka zu schicken; nun machte er sich Sorgen um Geld und Zukunft und um die Ausbildung seiner Kinder. Während des Wirtschaftsbooms sah es so aus, als könnte der Junge an einer amerikanischen Universität studieren, aber jetzt musste er sich andere Wege einfallen lassen.

Nicholas konnte keinerlei Mitleid empfinden. Auch er erinnerte sich an den Boom, als es keine Hotelzimmer gab und er zusammen mit vielen anderen für fünf Dollar pro Nacht auf Feldbetten im Ballsaal eines Grandhotels geschlafen hatte.

»Seit sieben Monaten«, sagte er, »hat niemand in diesem Land auch nur einen einzigen Handschlag getan. Wo sonst kann man sich das erlauben und trotzdem leben?«

Die Revolution ging weiter. Die Wahlergebnisse zeigten – auch wenn von Manipulation die Rede war –, dass die Leute Khomeini gefolgt waren; sie wählten Mullahs und Ayatollahs in die verfassunggebende Expertenversammlung. Ein Mann wurde hingerichtet, weil er angeblich eine zweimonatige Liebesaffäre mit einer verheirateten Frau hatte. Das Revolutionskomitee für Innungswesen mahnte Friseurinnen (in der Mehrzahl Armenierinnen), nicht länger »ihre Jugend zu verschwenden« und Männern die Haare zu schneiden. Und verschreckte Teppichreiniger warben für eine »islamische Reinigung« – bei der der Teppich dreimal in Wasser ausgespült werde.

Amerikanische F-14-Kampfjets im Wert von fünf Milliarden Dollar wurden in den Sand gesetzt, weil ihr Raketensystem zu »schwierig und unökonomisch« sei. Auch andere große vorrevolutionäre Projekte wurden gestrichen, einschließlich der zwei westdeutschen Kernkraftwerke, für die man noch eine Milliarde Dollar zu zahlen hatte. Der Auftrag für die sechsspurige Autobahn zur südlichen Hafenstadt Bandar Abbas wurde dem amerikanischen Konsortium entzogen und einem einheimischen Unternehmen übergeben: »Im ersten Bauabschnitt werden zwei Fahrspuren angelegt.« Es erschienen Berichte über Sabotageakte: So sollten die Israelis den »normalen Betrieb« der staatlichen Schifffahrtslinie *Arya* gestört haben. Im Nordwesten hatten sich die Kurden erhoben; und im Südwesten wurden die Araber aufsässig.

Eine Ansprache folgte auf die andere. Auch der Minister für Arbeit und Soziales hielt eine Rede, und sein Bild kam in die Zeitung: Die Moschee, sagte er, sei nicht nur Gotteshaus, sondern zugleich »eine Basis, von der antikolonialistische Bewegungen ausgehen könnten, um ein Beispiel für Einheit, Denken und Handeln zu geben«. Einheit: Sie war Thema einer großen Freitags-Reportage in der *Tehran Times* mit dem Titel »Warum hat der Islam revolutionäres Potential?«.

Einheit, Einigkeit, gebeugte Rücken beim Beten, das wie Exerzieren aussah, der Glaube des Einen als Glaube aller, der Glaube aller, der in dem des Einen zusammenfloss und damit göttlich wurde, das Ende von Persönlichkeit und Hilflosigkeit: Einheit, Sich-Ausliefern, Gesichtslosigkeit, Himmelreich.

»Wie hat Ihnen das Hilton gefallen?«, fragte mich einer der Angestellten an der Rezeption. Er war weniger zugeknöpft als die anderen, denn er handelte ein wenig mit Silbermünzen und wollte mir gerade zwei verkaufen.

»Es war leer.«

»Alle Hotels sind leer. In zwei Monaten wird sich das ändern. Zurzeit gibt es noch keine Regierung. In zwei Monaten haben wir eine. Jedenfalls sagen wir das.«

Er war ein frommer Mensch, wie alle im Hotel. Keine Fernsehpredigt wurde ihm zu lang.

Im Iran sagten sie, Glaube und Tat seien eins. Weil sie eins waren, hätten sie über den Schah und seine Streitkräfte gesiegt. Mehr als dass sie eins sind, brauche man auch jetzt nicht. Aber sie machten sich etwas vor. Nach den Jahrhunderten der Despotie hielten sie den Staat im Grunde für etwas Eigenständiges, etwas, das für sich selbst sorgt und immer wieder erneuert wird. Und auch dann noch, als sie mit ihrem Glauben alles – Hotel, Stadt, Staat – in den Niedergang hineinrissen, warteten sie darauf, dass es von neuem beginnen und genauso sein würde wie zuvor.

Ich beschloss, in die heilige Stadt Qom zu fahren; und so lernte ich Behzad kennen. Er führte mich durch den Straßenverkehr und sagte: »Sie müssen mir immer die Hand geben.« Die Worte gefielen mir; sie entsprachen dem, was ich brauchte. Ohne Sprachkenntnisse und inmitten der iranischen Widersprüche brauchte ich eine iranische Hand, die mich führte.

Dann übersetzte Behzad den Begleittext auf dem Revolutionsplakat – »Zwölfter Imam, wir warten auf dich« –, und schon steigerte sich meine Verwunderung aufs Neue.

3

Die heilige Stadt

Nach Qom fuhren Behzad und ich mit dem Auto. Es war schon nach Mittag, als wir wieder beim Hotel ankamen; und obwohl die Taxifahrer des Hotels untätig herumsaßen, wollten sie die lange Fahrt durch die Wüste nicht machen. Nur einer der Männer – nämlich derjenige, der mich eines Abends in seinem Autoradio die Koranlesungen hatte mithören lassen – bot sich an und verlangte siebzig Dollar. Behzad sagte, das sei zu viel; er kenne jemanden, der es für weniger machen werde.

Wir warteten lange auf Behzads Fahrer, und dann mussten wir zur Kenntnis nehmen, dass seine Gebühr im Zeitraum zwischen unseren telefonischen Verhandlungen und seiner Ankunft im Hotel gestiegen war. Er war von kleiner, knorriger Gestalt und erzählte, er sei kein Muslim. Aber das meinte er nicht wortwörtlich. Er wollte nur sagen, er sei nicht Schiit oder Perser. Er war »Stammesangehöriger«, ein Lur aus dem im Westen gelegenen Luristan.

Qom besaß ein berühmtes Heiligtum, nämlich das Grabmal der Schwester des achten schiitischen Imam, das seit tausend Jahren ein Wallfahrtsort war. Es besaß auch mehrere theologische Schulen. Khomeini hatte in Qom unterrichtet und Vorlesungen gehalten; und als er nach dem Sturz des Schahs in den Iran zurückkehrte, machte er Qom zu seinem Hauptquartier. Dort war er umgeben von Ayatollahs, deren jeder seinen eigenen hohen Ruf hatte, und einen dieser Begleiter, Ayatollah Khalkhali, hoffte ich zu sehen.

Khomeini empfing und predigte und segnete; Khalkhali hängte. Er war Khomeinis Blutrichter. Er hatte viele islamische Schnellverfahren geleitet, die mit Hinrichtungen endeten, und diese wurden auf offiziellen Fotos – davor und danach – festgehalten: Männer vor ihrer Ermordung und dann tot, nackt auf den herausgezogenen Bahren des Leichenschauhauses.

Erst kürzlich hatte Khalkhali Interviews gegeben, in denen er seine Tätigkeit als Richter herausstrich, und in Teheran hieß es, er sei in Ungnade gefallen und versuche mit den Interviews seinen Ruf zu wahren. Der *Tehran Times* teilte er mit, in der Hauptstadt habe er »wahrscheinlich« vierhundert Menschen zum Tode verurteilt. »In manchen Nächten, sagte er, seien dreißig oder mehr Leichen mit Lastwagen aus dem Gefängnis geschafft worden. Auch in der Provinz Khusistan hat er seinen Worten zufolge Hinrichtungsbefehle gegen viele Menschen unterzeichnet.« Khusistan war die arabische Provinz im Südwesten, wo sich das Erdöl befand.

Einer anderen Zeitung erzählte er, in der südkoreanischen Botschaft sei ein Komplott geschmiedet worden, das zum Ziel hatte, Howeida, den Premierminister des Schahs, sowie andere wichtige Leute aus dem Teheraner Gefängnis zu befreien. Kaum habe er, Khalkhali, von dem Komplott erfahren, hätte er den Entschluss gefasst, die Verfahren zu beschleunigen, um der CIA und dem Zionismus einen Schlag zu versetzen. »Im Laufe einer Nacht habe ich alle Fälle durchgearbeitet und dafür gesorgt, dass sie vor das Exekutionskommando kamen.« Der *Tehran Times* schilderte er, wie Howeida gestorben war. Die erste Kugel traf ihn am Hals; sie tötete ihn nicht.

Dann forderte sein Scharfrichter – ein Geistlicher – ihn auf, den Kopf hochzuhalten; die zweite Kugel traf ihn am Kopf und tötete ihn.

»Würde dieser Mann sich mit mir treffen wollen?«, fragte ich den Korrespondenten einer Nachrichtenagentur, als wir über Khalkhali sprachen.

»Liebend gern sogar.«

Und Behzad meinte, das lasse sich arrangieren. Sobald wir in Qom wären, sagte er, werde er Khalkhalis Sekretär anrufen.

Telefon, Sekretär: Die modernen Hilfsmittel kamen mir ganz befremdlich vor. Doch Khalkhali sah sich als einen Mann seiner Zeit. Der *Tehran Times* zufolge sagte er, »die religiösen Oberhäupter versuchten, die Herrschaft des Heiligen Propheten Mohammed im Iran durchzusetzen. Zur Zeit des Propheten habe man mit Schwertern gekämpft; heute seien sie durch Phantom-Jäger ersetzt.« Phantom-Jäger: nicht amerikanisch, nicht das Produkt ausländischer Wissenschaft, sondern so international wie Schwerter, Teil des Warenangebots auf dem großen Weltbasar, durch den Kaufakt islamisiert.

Eine Konfusion dieser Art herrschte auch in Behzads Kopf, obgleich er nicht religiös, sondern Kommunist war und sein kommunistischer Vater ihn von der Religion fern gehalten hatte. Unter dem Schahregime saß der Vater im Gefängnis, und Behzad hatte den väterlichen Traum von einer »wahren« Revolution als Erbe übernommen. Eine solche Revolution war im Iran ausgeblieben; aber Behzad zwang sich unter Aufbietung der ganzen erlernten Dialektik, in der religiösen Inbrunst von Khomeinis Revolution den Umriss dessen zu sehen, was man »wahr« nennen konnte. Und als wir Richtung Süden durch Teheran fuhren, das zuerst aussah wie ein Basar und dann immer mehr wie eine Siedlung inmitten abfallverschmutzter Wüste, gab er sich alle Mühe, mir die Stadt der proletarischen Revolte zu zeigen.

Niedrige Backsteingebäude waren staubfarben; Hausmauern wirkten unfertig; helle Innenräume schienen so vergänglich zu sein wie ihr Anstrich. In der südlich an Teheran angrenzenden Ebene hatten die Menschen, die vom Lande kamen, die Stadt Stück für Stück vergrößert; und wo sich die traditionellen quadratischen Lehmsteinhäuser mit Flachdach häuften, wirkten sie wie Dörfer.

Wir fuhren an einer großen Fabrikhalle vorbei. Unter jedem Fenster hatte sich ein beigefarbener Belag auf den Mauern gebildet. Behzad erzählte, dies sei eine Textilfabrik, sie sei ein Zentrum der Revolution gewesen. Die Armee habe sie gestürmt und viele Arbeiter getötet.

Nach der Ölraffinerie, deren Schornstein eine Flamme ausstieß, erreichten wir die echte Wüste. Es gab keine Bäume mehr, und die Sicht war unbegrenzt: flache Anhöhen, Hügel, kleine Bergketten. Die Straße stieg an, tauchte dann in weite Täler hinab. Hügel und Anhöhen waren sanft gerundet, und manchmal war aus der Ferne und aus bestimmten Blickwinkeln ein Hauch von Grüntönung auf dem Braun zu sehen: Grasbüschel und Unkraut, die, wie man dann feststellen konnte, eigentlich vereinzelt standen.

Von der Kuppe eines Hügels sahen wir zur Linken den auf der Karte eingezeichneten Salzsee. Er wirkte klein und weiß, als wäre er kurz davor, zu Salz zu verklumpen; und um das Weiß zog sich ein blass grüner Saum. Behzad sagte, manchmal sähe er ganz blau aus. Die Geheimpolizei des Schahs habe dort von Hubschraubern aus zahlreiche Leichen versenkt. Und der See war größer, als es den Anschein hatte. Es war trostlos, als wir an ihm vorbeifuhren; der grüne Wassersaum, der das Weiß umgab, war sehr weit entfernt. Danach wurde die Landschaft immer zerklüfteter. Die Hügel waren weniger rund, ihre Konturen zeichneten sich schärfer gegen den Himmel ab.

Um uns war Wüste, aber auf der Straße herrschte Betrieb; und hin und wieder standen Buden am Straßenrand, wo man sich alkoholfreie Getränke oder Melonen kaufen konnte. Behzad meinte, wir sollten vor unserer Ankunft in Qom etwas trinken oder essen; in Qom, wo das Ramadan-Fasten strikt eingehalten werde, würden wir vor Sonnenuntergang nichts bekommen.

An einem Rastplatz für Busse und Lastwagen hielten wir an: ein großes, primitiv gebautes Café in mediterranen Farben und ein Wassermelonenstand auf einer Böschung am Straßenrand. Der Melonenverkäufer saß unter einer dünnen Baumwollplane, die kaum Schatten spendete, und schlief mit dem Kopf auf den Armen.

Wir weckten ihn und kauften eine Melone, zu der er uns Messer und Gabeln lieh. Behzad halbierte die Melone und schnitt das Fleisch, und dann hockten wir uns zu dritt – der Fahrer setzte sich ungefragt dazu – um die Melone herum und aßen gleichsam aus derselben Schüssel. Behzad, das sah ich, liebte diesen Moment des Servierens und Teilens. Es mutete an wie ein typisch muslimischer Augenblick, das von Muslimen praktizierte Teilen – und der Fahrer hatte sich uns mit der größten Selbstverständlichkeit angeschlossen. Aber dieser Fahrer war zugleich Arbeiter; Behzad aß gemeinsam mit einem Mann aus dem Volk, und damit zwang er jenem Augenblick in der Wüste das eigene Ritual auf.

Auf der Böschung hatte man zwei junge Bäume gepflanzt. Einer hatte keine Rinde mehr und war abgestorben; der andere war halb tot. Zwischen ihnen lag eine alte, sonnenverbrannte, krank aussehende Frau in schwarzer Kleidung, ein befremdliches menschliches Trümmerstück, eine Fahrstunde von Teheran entfernt. Zeitungspapier, das am Stand benutzt wurde, trieb in Fetzen über den Sand und fing sich an den Baumstämmen. Auf der anderen Straßenseite hielt ein Lastwagen mit rauchendem Auspuff; und pausenlos rollte der Verkehr vorbei.

Wir hockten im Sand und aßen. Der Fahrer spuckte die Melonenkerne auf die Straße. Ich tat es ihm nach; desgleichen Behzad – wenn auch mit mehr Respekt. Urplötzlich, ohne ein Wort zu sagen, steckte der kleine Lur mit dem kantigen Kopf seine Gabel in die Melone und sprang von der Böschung. Er war fertig; er hatte genug von der Melone gegessen. Er ging über den schmutzigen öden Platz zum Café, um eine Toilette zu suchen, und Behzads großer Augenblick war vorbei.

Ich hatte angenommen, als heilige Stadt müsse Qom an Berghängen erbaut worden sein: Überall müsse man Felswände und Schatten und schmale, in den Fels gehauene Gassen sehen, wo fromme Männer in Zellen oder Höhlen meditierten. Aber Qom lag flach in der Wüste, und man näherte sich ihm wie jeder anderen Wüstenstadt: zuerst Baracken und Tankstellen. Dann wurde die Straße ansehnlicher; an die Stelle der Baracken traten Häuser. In der Mitte eines Kreisverkehrrondells stand ein kleiner blühender Garten – so überraschend, eingefriedet und oasenähnlich waren alle persischen Gärten. In der Ferne glänzte eine Kuppel zwischen Minaretten: die Kuppel des berühmten Heiligtums.

»Die Kuppel ist aus Gold«, sagte Behzad.

Vergoldet worden war sie im neunzehnten Jahrhundert. Aber die Stadt, in die wir nun hineinfuhren, bezog ihren Reichtum aus dem Erdöl; sie sah aus wie die Rekonstruktion einer Basarstadt und war mit Ausnahme der goldenen Kuppel und der Minarette völlig nichts sagend.

»Als was soll ich Sie vorstellen?«, fragte Behzad. »Als Korrespondent? Für die hat Khalkhali etwas übrig.«

»So will ich aber gar nicht mit ihm reden. Ich möchte nur ein zwangloses Gespräch. Ich will verstehen, wie er zu dem geworden ist, der er jetzt ist.«

»Ich sage ihm, dass Sie Schriftsteller sind. Was soll ich sagen, woher Sie kommen?«

Das war ein Problem. Der Wahrheit am nächsten wäre England, aber irreführend. Trinidad wäre verwirrend und gleichfalls irreführend. Eine Möglichkeit war Südamerika, aber mit falschen Assoziationen verbunden.

»Können Sie sagen, ich käme vom amerikanischen Kontinent? Hat das im Persischen Sinn?«

»Ich werde sagen«, entschied Behzad, »Sie kommen aus Amerika, sind aber kein Amerikaner.«

Wir steuerten auf die Kuppel zu und hielten auf einem Parkplatz vor dem Heiligtum. Es war mitten am Nachmittag, und in der Stadt herrschte größere Hitze als in der Wüste; die vergoldete Kuppel sah heiß aus. Ungeachtet unseres heiligen Melonenmahls murmelte der Fahrer etwas von Essen. Ramadan hin, Ramadan her: Er wollte das Auto nehmen und außerhalb der Stadt nach etwas Essbarem suchen; und deshalb fragte er, was wir vorhätten.

Auf der anderen Straßenseite, unweit des Melonenstandes neben dem Tor zum Heiligtum, stand eine gläserne Telefonzelle deutscher Bauart. Behzad ging hinüber, um Khalkhalis Sekretär anzurufen.

Die hohe Mauer des Heiligtums war mit persischen Slogans besprüht und bepinselt. Zwei waren auf Englisch geschrieben – WIR WOLLEN DIE REPUBLIK, KHOMEINI IST UNSER FÜHRER – und mit Sicherheit für ausländische Fernsehkameras gedacht. Der zweite Spruch war eine wörtliche Übersetzung von *Khomeini e Imam*, aber in dieser Übersetzung unvollständig, weil er (in Verbindung mit dem ersten Slogan) suggerierte, es gehe nur darum, die Gefolgstreue vom Schah auf Khomeini zu übertragen, und weder auf die göttliche Autorität dieses Führers noch auf die durch ihn hergestellte Verbindung zum Himmel hinwies. Im Iran, wo man seit elfhundert Jahren auf die Rückkehr des Zwölften Imam wartete, war das Wort *Imam* bedeutungsschwer; und zumal hier in Qom, wo die Schwester des Achten Imam begraben lag. Verbindung zum Himmel, Ablehnung jeder nichtgöttlichen Herrschaft: Darin bestand das Ziel der hier proklamierten »Republik«.

Behzad, das Telefon in der Hand, öffnete die Tür der Telefonzelle und winkte mich herüber.

Als ich vor ihm stand, erklärte er: »Der Sekretär sagt, dass Khalkhali gerade beim Beten ist. Er erwartet Sie heute Abend um neun Uhr, wenn er das Fasten unterbricht.«

Es war halb vier. Dem Fahrer hatten wir gesagt, wir würden nur drei oder vier Stunden in Qom bleiben.

»Was soll ich dem Sekretär sagen?«, fragte Behzad.

»Dass wir kommen.«

Wir hinterbrachten dem ungeduldig wartenden Lur die schlechte Nachricht – oder die gute, denn er berechnete nach Stunden. Er antwortete etwas, das Behzad nicht übersetzte. Dann fuhr er davon, um etwas Essbares aufzutreiben, und ließ uns mit dem Problem zurück, wie wir fünfeinhalb Stunden in der Backofenhitze der Stadt verbringen sollten, wo man in dieser Zeit nichts zu essen oder zu trinken bekam.

Die Läden gegenüber dem Heiligtum verkauften Souvenirs – Teller mit Khomeinis Porträt, billige Tonvasen – und Süßigkeiten: flache runde Kuchen, die braun und weich waren, sehr süß aussahen und an den Rändern aufbrachen. An

Reisende dürfe Essbares während des Ramadan verkauft werden, sagte Behzad; aber es lohne nicht. Es waren nicht viele Leute da. Eine verkrüppelte alte Frau, zweifellos eine Pilgerin, fuhr mit ihrem Rollstuhl langsam an den Geschäften vorbei. In einer der Buden überraschten wir einen pummeligen Jungen dabei, wie er gerade an einem braunen Kuchen knabberte, der zu seinem Warenangebot gehörte; aber er schätzte uns als harmlos ein und lächelte (obgleich wenige Tage zuvor ein paar Leute ausgepeitscht worden waren, weil sie etwas gegessen haben sollten).

Die Souvenirläden verkauften auch kleine Tontäfelchen mit aufgeprägten arabischen Buchstaben. Der Ton kam aus den arabischen Städten Mekka und Medina (ein gutes Geschäft für dort Ansässige); so konnten die Gläubigen, wenn sie sich betend niederbeugten und die Stirn auf diese Täfelchen legten, heiligen Boden berühren. Ganz oben an der Mauer des Heiligtums stand, gesetzt in glasierten blauen und weißen Kacheln, ein Text, den ich für ein Zitat aus dem Koran hielt. Behzad konnte es nicht übersetzen; es war Arabisch, und das konnte er nicht lesen.

Arabien! Dass es im Iran so präsent war, hätte mich eigentlich nicht zu überraschen brauchen, aber ich war überrascht. Denn mit dem einen Teil meines Denkens näherte ich mich dem Iran über die Geschichte des Altertums und empfand Ehrfurcht vor seiner Frühzeit, in der er Ägypten eroberte, mit Griechenland rivalisierte und von Rom nicht besiegt werden konnte; mit dem anderen Teil näherte ich mich ihm über Indien, wo man, zumindest im Nordwesten, Persien samt seiner Sprache und Dichtung, seinen Teppichen und seiner Kochkunst noch heute als Nonplusultra der Kultur sieht – etwa so wie Frankreich vom übrigen Europa gesehen wurde. In Kaschmir gilt *Farsi khanna*, persisches Essen, als Inbegriff der gehobenen Küche; und vom *chenar*-Baum (der nach Indien verpflanzten Platane oder Sykomore Persiens, die in der persischen Kunst und der Mogulmalerei so allgegenwärtig ist), heißt es sogar, sein Schatten besitze Heilkraft. In Qom musste man sich von solchen Gedanken verabschieden. Hier blickten alle auf das spartanische Arabien als den Urquell.

Behzad schlug vor, wir sollten uns das Heiligtum anschauen. Wenn jemand fragte, sollte ich sagen, ich sei Muslim. Ich wandte ein, das würde ich nicht durchstehen. Ich wüsste gar nicht, wie ich mich verhalten sollte. Muss man eine Moschee mit dem rechten Fuß und den Raum für die Waschung mit dem linken zuerst betreten? Oder ist es anders herum? Lassen die Sunniten bei ihren Waschungen das Wasser den Arm hinunter bis zu den Fingern laufen? Lassen die Schiiten gerade umgekehrt das Wasser von der Hand bis zum Ellbogen laufen? Und worin bestehen die Gebärden, mit denen man Huldigung oder Anbetung ausdrückt? Es gab zu viele Fußangeln. Selbst wenn ich mich einfach an Behzad hielte und dasselbe täte wie er, würde es kaum überzeugend aussehen.

»Sie könnten sich gar nicht an mich halten«, sagte Behzad, »ich weiß ja selbst nicht, was man tut. Ich gehe nicht in die Moschee.«

Den Innenhof allerdings konnten wir betreten, dazu brauchten wir nicht einmal die Schuhe auszuziehen. Er war großräumig und sehr hell. An der einen Seite stand ein Turm mit Uhr, einer schmucklosen modernen Uhr ohne Ziffern. Auf der anderen Seite lag der Eingang zum Heiligtum. Er war hoch und etwas vertieft und glitzerte silbrig, wie eine silberne Höhle, ein in der Mitte durchgeschnittener silberner Kuppelbau. Aber was wie Silber aussah, war nur Glas, Glas in Tausenden von Stückchen, die das Licht in verschiedenen Winkeln einfingen. Und hier waren endlich auch die Pilger, sonnenverbrannte Bauern, ganze Familien, die von weit her gekommen waren. Sie kampierten in den offenen Zellen entlang der Hofmauer (in jeder von ihnen lag ein berühmter oder königlicher Toter) und wiesen ganz unterschiedliche Rassenmerkmale auf: ein älteres Persien, ein Mischmasch aus Stämmen und Kontinenten.

Eine der mongoloid aussehenden Gruppen kam Behzad zufolge aus Turkmenistan. Ich kannte gerade einmal das Wort. In dem 1824 erschienenen englischen Roman über Hadschi Baba, den ich als Raubdruck der »Oxford World's Classics«-Ausgabe im Hotel gekauft hatte, kamen turkmenische Banditen vor. In einem Londoner Auktionslokal hatte ich einmal eine indische Zeichnung aus dem siebzehnten Jahrhundert gesehen: Sie zeigte einen ins Joch gespannten turkmenischen Gefangenen, dem man die Hände hinter dem Nacken an einen Holzblock gefesselt hatte. Die Turkmenen kamen also aus Zentralasien und waren einst sehr gefürchtet. Welchen Platz sie in der persischen Geschichte einnahmen, wusste ich nicht; und zwischen dieser Krieger- und Räubervergangenheit und den hier im Heiligtum lagernden verzagten Menschen schienen Welten zu liegen. Klein, sonnenverbrannt und zerlumpt, wirkten sie wie Trümmer am Rande einer Kultur, die selbst seit langem am Rande der Welt stand.

Unweit der Moschee lag das zweistöckige gelbe Backsteingebäude, in dem Khomeini unterrichtet und Vorlesungen gehalten hatte. Es war unauffällig, undefinierbar; mittlerweile fand hier nichts mehr statt. Behzad und ich gingen durch den Basar. Für die meisten der kleinen Ladeninhaber war Siesta. In einem der Brotläden, in dem sich duchlöcherte, runde, süße Fladenbrote stapelten, lag ein Mann an der Seitenwand ausgestreckt auf einem Wandbrett oder einer Theke und schien einen Teil seines Warenbestandes als Kissen zu benutzen. Behzad kaufte eine Zeitung. Es war sehr heiß; es gab wenig zu sehen; das Leben der Stadt Qom blieb im Verborgenen. Wir begannen nach Schatten zu suchen, nach einem Platz, wo wir uns hinsetzen und warten konnten.

Wir stießen auf ein kleines Hotel. Im Innern war es beengt, aber frisch möbliert. Die beiden Männer an der Rezeption taten, als sähen sie uns nicht, und wir setzten uns in die kleine Lounge an der Vorderseite; außer uns war niemand da. Nach wenigen Minuten kam einer der beiden Männer und forderte uns auf zu gehen. Wegen des Ramadan sei das Hotel geschlossen; deshalb seien sie, wie er mit entwaffnender Logik hinzufügte, er und sein Freund, nicht aufgestanden, als wir gekommen waren.

Wir traten wieder hinaus ins Licht und in den Staub, gingen an den Souvenirläden mit den braunen Kuchen und den arabischen Tontäfelchen vorbei, und schließlich durften wir uns in das leere, dem Slogan KHOMEINI IST UNSER FÜHRER gegenüber gelegene Café setzen. Es war ein großer Raum, einfach gestaltet und möbliert, aber mit marmorverkleideten Säulen.

Zu trinken gab es nichts – ein »Cola«-Getränk in der Flasche schien nur chemische Gefahren zu bergen –, und durch den Raum zog der warme, herbe Geruch von kochendem Hammelfleisch. Dennoch war der Schatten erfrischend; die gelöste Erschöpfung, die sogleich über mich kam, während Behzad seine persische Zeitung las, ließ die Minuten schneller verstreichen.

Am Tisch bei der Theke, in der entgegengesetzten Ecke des Raumes, saßen Leute, die ich für eine Familie hielt: Vater, zwei Jungen und ein Mädchen im langen schwarzen Kleid und Schleier. So klein, dachte ich, und schon verschleiert. Aber die Kleine war lebhaft; sie redete pausenlos und wurde dazu von den anderen ermuntert, die offenbar alles, was sie sagte, lustig fanden. Von Zeit zu Zeit lächelte der Mann mir zu, als wolle er mich zum Bewundern auffordern. Irgendwann kreischte die Kleine laut auf, rannte die Treppe zur Galerie hinauf, kreischte oben weiter und löste damit unten neues Gelächter aus. Dann kam sie wieder herunter und zeigte den anderen, was sie mitgebracht hatte. Sie drehte sich um, sodass wir zum ersten Mal ihr Gesicht sahen, und kam auf Behzad und mich zu.

Sie war kein Kind mehr. Sie war sehr klein, vielleicht ein Meter zwanzig, sehr alt und vermutlich geistesgestört. Sie zeigte uns, was sie von oben mitgebracht hatte: einen Teller mit weißem Reis und einem kleinen, rautenförmigen Stückchen braun-schwarzen Hammelfleisches. Freute sie sich über das, was sie bekommen hatte, oder beklagte sie sich? Behzad sagte es nicht. Während sie sprach, hörte er zu, ohne ihr zu antworten. Dann ging sie hinaus.

»Ich dachte, sie wären eine Familie«, sagte ich. »Ich dachte, ihnen gehört das Lokal.«

»Nein, nein«, erwiderte Behzad, »das ist nicht die Wirtsfamilie. Es sind Arbeiter.«

Wir gingen nun selbst hinaus, um noch einmal bei Khalkhalis Sekretär anzurufen und zu fragen, ob sich der Termin nicht vorverlegen lasse. Es war etwa halb sechs und ein wenig kühler. Auf der Straße sah man jetzt mehr Menschen. Unser Fahrer war schon zurück; er hatte nichts zu essen gefunden.

Behzad telefonierte. Als er aus der Telefonzelle trat, kam er mit zwei bärtigen, wie Mullahs gekleideten jungen Männern ins Gespräch. Ich hatte sie nicht näher kommen sehen, da ich zu Behzad hinüberblickte.

Bislang kannte ich Mullahs nur aus dem Fernsehen; dort

sah ich sie in Schwarzweiß und meist nur Kopf und Turban. Wie feierlich ihre Tracht im wirklichen Leben aussah, überraschte mich. Auf der Straße hoben sich beide Männer durch sie heraus: schwarzer Turban, weißes kragenloses Untergewand, lange blass grüne oder blass blaue Robe mit zwei Knöpfen und ohne Revers sowie der dünne schwarze Baumwollumhang, der aussah wie der Talar der Studenten und Dozenten in Oxford und Cambridge und im schottischen St. Andrews. Ohne Zweifel lag hier der Ursprung des in solchen Universitäten üblichen geistlichen Gewands, denn im Mittelalter waren sie ebensolche religiösen Lehranstalten, wie Qom es noch heute war.

Die Tracht, vielleicht immer für den großen Auftritt gedacht und ein Zeichen des Ranges, verlieh zugleich körperliche Würde und Statur; das sah ich, als Behzad die jungen Männer zu mir führte. Beide waren eigentlich kleinwüchsig und jünger, als ihre Bärte vermuten ließen.

»Sie wollten doch gerne mit Studenten sprechen«, sagte Behzad.

Im Auto hatten wir davon geredet, ohne zu wissen, wie wir es anstellen sollten.

»Khalkhalis Sekretär«, fügte er hinzu, »sagt, wir können um acht kommen.«

Ich war sicher, dass wir zu jeder beliebigen Zeit hätten kommen können: Immer hätte man uns warten lassen, einfach mit Rücksicht auf Khalkhalis Würde.

Die beiden jungen Männer kamen aus Pakistan. Sie wollten wissen, wer ich sei, und als Behzad ihnen sagte, ich käme aus Amerika, sei aber kein Amerikaner, schienen sie ganz angetan; als er dann fortfuhr, ich wolle unbedingt etwas über den Islam erfahren, waren sie im Handumdrehen freundlich. Sie antworteten, im Studentenheim hätten sie ein paar englische Bücher, die mir bestimmt nützen würden. Wir sollten zuerst dorthin fahren und dann zum College, wo wir mit Studenten aus vielen Ländern sprechen könnten.

Behzad verteilte uns auf die Autositze. Mich platzierte er neben den Fahrer aus Luristan, der angesichts der Turbane und Roben und Bärte etwas eingeschüchtert war; Behzad selbst setzte sich zu den Pakistanis. Sie lotsten den Fahrer zu einer überraschend hübschen Wohnstraße. Die Bücher freilich, die sie mir geben wollten, fanden sie dort nicht, und so fuhren wir weiter, nicht zum Lehrgebäude selbst, sondern zu einem ihm gegenüberliegenden Verwaltungsgebäude.

Und dort, am Eingang, stellte sich uns eine Amtsperson in den Weg: ein Mann mittleren Alters, der gekleidet war wie die Studenten, auf dem Kopf aber statt des Turbans eine schwarze Wollkappe trug. Behzads Erklärung konnte ihn nicht so schnell überzeugen wie zuvor die Studenten. Er war vielmehr voller Argwohn.

»Er kommt aus Amerika?«

Behzad und die Studenten, die nun alle gleichermaßen hinter ihrer Geschichte standen, antworteten: »Er ist aber kein Amerikaner.«

Der Mann mit der Wollkappe sagte: »Er braucht nicht mit Studenten zu sprechen. Er kann mit mir reden. Ich spreche Englisch.«

Auch er kam aus Pakistan. Er war dünn und hatte dasselbe ausgezehrte Gesicht wie der pakistanische Staatsgründer Dschinnah. Die Wangen waren eingefallen, die Lippen ausgetrocknet und weißlich vom Fasten.

»Wir geben hier Bücher und Zeitschriften heraus«, fuhr er fort. »Sie enthalten alle Informationen, die Sie brauchen.«

Dann sagte er einem der Studenten etwas auf Persisch oder Urdu, und dieser ging fort und kam mit einer Zeitschrift zurück. Es war *The Message of Peace*, erster Jahrgang, erstes Heft.

Hier also fabrizierten sie es am laufenden Band: das blinde Wüten gegen die Teufel der westlichen Demokratien, die Hagiografien schiitischer Imame. Hier lasen sie Schumacher und Toynbee und benutzten ihre Worte – alles, was beide über Technik und Ökologie sagten –, um damit den Westen zu geißeln.

»Ich kenne Ihre Zeitschrift schon«, erklärte ich dem Mann mit der Wollkappe.

Er geriet aus der Fassung und blickte mich ungläubig an.

»Ich habe Heft zwei des ersten Jahrgangs gelesen. Mit dem Artikel über islamische Stadtplanung.«

Er schien noch nicht zu begreifen.

»Ich habe es mir in Teheran gekauft.«

Mit grimmiger Miene winkte er uns herein. Und nachdem wir die Schuhe ausgezogen hatten, stiegen wir zu seinem Büro hinauf. Breite Terrazzotreppe, breite Korridore, geräumige Zimmer mit Teppichfliesen.

Der Mann mit der Wollkappe, den ich nun als Direktor einstufte, setzte sich hinter seinen neuen Edelstahlschreibtisch. Einer der Studenten saß zu seiner Linken. Wir Übrigen, Behzad und ich und der andere Student, saßen nebeneinander auf Stühlen an der gegenüberliegenden Wand. Und so steif, wie wir saßen, begannen wir auch unser Gespräch.

Der Student zur Linken des Direktors sagte, allein der Islam mache die Menschen zu Menschen. Er sprach mit zärtlicher und überzeugter Stimme; und um zu verstehen, was er meinte, musste man zu verstehen suchen, wieso für ihn eine Welt ohne Prophet und Offenbarung eine Welt des Chaos wäre.

Der Direktor bohrte in der Nase und schien einverstanden.

Auf seinem Schreibtisch standen Gummistempel, ein neuer Globus, ein Gerät zum Heften von Papier und ein Telefon neuesten Stils, auf den Regalen Aktenordner, das *Oxford English Dictionary* und ein Wörterbuch Persisch–Englisch.

In Qom gab es, wie ich erfuhr, vierzehntausend Theologiestudenten. (Und dabei hatten wir, da wir zur schlimmsten Tageszeit eingetroffen waren, menschenleere Straßen vorgefunden.) Die kürzeste Studiendauer betrug sechs Jahre.

»Sechs Jahre!«

Der Direktor erwiderte meinen Ausruf mit einem Lächeln. »Sechs ist noch gar nichts. Manche Leute können fünfzehn, zwanzig oder dreißig Jahre studieren.«

Was studierten sie in einem so langen Zeitraum? Niemand forschte hier oder lehrte neues Wissen. Es gab nur Männer des Glaubens. Was mochte an diesem Fach ein so langes Studium erfordern? Da war, wie ich erfuhr, zunächst das Arabische; dann die Grammatik mit allen Sparten; ferner Logik und Rhetorik; außerdem Rechtswissenschaft, wobei islamische Rechtsprechung und Grundsätze der Rechtsprechung zwei verschiedene Studiengänge bildeten; und schließlich islamische Philosophie und islamische Wissenschaften – Biografien, Genealogien, »Korrelationen«, Überlieferungen über den Propheten und seine engsten Gefährten.

Ich hatte etwas weniger Systematisches, mehr Persönliches erwartet: der Lehrer als heiliger Mann, der Schüler als Jünger. Ich hatte weder mit einem so organisierten Lernen noch mit dem Rückbezug auf die Methodik des klassischen Altertums gerechnet. Allmählich begriff ich, warum so viele Studienjahre erforderlich waren. Hier bildete der Glaube noch die absolute Grenze der Welt. Und wie im mittelalterlichen Europa kannte theologische Gelehrsamkeit kein Ende.

Einer der großen Lehrer in Qom, ein Mann, der immer noch

Vorlesungen hielt und fünfmal am Tag die Gebete anleitete, hatte einen – fünfundzwanzig Bände füllenden – Kommentar (oder die Materialien dazu) zu einem bekannten Werk über die schiitische Vorstellung des Imam ausgearbeitet. Sieben Bände waren schon erschienen. Ein ganzer Trupp von Gelehrten war mit den restlichen achtzehn Bänden beschäftigt, wobei sie sicherlich ihre Lektürenotizen zusammentrugen, ganz wie in der Textüberlieferung des Mittelalters. Auch Khomeini, dessen Vorlesungen in Rechtswissenschaften und islamischer Philosophie berühmt waren, hatte achtzehn Bände zu verschiedenen Themen verfasst.

Dieses geordnete Leben zwischen Gebet und Vorlesung, Kommentar und Neuauslegung war gegen Ende des Schahregimes fast zugrunde gerichtet. Khomeini wurde ins Exil geschickt; die Sicherheitskräfte besetzten Qom; selbst die pakistanischen Studenten wurden von der Geheimpolizei schikaniert.

Der links neben dem Direktor sitzende Student senkte die Stimme und sagte: »Wenn es hier keine Revolution gegeben hätte, wäre der Islam ausradiert worden.«

Beide Studenten stammten aus Familien von Geistlichen, die in Provinzstädten im Pandschab lebten, und wussten seit jeher, dass sie zum Amt des Mullahs bestimmt waren. In Qom studierten sie erst seit acht Jahren. Zurzeit absolvierten sie das zweijährige Arabischstudium samt Logik und Rhetorik (Letztere war nichts weiter als die klassische Methode des Argumentierens); Literatur allerdings hatten sie nicht belegt. Geschichte war kein Teilfach ihres Studienganges, aber die private historische Lektüre stand ihnen frei. Nach Qom waren sie wegen der islamischen Philosophie gekommen. An keiner anderen Universität wurde dieses Fach so gründlich gelehrt; und dass sie in Qom gewesen waren, der Stadt Khomeinis und Marashis und Shariatmadaris (allesamt große Lehrer unter den Ayatollahs), würde ihnen nach der Rückkehr in die Heimat zu Ansehen bei den pakistanischen Schiiten verhelfen.

Der links neben Behzad sitzende Student sagte in Behzads Übersetzung: »Ich vergleiche diesen Ort mit Berkeley oder Yale.«

»Es ist seltsam«, bemerkte ich zu Behzad, »dass er das sagt.«

»Er hat nicht Berkeley und Yale gesagt«, erwiderte Behzad. »Das war ich, weil ich es Ihnen verdeutlichen wollte.«

Die drei Pakistanis, der Direktor und die Studenten, unterhielten sich, und der Student, der am Schreibtisch saß, nahm den Hörer vom Telefon und wählte eine Nummer.

»Sie möchten«, sagte Behzad, »dass Sie mit ihrem Lehrer Ayatollah Shirazi sprechen. Er ruft ihn an, um einen Termin zu bekommen.«

Das Kind in mir konnte wieder einmal nur staunen: Da wurde – in dieser Welt mittelalterlicher Schulmänner, die ich betreten hatte – ein Ayatollah, ein großer Mann, telefonisch um Termine gebeten. Und beim Gedanken an ein Treffen mit Shirazi war mir unwohl – genauso unwohl, wie mir bei der (wie immer fiktiven) Aussicht auf eine Disputation mit Petrus Abälard oder Johannes von Salisbury oder selbst mit einem weniger mittelalterlichen Gelehrten gewesen wäre. Von Shirazis Disziplin hatte ich keine Ahnung; ich würde ihm nichts zu sagen wissen.

Der Student mit dem Telefon legte den modernen Hörer wieder auf. Seine Schüchternheit und Ehrerbietung wichen freudigem Überschwang. »Ayatollah Shirazi«, sagte er, »erwartet Sie um sieben Uhr. Kaum hatte ich ihm von Ihnen erzählt, war er einverstanden.«

Zum ersten Mal hellte sich die Miene des Direktors auf, als

bestätige Shirazis Bereitschaft, mich zu empfangen, dass es in Ordnung war, wenn ich in seinem Büro saß und mit arglosen Studenten sprach. Er hatte pausenlos in der Nase gebohrt, sodass ich den Eindruck bekam, das Ramadan-Fasten, von dem seine Lippen trocken und weißlich geworden waren, wirke sich auch störend auf das Innere seiner Nase aus. Jetzt löste sich seine Spannung, und er bot sich an, mir das Gebäude zu zeigen. Wir standen auf; das offizielle Interview war vorüber.

Als wir aus dem Raum gingen, versuchte ich etwas über Studiengebühren und Lebenshaltungskosten der Studenten zu erfahren. Doch ich erhielt keine direkte Antwort; dann sagte mir Behzad von sich aus – und gab zu verstehen, ich solle nicht weiter insistieren –, die Mittel für die Studenten stammten aus der in Qom ansässigen religiösen Stiftung, und sie zahlte, solange sie da waren.

In einem Raum auf der anderen Seite des breiten Korridors saß ein Kalligraph an einer Koranabschrift. Er war in den Vierzigern, trug Hemd und Hose und arbeitete an einem Schreibtisch mit schräger Platte. Seine Handschrift war gleichmäßig, gezwungen, ohne Schnörkelbuchstaben oder eleganten Schwung; aber er ließ uns gern bei seiner mühevollen Tätigkeit zuschauen, während er immer wieder die breite Feder in schwarze Tinte tauchte. Sein Gesicht wies die Anzeichen alter seelischer Belastung auf; aber jetzt, bei seiner neu entdeckten Schreiberarbeit in dieser geschützten, modernen Zelle, hatte er Frieden gefunden.

Der Direktor zeigte uns Fotos von einer Zusammenkunft muslimischer Hochschulrektoren, die zwei Jahre zuvor in Qom stattgefunden hatte. Und wieder war ich überrascht, obgleich ich mich nicht hätte wundern dürfen: noch ein Beweis dafür, dass es die Sub- oder Parallelwelt mittelalterlicher

Gelehrsamkeit in ihrem islamischen Gewand tatsächlich gab und dass sie im ausgehenden zwanzigsten Jahrhundert nach wie vor intakt war. Nach den Worten des Direktors war der Rektor der Universität Al Azhar in Kairo so beeindruckt von dem, was er in Qom zu sehen bekam, dass er erklärte, Studenten aus Qom würden beim Wechsel nach Al Azhar nicht zurückgestuft.

Wir gingen die Treppe hinunter. An einer Wand lehnten Stapel mit den Publikationen des Zentrums – neben *The Message of Peace* auch zwei neue persische Taschenbücher. Eines handelte von Fatima, der Tochter des Propheten, die dessen Vetter Ali, den schiitischen Helden, geheiratet hatte; das Buch trug den Titel »Die Frau des Islam«. Das andere Buch (fast eine Broschüre) mit sepiafarbenem Umschlag stammte, so der Direktor, von einem Iraner, der ein offenbar erschütterndes Jahr in England verbracht hatte. Dieses Buch trug den Titel »Der Westen ist krank«.

Shirazis Haus stand an einer von glatten Mauern gesäumten unbefestigten Gasse in einem anderen Stadtteil. Beide Straßenhälften fielen zu einer flachen Mittelrinne ab, aber in dieser lag nur Staub.

Wir klopften an eine geschlossene Tür in der Mauer; auf der Straße waren Kinder, die mit Spottreden über die Pakistanis herzogen, ihnen androhten, Shirazi werde wütend sein, wenn sie hineingingen. Es schien wie ein altes Spielchen, ein zulässiger Spott, der in keiner Weise den Glauben betraf: der »Gelahrte«, der religiöse Student in der Tracht des Studiosus, als bewährte Zielscheibe, wie er sie auch im europäischen Mittelalter abgegeben haben mochte. Dennoch war es nicht leicht für die Pakistanis, die gleichzeitig versuchten, die Kinder fortzuscheuchen, ihre Würde zu bewahren, Behzad und mir gegenüber höflich zu bleiben und sich für den bevorstehenden feierlichen Empfang bereit zu machen.

Die Tür öffnete sich. Wir traten in eine Vorhalle, zogen die Schuhe aus, stiegen eine mit Teppich belegte Treppe hinauf bis zu einer Galerie, die um einen zur Linken und tiefer gelegenen gepflasterten Hof mit Feigenbäumen herumlief; überdacht war alles von einem hohen weißen Sonnensegel, sodass Licht und Farbe kühler wirkten und einem das hochsommerliche Wüstenklima nach dem Staub und der Hitze der Straße plötzlich mild und wie geschaffen für den Menschen vorkam.

Ich hätte gern innegehalten und den überschatteten Hof mit den Feigenbäumen betrachtet. Aber mein Staunen verwandelte sich fast augenblicklich in Schock: Auf der mit Teppich ausgelegten Galerie stand kaum mehr als einen Meter vor mir ein barfüßiger Mann mit israelischer Maschinenpistole: Shirazis Leibwächter. Er blieb auf der Galerie. Wir traten in den leeren, mit Teppich ausgelegten Raum zur Rechten, setzten uns schweigend neben einen Ventilator und warteten. Die pakistanischen Studenten lächelten, erwartungsvoll und aufmunternd zugleich.

»Er kommt«, sagte Behzad. »Stehen Sie auf.«

Wir erhoben uns alle. Durch Zeremoniell kann ein Auftritt sehr gewinnen, und Shirazis Auftritt war eindrucksvoll, prächtig. Er war ein großer Mann mit rundem, dickem Gesicht; sein Bart, ebenso sauber geschnitten wie sein Schnauzer, erschwerte es, sein Alter zu schätzen. Er trug eine blass braune Robe mit zwei Knöpfen; sein schwarzer Umhang war aus hauchdünner Baumwolle.

Die Studenten stürzten fast vor ihn hin – ein Gewirbel aus schwarzen Mänteln und Turbanen. Er ließ sie seine Hand küssen und schien sie zu segnen. Dann setzten wir uns. Er sagte gar nichts; es sah aus, als lächelte er. Auch die Studenten sagten nichts.

»Es ist sehr gütig von Ihnen, mich zu empfangen«, begann ich. »Ihre Studenten haben Sie als einen Mann von großer Gelehrsamkeit geschildert.«

Behzad übersetzte, was ich gesagt hatte, und Shirazi begann, langsam, mit melodiöser Stimme und einer Intonation, die mir neu war, zu sprechen. Er sprach lange, aber Behzads Übersetzung war kurz.

»Es war gütig von Ihnen zu sagen, was Sie gesagt haben. Es ist gütig von Ihnen zu sagen, was Sie gesagt haben.«

Shirazi sprach weiter.

Behzad übersetzte: »Erziehung kann nicht früh genug beginnen. Ich sähe es gern, wenn die Kinder schon als Babys zur Schule gebracht würden. Im menschlichen Kopf steckt ein Tonbandgerät. Das war schon Hitlers Idee.« Und Behzad fügte hinzu: »Er will wissen, was für eine Religion Sie haben.«

»Was soll ich sagen?«

»Das müssen Sie bestimmen.«

»Ich bin noch ein Suchender«, sagte ich.

Shirazi, mit unbewegtem Gesicht und großen, lächelnden, taxierenden Augen, redete lange. Er sprach deutlich, bedächtig, sehr rhythmisch. Sein Mund mit den vollen Lippen öffnete sich weit und ließ die blitzblanken Zähne sehen.

»Er will wissen«, sagte Behzad, »was Sie waren, bevor Sie ein Suchender wurden. Sie müssten doch in irgendeine Religion hineingeboren worden sein.«

Mir war unwohl wegen der pakistanischen Studenten. Ihnen hatten wir – nicht ganz unrichtig, aber eher um der Einfachheit willen – gesagt, ich käme aus Amerika, sei aber kein Amerikaner. Wenn sie hörten, dass meine Vorfahren Hindus waren, müssten sie alarmiert sein; die Feindschaft zwischen

Hindus und Muslimen auf dem indopakistanischen Subkontinent reichte tief. Sie müssten sich hintergangen fühlen; und dabei hatten sie mich so herzlich, so offen aufgenommen. Sie hatten diese Begegnung mit ihrem großen Lehrer arrangiert, und selbst jetzt wandten sie den – eher glückseligen als gehorsamen oder gar eingeschüchterten – Blick nicht von ihm.

»Können Sie ihm sagen«, fragte ich Behzad, »dass ich nie eine Religion hatte? Sagen Sie ihm, ich sei weit weg, auf dem amerikanischen Kontinent, geboren und nie in einem Glauben unterwiesen worden.«

»Das können Sie ihm nicht sagen. Geben Sie sich als Christ aus.«

»Sagen Sie ihm das.«

Aber sobald Behzad zu reden anfing, bereute ich, worum ich ihn gebeten hatte. Shirazi hatte sich von meinen Zweideutigkeiten nicht täuschen lassen; er wusste, dass etwas nicht stimmte. Und ich beschloss, nie wieder auf meiner ganzen islamischen Reise – weder aus Nervosität noch aus einem Bedürfnis nach Vereinfachung heraus – mir alles so zu komplizieren und damit die Reaktion der Menschen auf mich zu verfälschen. Es wäre zwar strapaziös, aber trotz allem viel interessanter gewesen (und hätte meinem Zweck besser gedient) zu sehen, wie Shirazi auf mich als einen Menschen ohne Religion und einen Menschen mit götzendienerisch-mystisch-animistischen Vorfahren reagieren würde.

Shirazi sprach in der ihm eigenen rhythmischen Art, auf Mullah-Art, wie Behzad mir später sagte, mit eher arabischer als persischer Aussprache und Intonation. Aus »Islam« machte er »Ess-lam«; und aus »Allah« wurde ein dreisilbiges, rund und mit offenem Mund gesprochenes Wort: »Oll-lor-hah«.

»Was für ein Christ sind Sie?«, fragte er.

Ich dachte nach. »Protestant.«

»Dann sind Sie der Wahrheit näher.«
»Warum?«
»Katholiken sind unbeugsam.«
Das war nicht direkt so gemeint. Er gab den christlichen Abgrenzungen nur einen schiitischen Dreh. Die Schiiten sehen sich mit ihrer eigenen Nachfolge des Propheten, die von anderen Muslimen ausgeklammert wird, als streitbare Minderheit.
Danach wurde die Unterhaltung so schwierig, wie ich befürchtet hatte. Ich fragte, ob auch Geschichte – die Geschichte des islamischen Kulturkreises – zu den Dingen gehöre, die er studiert habe. Er missverstand mich; er meinte, ich fragte etwas zur muslimischen Theologie, und erwiderte, natürlich kenne er die Geschichte des Islam: Als der Prophet den Leuten seines Dorfes erstmals die Botschaft überbrachte, wollten sie sie nicht haben, und so musste er zum nächsten Dorf gehen. Und immer wieder – gleichgültig ob ich ihm etwas über den Wissenschaftsbedarf der muslimischen Länder oder über seine Vorstellungen für den Iran nach der Revolution zu entlocken suchte – rutschten wir an seiner Theologie entlang bis zum Wirrwarr seiner Gewissheiten. Der wahre Islam wird der Wissenschaft zur Blüte verhelfen, denn der Prophet hat gesagt, man solle ausziehen und lernen. Der wahre Islam bringt die Freiheit (womit er die Freiheit meinte, dem Islam und der Schia anzuhängen, einen göttlichen Herrscher zu haben); und mit der Freiheit (wobei diese Freiheit nun etwas ganz anderes bedeutete als die erste) kommt alles Übrige.
Es entstand eine lange Pause.
»Sie sehen abgeklärt aus«, sagte ich.
»Ich danke Ihnen dafür«, erwiderte er. Er gab das Kompliment nicht zurück.
Nun wollte ich endlich erlöst sein.

»Sagen Sie ihm«, bat ich Behzad, »ich hätte den Eindruck, dass ich zu viel von seiner Zeit in Anspruch nehme.«

»Ich bin frei, bis ich das Fasten unterbreche«, antwortete Shirazi mit seinem Lächeln.

Es war erst halb acht. Bloß um das Gespräch in Gang zu halten, sagte ich: »Fragen Sie ihn, wann er das Fasten unterbricht.«

»Das kann ich ihn nicht fragen«, antwortete Behzad, »Sie vergessen, dass ich Muslim bin. Man erwartet, dass ich in solchen Dingen Bescheid weiß.«

Jemand kam herein, ein heiliger Mann im weißen Turban, ein Turkmene, blass geworden in der Abgeschiedenheit des Ramadan, aber nicht so sonnenverbrannt und abgemagert wie die turkmenischen Pilgerfamilien, die im Hof des Heiligtums lagerten. Er brachte ein sehr blasses kleines Mädchen mit. Shirazi hieß sie herzlich willkommen. Wir standen auf, um uns zu verabschieden. Die Studenten fielen erneut vor Shirazi nieder und küssten ihm die Hand. Shirazi lächelte, und er lächelte auch, als das Mädchen – da unsere Audienz vorüber war – zu ihm eilte und ihm die Hand küsste.

Das Sonnensegel über dem Hof und den Feigenbäumen war entfernt worden. Das Licht leuchtete jetzt golden, und die Schatten hatten ihre Härte verloren. Am Fuß der Treppe erwarteten uns unsere Schuhe; und in dem Zimmerchen gleich neben der Vorhalle beugte sich der barfüßige Leibwächter mit der Maschinenpistole zu einem Kind hinunter, um mit ihm zu spielen.

Draußen, auf der unbefestigten Gasse, wo der Staub wie ein Teil des goldenen Abends wirkte, wandten die pakistanischen Studenten mir ihre strahlenden Gesichter zu, und einer fragte: »Wie hat er Ihnen gefallen?«

In ihren Augen war die Zusammenkunft gut abgelaufen. Sie

baten Behzad und mich, gemeinsam mit ihnen zu Abend zu essen, das Fasten zu beenden und die einfachen Speisen der Studenten zu verzehren. Aber diese Einladung war (wie die Bescheidenheitsfloskel über das einfache Essen von Studenten zeigte) nur eine höfliche Geste, ihre Art der Verabschiedung, bevor sie uns zum Auto brachten und den gewohnten Gang ihres Ramadan-Abends, den wir unterbrochen hatten, wieder aufnahmen.

Sowohl in der Gasse wie auch auf der gepflasterten Straße, in die sie mündete, wimmelte es von geschäftigen Gestalten im schwarzen Umhang: als sähe man einen alten Druck mit einer Straßenszene in Oxford. Aber hier war die geistliche Tracht nicht geborgt; hier gehörte sie dazu und hatte immer noch Bedeutung; hier war das islamische Mittelalter lebendig geblieben, mitsamt seinem hoch organisierten Wissen, das die Menschen der dunklen europäischen Zeitalter so verblüfft hatte.

Aber die Straßen hatten nicht nur etwas vom alten Oxford. Diese Wüstenstadt besaß – mit ihren glatten Mauern, hinter denen sich abgesenkte Höfe verbargen, mit ihren von Bäumen gesäumten schnurgeraden Gehsteigen und den eingezäunten, dicht bepflanzten kleinen Parkarealen – dasselbe Muster wie die kleinen Städte, die ich weit von hier entfernt, in Lateinamerika gesehen hatte: von Yukatan im südöstlichen Mexiko bis zur argentinischen Pampa. Als Vermittler fungierte Spanien; die Araber hatten das Land zwischen 710 und 720 n. Chr., genau achtzig Jahre nach Persien, erobert und dem großen muslimischen Reich des Mittelalters, der großen Weltkultur der damaligen Zeit einverleibt. Vor seiner Ausbreitung auf dem amerikanischen Doppelkontinent hatte Spanien das Muslimische wieder abgestoßen und daraus Stärke und einen ureigenen Fanatismus bezogen. Doch fünfhundert Jahre danach gab es hier im Iran diese muslimische Welt noch immer, mit verschwommenen Bildern früherer Größe, aber – wie der Artikel über islamische Stadtplanung in *The Message of Peace* zeigte – ohne jede Kenntnis ihrer einstigen Wirkungen und des fernen Kontinents, dessen Schicksal sie indirekt beeinflusst hatte.

Die pakistanischen Studenten hatten unserem Fahrer aus Luristan den Weg erklärt. Auf der Fahrt zu Ayatollah Khalkhali, Khomeinis Blutrichter, sagte Behzad: »Wissen Sie, warum ich Shirazi nicht sagen konnte, Sie wären ohne Religion aufgewachsen? Er versuchte herauszufinden, ob Sie Kommunist sind. Wenn ich ihm gesagt hätte, Sie hätten keine Religion, dann hätte er Sie für einen Kommunisten gehalten. Und das wäre übel für Sie gewesen.«

Khalkhalis Haus war das letzte in einer Sackgasse, einer relativ neuen Straße mit jungen Bäumen auf dem Gehweg. Es war kurz vor Sonnenuntergang, der Wüstenhimmel strotzte vor Farbe. Wir sahen Männer mit Gewehren und parkten ein oder zwei Häuser entfernt. Behzad ging los und sprach mit jemandem, dann rief er mich herbei. Das Haus war neu, aus Beton, nicht groß, und stand etwas zurückgesetzt, hinter einer kleinen gepflasterten Freifläche.

Auf der Veranda oder Galerie wurden wir von einem kleinen, fülligen jungen Mann im engen blauen Strickhemd einer Leibesvisitation unterzogen; mit groben Händen tastete oder klopfte er unsere Beine von oben nach unten ab; dann betraten wir ein kleines, mit Teppich ausgelegtes Zimmer. Es waren schon sechs oder acht Leute dort, die aufrecht und schweigend auf dem Fußboden saßen, darunter ein afrikanisches Paar. Der Mann trug einen dunkelgrauen Anzug und war schwer einzuordnen; aber aus der Kleidung der Frau schloss ich, sie seien Somalier, Menschen vom Horn von Afrika.

Mit so vielen Leuten hatte ich nicht gerechnet – ein richtiger kleiner Hofstaat. Bei einem Mann, der es sich, wie ich meinte, mit den Mächtigen verdorben hatte und sich schlecht behandelt fühlen mochte, erhoffte ich mir eine persönlichere Unterhaltung.

Ein Blutrichter, ein Mann des revolutionären Terrors, der unter Jungen und Alten, Männern und Frauen islamische Gerechtigkeit walten ließ: Doch der bärtige, etwa anderthalb Meter große Bursche, der jetzt hinter einem ehrerbietigen Bittsteller aus dem rückwärtigen Raum trat – niemand anderes als der Betreffende selbst –, war rundlich und vergnügt, und die Augen hinter den Brillengläsern blickten fröhlich.

Er bewegte sich mit steifen, hölzernen Schrittchen vorwärts. Er war hellhäutig und trug ein weißes, eng am Kopf liegendes Käppchen, aber weder Turban noch Umhang oder Robe des Geistlichen; und mit seinem zerknitterten, braun gestreiften, in lange Schöße mündenden Untergewand oder Hemd, das oben zwei Baumwollkleidungsstücke bedeckte und unten über eine locker sitzende weiße Hose fiel, hatte er etwas Chaotisches an sich.

Dieses Durcheinander in der Kleidung – bei jemandem, der sich, hätte er Shirazis eindrucksvolle körperliche Erscheinung gehabt, vielleicht auch dessen Stil des hohen Geistlichen angewöhnt hätte – mochte etwas sein, was Khalkhali kultivierte oder wofür er bekannt war, denn sobald er auftauchte, begannen die im Raum anwesenden Iraner zu lächeln. Der Afrikaner fixierte ihn mit vor Ehrfurcht glitzernden Augen, und Khalkhali wurde ganz sanft und entbot ihm einen persönlichen Gruß. Auf die sanfte Behandlung des Afrikaners folgte die grobe, die er Behzad und mir zuteil werden ließ. Die Verhaltensänderung kam abrupt, mit Vorsatz, als Teil einer Schauspielerrolle: Der Spaßmacher wollte seine Kehrseite vorführen. Sie beunruhigte mich nicht, denn sie sagte mir, dass meine Anwesenheit in diesem Raum – noch ein Fremder, der von weit her kam – ihm schmeichelte.

»Ich habe viel zu tun«, erklärte er. »Für Interviews habe ich keine Zeit. Warum haben Sie nicht angerufen?«

»Wir haben zweimal telefoniert«, erwiderte Behzad.

Khalkhali antwortete nicht. Er nahm einen anderen Bittsteller mit in den hinteren Raum.

»Jetzt überlegt er«, sagte Behzad.

Doch ich wusste, dass er es sich schon überlegt hatte, dass der Gedanke an das Interview ihn nicht loslassen würde. Als er wieder herauskam – und bevor er einen anderen in sein Zimmer bat –, sagte er mit derselben abschreckenden Grobheit: »Schreiben Sie Ihre Fragen auf.«

Auch dies gehörte zu dem inszenierten Stil, aber mich kam es hart an. Ich hatte gehofft, ich könnte ihn dazu bringen, von seinem Leben zu erzählen; ich hätte mich gern in sein Inneres versetzt und die Welt mit seinen Augen gesehen. Ich hatte auf eine Unterhaltung gehofft. Solange er noch kein Wort gesagt hatte, konnte ich kaum angeben, welche Fragen ich ihm stellen wollte. Doch ich musste tun, was er verlangte: Die Iraner und Afrikaner warteten darauf, dass ich seine Anweisungen befolgte. Wie konnte ich diesen Blutrichter dazu bewegen, etwas mehr zu zeigen als seine offizielle Seite? Wie konnte ich diesen Quasiclown mit seiner mittelalterlichen Bildung dazu bewegen, seine Leidenschaft nachvollziehbar zu machen.

Mir fiel nichts Besonderes ein; so beschloss ich, den direkten Weg einzuschlagen. Auf den Briefbogen des Hotels, den ich dabeihatte, schrieb ich: *Wo sind Sie geboren? Warum haben Sie sich zum religiösen Studium entschlossen? Was für einen Beruf hatte Ihr Vater? Wo haben Sie studiert? Wo haben Sie zuerst gepredigt? Wie wurden Sie Ayatollah? Was war der glücklichste Tag in Ihrem Leben?*

Es funktionierte nicht. Als er schließlich aus seinem Zimmer trat, war er erfreut, Behzad mit der Liste von Fragen zu sehen, und setzte sich mit gekreuzten Beinen vor uns hin. Unsere Knie berührten sich beinahe. Zuerst gab er einfache Antworten. Geboren sei er in Aserbaidschan. Sein Vater sei ein sehr gottesfürchtiger Mann gewesen. Und ein Bauer.

»Haben Sie Ihrem Vater geholfen?«, fragte ich.

»Als ich klein war, habe ich Schafe gehütet.« Und dann begann er den Clown zu spielen. Er erhob die Stimme, machte eine Handbewegung und sagte: »Aber jetzt erst weiß ich, wie man einem Schaf den Kopf abschlägt.« Worauf die im Raum anwesenden Iraner – auch einige seiner Leibwächter – sich vor Lachen den Bauch hielten. »Ich habe alle nur möglichen Arbeiten gemacht. Sogar Verkaufen. Ich kann alles.«

Aber wie wurde aus dem Schafhirten ein Mullah?

»Ich habe fünfunddreißig Jahre studiert.«

Das war alles. Er war nicht zum Erzählen zu bewegen, zu keiner Geschichte von Sich-Durchkämpfen oder Aufsteigen. Er hatte einfach nur gelebt; über das Erlebte hatte er nie nachgedacht. Und eitel, wie er war (»Ich bin sehr klug, sehr intelligent«), interessierten ihn die Fragen nach seiner Vergangenheit nicht. Er wollte lieber von seiner gegenwärtigen Machtstellung oder Nähe zur Macht reden; und genau das tat er, ohne sich um die übrigen schriftlichen Fragen zu kümmern.

»Ich bin von Ayatollah Khomeini unterrichtet worden«, sagte er. »Und ich war Lehrer von Ayatollah Khomeinis Sohn.« Er schlug mir auf die Schulter und setzte zur großen Belustigung der Iraner schelmisch hinzu: »Deshalb kann ich nicht sagen, dass ich Ayatollah Khomeini *sehr* nahe stehe.«

Sein Mund öffnete sich weit, blieb offen stehen, und gleich darauf schien er vor Lachen zu ersticken, wobei er mir Gaumen, Zunge und Rachen darbot. Als er wieder zu sich kam, sagte er mit einer kurzen, raschen Bewegung der rechten Hand: »Von jetzt an werden die Mullahs herrschen. Wir haben zehntausend Jahre Islamischer Republik vor uns. Die Marxisten machen mit ihrem Lenin weiter. Wir machen auf Khomeinis Weg weiter.«

Er verstummte. Sorgfältig kreuzte er die Beine unter sich, heftete den Blick auf mich, wurde ernst, schien durch seine Brille zu mir aufzublicken und sagte in die von ihm geschaffene Stille hinein: »Ich habe Howeida getötet, wissen Sie.«

Für die Iraner gehörte sein unbewegtes Gesicht zur Spaßnummer hinzu. Sie saßen auf dem Teppich und krümmten sich vor Lachen.

Das war es, was ihm am Herzen lag: seine Arbeit als Revolutionsrichter. Zu seinem Todesurteil gegen den Premierminister des Schahs hatte er viele Interviews gegeben; jetzt wollte er die Geschichte noch einmal erzählen.

»Haben Sie ihn selbst getötet?«, fragte ich.

»Nein«, sagte Behzad, »er hat nur den Befehl gegeben. Howeida wurde vom Sohn eines berühmten Ayatollahs erschossen.«

»Aber ich habe das Gewehr«, sagte Khalkhali, als sei das fast ebenso gut.

Wieder wälzten sich die Iraner vor Lachen auf dem Teppich. Und selbst der Afrikaner, der seine glitzernden Augen nicht von Khalkhali abgewandt hatte, lächelte nun.

Behzad sagte: »Ein Revolutionswächter gab ihm das Gewehr.«

»Haben Sie es bei sich?«, fragte ich.

»Ich habe es im Nebenzimmer«, antwortete Khalkhali.

So hatte er mich zu guter Letzt in diesem von Lachen erfüllten Raum in die Rolle des Stichwortgebers gezwungen.

Damit war das Ende des Fastentages gekommen und keine Zeit mehr zu vertrödeln; alle Besucher mussten gehen, mit Ausnahme der Afrikaner. Seit ein paar Minuten stellten junge Männer Speisen auf den Fußboden der Veranda. Als Khalkhali uns entließ, schien er uns sofort zu vergessen. Noch bevor wir unsere Schuhe angezogen hatten und am Eingangstor waren, setzte er sich zusammen mit dem afrikanischen Paar zum Essen nieder. Es war eine reichliche Mahlzeit; das Essen nahm der Spaßmacher ernst.

Und endlich bekam auch unser Fahrer aus Luristan etwas zu essen, und Behzad konnte den heiligen Augenblick des gemeinsamen Speisens wiederholen. Wir fuhren zurück ins Stadtzentrum, in die Nähe des Heiligtums, und beide aßen in dem Café, wo wir am Nachmittag im Geruch von kochendem Hammelfleisch gewartet hatten.

Sie aßen Reis, Hammel und persisches Fladenbrot. Mehr bot das Café nicht an. Ich ließ sie allein, kaufte mir an einem Stand ein paar Nüsse und Trockenobst und ging am Fluss spazieren, zwischen Familien hindurch, die im Dunkeln auf dem Deich lagerten und aßen. Auf der anderen Straßenseite fiel das Licht elektrischer Lampen auf Melonen und andere Früchte, die in den Läden auslagen: eine erfrischende Nachtszene nach dem gleißenden Licht und der Farblosigkeit des Tages.

Auf dem Rückweg zum Café kam ich auf dem anderen Flussufer an einem erleuchteten Schuhgeschäft vorbei. Darin hing ein großes Farbfoto von Khomeini. Ich blieb stehen, um mir dieses unberechenbare Gesicht noch einmal anzuschauen: die gerunzelte Stirn, die Augenbrauen, die harten Augen, die sinnlichen Lippen. Im Lichtschein des Geschäfts warf ich einen Blick auf die Hand voll Nüsse und *kishmish*-Rosinen, die ich gerade in den Mund stecken wollte. Es war eine

Stecknadel darunter. Ohne dieses Innehalten vor dem Foto von Khomeini hätte ich mir so heftig den Mund ramponiert, dass ich es mir lieber gar nicht vorstellen mochte; und mein Tag als Ungläubiger in Khomeinis heiliger Stadt Qom wäre mit einer bösen Überraschung zu Ende gegangen.

Auf der Schnellstraße nach Teheran herrschte Betrieb. Der Mond schien, aber die Scheinwerfer der Autos und Busse verhinderten, dass man etwas sah. Nur für Sekunden erhaschte man einen Blick auf die Wüste und das Mondlicht und die Umrisse von Bergen. Behzad war müde; er döste weg. Als er erwachte, bat er den Fahrer, das Autoradio einzuschalten, weil er Nachrichten hören wollte.

Es waren schlechte Nachrichten für Behzad. Die Zeitung der Linken, *Ayandegan*, die auch Behzad las und von der er mir erzählt hatte, war vom Islamischen Staatsanwalt in Teheran verboten worden. Man beschuldigte das Blatt, es verbreite »staatsfeindliche Ideologien und Überzeugungen unter den revolutionären Muslimen des Iran«; es versuche »die verschiedenen Muslimgruppen im Iran zum Nonkonformismus anzustiften« – womit die ethnischen und nichtschiitischen Minderheiten gemeint waren; es fälsche die Auflagenziffern; es beliefere einige Landesteile mit unvollständigen Exemplaren, um auf dem eingesparten Zeitungspapier »Material zu publizieren, das die Spaltung der Nation zum Ziel hat«. Das Vermögen der Zeitung sei der »Stiftung für Benachteiligte« ausgehändigt worden; und Revolutionswächter hielten die Redaktion besetzt.

Trotz Shirazi und Khalkhali reklamierte Behzad die Revolution noch immer als die seine, weil er in der einen Volksbewegung die Möglichkeit, ja sogar den Beginn einer anderen sah. Zurzeit richtete sie sich freilich gegen ihn. Doch Revolutionäre müssen Geduld haben; und Geduld hatte Behzad von seinem revolutionären Vater gelernt. Der Verlust der Zeitung war gravierend – ich selbst hätte ihn, wäre es um meine Sache gegangen, niederschmetternd gefunden –, aber Behzad trug seine Enttäuschung mit Fassung.

Er schlief nicht wieder ein. Von Zeit zu Zeit versank er, während wir durch die mondbeschienene Wüste fuhren, in Nachdenken. Vorbei ging die Fahrt an dem nun zur Rechten liegenden weißen Salzsee, in dem nach seinen Worten die Geheimpolizei des Schahs ihre Leichen versenkt hatte; vorbei an dem Friedhof zur Linken, wo Märtyrer der Revolution begraben lagen und den wir besichtigt hätten, wenn wir bei Tageslicht zurückgefahren wären; und vorbei an der rechts gelegenen Teheraner Raffinerie, aus deren hohem Schornstein stoßweise die Flamme hervorschoss – der Iran, der sein Geld im Schlaf verdiente.

Um Mitternacht erreichten wir das Hotel. Und hier, am Hoteleingang, schlug der Lur die Extragebühren drauf, über die er stundenlang nachgegrübelt haben musste. Er berechnete nach Entfernung und Zeit; er berechnete die Abendstunden; und letzten Endes war er teurer als das Hoteltaxi, das wir abgelehnt hatten. Aber der Tag war härter gewesen, als er veranschlagt hatte; das Mittagessen, auf das er so drängte, hatte er nicht bekommen; ich selbst hatte so lange mit wachsender Rührung seinen kantigen kleinen Hinterkopf betrachtet; seine Begeisterung für Reis und Hammel, als endlich die Essenszeit gekommen war, nahm mich so sehr für ihn ein; das hagere und knotige Gesicht, das er mir zuwandte, um mehr zu verlangen, hatte in der gedämpften Innenbeleuchtung der Limousine einen so flehentlichen Ausdruck; er entsprach so vollständig Behzads Idealvorstellung vom braven und gutmütigen Arbeiter – dass ich anstandslos zahlte.

4

Der Nachtzug aus Mashhad

Behzad kam aus einer Provinzstadt, einer der berühmten alten Städte Persiens. Sein Vater unterrichtete persische Literatur. Über seine Mutter hatte er wenig mitzuteilen – er erwähnte sie immer nur als seine Mutter –, und ich vermutete, dass sie aus einfacheren Verhältnissen kam. Eine Zeit lang hatte er an einer amerikanischen Fakultät studiert und sprach fließend Englisch mit unauffälligem Akzent. Jetzt, mit vierundzwanzig Jahren, studierte er Naturwissenschaften an einer Hochschule in Teheran. Er benahm sich ungezwungen und wohlerzogen und besaß persisches Zartgefühl. Er war groß, schlank, athletisch; außerdem Skifahrer, Bergwanderer und ein tüchtiger Schwimmer.

Die in mancher Hinsicht vermutlich ganz traditionellen Provinzverhältnisse, die amerikanische Fakultät, die Wissenschaftliche Hochschule in der Hauptstadt, die sportlichen Interessen: Man hätte sagen können, dass sich für Behzad, dessen bisheriges Leben fast gänzlich in die Schahzeit fiel, die Welt in einer Weise erschloss, wie es seine Großeltern nie erlebt hatten.

Aber so sah ich es. Ich war doppelt so alt wie Behzad. Ich war in eine statische Kolonialzeit hineingeboren; und auf Trinidad, wo ich meine ersten achtzehn Jahre verbrachte, hatte ich die Armut und geistige Enge einer Agrarkolonie kennen gelernt, in der es, wie man einmal berechnet hatte, nur achtzig Berufe gab. Daher hatte ich in Ländern wie dem Iran einen Blick für Veränderung. Bei Behzad sah das anders aus. Er war 1955 im Iran geboren und nahm den Reichtum des Landes als etwas Selbstverständliches hin; desgleichen den Aufschwung der Gesellschaft, in der er lebte; er hatte nur Augen für das, was in dieser Gesellschaft noch ungerecht war.

Ich sah ihn als arrivierten, ja sogar privilegierten Menschen. Er dagegen fand sich arm, und zum Beweis führte er an, er besitze keine Jacke; im Winter trage er nur einen Pullover. Die Vorstellung von Armut hatte Behzad von seinem Vater übernommen, der unter dem Schahregime eine Zeit lang im Gefängnis saß. Und sie war weit entfernt von derjenigen, die ich fünfundzwanzig Jahre zuvor auf Trinidad gewann.

Als Kind – es muss Mitte der sechziger Jahre gewesen sein – hatte Behzad seinen Vater einmal gefragt: »Warum haben wir kein Auto? Warum haben wir keinen Kühlschrank?« Damals sprach sein Vater mit ihm über Armut und Ungerechtigkeit und machte ihn mit dem Gedanken der Revolution bekannt. In Behzads Familie war die Revolution als treibender Gedanke an die Stelle der Religion getreten. Für Behzad hatte sie sogar, ganz wie die Religion, etwas mit Sohnesliebe zu tun. Und an diesem seinem Glauben hielt er ebenso starr fest wie jeder beliebige Mullah in der Stadt Qom an dem seinen. Menschen und Länder beurteilte er nach ihren revolutionären Qualitäten. Neben persischer Literatur, für die er einen besonderen Sinn hatte, las er nur revolutionäre Schriftsteller oder solche, die er dafür hielt, und ich war nicht sicher, ob er ihnen Lebensdaten zuordnen konnte: Scholochow, Steinbeck, Jack London. Nie war er in Versuchung geraten, vom Wege abzuweichen.

Als wir zwei Tage nach unserem Ausflug nach Qom durch das Zentrum von Teheran gingen, sagte er, im Westen gebe es keine wahre Freiheit. Die Arbeiter seien unterdrückt, denn das Allernotwendigste bekämen sie nur im Austausch gegen ihre Arbeitskraft. Wahre Freiheit habe es bloß einmal auf der Welt gegeben: zwischen 1917 und 1953 in Russland.

»Aber es gab viel Leid dort«, erwiderte ich. »Viele Menschen wurden eingesperrt und umgebracht.«

Er stürzte sich förmlich darauf. »*Was für* Menschen?«

Einen religiösen Glauben hatte er nicht. Aber er war im schiitischen Iran aufgewachsen, und seine Vorstellung einer Gerechtigkeit für alle, die rein sind und leiden, war untrennbar verknüpft mit dem Gedanken einer Bestrafung der Bösen. Sein Traum von der Stalinherrschaft war eine Variante des anderen Traums: von der Herrschaft Alis, des wahren Nachfolgers des Propheten.

»Haben einige Ihrer Freunde inzwischen die Seite gewechselt«, fragte ich, »und beschlossen, dass sie Muslime sind?«

»Ein paar. Aber was sie sind, das wissen sie gar nicht.«

Er zeigte mir die Stadt der Revolution. Auf dieser von Bäumen gesäumten Einkaufsstraße, in jenem ausgebrannten Gebäude (dessen geschwärzte Fensterhöhlen in der abgasverschmutzten Straße auf den ersten Blick gar nicht auffielen) hatten die Soldaten des Schahs Stellung bezogen. Sie schossen auf Demonstranten. Und hier, in diesem Eingang, war ein Mann gestorben. Nach sechs Monaten war das Blut kaum mehr sichtbar: nichts als ein paar dunkle Flecken auf dem schmutzigen Beton. An zwei Stellen hatte jemand mit schwarzem Filzstift und in so kleiner persischer Schrift, dass es eine persönliche Botschaft hätte sein können, geschrieben: *Dies ist das Blut eines Märtyrers.* »Märtyrer« war ein Wort mit fester religiöser Bedeutung; aber Behzad konnte es auch politisch interpretieren.

Auf dem Boulevard, der früher den Namen Schah Reza trug

und jetzt nach der Revolution benannt war, standen direkt gegenüber der großen, von einem Gitterzaun umgebenen Teheraner Universität die Verlagshäuser (im Wechsel mit Herrenausstattern), und davor boten Straßenverkäufer ihre Bücher, Kassetten und Zeitungen feil. Die Kassetten enthielten Reden von Khomeini und anderen Ayatollahs, aber auch – trotz Khomeinis Musikverbot – beliebte persische und indische Lieder. Bei einigen Buchverkäufern gab es persische Bücher über die Revolution, ihre Ideologen und Märtyrer, bei anderen mächtige Stapel mit kommunistischer Literatur: persische Taschenbücher, aber auch gebundene Lenin- oder Marxausgaben aus Russland in englischer Übersetzung. Beide Revolutionen schienen ineinander zu fließen.

Außerdem gab es Fotobände über die Revolution. Im Mittelpunkt dieser Alben standen Tod, Blut und Rache. Sie enthielten Fotos von Menschen, die unter dem Schahregime umgebracht worden waren; Fotos vom Aufstand selbst; Blut auf den Straßen, Leichen in der Leichenhalle, auf deren weiße Kacheln man Parolen mit Blut geschmiert hatte; Fotoserien von Menschen, die nach der Revolution hingerichtet und nun tot zur Schau gestellt wurden, Seite um Seite, eine Leiche nach der anderen. Unter ihnen war auch der Leichnam Howeidas, der an einem Spätabend auf Khalkhalis Befehl hin im Handumdrehen vom Leben zum Tode befördert und zweimal getroffen wurde, erst in den Hals, dann in den Kopf: Deutlich sah man auf dem Foto die schwarze Einschussstelle an Howeidas Altmännerhals.

Das waren die Souvenirbücher der Revolution, herausgebracht von miteinander konkurrierenden Verlagen. Sie bildeten die Kehrseite jener iranischen Sentimentalität, die gleichfalls hier zu haben war, nämlich bei den Verkäufern von Reproduktionen: Traumlandschaften mit Wasser und Bäumen, Bilder von Kindern und schönen Frauen, denen dicke, unerklärliche Tränen die obere Hälfte der Wangen hinabliefen. Behzad liebte diese Tränen.

Alle Gebäude des vom Vater des Schahs gegründeten Universitätskomplexes waren mit Parolen beschmiert. Die Universität war der große Versammlungsort Teherans, und selbst an einem Tag wie diesem, an dem nichts Besonderes geplant war, wimmelte es dort von Diskussionsgruppen. »Das geht hier pausenlos«, sagte Behzad. Worüber sprachen sie? »Immer dasselbe: Islam, Kommunismus, Revolution.« Alles wirkte friedlich wie auf einem Campus; es fiel schwer, diese jungen Männer in Jeans und hübschen Hemden mit dem in den Büchern und Fotoalben auf der anderen Straßenseite verherrlichten Blutdurst zusammenzubringen.

Doch die Gewalt lag in der Luft, und gerade als wir aus dem Haupttor wieder auf die Straße traten, wurden wir Zeugen folgenden Zwischenfalls: Ein Student im weißen Hemd, klein gewachsen und mit Brille, war dabei, laienhaft und mit komischer Anstrengung ein Flugblatt an das Gitter des Tores zu heften. Das Flugblatt protestierte gegen das Verbot der linken Zeitung *Ayandegan*. Ein Arbeiter, der am Rande des Bürgersteigs neben einem Lebensmittelstand wartete, kam gemächlich herüber, malte mit Rotstift erst Hammer und Sichel, dann ein großes X auf das Flugblatt, gab dem Studenten inmitten der Fußgängermenge zwei Ohrfeigen und heftete schließlich ohne jede Eile das durchgestrichene Flugblatt fester an den Gitterzaun.

Der Student hatte sich geduckt, um Brille und Augen zu schützen. Niemand machte Anstalten, ihm zu helfen. Selbst Behzad tat nichts. Er sagte nur, als wolle er mich um Gerechtigkeit anflehen: »Haben Sie das gesehen? Haben Sie das *gesehen*?«

Beide Revolutionen, die Revolution Khomeinis und diejenige, die Behzad für die wahre Revolution des Volkes hielt, schienen ineinander zu fließen. Aber sie waren etwas Verschiedenes. Am letzten Wochenende hatte Behzad zusammen mit anderen aus seiner Gruppe in einem Dorf Aufbauarbeit leisten wollen. Dabei gerieten sie mit den Revolutionswächtern aneinander. Jedes Dorf hatte sein *komiteh*, bestehend aus jungen Männern mit Gewehren, die zurzeit in vielen Gegenden des Iran das Gesetz verkörperten. Als Muslime wollten sie keine Kommunisten im Dorf haben.

Wer waren diese militanten Muslime? »Das sind hirnlose Lumpenproletarier«, sagte Behzad. »Kennen Sie das Wort?« Die Revolutionswächter im Dorf seien ebenso Lumpenproleten wie der Arbeiter, der den Studenten geohrfeigt hatte. Das Lehrbuchwort kam Behzad zu Hilfe; damit konnte er sich seinen Glauben an das Volk bewahren.

Am folgenden Morgen bot die Universität ein anderes Bild. Wieder war Freitag und Feiertag und mittlerweile der dritte in Folge, an dem auf dem Universitätsgelände Massengebete stattfanden.

Behzad und ich gingen vom Hotel aus zu Fuß, und als wir am Boulevard der Revolution eintrafen, schien halb Teheran mit uns unterwegs zu sein. Diese Menschen waren weder mit Bus noch mit Lastwagen gekommen, sondern zu Fuß gegangen. Eine dichte Menschenmenge drängte sich vor der Universität; die Autos fuhren vorsichtig daran vorbei; einzelne Grüppchen unter den Marschierern skandierten Parolen, die im undurchdringlichen Stimmengewirr kaum zu hören waren.

Wir gingen an den Straßenverkäufern mit ihren Büchern und Drucken vorbei, bogen am Ende des Komplexes nach rechts ab und folgten dem Zaun der Universität. Die breite

Nebenstraße, die zum Norden Teherans hinaufführte, war zu beiden Seiten von Platanen und schmalen Wasserrinnen mit rasch dahinschießendem Wasser gesäumt. Ein bärtiger junger Mann, der Bücher im Bauchladen verkaufte, stand vor dem Universitätszaun, hielt in jeder Hand eine Broschüre hoch und rief: »Diese Bücher sind gegen Kommunismus und Imperialismus.«

Behzad sagte bedauernd: »Für sie bedeuten beide Wörter dasselbe.«

Wir gingen an dem Mann vorbei und folgten dem Gitterzaun, als Behzad mich plötzlich zurückhielt. »Hier müssen wir uns ans islamische Gesetz halten«, sagte er. »Diese Straßenseite ist für die Frauen da.«

Wir überquerten die Straße, gingen neben dem in der Abflussrinne dahinschießenden Wasser ein wenig aufwärts, und dann standen wir eine Stunde oder länger im immer kleiner und durchsichtiger werdenden Schatten einer Platane auf dem (wie wir meinten) für Männer reservierten Gehsteig und beobachteten die Menschenmenge, die vom Boulevard der Revolution heraufkam, auf der einen Seite die schwarz verschleierten und gewandeten Frauen, auf der anderen die Männer. In inbrünstiger Verzückung hockten sich etliche Männer an der Wasserrinne nieder, verrichteten ihre rituelle Waschung und eilten dann weiter; es war, als ginge es um einen Wettbewerb in Ekstase oder um deren Zurschaustellung. Sobald Behzad und ich eine Gesprächspause einlegten, hörten wir das Trappeln der Füße, das Geschnatter der vorbeilaufenden Menschenmenge, hier und da das Schreien eines Babys. Über dem Universitätsgelände stieg eine kaum sichtbare Staubwolke auf.

Von Zeit zu Zeit tauchten Gruppen auf, in deren Parolen es um Einheit ging; eine der Gruppen trug die Uniform der Fallschirmjäger und G3-Gewehre über der Schulter. Dann erschienen Revolutionswächter, um den Menschenstrom in Gang und die Männer von den Frauen getrennt zu halten. Einmal sah ich einen Kurden beziehungsweise einen Mann in kurdischer Tracht: extrem lockerer, gegürteter Kattunoverall mit bauschigen Hosen, die sich an den Fußknöcheln verjüngten. Einmal kam, zu meiner Verblüffung, eine pummelige junge Frau in engen Jeans und hochhackigen Schuhen auf unserem Bürgersteig vorbei, die ganz anderen Geschäften nachging. Sie lief so schnell sie konnte auf ihren hohen Absätzen und blickte niemanden an.

Die Menschenmenge wurde immer dichter, Männer und Frauen bildeten jetzt deutlich getrennte Züge: Die Ersteren bewegten sich vorwärts, Letztere wurden langsamer, stauten sich, aufgehalten durch den Engpass am höher gelegenen Fraueneingang. Über Lautsprecher hörte man einen Redner mit sich überschlagender, leidenschaftlicher Stimme; das heizte die Ekstase noch an. Der Bürgersteig auf der Frauenseite füllte sich. Nach und nach ließen Frauen sich auf der Straße nieder, auf Zeitungspapier oder billigen Teppichvorlegern – zuerst im lichtgefleckten Schatten der Platanen, dann überall. Schließlich drängten sie auch auf unseren Gehsteig (oder den wir für unseren hielten). Ohne sich um uns zu kümmern, wühlten sie in ihren Körben und breiteten Teppich- oder Stoff- oder Papierstücke zu unseren Füßen aus; und nun, da sie nicht länger Teil des imposanten, schwarz gewandeten anonymen Menschenstroms waren, entpuppten sie sich als Bauersfrauen mit abgehärmten Gesichtern, die erbittert um ihr Fleckchen Gehsteig oder Straße kämpften.

Ein Revolutionswächter kam auf uns zu und schnauzte uns an. »Er sagt, wir müssen die Frauen beten lassen«, erklärte Behzad.

Der Che-Guevara-Look des Mannes, dunkle Brille, Gewehr, das ganze Zubehör der Revolution, und das alles für dieses eine Ziel: Gerade jetzt hätte die Ungereimtheit einen aufbringen können. Doch Behzad sagte sanft: »Wir wollen mit den Menschen mitgehen.«

Am Fraueneingang ein schwarzes Gewühl von Schleiern und Gewändern; die Frauen im Innern konnten nicht weiter, die Frauen draußen warteten darauf hineinzukommen. Aus der schwarzen Masse stieg Staub auf. Die Straßenkreuzung am nördlichen Ende des Universitätsgeländes wurde von Männern mit Kampfanzug und Gewehr freigehalten. Die Nordseite der Universität war für Männer reserviert; sie hatten sich schon über die halbe Straße ausgebreitet. Jeder Eingang wurde bewacht. Durch einen der nördlichen Eingänge (für Männer gab es sehr viel mehr als für Frauen) führte mich Behzad, nachdem er einem Revolutionswächter auf dessen beiläufige Frage, ob ich Muslim sei, mit Ja geantwortet hatte.

Behzad wollte die Menge sehen. Ich hatte Angst, vom Beten überrascht zu werden. Behzad verstand. Er sagte, es könnte übel für uns aussehen, wenn wir beim Beginn der Gebete weggingen; und wenn wir da blieben, würden wir nicht wissen, was wir tun sollten, und dann sähe es natürlich noch übler aus. Aber bis zum Beginn des Betens werde es noch eine Weile dauern. Einstweilen waren die Reden an der Reihe, und die könnten sich hinziehen, genau wie die erste Rede zur Einstimmung (von einem weniger wichtigen Ayatollah, den es nicht zu übersetzen lohnte), die endlos durch die Lautsprecher dröhnte.

Die eigentliche Menge befand sich im Zentrum, im Umkreis der Universitätsmoschee. Aber auch wenige Meter hinter den Eingängen hockten Männer im Halbschatten noch des letzten verfügbaren Bäumchens oder Strauches, um zu beten. Manche hatten den Kopf mit einem Taschentuch oder einem zusammengefalteten Kleidungsstück bedeckt; andere trugen Hüte aus Zeitungspapier und Mützen aus Pappe, wie Leute im Sportstadion.

Zwei Arbeiter stürmten herein, noch immer außer sich vor Verzückung. Im Laufen rempelten sie uns absichtlich an, und der eine schrie: »Hätte der Vater des Schahs gewusst, dass die Universität einmal so aussehen würde, dann hätte er sie nie gegründet.«

Der Ayatollah am Mikrofon forderte die sitzende Menge zum Sprechgesang auf. Immer wieder erschollen die Antworten und übertönten sogar die Lautsprecher. In den Sprechchören ging es um Einheit. Einheit, Einigkeit, Gesichtslosigkeit in einer gigantischen menschlichen Gallerte: Was die Menge entzückte, wurde für mich sehr bald zur Bedrängnis – und sei's nur, weil ich nie zuvor mit fast einer Million Menschen in einem abgeschlossenen Raum zusammen war –, und deshalb atmete ich auf, als wir durch einen der östlichen Ausgänge hinausgingen, zum Hotel zurückkehrten und feststellen konnten, dass es noch andere Menschen gab, die anderes taten.

Im Speisesaal des Hotels aßen wir etwas. In der Küche lief laut das Radio: Die Reden in der Universität gingen weiter.

Außer uns befand sich in dem großen Speiseraum nur eine hier gestrandete Gruppe von Italienerinnen, die seit ein paar Tagen im Hotel wohnten. Ihre Firma muss ihnen das Hotel bezahlt haben, und womöglich besaßen sie gar kein eigenes Geld. Es waren elegante Frauen in den Dreißigern, und alle trugen Hosen nach dem femininen italienischen Schnitt: eng anliegend, hohe Taille, die Hüften betonend. Sie gingen nur selten aus; sie aßen immer im Hotel; und ihre Lebhaftigkeit und ihr Modebewusstsein schwanden von Tag zu Tag, von

Mahlzeit zu Mahlzeit. Das Hotel, das früher einmal für seine Speisen berühmt war, hatte mit der Revolution seinen Küchenchef verloren.

Was aber hörten jetzt gerade, nach all dem Marschieren und der Ekstase und dem Warten in der Sonne, die Menschenmassen in der Universität – und unsere livrierten Kellner?

»Die Iraner haben die Flamme des Islam zu hüten.«

Das hörten sie nicht zum ersten Mal, aber die Vertrautheit hatte etwas Rituelles. Und der Redner war der äußerst beliebte und als Vorbeter bekannte Ayatollah Taleqani. Von ihm stammte die Anordnung zu diesen Massengebeten in der Teheraner Universität; sie sollten revolutionäre Einheit demonstrieren, Einheit wie in den Tagen des Propheten und der Wüstenstämme. Taleqani war ein alter Mann und starb wenige Wochen später. Er galt, selbst bei der Linken, als der am meisten gemäßigte und intelligenteste der Ayatollahs; doch als er starb, stellte sich heraus, dass er Vorsitzender des Revolutionsrates war.

Vielleicht hat der Prophet, sagte Ayatollah Taleqani in diesem Augenblick, an die iranische Revolution gedacht, als er den Persern, den Nachkommen von Salman-e-Farsi weissagte, sie würden später einmal, »zu einer Zeit, in der die Welt vom Weg des Glauben abgewichen ist, die Pioniere des Islam sein«.

Im Jahr 637 n. Chr., nur fünf Jahre nach dem Tode des Propheten, fielen die Araber zum ersten Mal in Persien ein, und Persiens große Vergangenheit, seine vorislamische Vergangenheit, wurde zur Zeit der Finsternis erklärt. Der Stolz aber blieb: Die Perser hatten die Überzeugung gewonnen, sie seien die reinsten Muslime von allen. In diesem Stolz wurzelte ihre schiitische Leidenschaft, ihre Feindschaft gegen alles, was nicht die Schia war.

Die Ayatollahs, hohe geistliche Würdenträger, waren während des Ramadan auseinander gegangen; jeder hielt sich in diesem Monat der Einkehr wie ein mittelalterlicher Baron dort auf, woher er seine Macht bezog. Khomeini herrschte von Qom aus; zu seinem engsten Kreis gehörte dort Khalkhali. Taleqani leitete in Teheran die Gebete an. Und in der achthundert Kilometer nordöstlich, unweit der russischen und der afghanischen Grenze gelegenen Stadt Mashhad widmete Shariatmadari sich seiner türkischen Anhängerschaft, und angeblich schmollte er. Es hieß, ihm passe das Ergebnis der Wahlen zur Expertenversammlung nicht.

Mashhad war für einen Ayatollah eine gute Basis. Dort befand sich ein Heiligtum, das noch wichtiger war als das Grabmal der Schwester des Achten Imam in Qom: das Grabmal des Achten Imam selbst. Er starb 817 n. Chr., ein Jahr, nachdem ihm die Oberhoheit über die gesamte muslimische Welt übertragen worden war; nach Ansicht der Schiiten wurde er von einem Sohn des großen, in »Tausendundeine Nacht« verewigten Herrschers Harun al Raschid vergiftet. Dynastische Kämpfe, Palastintrigen, der Auf- und Abstieg Persiens innerhalb des islamischen Reiches: Aus solchem Stoff ist die schiitische Theologie gemacht.

Eigentlich hätte ich mit Behzad schon auf dem Weg nach Mashhad sein sollen. Aber es gab Probleme. Zuerst schien es, als komme Behzads Mutter nach Teheran; dann schien es, als komme seine Freundin übers Wochenende. Die Freundin war ihm wichtig. Sie war fünfundzwanzig, hatte ihr Studium der Wirtschaftswissenschaft abgeschlossen, aber im nachrevolutionären Iran keine Arbeit gefunden; und so war sie, wenn ich richtig verstand, für eine Weile in die Provinz gegangen. Dann stellte sich überraschend heraus, dass sie in Mashhad war.

Also konnten wir doch noch nach Mashhad fahren; Behzad wollte seine Freundin auf der Rückreise nach Teheran mitnehmen. Aber während des Ramadan reisten zahlreiche Besucher nach Mashhad, und um sieben Uhr morgens standen am Bahnhof Schlangen, die auf zwei Tage später fahrende Züge warteten. Daher beschlossen wir zu fliegen und hatten Glück: Wir warteten bis zur Öffnung der Iran-Air-Schalter und bekamen die letzten Tickets für den folgenden Tag.

Es waren Erste-Klasse-Tickets, aber Behzad (der, wie er behauptete, in der kleinen Aktentasche fast seine ganze Garderobe trug) breitete sich ungezwungen auf dem großen Sitz aus. Versorgt wurden wir von Stewardessen, ohne Schleier: Bei Iran Air herrschte, wenigstens hoch oben in der Luft, noch ein vorrevolutionärer Stil.

Das Land, über das wir hinwegflogen, war über weite Strecken braun. Die flachen grünen Felder im Osten Teherans lagen rasch hinter uns; und bald flogen wir über kahle Berge: mal Ketten, die an Tausendfüßler erinnerten, mal Kraterberge, mal harte, zerklüftete Felsen, mal weite, sanfte Abhänge, durch die sich wie Adern die Wasserläufe mit Schmelzwasser zogen. Pausenlos wechselten die Muster und Strukturen; die Farben reichten von Ocker über Dunkelrot bis Dunkelgrau. Es war jedes Mal überraschend, wenn man hier und da grüne Flecken, die Schlängellinie einer Straße durch ein Tal oder eine schnurgerade, durch braunes Ödland gezogene Überlandstraße entdeckte. Alle Orte, an denen Menschen leben konnten, waren bekannt; das Land war alt. Eine Flugstunde von Teheran entfernt tauchten häufiger Felder auf, staubiges Grün auf Braun oder staubiges Grün auf Hellrot; und dann, als die Berge hinter uns lagen, kam die weite Ebene, in der Mashhad liegt: abgeschieden, einsam und in diesem alten Teil der Welt vielleicht immer schon, lange vor dem Islam und dem Achten Imam, ein Ort der Zusammenkünfte und ein Wallfahrtszentrum.

Das Hyatt Omar Khayyam Hotel war trotz seines Namens noch geöffnet. Dank des Pilgerbetriebs der Oberschicht blieb es in all seiner amerikanisch-internationalen Opulenz erhalten: große Marmorhalle, raffinierte Beleuchtung, Swimmingpool (mit verschiedenen Badezeiten für Männer und Frauen), sonnige Cafeteria, durch große Glasscheiben getrennt vom grünen, noch unfertigen Garten, außerdem ein dunkleres, mit Teppich ausgelegtes, offizielles Restaurant mit einem Oberkellner im schwarzen Anzug. Er wirkte fremd, dieser Stil, in der heiligen Stadt Mashhad; und noch befremdlicher war, dass man in einer solchen Hotelumgebung unter den kleinen Gastgeschenken auf dem Zimmer, dezent in ein braunes Gesichtshandtuch gehüllt, ein Tontäfelchen aus Mekka oder Medina fand: die heilige Erde Arabiens, eine nette Geste des Hyatt.

Was mir jedoch ungereimt schien, war es für Behzad viel weniger. Im Restaurant sagte er: »Schauen Sie mal, die Familie da. Die alte Frau ist fromm oder gläubig. Sonst niemand. Sie kommt hierher wegen des Imams. Die Töchter und Schwiegersöhne kommen wegen des Hotels, sie wollen hier baden und entspannen und essen. Hier dürfen sie während des Ramadan essen, denn Reisenden ist das gestattet, und in Mashhad sind sie Reisende.«

So lebte das Hyatt Omar Khayyam in alter Herrlichkeit fort – im Buchladen gab es noch immer englische Bücher, die das hohe Lied des Schahs sangen. Andere Hotels der Hyatt-Kette hatten indes weniger Glück; und der schicke Prospekt des Hyatt Regency Caspian, der sich unter der Auswahl an Hotelbroschüren in meinem Zimmer befand, klang wie eine traurige amerikanische Stimme aus einer kurzlebigen Vergangenheit. *Wissen Sie noch, als es am Kaspischen Meer keinen Treffpunkt gab?* JETZT GIBT ES DAS HYATT.

Behzad konnte seine Freundin nicht erreichen. Also gingen wir nach dem Mittagessen los. In die Verschönerung von Mashhad hatte der Schah viel Geld gesteckt. Die großen öffentlichen Bauten, die am anderen Ende der Stadt in der Umgebung des Heiligtums lagen, waren unvollendet geblieben. Kuppeln, Minarette und Höfe bildeten den Mittelpunkt eines gigantischen, staubbedeckten, sonnenüberfluteten Kreises.

Hinter dem Gitterzaun, aber noch außerhalb der Innenhöfe sahen wir einen Betrunkenen, der von Revolutionswächtern oder Polizisten zu einem Polizeigebäude getrieben wurde. Eine Gruppe von Menschen sah zu. Behzad meinte, der Mann werde wahrscheinlich ausgepeitscht, aber nicht in der Öffentlichkeit. Gleich nach der Revolution habe es im Zuge der Wiedereinführung islamischer Sitten auch öffentliche Auspeitschungen gegeben, aber sie hatten beim breiten Publikum nicht den gewünschten Effekt.

»Nicht den gewünschten Effekt?«

»Die Leute«, erwiderte Behzad, »mochten den Mann nicht, der die Auspeitschungen vornahm. Später wurde es schwierig für ihn.«

Die Innenhöfe der Moschee und der Grabstätte waren voller Menschen, die aus den Bergen kamen und hier in den offenen Zellen über den seitlich gelegenen Grabgewölben kampierten. Klein, sonnenverbrannt, arm, vielleicht sogar ärmer als die Pilger, die wir in Qom gesehen hatten, streckten sie sich im Schatten aus.

Die Gesichter der Bergbewohner ließen Zentralasien näher heranrücken. Und dann trat eine wunderschöne Erscheinung in den Hof des Heiligtums: eine hoch gewachsene, halb verschleierte Frau im kurzen, leuchtend gelben Volantrock, die mit Hohlkreuzrücken und zurückgebogenen Schultern vorüberging; ihre Schritte auf den hohen Absätzen waren abgemessen, präzise, gleichmäßig; ihr prachtvoller gelber Rock und sämtliche Unterröcke schwangen vom Schenkel in die Höhe, erst zur einen, dann zur anderen Seite: die Schritte einer Tänzerin, bühnenreif. Die kaukasische Welt Lermontows und Tolstois, hier war sie noch!

Behzad wusste nicht, woher sie kam; nur, dass sie arm war und vom Dorf stammte. Wir beobachteten, wie sie den Hof überquerte – sie wurde begleitet von einer älteren, nicht verschleierten Frau und einem Mann – und in den neben dem Eingang zum Heiligtum gelegenen Verschlag trat, um ihre hochhackigen Schuhe beim Aufseher zu lassen. Dann warteten wir, dass sie wieder ins Freie träte, aber vergeblich; von dem Verschlag aus gab es einen Nebeneingang zum Heiligtum. Die vielen Menschen aus den Bergen, das waren viele mühevolle Reisen; und doch eine Reise, für die ein Mädchen aus dem Dorf, wenigstens zum Schluss, ihren besten Volantrock anzog.

»Wissen Sie, wofür sie beten?«, fragte Behzad. »Sie bitten um Geld, Arbeit, einen Sohn.«

Im Museum sahen wir an dem alten Messingtor des Grabmals Reste alter, aber immer noch lebendiger Gebete. Wenn der Besucher hier ein Gebet sprach oder einen besonderen Segen erbat, band er einen Stoffstreifen an das Tor; und die untersten Querleisten oder Verstrebungen – durch Messingkugeln verbundene Messingzylinder – waren dicht behängt mit diesen Stoffstreifen. Löste der Streifen sich ab, so wurde das Gebet erhört; und selbst im Museum rieben die Menschen mit der Hand über die Streifen, damit der eine oder andere herabfiel und ein Muslimbruder seinen Wunsch erfüllt bekam. Der Boden hinter dem Tor war übersät mit Tuchfetzen, auf denen der Staub lag. Die unteren Partien des Tores hatten schon so viele Leute angefasst, dass einige der Messingteile abgefallen waren.

Ganz oben hatten Menschen mit besonders komplizierten Bittgebeten oder Wünschen an den Löchern der Messingkugeln billige (meist in China hergestellte) Vorhängeschlösser befestigt. Wie mochten die Schlösser sich ohne Schlüssel öffnen? Hatten sie den Schlüssel weggeworfen? Hieß das nicht, die göttliche Vorsehung herauszufordern? Behzad war sich nicht sicher. Er hielt es für wahrscheinlicher, dass man den Schlüssel einem Freund aushändigte, der vielleicht eines Tages nach Mashhad kommen und aus den vielen Schlössern das richtige herausfinden würde.

Die Adresse seiner Freundin hatte Behzad nicht; nur die Telefonnummer, und unter der meldete sich niemand, weder mittags noch jetzt noch später, am Abend.

Die Anrufe, die er für mich erledigte, waren ebenso fruchtlos. Man hatte mir den Namen eines islamischen Gelehrten an der Universität Mashhad gegeben, aber er fürchtete sich vor Ausländern. Er sagte, er sei nach Teheran versetzt worden und gerade mit Packen beschäftigt, sodass er mich nicht empfangen könne. Als ich ihn zu einem Kaffee einlud, erwiderte er, bei ihm sei gerade eine Migräne im Anzug und er habe sich hingelegt. Vielleicht ginge es ihm in zwei oder drei Tagen besser; ich solle vormittags anrufen.

So kam es, dass Behzad und ich uns am Abend nicht wie geplant trennten. Nach dem Abendessen und weiteren Telefonaten begaben wir uns zum Ramadan-Sitz des Ayatollah Shariatmadari. Sein Sekretär sagte, Besucher werde der Ayatollah zwischen zehn und elf Uhr abends empfangen, nach der Mahlzeit, die das Fasten unterbricht. Danach halte er eine Vorlesung, und dann gehe er zu Bett, um rechtzeitig wieder auf den Beinen zu sein, wenn um Punkt 4.30 Uhr die Gebete vor der Frühmahlzeit gesprochen werden müssten. Dieser Rhythmus von Essen und Fasten und Schlafen und Essen war während des Ramadan allen Gottesfürchtigen auferlegt.

Als der lächelnde, freundliche Oberkellner hörte, wohin wir gehen wollten, sagte er: »Passen Sie gut auf. In Mashhad kann einem Ausländer jederzeit Schlimmes passieren.« Die Warnung war nützlich und gut gemeint. Aus Höflichkeit indessen fügte der Oberkellner hinzu: »Allerdings nicht Ihnen. Bei Indern ist alles in Ordnung. Ägypter und Pakistanis, kein Problem. Amerikaner und Deutsche, da sieht's schlecht aus. Der Schah hat sie hergeholt und zu Herren des Landes gemacht. Er war schlimm.« Wieder lächelte er, wobei der Schnurrbart sich nach oben bog und die Augen blinzelten. »Oder dumm.«

Das Haus, in dem Shariatmadari seine Audienz abhielt, lag in einer kleinen, verwinkelten Gasse, die von der Hauptstraße abging. Nach dem Abendverkehr und den Lichtern war es hier schummrig und still. Dreck und Staub dämpften die Tritte der Gläubigen, doch es gab kein Gedränge, keine Eile.

Das Tor war bewacht, aber eher lässig: Zwei junge Männer saßen auf Stühlen davor und hielten ihre Gewehre versteckt. Nachdem Behzad das Nötige erklärt hatte, ließen sie uns eintreten. Und es war, als träte man in ein kleines Märchenland: ein ummauerter Garten mit weißen elektrischen Kugellampen, die ihr Licht auf Pfirsichbäume voller Früchte, auf Blumen, Rosen, Rasenstücke warfen. Die freie Fläche am näher gelegenen Ende des Gartens war mit Teppichen ausgelegt und wurde gerade von ein paar Männern zum Beten benutzt; auf der einen Seite des Grundstücks, vor der hohen, efeubewachsenen Längsmauer, lag ein langer, roter Läufer. Am entfernteren Ende stand hinter einem flachen, blau gekachelten Wasserbecken ein Zelt mit weiteren Lampen, und auf Teppichen saßen dort Menschen.

Wir zogen die Schuhe aus, gingen geradewegs bis hinter das Wasserbecken und setzten uns auf den Boden, genau gegenüber den schwarzen Kissen, gegen die sich Shariatmadari später lehnen würde. Neben dem Zelt stand ein neues Haus aus Beton und Glas; ein schmiedeeisernes Geländer, das modern wirken sollte, führte die geflieste Treppe empor. Vielleicht war es Shariatmadaris eigenes Haus oder das Haus einer religiösen Stiftung, das mit dem Kirchenzehnten der Gläubigen finanziert worden war; Behzad wusste es nicht genau. Ein alter Mann und eine junge Frau gingen umher und reichten Tee, Zucker und Wasser; auf dem Teppich standen Schälchen mit Würfelzucker.

»Shariat will sich bei den Leuten beliebt machen. Er nutzt seine Chance. Khomeini hat mit Regieren zu tun. Also ist Shariat hier und macht sich beliebt.«

Als Shariatmadari eintraf, standen wir alle auf. Es fiel schwer, ihn mit politischer Arglist zu assoziieren, diesen gütigen alten Mann, der da über den roten Läufer auf uns zukam und zu lächeln schien, obgleich er es womöglich gar nicht tat – es mochte auch nur die kombinierte Wirkung von Brille, Bart und Mundpartie sein. Sein Bart war weiß, die Haut rosig und weiß, der Gesichtsschnitt sonderbar schottisch. Sein geistliches Gewand war makellos sauber. Unter den Mullahs in der Menge, von denen viele einen Wanst und ein schmuddeliges Äußeres und vielleicht auch (wie es im Volksmund hieß) zu viele Frauen hatten, wirkte er wie eine fürstliche Erscheinung. Seine schwarze Robe bestand aus hauchdünnem, besticktem oder gemustertem Stoff und war oben mit eleganten Schnürbändern versehen; darunter sah man das blass braune Untergewand.

Sein Äußeres entsprach dem, was er war: ein Mann von hoher mittelalterlicher Bildung. Zu den Fächern, die er während der zwanziger Jahre bei einem berühmten Theologen in Qom studiert hatte, gehörten auch Philosophie und Astronomie: Jahrhunderte zuvor hatte Letztere zum geistigen Aufschwung der muslimischen Welt beigetragen, nun aber war sie zusammen mit der Philosophie längst zur theologischen Disziplin erstarrt.

Sobald er sich niedergelassen und gegen die schwarzen Kissen gelehnt hatte, liefen die Menschen los, um ihm die Hand zu küssen. Zwei Männer begannen die Menge zu dirigieren, sie in einer langen Schlange aufzustellen, die aus dem Zelteingang herausquoll und sich dann mit einem Knick auf dem roten Läufer neben der efeubewachsenen Mauer fortsetzte. Knaben und Männer führten seine Hand an Lippen, Stirn und Augen. Einer der Männer küsste Shariatmadaris Hand zweimal, das zweite Mal für die Kamera eines Freundes, denn viele hatten Kameras dabei.

Die ganze Zeit über schien Shariatmadari zu lächeln, obgleich er die Menschen, die vor ihm niederfielen und nach Belieben mit seiner Hand verfuhren, kaum wahrnahm. In Gedanken war er schon bei den Bittschriften, die zwei oder drei Leute ihm trotz der Aufpasser und Mullahs überreicht hatten. Die Mullahs mit ihren fantastischen schwarzen und weißen Turbanen und schwarzen und weißen Bärten umdrängten ihn. Die geneigten Körper, die blassen Farben der Roben, die kantigen Köpfe, die Turbane, die Bärte, und all das im grellen Licht gegen die kahle Stirnwand: Es wirkte malerisch, fast gestellt.

Ein Glaube wie dieser – Glaube an den Glauben, Glaube an

die Anleitung durch den Guten – hatte die Revolution ins Werk gesetzt. Im Konflikt mit Khomeini war Shariatmadari jetzt auf der Verliererseite, dem Glauben anderer zum Opfer gefallen. Aber er gehörte zu den Revolutionsführern, und selbst Behzad empfand Ehrfurcht in seiner Gegenwart.

Die Schlange derer, die seine Hand küssen wollten, geriet ins Stocken, als Shariatmadari anfing, auf eine der Bittschriften etwas zu schreiben. Es war nicht leicht, die Hand, mit der der Ayatollah schrieb, hochzuheben und zu küssen – aber ein oder zwei Wartende versuchten es trotzdem.

Wir saßen ganz vorn und hatten kein erkennbares Anliegen. Wir hielten keine Bittschrift, keine Kamera; wir küssten ihm nicht die Hand. Nach und nach erregten wir Aufmerksamkeit; ein- oder zweimal warf uns auch Shariatmadari einen kurzen, fragenden Blick zu. Behzad fand, es sei Zeit zu gehen. Wir holten unsere Schuhe und tasteten uns vorsichtig in den hinteren Teil des Gartens zurück. Noch immer kamen Mullahs herein. Einer war blind. Mit winzigen Schlurfschritten bewegte er sich auf dem roten Läufer, wobei er mit beiden Händen weit ausholende Kreisbewegungen machte. Niemand schenkte ihm Beachtung; die Leute drückten nur seine Hände herunter und ließen ihn in Ruhe. Auf der anderen, eher dunklen Seite des Gartens hatten sich Frauen in dem für sie reservierten Bereich versammelt.

Wir warteten, bis Shariatmadari zu sprechen anfing. Aber nach dem prachtvollen Schauplatz – dem Garten samt Wasser und Lampen und Pfirsichbäumen mit ihren pelzigen, noch grünen, vom Licht angestrahlten Früchten – und nach der prachtvollen Erscheinung des Mannes selbst war es wenig, was er zu sagen hatte. Der Schah sei böse und habe Böses getan. Er habe die Vielehe verboten und den Frauen damit Schaden zugefügt. Der Islam biete den Frauen Schutz; er schütze sie zumal im Fall der Scheidung. Das war schon oftmals gesagt worden; und jeder Mullah hätte es sagen können.

Aber das große Ereignis blieb, was es war: ein Ramadan-Abend mit der Rede eines Ayatollahs; und als wir auf die Gasse hinaustraten, vorbei an den Männern mit den Gewehren, wimmelte es dort, wie wir feststellen mussten, von Leuten, die gerade eintrafen.

Auf der Hauptstraße herrschte dichter Bus- und Motorrollerverkehr; ein Geschäft, das alle nur möglichen iranischen Nuss- und Trockenobstsorten feilbot, blendete die Augen mit seinem Neonlicht und Glas; in der Luft hingen Abgase wie übel riechender Küchenqualm.

Als wir ins Hotel zurückkamen, telefonierte Behzad noch einmal, ohne dass seine Freundin an den Apparat ging.

Am nächsten Morgen konnte er seine Bedrückung nicht verbergen. Er hatte sich von der Annahme, dass etwas mit der Leitung nicht stimmte, verabschiedet.

»Ich hoffe«, sagte er, »sie hat nicht irgendwas getan und ist verhaftet worden. In einer Stadt wie Mashhad kann es gefährlich werden, mit diesen Revolutionswächtern.«

»Warum sollte man sie verhaften?«

»Sie ist Kommunistin.«

Mein Gelehrter seinerseits, jener Mann, den man nach Teheran versetzt hatte und der beim Packen war und Migräne hatte und flachlag, hatte immer noch Migräne.

»Kennen Sie die *Encyclopedia of Islam*? Erschienen in den Niederlanden. Dort finden Sie alle Informationen, die Sie über den Islam und über Mashhad suchen.«

Migräne hin, Migräne her, mir schien, ich sei nicht nach Mashhad gekommen, damit man mir riet, wieder abzureisen und alte Bücher zu lesen.

»Mein Kopf ist schlecht dran«, sagte der Gelehrte. »Waren

Sie schon im Heiligtum? Im Museum? In der Bibliothek? Fahren Sie zu Firdausis Grabmal. Ja, fahren Sie zu seinem Grab.«

Dort fuhren wir also hin. Es lag mehrere Kilometer außerhalb von Mashhad, in der weiten, trockenen Ebene, die grün wird, sobald man sie bewässert: ein desolater Ort für das Grab des großen persischen Dichters, der noch vierhundert Jahre nach der Eroberung Persiens durch die Araber keine arabischen Wörter benutzte und, wie Behzad mir erklärte, gegen die gewaltsame Einführung der arabischen Kultur in Persien auftrat.

Das Grabmal war nicht alt, wie ich erwartet hatte, sondern vom Schah neu errichtet: Der quadratische Marmorturm mit vorislamischen Säulen an allen Seiten gehörte zu dessen Versuch, die vorislamische Vergangenheit des Iran ins Gedächtnis zurückzurufen. An der Mauer neben den Stufen, die zum Grabgewölbe hinabführten, sah man mehrere dem alten Stil abgeschaute Reliefs mit berühmten Szenen aus Firdausis epischer Dichtung. Aber sämtliche Inschriften waren unleserlich gemacht, jeder Hinweis auf den Schah, die königliche Familie oder die Monarchie war beseitigt worden. Erhabene Buchstaben hatte man einfach mit rohem Zement- oder Gipsbewurf zugekleistert. Und überall auf dem Marmor hingen Fotos von Khomeini.

Es war, als hätte der Gelehrte aus Mashhad mich nicht wegen Firdausi zu dessen Grabmal geschickt, sondern weil diese Stätte vom Wüten des Volkes zeugte. Dasselbe Wüten sah ich, als wir nach Mashhad zurückkehrten, und in dieser reichen, neu aufgebauten Stadt war es sogar deutlicher sichtbar als in Teheran: die ausgebrannten Gebäude (darunter das Broadway-Kino mit der englischen Schrift und der Las-Vegas-Fassade), die zerstörten, verbrannten Sockel in den Parks, auf denen die königlichen Standbilder fehlten, die Verspottung aller vorislamischen, aus Persepolis stammenden Motive an den vom Schah errichteten Bauten. Die heilige Stadt war zugleich eine Stadt des Wütens.

Beim Mittagessen war Behzad wieder besser gelaunt.

»Ich habe mit der Schwester meiner Freundin gesprochen«, sagte er. »Es ist alles in Ordnung. Das Telefon funktioniert nicht. Ich habe bei der Vermittlung angerufen und dort die Nummer der Schwester bekommen. Heute Abend besuche ich die Familie. Ich habe mir wirklich Sorgen gemacht.«

»Ist die Schwester auch Kommunistin?«

»Meine Freundin ist die einzige Kommunistin in der Familie. Alle anderen sind religiös.«

Religiös oder kommunistisch: Etwas dazwischen oder etwas anderes gab es im Iran nicht.

Nach dem Mittagessen beschlossen wir, Fahrkarten für den Zug nach Teheran am folgenden Tag zu besorgen. Doch der Taxifahrer erklärte Behzad, die Fahrkartenschalter am Bahnhof seien nur zwischen sechs und zwölf Uhr geöffnet.

»Dann stelle ich mich morgen früh um sechs an«, sagte Behzad.

»Glauben Sie, dass es stimmt, was der Fahrer sagt?«, fragte ich.

»Warum sollte er lügen?«

»Das meinte ich nicht. Ich wollte nur wissen, ob das, was er gesagt hat, korrekt ist?«

Statt zum Bahnhof fuhren wir zum Heiligtum, zur Bibliothek. Sie war geschlossen.

»Was sollen wir machen?«, fragte Behzad.

»Zum Bahnhof fahren?«

Wir taten es. Die Fahrkartenschalter waren geöffnet und verkauften Fahrkarten für den Zug nach Teheran. Behzad enthielt sich jeder Bemerkung. Pro Abteil gab es vier Liegeplätze. Ich meinte, wir sollten alle vier kaufen. Behzad schien einverstanden. Aber dann sagte er: »Sie haben nichts für die armen Leute übrig, stimmt's?«

Die armen Leute! Reisten sie etwa erster Klasse? Doch ich fügte mich der Erpressung, und wir kauften drei Fahrkarten, wobei Behzad die dritte, für seine Freundin, selbst bezahlte.

Der in der Schweiz oder in Deutschland gebaute Zug wartete am Bahnsteig. Die äußere Scheibe eines der Doppelglasfenster war gesprungen, als hätte sie ein Kiesel oder Stein getroffen. »Die Revolution«, sagte Behzad.

Wir fanden unser Abteil, aber dort zu warten kam nicht in Frage. Die Klimaanlage funktionierte erst, wenn der Zug sich in Bewegung setzte; und die Hitze in dem fast luftdicht abgeschlossenen Abteil war kaum zu ertragen. Eine Familienszene in einem anderen Abteil – samt wassergefülltem großem grünem Plastikeimer – ließ meine Sorge wegen des freien Liegeplatzes in unserem Abteil wieder wach werden. Ich behielt sie jedoch für mich, und wir gingen hinaus auf den Bahnsteig mit seiner kühlen Luft unter dem hohen, freitragenden Dach, um dort auf Behzads Freundin zu warten.

Nach wenigen Augenblicken verabschiedete sich Behzad mit der Bemerkung, er sei pünktlich wieder da. Was nicht stimmte. Ich war allein im Abteil, als unmittelbar vor Abfahrt des Zuges Behzads Freundin auftauchte. Sie war klein, Brillenträgerin, hatte raue Haut (vielleicht von der Sommerhitze) und schien mir weder hübsch noch reizlos. Sie trug eine weite Freizeithose und ein Hemd. Verabschiedet wurde sie von mehr als einer Schwester. Es schien, als sei sie mit einer ganzen oder doch fast ganzen Familie zum Bahnhof gekommen. *Ihrer* Familie! Religiöse Menschen! Zum ersten Mal ahnte ich etwas von den Schwierigkeiten, die Behzad am Wochenende gehabt haben musste, und von den Ausreden, die er mir und anderen gegenüber benutzt hatte.

Er kam ins Abteil, nachdem der Zug den Bahnhof verlassen hatte. Seiner Freundin stellte er mich kein einziges Mal richtig vor und nannte auch ihren Namen nicht; er entschuldigte sich nur dafür, dass sie kein Englisch spreche. Sie nahm mich zur Kenntnis, blickte mich jedoch nie direkt an. Sie unterlag alten Zwängen, und auch Behzad unterlag ihnen.

Dennoch hätte man angesichts einer unverschleierten, mit Hose bekleideten Frau, die sich unbefangen und zwanglos benahm und vielleicht etwas zu nervös mit den Beinen zappelte, leicht vergessen können, dass iranische Frauen Schleier oder Kopfbedeckung trugen und heute der stillste Tag im schiitischen Kalender war, nämlich Alis Todestag: Am Morgen hatte es im Radio, das auf dem Nachttisch des Hyatt Omar Khayyam stand, keine Musik gegeben.

Am Rande von Mashhad fuhren wir durch ein Dorf mit Flachdachhäusern aus Lehmstein. Dorfjungen, die am Fuße des hohen Bahndamms standen, begannen wie besessen, aber ohne böse Absicht, den Zug mit Steinen zu bewerfen. Die Besessenheit rührte daher, dass der Zug so schnell vorbeifuhr und sie möglichst viele Treffer landen wollten. Nach Behzads Auskunft ging die kaputte Fensterscheibe des einen Waggons auf die Revolution zurück. Vielleicht war es ja so; vielleicht stammte der Sport aus jenen kämpferischen Zeiten. Aber ich war froh, dass er mit seiner Freundin beschäftigt war und nichts mitbekam.

In Gesellschaft seiner Freundin war er unbefangen wie ein Kind; ihr Gespräch versiegte keinen Augenblick. Nach kurzer Zeit begannen sie Karten zu spielen – sie hatte welche mitgebracht. Sie kenne nur ein einziges Spiel, sagte Behzad, der sich für einen Augenblick an mich erinnerte; und das sei sehr einfach. Sie spielten, bis es ihnen langweilig wurde.

Eine Landschaft aus Bergen, Hügeln und bewässerter Ebene. Die Hügel standen einzeln, und der Zug schlängelte sich zwischen ihnen durch. Nach der Ernte lagen die Felder golden da; und am Spätnachmittag nahmen die Hügel in der Ferne ein warmes Braun an. Hier und da war das Land von Wasserläufen aufgerissen; manche hatten sich senkrecht eingeschnitten und kleine Steilufer geschaffen; aber jetzt, im Hochsommer, waren sie zu dahinplätschernden, wenige Fuß breiten und ein paar Zoll tiefen Bächen geschrumpft. Auf den Stoppelfeldern weideten Lämmerherden. Gelegentlich sah man Menschen beim Getreideworfeln. Doch die moderne Straße mit den in leuchtenden Farben lackierten Lastwagen war nie weit entfernt; und quer durch die Ebene zog sich die Marschordnung der Hochspannungsmasten.

Die Dörfer waren lehmfarben, die Häuser hatten kuppelförmige Lehmziegeldächer (da Holz für Dachbalken hier nur schwer zu bekommen war) mit schräg abfallenden Rinnen am unteren Rand, in denen das Wasser abfließen konnte. Vom Zug aus schien es, als ballten die Kuppeln sich zu Haufen zusammen; die vorstehenden Rinnen, deren schwarze Schatten auf der Lehmsteinmauer noch steiler abfielen, erinnerten an Miniaturkanonen; an den Ecken der Dorfmauern standen runde Türme, wie Wachtürme. Die Hügel wurden sanfter, und die Falten und Runzeln, die sie bedeckten, ähnelten den Runzeln der menschlichen Haut. Die Wüste kam ganz allmählich. Wie mit Pockennarben war der Boden übersät mit Brunnen, die wegen ihrer Erdkrempe an riesige Maulwurfshügel erinnerten; und mitten in der kahlen Einöde standen, umschlossen von Lehmmauern, immer wieder herrlich grüne Pappelhaine.

Auf Behzads Waggonseite ging die Sonne unter. Die Landschaft war voller Staub; Behzad sagte, die Wüste sei nicht mehr weit. Als ich erwähnte, dass das Land ordentlich bebaut und viel für Dorfstraßen und Stromversorgung getan worden wäre, widersprach er mir. Er war in Gesellschaft seiner Freundin, und in ihrer Gesellschaft hatte er einen geschärften Blick für Ungerechtigkeit, denn dieses Gefühl gehörte zu den Dingen, die ihn mit ihr verbanden. Er erzählte mir – und übersetzte dem Mädchen, was er gesagt hatte –, fünfundsiebzig Prozent der iranischen Dörfer hätten keine Straßen und keinen Strom.

Doch der Iran war ein gigantisches, schwieriges Land, seine Dörfer lagen weit verstreut. Und obgleich wir uns nach Behzads Worten nun in einer unbewässerten Wüste befanden – und obgleich er die Deckenbeleuchtung anmachte, die die verblassende Aussicht mit Spiegelbildern überzog –, konnte ich, ehe es dunkel wurde, sehen, dass die flache Ebene noch immer in Streifen und Rechtecken bebaut war.

Behzads Freundin bot etwas zu essen an; sie hatte, vielleicht aus Gewohnheit, bis zum Sonnenuntergang des Ramadantages gewartet. Ihre Adidastasche war schwer beladen mit Plastiktüten, in denen sich Gebäck und Krapfen – die habe er noch nie gegessen, sagte Behzad – sowie getrocknete Feigen und anderes Trockenobst befanden. Das alles brachte sie Freunden in Teheran aus Mashhad mit. Ich aß etwas vom Trockenobst – eine kleinere Feigenart, schrumplig und aufgesprungen, außen lehmfarben, innen weich und süßlich, eine Frucht, der man anmerkte, dass sie in dem Land, durch das wir fuhren, herangereift war, und die an Sonne und Wüste und ummauerte Gärten denken ließ. Behzad aß einen Krapfen, seine Freundin ein rundes Rosinenstück.

Sie lehnte sich gegen das Fenster, streckte ihr linkes Bein auf dem Sitz aus und begann, in einer neuen, noch steifen persischen Broschüre zu lesen, auf deren gelbem Umschlag der rote Stern sowie Hammer und Sichel prangten. Behzad sagte, die Partei – eine unabhängige, nicht moskautreue Partei – habe sie gerade publiziert, um zu erklären, warum sie sich nicht an den Wahlen zur Expertenversammlung beteiligt hatte.

Behzads Freundin las mit Entschlossenheit, doch was sie las, schien sie nicht sonderlich zu fesseln. Sie hörte auf umzublättern, legte die aufgeklappte Broschüre mit den Seiten nach unten auf den Sitz und unterhielt sich mit Behzad. Dann nahm sie ihr Bein wieder vom Sitz herunter, und beide machten sich erneut ans Kartenspiel, an dasselbe einfache Spiel.

Wir hielten in einem Bahnhof. Und ungeachtet des Rüffels, den Behzad mir in Mashhad wegen meiner Einstellung zu den »armen Leuten« verpasst und der mich gehindert hatte, den vierten Schlafplatz zu kaufen, bemühten sich nun beide, er und seine Freundin, unter viel Gekicher, fremde Personen aus dem Abteil fern zu halten. Er zog die Vorhänge an der Gangseite zu.

Der Zug fuhr an. Jemand klopfte an die Abteiltür, und fast gleichzeitig wurde sie aufgeschoben. Es war der Schlafwagenschaffner. Er warf blaue Säcke mit Bettzeug herein: Decke, Kissen, Betttücher, Kissenbezug.

Wieder klopfte es. Diesmal war es ein klein gewachsener junger Mann in der Uniform des Soldaten, mit einem Revolver. Er schob die Tür auf, sagte etwas zu Behzad und schloss die Tür wieder. Er trug schwarze Stiefel.

»Einer von der Armee?«, fragte ich.

»Er ist vom *komiteh*«, erklärte Behzad. »Er hat gesagt, wir dürften nicht Karten spielen. Wissen Sie, wie er mich nannte? ›Bruder‹. Ich bin sein Bruder im Islam. Ich soll nicht Karten spielen. Eine neue Vorschrift.«

Nach dem ersten Schock wurde er zornig. Seine Freundin auch. Sie sagte gar nichts; ihr Gesicht verschloss sich. Behzad fiel nun die Rolle des Mannes zu; und an mich, den Zeugen seiner Demütigung, wandte er sich, um auf Englisch mit seinem Zorn fertig zu werden.

»Die Karten sind mir egal. Was mich stört, ist das mit der Macht. Er tut das nur, um mir seine Macht zu zeigen – ihre Macht. Ich begreife nicht, wie Mohammed etwas vom Kartenspiel gewusst haben soll. Das war damals noch gar nicht erfunden.«

»Aber er hat sich gegen das Glücksspiel gewendet«, sagte ich.

»Hat er. Aber wir waren nicht beim Glücksspiel.«

»Der *komiteh*-Mann hat das wohl nicht gewusst.«

»Doch. Natürlich wusste er's.«

Jetzt meldete sich auch bei mir ein schockartiges Gefühl. Der Auftritt des Mannes in Khakiuniform hatte die Reise verändert, er brachte Irrationalität in eine Landschaft, die ich, solange es noch hell war, mit einem Interesse studiert hatte, das mir nun unpassend und widersinnig vorkam: Lastwagen, Straßen, Strommasten und Dörfer waren nicht, was sie zu sein schienen.

»Jetzt sehen Sie, was ich Ihnen gesagt habe«, fuhr Behzad fort. »Die Macht muss dem Volk gehören. Den Arbeitern und Bauern. Die Oberschicht will immer nur ihre Macht demonstrieren.«

Mir fiel ein, dass die Macht zurzeit doch beim Volk *lag* und das soeben Geschehene eine Demonstration dieser Macht war.

»Kam der Mann vom *komiteh* aus der Oberschicht?«, fragte ich.

»Er gehört dazu. Die Armee dient immer den oberen Klassen. Deshalb zähle ich ihn dazu.«

Wir verzichteten auf einen Disput. Keiner von uns wollte ihn; und seine Dialektik hätte mir nicht weniger Schwierigkeiten bereitet als die des Ayatollah Shirazi in Qom.

Er wollte gar nicht partout Karten spielen; seine Freundin kannte ja nur das eine simple Spiel. Aber jetzt wirkten sie wie Kinder, denen man das Spielen verboten hat. Auf dem Sitz zwischen ihnen lagen die Karten, keiner hatte sie zusammengeklaubt. Das Mädchen hatte die seinen einfach fallen lassen, mit einer Geste, die wie ein Seufzer war. Ihre ohnehin schon verschlossene Miene wurde hart. Wie mir schien, hätte es beiden die Sache erleichtert, wenn sie allein gewesen wären; ja, Behzad hätte es die Sache sogar sehr erleichtert, wenn ich als zusätzlicher Zeuge fortgefallen wäre. Mir war unwohl beim Gedanken an seinen Stolz.

»Der *komiteh*-Mann ist unwichtig«, sagte ich, »vergessen Sie ihn. Man braucht nicht jede Schlacht zu schlagen. Schlagen Sie nur die wichtigen.«

Das sollte beschwichtigend klingen. »Mir liegt nichts an dem Kartenspiel«, sagte er. »Darum mache ich keinen Wirbel. Aber wenn's an Bücher geht – wenn sie meine Freundin fragen, warum sie das Buch da liest –« Er sprach den Satz nicht zu Ende.

Das ungelesene Büchlein lag noch immer mit den Seiten nach unten auf dem Sitz. Mir war aufgefallen, dass sie, schon als sie es abgelegt hatte, den gelben Umschlag mit rotem Stern und Hammer und Sichel ostentativ zur Schau stellte, sodass er von den im Gang Vorbeigehenden gesehen werden konnte.

Sie sagte noch immer nichts, sondern sammelte nur mit einer weiblich-müden Geste die Karten auf.

»Sie wissen ja sicher, wogegen die sich wenden, oder?«, sagte Behzad. »Die sehen, dass meine Freundin keinen Schador trägt. Deshalb wollen sie uns ihre Macht zu spüren geben.«

Sie stand auf, nickte in Richtung Gang, und gemeinsam gingen sie hinaus und entfernten sich, um allein zu sein, wie ich annahm, und vielleicht auch um Leute zu provozieren, denen ein unverschleiertes Mädchen in Hose und Hemd an diesem heiligen, Ali geweihten Tag wohl kaum passen konnte.

Sie blieben längere Zeit fort.

Als sie zurückkamen, sagte Behzad: »Der Mann, der das Bettzeug brachte – ich glaube, er hat uns denunziert. Er sah, wie wir Karten spielten, und hat uns angezeigt.«

Er liebte die Menschen aus dem Volk. Aber wer waren sie, im jetzigen Iran?

Eine knappe Stunde später sagte das Mädchen, es würde gern schlafen. Behzad bat mich um einen Vorschlag, wie wir uns verteilen sollten. Da ich annahm, seine Freundin wäre lieber etwas für sich, schlug ich vor, sie solle auf einer der oberen Liegen schlafen; ich würde dann unter ihr schlafen und Behzad auf der Liege neben meiner; die Liege über ihm könnten wir herunterklappen, sodass der Spiegel nichts reflektieren würde.

Sie verstand, was ich gesagt hatte, und begann augenblicklich, die Leiter hochzusteigen.

»Aber –«, sagte Behzad.

Als ich seinem Blick folgte und sie so auf der untersten Sprosse der Leiter stehen sah, fiel mir zum ersten Mal auf, dass ihr linker Fuß nicht in Ordnung, ihr linkes Bein, das ich zu zappelig gefunden hatte, kürzer als das rechte und ihre linke Hüfte leicht verkümmert war.

Sie bestand darauf hochzuklettern. Und Behzad schlief nicht auf der zweiten unteren Liege. Er schlief oben, um nahe bei seiner Freundin zu sein. Er trug keinen Schlafanzug; entweder besaß er keinen, oder er hatte keinen in seiner kleinen Aktentasche. Im Iran war das unglaublich gewagt.

Spätabends Wüste und Berge. Am Morgen dann Brunnen mit Erdkrempen, Bewässerungskanäle, Lehmmauern um Haine und Gärten, Menschen bei der Arbeit auf den sauber gehaltenen, reich bewachsenen Feldern; Dörfer; die Randbezirke Teherans. Ein Schaffner brachte Tee in Gläsern, der auf persische Art getrunken werden sollte: mit einem Stück Würfelzucker im Mund.

Behzad hatte nicht gut geschlafen; er quälte sich immer noch herum. Als wir schon fast in der Stadt waren – Klimatisierungsboxen an der Rückfront der unglaublichsten Häuser –, sahen wir auf dem Gang den *komiteh*-Mann: jungenhaft, winzig, unaufgeregt und beim Blick in unser Abteil sichtlich ohne jede Erinnerung an den Vorabend und seine Einmischung.

Behzads Freundin verabschiedete sich, ohne mich recht wahrzunehmen. In all den Stunden, die wir zusammen waren, hatte sie mich nie direkt angesehen. Auf dem Bahnsteig des Teheraner Bahnhofs ließ ich beide vorangehen: sie klein und humpelnd, er groß und athletisch, beschützerhaft, sich leicht zu ihr herabneigend. Freunde warteten, um das Mädchen abzuholen, sie brachten sie anderswohin. Junge Menschen der Revolution, immer die Gefahr im Gepäck; aber an diesem Tag war die Stadt, in die sie zurückkehrten, eine Stadt der Katastrophe.

Über das Wochenende hatte es Straßenkämpfe zwischen Muslimen und Linken gegeben, und die Linke hatte schwer einstecken müssen.

Eine Woche zuvor, als ich mit Behzad aus Qom zurückkehrte, war im Autoradio vom Verbot der linken Zeitung *Ayandegan* berichtet worden. Im Laufe der Woche kam es dann zu immer heftigeren Protesten der Linken; und schließlich gingen muslimische Gruppen zum Gegenangriff über.

Nach den Freitagsgebeten in der Teheraner Universität – die Behzad aufgrund seiner revolutionären Begeisterung beim Anblick der Menschenmassen nicht als religiöses, sondern als politisches Ereignis wahrgenommen hatte – waren Hunderte von Muslimen vor der Redaktion von *Ayandegan* aufmarschiert. Dreißig Druckereiarbeiter der Zeitung hatten sich geweigert, das Gebäude zu verlassen; jetzt wurden sie von Revolutionswächtern hinausgeworfen. Fünf der vertriebenen *Ayandegan*-Arbeiter wurden verletzt und mussten ins Militärkrankenhaus gebracht werden; zwanzig wurden inhaftiert. Am Sonntag kam es bei einer linken Demonstration vor der Teheraner Universität zu schweren Prügeleien mit Stöcken und Messern; dabei wurden zahlreiche weitere Menschen verletzt. Am Montag – als wir uns gerade für die Abreise aus Mashhad fertig machten – stürmten Muslimgruppen die Zentrale von Behzads Partei, vertrieben alle dort Anwesenden, warfen Schriftstücke aus den Fenstern und bemächtigten sich sämtlicher Waffen: Handgranaten, Granatwerfer, Tränengasdosen, belgische und russische Gewehre.

Diese Nachrichten erwarteten Behzad und seine Freundin bei ihrer Rückkehr. Sie hörten es – wie ich später erfuhr – von den Freunden, die das Mädchen abholten. Aber nach seiner Demütigung vom Vorabend erzählte mir Behzad nichts davon. Er brachte mich ins Hotel zurück, und nachdem er damit seine Verpflichtungen erfüllt hatte, überließ er es mir, in der *Tehran Times* die Nachricht selbst zu entdecken.

Zeitungsmeldungen: vorgestanzte Sprache, vorgestanzte

Sätze, die alles der Fantasie überließen. Aber nur wenig später, auf dem Weg zum Intercontinental Hotel und seinem Mittagsbüfett, erhielten die Meldungen etwas unglaublich Wirkliches.

Ein Wolkenkratzer mit Gartenanlage und Skulptur; eine Nebenstraße, abgesperrt von einem Auto mit Blinklicht auf dem Dach; Männer im tarnfarbenen Kampfanzug mit Gewehren; an den Ecken des Hochhausgeländes Sandsäcke, hinter denen man Maschinengewehre in Stellung gebracht hatte. Und auf der anderen Seite der verkehrsreichen Straße die enteigneten Kommunisten, junge Männer, die wie städtische Arbeiter aussahen, in Hose und offenem Hemd. Eine persische Schlachtordnung: beide Seiten abwartend und aufmerksam beobachtend, umspült vom Leben der Stadt – ganz wie in alten Zeiten, als die Bauern ihrer Landarbeit nachgingen, während die Heere darum kämpften, wer die Herrschaft übernehmen sollte.

Am selben Nachmittag hörte ich in der Firdausistraße, der Straße der Geldwechsler, eine Sirene; dann raste ein offener Lastwagen vorbei, auf dem Muslime mit Gewehren standen, gefolgt von einer Art Polizeiauto. Später, auf dem Boulevard der Islamischen Republik, der früher nach dem Schah benannt war, ertönte die Sirene wieder, und wieder sah ich die mit Gewehren bewaffneten Muslime. Kein Notfall hatte sie herbeigerufen. Sie brausten in hohem Tempo durch die Stadt, und die Sirene war ihr Schlachthorn; sie taten das, wie Behzad wohl gesagt hätte, um ihre Macht zu zeigen.

Zwei Tage später, an meinem letzten Abend in Teheran, sah ich Behzad noch einmal für wenige Minuten. Seine Haut war dunkel verbrannt von der Sonne. Auch er hatte bei den enteigneten Kommunisten gestanden – gegenüber den Sandsäcken und dem Maschinengewehr. Er war traurig, aber gefasst.

Er hatte seine Schlacht gefunden. Ich erkundigte mich nach seiner Mutter, die nach Teheran gekommen und bei ihm zu Besuch war. Aber er erzählte – immer noch wegen der alten Zwänge – wenig von ihr; und von seiner Freundin gar nichts.

So viel Überschwang, so viel Tapferkeit; und dabei war – wie im Iran gar nicht zu vermeiden – seine Sache ebenso simpel wie die seines Feindes und im Grunde nichts anderes als eine Variante der Letzteren. Beide Seiten setzten auf geoffenbarte Wahrheit und eine bestimmte Auslegung historischer Ereignisse; beide forderten unbedingten Glauben. Und beide zehrten von derselben Leidenschaft: dem Wunsch nach Gerechtigkeit, Einheit und Rache.

Ich reiste nach Pakistan weiter. Zuerst hatte ich geplant, mit dem Bus in Etappen Richtung Süden und Osten zu fahren, durch alte Städte mit herrlichen Namen: Isfahan, Yazd (ein Zentrum der Anhänger des Zarathustra, jener Perser mit der vorislamischen Religion, die seit langem vertrieben waren und deren Nachkommen als Parsi, als Perser, in Indien überlebten), Kerman, Zahedan. Aber nach Qom und Mashhad hatte ich genug von hochsommerlichen Fahrten durch die Wüste; auch lag mir nichts daran, an irgendwelchen abgelegenen Orten mit einem *komiteh* zusammenzustoßen; und schließlich konnte ich nicht herausbekommen, mit welchem Verkehrsmittel man über die pakistanische Grenze gelangte. Ich beschloss, direkt nach Karatschi zu fliegen.

Es gab nicht viele Flüge. Ich suchte mir einen um halb acht morgens aus, und bei der Pakistan International Airlines wurde mir gesagt, man müsse drei Stunden vorher am Flughafen sein. Ich war pünktlich und glaubte, das Richtige getan zu haben. Mit meiner kleinen Lark-Reisetasche kam ich schnell durch die Kontrolle. Eine halbe Stunde später, bei Tagesanbruch, gab es schon eine lange Warteschlange, die sich nur schleppend vorwärts bewegte.

Am Londoner Flughafen waren im Warteraum für den Iranflug viele Iraner gewesen, die in Europa und den Vereinigten Staaten eingekauft hatten; am Teheraner Flughafen wimmelte es von pakistanischen Arbeitsmigranten, die im Iran eingekauft hatten. Sie brachten Unmengen von Gepäck mit: Kästen, Truhen, große, mit Seilen zugebundene Pappkoffer, braune Kartons, auf denen berühmte Namen wie Aiwa, Akai, Toshiba oder National standen, Namen aus dem neuen, weltweiten Basar, dessen Güter nicht mit einer bestimmten Bildung, Arbeitsleistung oder Kultur assoziiert wurden, sondern nichts als Güter waren und zu den natürlichen Gaben der Welt gehörten.

Das Flugzeug, das um halb acht abfliegen sollte, traf erst um zehn Uhr ein. Um 11.25 Uhr rollte die Maschine los, aber dann blieben wir eine weitere Stunde stehen, während Phantom-Jäger starteten, die die iranische Luftwaffe in den USA gekauft hatte. Ich dachte an eine Übung. In Wirklichkeit starteten sie auf Khomeinis Geheiß zu einem Angriff auf die Kurdenrebellen im Westen des Landes. Später, in Karatschi, erfuhr ich, dass zwei Phantom-Jäger abgestürzt waren, und diese Nachricht erregte einen seltsamen Brechreiz: ein so perfektes und tödliches Flugzeug, und die darin sitzenden, unzureichend ausgebildeten Männer so gefährdet, beinahe Opfer und dennoch Menschen, die sich an diesem Morgen dem Willen Gottes und des Zwölften Imam beugten und voller Mordlust steckten.

Im Gefolge der Phantom-Jäger reiste auch Khalkhali nach Kurdistan, Khomeinis islamischer Richter, welcher der Macht tatsächlich so nahe war, wie er zehn Tage zuvor in Qom prahlend verkündet hatte. Im Handumdrehen verurteilte er, rasch von Ort zu Ort wechselnd, fünfundvierzig Menschen zum Tode. Mit seinen fünfunddreißig Jahren Studium hatte er immer ein islamisches Urteil parat. Als in einer der kurdischen Städte die Angehörigen eines Häftlings Anzeige erstatteten, weil jemand dem Gefangenen drei Zähne ausgeschlagen und die Augen ausgestochen hatte, ließ Khalkhali an dem Folterer dieselbe Strafe vollziehen. Auf der Stelle wurden dem Mann drei Zähne ausgerissen. Die geschädigte Familie hatte Erbarmen, verzieh dem Täter und ließ ihm die Augen.

Das war islamische Gerechtigkeit, prompt, persönlich, sühnend; sie entsprach den einfachen Bedürfnissen der Gläubigen. In der Vergangenheit freilich hatte man nichts von diesem Bedürfnis der Iraner verlauten lassen. Dieses Versprechen der Revolution war verschleiert oder verfälscht worden; und meistens lasen wir *Nieder mit dem faschistischen Schah*. Nur Iraner – und ein paar ausländische Wissenschaftler – wussten, dass Khomeinis Vater noch zur Zeit der Kadscharen-Dynastie, als Khomeini selbst klein war, von einem Regierungsbeamten getötet wurde; dass man den Mörder öffentlich hängte; dass die Mutter den Knaben mit zur Hinrichtung nahm und danach zu ihm sagte: »Nun lebe in Frieden. Der Wolf hat die Früchte seiner Übeltaten geerntet.«

In der Anzeige, die Khomeini im Januar 1979, als er noch im französischen Exil war, in der *New York Times* veröffentlichte, appellierte er an »die Christen in aller Welt« wie an Menschen eines gleichrangigen Kulturkreises. Ein anderer Khomeini sagte im August, am Jerusalem-Tag (als die Phantom-Jäger gegen die Kurden eingesetzt wurden): »Die Regierungen der Welt sollen wissen, dass der Islam unbesiegbar ist. In allen Ländern wird er siegen, und zusammen mit den Lehren des Korans wird er weltweit die Vorherrschaft erringen.«

Das wäre nichts für die Leser der *New York Times* gewesen. Und auch dies nicht, was er am letzten Freitag des Ramadan gesagt hatte (ein gutes Beispiel für die in Qom gelehrte mittelalterliche »Logik und Rhetorik«: Wiederholung bestimmter Schlüsselwörter, die immer wieder anders kombiniert werden und zum Schluss einen neuen Dreh bekommen): »Wenn Demokraten von Freiheit reden, dann stecken dahinter die Supermächte. Sie wollen unsere Jugend an Stätten der Verderbnis locken ... Wenn es das ist, was sie wollen, dann sind wir tatsächlich, im Wortsinn, Reaktionäre. Ihr, die ihr nach Prostitution und allseitiger Freiheit trachtet, folgt bloß dem Intellekt. Verderbte Moral haltet ihr für Freiheit, Prostitution für Freiheit ... Diejenigen, die nach Freiheit trachten, meinen die Freiheit, über Bars, Bordelle, Spielkasinos und Opium zu verfügen. Wir jedoch wollen, dass unsere Jugend eine neue geschichtliche Epoche gestaltet. Wir wollen keine Kopfmenschen.«

Das war sein Appell an die Gläubigen, an diejenigen, die Behzad als hirnlose Lumpenproletarier bezeichnet hatte. Er forderte nichts als Glauben. Aber zugleich wusste er, wie viel Wert iranisches Öl für alle Länder hat, die nicht ohne Maschinen leben können, und er schickte Phantom-Jäger und Panzer gegen die Kurden los. Als Dolmetscher des göttlichen Willens und Oberhaupt der Gläubigen fasste er die ganze Konfusion seines Volkes in Worte und verlieh ihr den Anschein der Würde und des altvertrauten Glaubens: die Konfusion eines Volkes mit hoher mittelalterlicher Bildung, das ein Interesse an Öl und Geld, einen Sinn für Macht und Gewalt sowie ein Wissen davon entwickelt hat, dass es von einer großen, neuen Kultur umgeben ist. Sich dieser Kultur zu bemächtigen war ausgeschlossen. Also galt es, sie abzulehnen – und sich gleichzeitig auf sie zu verlassen.

II

Pakistan
Die Salzhügel eines Traums

Gonzalo: Hätt' ich, mein Fürst, die Pflanzung dieser Insel –
Antonio: Er säte Nesseln drauf.
Sebastian: Oder Kletten, oder Malven.
Gonzalo: Und wäre König hier; was würd' ich tun?
Sebastian: Dem Trunk entgehn, weil er keinen Wein hätte.
Gonzalo: Ich wirkte im gemeinen Wesen alles
Durchs Gegenteil; denn keine Art von Handel
Erlaubt' ich, keinen Namen eines Amts;
Gelahrtheit sollte man nicht kennen; Reichtum,
Dienst, Armut gäb's nicht; von Vertrag und Erbschaft,
Verzäunung, Landmark, Feld- und Weinbau nichts;
Auch kein Gebrauch von Korn, Wein, Öl, Metall,
Kein Handwerk; alle Männer müßig, alle;
Die Weiber auch, doch völlig rein und schuldlos;
Kein Regiment –
Sebastian: Und doch wollte er König sein!
Antonio: Das Ende seines gemeinen Wesens vergisst den Anfang.

Der Sturm

1

Verschiebungen

Alis Herrschaft suchte den Iran heim: Der iranische Staat zerfiel. Als Außenstehender konnte man den Zusammenhang sehen. Der Gläubige hingegen vermochte diese großen Ereignisse zu drehen und zu wenden und sie auseinander zu halten, als hätten sie nichts miteinander zu tun; obwohl er sich anschickte, die Beine in die Hand zu nehmen, vermochte er weiterhin den Sieg des Islam zu bejubeln. Pakistan ließ sich auf die gleiche Weise betrachten. Man konnte darin ein zerrissenes Land sehen, das unter einer despotischen Herrschaft wirtschaftlich stagnierte, während seine hochbegabten Menschen der Hysterie nahe waren. Aber Pakistan war zugleich das Land, das mehr als dreißig Jahre zuvor gegründet worden war, um den indischen Muslimen eine Heimat zu geben, und das aus diesem Grund verdiente, als Vorkämpfer einer Erneuerung des Islam hochgehalten zu werden.

Ein Artikel in der *Tehran Times* stellte eine Verbindung zwischen den zwei Ländern her. »Die Geschichte Pakistans und die Geschichte der Islamischen Revolution im Iran demonstrieren die Macht der Religion und die Hohlheit säkularer Heilsbewegungen. Herauszufinden, wie die Welt funktioniert, ist Sache der Wissenschaft, und mit der Frage, wie sie zu regieren ist, damit müssen sich die Politiker befassen, aber dem Ganzen Sinn zu verleihen, das ist vor allem Aufgabe des

Irans und Pakistans. Politik ist im Islam mit Religion verbunden. Iran und Pakistan können einander die Hand reichen, um der Welt zu beweisen, dass der Islam mehr ist als eine Religion der Vergangenheit, die alte Rituale pflegt.«

So sah die Logik des Glaubens aus. Der Autor nahm zur Kenntnis und erklärte für unerheblich, was beiden Ländern fehlte – Wissenschaft, die Fähigkeit, einen Staat des zwanzigsten Jahrhunderts zu organisieren –, um dann in einem intellektuellen Handstreich, einer verbalen Vernebelungsaktion (»Sinn des Ganzen«) die Glaubenstreue als eine Leistung zu präsentieren, die alles andere in den Schatten stellte. Um das tun und allen Ernstes Chaos als sein Gegenteil ausgeben zu können (»die Macht der Religion und die Hohlheit säkularer Heilsbewegungen«), musste der Autor allerdings eine ganze Menge ausblenden.

Er sprach von der »Geschichte Pakistans«, ging aber auf diese Geschichte nicht weiter ein und sah über ihre Besonderheiten hinweg: über die Entwurzelung ganzer Bevölkerungsgruppen und die Massenvertreibungen nach der Gründung des Staates im Jahr 1947, über das Fehlen eines repräsentativen Regierungssystems, darüber, dass sich das Land des Glaubens in ein Land von Plünderungen verwandelte, über den zunehmenden Regionalismus, über die Militärherrschaft des Jahres 1958, über die blutige Abtrennung von Bangladesch im Jahr 1971. Auch dass die Armee erneut in Pakistan herrschte und dass abermals das Kriegsrecht galt, fand keine Erwähnung; ebenso wenig erfuhr man, dass Bhutto, der einzige demokratisch gewählte Ministerpräsident, den das Land je gehabt hatte, im Jahr 1977 von der Armee abgesetzt, unter Mordanklage verhaftet, vor Gericht gestellt, zum Tode verurteilt und nach neunzehn Monaten Haft hingerichtet worden war und dass diese Hinrichtung, die gerade einmal vier Monate zurücklag, das Land schockiert, demoralisiert und noch tiefer gespalten hatte.

Diese ganze Geschichte, all dieses weltliche Scheitern und Leiden, wurde durch die Logik des Glaubens vom Tisch gewischt.

Die iranische Wüste ging in die pakistanische über. Oberhalb der 1000-Meter-Grenze boten sich die Einöden des iranischen und pakistanischen Belutschistan braun und schwarz, aber fahl dar – mehr Glast als Farbe.

Belutschistan verfügte über gewisse Naturgasvorkommen; Öl allerdings gab es in der pakistanischen Wüste nicht. Iran war ein Land mit Öl und Geld; hier in Pakistan war die Wüste einfach nur Wüste. Der Iran mit seiner 35 Millionen zählenden Bevölkerung nahm täglich 70 Millionen Dollar durch den Verkauf von Erdöl ein; Pakistan, das eine doppelt so große Bevölkerung hatte, verdiente mit seinen Reis-, Leder- und Baumwollausfuhren 140 Millionen im Monat. Der Iran hatte vor einem amerikanischen Bundesgericht gerade erfolgreich die Rückzahlung von 30 Millionen Dollar durch die American Bell International eingeklagt; Pakistan konnte jährlich nur 20 Millionen Dollar für den Straßenbau in der riesigen Provinz Sindh aufbringen. Der Iran konnte Milliarden für militärische Ausrüstungen verplempern – Erdöl, das in Form von Geld aus dem Fenster geworfen wurde; hier dagegen berichteten die Zeitungen davon, wenn Pakistan den Iran um ein Darlehen von 150 Millionen Dollar ersuchte.

In Pakistan war es eine Nachricht wert, dass 30 Sportverbände des Landes 140 000 Dollar bewilligt bekommen hatten – so kleine Brötchen buk man hier. Obwohl es größer war als der Iran, verfügte Pakistan über eine zwergenhafte Ökonomie, und das spiegelte sich in den Zeitungsanzeigen wider, in denen für alles Mögliche Reklame gemacht wurde: für Versicherungen, Tropenkleidung, Fernseher, ein Schädlingsbekämpfungsmittel für den Baumwollanbau (hergestellt in Zusammenarbeit mit der britischen Firma May and Baker), Zement, einen Spannungsstabilisator, Winkel und Stäbe aus Messing und Kupfer, eine kosmetische Seife, eine Rasiermessermarke.

Hoch entwickelte Verwaltungsstrukturen, die in der Zwergenökonomie überlebten, vermittelten gelegentlich den Eindruck einer Nation, die Scherze trieb. In *Dawn*, der führenden englischsprachigen Zeitung in Karatschi, erschien eine zwei Spalten breite und zehn Zentimeter lange Anzeige des Führungsstabs der Organisation für Verteidigungswissenschaft und -technik im Verteidigungsministerium, die einen Kühlschrank und vier Schränke (»Holz mit verglasten Scharniertüren«) zum Verkauf anbot.

Zwanzig Zentimeter Raum beanspruchte in der gleichen Zeitung die Ankündigung eines staatlichen »Fachausbildungsentwicklungsplans für Jugendliche«. Wie sah der Plan aus? Die Regierung bewilligte tausend Dorfschulen 2000 Rupien, gut 200 Dollar, für die Anschaffung von Arbeitstischen und Handwerkszeug. Und dafür zwanzig Zentimeter Anzeigenfläche? Wie das? Ganz einfach: »… Das Ausbildungsprogramm wird den unmittelbaren Bedürfnissen der jeweiligen Gemeinde angepasst und mit den Interessen der Lernenden in Einklang gebracht, um maximalen Nutzen aus diesem Programm zu ziehen. Die Vertreter der Regierung erklärten, Grundlage dieses Programms werde ein Baukastenprinzip sein, das auf genau bestimmten, gemeinschaftsorientierten Fachausbildungen basiere …«

Wo Geld knapp war, musste die Sprache herhalten. *Mechanisierung der Landwirtschaft wird vorangetrieben*, so lautete die beruhigende Schlagzeile in *Dawn*. Anschließend las man: »Wie gestern zu erfahren war, wird das Programm zur Mechanisierung der Landwirtschaft in der Provinz Sindh dadurch vorangetrieben, dass mehr Maschinen zur Nutzbarmachung der Felder eingesetzt werden …«

Weniger erheiternd waren dann aber Anzeigen, die sich an Leute richteten, die bereit waren, für 200 Dollar Monatslohn in Saudi-Arabien zu arbeiten. »Bewerber werden als Junggesellen angestellt, ohne Rücksicht auf ihren tatsächlichen Familienstand. Gegen Entrichtung einer angemessenen Miete werden klimatisierte Räumlichkeiten für jeweils zwei allein stehende Personen zur Verfügung gestellt, die mit dem nötigen Mobiliar und mit gemeinschaftlichen Koch- und Sanitäreinrichtungen ausgestattet sind.« Von solchen im Ausland verdienten Löhnen war Pakistan nicht weniger abhängig als von seinen Reis-, Leder- und Baumwollausfuhren.

Und dann gab es da auch noch die Nachricht von einer in Pakistan gebauten »islamischen« Atombombe, außerdem auf der Leitartikelseite einen langen Beitrag über den Widerstand, auf den diese Bombe beim »internationalen Zionismus« stoße. Pakistan war arm, aber es war auch die Heimat des Glaubens und aller mit dem Glauben einhergehenden Zwangsvorstellungen. *Indira bekommt Geld von Israel für KGB-Informationen*, war ein Artikel des Londoner Korrespondenten von *Dawn* überschrieben: Während Frau Gandhi das Amt der indischen Ministerpräsidentin bekleidete, habe der KGB eine Reihe von Informationen an sie übermittelt; sie habe die Informationen an Mosche Dayan, den israelischen Außenminister, weitergereicht, der ihr dafür sechs Millionen Dollar gezahlt habe. Als Quelle für die Geschichte wurde das unveröffentlichte Buch eines ugandischen Diplomaten angegeben (wobei das unter der Herrschaft Idi Amins stehende Uganda Teil der muslimischen Welt war).

Fern dieser finsteren jüdisch-indisch-russischen Machenschaften trafen fromme Pakistanis ihre Vorbereitungen für die Pilgerfahrt nach Mekka. Die Panislamische Dampfschiffgesellschaft hatte zwölf Überfahrten zum arabischen Pilgerhafen Dschidda angesetzt (280 Dollar für eine Rückfahrkarte der Decksklasse, einschließlich 26 Dollar für Verpflegung; 420 Dollar für die erste Klasse, einschließlich 75 Dollar für Verpflegung), und General Zia ul-Haq, Präsident und oberster Kriegsrechtsverwalter, hatte angeordnet, dass jedes Pilgerschiff von einem jeweils anderen Provinzgouverneur oder Minister der Zentralregierung verabschiedet werden sollte. General Zia selbst wollte in Kürze ebenfalls nach Arabien reisen, allerdings mit dem Flugzeug und ohne Aufsehen, um still und heimlich seinen Pflichten als gläubiger Muslim zu genügen (zurückkehren sollte er mit einem bescheidenen saudiarabischen Darlehen von gut 100 Millionen Dollar).

Im Hintergrund rumorte es, als fänden die Vorgänge im Iran hier ihre Fortsetzung. Verschiedene Gruppen in Pakistan riefen nach strengeren islamischen Gesetzen, und an der Universität von Karatschi hatten sich linke und rechte Studenten ein Feuergefecht mit leichten Maschinengewehren geliefert. »Links« und »rechts« bedeutete dabei im landesspezifischen Kontext, dass zur Rechten die Feinde Bhuttos zählten, die ihn unter Berufung auf den Islam verteufelten, während zur Linken diejenigen gehörten, die um ihn trauerten und den Sturz seiner Feinde ersehnten.

Allen Schmähungen gegen den gottlosen Schah zum Trotz hatte man im Iran den Eindruck, dass viele bis in die unteren Schichten hinein vom Reichtum profitiert hatten. Das Geld und die ausländischen Waren und Werkzeuge, die man damit kaufen konnte, erzeugten eine Illusion von islamischer Macht. Siebzig Millionen unverdiente Dollar pro Tag hielten das Land auf Trab und nährten den revolutionären Elan. In Pakistan hatte die Armut den gleichen Effekt. Die Spannungen aus Armut und politischem Elend verschmolzen mit dem Glaubensdruck. Zweiunddreißig Jahre nach seiner Gründung als religiöser Staat, als Heimat der indischen Muslime, war Pakistan nach wie vor auf dem Siedepunkt und der Islam unverändert Programm: Das Scheitern provozierte wieder und wieder den Glaubensakt.

Der Gedanke eines eigenen indisch-muslimischen Staatswesens erwies sich, kaum dass er ausgesprochen war, als unwiderstehlich. Ausgesprochen wurde er von einem hoch geschätzten Dichter, Sir Mohammed Iqbal (1876–1938), der im Jahr 1930 vor der Gesamtindischen Islamischen Liga, der wichtigsten politischen Organisation der Muslime, die es vor der Teilung auf dem Subkontinent gab, eine Rede hielt.

Iqbals Argumentation zufolge war der Islam nicht nur ein ethisches Ideal, er stellte auch »eine bestimmte Form von Gemeinwesen« dar. Die Religion sei für einen Muslim keine Sache des persönlichen Gewissens oder der privaten Übung, wie dies für die Menschen in Europa das Christentum sei. Ein spezifisches christliches Gemeinwesen hatte laut Iqbal nie existiert; im Europa nach Luther seien an die Stelle der »universalen Ethik Jesu« »nationale Moral- und Gemeinschaftssysteme« getreten. Einen Luther könne es im Islam nicht geben, weil es keine islamische Kirchenordnung gebe, gegen die ein Muslim aufbegehren könnte. Und in Betracht ziehen müsse man außerdem »den Charakter der religiösen Erfahrung des Heiligen Propheten, wie sie uns der Koran offenbart … Hier handelt es sich um eine individuelle Erfahrung, die eine Gesellschaftsordnung gebiert.«

Wer den Islam annehme, mache sich auch bestimmte »Rechtsvorstellungen« zu Eigen. Diesen Vorstellungen – die Teil des Offenbarungswissens, aber deshalb nicht weniger ernst zu nehmen seien – komme »staatsbürgerliche Bedeutung« zu. »Das religiöse Ideal des Islam steht folglich in einem organischen Zusammenhang mit der Gesellschaftsordnung, die ihm entsprungen ist. Die Ablehnung des einen muss am Ende die Ablehnung auch des anderen nach sich ziehen. Deshalb bleibt die Organisation des Gemeinwesens nach nationalistischen Prinzipien, wenn sie gleichbedeutend ist mit der Verwerfung des islamischen Solidaritätsprinzips, für einen Muslim schlicht undenkbar.«

In philosophisch verbrämten Worten sagte Iqbal nichts anderes, als dass in einem ungeteilten Indien der Islam bedroht sei und in der Gefahr stehe, den gleichen Weg zu gehen wie das Christentum in Europa, das heißt seinen Geist aufzugeben. Um dem Islam die Treue bewahren zu können, brauchten die Muslime ein muslimisches Gemeinwesen, einen muslimischen Staat. Insbesondere die Muslime Indiens hätten solch einen Staat nötig, gab Iqbal zu verstehen, weil »Indien vielleicht das einzige Land der Welt ist, wo der Islam als volksstiftende Kraft sein Optimum geleistet hat«. Iqbals Lösung war denkbar einfach: Die Gebiete im nordwestlichen Indien, in denen die Bevölkerung mehrheitlich muslimisch war, sollten abgetrennt und zu einem einheitlichen muslimischen Staat vereinigt werden.

Siebzehn Jahre später (und neun Jahre nach Iqbals Tod) geschah das – und dem mehrheitlich muslimischen Nordwesten wurde die 1500 Kilometer entfernte, ebenfalls mehrheitlich muslimische Osthälfte Bengalens hinzugefügt. Die

Gründung dieses muslimischen Staats aber war begleitet von einem gemeinschaftlichen Holocaust auf beiden Seiten der neuen Grenzen. Millionen kamen um, und viele Millionen wurden vertrieben. Erst im Nachhinein wurde deutlich, dass der Plan zur Gründung Pakistans, so logisch er wirkte und so sehr er muslimischen Bedürfnissen zu entsprechen schien, einen simplen, schrecklichen Schwachpunkt hatte.

Am größten war die Begeisterung für die muslimische Sache bei denjenigen, die sich am meisten bedroht fühlten, und sie lebten in dem Teil des Subkontinents, der indisch bleiben sollte. Nicht alle von ihnen, nicht einmal die Hälfte, nicht einmal ein Viertel, konnten nach Pakistan auswandern. Die erprobtesten politischen Organisationen der Muslime waren eher im indischen Indien als in Pakistan verankert. Indisch-muslimische Politiker, die sich für Pakistan eingesetzt hatten und in den neu gegründeten Staat wechselten, sahen sich über Nacht ihrer Anhängerschaft beraubt. Ihre Anziehungskraft und ihr Ansehen schwanden; als Männer ohne Anliegen hatten sie nicht mehr den Mut, sich in einem Land, das ihnen als Fremde begegnete, zur Wahl zu stellen. Ein politisches Leben entwickelte sich in dem neuen Staat nicht; die staatlichen Einrichtungen und die Verwaltung blieben die gleichen wie zu britischen Zeiten.

Für die Zuwanderer aus Indien kam ein besonderes Wort in Gebrauch: *mohajir*, Ausländer. Zumal in der Provinz Sindh, wo Karatschi sich zu einer Stadt der *mohajir* entwickelte, staute sich bei den Einheimischen ein Ressentiment auf, das die Dimension separatistischer Regungen annahm.

Die Streitkräfte gediehen in dem neuen Staat prächtig. Zuerst sah man in ihnen die Verteidiger und womöglich auch noch Erweiterer des islamischen Staats. Dann zeigte sich, dass sie die einzige organisierte Gruppierung im Staat waren.

Sie gewannen eine herrschaftliche Stellung, wurden zu einem Staat im Staate. Die Angehörigen der Streitkräfte stammten in der Hauptsache aus dem Nordwesten und brachten dessen kulturelle Vorurteile mit; am Ende trieben sie den östlichen Flügel des Landes in die Sezession und brachten ihn dazu, als Bangladesch seine Unabhängigkeit zu erklären. Pakistans Glück war es, dass es in Bhutto eine nationale Führungsfigur fand; Bhutto kam aus Sindh und war, wenn man so will, der erste dem neuen Land entstammende Führer. Als Populist, der er war, übte er fast sechs Jahre lang eine despotische Herrschaft aus. Dann setzte ihn die Armee ab und brachte ihn an den Galgen, und die Gräben in dem zerrissenen Land vertieften sich noch.

Das Unheil nahm kein Ende. Die bengalischen Muslime hatten Bangladesch; die Muslime im Westen hatten Pakistan. Die Bihari-Muslime hatten nichts. Sie waren aus dem im östlichen Indien gelegenen Bihar ins pakistanische Bengalen gezogen. Ihrer Sprache und Kultur nach standen sie indes den Muslimen im Westen näher. Als Bangladesch sich unabhängig machte, waren sie weder dort noch in Pakistan erwünscht und wurden zu einer verlorenen Gemeinschaft, gestrandet im Niemandsland ihres Traums von einem muslimischen Gemeinwesen.

Der Staat siechte dahin. Nicht so der Glaube! Jedes Scheitern führte zum Glauben zurück. Das Staatswesen war als Heimat für die Muslime gegründet worden. Wenn das Staatswesen nicht funktionierte, dann lag das nicht daran, dass mit dem Traum etwas nicht stimmte oder am Glauben etwas falsch war; als Grund kam vielmehr nur in Betracht, dass die Menschen den Anforderungen des Glaubens nicht genügten. Man begann nach einem reineren und immer reineren Glauben zu rufen. Und in ihrem Streben nach dem islamischen

Absoluten – der Gemeinschaft der Gläubigen, in der alles, was man tat, Gottesdienst war – verloren die Menschen den politischen Ursprung ihres Staates aus den Augen. Sie vergaßen die weltlichen Motive Mohammad Ali Dschinnahs, des politischen Stifters Pakistans, der (weniger philosophisch gesinnt als Iqbal) nur einen Staat gewollt hatte, in dem die Muslime nicht in der Masse von Nichtmuslimen untergingen. Sogar Iqbal war ihnen nicht mehr gut genug. Die Ansprüche, die man mit Pakistan verknüpfte, wurden immer verstiegener: Es sollte das Land der Reinen, sollte der erste wahrhaft islamische Staat seit den Tagen des Propheten und seiner Gefährten sein.

Am Ende meines Aufenthalts in Pakistan traf ich einen Mann mittleren Alters, einen Staatsangestellten und Dichter. Er suchte mich auf, um mir seine Bücher zu geben. Der Zustand seines Landes beschäftigte ihn mittlerweile freilich mehr als die Dichtung. Pakistan war es, worüber er mit mir redete; und er sprach darüber mit einer ziellosen Wut, die ihm fast die Tränen in die Augen trieb.

»Damals als Kind in Indien«, sagte er, »als ich erfuhr, dass wir Pakistan bekommen hatten – ich kann Ihnen gar nicht sagen, was ich da empfand. Für mich war es wie Gott, dieses Land Pakistan.«

Aber liege nicht genau darin die Wurzel des Scheiterns? Wäre es nicht besser gewesen, in der Schaffung Pakistans eine politische Leistung zu sehen, etwas, worauf man aufbauen konnte, statt einen Triumph des Glaubens, etwas in sich Abgeschlossenes? Sei dies nicht der Fehler in Iqbals Überlegungen? »Etwas habe ich aus der muslimischen Geschichte gelernt«, hatte Iqbal am Ende seiner Rede erklärt. »In kritischen Augenblicken ihrer Geschichte hat der Islam die Muslime gerettet, und nicht umgekehrt.« Hätten die Muslime nicht besser daran getan, weniger auf den rettenden Glauben zu setzen und sich pragmatischer mit der Ausbildung staatlicher Einrichtungen zu befassen? Sei dies nicht schließlich ein wesentliches Moment in der Geschichte der Zivilisation: die Überführung ethischer Ideale in gesellschaftliche Einrichtungen?

Der Dichter sah das anders. Das muslimische Gemeinwesen hätte als natürliche Konsequenz aus dem Glauben hervorgehen, und das Gefühl, dass Pakistan Gott war, hätte dem Land unendlichen Auftrieb geben müssen.

Was sei denn also schief gelaufen?

Die Menschen seien schlecht, sagte er. Sie lebten nicht gemäß ihrem Glauben.

In Pakistan war dies fast immer das Fazit.

An einem Spätnachmittag in einem staubigen Dorf im Landesinnern von Sindh, mehr als hundertfünfzig Kilometer östlich von Karatschi, besuchte ich den *maulana* oder Lehrer einer Theologieschule. Die Schule war berühmt, fand sich aber aus Gründen, deren Darlegung ich nicht zu folgen vermochte, unter der Regierung Bhuttos dem Verfall preisgegeben.

Die baufälligen Gebäude aus getrockneten Ziegeln glichen dörflichen Bauten, Bauernhäusern, und hatten nichts von der Großartigkeit Qoms: keine Stahltische, keine modernistischen Telefone, keine teppichbelegten Böden. Das Gästehaus bestand aus einer kleinen Hütte mit einem einzigen Raum und einem ummauerten Hof – alles aus getrockneten Ziegeln und voller Unebenheiten, alles im Begriff, wieder zu Staub zu verfallen. Der Raum besaß einen Ventilator an der Decke, drei Spannbetten mit eingerolltem Bettzeug, eine Wandnische mit Rundbogen und drei Regalen – und damit hatte es sich. Der Ziegelboden war kahl. Die grob herausgehauenen Fenster und Türen, die sich an Vorder- und Rückseite befanden, boten wenig Schutz gegen den Staub. Wir befanden uns in der Nähe des Indus, der den Grundwasserspiegel hinlänglich hob, um die Felder zu versorgen und Bäumen das Gedeihen zu ermöglichen; alles aber schien aus Staub zu wachsen.

Der Raum des *maulana* lag eingekapselter als das Gästehaus, war aber nicht weniger kahl. Er hatte sich auf seinem Spannbett ausgestreckt; jetzt setzte er sich auf, um sich mit mir zu unterhalten. Er trug Turban und Bart, war ein alter, vitaler Mann, von Sanftmut weit entfernt. Im Dämmerlicht des Spätnachmittags, das bald schon eine äußerst schwache elektrische Birne noch dämmriger werden ließ, im Staub und in der Kargheit seiner bäuerlichen Umgebung, war er erfüllt von einer religiösen Leidenschaft, die an Feindseligkeit gemahnte: die Begeisterung für den wahren Glauben, die so leicht hinübergleitet in die Vorstellung vom bedrohten Islam, vom notwendigen heiligen Krieg, vom Feind, den es zu bekämpfen gilt.

Er erkundigte sich nach mir und meinen Reisen. Ich sagte ihm, ich sei im Iran gewesen.

Er meinte: »Khomeini ist ein guter Mann. Er ist islamisch.«

»Warum sagen Sie das?« Ich hatte erwartet, er in seiner Orthodoxie und seinem wilden Glaubenseifer werde Khomeinis schiitischen Islam als Sektierertum ablehnen.

»Er hat verboten, dass Frauen im Fernsehen erscheinen«, erklärte er.

Das war alles, was er vom nachrevolutionären Iran wusste.

»Wir haben hier keine islamische Regierung«, sagte er.

Wie könne er das behaupten? Die Regierung hatte angeordnet, dass die Staatsangestellten jeden Tag ihre Arbeit für die Gebetsübungen unterbrachen. Sie hatte per Gesetz koranische Strafen wie das Auspeitschen und die Steinigung eingeführt. Sie ging mit dem Gedanken um, eine Koransteuer zu erheben, um sie als Almosen unter den Armen zu verteilen. Der Präsident hatte gerade die Pilgerfahrt nach Mekka unternommen. Was mehr könne er verlangen?

»Die Bankzinsen haben sie nicht abgeschafft«, antwortete der *maulana*. Der Prophet habe den Wucher verboten; ein Banksystem, das auf Zinsen beruhe, sei unislamisch.

Welche Art von Banksystem strebe er an? Wie stelle er sich die Verwaltung des Landes in finanzieller Hinsicht vor?

Er hatte keine Ahnung, hatte darüber nicht nachgedacht. Aber das Problem kümmerte ihn auch nicht. Er sagte: »Wenn Pakistan auf islamische Weise für Geld sorgt, dann ergibt sich alles andere von selbst.« Der Gedanke gefiel ihm – Logik zählte zu den Fächern, die er an seiner Schule unterrichtete –, weshalb er ihn bedächtig wiederholte.

Er war halbwegs Politiker, hatte Einfluss in der Region; hinter seiner Kritik an der Regierung verbarg sich zweifellos irgendein lokalpolitischer oder persönlicher Groll. Unaufrichtig war er jedoch nicht; er stand zu seinen Prinzipien. Seine Welt war auf eine Hütte in einem verfallenden Dorf zusammengeschrumpft. Von ihm aus konnte der Schrumpfprozess auch noch weitergehen – Hauptsache, der Glaube triumphierte!

Einige Kilometer entfernt setzten im Dämmerlicht des Abends Bauern auf einem gepflügten Acker mit Hunden einem Bären zu. Die kläffenden Tiere wurden von ihren Besitzern mühsam zurückgehalten. Der angekettete Bär schnüffelte an der aufgeworfenen Erde; Speichel troff ihm aus dem Maul. Man ließ die Hunde los, vier an der Zahl. Sie sprangen vor, bissen hart zu und stießen den Bären zu Boden; die Menge brüllte. Was dem Bären allerdings vor die Tatze geriet, litt Schaden. Der Bär rappelte sich wieder auf, die Menge brüllte erneut; und jedes weitere Mal, wenn der Bär herumrollte, brandete das Gebrüll von neuem auf. Dann nutzte der auf dem Boden sitzende Bär die Biegsamkeit seines Rückgrats, ließ den Oberkörper nach vorn fallen und fing an, die beiden Hunde, die er umgeworfen und erwischt hatte, zu zerquetschten; auf dem einen saß er, den anderen begrub er durch sein Vorwärtssinken unter sich; der sterbende Hund lugte mit plötzlicher verdutzter Sanftmut aus dem braunschwarzen Fell des Bären. Das Rückgrat des Hundes, auf dem der Bär saß, brach. Nun gingen die Hundehalter dazwischen, um die zwei Hunde zu retten, die noch lebten und dort aushielten, wo sie sich verbissen hatten.

Der Kampf dauerte drei Minuten. Er war ein dörflicher Zeitvertreib und gehörte wie der Glaube zum unverkürzt traditionellen Leben in der Wüste.

Die Briten kamen spät nach Sindh, im Jahr 1843; nach einer kleinen Schlacht, die nicht weit von dem Bärenhatz-Acker entfernt geschlagen wurde, herrschten sie dort ziemlich genau hundert Jahre lang. Die ursprünglichen Städte Sindhs lagen im Landesinnern am Indus. Karatschi war 1843 noch ein Fischerdorf an der Küste. Im Jahr 1947, als die Briten das Land räumten, hatte sich das Dorf zu einer modernen Hafenstadt und der wichtigsten Stadt in der Westhälfte des neuen muslimischen Staates Pakistan entwickelt. Die Einwohnerzahl betrug 300 000. Ein Drittel davon waren Hindus oder Nichtmuslime und wurde vertrieben; dafür aber standen Millionen indischer Muslime bereit zu kommen. Jetzt, mehr als dreißig Jahre später, nach der großen Zuwanderungswelle indischer Muslime und dem ständigen Zustrom von innerhalb Pakistans, belief sich die Bevölkerungszahl Karatschis auf fünf oder sechs Millionen – niemand kannte die genaue Zahl.

Ich hatte Karatschi im Jahr 1962 schon einmal besucht, aber nur kurz; meine Erinnerungen an den Besuch ähnelten Traumbildern. Ich fuhr damals zum ersten Mal nach Indien, ins Land meiner Vorfahren, und ließ mir mit der Annäherung Zeit. Ich reiste auf einem Frachter von Alexandrien nach Bombay, und Karatschi gehörte zu den Häfen, die das Schiff anlief.

Auf den Docks von Karatschi sah ich zu meiner Überraschung Afrikaner: Sie stammten von Sklaven ab, die nach der britischen Annexion des Landes im Jahr 1843 ihre Freiheit erhalten hatten; man hatte die Freigelassenen auf die Straße geschickt, wo sie und ihre Nachkommen zum größten Teil geblieben waren. Es gab Kamelkarren, die ersten, die ich je zu sehen bekam, mit hohen, schräg ansteigenden Deichseln. Es gab ein Hotel mit zwei Zwergen am Eingang, die weiße Uniformen und grüne Turbane trugen.

Afrikaner, Kamelkarren, Zwerge mit grünen Turbanen – das waren keine vertrauenswürdigen Erinnerungen. Sie glichen eher Fantasien, wie sie überreizten Nerven entspringen, der nervlichen Anspannung, mit der mich mein erster Besuch auf dem Subkontinent erfüllte, meinem wirren Unbehagen angesichts der in Gebäuden und Namen sichtbaren Überreste der britischen Kolonialzeit, einer Anspannung und Niedergeschlagenheit, die in der heißen, feuchten Salzluft so sehr den Ausdruck körperlichen Unwohlseins annahm, dass ich nach nur zwei Stunden den Rückzug aufs Schiff antrat.

Nun gewannen die verschwommenen Erinnerungen Konturen und erwiesen sich als stichhaltig. Es gab tatsächlich Afrikaner in Karatschi, Hafenarbeiter. Abseits des Autoverkehrs auf den großen Straßen gab es auch Kamelkarren. Die Kamele trotteten hocherhobenen Hauptes dahin. Ihre flatternden Mäuler und ihre großen, runden, gespaltenen Füße, die sie bei jedem Schritt sorgfältig anhoben, verliehen ihnen etwas Triumphierendes; sie erinnerten an ständig die Ziellinie überschreitende, selbstzufriedene Sportler.

Und die Kamele waren noch nicht alles. Auch Esel gab es, die ich vergessen hatte, obwohl ich sicher nie zuvor so kleine Esel zu Gesicht bekommen hatte, flinke, freundliche Tiere und so klein, dass man Lust bekam, sie sich noch kleiner vorzustellen, quasi als eine Art temperamentvolle Setter – oder so ähnlich. Ihre Hinterteile, auf denen der Riemen des Zaumzeugs schwarze Striemen hinterlassen hatte, wirkten schlank wie bei einem Hund; sie besaßen zierliche Beine. Wenn sie nichts zu tun hatten, standen sie auf der kahlen, graslosen Erde paarweise still da; und nachdem sie beim Traben einen so reizenden Eindruck gemacht hatten, wirkten sie nun traurig und noch trauriger durch die stumme Gesellschaft, die sie einander leisteten.

Und das Hotel Metropol hatte wahrhaftig auch zwei Zwerge als Türsteher. Sie traten zwar nicht mehr in Erscheinung, aber Böses war ihnen nicht zugestoßen. Man hatte sie (so wurde mir erzählt) ins Haus geholt. In der Club Road, in der sich das Metropol befand, herrschte mehr Betrieb als im Jahr 1962, und die Zwerge waren nicht mehr so jung wie Anno dazumal. Auch am Metropol war die Zeit nicht spurlos vorübergegangen. Die Position als erstes Haus am Platz hatte es eingebüßt; das Intercontinental hatte ihm den Rang abgelaufen. Andere, modischere Hotels rückten ins Rampenlicht – das Sheraton, das Hyatt Regency (nach wie vor auf die islamische Karte setzend, trotz der Entwicklungen im Iran), das Holiday Inn.

Was ich sehen wollte, war die Fünfmillionenstadt. Der Halbwüchsige oder junge Mann indes, den mir der Taxidienst zur

Verfügung stellte, hatte anderes im Sinn. Er wollte mich zu den Chaukandi-Gräbern bringen, die fünfundzwanzig Kilometer von Karatschi entfernt lagen; es brauchte ein entschiedenes Nein.

Kleinwüchsig und mondgesichtig war er, mein Fahrer, mit einem verdorbenen, brutalen Ausdruck. Er trug eine schieferblaue Kluft, weite Baumwollhosen und ein fülliges Hemd mit langen Schößen. Er vermittelte mir ein Gefühl von Bedrohung: ein verkrachter Student, einer vom Land mit städtischen Gelüsten. Aber er hatte ohne Zweifel Stil.

»Ich vermute, Sie sind Student?«, sagte ich.

Das gefiel ihm. »Eine traurige Geschichte«, erwiderte er. »Weil sie traurig ist, werde ich Ihnen nichts davon erzählen. Ich werde Ihnen die Sehenswürdigkeiten Karatschis zeigen.« Er seufzte.

Nach kurzer Fahrt hielt er an, in einer der großen Villenstraßen im älteren, von den Briten erbauten Teil der Stadt. Die lange Mauer vor dem Haus, gegenüber dem wir angehalten hatten, war mit Stacheldraht gekrönt.

Der Fahrer umklammerte das Lenkrad, wie von plötzlicher Erschöpfung gepackt, und erklärte: »Herrn Bhuttos Haus.«

Ich legte keinen Wert darauf, das Haus des Mannes zu sehen, den man vier Monate zuvor gehängt hatte, das Haus, in dem seine Frau und Tochter immer noch lebten. Aber wie ich schon hatte feststellen können, war es in Pakistan nicht leicht, sich der Passionsgeschichte Bhuttos zu entziehen, den Erniedrigungen seiner monatelangen Haft, der Art und Weise, wie er zu Tode gekommen war. Das Ereignis hatte bereits die politische Dimension gesprengt und Züge einer Heiligen- oder Märtyrerlegende angenommen, einer mit ihrer Mischung aus Frömmigkeit und Wut und ihren Anklängen von Rachsucht typisch muslimischen Legende.

Im Gefängnis in Lahore – wurde mir berichtet – hatten sie ihn in eine Zelle gesteckt, in die den größten Teil des Tages über die grausame Sommersonne hineinschien. Er bat sie, sein Trinkwasser abzukochen; sie brachten ihm eine Thermosflasche mit kochend heißem Wasser, das erst am Abend hinlänglich abgekühlt war, um es trinken zu können. Er lebte schlicht, aß täglich nur einen Fladen ungesäuertes Brot; für seine Mithäftlinge aber gab er jeden Tag 2000 Rupien, gut 200 Dollar, aus. Der Mann, der einmal ein Dandy gewesen war, wusch jetzt seine Kleider selbst. Auf jeder Stufe seines Leidensprozesses durch die Instanzen verschlechterte sich seine Ernährung.

Im Gefängnis in Rawalpindi – wo er dann gehängt wurde – tauschte man seine Wärter ständig aus, weil sie zu viel Sympathie für ihn entwickelten. Ein Wärter allerdings fand sich, der den zum Tode Verurteilten verhöhnte. »Warum wollen Sie noch *Time* und *Newsweek* lesen, wenn Sie doch in wenigen Tagen tot sind?« Zum Zeitpunkt seines Todes wog er achtzig Pfund. Als sie kamen, um ihm das für den Galgen übliche Gewand überzuziehen, sagte er: »Ich trage meine eigenen Kleider. Wenn mir jemand das da überziehen will, soll er es nur versuchen.« Einer Darstellung zufolge ging er zu Fuß zum Galgen. Als man ihm die Hände zusammenband, verlangte er, man solle ihn wieder losbinden. »Es tut weh«, sagte er. Nach einer anderen Version wurde er auf einer Tragbahre zum Galgen gebracht. Eine dritte Version lässt ihn in der Zelle umkommen: Ein Häftling wurde frühmorgens geweckt und erhielt den Befehl, den Leichnam eines Gehenkten zu waschen; in der Zelle, in die man ihn schickte, lag der tote Bhutto, aber bereits so kalt und steif, dass man ihm die Kleider vom Leib reißen musste. All das lag gerade einmal vier Monate zurück.

Der Fahrer hörte auf, das Lenkrad zu umklammern, und sagte: »Jetzt zeige ich Ihnen die Sehenswürdigkeiten.«

Wir fuhren zur Strandpromenade: die Brandung, eine leichte Brise, der schimmernde flache Sandstrand einer schlammigen Bucht und am entfernten Ende der Bucht die Betonsilhouetten neuer Apartmenthäuser: Geld inmitten ökonomischer Not, ein Immobilienboom in Karatschi. Der Fahrer erklärte: »Apartments sind jetzt Mode. Keine Bungalows mehr.«

Auf dem Sand standen Buden mit Spielzeug und Souvenirs. Ich dachte an Essen. »Fasten Sie?«, wollte ich wissen.

»Nein. Ich bin wütend auf Gott. Sind Sie Muslim?«

»Nein.«

»Muslime sind schlecht. Sie lügen zu viel. Zu viele Lügen bei den Muslimen. Eine traurige Geschichte. Ich werden Ihnen nichts darüber erzählen.«

Wir fuhren am Strand entlang. Er zeigte mir ein großes, marmorverkleidetes Gebäude am Ende der Straße. »Raten Sie mal, was das ist. Raten Sie und sagen Sie's mir.«

»Ein Hotel«, vermutete ich.

»Ein Casino. Aus Bhuttos Zeit.«

Es war nicht fertig gestellt. Ein kleinerer Betonbau daneben war ebenfalls unvollendet.

»Unterkünfte fürs Personal. Aus Bhuttos Zeit. Casino ist nicht mehr. Kein Glücksspiel. Keine Pferderennen. Diese Regierung ist schlecht. Sie ist gegen *alles*.«

Wir fuhren weiter und kamen in ein vornehmes Wohnviertel: große Grundstücke, Gärten, große Betonhäuser. »Hier leben reiche Leute. Ausländer, Araber. Auch ein paar Pakistanis. Das Haus da gehört dem König von Abu Dhabi.« Es war ein großes Haus auf einem großen Grundstück, rings von einer hohen Mauer umgeben. »Fünfhundert Bedienstete. Das ganze Haus ist nur einen Monat im Jahr bewohnt. Der König von Abu Dhabi kommt für einen Monat her, nur um zu jagen. In Pakistan gibt es zu viele von diesen Typen. Jetzt zeige ich Ihnen mein Haus.«

»Sie leben hier?«

»Ich zeige es Ihnen. Eine traurige Geschichte, sage ich Ihnen.«

Einige Straßen weiter – die Grundstücke hier waren kleiner – hielten wir vor einem Haus. Nur das Obergeschoss war über der Mauer zu sehen. Der Fahrer hupte. Niemand reagierte. »Entschuldigen Sie«, sagte er, stieg aus dem Auto und rief. Er stieß das Tor auf, und ich sah ein prätentiöses Betonhaus, das größer tat, als es war. Niemand kam heraus. Über der Mauer des gegenüberliegenden Hauses aber tauchte der Kopf eines Bediensteten auf, eingerahmt von Ästen und Laub. Der Bedienstete und der Fahrer unterhielten sich auf Urdu; sie schienen gut miteinander bekannt.

Als der Fahrer wieder in den Wagen stieg, sagte er: »Niemand ist da. Das Haus ist leer geräumt. Alles ist weg.«

»Wer hat es weggeholt?«

»Diese Regierung. Wer sonst? Mein Vater hat für die letzte Regierung gearbeitet.«

Ob das stimmte? Bhutto wurde unter anderem vorgeworfen, dass er während seiner Amtszeit das soziale Gleichgewicht in Pakistan zerstört und übles Gesindel begünstigt und an die Macht gebracht habe. Hatte der Vater meines Taxifahrers zu den Leuten gehört, die Bhutto ihren Aufstieg verdankten? Das Haus befand sich in einer wohlhabenden Gegend, war aber nichts Bombastisches, jedenfalls weniger bombastisch, als es seinem Erbauer vorgekommen sein mochte. Der Fahrer schien das Haus gut zu kennen; er kannte die Dienstboten des Hauses gegenüber. Was war mit dem

Vater passiert? Der Fahrer behauptete, er allein müsse sich nun um seine Mutter, seine zwei Schwestern und einen Bruder kümmern. Er habe sein Studium aufgegeben, um Taxi zu fahren. Das Taxi gehörte ihm nicht. Der Betreiber der Taxifirma zahlte ihm 350 Rupien, 36 Dollar, Monatslohn, und das war alles.

Aber nachdem er mir seine Geschichte erzählt und mir den Beweis seines früheren Wohlstands geliefert hatte, wirkte er gar nicht sehr niedergedrückt. Er brachte mich zu einer modernen Moschee mit einer großen Betonkuppel (»Keine Säulen«, erklärte er stolz) und einem Minarett, das wie ein Kirchturm aussah. Er zeigte mir das Grab Dschinnahs, des Gründers von Pakistan, und berichtete mir von dem traurigen Umstand (noch eine traurige Geschichte!), dass Dschinnah gerade einmal drei Monate nach der Staatsgründung gestorben war. Wäre er nicht gestorben, so der Fahrer, dann hätten sich die Dinge in Pakistan anders entwickelt.

Eine traurige Geschichte, aber das Grab sei eindrucksvoll; dem Fahrer gefiel es. Ihm gefielen auch die großen neuen Bauten in Karatschi; er mochte den modernen Stil. Die pakistanischen Architekten, erklärte er mir, seien die besten der Welt. Die Araber beauftragten immer sie mit dem Bau ihrer Moscheen.

»Wir sind Muslime in Pakistan. Muslime lieben Gott. Ich liebe Gott.«

»Aber Sie haben mir doch gesagt, Sie seien wütend auf Gott.«

»Ja, wütend. Aber Gott ist Gott. Gott ist nicht wie die Menschen. Jetzt zeige ich Ihnen früheres Pakistan.«

Wir fuhren durch dichten Verkehr in das alte Geschäftsviertel von Karatschi. Motorroller heulten und knatterten. Die heiße Luft war von Auspuffgasen grau und verraucht.

»Was hat Ihr Vater gemacht?«, fragte ich.

Er tat so, als verstehe er mich nicht.

»War er im Staatsdienst?«

»Ich habe Ihnen doch gesagt, er arbeitete für die Regierung.«

So, wie er das sagte, klang es nach einer staatlichen Anstellung. Aber mehr bekam ich aus ihm nicht heraus, und ich wusste nicht, was er mir bedeuten wollte – dass sein Vater ein politisches Amt bekleidet oder dass er irgendwie anders von Bhuttos Regime profitiert hatte.

Er hielt an einer Parfümerie, um seinen Schwestern Parfüm und Henna für das Fest zum Abschluss des Ramadan zu kaufen. Henna, um die Handflächen der Mädchen rot zu färben, ein Geschenk zum Fest – der Familiensinn des durch die Zuwendung von Schwestern und Mutter verwöhnten älteren Sohnes. Das Geschäft sei, erzählte er mir, das Einzige in Karatschi, wo man solche Sachen kaufen könne. Er blieb lange Zeit in dem Laden, schien die Leute dort zu kennen.

Afrikaner in der für Sindhi typischen Arbeitskluft verliehen der Straße, deren Architektur ohnehin extravagant, orientalisch wirkte, einen Hauch von »Tausendundeiner Nacht«. Die Basargebäude in Karatschi aus der Zeit »vor Pakistan« waren einfache Betonbauten, aber irrsinnig dekoriert – mit schmiedeeisernen Balkonen, sarazenischen Bögen, korinthischen oder dorischen Säulen, gotischen oder pseudogotischen Fenstern. Ein herrlicher Mischmasch aus allen in der späten britischen Kolonialzeit verfügbaren Stilen, wie bei einem seltenen Fest, bei dem keine Köstlichkeit fehlen durfte. Was zu dem – auf den ersten Blick überraschenden – gotischen Einschlag die Anregung geliefert hatte, konnte ich später mühelos herausfinden. Es war das von den Briten im neugotischen Stil erbaute viktorianische Denkmal, das den

Namen Mereweather Tower trug und mitten im Basarviertel Karatschis stand. Wozu war der Turm gut?

»Es ist ein *Turm*«, sagte der Fahrer. »Wie der in Paris.«

Und dann brachte er mich dorthin, wo ich mir die Mekkapilger anschauen konnte, ins Empfangszentrum, das die Regierung in der Nähe der Hafenanlagen für die Pilger eingerichtet hatte. Es wirkte wie ein Militärlager und war genauso reinlich und adrett; in den sauber gefegten Lagerstraßen wandelten ältere Männer wie ausstaffierte Statisten in einer Filmkulisse auf und ab, Männer, die aus allen Provinzen Pakistans kamen und ihre lokale Tracht trugen: Leute aus dem Punjab, Belutschen (mit einem besonderen Turban), Sindhis (mit ihrer flachen Kappe), Pathanen von der afghanischen Grenze. Die Gesichter wirkten ruhig, zufrieden. Diese Männer fühlten sich endlich dem Himmel nahe – mochte da draußen passieren, was wollte, und regieren, wer Lust hatte.

Der Fahrer sagte: »Nur weil wir wie Pakistanis aussehen, können wir hierher kommen. Wären Sie ein Amerikaner, würde ich Sie nicht herbringen.«

Wie bei den Pilgern war auch bei meinem Fahrer die Leidenschaft der Ruhe gewichen. Und seine religiösen Empfindungen hatten sich nach den Moscheen, nach Dschinnahs eindrucksvollem weißem Grab und angesichts des Pilgerzentrums ins Gegenteil verkehrt. War er vorher ein lauer Muslim und wütend auf Gott gewesen, so stand er am Ende, was Inbrunst und Glaubensfestigkeit betraf, keinem anderen Gläubigen nach.

Blieb seine traurige Geschichte! Da hatte ich so meine Zweifel. Aber die Wahrheit ist manchmal ungeschliffen, und letztlich gewann ich die Überzeugung, dass seine Geschichte in den wesentlichen Zügen zutraf. Ich gewann die Überzeugung, dass sein Vater in Bhuttos Regierungszeit einen steilen

Aufstieg erlebt und es bis in die Nachbarschaft eines arabischen Königs geschafft, dann aber mit Bhuttos Sturz alles verloren hatte und auf irgendeine Weise aus dem Weg geräumt worden war: das Drama eines bäuerlichen Emporkömmlings, ein kleiner Nebenschauplatz in Bhuttos großer Tragödie, zum Mord und Totschlag gehörig, der das öffentliche Leben des muslimischen Gemeinwesens prägte, wo in der Praxis Moral sich darin erschöpfte, dass man den (ewigen Trost und Balsam für die Seele gewährenden) Glauben besaß.

»Jetzt zeige ich Ihnen früheres Pakistan«: ein Weg, sich um die heiklen Klippen der Geschichte herumzumogeln. Vor 1947 gab es hier kein Pakistan; es gab nur die indische Provinz Sindh und die von den Briten erbaute Stadt Karatschi. Jene Vergangenheit überlebte in Gebäuden und in Namen: Club Road, Bleak House Road, Clifton, McNeil Road, Jutland Lines, Jacob Lines, Abyssinia Lines, Clayton Quarters, Napier Barracks, Soldier Bazaar. Es fanden sich sogar rein indische Überbleibsel: Tamil Colony, Ramswamy, Dadabhoy Nouroji Road. Eine Motilal Nehru Road gab es nicht mehr, aber ein Gandhi Garden existierte noch.

Und eines Nachmittags, als ich vom Intercontinental zu Fuß die drei Kilometer lange Straße bis zum Chinna-Bach und zur Napier-Mole-Brücke hinabwanderte, durch Landflächen, die man dem Mangrovensumpf abgewonnen hatte, entdeckte ich zu meiner Überraschung am Bachrand neben der Brücke und inmitten der Bauarbeiten für die Kaianlage an einer Mauer eine Gedenktafel mit hinduistischen Namen.

Die Mauer bildete die Frontseite einer *ghat*, einer zum Wasser hinabführenden Badetreppe, die im Jahr 1943 – vier Jahre vor der Gründung Pakistans – vom hinduistischen Wohltätigkeitsverein für die Anlage von Bade-*ghats* gebaut worden war.

Es gab zwei geschnitzte Holztüren, die noch ihre alten Aufschriften trugen: »Eingang nur für Hindufrauen«, »Eingang nur für Hindumänner«. Die eine Tür war mit drohend aufgerichteten Elefanten, die andere mit heitere Ruhe ausstrahlenden Schwänen verziert.

Die Badetreppe existierte noch. Man konnte sie von der Napier-Mole-Brücke aus sehen (die Stufen für die Frauen waren allerdings hinter Betonwänden verborgen), die unteren Stufen geschwärzt von den Rückständen des ölverseuchten Hafengewässers. Weiter oben gab es Steinsitze; auf dieser, dem Wasser und dem Mangrovensumpf am anderen Ufer zugewandten Seite war die Mauer hellgrün bemalt; auf den Kuppeln im Stil der Mogulzeit saßen Tauben. Auf der Napier-Mole-Brücke selbst fand sich ein Gedenkstein, auf dem das Baujahr der Brücke, 1864, und die Namen der britischen Erbauer festgehalten waren.

Ein Junge von ungefähr zwölf kam zu mir auf die Brücke. Er hatte mich beobachtet. Er wies mit dem Kopf auf die verschmutzten Badestufen und sagte: »Muslime können da nicht hin. Hindus können hin, Parsen und Engländer. Aber Muslime nicht.« Das Wichtige an der *ghat* war aus seiner Sicht das Verbot. Er war Hindu, ein Überbleibsel der hinduistischen Bevölkerung Sindhs, hatte aber von den historischen Zusammenhängen keine Ahnung (etwa eine Woche später sollte ich ihm bei einem Empfang in einem Hotel anlässlich einer muslimischen Hochzeit wieder begegnen).

Die *ghat* stand den Arbeiten an den neuen Kaianlagen unverkennbar im Weg. Später lernte ich den Mann kennen, der sich eingeschaltet hatte, um zu verhindern, dass die *ghat* abgerissen wurde. Ihm zufolge hatte sie schon lange ihre Funktion verloren. Es gab zwei Leute, die sich um die Anlage kümmerten; ihnen diente der Ort als Zuhause. Jemand hatte angeboten, eine Neonreklame auf dem Kuppeldach anzubringen, damit ein bisschen Geld für die Instandhaltung der Anlage hereinkam; der Mann indes, der die *ghat* gerettet hatte, fand es besser, sie in ihrem Zustand zu belassen, umspült vom verseuchten Hafengewässer und sich selbst überlassen beziehungsweise einem ihr gemäßen langsamen Verfall preisgegeben.

Die Hindus waren so gut wie verschwunden. Das war vor langer Zeit geschehen, und inzwischen hatten sich noch größere Enteignungsprozesse vollzogen. Karatschi mit seinen Millionen von Zuwanderern war eine pakistanische Stadt; sie hatte aufgehört, bloß eine Stadt der Provinz Sindh zu sein. Sindh hatte das Gros der Muslime aus Indien aufgenommen, und dem als Pakistan entstehenden muslimischen Staatswesen gelang es nicht zu verhindern, dass sich bei den Sindhis das Gefühl entwickelte, überrollt und kolonisiert worden zu sein und in Gefahr zu stehen, ihre Sprache und ihr Land einzubüßen. Um den separatistischen Tendenzen zu wehren, die bei den Sindhis laut wurden, sprach man nun davon, Karatschi als bundesstaatlichen Bezirk von der Provinz Sindh abzutrennen.

Der Traum vom muslimischen Vaterland hatte merkwürdige Folgen. Und die merkwürdigste war, dass der Staat, der manchen als Gott höchstpersönlich erschienen war, als ein den Gläubigen winkender unüberbietbarer irdischer Lohn – dass dieser Staat weniger von seinen landwirtschaftlichen Ausfuhren oder den Erträgen seiner Gewerbebetriebe und verarbeitenden Industrien lebte, sondern vielmehr vom Export seiner Menschen. In den Zeitungsannoncen hieß das »Arbeitskräfteexport«.

Die Idee vom muslimischen Staat als Gott hatte sich nie in etwas verwandelt, das weniger hochgestochen gewesen wäre, war nie in eine politische oder ökonomische Organisationsstruktur überführt worden. Pakistan – ein Land, das sich vom Meer bis zum Himalaya über 1500 Kilometer erstreckte und eine Bevölkerung von mehr als siebzig Millionen besaß – lebte von Auslandsüberweisungen. Der Immobilienboom Karatschis speiste sich zum Teil aus den Überweisungen der Pakistanis, die überall im Ausland arbeiteten, legal oder illegal. Sie gingen nicht nur in muslimische Länder, nach Saudi-Arabien, in die Golfstaaten, nach Libyen – man traf sie auch in Kanada, in den USA und in vielen Ländern Europas.

Die Branche war gut organisiert. Wie Buchhalter die Steuergesetze studierten die pakistanischen Experten für den Arbeitskräfteexport die Einwanderungsbestimmungen rund um den Globus und suchten sich beim Roulettespiel mit ihren Emigranten-Bataillonen gegenseitig auszustechen: Hier konnte man ein Besuchervisum überziehen (in den meisten europäischen Ländern), dort Familienangehörige nachkommen lassen (England), dort ein Studentenvisum in eine normale Aufenthaltsgenehmigung umwandeln lassen (Kanada und USA), dort politisches Asyl beantragen (Österreich und Westberlin), dort noch ohne Visum einreisen (unmittelbar unterhalb des Polarkreises, in Finnland). Ganze Flugzeugladungen wurden verschickt. Der Flughafen von Karatschi war auf den Emigrantenverkehr eingestellt. Die einen kamen durch; andere wurden zurückgeschickt. *Deutsche schießen vier Pakistanis nieder: Illegaler Grenzübertritt.* So lautete eine Meldung in *Dawn*, die aus der Türkei, einer Station der Emigrantenroute, kam; es handelte sich um die verspätete Nachricht von einem Vorfall, bei dem ein Schub Emigranten durch einen Schuss ins Bein außer Gefecht gesetzt und gefangen genommen worden waren.

Im Ausland suchten die Emigranten Hilfe bei Bürgerrechtsorganisationen. Sie suchten den gesetzlichen Schutz der Länder, in die sie das Flugzeug gebracht hatte. Sie oder ihre Vertreter äußerten Zutreffendes über das Gefälle zwischen Arm und Reich, zwischen Süden und Norden. Sie sprachen vom Verbrechen rassischer Diskriminierung und davon, dass alle Menschen Brüder seien. Sie appellierten an die Ideale der fremden Zivilisationen, denen sie bei sich zu Hause den Wert absprachen.

Und darin sahen die Gläubigen keinen Widerspruch. Zu Hause war zu Hause; die Heimat war etwas anderes als die Fremde; ökumenische Bekenntnisse, die man dort ablegte, änderten daran nichts. Das muslimische Gemeinwesen war wie Gott, etwas ganz Besonderes, und musste unablässig gereinigt und verteidigt werden. Um es mit einem Artikel über die Islamische Bewegung zu sagen, der in *Tehran Times* erschien: »Durch eine Neu- und Umgestaltung, die vorliegenden Bedürfnissen Rechnung trägt und gleichzeitig im vollen Einklang mit dem heiligen Koran und der Sunna [der überlieferten Handlungsweise] steht, können der Iran und Pakistan, wenn sie klare Zielsetzungen verfolgen und ehrlich zusammenarbeiten, die Wahrheit unter Beweis stellen, dass der Islam eine komplette Lebensform ist.«

2

Halluzinationen in Karatschi

Pakistan genoss hohes Ansehen in der muslimischen Welt. Das Land hatte im zwanzigsten Jahrhundert die Rolle eines Vorkämpfers des Islam gespielt, und eine Zeit lang wurde von seinen »Experimenten« mit dem Islam berichtet. Pakistan, so hieß es, experimentiere mit islamischen Gesetzen, mit einer korantreuen Almosensteuer, die schließlich die Grundlage für einen islamischen Wohlfahrtsstaat abgeben solle, mit einem Bankensystem, das die Zinsen abschaffe.

Ich wollte diese Experimente gern in Augenschein nehmen. Aber schon nach wenigen Tagen Aufenthalt in Karatschi war mir klar, dass ich Hilfe benötigte, dass ich auf eigene Faust nichts erreichen würde. Laut *Tehran Times* gab es in Pakistan eine islamische Bank, »gegründet unter der Schirmherrschaft des großen pakistanisch-muslimischen Gelehrten Maulana Maududi«. Was ich indes in Karatschi allenthalben sah, waren die grünen Firmenschilder der Habib-Bank. Das Hauptgebäude dieser Bank im Zentrum der Stadt war ein Betonturm von New Yorker Ausmaßen; die Bank hatte gerade eine Zweigfirma in Europa gegründet. In den Zeitungsanzeigen, in denen die Eröffnung der Zweigfirma publik gemacht wurde, hieß es, sie verdanke sich »der Gnade Allahs«. Aber ein »experimentelles« Unternehmen war die Habib-Bank nicht.

Ich brauchte Hilfe, und so suchte ich Mr Deen auf, den Pressereferenten der Regierung. Sein Büro befand sich in einer Betonbaracke auf einem Gelände, das wie ein alter britischer Kasernenkomplex wirkte.

Von einem breiten, zentralen Flur gelangte ich durch eine Schwingtür, die ebenso gut in eine Schankstube hätte führen können, in Mr Deens Raum. Der Baumwollteppich war abgenutzt, sein Rot-Weiß-Muster hatten Staub und Sonne ausgebleicht. Die mit Leimfarbe bemalten ockerfarbenen Wände blätterten ab, strotzten von kahlen Kalkstellen; die Fenster, primitivste Tischlerarbeit, schützte ein rhombenförmiges Metallgitter; draußen ließ jemand unter ohrenzerreißendem Getöse und in einer Wolke aus blauem Rauch einen Motorroller laufen. Zwei kleine Fenster, die oben die Wand durchbrachen, sollten der heißen Luft als Abfluss dienen; ein Deckenventilator drehte sich über der alten, im Bürostil gehaltenen Sofagarnitur, die, wie ich beim Hinsetzen merkte, ein bisschen klapprig war: ein Armenhausstaat.

Mr Deen sah sich durch mein Ersuchen in Verlegenheit gebracht. Er hatte sich sehr zuvorkommend gezeigt, hatte das Büromobil – er nannte es »Ding auf vier Rädern« – geschickt, um mich vom Hotel abholen zu lassen. Aber er war ein viel beschäftigter Mann. Er musste sich an diesem Vormittag mit den Mekkapilgern befassen – die Regierung hatte die Sache zu einer wichtigen Angelegenheit erklärt – und sah gerade die amtlichen Fotos durch, die am Vortag von dem Schauplatz am Hafen gemacht worden waren. Keine Frage, dass Mr Deen mit einigen der Aufnahmen unzufrieden war. Und jetzt also meine Erkundigung nach islamischen Gerichtshöfen, islamischen Banken, islamischen Experimenten. Ihm schien dazu nichts einzufallen.

Hatte ich also die falschen Blätter gelesen?

»Die Leute reden darüber«, erklärte er mit dem gequälten Ausdruck des überforderten Beamten. »Aber diejenigen, die darüber reden, erwarten, dass andere die Arbeit machen.«

Es gebe einen Rat für Islamische Ideologie, der sich zehnmal im Monat treffe; aber der tage in der Hauptstadt Islamabad droben im Norden. Was er in Karatschi für mich tun könne, wisse er nicht. Mr Deen war Mitte fünfzig; er trug graue Hosen und ein weißes Hemd; der gestreifte Schlips, der an der Wand hinter ihm hing, hätte in einem anderen Land irgendeine Klubkrawatte sein können.

Mr Sherwani, ein Kollege, kam herein. Er war korpulent, der Körper schlaffer als bei Mr Deen; er hatte eine glatte Haut und trug ein kurzärmeliges Sporthemd. Mr Deen erklärte, wonach ich suchte, und Mr Sherwani starrte mich an. Zu Mr Deen sagte er in Urdu: »Aber er sieht haargenau aus wie Qutub. Als ich eben ins Zimmer kam, dachte ich: ›Das ist ja Qutub.‹« Mr Deen musterte mich mit neuem Interesse und meinte dann in schwermütigem Ton, wahrhaftig, ich sähe wie Qutub aus. Qutub, erklärten sie mir, sei ein pakistanischer Maler.

»Wie alt sind Sie?«, wollte Mr Sherwani wissen.

»Siebenundvierzig«, sagte ich.

»Ich bin achtundvierzig. Und ich bin gesünder als Sie. Nein, das können Sie nicht leugnen. Ihre Augen wirken müde. Es sind die Augen eines alten Mannes. Das deutet auf Vitaminmangel.«

»Er will den Islam in Aktion sehen«, sagte Mr Deen.

Er hatte, fand ich, den Nagel auf den Kopf getroffen.

»Er sollte den Koran lesen«, meinte Mr Sherwani. »Marmaduke Pickthall – das ist die beste Übersetzung für Sie.«

»Sie kommt eher einer Deutung nahe«, sagte Mr Deen.

»Man muss die weltanschaulichen Prinzipien kennen«, erklärte Mr Sherwani.

Ich klammerte mich an Mr Deens gelungene Formulierung. »Ich will den Islam in Aktion sehen«, sagte ich.

Viele Menschen behaupteten, Muslime zu sein, meinte Mr Sherwani, aber echte Muslime gebe es nur sehr wenige. Der Islam sei eine komplette Lebensform und deshalb für die meisten Menschen zu beschwerlich. Ich erwähnte den Iran, woraufhin Mr Sherwani mit unendlicher, väterlicher Nachsicht erklärte, die iranische Schia sei eine Verirrung.

Ein Mann kam mit ein paar Fotos ins Büro. Mr Deen stieg aus der Unterhaltung aus, um sich die Bilder anzusehen, und brüllte dann den Mann an, der sie gebracht hatte.

Taub gegen den Streit am Schreibtisch und den Motorroller draußen, wollte Mr Sherwani wissen, ob ich einem religiösen Glauben anhing. Ich sagte nein, und zu meiner Überraschung zeigte er sich hocherfreut. Das bedeute, meinte er, dass ich nicht voreingenommen sei; bei der Beschäftigung mit dem Islam sei Vorurteilslosigkeit wichtig.

Der Mann, der die Fotos gebracht hatte, verließ das Büro, und Mr Deen folgte ihm nach draußen.

Mr Sherwani sagte zu mir: »Ein Mann wie Sie – ich sage Ihnen etwas voraus. Wenn Sie mit Ihren Nachforschungen fertig sind, werden Sie Muslim.«

Als Mr Deen zurückkam, verkündete ihm Mr Sherwani: »Ich habe ihm gerade gesagt, er wird Muslim.«

Mr Deen, das wohlgeformte Gesicht sorgenzerfurcht von den Amtsgeschäften, lächelte mich an. Und dann erörterten er und Mr Sherwani, wie mir geholfen werden könne. Mehrere Male hörte ich, wie sie den »Rat für Ideologie« erwähnten. Ich hatte das Gefühl, ihnen beiden zur Last zu fallen, ihnen mit nebensächlichen Dingen ihre Zeit zu stehlen. Mr Deen indes erklärte: »Verglichen mit dem, was Journalisten normalerweise von uns wollen, ist es mal was anderes.« Also setzten die beiden ihre Diskussion fort. Wie konnten sie den Islam einem Besucher nahe bringen?

Schließlich verfielen sie auf die Pilger. Am nächsten Morgen sollte ein weiteres Schiff mit Pilgern nach Dschiddah in See stechen. Beamte des Ministeriums gingen hin, um das Ereignis festzuhalten, und ich sollte sie begleiten. Mr Sherwani hielt das für eine grandiose Idee: Ich müsse die Mekkapilger sehen und mich mit ihnen unterhalten, um die Inbrunst ihres Glaubens ermessen zu können. Und außerdem die Moscheen, entschieden die beiden. Ich sollte am Abend die Moscheen von Karatschi besuchen. Kein Abend sei geeigneter, meinte Mr Sherwani, denn dies sei die Nacht im Monat Ramadan, in der im Jahr 610 n. Chr. der Prophet seine erste Offenbarung empfangen habe; Gebete, die an diesem Abend gesprochen würden, seien tausendmal mehr wert als Gebete an anderen Abenden. Im Iran beging man Ramadan als einen Monat der Trauer, als eine Zeit, erfüllt von dem Unheil, das die Helden der Schia betroffen hatte, weil man ihnen die Anerkennung als Nachfolger des Propheten verweigert hatte. Für die sunnitischen Muslime Pakistans stellte Ramadan eine fröhlichere Zeit dar, den Monat, in dem der Prophet die Offenbarung empfangen und die neue Religion gestiftet hatte.

So sah also das Programm aus: abends der Besuch der Moscheen mit Mr Sherwani, und am Morgen dann der Hafen mit den Mekkapilgern.

»Ich erzähle Ihnen mal eine Geschichte«, sagte Mr Sherwani, »hören Sie zu. Ein englischer Lord hatte zwei Söhne. Sie fingen genauso an wie Sie. Sie beschlossen, zu reisen und sich über den Islam zu informieren. Also gingen sie auf die Reise. Sie fuhren nach Ajmer in Indien, zu dem berühmten muslimischen Heiligtum dort, und nahmen bei einem muslimischen Lehrer das Studium auf. Der Lehrer hatte zwei Töchter. Die beiden Söhne des englischen Lords wurden Muslime und heirateten die zwei Töchter des Lehrers. Denken Sie an diese Geschichte, wenn Sie Muslim geworden sind.«

Englische Lords, Doppelhochzeiten, arabische Könige mit fünfhundert Bediensteten für einen Monat: in Karatschi – der Stadt mit den Kamelen, Zwergen und Afrikanern – stellte sich Tausendundeine Nacht mühelos ein.

Mr Deen brachte mich im Büromobil zurück ins Hotel. Mr Deen kam aus Indien; er war unmittelbar nach der Teilung des Subkontinents aus Delhi nach Pakistan übergesiedelt. Es hatten sich ihm viele amtliche und private Gelegenheiten geboten, Delhi wiederzusehen. Aber ohne dass er sagen konnte, warum, hatte er lieber verzichtet. Er hatte Indien den Rücken gekehrt; die Vergangenheit war Vergangenheit; die Wunde sollte nicht wieder aufbrechen.

Am Abend kam Mr Sherwani in Begleitung eines jüngeren Kollegen vom Informationsministerium, und wir fuhren im Büromobil zu einigen Moscheen der Stadt. Der jüngere Kollege schwieg; das Reden besorgte Mr Sherwani; ich hatte das Gefühl, dass es ihm dabei half, die lange Nacht des Gebets durchzustehen, wenn er beim Gang von einer Moschee zur nächsten jemandem, der sich bereit fand, ihm zuzuhören, Vorträge über den Glauben halten konnte.

Die Moscheen waren überfüllt und hell erleuchtet. Neonröhren, blauweiß glänzende Stäbe, dienten als eine Art Dekoration; Ketten aus farbigen Glühbirnen hingen wie illuminierte Teppiche an Mauern herab. Auf atemlose Koranrezitationen in Arabisch – manche Mullahs schienen sich damit brüsten zu wollen, wie gut sie das Buch kannten, wie schnell sie die Suren aufsagen konnten, wie selten sie Luft holen mussten –

folgten Darlegungen in Urdu. Und wie eine Biene, die aus jeder Blume Honig saugt, sagte Mr Sherwani in jeder Moschee sein Gebet und nahm, sooft sich die Gelegenheit bot, an der Wechselrede zwischen Mullah und Gemeinde teil.

In den Moscheen der besseren Wohnviertel hatte man den Eindruck, dass die Männer jeder für sich beteten, einen privaten Gottesdienst zelebrierten. In den ärmeren Gegenden existierte ein Gefühl der Verbundenheit. In einer Moschee in einem Armenviertel wurden Süßigkeiten verteilt, während der Mullah psalmodierte, und die Kinder drängten sich so um den Verteiler, dass es aussah, als sei er des Gebrauchs seiner Beine beraubt und werde, während er seinen Karton mit Süßigkeiten hochhielt, von den flinken Beinchen der Kinder im Hof der Moschee herumgewirbelt, wie eine tote Kakerlake, die von Ameisen abtransportiert wird, gerade so als bewege sie sich auf unsichtbaren Rädern. Das Getümmel beeinträchtigte die Heiligkeit der Handlung in keiner Weise; der Gottesdienst war ein gemeinschaftliches Ereignis, und die Kinder und Süßigkeiten gehörten einfach dazu.

Islam war die Errettung des Einzelnen; Islam war auch der Glaube selbst und die Geschichte des Propheten; schließlich war Islam die Gemeinde, die durch zahllose gemeinschaftliche Rituale und Handlungen zusammengeschweißt wurde. Einheit, Glaube und Gehorsam: Das sei das Programm des Islam, erklärte mir Mr Sherwani; später fand ich heraus, dass er mit diesen Worten Mohammad Ali Dschinnah, den Begründer Pakistans, zitierte. Noch etwas anderes liege dem Gemeinschaftsgefühl zugrunde: die Sorge um das künftige Leben. Das sei wichtig, sei grundlegend, es schließe alle Elemente des Glaubens zu einer Einheit zusammen: die Sorge, ob man am Tag des Gerichts ewigen Qualen verfalle oder der Seligkeit teilhaftig werde. Seine eigenen religiösen Erfahrungen, sagte Mr Sherwani, hätten ihn kaum mehr als einen flüchtigen Blick vom Jenseits erhaschen lassen; die wahrhaft Frommen erblickten mehr.

Mr Sherwani verlor zunehmend an Umgänglichkeit, an Gesprächsbereitschaft. Die Gebete nahmen ihn immer stärker in Anspruch; es dauerte nicht lange, da brachte er mich zurück ins Hotel und eilte davon – ganz der Mann, der entschlossen ist, keine Zeit mehr zu verplempern. In dieser Nacht der Offenbarung, in der Gebete so kostbar waren, wollte er das Beten bis zum morgendlichen Beginn des Fastens fortsetzen. Das Leben des frommen Muslims bestand allzeit in besonderen Handlungen, die es zu verrichten galt; es unterlag ständigen Vorschriften; es bedeutete, in einem Fieberrausch des Glaubens zu leben und sich der Einzigartigkeit des Glaubens stets bewusst zu bleiben.

Die Welt allerdings drehte sich weiter. Eine andere Offenbarung bereitete sich in der gleichen Nacht vor, die dann am Morgen über uns hereinstürzte, als groß aufgemachte Titelgeschichte im regierungsamtlichen Blatt, der *Morning News*: KOMPLOTT GEGEN PAKISTAN! WIRD DAS LAND MARIONETTE DES AUSLANDS? – *Benazir bietet Vorbereitung eines von USA gestützten Staatsstreichs an – Fotokopie eines Briefs an Murtaza der Presse übergeben.*

Abgedruckt waren in sechs vollen Spalten der Zeitung Briefe von Bhuttos Tochter Benazir an ihren Bruder in London. Sie kamen aus dem Haus, das der Taxifahrer mir gezeigt hatte; einer der Briefe war neun, ein anderer vier Tage vor der Hinrichtung Bhuttos geschrieben worden. Es waren persönliche Schreiben, deren Veröffentlichung widerrechtlich geschah; sie enthielten Vorschläge – unter den Umständen außerordentlich klarsichtige Vorschläge – der Schwester an den Bruder, was sich in Form von Petitionen und der Erzeugung politischen Drucks tun ließ, um den Vater zu retten. Als Beweis für die hochverräterische Absicht der Korrespondenz galt der *Morning News* die Tatsache, dass Benazir als Gegenleistung für amerikanische Hilfe zur Rettung ihres Vaters anbot, das pakistanische Atomprogramm aufzugeben. Die handgeschriebenen Briefe wurden als Beweismittel vorgelegt; aber sie waren schlecht kopiert, und eine Abschrift wurde nicht mitgeliefert. Tatsächlich handelte es sich bei der Zeitungsgeschichte um einen Schwindel.

So sah die Kehrseite eines dem Glauben geweihten Lebens aus. Der Glaube strotzte von Vorschriften, die Politik war frei davon. Es gab keine politischen Regeln, weil der Glaube nur Gläubige hervorbringen konnte; weltliche Strukturierungen oder Unterscheidungen konnte der Glaube nicht gelten lassen. Für jedermann im öffentlichen, politischen Leben war der Islam Zweck, Mittel und Rechtfertigung. Und das konnte dann zu solchen weltlichen Gemeinheiten führen.

Mr Sherwani hatte wohl die Nase voll von mir, oder wichtigere Geschäfte forderten ihn. Als ich morgens in Mr Deens Büro kam, gab man mir einen anderen Beamten mit, der mich zum Hafen begleiten sollte, damit ich die Abfahrt der Mekkapilger erleben konnte.

Der Beamte war eine Beamtin, eine junge Frau im grünen Sari. Sie war schlank, fast schon dünn, und sprach tadelloses Englisch. Sie hatte, ungewöhnlich für eine Frau, an der Universität von Karatschi ein Examen in Publizistik abgelegt. Danach hatte sie die Prüfung für die Aufnahme in den pakistanischen Staatsdienst bestanden und anschließend eine achtmonatige Schulung für ihren Beruf absolviert. Die Arbeit im Informationsministerium hatte sie sich nicht ausgesucht; sie war der Abteilung zugewiesen worden und fand ihre Tätigkeit frustrierend. Sie musste erledigen, was man ihr gerade auftrug; jemanden, der ein Publizistikexamen abgelegt und das Bedürfnis hatte, etwas Richtiges zu schreiben, konnte das nicht zufrieden stellen.

All das äußerte sie ganz offen in Mr Deens Büro, und nicht etwa, um bei mir oder Mr Deen Eindruck zu schinden. Sie fühlte sich unglücklich und stand, wie schon ihre Magerkeit verriet, innerlich unter Druck; ich fragte mich, warum sie den Job – mochte das Prestige, das der zentrale Staatsdienst in Pakistan genoss, auch noch so groß sein – nicht aufgab. Ich wollte wissen, was ihr Ehemann machte. Alle Angehörigen ihrer Familie seien beim Militär, Angehörige der Streitkräfte, und auch ihr Mann habe damals gedient. Damals? Ja, er sei tot. »Er kam bei einem Hubschrauberabsturz um.«

Die Familie ihres Mannes unterstütze sie nun finanziell, aber sie müsse arbeiten, weil sie das Geld brauche, vor allem für die Ausbildung ihrer Kinder. Sie lasse sie nicht nur in Urdu, sondern auch in Englisch unterrichten, weil man im Ausland – sie meinte Saudi-Arabien und die muslimischen Länder – Englisch können müsse, um eine Anstellung zu finden.

Die Ausbildung ihrer Kinder sei also schon darauf abgestellt, dass diese später Pakistan verließen, auswanderten?

»Mir bleibt nichts anderes übrig«, sagte sie. »Wir sind eine Minderheit. Wir sind Nichtmuslime.«

Sie trug einen Sari. War sie demnach hinduistisch oder eine Parsin?

Ehe ich fragen konnte, sagte sie: »Wir glauben an den Propheten. Aber vor drei Jahren erklärte man uns von Staats wegen zu Nichtmuslimen. Wir gehören der Ahmadijja an.«

»Warum hat man Sie denn zu Nichtmuslimen erklärt? Welchen zwingenden Grund gab es dafür?«

»Das müssen Sie Benazir Bhutto fragen. Benazir wird Ihnen sagen können, warum ihr Vater uns zu Nichtmuslimen erklärte. Er behandelte uns sehr freundlich, und dann ging er hin und tat uns das an.«

Die Sekte habe, berichtete sie, mit einem Mann namens Ahmad ihren Anfang genommen, der im neunzehnten Jahrhundert in Nordindien zur Welt kam. Im Jahr 1906 (sie irrte sich im Datum: es war 1890; aber das fand ich erst etliche Wochen später heraus) hätten ihn vielerlei Zeichen, die er empfangen habe, zu der Überzeugung gebracht, dass er der Mahdi, der verheißene Messias, sei. Als frommer Mann habe er sich gegen die Einsicht gesträubt, ihr aber zu guter Letzt nachgeben müssen. Die einen Muslime glaubten, der Messias komme erst am Jüngsten Tag, aber einer anderen Interpretation der Prophezeiung zufolge solle der Messias erscheinen, wenn der Islam verderbt sei – und das sei 1906 der Fall gewesen.

»Sie sind also wie die Bahai im Iran?«, sagte ich. »Sie glauben, dass im neunzehnten Jahrhundert der Verborgene Imam oder eine ihm vergleichbare Gestalt erschienen ist?«

Von den Bahai hatte sie indes noch nie gehört.

Sie hatte sich zur Ahmadijja bekehrt. Und die Anhänger der Ahmadijja, erzählte sie mir, seien ihrerseits gespalten. Einige – sie gehöre dazu – glaubten an den zweiten Messias, andere nicht.

Wie komme es, dass sie sich als Muslimin zum Messianismus bekenne, wollte ich wissen. Muslime verabscheuten den Gedanken an einen Messias. Sie hielten Mohammed für den letzten und endgültigen Propheten; das Bekenntnis zu jenem indischen Messias kam einer Leugnung der Endgültigkeit des Propheten nahe und stellte damit einen Kernpunkt seiner Mission in Frage. Als einer Muslimin hätte ihr diese Vorstellung doch ein Gräuel sein müssen. Wie sei es ihr gelungen, die Kluft zu überspringen?

Sie entstamme einem interkonfessionellen Elternhaus. Der eine Elternteil habe sich zum Schiismus, der andere zum orthodoxen Sunnismus bekannt. Sie sei also sozusagen für ein heterodoxes Bekenntnis gerüstet gewesen. Und dann habe sie einen Ahmadi geheiratet. Sie habe also gar nicht anders gekonnt, als auch eine Ahmadi zu werden. Die Häresie sei ihr gewissermaßen zugetragen worden; sie habe sie kommen sehen und aus freien Stücken angenommen. Ihr Mann hatte mit ihr gesprochen, sie unterwiesen; jetzt war sie eine so überzeugte Gläubige, dass ihre Stimme leicht bebte, wenn sie von Ahmad, dem Messias, sprach: von dem guten, frommen Menschen, dem das messianische Amt aufgebürdet wurde und der die vielen Zeichen Gottes einfach nicht ignorieren konnte.

Die Häresie – die nur Muslime in ihrer ganzen Tragweite ermessen konnten – beherrschte jetzt ihr Leben; vielleicht wurde sie ihr sogar zum Anlass, ihrer muslimischen Heimat den Rücken zu kehren. Ein staatliches Büro mit abblätternder Tünche und wackligem Mobiliar, eine junge Frau im grünen Sari mit einem an der Universität von Karatschi erworbenen akademischen Grad, eine Staatsbedienstete in einem muslimischen Land: Das war faszinierend genug. Unter der Oberfläche der Erscheinungen aber, die einem in Karatschi begegneten, hinter ihrem leicht fasslichen Äußeren, steckte der Glaube, der Fieberwahn des Glaubens, der viele Formen annahm und den Begegnungen fast immer einen halluzinatorischen Zug verlieh.

Das Halluzinieren ging weiter. Ich trat in den Korridor, um dort auf die junge Frau im grünen Sari zu warten. Ich war so beschäftigt mit dem, was ich gehört hatte, und so sicher, in ihrer Begleitung zum Hafen zu gehen, dass ich mir nichts dabei dachte, als mich Männer abholten, die kein Englisch sprachen, nicht erkannte, dass ich von ihr getrennt wurde, nicht merkte, was es mit der kurzen Autofahrt, die wir machten, auf sich hatte, nicht begriff, dass man mich in eine andere Abteilung und ein anderes Büro brachte, und mich schließlich in einem großen, geschlossenen Raum wiederfand, einem Büro, viel größer als das von Mr Deen, wo ein ältlicher Mann zwei oder drei anderen Männern gegenübersaß, zwischen ihnen ein voll gepackter Schreibtisch, und man mich in einer Ecke Platz nehmen ließ, im Luftzug eines Ventilators, auf dem Sessel einer Polstergarnitur, die mit Kunststoff statt, wie in Mr Deens Büro, mit simplem Baumwollstoff bezogen war.

Ich befand mich in Ahmeds Büro (ein anderer Ahmed, nicht etwa der lang verstorbene Seher, von dem mir erzählt worden war). Neben seinem Schreibtisch stand ein Regal mit fünf Telefonen, und nicht einmal Ahmed selbst konnte ohne weiteres sagen, welches gerade klingelte. Dank irgendeiner bürokratischen Intervention, die nachzuvollziehen ich schlechterdings nicht in der Lage war, hatte man mich dem Ahmed dieses Büros überstellt. Mr Deen und Mr Sherwani, arme, geplagte Männer, hatten mich still und heimlich abgeschoben – und zusammen mit ihnen war auch die junge Ahmadi im grünen Sari aus meinem Blickfeld entschwunden.

Mit den zwei Männern aus Ahmeds Büro fuhr ich nun also zum Hafen. Ihr Englisch war freilich nicht gut; sie zogen es vor, in Urdu Zwiesprache zu halten; am Hafen wurden sie dann so sehr von ihren amtlichen Pflichten in Anspruch genommen und durch den hochoffiziellen Charakter der Verabschiedung (der Gouverneur von Belutschistan wurde erwartet) derart in ehrfurchtsvolles Schweigen versetzt, dass ich die ganze Szene gewissermaßen sprachlos und wie aus weiter Ferne erlebte. Das weiße Schiff stellte sich als britisches Fabrikat heraus, alt und schmuddelig, wo es nicht weiß getüncht war; der Laderaum voll gestopft mit Feldbetten und Bündeln, ältliche Männer und Frauen, die gleichzeitig wie Flüchtlinge und Pilger wirkten, zerknirscht und erwartungsfroh; Abfall, der sich bereits zu kleinen Haufen türmte; auf dem engen Oberdeck eine Reihe von alten Männern – gleichgültig gegen die herumwuselnden Offiziellen, und mit der Anhäufung frommer Werke beschäftigt –, vertieft in die rituellen Waschungen, die den Gebetsübungen vorangehen und die deutlich machen, wie sehr im Islam der Gottesdienst immer auch eine körperliche Aktivität ist, die durch korrekten Vollzug Halt gibt.

General Rahimuddin, der Gouverneur von Belutschistan, traf ein. Auf dem Kai paradierten und spielten die Dudelsackpfeifer: der vom britischen Militär übernommene Stil, passend zu einem General mit Schirmmütze, Sonnenbrille, Lametta und Kommandostab, einer Pilgerfahrt aufgepfropft, deren Tradition hinter den Islam zurückreicht und in alten arabischen Stammeskulturen wurzelt, von wo sie der Prophet ins islamische Ritual übernommen hat: historische Schichten, eine die andere überlagernd.

Ein Hafenbeamter hielt eine Ansprache, und die Lautsprecher trugen seine Worte in alle Winkel des Schiffes und auch drunten auf den Kai, wo sich außerhalb des überdachten Gevierts mit den Pfeifern und den Soldaten eine kleine Schar von Hafenarbeitern versammelt hatte. Die Ansprache des Generals war eine Spur länger. Die vom Präsidenten angeordnete offizielle Verabschiedung der Pilger war damit vorbei (der regierungsamtliche Artikel, der zwei Tage später in *Dawn* erschien, hatte eine Spaltenlänge von mehr als zwanzig Zentimetern), und ich wurde in Ahmeds dunkles, klimatisiertes Büro zurückgebracht.

Mr Deen oder Mr Sherwani sah ich nie wieder. Und auch nicht die junge Frau oder Witwe in dem grünen Sari. Ihre Geschichte verfolgte mich. Die Ahmadijja-Sekte war indes in Acht und Bann getan, und viele reagierten mit Entsetzen und Abscheu auf den Namen, sodass es mir erst gegen Ende meines Aufenthalts in Pakistan gelang, mehr über sie in Erfahrung zu bringen.

Ahmed nahm sich meiner an. Das Interesse, das er mir am Morgen bezeigt hatte, mochte noch offizieller Natur gewesen sein – in Pakistan herrschte das Kriegsrecht, Ausländern begegnete man mit Misstrauen, und außerdem gab es das Atomrüstungsprogramm –, aber nachdem ich in sein Büro zurückgekehrt war, änderte sich das rasch. Er hatte mich einer Prüfung unterzogen, und ich fand Gnade vor seinen Augen.

Vermutlich war ihm berichtet worden, da sei ein Ausländer, der nach islamischen Einrichtungen frage. So merkwürdig ihm das auf den ersten Blick erschienen sein mochte, als er feststellte, dass es sich tatsächlich so verhielt, fing er Feuer. Das hatte seinen Grund: Ahmed, ein Mann in den späten Fünfzigern, war ein reuiger Sünder. Nach seinen eigenen Angaben hatte er als junger Mann einen lockeren Lebenswandel geführt und sah sich nach wie vor den Versuchungen des Fleisches ausgesetzt. Spät erst hatte er zur Religion gefunden und war ihr mittlerweile mit Haut und Haar verfallen. Er erstarb in Ehrfurcht vor dem eigenen Glauben. Er hatte nicht nur wie Mr Sherwani das Bedürfnis, darüber zu reden; ich glaube, er wollte auch, dass ihm jemand beim Glauben zusah, jemand von drüben, von der anderen Seite, die er gewechselt hatte.

Gut gebaut, mit aufrechter Haltung und energischer Ausstrahlung, war er immer noch attraktiv, ein dunkler Typ mit

Hakennase und fleischiger, geschwungener Unterlippe. Er kam aus Sindh und behauptete (vielleicht ein bisschen arg romantisch), von den Ureinwohnern aus der Zeit vor der arischen Landnahme abzustammen, den Erbauern der großen Städte Mohendscho Daro und Harappa, den Schöpfern der Induskultur, bevor um 1500 v. Chr. die arischen Eroberer eindrangen. Die meisten Menschen in Pakistan, meinte er, täten so, als habe die Geschichte erst mit der Gründung Pakistans im Jahr 1947 angefangen. Dank seiner Sindhi-Vorfahren hatte er ein anderes Geschichtsbild.

Und ein Sinn für Geschichte bildete auch das Rückgrat seiner Begeisterung für den Islam. Dieser sei die jüngste große Religion der Welt und als die jüngste auch die höchstentwickelte. Er verwarf die älteren Religionen nicht; er sah in ihnen Stufen der spirituellen Entwicklung des Menschen. Man brauche sich die Offenbarungsreligionen nur anzuschauen, meinte er. Moses kenne nur das Gesetz – das sei zu hart. Jesus kenne nur Barmherzigkeit. »In einer Welt«, sagte Ahmed, »wo es Afrikaner und Neger gibt, ist das Unsinn. Wenn Sie einem primitiven Kerl die andere Wange hinhalten, macht ihn das nur wütend.« Die Schönheit des Islam liege in seiner Mischung aus Gesetz und Barmherzigkeit. Um den Islam in seiner schönsten Form zu sehen und zu verstehen, zu wie viel Nächstenliebe er fähig sei, solle ich eines der alten Heiligtümer im Landesinneren von Sindh besuchen – er werde etwas für mich arrangieren. Insbesondere einen Ort, der mit einem muslimischen Heiligen und Mystiker verbunden war, hatte er im Auge; den müsse ich unbedingt aufsuchen. Dort würde ich eine Bruderschaft antreffen, unter ihnen auch Akademiker, die der Welt entsagt hatten, um in der Wüste zu leben und die Armen zu versorgen und zu speisen.

So also skizzierte Ahmed an diesem Nachmittag gleichsam

in einem Atemzug, in einem wilden Wortschwall, seinen Glauben, seine Einstellungen und seine Pläne für mich. Er fuhr mich zum Intercontinental zurück, und wir setzten die Unterhaltung auf dem Parkplatz bis kurz vor Sonnenuntergang fort. Mit einer Zartheit, die für mich überraschend kam, drückte er mir zum Schluss den Zeigefinger auf die Stirn, zwischen die Augen, und sagte: »Das haben Sie nun davon. Wären Sie Geschäftsmann, hätten Sie Bluthochdruck. Aber Sie sind ein Intellektueller. Ihnen geht es um die Wahrheit. Und deshalb erwischt es Sie dort, in den Augen. Sie müssen Ihre Augen ausruhen. Sie müssen viel ins Grüne schauen.«

Immer die Augen! Und prompt fiel am nächsten Morgen ein Glas aus meiner Brille und zerbrach auf dem Fliesenboden meines Zimmers. Die erste Gefälligkeit, die mir Ahmed also erweisen musste, bestand darin, mich zu einem Optiker zu bringen.

Unsere Freundschaft war wie vom Himmel gefallen, aber ich empfand sie als real; und solange sie währte, diente sie mir als Stütze. Meine Suche nach islamischen Einrichtungen und Experimenten – die mich ja zu Ahmed geführt hatte – dauerte an; und Ahmed war der vernünftige Mensch, zu dem ich nach meinen Ausflügen in die islamischen Welten anderer zurückkehrte.

Mr Mirza war mir als eine der angesehensten Persönlichkeiten Pakistans vorgestellt worden, als einer der tief schürfendsten Geister des Landes; von ihm würde ich Auskunft über alles erhalten, was die Islamisierung der Gesellschaft betraf. Der Mann allerdings, von dem ich das hörte und der ein Treffen mit Mr Mirza für mich arrangierte, war ein unbedeutender Verwandter dieses Herrn. Und wie einen armen Verwandten empfing mich der große Mann denn auch in seinem klimatisierten Büro; als ich an der Reihe war und er das Wort an mich richtete, kam ich mir vor wie in der Sonntagsschule.

Im Raum standen viele Bücher, verblichene, englischsprachige, politische Bücher aus den dreißiger und vierziger Jahren des zwanzigsten Jahrhunderts, mutmaßliche Relikte einer in England verbrachten Studienzeit. Zwei junge Männer, vorgebeugt, mit gespitzten Ohren und glänzenden Augen, saßen vor Mr Mirzas Schreibtisch; in mildem Ton erklärte er mir, er müsse mit den »jungen Kollegen« kurz noch ein paar Worte wechseln. Ich dachte, es sei ihm ernst mit der Rede von »Kollegen«; aber der große Mann stellte nur seine Bescheidenheit zur Schau. Wie ich selbst waren auch die jungen Männer hergebracht worden, um Weisheit zu empfangen.

Ein Austausch von Worten fand auch gar nicht statt: Mr Mirzas Mund entströmte ein leises, gleichmäßiges, unaufhörliches, ununterbrochenes Gebrabbel. Die Zeit, in der wir lebten, gehöre dem Satan; die Menschen seien nicht interessiert an der Wahrheit; Universitätsprofessoren seien nicht interessiert an der Wahrheit. Heutzutage gebe es Massen von Informationen, aber zu viel Information sei ebenso schädlich wie zu wenig Information. Niemand könne die Zukunft voraussagen; der »Unwägbarkeiten« seien zu viele; das Tolstoi'sche Geschichtsbild sei zutreffend. War Mr Mirza der Einzige, der sich für die Wahrheit interessierte? Wohin führte das alles? Es führte zurück zur These von der satanischen Beschaffenheit unseres Zeitalters, zurück zum dringenden Bedürfnis nach dem islamischen Glauben.

Die jungen Männer standen auf, von der frohen Botschaft wie benommen, und als Mr Mirza sie mit ausnehmender Liebenswürdigkeit verabschiedete, wirkte es so, als erteile er ihnen seinen Segen. Und dann machte er sich daran, mir meine

Dosis zu verabreichen. Tolstoi allerdings hielt er nicht für mich bereit; ich kriegte einen obskuren Araber. »Ein arabischer Gelehrter – vielleicht der größte unter den gelehrten Philosophen der Abbasidenzeit –, er starb im Jahr 1011 und schrieb also um die Jahrhundertwende, weshalb seine Schriften eher ins zehnte als ins elfte Jahrhundert gehören –, er sagt, Propheten seien anders als gewöhnliche Menschen.«

Um das zu hören, war ich freilich nicht zu Mr Mirza gekommen. Ich war gekommen, um etwas über den praktischen Einfluss des Islam auf gesellschaftliche Einrichtungen, auf den Staat, auf die Rechtsprechung in Erfahrung zu bringen.

»Lassen Sie mich ausreden«, sagte Mr Mirza; unterbrochen zu werden konnte er nicht ausstehen. Propheten, fuhr er fort, seien die Einzigen, durch die Gott seinen Willen kundtue; der Islam huldige der Hoffnung auf eine Zeit, in der Propheten nicht mehr nötig sein würden.

Was folgte daraus für uns beziehungsweise für Pakistan? Daraus folgte, dass die Gesetze und Einrichtungen in Pakistan in ihrer derzeitigen Beschaffenheit keinen Anspruch darauf erheben konnten, gottgegeben zu sein. All seinem Ansehen und seinen Büchern zum Trotz war Mr Mirza mit seinen Überlegungen über diesen Punkt nicht hinausgelangt. Er hielt sich auf seine Bildung viel zugute; aber nichts unterschied ihn vom schlichtesten Mullah. Und als Islamisierer, der es an Reinheit mit jedem aufnehmen konnte, hatte Mr Mirza auch politische Ambitionen. Nach dem Verschwinden von Bhutto und der Unterdrückung seiner Partei hoffte Mr Mirza, unter einem Militärregime, das sich der Islamisierung verschrieben hatte, Karriere zu machen.

Ich sagte, ich müsse gehen. Mr Mirza war enttäuscht; er hatte mir noch mehr mitzuteilen. Er bot mir an, mich in seinem Auto ins Hotel bringen zu lassen. Ich nahm das Angebot an. Während wir auf den Wagen warteten, machte er den Versuch, sich in eigener Regie zu interviewen. Er sagte: »Sie denken vermutlich, ich wäre in einem Kloster besser aufgehoben als im Geschäftsleben.«

»Das denke ich keineswegs.«

»Aber im Islam gibt es diese Trennung nicht. Der Islam ist eine komplette Lebensform.«

Er nahm eine Gebetsschnur heraus und fing murmelnd an, mit den Perlen zu klicken. Krampfhaft ließ ich meinen Blick an ihm vorbeigleiten. Klick-klick machten die Perlen, und er sagte: »Ich bin süchtig nach Gott.« Mal sah ich links, mal rechts an ihm vorbei. Klick-klick machten die Perlen; ich ließ ihn murmeln, bis das Auto kam.

Mr Salahuddin, der Zeitungsherausgeber, stand wie Mr Mirza im Ruf, ein islamischer «Betonkopf« zu sein. Ihm fehlte freilich Mr Mirzas mystische oder intellektuelle Ader; seine Unverblümtheit war mir lieber.

In Pakistan, wo nur 15 Prozent der Bevölkerung schreiben und lesen konnten, hatten Zeitungen eine geringe Verbreitung. Die englischsprachige *Dawn* wurde (wie mir ein Journalist vom Konkurrenzblatt *Morning News* verriet) in 15 000 Exemplaren gedruckt; die *Morning News* selbst, deren Auflage zu Bhuttos Zeit auf 4000 gesunken war, hatte einen neuen Aufschwung erlebt und brachte es auf ansehnliche 10 000 Exemplare. Kein Wunder, dass Mr Salahuddin, der eine in Urdu erscheinende Zeitung mit einer Auflagenhöhe von 35 000 herausbrachte, ein mächtiger Mann im Lande war. Der Redaktionsassistent, der mich empfing, erzählte mir, Mr Salahuddin habe unter Bhutto drei Jahre im Gefängnis verbracht. Mr Salahuddin, so meinte der Assistent, sei ein Mann mit Prinzipien.

Das Büro befand sich auf dem Dach eines neumodischen, vier oder fünf Stockwerke hohen Betongebäudes im Zentrum Karatschis. Ein kaputter holpriger unbefestigter Fahrweg, der von einer Basarstraße abführte; schwarzhäutige Kinder beim Fußballspiel, irgendein menschliches Wrack auf einem selbst gebastelten Kastenkarren in der Sonne. Ein Hof mit unebenem Schotterbelag, eine Fahrstuhltür, die sich direkt auf den Hof öffnete. Komisch dieser Lift, einfach so hingebaut, leicht surreal.

Aber er funktionierte. Und oben auf dem Gebäude, in der Veranda, standen – als würde ein Wartezimmer parodiert beziehungsweise die moderne großstädtische Parodie des Phänomens Straße variiert – drei Rohrstühle ohne Sitzgeflecht. Die Räume waren durch halbhohe Trennwände in kleine Kabinen unterteilt, die durch Türen miteinander verbunden waren. Die Türen auf beiden Seiten der Zelle des Verlegers führten in Büros; in einem waren Kalligraphen am Werk, die redigierte Abschriften auf durchsichtige Streifen auszogen, die dann als Vorlage für die Offsetplatten dienten. Fliegen brummten gegen die Scheiben der kleinen Fenster; an der Wand hing eine Bleistiftzeichnung, die den Staatsgründer Dschinnah zeigte.

Mr Salahuddin war ein kleiner Mann Anfang vierzig. Er hatte einen Spitzbart mit grauen Strähnen, einen strengen Mund und funkelnde schwarze Augen. Ich versuchte ihn mir im Gefängnis vorzustellen und vermutete, dass die Haft seinem Feuer nichts hatte anhaben können. Er stammte aus Indien und war im Alter von zwölf Jahren nach Pakistan gekommen.

Die Muslime genössen in Indien freie Religionsausübung, sagte er; Pakistan sei nicht einfach nur um der Religionsfreiheit willen gegründet worden. Man habe mit Pakistan einen islamischen Staat, der nach islamischen Prinzipien funktioniere, schaffen wollen. Was hieß das? Hatte es jemals einen solchen Staat gegeben? »Den Staat«, erwiderte er, »der zu Lebzeiten des Propheten und der ersten vier Kalifen zweiunddreißig Jahre lang existiert hatte.«

Da war er wieder – der Traum von dem anfänglichen islamischen Staat, der Schöpfung des Propheten, und zugleich der Zeit, da die Muslime noch recht geleitet waren, von Gottes Hand regiert wurden: ein Gemisch aus Geschichte und Theologie, die unzerstörbare Legierung des Glaubens. Jene reine Zeit konnte wiederkehren; die Muslime konnten erneut in solcher Lauterkeit leben. Sie mussten nur den Geboten folgen. Die Gebote waren da; man fand sie in der heiligen Schrift und in den Überlieferungen. Die vielen Gebote des Islam würden nicht zum Wohle Gottes tradiert, erklärte Mr Salahuddin, sie seien zum Wohl der Menschen da. Freiheit entspringe dem Gehorsam; die Gebote machten die Menschen frei.

Und während wir in seinem Büro in Karatschi saßen und ständig Leute mit Redaktionsgeschäften ein und aus gingen und nebenan die Kalligraphen an langen Schreibtischen ihre Vorlagen für den Druck anfertigten, erläuterte mir also Mr Salahuddin, wofür er kämpfte: für den islamischen Staat und seine besondere Form von Freiheit. Zu Bhuttos Zeit hatte man ihn dafür ins Gefängnis gesteckt, und ich spürte, dass er bereit war, erneut ins Gefängnis zu gehen.

Er gab mir einige Broschüren mit. Ein paar waren alt, Neuauflagen, wie mir schien, von muslimischen Missionsschriften, die in den Tagen des europäischen Kolonialismus entstanden waren, als der verarmte und politisch bedeutungslose Islam jede Unterstützung aus Europa brauchte, die er kriegen konnte.

Der Koran und die moderne Wissenschaft, verfasst von einem Franzosen, diente dem Nachweis, dass der Prophet viele moderne europäische Ideen bereits vorweggenommen hatte. *Islam – die Erste und Letzte Religion* (eine Zusammenfassung von *Zauber des Islam* und *Entscheidung für den Islam* in gekürzter Form) bewies, dass alle anderen Religionen in ihren jeweiligen heiligen Schriften Mohammeds Ankunft vorhergesagt hatten. Darin fand sich auch eine Huldigung an den Islam, um nicht zu sagen ein islamisches Bekenntnis, aus dem Mund Napoleons: »Ich werde hoffentlich in naher Zukunft in der Lage sein, alle weisen und gebildeten Männer aller Nationen zusammenzuführen und auf der Grundlage der Prinzipien des Koran, die allein Wahrheit haben und das Glück der Menschen begründen können, ein einheitliches System zu schaffen.«

Auf Napoleons Verlautbarung folgten Äußerungen von Engländern der viktorianischen Zeit, »Staatsmännern und Diplomaten«, Männern von Rang, deren Namen offenbar in der muslimischen Welt nach wie vor einen guten Klang hatten, während sie in ihrer Heimat weniger bekannt waren, als sie verdienten: Leute wie Al-Hadsch Lord Headley al-Faruk (1855–?), »Mitglied des Oberhauses, Autor und Staatsmann«, ein Militär und Ingenieur und außerdem Herausgeber des *Salisbury Journal*; Sir Abdullah Archibald Hamilton (1876–?), »Staatsmann und Baronet«, ebenfalls Militär (»Leutnant im Korps Seiner Majestät«); Sir Dschaluddin Lauder Brunton (ohne Daten), »Staatsmann und Baronet«, keine biographischen Angaben (»englischer Baronet und hoch angesehene Persönlichkeit des öffentlichen Lebens«). Hinzu kam der englische Gelehrte Professor Harun Mustafa Leon, M.A., Dr. phil., Dr. jur., Fellow der Philologischen Gesellschaft, ein »ernsthafter Geologe« und »fähiger Philologe«, mit einem akademischen Grad der Universität Potomac (USA), der sich im Jahr 1882 zum Islam bekehrte, während er für die Zeitschrift *Isle of Man Examiner* eine Artikelreihe zum Thema »Die Etymologie der menschlichen Sprache« verfasste.

Der Amerikaner in diesem Aufmarsch weißer Muslime war Mohammed Alexander Russell Webb, »Diplomat, Autor und Journalist«, Herausgeber der *St. Joseph Gazette* und des *Missouri Republican*, der 1846 zur Welt kam und 1961 mit 115 Jahren starb: eine Figur, wie von Mark Twain erfunden, ein Mann vom »Hudson im Land Columbia«, der den Islam dem »Getröpfel oder, besser gesagt, dem Geseire einer orthodoxen presbyterianischen Kanzel« vorzog und sein ungeheuer langes Leben der islamischen Missionstätigkeit weihte.

Durch Mr Salahuddin kam ich in Kontakt mit Khalid Ishaq. Khalid Ishaq zählte zu den führenden Anwälten Karatschis. Er war so erfolgreich, dass er viel von seiner Zeit öffentlichen Aktivitäten widmen konnte. Er war Mitglied im Rat für Islamische Ideologie, der sich jeden Monat zehn Tage lang in der Hauptstadt versammelte, um herauszufinden, was im Interesse der Islamisierung getan werden konnte; er gehörte außerdem einer staatlichen Kommission an, die sich mit dem Thema Korruption befasste – nicht sehr hoffnungsvoll, wie mir schien.

Auch dieser große, wuchtige Mann Anfang fünfzig war aus Indien zugewandert. Er sah aus wie ein typischer Vertreter seines Berufsstandes, hatte den bedächtigen, trockenen Humor eines Anwalts, dessen Auge für menschliche Schrullen, die Vorliebe für Anekdoten. Diese Eigenschaften verbanden sich mühelos mit seiner Glaubensinbrunst. Nach meinem Eindruck stellte der Islam mehr für ihn dar als bloß eine persönliche Überzeugung; für ihn, einen Muslim vom Subkontinent, der sich in Pakistan noch immer ungeborgen fühlte, bildete der Islam seine Zivilisation und Kultur; er war grundlegend für seine Vorstellung von sich selbst, war eine Sache, der er als Mann und als Anwalt zu dienen und die er zu schützen hatte.

Mr Salahuddin hatte mir zwar erzählt, Khalid Ishaq habe eine staunenswerte Bibliothek und gebe monatlich 20 000 Rupien, 2000 Dollar, für Bücher aus. Dennoch war ich nicht auf den Anblick vorbereitet, der mich in Khalid Ishaqs Haus erwartete.

Als wir in seinen Hof fuhren, bemerkte ich, er habe ein großes Haus. In seinem nüchternen Anwaltston sagte er, ja, es sei ein großes Haus, aber nicht groß genug. Und damit hatte er Recht. Ein Raum um den anderen war mit Büchern gefüllt; ein Regal neben dem anderen, ein Regal vor dem anderen; Meter um Meter Bücherbretter, und davor Bücherschränke. Einer der Räume war für vielbändige Kommentare zum Koran reserviert – wuchtigen arabischen Folianten. »Und«, fügte er hinzu, »für Kommentare zu den Kommentaren.« Er kaufte einfach alles.

Hielt seine Frömmigkeit mit seinem Sammeleifer Schritt? Er hatte Sinn für Humor; ich glaubte, ihm die Frage stellen zu können. Er sagte: »Ich würde nicht sagen, dass ich übermäßig fromm bin. Ich habe in den vergangenen dreiunddreißig Jahren nicht ein Gebet versäumt.« Das hieß seit 1946, dem Jahr vor der Gründung Pakistans, und er sprach von den Gebeten, die fünfmal am Tag aufgesagt werden mussten.

Wir befanden uns in seinem Büro, einer Lichtung im Bücherwald, einem großen Raum mit großem Schreibtisch und Sitzgelegenheiten am einen Ende, die genug Platz für eine Vorstandssitzung geboten hätten. Wir saßen unter Ventilatoren, deren Surren den Lärm der Motorroller und Motorrollertaxen draußen auf der Straße übertönte.

Seine Erklärung für seinen Glaubenseifer war einfach. »Unser Volk lehnt den Westen emotional ab. Materiell mögen wir vom Westen abhängig sein. Unsere Leute mögen ins Ausland gehen, weil es ihnen dort besser geht. Aber so lange sie auch weg sein mögen, sie wollen immer wieder zurück, und sei's auch nur, um hier zu sterben.« Und aus dieser emotionalen Ablehnung der Außenwelt leitete Khalid Ishaq die Notwendigkeit eigener islamischer Einrichtungen her – die Notwendigkeit von Institutionen, die nicht westlich und nicht sozialistisch waren, sondern im Einklang mit den emotionalen Bedürfnissen des Volkes standen.

Um diese Bedürfnisse zu verstehen, müsse man wissen, was Gleichheit im Islam bedeute. »Der Diener hier bringt uns Tee und Süßigkeiten. Das ist sein Job. Aber er weiß auch, dass wir bei anderer Gelegenheit Männer gleichen Ranges sind und er an meiner Seite sitzen kann.« Hierin lag die Aufgabe der Moschee: Jeden Freitag bekam jedermann ohne Ansehung seiner gesellschaftlichen Verhältnisse vom Mullah zu hören, dass den menschlichen Gesetzen kein Gehorsam geschuldet wurde, wenn sie den Lehren des Korans zuwiderliefen.

Das Islamisierungsprojekt sei also ein gewaltiges Vorhaben: Hier werde bewusst und mit dem Koran als einzigem Leitfaden die Schaffung eines Staatssystems angestrebt, das sich in der modernen Welt bewähre und doch anders sei als alles, was sich in der Geschichte entwickelt habe. Ein intellektueller Anspruch von höchstem Niveau. Hatte Pakistan denn das nötige Potential an geeigneten Leuten? Gab es in Pakistan ein intellektuelles Leben? Viel sei da nicht, sagte Khalid Ishaq; Bücher seien teuer und das Fernsehen mache allem, was an Intellektualität etwa vorhanden sei, den Garaus.

Was hatte der Ideologierat bislang erreicht? Nicht viel, gab

Khalid Ishaq zu verstehen. Man bemühe sich immer noch, mit dem Bankzinsenproblem zu Rande zu kommen. Man habe der Regierung den Vorschlag unterbreitet, alle sollten dazu veranlasst werden, die gleichen Kleider zu tragen und den gleichen Autotyp zu fahren; aber gebracht habe das nichts.

Es gebe Schwierigkeiten, räumte Khalid Ishaq ein. Erstens seien da die »Modernen« in der Islamisierungsbewegung. Das seien Leute, die sich im hohen Alter oder aus irgendwelchen privaten Motiven vom weltlichen Leben abgekehrt und der Religion zugewandt hätten. Sie hätten ein paar Bücher über den Islam gelesen und glaubten, Bescheid zu wissen; sie wüssten aber nur sehr wenig. Diese Menschen seien im Grunde Mystiker und hätten von Institutionen keine Ahnung. (Hier glaubte ich Kritik an Mr Mirza herauszuhören.) Und dann seien da die Mullahs. An sie habe sich das Militärregime gewandt, als es den Islamisierungskurs beschloss.

»Die Mullahs verstanden im Grunde gar nicht, was man von ihnen wollte. Ihnen fiel nur der ›gute Mensch‹ beziehungsweise die ›guten Menschen‹ ein, denen man die ganze Sache zu treuen Händen übergeben müsse. Ich habe diese Leute kennen gelernt und glaube tatsächlich, dass viele von ihnen nicht einmal ansatzweise die Notwendigkeit von Institutionen welcher Art auch immer begreifen. Sie wissen gar nicht, worum es uns geht.«

Dieses Gespräch hinterließ bei mir den Eindruck, dass es keine islamischen Experimente in Pakistan gab, die ich mir hätte anschauen können, und dass es sich genauso verhielt, wie von Mr Deen ganz zu Anfang konstatiert: Die Initiative zu den islamischen Experimenten erwartete jeder vom anderen. Das große Islamisierungsvorhaben Pakistans existierte, aber nur als Ideal, als gleichzeitige Manifestation der höchsten Glaubenskraft und Ausdruck der politischen Ungeborgenheit, in der die Muslime im Heimatland der Muslime lebten.

Als der Dichter Mohammed Iqbal im Jahr 1930 seine Idee eines eigenen indisch-muslimischen Staates vortrug, sprach er von einer muslimischen Gemeinschaft oder Sozialordnung, die ein natürliches Produkt des »islamischen Solidaritätsprinzips« sei. Ein solches Gemeinwesen existierte nun in Gestalt von Pakistan. Der islamische Staat, von dem die Menschen jetzt redeten, war aber noch abstrakter als in Iqbals Vision. Dieser islamische Staat ließ sich nicht einfach verfügen; er musste erfunden werden, und bei dieser Erfindung war der Glaube keine große Hilfe. Der Glaube konnte erst einmal nur die simple Negativbestimmung liefern, die der Befriedigung emotionaler Bedürfnisse diente: kein Alkohol, keine weibliche Schamlosigkeit, kein Interesse an Bankgeschäften. Aber bald schon kamen weitere Negativbestimmungen hinzu: keine politischen Parteien, kein Parlament, keine Opposition, keine weltliche Rechtsprechung. Die vorhandenen Einrichtungen galten als unislamisch und wurden ausgehöhlt oder abgeschafft; man hielt den Glauben hoch, weil nur der Glaube Ganzheit verhieß; das entstehende Vakuum konnte nur die Militärherrschaft ausfüllen.

Khalid Ishaq fuhr mich zum Intercontinental zurück. Als wir auf der Club Road waren, bog er ab und fuhr über das Gelände des Karatschi Gymkhana, des britischen Klubs aus Kolonialzeiten.

Es war spät, die Lampen leuchteten trübe, ringsum herrschte Stille. Ein paar ältliche Männer hielten sich im Bridgeraum auf; die breite Veranda hingegen, die sich mit ihrem alten, dunklen, unebenen Fußboden über die ganze Längsseite des Gebäudes erstreckte, lag verlassen da. Die Briten hatten Karatschi und das Gymkhana erbaut. Zu dieser

Stunde machte der Klub den Eindruck, nach wie vor ihnen zu gehören; ihr Traum aber von der Schaffung eines Weltreichs war in einem anderen Traum aufgegangen.

Ahmed wollte mich zum Essen mit zu sich nach Hause nehmen, und ich ging in die Empfangshalle des Intercontinental hinunter, um dort auf ihn zu warten. Kaum hatte ich auf dem Sofa Platz genommen, als ein junger Mann, den ich nur flüchtig wahrgenommen hatte, seinen Sitzplatz verließ und sich so plötzlich, ungestüm und zudringlich neben mir niederfallen ließ, dass ich aufschrak.

Er trug das in Pakistan übliche lange Hemd und die typischen weiten Baumwollhosen; seine gedrungene Gestalt und das runde Gesicht erinnerten an den Taxifahrer, der mich durch Karatschi chauffiert hatte. Er sprach ein undeutliches Englisch und war schwer zu verstehen. »Cafeteria« – war es das, was er gesagt hatte?

»Cafeteria«, flüsterte er, »wo ist Cafeteria?«

Ich deutete auf das Café. Aber das interessierte ihn nicht. »Sonst nichts?« wollte er wissen. »In den oberen Stockwerken?«

»Zimmer.«

»Zimmer. Nur Zimmer? Wohnen Sie hier?«

»Für ein paar Tage.«

»Nur Zimmer, wie? Pool, wo ist Pool? Wissen Sie, wo ist Pool?«

»Er ist geschlossen.«

»Geschlossen. Diese islamische Regierung hat ihn geschlossen.«

In der Empfangshalle herrschte Betrieb. Ausländisches Flugpersonal – die häufigsten Gäste des Intercontinental – kam und ging. Eine hoch gewachsene junge Deutsche mit wiegenden Hüften und mit seitlich zu einem Pferdeschwanz gerafftem Haar erregte die Aufmerksamkeit des jungen Mannes.

»Frau ist Gottes Geschenk an Mann«, sagte er. »Sie auch denken?«

»Ja. Kommen Sie oft her?«

»Mein erstes Mal.«

Und wie sich herausstellte, hielt er sich erst seit fünfundzwanzig Minuten in der Empfangshalle auf. Er war mit einem Freund hergekommen – dem älteren, dünneren Mann in brauner, ländlicher Kleidung, der in dem anderen Sessel saß.

»Wir kommen, um Trubel zu sehen«, sagte der junge Mann neben mir.

Er erklärte, er sei Student. Ich fragte, was er studiere. In Wahrheit habe er einen Laden, gestand er; als Student habe er sich ausgegeben, weil er sich wünsche, Arzt zu sein. Auch seine Familie wolle, dass er Arzt werde und viel verdiene. Er war vierundzwanzig und kam aus Sukkur, das nach seinen Angaben 600 Kilometer weit weg im Nordosten lag (tatsächlich war die Entfernung geringer). Er verkaufte Stoffe in Sukkur. Mit seinem Bruder war er nach Karatschi gekommen, »um ein paar Geschäfte zu machen«. Die Geschäfte hatte er erledigt; jetzt langweilte er sich, und der Freund aus Sukkur im anderen Sessel, der sich in Karatschi besser auskannte, hatte vorgeschlagen, ins Intercontinental zu gehen und sich »den Trubel« anzusehen.

Sie hatten an diesem Tag des Ramadan ihr Fasten noch nicht gebrochen (im Café des Intercontinental stand auf einem Schild zu lesen, Muslime würden während der Fastenzeiten nicht bedient), und der Freund wirkte erschöpft, schien regelrecht vom Schlaf übermannt zu werden. Seine Augen waren halb geschlossen; er wackelte mit dem Kopf.

»Ihr Freund schläft ein«, sagte ich. »Mein Freund ist blind, kann nicht sehen«, antwortete er – jedenfalls verstand ich ihn so. In Wirklichkeit aber hatte er mit seiner schweren Zunge nur gesagt: »Mein Freund spricht nicht Englisch.«

Und mit dem Trubel kam das Glück zu dem müden Freund. Eine Gruppe Franzosen trat aus dem Lift, ein Mann und zwei Frauen. Der Mann war das eigentliche Schmuckstück der Gruppe, schlank, ganz in Weiß gekleidet, wobei das Frotteegewebe seines Pullovers einen reizvollen Kontrast zum glatten Drillich seiner Hose bildete. Er selbst blieb stehen; die eine seiner beiden Begleiterinnen aber setzte sich neben den Schlafenden aus Sukkur.

Er wachte auf und wandt sich, schlaftrunken, wie er war, hin und her, bis er sie berührte. Er kannte sich mit dem Trubel im Intercontinental aus; er wusste, dass man Ausländern und ihren schamlosen Frauen, Nichtmuslimen, mit derart unverhohlenem Mangel an Achtung begegnen konnte. Die Frau nahm einige Farbfotos aus ihrer Handtasche. Der Mann aus Sukkur beugte sich über ihre Schulter, um die Bilder zu sehen. Sie waren indes nicht so aufregend, wie er vielleicht erwartet hatte; wieder übermannte ihn die Müdigkeit. Er starrte blicklos vor sich hin – zu erschöpft, um von dem Kommen und Gehen an den Fahrstühlen Notiz zu nehmen.

Als Ahmed kam, machte ich ihn mit den beiden bekannt. Das war keine gute Idee. Ahmed war Pakistani, kein Fremder, und er fand es gar nicht lustig. Als wir in seinem Auto saßen, erklärte er die Männer aus Sukkur (die er in aller Form begrüßt hatte, weil er dachte, sie seien Freunde von mir) für Landpomeranzen, Bauerntölpel. Leute wie die kämen ins Intercontinental, um unverschleierte Frauen und Frauen im Bikini anzuglotzen. Es gebe reiche Pakistanis, die aus dem gleichen Grund kämen; sie mieteten Zimmer mit Blick auf den

Swimmingpool. Palästinenser – Muslime – heizten die Manie noch zusätzlich an. (Palästinenser – das klang nach Guerillas, die mit pakistanischem Geld unterstützt wurden, auch wenn sich Ahmed dazu nicht äußerte.) Einige von ihnen brächten europäische Frauen mit, die sich im Bikini am Pool des Intercontinental räkelten; die Kunde davon habe sich wie ein Lauffeuer verbreitet.

Für Dörfler nach Art der Männer aus Sukkur hatte Ahmed nichts übrig. Solche Männer vom Land, die vom Trubel im Intercontinental hätten munkeln hören, die abgebrüht genug wären, den Portiers die Stirn zu bieten, und die meinten, sie wüssten nun, wie der Hase läuft – solche Männer würden zu Kommunisten. So einfach konnte in Pakistan Politik sein.

»Die heutige Welt ist ein Durcheinander«, meinte Ahmed. »Die Menschen sind verwirrt. Dem Leben vieler Menschen fehlt das Gleichmaß.«

Ich trug ihm Khalid Ishaqs These von der emotionalen Ablehnung des Westens vor. Wie viel von dieser Ablehnung entsprang der Selbsttäuschung? Ließ sich eine so allumfassende Zivilisation, von der die Menschen hier in so hohem Maße abhängig waren, ehrlich ablehnen?

Ahmed war in einem Zwiespalt. Er selbst, sagte er, halte sich nicht gern im Ausland auf. Er fühle sich dort stets »unter Druck«. Der Grund dafür sei »der Pünktlichkeitsfaktor«. Wenn er im Ausland sei, in einer großen Stadt, beherrsche ihn der Zwang zur Pünktlichkeit. Dieser Zwang belaste ihn, setze ihm zu; er fühle sich nicht mehr als sein eigener Herr. Dann fügte er hinzu: »Wenn allerdings die Menschen hier von der emotionalen Ablehnung des Westens reden, denken sie gewöhnlich nur an eines. Frauen.«

Beim Thema Frauen reagierte Ahmed sehr empfindlich. Er sah sich selbst als Liberalen, sein Liberalismus indes war –

mehr als er vielleicht zugegeben hätte – gespickt mit muslimischen Ängsten. Ihn, der in mittleren Jahren fromm geworden war, bedrängte die muslimische Idee der Rechenschaftspflicht. Er fürchtete, glaube ich, irgendeine Vergeltung für seine eigene frühere Schürzenjägerei; im Zentrum seiner Ängste standen seine Töchter, reizende, liberal erzogene Mädchen. Während der Bangladesch-Krise bereiteten ihm Berichte von der Vergewaltigung bengalischer Frauen durch pakistanische Soldaten unaussprechliche Qualen. Vergewaltigung stellte für einen Muslim mehr als nur physische Gewalt gegen eine Frau dar; die Ehre der Frau und mithin ihr Leben wurden zerstört; ebenso ging die Ehre der Familie zugrunde. »Während der zwei Monate, in denen so etwas geschah, fand ich keinen Schlaf«, sagte Ahmed.

Sein Haus lag in einer der vielen neuen Wohnsiedlungen Karatschis. Es war ein großer Betonbau. Aber obwohl er eine so bedeutende Persönlichkeit war, lebte Ahmed bescheiden. Der Raum, der als Salon und Esszimmer diente, war von einem funzligen Deckenlicht erhellt und wirkte kahl: Er war nur mit dem Nötigsten möbliert; von den beiden Fernsehapparaten, die sich darin befanden, funktionierte nur der eine.

Ahmeds Sohn kam herein. Er war in seinen Zwanzigern, von Beruf Arzt. Er arbeitete in einem Krankenhaus der Stadt und hatte nicht vor, ins Ausland zu gehen. Seine Aufgabe sei, dem pakistanischen Volk zu dienen, sagte er, und ich glaubte ihm das. Er war kleiner als sein Vater, blasser, mehr arisch im Aussehen, ein sanfter Mann, der ebenso zurückgenommen wirkte, wie sein Vater überschwänglich war. Er war es zufrieden, seinen Vater für sich sprechen zu lassen.

Wie ein Mann, der dabei ist, ein öffentliches Glaubensbekenntnis abzulegen, verkündete Ahmed mit einer Stimme, die den ganzen Raum füllte: »Ich wollte, dass alle meine Kinder in Krankenhäusern Dienst tun. Als Ärzte, Krankenschwestern, ja, auch als Reinigungskräfte. Weil man im Krankenhaus die Not anderer lindert.«

Er habe seinem Sohn die Religion nicht aufgedrängt, sagte Ahmed; er habe ihm die freie Wahl gelassen. Mit einer Ernsthaftigkeit, die ans neunzehnte Jahrhundert gemahnte, machte sich der Sohn Gedanken über das Problem des Glaubens im Allgemeinen.

»Anfänglich«, erklärte er, »beteten die Menschen Steine an. Dann das Feuer. Heute kommen uns diese Praktiken komisch vor. Wäre es nicht möglich, dass die Menschen von morgen die heutigen Praktiken komisch finden werden?«

Ahmed ließ ihn das sagen. Dann riss er wieder das Wort an sich und machte sich zum Sprachrohr seines Sohnes. »Wenn Leute kommen und Spenden für religiöse Zwecke sammeln wollen, wissen Sie, was er ihnen dann sagt? Er sagt ihnen, sie sollten lieber Blut für die Kranken spenden.«

Der Sohn nickte und sah verschämt zu Boden; er bestätigte die Worte des Vaters und schrak zugleich vor der Anerkennung, die der Vater ihm zollte, zurück.

Ahmeds Frau brachte das Essen heraus. Ahmed und ich waren die Einzigen, die sich zu Tisch setzten. Der Sohn leistete uns nur Gesellschaft, und das tat auch der andere, der dazukam. Die Unterhaltung wandte sich wie so oft der Situation in Pakistan zu.

»Ich kann Ihnen die Geschichte des Landes in zwei Sätzen erzählen. Im ersten Viertel des zwanzigsten Jahrhunderts gelangten die indischen Hindus zu der Überzeugung, dass die Ausländer und der ausländische Einfluss schuld an allem waren, was im Lande schief lief. Im zweiten Viertel wachten dann die indischen Muslime auf. Sie spürten einen doppelten Hass. Sie hassten die Ausländer, und sie hassten die Hindus. Das Land Pakistan wurde also auf Hass, und auf nichts anderes, gegründet. Die Menschen hier waren noch nicht in der rechten Verfassung für Pakistan, und die Menschen sollten nicht fordern, was sie nicht verdienen.«

Viele konservative Muslime waren dieser Ansicht: dass die Muslime Indiens als Muslime noch nicht rein genug waren für einen eigenen muslimischen Staat.

»Dann fingen sie an, das Eigentum der Hindus zu verteilen, die Pakistan verlassen hatten«, fuhr Ahmed fort. »Viele der Menschen, die von Indien hierher kamen, bekamen etwas, ohne dafür etwas geben zu müssen. Das prägte die anfängliche Einstellung. Und diese Einstellung hat sich bis heute erhalten. Aber ich bin zu alt, um noch Kummer darüber zu empfinden. Das gibt es, müssen Sie wissen. Man stellt fest, dass man alt ist, und hört auf, sich wegen bestimmter Dinge Sorgen zu machen. Sorgen müssen sich junge Leute machen. Ich bin neunundfünfzig. In diesem Alter ist das Leben einfach nur noch Tod auf Raten.«

Ein riesiger Mann trat ins Haus, der den Eindruck eines aus den Fugen geratenen Bauern machte, und Ahmeds Gereiztheit schwand. Er stand auf, um seinen Besucher zu begrüßen, und führte ihn voller Zuvorkommenheit herein. Der Ankömmling wirkte gigantisch, war deutlich über ein Meter achtzig groß und gebaut wie ein Ringer. Gekrönt war diese Masse Mensch von einem ganz unpassenden Säuglingsgesicht – einem von keinen Leidenschaften, keiner Verbitterung, keinen Bestrebungen gezeichneten Gesicht. Er steckte in ländlicher pakistanischer Tracht, die nicht besonders neu aussah, und trug die flache Kappe, die in Sindh üblich ist. Für einen Mann von diesen Ausmaßen bewegte er sich sehr geräuschlos und mit kleinen Schritten. Er sprach kein Englisch, machte überhaupt kaum den Mund auf, und als er am Tisch saß – in ziemlichem Abstand von der Tischplatte –, wirkte er immer noch wie abwesend.

Ahmed sagte: »Sie erinnern sich, dass ich Ihnen von einem alten Heiligtum im Innern von Sindh erzählt habe und gern möchte, dass Sie es besuchen. Ich habe Ihnen von den Menschen dort erzählt, die der Welt entsagt haben, um den Armen zu dienen – erinnern Sie sich? Er kommt von diesem Ort.«

Das Gesicht ließ aber weniger an jemanden denken, der sich dem Dienen verschrieben hatte, als an einen verlorenen, sprachlosen Menschen, dem etwas fehlte, was zum richtigen Menschsein gehört.

»Ich will Ihnen erzählen, was diesem Mann passiert ist. Er bekam einen Tumor in seinem Bein; die Ärzte sagten, er habe Krebs und sie könnten nichts für ihn tun. Er ging zu den Homöopathen, die ihm Schlangengift spritzen wollten: Er sollte sich von einer Schlange beißen lassen.«

Mir entfuhr ein Ausruf der Verblüffung.

»Ein Schlangenbiss ist wie eine Injektion«, erklärte Ahmeds Sohn.

(Einige Wochen danach las ich in der Zeitung, die Polizei fahnde nach einem Mann, der sich auf Schlangenbiss-Injektionen spezialisiert habe.)

»Die Vorstellung, sich von einer Schlange beißen zu lassen, machte ihm aber zu große Angst«, fuhr Ahmed fort. »Also kehrte er zu seinem Heiligtum zurück und betete. Er betete tagelang. Und eines Tages fand er den nötigen Mut: Er nahm ein Messer und schnitt den Tumor heraus. Und seitdem hat er keine Beschwerden mehr gehabt.«

Ahmed sagte etwas in Urdu oder Sindhi, woraufhin der große Mann seine weiten Hosenbeine hochzog, um die Narbe auf der Innenseite seines massiven, elefantenhaften Oberschenkels zu zeigen. Die Narbe mit ihrem unregelmäßigen

Umriss und der glänzenden, gefurchten Haut war fünfzehn Zentimeter lang und stellenweise zwischen zwei und drei Zentimeter breit.

Ahmeds Sohn trat heran und besah sich die Narbe.

Fast im selben Moment sagte er: »Es war kein Karzinom. Es war ein gutartiger Tumor. Hier – auf seinem Kopf ist noch so eine Stelle.«

An der Narbe und dem Mut, den sie bewies, änderte das nichts. Unsere Verlegenheit indes – zusammen mit dem Interesse an dem phlegmatischen Riesen, der weiterhin mit uns am Tisch saß, aber kein Englisch verstand – verlor sich, während unser Gespräch sich wieder Pakistan zuwandte.

»Jeder hält hier jeden zum Narren«, meinte Ahmed. »Politiker, Beamte, alle.«

Ahmed und der andere Besucher (der bis dahin kaum etwas gesagt hatte) erklärten übereinstimmend, die Menschen wendeten sich dem Islam zu, weil alles andere versagt habe. Selbst in den Universitäten überflute die Islamisierungswelle das akademische Leben.

Aber sei das nicht, wollte ich wissen, die spezielle Falle, wie geschaffen für ein Land wie Pakistan? Könnten die Leute denn nicht endlich akzeptieren, dass sie Muslime in einem muslimischen Land seien und dass der Glaube Pakistan in seinem jetzigen Zustand hervorgebracht habe? Welchen Sinn habe es – nach den vielen Jahrhunderten islamischer Geschichte –, zu behaupten, mit dem Islam sei noch nie wirklich Ernst gemacht worden?

Ahmed wurde feierlich. Er sagte: »Nein, es ist noch nie wirklich Ernst damit gemacht worden.«

3

Der kleine Araber

Sechzig Kilometer östlich von Karatschi liegt die kleine Stadt Banbhore, ein alter Hafenplatz, der auf das erste vorchristliche Jahrhundert zurückgeht. Banbhore war wichtig geworden, weil Ausgrabungen, die man dort durchführte, die Überreste der mutmaßlich ersten Moschee auf dem Subkontinent zutage gefördert hatten, einer Moschee, die im ersten Jahrhundert des Islam, kurz nach der Eroberung Sindhs durch die Araber im Jahr 712 n. Chr., erbaut worden war. Am letzten Freitag des Ramadan, der diesmal zugleich der letzte Tag der Fastenzeit war, brachte mich Ahmed dorthin.

Der Monat Ramadan endet und das Fest des Fastenbrechens, *Id al-Fitr*, wird gefeiert, wenn sich am Himmel der Mond wieder sehen lässt. Das Ende des Ramadan war diesmal eigentlich schon für den Donnerstag erwartet worden; aber die staatliche Mondsichtungskommission hatte den Mond noch nicht gesichtet. Also dauerte Ramadan in Pakistan einen Tag länger, und Mr Salahuddin, der Zeitungsherausgeber, musste seine Sonderausgabe zum Fest zurückhalten und schnell noch eine normale Ausgabe aus dem Boden stampfen. Wäre *Id al-Fitr* auf diesen Freitag gefallen, hätte Ahmed den Tag über Besuche empfangen und abstatten müssen und keine Zeit gehabt, mich nach Banbhore zu bringen.

Wir fuhren nicht auf direktem Weg hin. Vorher besuchten

wir noch eine Moschee, wo es ein paar Leute gab, mit denen Ahmed mich gern bekannt machen wollte. Sie waren aber nicht da. Dann kurvten wir ein bisschen in den Außenbezirken Karatschis herum, bis es Zeit für die Mittagsgebete wurde und Ahmed unruhig zu werden begann; er beschloss, für die Gebete zur Moschee in seiner Nachbarschaft zurückzukehren.

Ich wollte von ihm wissen, ob er im buchstäblichen Sinn an ein Leben nach dem Tod glaubte.

»O ja«, sagte er. Seine Augen weiteten sich und er nickte, geradeso wie er bei der Erklärung, dass mit dem Islam noch nie Ernst gemacht worden sei, die Augen aufgerissen und genickt hatte. »O ja. Ich bin neugierig darauf. Sehen Sie, in mancher Hinsicht bin ich wie ein Kind.« Dann bemühte er sich, seinen Glauben zu begründen. »Menschen sterben. Aber wenn ich mich an sie erinnere, existieren sie in meinem Geist weiter. Ich kann nicht sagen, dass sie weg sind, solange ich mich an sie erinnere.« Etwa auf die gleiche Weise erwartete er, als Erinnerung – nur eben im Spirituellen – so lange weiter zu existieren, wie die erinnernde Instanz Bestand hatte. Schlichtere Menschen hätten ihre eigenen Vorstellungen vom Leben nach dem Tod: Sie glaubten an eine paradiesische Verdoppelung der Welt, wo alles zum Besten stand – und wo es Frauen gab. Die Frauen im Paradies hatten allerdings (wenn ich Ahmed richtig verstand) keine Monatsregel: Sie waren rein.

Ich hätte gern mehr über diese Vorstellung von Reinheit in Erfahrung gebracht, aber mir schwante, dass Ahmed mit seinem heiklen Verhältnis zum Thema Frauen und Sex mein Interesse als Ausdruck von Lüsternheit interpretieren würde.

Die Moschee lag in einer heißen, staubigen Straße und war ein unauffälliger Betonbau mit ockerfarben und schokoladenbraun bemalten Mauern. Die Straße davor war für die Menge, die drinnen keinen Platz fand, mit Teppichen belegt. Es war die Zeit der wichtigsten Freitagsgebete; der Mullah hatte seine Koranlesung beendet. Ahmed nahm seine Gebetsmatte aus dem Auto und kniete mit der Menge auf der sonnenbeschienenen Straße nieder; ich wartete im Auto.

Später sah ich, während wir durch Karatschi fuhren, gedruckte Plakate: *Wir haben für Pakistan Opfer gebracht, nicht für Bangladesch*.

Ahmed verriet mir nicht, welche Gruppierung für die Aktion verantwortlich war. Aber die Plakate ärgerten ihn, weil sie erkennen ließen, dass in seinem Land nach wie vor Spaltungen und Feindseligkeit grassierten. »Nichts haben sie geopfert«, sagte er. »Wenn es kein Pakistan gäbe, wäre ich heute ein drittklassiger Büroangestellter. Wichtige Posten gab es für meinesgleichen erst, als wir nach Pakistan kamen.« Nach einiger Zeit fügte er hinzu: »In zweihundert Jahren wird es hier immer noch so sein.« Und noch später, als der Groll, der an ihm nagte, in eine Art Missstimmung übergegangen war, fuhr er fort: »Als ich ein junger Mann war, sagte man mir, meine Heimat sei Hindustan, und es gebe kein großartigeres Land auf der Welt. Der Dichter Mohammed Iqbal sagte mir das. Eines Tages dann, in den dreißiger Jahren, erfuhr ich, dass mein Land nicht mehr Hindustan war und dass die Menschen, die ich für meine Brüder gehalten hatte, meine Feinde waren. Dann sagte man mir, mein Land sei Pakistan. Dann stellte ich fest, dass Pakistan geschrumpft war. Und jetzt spüre ich, dass es abermals schrumpft.«

Sieben Jahre lang, bis zur Gründung Pakistans im Jahr 1947, hatte Ahmed in der Royal Navy Indiens gedient, der Marine des unter britischer Herrschaft stehenden ungeteilten Indien. Er hatte am Aufstand der Marine teilgenommen, zu dem es 1946 in Bombay kam. Dreißig Jahre später aber erinnerte er sich weder an Heldentaten noch an politische Ereignisse; er erinnerte sich ausschließlich an die Sünden, die er begangen hatte. Er trank damals. »Whisky kostete drei Rupien die Flasche. Bier war frei.« Und es gab die Frauen. »Meine Freunde und ich bildeten Genossenschaften. Wir kauften eine Frau für die Nacht und schliefen abwechselnd mit ihr.«

Ich wollte mehr über diese Genossenschaften hören – allein schon das Wort gefiel mir. Aber es war Feiertag; Ahmed befand sich in Büßerstimmung und geißelte sich wegen seiner Vergangenheit und, so schien es, auch wegen des Zustandes, in dem sich sein Land befand.

»Das Alter leuchtet den Leidenschaften schon heim«, sagte ich.

»Ehrlich? Meinen Sie wirklich?«

Das fand ich sympathisch.

Er fuhr wie immer schnell; seine Fahrweise hatte etwas von der Explosivität und Erregtheit seines Redestils. Karatschi war ein Monstrum. Die Stadt hatte sich über das flache Ödland ausgebreitet; es gab viele Wohnsiedlungsprojekte, von denen manche grandios wirkten; die auf Auslandsüberweisungen basierende Ökonomie schaffte es, den Anschein eines reichen Landes zu erzeugen. Endlich waren wir draußen in der Wüste: die Hitze des frühen Nachmittags, das weite Land, das niedrige Gestrüpp aus nutzlosem Gehölz. Ohne den Indus und die Stauseen wäre Karatschi nicht möglich gewesen.

»Was sagten Sie doch gleich über die Genossenschaften?«, fragte ich. Gereizt und ebenso selbstanklägerisch wie erklärend antwortete er: »Wir taten es mehr aus Lasterhaftigkeit als um des Vergnügens willen.«

Es war klar erkennbar, dass er sich dazu nicht weiter zu äußern gedachte. Noch einmal nachfragen ging nicht; ich wünschte, ich wäre meiner ersten Eingebung gefolgt und hätte mit meiner Erkundigung gewartet, bis sich eine andere Gelegenheit ergab.

Wüste. Aber Sindh war ein altes Land: fünfundzwanzig Kilometer von Karatschi entfernt kamen wir zu einer Nekropolis, die auf einer Anhöhe in der weiten Ödnis viele Morgen Land bedeckte: zwei oder vier Jahrhunderte alte Gräber aus kunstvoll behauenem weichem Stein, Blöcke ohne Mörtel zu kleinen Stufenpyramiden aufeinander getürmt – eine ausgestorbene Tradition, die vielleicht alte Mysterien barg, aber hier, im modernen Pakistan, einfach nur noch da war, mitten in der Wüste.

Das moderne Pakistan: Die Straße führte an einem ungeheuer großen Gelände entlang, das für Pakistan Steel vorgesehen war, das erste große Industrieprojekt des Landes – ein Stahlwerk und ein neuer Hafen waren geplant. Ein umstrittenes Projekt (wie ich später herausfand), das täglich Millionen verschlang und sich vielleicht am Ende als unwirtschaftlich erwies, weil alles importiert werden musste. Die Russen bauten es. Auf der anderen Seite der Straße in einiger Entfernung sah man die Wohnblocks für die Russen. Der Hafen allerdings hieß Bin Qasim; er trug den Namen des arabischen Feldherrn, der Sindh erobert und den Islam ins Land gebracht hatte.

Danach, immer noch auf dem Weg zu den Ruinen von Banbhore, ein weniger aufsehenerregendes Kuriosum: ein großes Musterdorf, reihenweise zweiräumige Hütten mit Betonmauern und roten Dächern, aber absolut leer, seit seiner Errichtung vor sechs Jahren leer stehend und allmählich zerfallend. Hatte man das Dorf zu weit weg von menschlichen

Lebensräumen gebaut? Hatten die Menschen es abgelehnt, in diesem bürokratischen Alptraum aus schnurgeraden Linien und roten Dächern zu leben? Ahmed druckste herum und wollte nichts weiter dazu sagen. Er erklärte nur, die Häuser seien nicht »zugewiesen« worden. Sechs Jahre zuvor hatte man sie erbaut. Das musste also unter Bhuttos Regierung geschehen sein; Ahmed gehörte zu denen, die sich mit Bhutto nicht hatten anfreunden können. Tatsächlich war er aus dem Staatsdienst ausgeschieden, als Bhutto im Jahr 1971 an die Macht kam. Bhutto sei »nachtragend« gewesen und habe seiner Ansicht nach mit Ahmeds Familie noch ein Hühnchen zu rupfen gehabt. Also legte Ahmed sein Amt nieder; Bhutto hätte ihn ohnehin entlassen; sein Name stand auf der Liste der zweitausend Personen, denen Bhutto den Laufpass geben wollte. Zum Zeitpunkt seines Rücktritts habe er, sagte Ahmed, nur ein paar Rupien besessen. Er sei gerade dabei gewesen, sein Haus zu bauen, und das habe fast sein ganzes Vermögen verschlungen. Er habe sich Geld geborgt und von dem geborgten Geld gelebt beziehungsweise sich mit einer Vielzahl kleiner Jobs über Wasser gehalten, bis ihn ein Industrieller als Berater angestellt habe.

Er beriet den Industriellen im Hinblick auf die Verfahrensweisen staatlicher Ministerien. Frühere Berater hatten behauptet, große Summen für Bestechungsgelder ausgeben zu müssen. Ahmed bestach niemanden. Er nutzte sein Ansehen und seine Kenntnis der Vorschriften, um die Interessen des Industriellen durchzusetzen, und dieser war ebenso verblüfft wie dankbar. Ahmed erhielt bald schon ein ungeheures Gehalt. Er baute sein Haus fertig und zahlte alle seine Schulden zurück. Und da er nun das Ende seines Berufslebens nahen sah, hielt er die Zeit für gekommen, auch einmal an die anderen zu denken. Deshalb trat er (nach Bhuttos Sturz) wieder in den Staatsdienst, wo er ein Viertel dessen verdiente, was er von dem Industriellen bekommen hatte. Ahmed liebte und bewunderte den Industriellen nach wie vor. Er sei ein wahrhaft religiöser Mensch, meinte er, ein frommer Muslim, der dem koranischen Gebot folge und einen bestimmten Teil seines Reichtums für karitative Zwecke spende.

Nach Banbhore zweigte ein sandiger Weg von der Hauptstraße ab. Die Strecke war nur kurz, aber die Fahrspur führte in Windungen durch die Strandvegetation und gabelte sich. Ahmed musste einen Bauern mit nacktem Oberkörper, der frisch geschnittene Zweige schleppte, nach dem Weg fragen. Auf den mit halbkreisförmigen Bastionen bestückten ausgegrabenen Wall einer ummauerten Stadt zu stoßen vermittelte einem plötzlich das Gefühl, weit weg zu sein: an einem primitiven Vorposten an der östlichen Grenze des arabischen Reiches, einem Ort, wohin man Leute in die Verbannung schickte.

Die Stadt lag an einem kleinen Fluss, befand sich aber mittlerweile ein Stück vom Wasser entfernt. In der Ferne sah man das Flüsschen ins Meer ausmünden. Mitten im Bachbett erstreckte sich salzhaltiges Gelände; auf einer weißlichen Landzunge, die einen unerträglich heißen Eindruck machte, standen die modernen Häuser der Salzarbeiter; auf einer weiter entfernten Fläche sah man kleine weiße Salzpyramiden.

Eine reiche Stadt war das sicher niemals gewesen. Das Museum konnte eine einzige Goldmünze vorweisen; die anderen Münzen waren abgegriffene Bronzestücke, die in wabenförmigen Einfassungen aus gebranntem, aschefarbenem Ton steckten. Aber es gab eine Moschee oder vielmehr den Grundriss einer Moschee, die ihr Vorbild in einer Moschee der irakischen Stadt Kufa hatte; sie war das Kostbarste, was Banbhore zu bieten hatte.

Kufa ließ an die recht geleiteten Muslime der frühesten Anfänge des Islam denken; die Stadt zählte zu den ersten militärischen Siedlungen, die von den Arabern in den Gebieten der unterworfenen Völker nördlich der arabischen Halbinsel gegründet wurden. Von Kufa aus hatte Ali, der Vetter und Schwiegersohn des Propheten, als vierter Kalif von 656 bis 661 n. Chr. geherrscht. Erst erobern, dann islamisieren – so sah das Grundmuster der arabischen Expansion aus. Durch den Bezug auf Kufa, den Banbhore bereits im ersten Jahrhundert des Islam hergestellt hatte, waren Sindh und Pakistan mit der glorreichen Frühzeit verknüpft. Die Moschee von Banbhore musste ein Wunderwerk gewesen sein, falls sie dem Bild entsprochen hatte, das man sich von ihr machte. Die Überreste hatte man adrett hergerichtet; um die paar alten Ziegel, die erhalten geblieben waren, hatte man den Fußboden neu ausgelegt.

Überall auf dem Gelände der Ausgrabungsstätte lagen Bruchstücke bemalten Tongeschirrs herum. Und überall sah man, vermengt mit Erde, zersplitterte Knochen, weiß, blank und spitz; sie traf man sogar noch häufiger an als die Tonscherben. Ahmed zufolge handelte es sich um menschliches Gebein. Aber in solchen Massen! Die Knochen lagen nicht nur an der Oberfläche; in den Ausgrabungsschächten sah man, dass sich das Gemisch aus Knochen und Erde bis ganz hinunter erstreckte; als hätten die Knochen als eine Art Baumaterial gedient. War die Stadt auf einem Friedhof errichtet worden? Aber warum waren die Knochen dann so zersplittert? Wenn Ahmed Recht hatte und es sich um menschliches Gebein handelte, dann barg Banbhore ein weiteres Geheimnis.

Wie Ahmed wegen des Ramadan fastete auch ich, und das bereitete ihm Unbehagen. Wieder und wieder beklagte er, dass er nichts zu trinken für mich mitgenommen hatte. So groß sein Bedauern aber auch sein mochte, als wir Banbhore verließen, hatte er es keineswegs eilig, nach Karatschi zurückzukehren. So schnell er normalerweise raste – jetzt schlich er. Ich dachte, er sei vielleicht müde von dem langen Fasttag und von der Sonne und der Salzluft Banbhores. Als wir Bin Qasim, das nach dem arabischen Eroberer benannte Gelände der Pakistan Steel, hinter uns hatten, fuhr er plötzlich von der Straße herunter und hielt im Buschwerk an. Ich vermutete, er wolle sich ausruhen. Aber nein: Er hatte nur nach einem Platz gesucht, wo er neben der Straße parken und sein Gebet verrichten konnte. »Man kann«, sagte er, »am Straßenrand nicht anhalten. Die Kerle in den Bussen und Autos machen sich einen Spaß daraus, dir hintendrauf zu fahren.«

Ich reichte ihm seine Gebetsmatte. Er schritt zum Straßenrand, eine aufrechte, in dem graublauen pakistanischen Gewand, dem langen Hemd und den weiten Hosen, militärisch wirkende Gestalt, und versank, ohne dem vorbeibrausenden Verkehr Beachtung zu schenken, für lange Zeit im Gebet. Als er zurückkam, erklärte er mir, er schlafe unruhig, wenn er am Tag ein Gebet versäumt habe; seine Frau wecke ihn dann, und er hole das versäumte Gebet nach.

Anschließend fuhren wir in schnellem Tempo nach Karatschi zurück, aber nicht zu ihm nach Hause, sondern zum Haus des Industriellen, für den er gearbeitet hatte. Es lag in einer der reicheren, von Wohnungsbaugesellschaften neu errichteten Siedlungen. Auf der einen Seite des großen Grundstücks befand sich eine breite Betonauffahrt. Vorne säumten Königspalmen den Rasen, der bis zu einer Terrasse reichte, die der Front des Hauses in voller Breite vorgelagert war.

Auf dieser Terrasse lag ein älterer, braun gekleideter Mann in einem Lehnstuhl; er war gelähmt. Das war der Großvater, das Oberhaupt der Familie, der einstige Chef der Firma. Zwei junge Knaben, seine Enkel, trugen arabische Tracht, das cremefarbene Gewand und die Kopfbedeckung mit den schwarzen Kordeln. Sie hatten gerade mit ihrem Vater Mekka besucht und die Pilgerfahrt offenkundig stilgerecht absolviert. Der Vater war ein hoch gewachsener Mann. Er war in das Weiß des Pilgers gekleidet, und den Schädel bedeckte eine weiße Kappe. Er hatte sanfte Gesichtszüge und eine leise Stimme. Er entsprach Ahmeds Schilderung: In seiner Pilgerkleidung machte er nicht weniger den Eindruck eines Theologen als den eines Geschäftsmannes.

Er, Ahmed und ich setzten uns draußen auf den Rasen. Ahmed bat, für mich etwas zum Trinken kommen zu lassen. Der Diener brachte drei Becher mit einer roten Flüssigkeit. Die Farbe war mir unheimlich, ich ließ meine Zunge den Becher berühren, ohne von dem Getränk zu kosten; weil ich nicht den Eindruck erwecken wollte, dass ich die Gastfreundschaft, die mir bezeigt wurde, pauschal zurückwies, fragte ich, ob man mir stattdessen eine Coca-Cola bringen könne.

Ahmed war schockiert. Erkennbar irritiert, sagte er, die rote Flüssigkeit sei eine Delikatesse; sie diene dazu, den Leuten ihr Fasten zu erleichtern; sie sei aus besonderen Kräutern hergestellt und äußerst kostspielig; eine kleine Flasche davon koste dreiundzwanzig Rupien. Jetzt hätte ich das Getränk gerne gekostet; aber nachdem Ahmed den Preis genannt hatte, hätte ich, sagte mir mein Gefühl, durch eine Revision meines Entschlusses meinem Banausentum die Krone aufgesetzt. Also musste der verblüffte Diener eine Coca-Cola bringen. Und während des ganzen Wirbels, den wir wegen eines Getränks, das ich gar nicht brauchte, auf dem Rasen veranstalteten, behielt der Mann mit dem weißen Käppi sein liebenswürdiges Lächeln.

Ich beglückwünschte ihn zu seinem Haus. Er bemerkte,

nach Mekka sehe es wegen des vielen Grüns besser aus als vorher. Ich erkundigte mich nach den Hotels in Mekka und hoffte, etwas über die Auswirkungen des neuen arabischen und muslimischen Geldsegens zu erfahren; er aber stellte nur fest, die Hotels in der Nähe der großen Moschee und der Kaaba seien teurer, die weiter draußen gelegenen preiswerter.

Die Familie war aus Bombay zugewandert, und ein Zweig der Familie war nach wie vor in Bombay geschäftlich tätig. Die Muslime in Indien würden indes »nicht ermutigt, heraufzukommen«. Manche seien »heraufgekommen«, aber im Allgemeinen werde ihnen »abgeraten«. In Pakistan sei es leichter. Alles sei neu, gerade erst im Entstehen; die Chancen seien zahlreicher; nur fehle bislang noch die »Infrastruktur«.

Ich wollte wissen, wie sich für ihn das Leben in Bombay von dem in Pakistan unterschied. Für ihn als Geschäftsmann, sagte er, bestehe da kein Unterschied; Geschäft sei Geschäft. In Indien allerdings oder sonst wo im Ausland sei man nie sicher, ob das Fleisch aus einer koscheren Schlachtung stamme; man müsse nachfragen und bekomme nicht immer eine befriedigende Antwort; gelegentlich müsse man darauf verzichten. In Pakistan gebe es keine solchen Probleme. Im Ausland habe man manchmal das Bedürfnis, eine Moschee aufzusuchen. Aber Moscheen ließen sich nicht immer ohne weiteres finden; man müsse sich danach erkundigen. Hier dagegen rufe, wenn es Zeit zum Gebet sei, ein Muezzin aus dieser Richtung – er deutete ans eine Ende des Rasens – und ein anderer aus jener Richtung – er wies auf die entgegengesetzte Rasenseite. Eine Moschee in Pakistan zu finden sei kein Problem.

Ich hatte einen weniger in sich ruhenden, komplizierteren Menschen erwartet. Aber Ahmed hatte mir den Industriellen ja auch nicht so sehr als Industriellen, sondern als frommen

Mann und guten Muslim geschildert, als jemanden, der mit Herz und Seele die Gebote befolgte. Die Gebote machten den Menschen frei: Das hatte mir Mr Salahuddin, der Zeitungsherausgeber, versichert.

Und außerdem hatte mir Mr Salahuddin erklärt, im Islam könne auch ein Kind Vollkommenheit erlangen – wie das offenbar bei dem älteren, dicklichen Sohn des Industriellen der Fall war. Dem Vater zufolge hatte der Knabe bereits zweimal die Pilgerfahrt nach Mekka mitgemacht; während des Ramadan, der jetzt zu Ende ging, hatte er die restliche Familie durch seine außerordentliche Disziplin auf Vordermann gebracht. Der pickelgesichtige Bub in arabischen Kleidern tat so, als habe er keine Ahnung, wovon wir gerade sprachen. Am Rande der Terrasse stehend und zum Zeitvertreib ein Stück schwarzen Gummischlauch in Windungen legend, gab er sich den Anschein ernster Gedankenverlorenheit und runzelte leicht die Stirn – als guter kleiner Araber, der sich selbst genug ist.

Es war fast sieben Uhr. Andere Mitglieder der Familie, Frauen, kamen nach und nach aus dem Haus auf die Terrasse und versammelten sich um den gelähmten Großvater im Lehnstuhl. Für die Familie ging der Fastentag zu Ende, und für uns war es Zeit, uns zu verabschieden.

Und doch hatte dieser Arabertick Pakistans etwas Merkwürdiges: der kleine Junge in arabischem Gewand, das Pakistan Steel-Projekt, benannt nach einem arabischen Eroberer. Der Dichter Iqbal hatte, als er im Jahr 1930 seine Idee eines indisch-muslimischen Staates vortrug, dem indischen Islam attestiert, er habe »als volksstiftende Kraft sein Optimum geleistet«. »Ich fordere deshalb im wohlverstandenen Interesse beider, Indiens und des Islam, die Bildung eines vereinigten muslimischen Staates«, hatte er erklärt. »Für Indien bedeutet das Sicherheit und Frieden ..., für den Islam eine Chance, sich von dem Brandmal zu befreien, das ihm der arabische Imperialismus aufzudrücken gezwungen war.«

Die Welt aber hatte sich seit 1930 verändert; Arabien hatte in der Welt wieder ein Wort mitzureden. Pakistan hatte sich seit 1947 ebenfalls verändert. Auf seiner Suche nach etwas, das über das muslimische Gemeinwesen Iqbals hinausging, in seinem vom Scheitern inspirierten Streben nach dem unausdenklich reinen Glauben berief sich das Land auf seine arabischen Ursprünge, eine mystische Idee, aber gleichzeitig eine Realität. In Banbhore, einem abgelegenen Vorposten der frühesten arabischen Reichsgründungen, ging man über menschliches Gebein.

4

Tod der Geschichte

Man stellt sich die von der Offenbarung des Propheten in einen Taumel der Begeisterung versetzten Araber vor, wie sie der arabischen Halbinsel entströmen und sich nach Osten und Westen ausbreiten, wie sie morsche Reiche über den Haufen werfen und den neuen Glauben durchsetzen. Sie dringen in rasantem Tempo vor. Im Westen fallen sie bereits im Jahr 710 in den von den Westgoten beherrschten Teil Spaniens ein; im Osten gelangen sie im gleichen Jahr über Persien hinaus, dringen in das große hinduistisch-buddhistische Königreich Sindh ein. Die Symmetrie der Ausdehnung verstärkt den Eindruck, dass hier eine elementare Energie am Werk ist, ein religiöser Lavastrom. Die arabische Schilderung der Einnahme Sindhs – die sich in einem Buch mit dem Titel *Schahname* findet, das ich in Pakistan in einem Taschenbuchreprint der im Jahr 1900 in Karatschi erschienenen englischen Übersetzung las – vermittelt allerdings einen weniger apokalyptischen Eindruck.

Die Araber taten sich schwer mit der Eroberung Sindhs. Irgendwann zwischen 634 und 644, in der Regierungszeit des zweiten Kalifen und unmittelbaren Nachfolgers Mohammeds, warfen sie erstmals ein Auge auf das Land, und in den folgenden sechzig oder siebzig Jahren führten sie zehn Angriffe gegen Sindh. Die schließliche Eroberung diente, wie das *Schahname* klarstellt, nicht der Ausbreitung des Glaubens, sondern verfolgte vielmehr kommerzielle und imperiale Zwecke; sie sollte Gewinn bringen. Ein zusätzliches Motiv bildete die Rachsucht; aber was man von dem unterworfenen Volk forderte, war nicht die Bekehrung zum Islam, sondern waren Tribute und Steuern, Schätze, Sklaven und Frauen.

Den Oberbefehl bei der Invasion hatte der in Kufa residierende Statthalter des Irak, Hadschadsch. Als im Verlauf des Feldzuges der abgeschlagene Kopf des besiegten Königs von Sindh in Kufa eintraf, zusammen mit 60 000 Sklaven und dem Fünftel der in Sindh gemachten Beute, das dem Kalifen zustand, sank Hadschadsch »zweimal auf die Knie, berührte mit der Stirn den Boden, schickte ein Dankgebet empor, pries Gott und sprach: ›Jetzt bin ich Herr über all die Schätze, die am Tage liegenden ebenso wie die verborgenen, sowie über andere Güter und das Reich der Welt.‹« Er ließ die Bevölkerung von Kufa in der berühmten Moschee der Stadt zusammenkommen und verkündete ihnen von der Predigtkanzel herab: »Frohe Kunde und Heil dem Volk von Syrien und Arabien, das ich zur Eroberung von Hind und zum Besitz gewaltigen Reichtums beglückwünsche ... das ihm der große und allmächtige Gott in seiner Gnade hat zuteil werden lassen.« Den eroberten Völkern stand es frei, den Islam anzunehmen. Die Eroberer allerdings waren Araber, und es war ihr Weltreich.

Man entdeckt Ähnlichkeiten mit der spanischen Eroberung Mexikos und Perus, und sie sind nicht zufällig. Die arabische Eroberung Spaniens, die zeitgleich mit der Eroberung Sindhs stattfand, hinterließ auf der Iberischen Halbinsel ihre Spuren. Acht Jahrhunderte später taten es die spanischen Konquistadoren den Arabern in ihrem Glaubenseifer und Fanatismus, ihrer Zähigkeit, Armut und Gier gleich. Das *Schahname* hat große Ähnlichkeit mit der *Wahrhaften Geschichte der Eroberung Neuspaniens* von Bernal Díaz, dem spanischen Soldaten, der als alter Mann über die Feldzüge schrieb, die er im Jahr 1519 und danach unter Führung von Hernán Cortés in Mexiko unternommen hatte. In beiden Werken geht es um dasselbe: Geschildert wird, wie eine imperialistische Macht mit starkem Sendungsbewusstsein und ausgedehnter Kenntnis der Welt eine entlegene Kultur zerstört, die nur Kenntnis von sich selbst hat und nicht einmal im Ansatz versteht, mit wem sie sich auseinander setzen muss. Die Welteroberer, die Begründer langlebiger Systeme, haben eine umfassendere Perspektive; sie eint eine große Idee. Die Eroberten sehen und wissen weniger; ihre hierarchisch gegliederten oder in Gruppen zerfallenden Gesellschaften warten geradezu darauf, unterworfen zu werden. Und interessant ist, dass im Mexiko des Jahres 1519 geradeso wie im Sindh des Jahres 710 die Widerstandskraft der Menschen durch Weissagungen geschwächt wurde, die von der Ankunft fremder Eroberer handelten.

Doch gibt es einen Unterschied zwischen der *Wahrhaften Geschichte der Eroberung Neuspaniens* und dem *Schahname*. Der Spanier Bernal Díaz schrieb über Ereignisse, an denen er teilgenommen hatte. Das *Schahname* hingegen gehört zu einer arabischen oder muslimischen Literaturgattung, dem Genre »unterhaltsamer Eroberungsgeschichten«, und wurde fünfhundert Jahre nach der Eroberung Sindhs verfasst. Der Autor war Perser; als Quelle benutzte er ein arabisches Manuskript, das in der Familie Bin Qasims, des Eroberers, aufbewahrt wurde.

Die zwischen den Ereignissen und der persischen Erzählung liegenden fünf Jahrhunderte vermittelten dem Autor kein weiteres moralisches oder historisches Bewusstsein, keine neue Bereitschaft, sich zu wundern oder Mitgefühl zu empfinden, keine Vorstellung davon, was grausam ist und was nicht, wie sie sogar Bernal Díaz, der spanische Soldat, besaß. Für den Perser, der im Jahr 1216 schrieb, sind die arabischen Eroberungen – »die Einnahme von Churasan, Adscham [Persien], Irak, Scham [Syrien], Rum [Byzanz] und Hind« – Ruhmestaten; sie sind die Geschichte der Ausbreitung der wahren Zivilisation. Über Eroberungen zu lesen ist etwas Erfreuliches, weil Eroberung »in der geistlichen Rechtschaffenheit und weltlichen Vortrefflichkeit gründet ... auf die jeder gebildete Philosoph und großherzige König stolz wäre, weil den Glauben des arabischen Volkes gutheißen muss, wer auf dem Weg zur Vollendung vorankommen will«. Ironisch an diesem Lobpreis der Eroberung ist, dass nur wenige Jahre nach seiner Niederschrift die Mongolen nach Persien und in den Iran eindringen und die arabische Zivilisation, die das *Schahname* so verherrlichte, derart zertrümmern sollten, dass sie in einem Jahrhunderte währenden Zustand der Betäubung versank.

Das *Schahname* beginnt mit einer Schilderung der heimischen Dynastie von Sindh, die durch die Araber gestürzt werden sollte. Dieser Teil der Erzählung ist arm an historischen Fakten und weist märchenhafte Züge auf. Der Gründer der Dynastie heißt Schah. Schah ist brahmanischer Asket, der mit seinem Bruder in einem Dorftempel lebt. Eines Tages geht er zum Palast des Königs und bietet dessen Kämmerer seine Dienste als Schreiber und Sekretär an. Schah ist hoch gewachsen und sieht gut aus; er weiß seine Worte zu setzen und hat eine schöne Handschrift. Erst ist er Sekretär und für die königliche Korrespondenz zuständig; nach dem Tode des Kämmerers übernimmt er dessen Amt; schließlich wird er erster Minister des Königs.

Eines Tages bekommt die Königin, die normalerweise in

den Privatgemächern des Palastes verborgen lebt, den gut aussehenden brahmanischen Minister zufällig zu sehen. Sie verliebt sich in ihn und gesteht ihm ihre Gefühle. Ihm ist blümerant. Es gebe, erklärt er ihr, viererlei, worauf sich Menschen nie verlassen beziehungsweise womit sie nie fest rechnen dürften – Könige, Feuer, Wind und Wasser. Aber die Königin fleht Schah an: Wenigstens einmal am Tag möchte sie ihn sehen dürfen. Und am Ende bekommt sie ihren Willen. Schah, der brahmanische Asket, wird der Liebhaber der Königin, und seine Macht im Königreich Sindh wird nur von der des Königs selbst übertroffen.

Einige Jahre vergehen. Der König erkrankt und ist dem Tode nahe. Die Königin, die kinderlos geblieben ist, fürchtet, dass die Verwandten des Königs sie absetzen und verjagen werden. Durch Schah lässt sie Ketten für fünfzig Personen in den Palast bringen. Der König stirbt; sein Tod wird verheimlicht; die Ärzte werden im Palast festgehalten. Alle Anwärter auf den Thron werden im Namen des Königs in den Palast zitiert. Bei ihrer Ankunft legt man sie in Ketten und wirft sie in den Kerker. Dann werden die armen Verwandten des Königs in den Palast gerufen. Sie alle haben Grund zur Klage; jeder der armen Verwandten hegt gegen jemanden unter den Thronanwärtern einen besonderen Groll; und jetzt hat er Gelegenheit, gleichsam auf Befehl des Königs diesem Feind den Kopf abzuschlagen und sich seine Besitztümer anzueignen.

Als alle Thronanwärter tot sind, wird verkündet, der König habe Schah zum Regenten bestellt; danach wird der Tod des Königs öffentlich gemacht. Die Mächtigen unter den Vornehmen erhalten Geschenke, die Königin setzt Schah die Krone auf, und das Volk ruft ihn zum König aus. Dem Bruder des verstorbenen Königs (der selbst Herrscher eines Nachbarstaates ist) missfällt das. Er marschiert in Sindh ein, erhebt Anspruch auf den Thron und fordert Schah zum Zweikampf heraus. Schah erklärt: »Ich bin Brahmane. Brahmanen kämpfen nicht hoch zu Ross.« Der Bruder des verstorbenen Königs steigt vom Pferd. Da springt Schah auf ein Pferd und schlägt seinem Herausforderer den Kopf ab. So weit, so schlecht.

Macht ist Macht; die oberste Pflicht eines Königs besteht darin, an der Macht zu bleiben. Regeln gibt es keine. Ein König – und Schah ist jetzt einer – muss ständig seine Untertanen bei Laune halten, Hoch und Niedrig, Edel- oder Bettelmann. Und zu diesem Zweck ist jedes Mittel erlaubt. »Zu den Verhaltensregeln für Könige zählt, dass man Gebrauch von List und Täuschung machen darf, um eines Feindes Herr zu werden.« Ein König muss ständig auf Achse sein; seine Gegenwart muss man in jedem Winkel des Reiches spüren. Die Menschen dürfen nie das »anmaßende Gefühl entwickeln … dass keiner da ist, der ihnen Steuern abpresst«. Könige müssen Steuern eintreiben, weil vielleicht der Tag kommt, an dem ein Feind zu stark ist, um ihn zurückzuschlagen, und man den Frieden mit Geld erkaufen muss.

»Bedenkt, dass für einen solchen Tag Könige Schätze horten und in unterirdischen Schatzkammern verbergen, denn mit Hilfe von Gold sammeln sie Truppen … und führen Kriege … in denen sie für ihr Land und ihren guten Namen ihr Leben opfern. Auch auf andere Weise lässt sich mit Gold ein Feind leicht zum Rückzug bewegen. Mit Hilfe des Goldes kann ein Mann sämtliche Angelegenheiten dieser Welt zufrieden stellend regeln, kann er Feinde zurückschlagen und seine Rachsucht befriedigen. Gleichzeitig kann er mit Hilfe des Goldes die nötigen Vorkehrungen für seine Reise in die andere Welt treffen.«

Schah – die Königin verschwindet bald schon aus der Geschichte – herrscht vierzig Jahre lang. Er ist es, der den ersten arabischen Angriff zurückschlägt, der vom Meer aus gegen die Hafenstadt Debal (es könnte sich um Banbhore handeln) geführt wird. Bei Schahs Tod geht die Herrschaft auf seinen Bruder und anschließend auf seinen Sohn Dahar über.

Dahar hört eines Tages von einem mit Wunderkräften ausgestatteten brahmanischen Astrologen. Und da es gut für einen König ist, weise Brahmanen zu Rate zu ziehen, besteigt Dahar seinen Elefanten und besucht diesen Mann. Für Dahar selbst sagt der Astrologe nur Erfreuliches voraus; was er aber über Dahars Schwester zu sagen hat, überschattet die frohe Botschaft. Der Mann, den Dahars Schwester heiratet, wird dem Astrologen zufolge das Reich erben. Dahar weiß sich keinen Rat. Sein Minister (ein Buddhist) hat eine Lösung parat: Da es die oberste Pflicht eines Herrschers ist, sich seinen Thron zu erhalten, muss Dahar mit seiner Schwester eine Art von Ehe schließen. Fünf Dinge gebe es, meint der Minister, die kläglich wirkten, wenn sie ihren angestammten Ort einbüßten: ein König, der sein Reich verliert, ein Minister, der seines Postens enthoben ist, ein heiliger Mann, der keine Jünger mehr hat, Haare und Zähne, wenn sie ausfallen, die Brüste einer Frau, wenn sie im Alter herabhängen.

Über den Rat seines Ministers ist Dahar entsetzt. Der Minister geht nach Hause, nimmt ein Schaf, verteilt Erde und Senfsamen in seinem Fell und wässert es. Nach einigen Tagen keimen die Senfsamen, und das Schaf ergrünt. Nun wird es durch die Stadt getrieben, und die Leute strömen zusammen, um das Tier zu sehen. Nach drei Tagen aber legt sich das Staunen; die Leute haben sich an das grüne Schaf gewöhnt. Der Minister erklärt: »O König, gleichgültig, was geschieht, ob Gutes oder Böses, die Menschen zerreißen sich drei Tage lang das Maul. Danach erinnert sich niemand mehr daran, ob es gut oder böse war.« Also vollzieht Dahar eine Ehezeremonie mit seiner Schwester.

Das Ereignis wird groß herausgestellt, obwohl es für den Fortgang der Geschichte gar keine Bedeutung hat. In dieser persisch-arabischen Erzählung erfüllt die Episode nur den Zweck, die moralische Verkommenheit des Königreichs Sindh nachzuweisen und zu zeigen, dass die Dynastie von Schah zum Untergang verurteilt ist.

Jetzt treten die Araber ins Blickfeld. Die Erzählung ändert ihren Charakter, wird historischer, fängt an, sich auf eine Reihe von Chronisten der arabischen Geschichte zu berufen (»So berichtet Hazli, der es von Tibui, Sohn des Musa, gehört hat, dem es wiederum sein Vater erzählt hat ...«). Wir finden uns plötzlich in einer organisierteren, disziplinierteren, weniger von Willkür beherrschten Welt wieder, einer Welt des Gesetzes, in der Menschen, sosehr sie nach Macht, Ruhm und Reichtum gieren mögen, doch zugleich höheren Absichten dienen. Der Soldat gehorcht dem Feldherrn, der Feldherr dem Statthalter, der Statthalter dem Kalifen; und alle dienen sie dem Propheten, dem Islam und Gott.

Nach dem Scheitern der ersten beiden Feldzüge gegen Sindh fordert der dritte Kalif, Osman (644–656), einen ausführlichen Bericht über die Verhältnisse in »Hind und Sindh« an – über die Kriegsgewohnheiten des Landes, seine Strategien, die Beschaffenheit seiner Regierung, den Aufbau seiner Gesellschaft. Der Auftrag zum Bericht geht an Abdullah, und Abdullah reicht ihn an Hakim weiter; von dem, was Hakim zu berichten hat, ist Abdullah so beeindruckt, dass er Hakim auf der Stelle zum Kalifen schickt.

»O Hakim«, sagt der Kalif, »hast du Hindustan gesehen und alles darüber in Erfahrung gebracht?«

»Ja, o Herrscher der Gläubigen.«

»Lass uns deine Schilderung hören.«

»Sein Wasser ist dunkel und schmutzig. Seine Früchte sind bitter und giftig. Sein Land ist steinig, und seine Erde ist Salz. Ein kleines Heer wird dort rasch vernichtet sein, und ein großes wird rasch Hungers sterben.«

»Wie sind die Menschen? Sind sie treu oder wortbrüchig?«

»Sie sind verräterisch und voller Ränke.«

Der Kalif bekommt es bei dieser letzten Information mit der Angst zu tun und verbietet, in Sindh einzufallen. Unter den späteren Kalifen freilich taucht der Gedanke immer wieder auf. Die siebte Expedition wird von Sinan angeführt, bei dem nun rühmend hervorgehoben wird, dass er noch zu Lebzeiten des Propheten auf die Welt kam und von diesem seinen Namen erhielt – wie man sieht, ist etliche Zeit vergangen. Einer Überlieferung zufolge soll der Prophet gegenüber Sinans Vater Salmah geäußert haben: »O Salmah, ich wünsche dir Glück zur Geburt eines Sohnes.« Aber obwohl ihm der Prophet im Traum erscheint, kommt Sinan in Sindh um. Und auch zwei weitere Feldzüge gehen übel aus.

Gegen Ende des siebten Jahrhunderts wird Hadschadsch zum Statthalter von »Irak, Sindh und Hind« berufen. Anfangs nehmen ihn religiös und ethnisch motivierte Unruhen in Kufa und im Irak in Anspruch. Dann schickt auch er ein Heer nach Sindh: König Dahar von Sindh hat muslimische Aufständische unterstützt.

Hadschadschs Heer erleidet durch Dahars Sohn eine Niederlage. Der arabische Befehlshaber kommt im Kampf um, und Araber geraten in Gefangenschaft. Der regierende Kalif will von Sindh nichts mehr hören. Das Land sei zu weit weg, schreibt er an Hadschadsch; die Menschen dort seien zu raffiniert, die Feldzüge zu teuer, und zu viele Muslime kämen dabei zu Tode. Hadschadsch indes bittet, ihn noch einmal einen Versuch machen zu lassen; er verspricht, der Schatzkammer des Kalifen das Doppelte der für eine weitere Invasion nötigen Summe zurückzuerstatten. Der Kalif ist einverstanden; er schickt den schriftlichen Befehl zur Eroberung Sindhs. Hadschadsch rekrutiert sechstausend erfahrene Krieger aus Syrien, ernennt seinen siebzehnjährigen Schwiegersohn Mohammed Bin Qasim zum Befehlshaber und beaufsichtigt die Kriegsvorbereitungen bis ins letzte Detail.

Das Heer – mit seinem ganzen Tross von Lastkamelen und Kameltreibern (ein Kamel pro vier Krieger) – soll auf dem Landweg nach Sindh ziehen. Das Gerät für Belagerungen – wie etwa Brandpfeile, Rüstungen, Rammböcke und ein besonderer Katapult, für dessen Bedienung fünfhundert Mann nötig sind – soll auf dem Seeweg hingebracht werden. Bin Qasim soll nichts unternehmen ohne die Einwilligung von Hadschadsch; ein Laufbotensystem sorgt dafür, dass Nachrichten binnen einer Woche von Sindh nach Kufa gelangen. In seinen Briefen mischt Hadschadsch fortlaufend militärische Anweisungen mit religiösen Ermahnungen. »Zieht einen Graben um euer Lager … Bleibt den Großteil der Nacht über wach; wer von euch den Koran lesen kann, soll dies mit Fleiß tun …« Das Heer solle immer in freiem Gelände lagern; wenn Schlachten bevorstünden, müsse es stets in fünf Abteilungen gegliedert werden: in Zentrum, Vorhut, Nachhut, linken Flügel, rechten Flügel, mit der Reiterei an den Flügeln.

Bin Qasim trifft in der Hafenstadt Debal ein. Die Versorgungsgüter, die auf dem Seeweg geschickt wurden, kommen am gleichen Tag an. Aber mit dem Befehl, den Kampf zu beginnen, wartete Hadschadsch acht Tage lang. Am Ende des achten Tages kommt ein Brahmane aus der Stadt. Er verrät den Arabern, dass über die Stadt ein Talisman wacht: die vier langen Flaggen aus grüner Seide, die von den Querstreben des Flaggenmastes auf der Kuppel des großen Tempels von Debal herabhängen. Solange der Flaggenmast aufrecht steht, sagt der Brahmane, werden die Bewohner von Debal kämpfen.

Dies ist die erste einer Reihe von Verratshandlungen, die der Eroberung des Landes durch die Araber Vorschub leisten. Aber genau besehen geht es hier gar nicht um Verrat. Hier handeln Menschen, für die Macht einfach nur Macht ist und die überzeugt sind, dass es sich nur um einen Wechsel von Herrschern handelt; dass eine neue Lebensform Einzug hält, können sie sich nicht vorstellen.

Bin Qasim fragt Jaubat, den Mann am Katapult, ob er den Fahnenmast umstürzen kann.

»Wenn wir aus dem großen Katapult zwei Spannbolzen herausnehmen«, erklärt Jaubat, »werde ich mit drei Steinen Fahnen und Mast wegschießen und die Kuppel des Tempels zum Einsturz bringen.«

»Zehntausend Dirham für dich, wenn du das schaffst«, sagt Bin Qasim. »Aber was, wenn du es nicht schaffst? Und was, wenn du den Katapult des Kalifen ruinierst?«

»Dann soll man Jaubat die Hände abhacken«, antwortet der Kanonier.

So wird es also beschlossen (Hadschadsch muss die Sache natürlich absegnen). Und während am nächsten Tag die Araber die Stadt von vier Seiten angreifen, wird der große Katapult nach Jaubats Anweisungen in Stellung gebracht, die fünfhundert Mann starke Bedienung zieht die Seile an, die Steine werden geschleudert, und Fahnenmast und Kuppel gehen zu Bruch. Und wie der Brahmane vorausgesagt hat, öffnen die Verteidiger Debals die Tore ihrer Stadt und flehen um Gnade. Hadschadsch aber hat für diesen ersten Sieg genaue Anweisungen erteilt: Die Bewohner von Debal dürfen keine Schonung finden. Dem arabischen Heer ist ein dreitägiges Gemetzel aufgetragen, wie Bin Qasim dem Volk von Debal zuvorkommend mitteilt.

Nach dem Gemetzel wird die Beute eingesammelt: die Schätze und die Sklaven. Ein Fünftel, der Anteil des Herrschers, wird »getreu dem religiösen Gebot« für den Kalifen beiseite gelegt; Hadschadschs Schatzmeister kümmert sich darum. (Ein merkwürdiger Gedanke, dass sich der Anteil der spanischen Krone, das Fünftel, das Kolumbus, Cortés und andere in der Neuen Welt für den König reservieren, vom religiösen Gesetz der Araber herschreibt.) Der Rest der Beute von Debal wird gemäß arabischem Brauch gerecht verteilt: Ein Berittener erhält das Doppelte von dem, was ein Kamelführer oder Fußsoldat bekommt.

Der Krieg ist noch lange nicht vorbei. Sindh ist groß und hat viele befestigte Städte. Aber Debal liefert das Grundschema: zuerst die Belagerung, dann der Verrat durch Vornehme oder Brahmanen oder buddhistische Priester, die das Töten ablehnen, schließlich die Einnahme der Stadt, das Gemetzel, die Schätzung und Aufteilung der Beute, nachdem das Fünftel für den Kalifen beiseite gelegt ist (an einem der Orte dauert das Verteilen der Beute ebenso lange wie das vorangegangene Gemetzel).

Im Bezirk von Siwistan wird den Leuten endlich klar, was für ein besonderer Menschenschlag die Eindringlinge sind. Ein Kundschafter aus dem Schanas-Stamm belauscht die Araber in ihrem Lager beim Beten: Das ganze Heer steht wie ein Mann auf, Sinnbild der Gleichheit, Einheit und Zusammengehörigkeit, eins mit dem Feldherrn, der als Vorbeter agiert. Die Wirkung auf das Schanas-Volk ist durchschlagend. Man zieht geschlossen zu den Arabern – die mittlerweile beim Abendessen sitzen –, um sich zu ergeben. (Heutige Pakistanis, die chinesische Soldaten beim Bau der Seidenstraße droben im Norden, der Verbindung zwischen Sinkiang und Pakistan, gesehen haben, zeigen sich ähnlich beeindruckt von der Disziplin und Einmütigkeit der Chinesen.)

Nach dem Massaker in Debal wird weniger wahllos gemordet. Händler, Handwerker und Bauern dürfen ihren Beruf und ihre Religion weiter ausüben; Brahmanen behalten ihre Verwaltungsfunktionen. Verlangt wird von den Ungläubigen nur, dass sie den Tribut entrichten und die Sondersteuer zahlen. Hadschadsch besteht allerdings darauf, dass die Mitglieder der Kriegerkaste weiterhin umgebracht und ihre Angehörigen versklavt werden. Als er Dahars Kopf und Bin Qasims Bericht vom Sieg geschickt bekommt, schreibt er streng: »Mein lieber Vetter, deinen lebensspendenden Brief habe ich erhalten. Als ich ihn empfing, kannten meine Freude und mein Jubel keine Grenzen … Das Gesetz gebietet indes eine andere Art, Gnade zu gewähren, als ihr sie übt … Gott, der Allmächtige, sagt im Koran: ›O wahre Gläubige, trefft ihr auf Ungläubige, schlagt ihnen den Kopf ab.‹ Das obige Gebot des Großen Gottes ist ein grundlegendes Gebot und verlangt Achtung und Befolgung … Ich schließe mit besten Empfehlungen … Geschrieben durch Nafia im Jahre 93.« Und zu einem späteren Zeitpunkt des Feldzugs kommt er eigens noch einmal auf diesen Punkt zurück. »Mein ausdrücklicher Befehl lautet, dass alle kämpfenden Männer erdolcht und dass ihre Söhne und Töchter eingekerkert und als Geiseln festgehalten werden sollen.«

In der großen Stadt Brahminabad kommt also nach ihrer Einnahme Bin Qasim »als Nächstes zur Hinrichtungsstätte und befahl, in seiner Anwesenheit alle zu den Kriegerklassen gehörigen Männer mit dem Schwert zu enthaupten. Es heißt, dass bei dieser Gelegenheit ungefähr 6000 Krieger niedergemetzelt wurden; einige behaupten, dass es sogar 16000 waren.«

Und König Dahar begreift nie, was für eine Art Krieg das war, begreift nie, dass mehr auf dem Spiel steht als sein Thron. Der Krieg birgt für ihn ein Moment von Ritterlichkeit, etwas von einem tödlichen Spiel. Er könnte Bin Qasim daran hindern, den Indus zu überqueren; genau das wird ihm auch geraten. Doch das hält er für unehrenhaft. Er könnte auch danach noch den Rückzug antreten und es der Wüste überlassen, mit den Eindringlingen fertig zu werden; dies rät man ihm ebenfalls. Aber auch hier steht ihm sein Ehrbegriff im Weg. Er stirbt in der Schlacht. Brandpfeile lassen die Sänfte auf seinem Elefanten in Flammen aufgehen. Er ist in Begleitung zweier Dienerinnen, von denen die eine ihm Betelblätter zum Kauen zurechtmacht, während ihm die andere Pfeile reicht; außerdem ist ein Brahmane in der Sänfte. Der Elefant, durch das Feuer auf seinem Rücken in Panik versetzt, stürzt sich in den flachen See neben dem Indus; berittene arabische Bogenschützen erschießen König Dahar, während er sich noch in der Sänfte befindet. Dahar ist in die Schlacht gezogen, wie es sich für einen Krieger geziemt – bereit für den Tod und für die Bestattung auf dem Scheiterhaufen. Als man seinen Körper findet (der Brahmane, der mit in der Sänfte war, verrät den Ort), riecht er nach Moschus und Rosenöl. Die Dienerinnen nimmt man gefangen; sie identifizieren später für Bin Qasim das abgeschlagene Haupt des Königs.

Die Schwester, die Dahar um seiner Herrschaft willen nominell geehelicht hatte, geht mit anderen Frauen ihres Haushalts in den Feuertod. Dahars wirkliche Ehefrau (die jetzt Eigentum des arabischen Kalifen und Staatswesens ist) wird mit einem Teil der in Sindh gemachten Beute von Bin Qasim gekauft. Und Dahars zwei Töchter werden, bewacht von abessinischen Sklaven, dem Kalifen geschickt.

Sie finden Aufnahme in den Harem des Kalifen. Er gönnt ihnen ein paar Tage Ruhe. Dann lässt er sie am Abend zu sich bringen. Die Ältere der beiden will er als Erste besitzen. Wer die Ältere ist und dass sie Surijdew heißt, findet er durch einen Dolmetscher heraus. Als er sie zu umarmen versucht, springt sie auf und sagt: »Möge der König lange leben! Ich niedere Sklavin bin nicht geeignet für Eurer Majestät Schlafgemach, weil der gerechte Amir, Imaduddin Mohammed Bin Qasim, uns drei Tage lang bei sich behielt, ehe er uns zum Kalifen schickte. Vielleicht ist dies bei euch Brauch; wo aber nicht, so schickt sich solch schmähliches Betragen nicht für Könige.«

Der Kalif knirscht mit den Zähnen. Er lässt augenblicklich einen Brief an Bin Qasim schicken, worin er ihm befiehlt, »sich in ungegerbtes Leder zu hüllen und unverweilt zur Residenz des Kalifen zurückzukehren«.

Bin Qasim befindet sich an der Grenze nach Indien. Er befiehlt seinen Leuten, ihn in ungegerbtes Leder zu hüllen, in eine Kiste zu stecken und zum Kalifen zu expedieren. Er stirbt binnen zwei Tagen. Als der Leichnam in Bagdad eintrifft, zeigt ihn der Kalif den Töchtern von König Dahar. »Seht«, sagt er, »wie prompt eure Befehle von euren Offizieren ausgeführt werden.« Darauf eröffnet ihm Surijdew, dass sie gelogen hat, um sich an Bin Qasim zu rächen. Sie und ihre Schwester sind beide noch Jungfrauen; Bin Qasim hat sie nicht angerührt.

»Der Kalif befahl sogleich, die beiden Schwestern lebendig einzumauern. Von da an bis in unsere Tage hat das Banner des Islam einen ununterbrochenen Aufstieg erlebt und seinen Ruhm Tag für Tag vergrößert.«

Mit dieser offenkundigen Ungereimtheit schließt die Erzählung. Der Rückruf Bin Qasims deutet darauf, dass damals im Irak und in Syrien politische Veränderungen stattfanden; aber das an »Tausendundeine Nacht« gemahnende Märchenhafte der Geschichte und der Realitätsverlust, der sich darin ausdrückt, erinnern uns daran, dass die Abfassung des *Schahname* durch fünfhundert Jahre von der Eroberung Sindhs getrennt ist: Der Mongolensturm steht im Begriff, sich über Minarett und Serail zu entladen.

Die Eroberung Sindhs durch die Araber ist unabhängig zu sehen vom muslimischen Eindringen ins eigentliche Indien, das drei Jahrhunderte später begann. Das von Bin Qasim eroberte Sindh war indes ein großes Land, dessen Fläche ungefähr der des heutigen südlichen Pakistan und des südlichen Afghanistan entsprach; so gesehen, lässt sich das *Schahname* als Geschichte der islamischen Anfänge Pakistans betrachten. Es ist allerdings eine blutrünstige Geschichte; was davon in die Schulbücher gelangt, sind die märchenhaften Teile. Ein arabisches Schiff bringt dem Kalifen Geschenke; das Schiff wird von König Dahar gekapert und die Muslime geraten in Gefangenschaft. Die Frauen unter ihnen rufen laut: »Hadschadsch, rette uns!« Um sie zu retten (und nicht etwa die Soldaten, die bei der vorangegangenen Invasion in Gefangenschaft geraten sind), fällt Hadschadsch in Sindh ein.

Sogar an den Märchen werden kleine Details verändert. Die Fahnen auf dem Tempel von Debal – der Talisman, den der Katapult herunterschießt – sind grün (jedenfalls in meiner Übersetzung von 1900, die Kalidschbeg, ein Sindhi, angefertigt hat). Grün aber ist die Farbe des Propheten; also macht man in zumindest einem der Schulbücher rot daraus – den Kindern zum Wohl. Auch bei Kleinigkeiten muss man sich in den Dienst des Glaubens stellen.

Im September 1979, am Tag der Verteidigung Pakistans, erschien in der *Pakistan Times* ein langer Artikel über Bin Qasim als Strategen. Bin Qasims Vorgehensweise wurde rein militärisch beurteilt, aus einer neutralen Perspektive, die den Kämpfenden beider Seiten gerecht wurde. Damit zog sich der Verfasser einen Tadel von Seiten des Vorsitzenden des Nationalausschusses für Historische und Kulturelle Forschung zu.

»Entwirft man das Bild eines Helden, bedarf es einer angemessenen Ausdrucksweise. In dem Artikel wimmelt es von Ausdrücken wie ›Eindringling‹, ›Verteidiger‹ oder ›die indische Armee‹, die tapfer kämpfe, aber nicht schnell genug sei, um ›über den Feind, der auf dem Rückzug ist, herzufallen‹. Außerdem wird der Artikel durch einige unausgewogene Feststellungen wie etwa die folgende verunziert: ›Hätte Radscha Dahar den Indus heldenhaft verteidigt und Qasim daran gehindert, den Fluss zu überschreiten, die Geschichte dieses Subkontinents wäre vielleicht ganz anders verlaufen.‹ Man weiß nicht so recht, ob der Autor den Sieg des Helden feiert oder die Niederlage seines Rivalen bedauert.«

Die Zeit vor dem Islam ist eine Zeit der Finsternis: Das gehört zur muslimischen Theologie. Geschichte steht im Dienste der Theologie. Die ausgegrabene Stadt Mohendscho Daro im Industal – sie wurde 1500 v. Chr. von den Ariern erobert – zählt zu den archäologischen Ruhmestaten Pakistans und der Welt. Mittlerweile setzen Überflutung und Versalzung den Ausgrabungen zu; von internationalen Organisationen wurde finanzielle Unterstützung erbeten. Ein offener Brief in *Dawn* entwickelte eigene Vorstellungen für die Ausgestaltung der Ausgrabungsstätte. Verse aus dem Koran, meinte der Verfasser des Briefes, sollten in Stein gegraben und an »geeigneten Stellen« in Mohendscho Daro aufgestellt werden: »Sag (ihnen, o Mohammed): Reist durch das Land und seht, was den Schuldbeladenen Schlimmes widerfuhr ... Sag (o Mohammed, den Ungläubigen): Reist durch das Land und seht die schlimmen Folgen für jene, die vor euch waren. Zumeist dienten sie Götzen.«

Die Theologie macht also für das pakistanische Volk die Geschichte kompliziert. Und für Menschen, die das Gefühl haben, dass ihr Staat nicht funktioniert, dass sie in der Heimat der Muslime immer noch Fremde oder Entwurzelte oder von Entwurzelung Bedrohte sind – für solche Menschen bringt der Wunsch, sich mit einem triumphierenden Islam identifizieren zu können, zusätzliche Störungen mit sich.

Der orthodoxen Theologie zufolge waren nur die ersten vier Kalifen recht geleitete Herrscher. Danach wurde das Kalifat zu einer Dynastie; die islamischen Ideale brüderlichen Zusammenlebens wurden verraten. Die Araber eroberten demnach Sindh in einer Zeit des Übelstands; aber sie brachten den Glauben, und so wird aus der üblen eine heilige Zeit. Die Mongolen zerstörten die östlichen Teile des arabischen Reiches. Also waren die Mongolen ein Übel. Sie bekehrten sich indes zum Islam und errichteten das große Mogulreich in Indien; aus der üblen wird somit eine herrliche Zeit. Die Türken vertreiben die Mongolen; aber auch sie werden Muslime, erringen Macht und legen das Üble ab. Die Geschichte, die als eine »unterhaltsame Eroberungsgeschichte« beginnt, verwirrt sich mithin hoffnungslos. Und aus dieser jedes koloniale Verhältnis übertreffenden Verworrenheit zimmern sich manche Pakistanis ihre Identität, derzufolge sie islamische Eroberer sind und sich im eigenen Land ein bisschen wie verbannt und aus ihrer ruhmreichen Existenz verstoßen vorkommen. Sie werden zu Türken oder Mongolen. Oder zu Arabern.

Das *Schahname* zeigt die Araber des siebten Jahrhunderts als vom Islam inspirierte, erleuchtete und disziplinierte Menschen, die in rascher Entwicklung begriffen sind und voll wacher Neugier von den Völkern, die sie unterwerfen, Informationen aufschnappen und neue Verfahrensweisen beziehungsweise neue Waffen (Katapulte, griechisches Feuer) übernehmen. Das heutige fundamentalistische Verlangen nach einer Rückkehr zu den Zeiten des reinen Islam hat nichts zu tun mit einem historischen Verständnis der arabischen Expansion. Die Fundamentalisten meinen, dass sie nur ein einziges Instrument, den Koran, brauchen, um den Arabern der Frühzeit ähnlich zu werden. Der gleiche Islam, der die Araber des siebten Jahrhunderts zu Welteroberern machte, vernebelt nun ihren Nachfolgern oder Möchtegern-Nachfolgern das Hirn.

Der Dichter Iqbal hoffte, durch einen indisch-muslimischen Staat den Islam von »dem Brandmal zu befreien, das ihm der arabische Imperialismus aufzudrücken gezwungen war«. Mittlerweile aber hat sich herausgestellt, dass die Araber die erfolgreichsten Imperialisten aller Zeiten waren: In den Augen der pakistanischen Gläubigen nämlich ist Errettung nach wie vor gleichbedeutend damit, dass man sich von ihnen erobern lässt (und sich ihnen dann assimiliert).

In den pakistanischen Schulbüchern, die ich in der Hand hatte, beginnt die Geschichte mit Arabien und dem Islam. In den schlichteren Texten folgen auf biographische Kurzdarstellungen des Propheten, der vier ersten Kalifen und vielleicht noch der Tochter des Propheten fast bruchlos Lebensbeschreibungen des Dichters Iqbal, Mohammad Ali Dschinnahs, des politischen Begründers Pakistans, und zweier oder dreier »Märtyrer«, bei denen es sich um Soldaten des Heeres oder der Luftwaffe handelt, die 1965 oder 1971 in den heiligen Kriegen gegen Indien ihr Leben ließen.

Eine derart selektive Geschichte führt rasch zum Realitätsverlust. Vor Mohammed herrscht Finsternis: Sklaverei und Ausbeutung. Mit Mohammed bricht der helle Tag an: Sklaverei und Ausbeutung schwinden. Aber entspricht das der Realität? Wie lässt sich so etwas behaupten oder lehren? Was ist mit all den Sklaven, die aus Sindh zum Kalifen geschickt wurden? Was ist mit den Nachkommen der afrikanischen Sklaven, die Karatschi bevölkern? Eine zureichende Antwort darauf gibt es nicht: So fängt der Glaube an, die wirkliche Welt zu verleugnen oder zu verdecken.

Da ist die Militärherrschaft, das Verbot parteipolitischer Betätigung. Fünfzehn Prozent der Bevölkerung können lesen und schreiben, und der Fundamentalismus erstickt das akademische Leben. Keine Industrie, keine Wissenschaft. Eine Wirtschaft auf der Grundlage von Auslandsüberweisungen; Emigranten strömen auf legalem und auf illegalem Weg aus dem Land. Aber im Sozialkundebuch für die sechste Klasse in englischsprachigen Schulen liest das Schulkind:

»›Onkel‹, sagte Salman, ›ich habe in meinem Geschichtsbuch gelesen, dass in alten Zeiten das Kastensystem in Indien fest verankert war. Jedermann musste den Beruf seiner Vorfahren ausüben. Eine andere Arbeit durfte er nicht annehmen.‹ ›Ach!‹, sagte der Onkel, ›in Indien hat sich bis zum heutigen Tag wenig an diesen Verhältnissen geändert. Wir aber sind ein demokratisches Land. Hier steht es jedem frei, den Beruf zu ergreifen, den er möchte. Darin liegt das Geheimnis unseres Erfolgs.‹«

5

Haiderabad Boogie-Woogie

Ahmed wollte, dass ich ins Innere von Sindh fuhr, zu einem Heiligtum in der Nähe von Haiderabad. In Sindh wimmelte es von Grabstätten muslimischer Heiliger. Der Islam hatte schon vor langer Zeit die alten heiligen Stätten des Buddhismus und des Hinduismus übernommen; aber die Erinnerung an ältere religiöse Verhaltensweisen war zäh, und nicht immer fanden die mystischen oder asketischen oder fast schon götzendienerischen Praktiken an einigen dieser Orte die Billigung islamischer Puristen.

Ahmed hatte indes seine besonderen Gründe. Das Heiligtum oder Sufi-Zentrum, das ich besuchen sollte, war verbunden mit einer – ihm zufolge etliche Jahrhunderte alten – Ordensgemeinschaft oder Bruderschaft, die der Welt entsagt hatte, um in der Wüste zu leben und den Armen zu dienen. Sie betrieben eine Sanitätsstation und speisten täglich zur Mittagszeit die Armen, die zu ihnen kamen. Was Ahmed daran faszinierte, war die Idee des Opfers und des Dienstes am Nächsten. Und so setzte er mich eines Morgens in ein Auto und schickte mich die hundertfünfzig Kilometer zu dem nördlich gelegenen Haiderabad.

Von Karatschi bis dorthin erstreckte sich Wüste. Die Autobahn zog sich wie eine Rennstrecke durch das flache Land. Wo eine Brücke den Indus überquerte, wälzte sich der Strom mit seinen kabbeligen Schlammfluten breit dahin; die Fischerboote mit schmutzig weißen Segeln verliehen der öden Wüste einen jähen Hauch von antiker Würde. Haiderabad – eine nichts sagende Wüstenstadt mit niedrigen, ockerfarben gestrichenen Betonbauten – schmorte in der Sonne. Aber hie und da gab es stehende Tümpel: Wüste unter Wasser gesetzt.

Als ich zum Circuit House kam, wo ich mich untergebracht glaubte, gab es Probleme. Zwei Staatsdiener mit bescheidenen Englischkenntnissen empfingen mich und teilten mir mit, dass unerwartet ein Minister eingetroffen sei und ich in einem Hotel absteigen müsse. »Ein Klasse, ein Klasse«, wiederholten sie immer wieder. Der Ort freilich, zu dem sie mich brachten, war – ungeachtet der zentralen Klimaanlage – primitiv und dunkel, mit einer kaputten Kloschüssel im Badezimmer.

Ich brauchte allerdings die Nacht nicht dort zu verbringen. Razak, der junge Mann, der mich herumführen sollte, hatte anderes mit mir vor. Ahmeds Sufi-Zentrum musste bis zum folgenden Tag warten. Razak wollte mir an diesem Abend andere Heiligtümer und religiöse Stätten zeigen, die Stunden weit weg und in entgegengesetzter Richtung lagen. Am vorgerückten Nachmittag fuhren wir los.

Razak war Sindhi. Bei dieser religiösen Besichtigungstour, die er mit mir als Besucher unternahm, spielte er die Doppelrolle eines Pilgers, der nicht genug von den heiligen Stätten kriegen konnte, und eines Funktionärs, der um jeden Preis sein Programm abwickeln und seinen Zeitplan einhalten wollte. Er war intelligent und freundlich; mit der sprachlichen Verständigung allerdings taten wir uns beide schwer.

Gleich eingangs sorgte ich für Spannungen. Beim Anblick eines Mannes, der in Sindhigewand an der Straße stand, bemerkte ich: »Hier gibt es also ebenfalls Afrikaner, Razak.« In scharfem Ton gab er zurück: »Das sind keine *Afrikaner*. Das sind Neger, *hiesige* Neger.« Razak sprach präzises Englisch, wie die Kostprobe beweist. Aber etliche Pakistanis – eine Kette pakistanischer Lehrer – trennten ihn von der Umgangssprache, und was dabei herauskam, erforderte gespannteste Aufmerksamkeit. »Fängt man etwas mit diesem Schilfrohr an, Razak?«, wollte ich wissen. »Körper«, antwortete er. Ich grübelte und fragte nach einer Weile: »Was meinen Sie mit Körper, Razak?« Jetzt hatte er Mühe, seinen Unmut zu unterdrücken: »Körper«, sagte er, »verwendet man, um Sachen des Haushalts hineinzulegen.« Körbe: eine präzise, wenngleich ihm ohne Frage einiges abverlangende Definition. Und man wusste nicht, wer in diesem Marx-Brothers-Duett wen mimte: Spielte ich Harpo und er Chico, oder war es umgekehrt?

Obwohl es also vieles gab, was Razak mir hätte mitteilen können, fuhr ich ahnungslos durch diesen seit uralten Zeiten besiedelten Teil von Sindh, ohne recht zu wissen, warum Razak an bestimmten Orten in Erregung geriet: Erst später kapierte ich zum Beispiel, dass es sich bei der Wüstenei Mansura um die Stätte handelte, an der sich einst Brahminabad, die große Residenz König Dahars, befunden hatte.

Das Heiligtum war ein Reinfall. Der heilige Mann dort hatte, wie Razak mir erzählte, hunderttausend Anhänger. Wir trafen zwei Stunden nach Einbruch der Dunkelheit ein; beim Betreten des Geländes hatte man das Gefühl, in eine mittelalterliche Stadt zu gelangen. Knaben öffneten das Haupttor für uns und schlossen es hinter uns wieder. Die Wege waren gepflastert, mit Rinnsteinen in der Mitte. Außerhalb des Anwesens des großen Mannes saßen Leute auf gekachelten Plattformen. Jemand ging hinein, um unser Anliegen vorzutragen; ein anderer kam heraus und brachte die Antwort. Der Überbringer der Antwort war ein dürrer, ältlicher Mann, blau gekleidet und mit einem Stoffhandschuh, in dem die linke Hand steckte. Der große Mann, sagte er, empfange nur morgens; jetzt ruhe er.

Also zogen wir los und fuhren weiter zum Heiligtum von Schah Abdul Latif. In dem dunklen gekachelten Hof der Moschee war Musik zu hören: die 250 Jahre alten frommen Lieder des Heiligen. Und während wir am Ende dieses langen Tages der Musik lauschten – wir waren eine kleine Gruppe; einige schliefen, andere kamen und gingen –, überkam mich wieder das gleiche Gefühl wie im Garten des Hauses von Ayatollah Shariatmadari in Mashhad: Ich fühlte, dass der Islam Gemeinschaft gestiftet und etwas Schönes geschaffen, den Menschen ein Gefühl der Ganzheit gegeben hatte – vorausgesetzt, es gelang, die Außenwelt draußen zu halten und die Menschen vergessen zu lassen, was sie wussten.

In meinem Zimmer in der Herberge funktionierte die Klimaanlage nicht. Öffnete ich das Fenster, kamen Insekten herein. Und eben wegen der Insekten schlief ich nicht wie Razak und die anderen draußen im Freien. Um im Freien schlafen zu können, musste man sich wie eine Mumie von Kopf bis Fuß einwickeln; das erforderte Übung. So blieb ich in meinem überhitzten Zimmer, ruhte und wartete auf den Morgen. Wir wollten früh aufbrechen, zurück nach Haiderabad fahren und dann weiter zu Ahmeds Sufi-Zentrum, damit wir rechtzeitig zur mittäglichen Speisung der Armen dort anlangten: Ahmed hatte darauf besonderen Wert gelegt.

Hinter Haiderabad wechselten landwirtschaftlich bebaute Flächen mit Buschwerk und kahlem Sand. Helligkeit und Hitze taten Augen und Körper weh. In den Dörfern standen Hunde reglos in gelben Tümpeln. Wir befanden uns in einem der berühmten Flusstäler, in denen die frühen Zivilisationen entstanden waren. Man hatte indes nicht das Gefühl, in einem Tal zu sein; eher hatte man den Eindruck einer ungeheuren Ebene, bis man merkte, dass die Fläche unterschiedliche Niveaus einnahm und dass die oberen Niveaus felsenbedeckt waren; der Indus erschien so als der kümmerliche Rest eines umfänglicheren Wasserstroms, der alles, was nicht von Felsen bedeckt war, platt gemacht hatte. Einige Kilometer fuhren wir am Westufer des Flusses entlang. In der Ferne sah man gezackte Berge. Sie bestanden aus schierem Fels, der in Stücke auseinander gebrochen war. Irgendeine große Erschütterung hatte diese Bergkette entstehen lassen, hatte die Felsen wie Kuchenteile aus dem Boden gestampft und übereinander gestürzt; anschließend hatte ein gewaltiger Wassersturz die Felsen durchstoßen. Der Fluss machte hier eine Biegung. Und nicht weit davon entfernt lag die Stadt mit dem Heiligtum.

In den Verkaufsbuden entlang der Hauptstraße hingen überall Fotos von Bhutto. Während er regierte, hatte Bhutto für die Ausstattung des Heiligtums mit neuen, vergoldeten Pforten gesorgt; von draußen konnte man sie hinter den äußeren eisernen Toren sehen. Eine Gedenktafel in der Mauer erinnerte an Bhuttos Geschenk; aber nach seinem Tod hatte man die Tafel mit einem gold gesäumten grünen Tuch verhängt. Bevor sie hineingingen, betrachteten die Pilger die Pforten und das grüne Tuch.

Wir hinterließen unsere Schuhe bei dem Mann, der unter einem Blechdach thronte. Er trug einen Turban und bewegte sich ebenso flink wie würdevoll, wie ein Mann, der sein Handwerk versteht. Er band jedes Paar Schuhe zusammen, gab den Paaren eine Nummer und nahm eine halbe Rupie pro Paar. Das schien mir ziemlich viel Geld, Konkurrenz gab es keine, und ich fragte Razak, ob der Posten erblich oder sonst wie geschützt war. Diese den Heiligtümern zugeordneten

Aufbewahrungsorte für Schuhe würden vom Staat versteigert, antwortete er; die Gebote könnten bis zu 4000 Rupien, 400 Dollar, steigen. Der erfolgreiche Bieter sei in mehr als nur einer Hinsicht im Geschäft.

Drinnen herrschte Gedränge und große Enge. Menschen schliefen auf dem abgenutzten Marmorfußboden. Sie kamen von weit her; für die Armen gab es keine andere Bleibe: für die Elenden aus der Wüste, aus den verstreuten kargen Ackerbaugebieten und Dörfern entlang dem Indus, denen das Heiligtum – und all die Heiligtümer, die auch schon vor dem Islam an dieser Stelle, zwischen Fluss und felsenzerklüfteter Bergkette, gestanden hatten – seit jeher eine Zuflucht und Trost bot. Der Marmorboden war verdreckt; Säuglinge gab es und viele Fliegen, die immer wieder versuchten, sich auf dem Boden und den Leibern niederzulassen.

Das Heiligtum – das Grab des Heiligen – umgab ein herrlich gearbeitetes silbernes Geländer, das die Hände der Gläubigen abgewetzt hatten. Eine Ecke war kaputt, vielleicht zerbrochen unter einem besonders heftigen Andrang, der irgendwann geherrscht hatte; auch jetzt spürte man einen Anflug von Raserei. Es gab mehrere Baldachine, einer über dem anderen; unmittelbar unterhalb der Decke befand sich ein Drahtgitter, vielleicht als Schutz gegen Vogelkot. Ein von einem silbernen Band umschlossener Stein hing an einer kurzen Kordel von der Baldachinstange herab. Der herzförmige Stein war blass braun und vom vielen Betasten so glatt und schimmernd, dass er geradezu fleischlich wirkte. Ich nahm an, die Form habe etwas zu bedeuten. Razak aber erklärte, der Heilige habe diesen Stein zu Lebzeiten am Leib getragen; das Gleiche habe auch der Prophet getan. (Wahrscheinlich allerdings handelte es sich um die Übernahme einer alten arabischen Foltermethode in asketische Praktiken: Bilal, der abessinische Sklave, der als einer der Ersten die Heilsbotschaft Mohammeds annahm, wurde dafür mit einem Felsbrocken auf der Brust in der mekkanischen Wüste ausgesetzt.)

Menschen ließen die Hand über den Stein gleiten, kosten ihn und führten dann die Hände zu ihren Lippen oder Augen oder legten sie aufs Herz; manchmal wirkte es auch so, als umarmten sie sich selbst. Draußen glühte die Stadt des Industals in der Sonne; und hier drinnen solche Leidenschaft. Die Berührung war wichtig: Nicht nur der Stein und das silberne Geländer wurden berührt, auch das Tuch, das über das Grab des Heiligen drapiert war; am einen Ende des Grabes sah man eine Mitra und ein geistliches Gewand, die merkwürdig christlich wirkten, dazu einen Turban, der offenbar den Kopf repräsentierte. Dies war ein Land des Glaubens, es war freilich auch ein Land des Staubes und Sandes und der trockenen Nüstern und des Nasebohrens; die Bäurin, die ihre Hand am Geländer rieb und sie dann zum Mund ihrer kleinen Söhne führte, hatte zwischendurch auch in der Nase gepult und an ihr herumgekratzt.

Wir gingen weiter zum *koli* oder Sufi-Zentrum. Es lag am Ende einer kurzen Ladengasse. Der Erdboden der Gasse hatte sich in schwarzen Schlamm verwandelt – durch das Wasser, das in den geschäftigen, gut besuchten Essbuden beidseits der Gasse zum Abwaschen und für andere Zwecke verbraucht wurde; im *koli* allerdings war man dabei, die Armen zu speisen: In vielen Händen am Eingang sah man braune Scheiben flachen Brots.

Zur Rechten sahen wir, als wir eintraten und in den Lärm, das Gedränge, die Musik eintauchten, das Heiligtum: die Gräber der *pir*, der heiligen Männer, die sich hier niedergelassen hatten, um den Heiligen zu verehren, und die es zu Leitern oder Prinzipalen der Bruderschaft gebracht hatten. An den Wänden des Heiligtums hatte sich ein Mondrian der Wüste mit modernen Badezimmerkacheln betätigt und eine größere, unverblümtere Version des *Broadway Boogie-Woogie* des abstrakten Künstlers geschaffen: eine Art von Haiderabad Boogie-Woogie, mit stufenförmigen Bändern in Gelb, Weiß, Blau, Rot, Schwarz und so weiter, ein unverhofft köstlicher Anblick, weil sich reine Sinnesfreude darin ausdrückte.

Direkt davor befand sich der Ort, wo die Speisung stattfand, ein offener, von Säulen getragener Pavillon. Ein Mann wachte über Pyramiden von braunen, mit einem Tuch bedeckten Fladenbroten, deren Farbe von mehr als bloß Vollkorngesundheit kündete, nämlich die fruchtbare Erde des Industals beschwor. Ein anderer Mann teilte aus einem großen schwarzen Eisenkessel dünne Linsensuppe aus. In der Vorhalle des Gebäudes verteilte zur Linken ein dritter Mann Wasser; im Bewusstsein seiner wichtigen Aufgabe hielt ein Junge den Schlauch, durch den das Wasser vom Leitungshahn ins Fass gelangte.

Razak war mit einem Mann in blauem Gewand zugange, der Autorität ausstrahlte. Er war klein gewachsen, stämmig und hatte sich den Kopf rasiert; in seinen Gesichtszügen steckte ein Hauch von Zentralasien. Er sagte, der *pir* sei nicht da und werde in drei Stunden zurückkommen. Die übliche Maßgröße bei der Angabe von Verspätungen betrug eine halbe Stunde; drei Stunden bedeutete, dass an diesem Tag nichts mehr zu machen war. Sei also niemand da, mit dem man ein Gespräch führen könne? Der *munschi*, der Sekretär, sei verfügbar, erklärte der Mann in Blau. Er wollte unsere Namen und die näheren Umstände unseres Besuchs wissen. Als Razak dem Mann in Blau Auskunft gab, sagte dieser in merkwürdig tonlosem Englisch, während seine Augen uns noch immer abschätzend musterten, er lade uns ein, als seine Gäste dazubleiben, die Nacht im Heiligtum zu verbringen, so lange zu bleiben, wie es uns gefiel. Der *pir* werde in drei Stunden zurück sein; fürs Erste könnten wir mit dem *munschi* reden; man werde uns zu essen bringen; wir seien seine Gäste.

Er beauftragte jemanden, uns nach oben zu bringen. Wir kurvten um die Pfützen (vom Wasserschlauch) herum und gelangten im Obergeschoss durch ein Gewirr von kleinen, mit Veranden versehenen quadratischen Zellen zu einem sauberen Raum, in dem Bettzeug ausgebreitet lag und sich Polster und Kissen für zwei Personen befanden. Ein Ventilator wurde angestellt, ein Fenster geöffnet. Es war kühl und unsagbar erholsam. Draußen liefen zwei Plattenspieler oder Radios mit Verstärker. Der Ventilator dämpfte indes den Lärm; die Lieder – keine Filmmusik, sagte Razak, fromme Gesänge – neutralisierten sich gegenseitig und verflüchtigten sich zu einer fernen, wohl tuenden Geräuschkulisse.

Der *munschi* kam nicht. Nicht nach fünf Minuten und nicht nach zehn. Aber das Essen kam; ein Junge oder junger Mann im braunen pakistanischen Gewand brachte es herauf. Er war außerordentlich schön; ein seltsamer Gedanke, dass er sich für ein Leben der Aufopferung und des Dienstes am Nächsten entschieden hatte. Razak (der mit seinen siebenundzwanzig schon ganz schön rundlich war) tat so, als teile er meine Bedenken wegen der Genießbarkeit des Essens; aber dann langte er gleich tüchtig zu und aß mit genüsslicher Hingabe. Der *munschi* war immer noch nicht erschienen, und als der Knabe in Braun mit dem Tee anrückte (zubereitet in der Weise der indisch-pakistanischen Basare, bei der Zucker, Wasser, Tee und Milch zusammen aufgekocht werden: ein süßes, scharfes, erfrischendes Getränk), veranlasste ich ihn, dazubleiben und etwas über sich zu erzählen.

Eine schwere Aufgabe. Nicht, weil er ein verschlossener Mensch gewesen wäre, sondern weil er sein Leben offenbar nicht als ein zusammenhängendes Gebilde sah. Locker verknüpfte Erlebnisse trieben durch seinen Geist, und es bedurfte vieler kleiner Nachfragen. Er war seltsam passiv. Er sprach leise, mit niedergeschlagenen Augen; Razak übersetzte mir, was er sagte.

Er lebte seit einem Jahr in der Gemeinschaft. Nach einem weiteren Jahr würde er sie verlassen; eine lebenslange Zugehörigkeit zur Gemeinschaft kam nicht in Frage. Wäre es dann aber nicht besser für ihn gewesen, er hätte die Zeit genutzt und ein Gewerbe oder Handwerk gelernt – schließlich musste er anschließend ja einen neuen Job finden? Er sei, sagte er, Rohrverleger bei den Wasserwerken gewesen und habe 450 Rupien im Monat verdient; diesen Job könne er wiederkriegen.

Er kam aus Peschawar, der Provinz im Norden an der Grenze zu Afghanistan.

Seine Familie besaß vierzig Hektar Land und einen Traktor; aber es gab sechs Brüder in der Familie, und so hatte er sich der Wanderung nach Süden angeschlossen. Zuerst war er nach Karatschi gegangen (wo es angeblich eine Million pathanische Zuwanderer aus der Grenzprovinz gab), dann nach Haiderabad. Ein Freund hatte ihm von der Gemeinschaft erzählt und ihn in das Haus mitgenommen. Dort traf er zwei Männer aus seinem Haus im Norden. Deshalb war er wiedergekommen, zwei- oder dreimal. Aber er konnte sich nicht entscheiden; zum Bleiben entschloss er sich erst, als er dem *pir* begegnet war.

Erlebnisse trieben zusammenhanglos in seinem Geist umher: Ein Ziel hatte er offenbar nicht. Er war ein Wanderer. Durch ihn gewann man einen Eindruck vom unsteten Leben im europäischen Mittelalter. Die religiöse Gemeinschaft in der Wüste war eine Station: Sie half ihm durch ein Stück seines Lebens. Und kein Zweifel, dass es in Pakistan – mit all den Migrationen innerhalb des Landes und nach draußen – viele seinesgleichen gab, Menschen, die dahintrieben und das Leben stückweise lebten, wie es gerade kam.

Ich wollte wissen, ob Fremde die Gemeinschaft besuchten und ob sie sich während ihrer Anwesenheit seltsam benahmen. Bei dieser Frage wurde er munter, blickte auf und machte den Eindruck eines aufgeregten Jungen. Einmal, sagte er, sei ein Bengali gekommen und einen Monat geblieben. Geld habe er nicht gehabt, kein bisschen. Eines Tages sei ein Mann im Auto aufgetaucht und habe den Bengali nach Karatschi mitgenommen. Bei seiner Rückkehr habe der Bengali sein eigenes Auto gefahren.

Hatte er Glück gehabt? Oder ein Geschäft gemacht?

Offenbar gab es hierauf eine aufregende Antwort. Aber ich erfuhr sie nicht, weil just in diesem Augenblick der Mann in Blau erschien – der Mann mit dem geschorenen Kopf, dem festen Wanst, den quadratischen Schultern und den abschätzenden Augen. Der Junge in Braun wurde von Nervosität gepackt, verstummte, senkte erneut den Blick, sammelte die Teetassen ein und verließ den Raum.

Der Mann in Blau hockte sich so vor uns hin, dass seine Knie auf dem Teppich ruhten und er auf seinen Fersen saß. Da der *munschi* (der freilich unerwähnt blieb) nicht auftauchte, wünschte er selbst mit uns zu reden.

»Was wollen Sie wissen?«, fragte er auf Englisch.

Ich war überrascht, wie deutlich er sprach: Seit unserer Begegnung im Hof hatte sich seine Artikulation verbessert. In dieser neuen Artikuliertheit steckte Aggressivität, aber eine kontrollierte Aggressivität; sie konnte sich verschärfen oder abmildern – er war sich noch nicht im Klaren über mich. Ich könne noch nicht sagen, was ich zu erfahren wünschte; ich sei für alles dankbar, was er mir zu sagen habe.

Er erwiderte, und die englischen Worte strömten nur so aus seinem Mund: »Ich sage Ihnen. Es gibt unterschiedliche Klassen von Gläubigen. Manche wollen Geld, manche wollen ein schönes Leben nach dem Tod. Ich möchte Allah begegnen. Man kann das nur durch eine Mittelsperson erreichen. Mein *murschid* ist mein Mittler. Ich möchte meinen *murschid* lieben, ich möchte, dass mein *murschid* Einzug in mein Herz hält. Allah ist mit meinem *murschid*. Und wenn mein *murschid* Einzug in mein Herz hält, ist Allah auch mit mir. Daran habe ich keinen Zweifel. Ich kann Allah nur durch den Mittler begegnen und in der Gestalt meines *murschid*. Durch den Mittler und in der Gestalt.«

Beim *murschid* handelte es sich nicht um den *pir* oder das Oberhaupt der Gemeinschaft, wie ich annahm. Der *murschid* war vielmehr der ursprüngliche Heilige, dessen Grab wir besucht hatten.

Zur Erläuterung bediente sich der Mann in Blau einer politischen Analogie. »Der Qaid-e Azam [Mohammad Ali Dschinnah] hat Pakistan gegründet.« Er entsprach dem *murschid*. »Heute aber gehorchen wir dem Präsidenten, Zia ul-Haq.« Der Präsident entsprach dem *pir*. Der Mann in Blau wies auf Razak: »Sie gehorchen Zia ul-Haq.« Er deutete auf mich: »Sie gehorchen Zia ul-Haq. Ich gehorche Zia ul-Haq.« In seiner Sprechweise begann ich einen Zug von Singsang zu entdecken.

Er sagte: »Nicht ich beweise Ihnen Gastfreundschaft. Mein *murschid* tut das. Ich kenne Sie nicht. Sie kennen mich nicht. Aber ich diene Ihnen, so gut ich kann, weil ich meinen *murschid* liebe. Ich möchte, dass mein *murschid* Einzug in mein Herz hält.«

Die Gemeinschaft umfasse ungefähr dreihundert Anhänger. Sie speisten zwischen achthundert und tausend Menschen täglich; sie betrieben auch eine Sanitätsstation (sie befand sich in einem kleinen Raum im Erdgeschoss, in der Nähe der Stelle, an der Frischwasser ausgegeben wurde). Aber wo kam das Geld her?

Der vorherige *pir* sei ein Heiliger gewesen. »All seine Zeit weihte er Allah. Er fastete den ganzen Tag und betete die ganze Nacht. Ich sage Ihnen, die Hände so zu halten, wie ich das vormache, ist nicht leicht.« Er führte die Handflächen zusammen und hielt sie geöffnet vor das Gesicht, wie es die Muslime tun, wenn sie ihre Gebete aufsagen; es ist, als läsen sie in ihren Händen wie in einem Buch. Und dann stand er auf und führte das Beten mit geöffneten Handflächen vor, während er seine Worte wiederholte. »Alle Zeit weihte er Allah. Fastete den ganzen Tag, betete die ganze Nacht. Versuchen Sie mal, Ihre Hände nur zehn Minuten lang so zu halten.« Er sank wieder auf seine Fersen zurück. »Er wirkte Wunder. Fünfzig Jahre lang nahm er keine Nahrung zu sich. Drei Jahre lang nahm er kein Wasser zu sich. Die Menschen hielten ihm vor, er werde nicht mehr von Nutzen sein können, wenn er kein Wasser zu sich nehme, und da beschloss er, wieder Wasser zu sich zu nehmen.«

Aber woher bekamen sie das Geld, das nötig war, um die Gemeinschaft aufrechtzuerhalten?

»Das erkläre ich Ihnen gerade«, sagte der Mann in Blau. »Ermöglicht wird heute dieser Ort durch all die Opferbereitschaft. Unser *murschid* hat mittlerweile viele *murids*, Anhänger, überall in der Welt. Sie kommen zu Hunderttausenden her. Sie spenden eine Rupie, fünf Rupien, zehn Rupien. Und wir kaufen dafür Handelswaren. Nicht ich beweise Ihnen Gastfreundschaft. Mein *murschid* tut das. Es gibt unterschiedliche Klassen von Gläubigen. Ich möchte Allah begegnen. Das Wesentliche ist, dass ich dies nur durch das Mittlertum und in der Gestalt meines *murschid* kann. Verstehen Sie?«

Ich bat ihn, mir zu verraten, was genau er empfinde, wenn er den Stein streichle, der über dem Grab des *murschid* hing. Zu meiner Überraschung schien er nicht zu verstehen, wovon ich sprach. Und als ich nachhakte, gab er zur Antwort, er habe zu viel zu tun, müsse sich zu sehr um die Gemeinschaft kümmern.

Der Junge in Braun erschien in der Tür – seinem Gesichtsausdruck nach offenbar erpicht darauf, unser Gespräch fortzusetzen –, aber als er den Mann in Blau unverändert vor uns hocken sah, drehte er sich um und stahl sich auf seinen nackten Füßen davon. Mich verfolgte die Geschichte von dem Bengali und dem Auto; sie ließ mich nicht los, während der Mann in Blau weiterredete, sich wiederholte, die Sätze, die er bereits von sich gegeben hatte, neu kombinierte.

Er erzählte mir von einem weiteren Wunder des früheren *pir*. Ein *faqir* war gestorben, einer der zur Gemeinschaft gehörigen Asketen. Man teilte es dem *pir* mit. Er begab sich zu dem Raum, wo der Tote lag. Als er den Raum betrat, hob der Tote die rechte Hand zum muslimischen Gruß. Der *pir* wurde überaus zornig. Er stieß mit seinem Stock nach dem Toten und sagte: »Du musst deinen Körper besser beherrschen lernen. Du weißt doch wohl, dass es sich für einen Toten nicht geziemt, mir einen Gruß zu entbieten.«

Ich bat den Mann in Blau, mir durch den Jungen in Braun noch einmal Tee heraufbringen zu lassen. Ich wiederholte meine Bitte mehrfach. Aber der Junge in Braun sollte uns nicht mehr allein vergönnt sein. Tee könnten wir später kriegen, sagte der Mann in Blau; erst einmal müssten wir den Küchentrakt besichtigen und uns dann natürlich die Gräber der alten *pir* anschauen. Er hatte offenbar nicht die Absicht, uns noch einmal uns selbst zu überlassen; ich fing an zu verstehen, dass dies seine Methode war, Unbefugten den Zutritt zu verwehren beziehungsweise sie des Geländes zu verweisen.

Ich versuchte, das Gespräch auf ihn selbst zu bringen, und das war genauso schwierig wie bei dem Jungen in Braun. Er lieferte allerhand Fakten, die in seinem Geist offenbar keinen strukturellen Zusammenhang bildeten; er wusste nur, wo er sich jetzt befand. Auch er war ein Wanderer, nahm an dem halbmittelalterlichen unsteten Leben teil, das so viele in Pakistan führten. Ungeachtet seiner zentralasiatischen Gesichtszüge (die sein geschorener Kopf noch verstärkte) stammte er ebenso wie der Junge in Braun aus der nördlichen Grenzprovinz. Er hatte an einer Fachhochschule für Landwirtschaft studiert, aber kein Examen gemacht. Einige Jahre lang hatte er sich mit Gelegenheitsjobs durchgeschlagen. Dann stieß er zu der Gemeinschaft. Er lernte den jetzigen *pir* kennen und beschloss sofort zu bleiben. Er holte sich von niemandem die Erlaubnis dazu; er blieb einfach (und war mittlerweile, wie Razak hinzufügte, die »rechte Hand« des *pir*). Sein Vater hatte einen Bauernhof in der Grenzprovinz. Wie viele Hektar? Sechseinhalb. Guter Boden? Sehr guter! Hatte er Brüder? Keine Brüder. Wer übernahm den Hof, wenn der Vater starb? Er dachte, ich wolle wissen, ob er auf dem Hof gebraucht werde, und antwortete, es gebe Leute mit Maschinen, deren Dienste man mieten könne. Was mit den sechseinhalb Hektar passieren werde, wenn er sie erbe, formulierte ich meine Frage um. Er sagte, er wisse es nicht; er habe diesen Teil seines Lebens zurückgelassen.

Wir gingen hinunter, um uns den Küchentrakt anzuschauen. Die Mittagsspeisung war vorbei, aber das Kochen ging weiter. Wir mussten die Schuhe ausziehen, um durch eine dicke

Staubschicht, die an den Fußsohlen kitzelte, vom Hauptgebäude zum Küchenschuppen zu laufen. Dort kochten sie Tee in großen Kupferkesseln; zwischen Klaftern von Brennholz stand dort auch der Junge in Braun müßig herum und hielt sich von uns fern.

In einem offenen Verschlag vor den tiefen Feuerkuhlen stand ein Mann über ein hohes Marmorbecken gebeugt und knetete Teig, in dem seine Arme bis zu den Ellbogen versanken; auf dem gekneteten Teig auf der Marmorplatte daneben hatten sich Fliegen niedergelassen. Ein anderer Mann kochte Linsensuppe; wieder ein anderer steckte in der Feuerkuhle und kümmerte sich um den Backofen. Ihrer aller Köpfe waren geschoren, sie hatten strahlende Augen und runde Backen. Sie waren freundlich, freuten sich, dass man ihnen zusah; sie befanden sich an der Quelle von Nahrung und Überfluss, wussten, dass sie den Armen und Gott dienten. In der Malerei Nordindiens trifft man immer wieder solche Küchenszenen an: Ich hatte das Gefühl, haargenau diese Gesichter schon einmal gesehen zu haben.

Unter Führung des Mannes in Blau schritten wir die Gräber aller im *koli* begrabenen *pir* ab, um sie zu berühren. Und dann saßen wir in dem heißen gekachelten Hof, inmitten der Fröhlichkeit der stufenförmigen farbigen Bänder des Haiderabad Boogie-Woogie. Schüchtern brachte der Junge in Braun Tee zu uns heraus. Er blieben bei uns stehen. Unsere Zeit war fast abgelaufen. Ich fragte ihn kurzerhand nach dem Bengali.

»Er ging nach Karatschi und kam zurück«, antwortete der Junge in Braun. »Das habe ich Ihnen doch erzählt.«

»Bengali?«, fragte der Mann in Blau. »Hierher kommen Leute aus aller Welt. Ich kenne Sie nicht. Sie kennen mich nicht. Aber ich diene Ihnen –« Und abrupt auf einem weiß gekachelten Mauersims Platz nehmend, verstummte er, wie ausgelaugt durch die Nachmittagshitze, den Staub, die Wüste, das Leben, die Langeweile.

Als wir im Auto saßen und die nasse, schwarze Basargasse mit ihren einträglichen Essbuden hinunterfuhren, sagte Razak: »Wissen Sie noch, als er davon sprach, dass sie Waren kauften? Er sagte, sie trieben Handel. Im *koli* darf man keinen Handel treiben.« Razak sprach als guter Muslim.

Wir fuhren zwischen Fluss und felsiger Bergkette zurück: aufgefaltete glatte Felsenschichten, die dann irgendein Wassersturz zertrümmert hatte, sodass der Fels schichtweise abgehoben worden war und der Berg an manchen Stellen aussah wie ein stark nach einer Seite geneigtes stufenförmig ansteigendes, riesiges Amphitheater.

Wir hielten an solch einem Durchbruch an. Razak hatte die Mittagsmahlzeit mit neuer Energie erfüllt. Und eine Flasche des pakistanischen Gegenstücks zu Seven-Up, genannt Bubble-Up (ihn nur den Namen aussprechen zu hören war schon ein Vergnügen), hatte ihn munter und immun gegen die große Hitze gemacht.

Während wir auf den Berg zugingen, wurde er immer größer. In seinem Schatten war es kühler. Die Stätte flößte Ehrfurcht ein. Die hinduistischen Tempel aber, Zeugnisse solcher Ehrfurcht, kleine Bauten mit pyramidenförmigem Dach, die gar nicht alt waren, sondern gerade einmal in die Zeit vor 1947 zurückreichten, hatte man aufgebrochen, geleert, ausgefegt und anschließend mit Inschriften in Urdu verunstaltet: vollständige Vertreibung des Gegners. Dabei war es eine berühmte Stätte: Von dem Wasserstrudel, der den Berg zertrümmert hatte, und den kleineren Wirbeln, die später die Felsschichten ausgewaschen und kleine Kuhlen und Höhlen geschaffen hatten, blieb nichts als ein salzhaltiger Quell, der für seine Heilkräfte bekannt war: blaugrün in den Bergspalt eingebettet, ergoss er sich in ein Bächlein, das auf den Felsen, über die es hüpfte und die es unverdrossen polierte, einen weißlichen Schlamm zurückließ. In diesem Bach gab es nicht nur Kiesel; man fand dort auch Meeresfossilien.

Razak verfügte über den Blick des Naturforschers. Er bückte sich und las Steinbrocken auf, die den Abdruck von Muschelschalen zeigte; er legte auch eine ganze versteinerte Miesmuschel und eine kleine schneckenförmige Muschel in meine Hand. Das Land hatte den Islam, den Buddhismus, den Hinduismus, die Arier, die vorarischen Kulturen gesehen; sogar schon ehe die alten Städte Mohendscho Daro und Harappo erbaut worden waren, hatte eine Zivilisation im Industal existiert. Aber als noch größeres Wunder, das den Geist in weite Fernen entführte, erschien mir, dass dieses ganze Land einst auf dem Grunde des Meeres gelegen hatte. Und nach wie vor legte dieses dünne Salzrinnsal, das da dem heißen Fels entsprang, Zeugnis ab von der ozeanischen Vergangenheit eines Landes, das heute so weit entfernt war vom Meer, so voller Licht und Hitze, so heftig dürstend nach Wasser.

Als ich im Circuit House in Haiderabad eintraf, gab es dort erneut Probleme. Man hatte für die vergangene Nacht ein Zimmer auf meinen Namen reserviert, für die bevorstehende Nacht war ich nicht vorgemerkt. Das Haus stand leer; niemand wurde erwartet. Aber eine volle Stunde lang musste telefoniert werden und Razak musste sich von einem Beamten zum nächsten weiterreichen lassen, ehe ich die Erlaubnis erhielt, dort zu übernachten.

Am nächsten Morgen hatten wir keinen weiten Weg. In Haiderabad selbst, in einer der von Lehmmauern umgebenen Festungen, die von den letzten muslimischen Amirs oder Fürsten von Sindh erbaut wurden, gab es ein Heiligtum, in dem Geistesgestörte Heilung suchten.

Es lag am oberen Ende einer langen Treppe aus Marmorstufen. Am unteren Ende warteten mitleiderregend abgezehrte Frauen, eine von ihnen mit einem männlichen Säugling, und bettelten um Almosen; zwei oder drei Stufen über ihnen schlug ein Mann eine Trommel und sang. Oben befanden sich zwei kleine Gebäude, die eine schmale gepflasterte Gasse trennte. In dem Gebäude zur Linken hatte der Heilige meditiert; im Gebäude zur Rechten war er bestattet. Das Grab war von einer Absperrung umgeben, und der Wächter des Heiligtums, ein dicker freundlicher kleiner Mann, saß inmitten eines Schwarms geselliger Fliegen auf dem gekachelten Boden des Säulenvorbaus an der Frontseite. Menschen, die Gesundung suchten, musste er vorkommen wie ein Süßwarenhändler Kindern – als der Mann, der alles hatte, was das Herz begehrt. Er plauschte mit einem verrückten, rotäugigen Mann; während sie sich unterhielten, feilschten sie offenbar gleichzeitig um den Austausch irgendeiner Art von Bohnen.

Ein oder zwei Leute kamen und machten die Runde um die Grabstätte, wobei sie in der Gasse zwischen den zwei Gebäuden den Schritt verlangsamten, um die Ausdünstung beider heiliger Orte gleichzeitig in sich aufzunehmen. Sie umklammerten die silbern gestrichene Eiseneinfassung des Grabes, rieben daran die Hände hin und her und lehnten schließlich den Kopf gegen das Metall.

Im Hintergrund standen zwei junge Mädchen mit verschleierten Gesichtern dem Grab gegenüber. Sie waren nicht krank; sie nutzten das Heiligtum einfach nur als Treffpunkt, hielten einen kleinen haiderabadischen Schwatz und kicherten. Einen Mann allerdings gab es, der von einem echten Dschinn oder bösen Geist besessen war, einen jungen dunkelhäutigen Mann, der körperlich mitgenommen und halb von Sinnen wirkte. Um diesen Mann kümmerte sich der

Wächter bald darauf. Als er sich erhob, um sich ihn vorzunehmen, stieg der Fliegenschwarm ein paar Zentimeter in die Luft, sank aber gleich wieder zu Boden.

Man hörte, wie der Wächter von hinten *»Los, komm!«* rief. Der Dschinn in dem Mann heulte auf, weil er unter der Einwirkung der heiligen Präsenz litt. Aber wie ein Mensch, der sich von keinem Dschinn auf der Nase herumtanzen lässt, kommandierte der Wächter den Besessenen zu sich her; die ganze Zeit über brüllte er auf den Dschinn ein, während der Träger des Dschinn vorgab, Widerstand zu leisten. In all seiner Not wusste er doch, was von ihm erwartet wurde. Und in diesem schwerkranken Mann steckte selbst noch ein Rest von Eitelkeit. Er wusste, er war ein so gravierender Fall, dass er zum Heiligtum gebracht werden musste; er blickte zu Razak und mir als zu seinem einzigen Publikum zurück, um sich zu vergewissern, dass wir auch mitbekamen, von was für einem gewaltigen Dschinn er besessen war, wie der Dschinn heulte und sich gegen den Einfluss des Heiligen sträubte. Aber es half ihm alles nichts, er musste weiter, in die Gasse zwischen den beiden Gebäuden, und dort würde er bleiben, bis man ihn für geheilt erklärte. *»Du, setz dich hierhin! Du, hör mir zu!«*, brüllte der Wächter. Nach einigem Widerstreben beruhigte sich der Dschinn, und der Wächter, wieder ganz der verkörperte Frohsinn, kehrte zurück zu seinen Bohnen und seinen Fliegen, die zu seiner Begrüßung ein paar Zentimeter aufstiegen und dann wieder zu Boden sanken.

Ein Afrikaner – *sidi* war der von Kränkungsabsicht freie Ausdruck, den man dort verwendete – erschien auf der Bildfläche. Er war ordentlich frisiert, wirkte nicht so, als fühle er sich unwohl. Er setzte sich neben das vergitterte Fenster des Meditationsgebäudes, in die Nähe des Mannes mit dem Dschinn, der jetzt sediert, ja, abwesend wirkte. Nach kurzer

Zeit aber veränderten sich die Gesichtszüge des Afrikaners; seine Augen wurden glasig, seine Wangen hohl, man sah, dass er litt. Eine kleinwüchsige Frau kam mit einem Kind auf der Hüfte. Sie war erneut schwanger. Und dann sah ich, dass sie selbst kaum mehr als ein Kind war, zwölf oder dreizehn, aber von dem Bewusstsein erregt, dass sie bereits erwachsen genug war, um die Erfahrung wichtiger menschlicher Triebbedürfnisse zu machen. Alle spielten sie Rollen (auch wenn der Mann mit dem Dschinn sich nach seinem großen Auftritt jetzt ein bisschen zu weit abgesetzt hatte), jeder wusste, wie er sich geben musste. Aber ließ sich von Schauspielerei reden, wenn die ganze Welt oder jedenfalls die Welt, die man kannte, an dem Schauspiel beteiligt war?

Das war der Punkt, den Razak – tief beeindruckt von dem Dschinn – mit seinem Englisch mühsam versuchte, zur Sprache zu bringen. Er habe zwei oder drei Menschen erlebt, die von Dschinns besessen gewesen seien, sagte er. Er sei sicher, erklärte er dann allerdings, dass in anderen Ländern oder anderen Kulturen die Menschen an anderes glaubten, die Geisteskrankheiten andere Formen annahmen und die Behandlungsmethoden anders aussahen.

Durch die Wüste nach Karatschi zurückzufahren und erneut den uralten Industrom zu überqueren war so, als führe man durch eine Folge von Entwicklungsstufen zurück, als überspränge man ganze Generationen. Es war leicht zu sehen, wie die Großstadt – ganz zu schweigen vom Intercontinental mit seinem besonderen Trubel – die Menschen ihren Dörfern entriss und so viele einem unsteten Wandererleben überantwortete.

Als wir schon in der Nähe von Karatschi waren, fuhren wir eine Zeit lang hinter einem offenen Lastwagen her, der mit den gehäuteten, in der Sonne schillernden und noch mit den

Hörnern ausgestatteten Köpfen frisch und vorschriftsmäßig geschlachteter Rinder beladen war.

Ich war froh, dass mich Ahmed ins Landesinnere geschickt hatte. Es gab vieles, worüber ich mit ihm reden wollte. Als ich indes in Karatschi eintraf, stellte ich fest, dass Ahmed selbst meine erste Buchung im Circuit House rückgängig gemacht hatte – den unvermuteten Ministerbesuch hatte es gar nicht gegeben. Zwischen seinem Entschluss, mich nach Haiderabad zu schicken, und meiner Ankunft dort war etwas passiert, was Ahmeds Einstellung zu mir verändert hatte.

Als wir uns kennen lernten, wusste er nichts über mich. Er hatte schlicht und einfach von Mensch zu Mensch auf mich reagiert, und ich wiederum hatte mich davon in meiner Reaktion bestimmen lassen. Aber vielleicht hatte man ihm nun gesagt, dass ich nicht der war, der ich zu sein vorgab. Am Telefon begegnete er mir kalt; zwei Verabredungen hielt er nicht ein. So konnte ich mich über das Sufi-Zentrum nicht mit ihm unterhalten. Ich konnte mit ihm nicht die Frage diskutieren, ob nicht die Vermengung der beiden Arten von Religion – der Religion der Offenbarung und des Gesetzes und der Religion der Askese und der grenzenlosen Meditation – der einen wie der anderen abträglich war. Und ich konnte auch nichts Weiteres über die »Genossenschaften« seiner Jugend oder über seine Vorstellung von der menstruationslosen Reinheit der Frauen im Paradies herausfinden. Wie bei der Geschichte von dem Bengali, der ohne einen Pfennig nach Karatschi aufgebrochen und von dort mit einem Auto zurückgekommen war, musste ich mich mit dem zufrieden geben, was ich hatte.

Ich mochte Ahmed. Dass er mir die kalte Schulter zeigte, stimmte mich traurig und verleidete mir Karatschi.

6

Rechtsunordnung

Am Strafgerichtshof in Karatschi – direkt unterhalb des zentralen Basars – wurden die Häftlinge in den Hof hinausgeführt; gewöhnlich waren sie paarweise zusammengekettet, wobei die Ketten an ihrem Handgelenk befestigt waren und ein Polizist in Khakiuniform das lose Ende der Kette hielt. Es ging freundlich zu, und in dem Gedränge, das im Hof herrschte und das dem Gedränge des Basars glich, starrte niemand die Häftlinge an oder schenkte ihnen ungebührlich viel Aufmerksamkeit. Sie plauderten mit den Polizisten oder machten bei den Betelnussständen Halt, um sich mit Kaumittel einzudecken. Die Gesichter glichen im Großen und Ganzen denen auf der Straße; ein Mann freilich hatte einen gestörten Blick, und zwei zusammengekettete barfüßige kleine Kerle, die vielleicht Brüder waren, machten einen schwachsinnigen Eindruck. Es gab nicht genug Ketten. Einige Häftlinge wurden an Stricken geführt, die an ihren Oberarmen festgebunden waren. Sie sahen dadurch ein bisschen wie dressierte Affen aus, aber an der freundlichen Atmosphäre änderte das nichts.

Auf einer Plattform, die von Markisen beschattet wurde, saßen die Notare und Beglaubiger eidlicher Versicherungen und warteten hinter ihren kleinen Tischen mit den gläsernen Briefbeschwerern und den kleinen schmuddeligen Büchern auf Kundschaft. An einem der Stände konnte man Stempel und Formulare aller Art kaufen. Draußen auf dem Bürgersteig saßen die Schreiber eidlicher Erklärungen, hackten auf alte – manchmal sogar sehr alte und verrostete – Schreibmaschinen ein und füllten gestempelte Vordrucke aus. Und dann gab es noch die Briefschreiber (»Hochwerter Herr« – und ich wäre so gerne stehen geblieben und hätte weitergelesen, aber ich spürte schon den abweisenden, von Berufs wegen misstrauischen Blick des Schreibers drohend auf mich gerichtet).

Um die Ecke, auf dem Bürgersteig der Hauptstraße, saßen die Medizinmänner mit ihrem merkwürdigen Inventar. Zuerst dachte ich, die auf einem Haufen liegenden Eidechsen seien tote oder ausgestopfte Tiere oder auch eine Art Kunstwerk. Aber dann bewegte sich eine Eidechse (oder waren es Leguane?), und alle anderen bewegten sich ebenfalls. Es waren elf Stück, alle mit einem Strick um das dicke Ende des Schwanzes oder um den Leib oberhalb der Hinterbeine, befestigt an einem großen Stein; jetzt versuchten sie auf dem heißen Pflaster allesamt, sich loszureißen. Nusrat war es, von dem ich später erfuhr, dass die Eidechsen ein Potenzmittel waren. Man kaufte sich eine, tötete sie und aß einen bestimmten Körperteil.

Ich besuchte das Strafgericht zweimal. Das erste Mal ging ich allein hin und beobachtete nur das Treiben im Hof. Das zweite Mal ging ich in Begleitung von Nusrat. Er war Journalist bei der *Morning News*, ein klein gewachsener, vierschrötiger Mann von etwa dreißig Jahren mit großer runder Brille in einem runden Gesicht und mit einem dicken Schnauzer. Er steckte voller aufgeregter Energie. Was er in seinen Zeitungsjob investierte, war mehr als das Pensum eines normalen Arbeitstages. Das half ihm dabei, die Ängste zu beschwichtigen, die der schlechte Gesundheitszustand seiner Frau in ihm auslösten, sowie sein Gefühl, den religiösen Anforderungen nicht gerecht zu werden und als Muslim zu versagen.

Nusrats Vorfahren stammten sowohl aus dem Punjab als auch aus Madras, so dass er selbst halb in Pakistan heimisch, halb ein *mohajir* oder indisch-muslimischer Zuwanderer war, dass er sich mit anderen Worten einerseits zu Hause fühlte, andererseits aber von dem Gefühl verfolgt wurde, seiner Rolle als Pakistani und Muslim nicht zu genügen. Dass er als Muslim zu wünschen übrig lasse, war fast das Erste, was er mir in dem flotten, beiläufigen Ton, in dem er sprach, mitteilte. Er verstand das nur als Selbstbezichtigung; unmittelbar darauf erklärte er mir, das Allerwichtigste für ihn seien der Islam und das künftige Leben.

Und in all dem Gewusel im Gerichtsgebäude, in all den Räumen, in die mich Nusrat führte, fand nur eine einzige Verhandlung statt. Hinter der Schranke in dem kleinen Raum gab es zwei oder drei Zuschauer; vielleicht waren es auch einfach nur Leute, die warteten. Die Atmosphäre war wenig förmlich, und der ernste Gesichtsausdruck des Mannes auf der Anklagebank (blaues Hemd, weite pakistanische Hose) wirkte leicht deplatziert; er machte den Eindruck eines Schauspielers, der in seiner Rolle übertrieb. Worum es ging, ließ sich nicht ohne weiteres herausfinden. In Karatschi redeten die Menschen mit lauter Stimme; in diesem Raum aber murmelten sie, und bei dem allgemeinen Aufruhr ringsum brauchte ich einige Zeit, bis ich begriff, dass sie Englisch sprachen. Noch länger brauchte ich, bis ich mitbekommen hatte, dass es sich um einen Fall von Diebstahl handelte, dass nach einem Jahr die Polizei immer noch keine Zeugen vorweisen konnte und dass der Fall nur verhandelt wurde, um erneut vertagt zu werden.

Ein Staatsanwalt, der mit Nusrat bekannt war, hielt mir

einen kleinen wortreichen Vortrag über die Verfahrensweise, während die Verhandlung weiterging. Er wollte unbedingt, dass ich blieb und mir anhörte, wie er seinen eigenen Fall vortrug, bei dem ein Lehrer im Staatsdienst angeklagt war, der, um auswandern zu können, bei der Beantragung seines Passes falsche Angaben gemacht hatte. Als Staatsdiener hätte der Lehrer ein UBZ – ein Unbedenklichkeitszeugnis – gebraucht; vermutlich aber, weil er keine Hoffnung hatte, eine solche Bescheinigung zu erhalten, hatte der arme Schlucker die Tatsache seiner staatlichen Anstellung verschwiegen. Dem Staatsanwalt zufolge sollte der Fall in zehn Minuten zur Verhandlung kommen. Aber vor dem Hintergrund der Tatsache, dass in Pakistan die Normgröße für die Angabe beliebig langer Verspätungen eine halbe Stunde betrug, erschienen uns zehn Minuten ein bisschen zu viel. Wir verabschiedeten uns also (und tatsächlich wurde, als wir einige Zeit später wieder hereinschauten, gerade ein weiterer Fall verhandelt, und unser Staatsanwalt wartete immer noch darauf, dass sein Fall an die Reihe kam).

In der Vorhalle draußen sahen wir vier angekettete Jungen, die in aller Ruhe auf einer Bank warteten und bereitwillig über ihr Abenteuer plauderten. Sie arbeiteten in einem Hotel und waren wegen Diebstahls angeklagt. Ihrer Behauptung zufolge hatte die Polizei sie »ganz schön« durchgeprügelt. Aber dabei lachten sie, und der Polizist, der sie an der Kette hielt, lächelte ebenfalls und schüttelte den Kopf. Neben ihnen saßen zwei Männer mit wenig vertrauenswürdigem Blick, die der Messerstecherei angeklagt waren. Ein anderes Kaliber, was kriminelle Energie und Selbsteinschätzung betraf, stellte der junge Mann aus dem Norden dar, der jetzt vorbeistolzierte. Zusätzlich zu den Ketten an beiden Handgelenken trug er eiserne Fußfesseln; er wurde von zwei Polizisten begleitet, die Gewehre trugen. Seine blasse Haut war auf den Wangen verpickelt; seine schmalen mandelförmigen Augen wirkten furchterregend. Der Aufmerksamkeit, die er hervorrief, war er sich bewusst: Als für den Galgen bestimmte Persönlichkeit stand er hoch über der Welt der Bagatelldelikte. Für seinen öffentlichen Auftritt trug er die einem Boss geziemende Kleidung: einen frisch gebügelten blass blauen pakistanischen Anzug und einen roten Turban mit hoher, steifer Kappe. Ihn für ein kurzes Gespräch anzuhalten verbot sich von selbst.

Nusrat sah, wie ein Mann am Strick geführt wurde, und geriet in Aufregung. »Wissen Sie, es gibt nicht genug Ketten. Sie benutzen Stricke. Ich muss darüber etwas schreiben. Viele Häftlinge sind schon erfolgreich aus dem Gericht geflohen. Vielleicht importieren sie die Ketten, und die sind nicht eingetroffen. Vielleicht verwenden sie die Ketten für politische Gefangene.«

In einem Gerichtssaal ohne einen Richter, einem Raum, der wie ein kleines Klassenzimmer aussah, saß eine unverschleierte Frau mit ihrem äußerst dürren jungen Sohn. Ihr bleiches Gesicht war rund und klein, ihre Haut rau; weder sie noch ihr Sohn bekamen genug zu essen. Sie hatte für 4000 Rupien, 400 Dollar, ein Grundstück gekauft, aber es hatte Ärger gegeben. Sie trug ihre Unterlagen in einer Plastikhülle bei sich, darunter auch die kostbare, bereits vielfach betatschte Empfangsbestätigung über 4000 Rupien. Drei Tage hintereinander kam sie jetzt schon ins Gericht, und auch heute wieder erschien kein Richter. Sie lebte über zwanzig Kilometer von Karatschi entfernt. Ihr Mann, sagte sie, sei an Asthma gestorben. Aber Nusrat zweifelte das an. Seiner Vermutung nach war sie geschieden; sie schäme sich aber zuzugeben, dass sie allein sei, dass niemand sie haben wolle.

Und draußen in der Vorhalle noch mehr Morde. Ein gedrungener, schnauzbärtiger Mann aus Swat im hohen Norden: Man hatte ihn vor zwei Tagen festgenommen. Sein Gesicht ansprechend, offen; trotz seiner gefesselten Handgelenke schien er guter Dinge. Er habe nichts getan, deshalb sei er guter Dinge, sagte er. Die Polizei habe eine Schusswaffe bei ihm gefunden; aber bei dem Mann, der umgebracht worden sei, habe es sich um einen schlechten Menschen gehandelt, und es gebe viele Menschen in der Region, die den Wunsch gehabt hätten, ihn umzubringen.

Ein *sidi* oder Mann afrikanischer Abstammung, ebenfalls des Mordes angeklagt, war von einer großen Schar *sidis* umgeben, die sich für ihn einsetzten. (Jede Menge *sidis* sah man hier, die Reinblütigen aus dem Hafenviertel Karatschis, die Gemischtrassigen von der Makran-Küste in Belutschistan; und im Hof sowie in den Vorhallen des Gerichts jede Menge weitere Müßiggänger.) Um einen muslimischen Mord ging es bei dieser *sidi*-Geschichte, und zwar um einen gerechtfertigten Mord, wenn man den Fürsprechern des Angeklagten glauben durfte; der Ermordete hatte ein unverheiratetes Mädchen verführt.

Dann führte man einen angeketteten pathanischen Jungen aus der Grenzprovinz vorbei; ihn hatte die Hauptstadt aus der Heimat weggelockt und dem pakistanischen Wanderleben verfallen lassen. Dieses Leben war ihm nicht gut bekommen. Er ging barfuß, und seine Füße waren schwarz. Er trug seit Wochen dieselben Kleider; der Kragen seines langen Hemdes war fettig und schwarz, wie verschmiert von Maschinenöl. Ein Englisch sprechender Anwalt, der einen recht gepflegten Eindruck machte, erläuterte mir den Fall. Der Junge war angeklagt, die Eisenbahn geschädigt zu haben. Mit Schädigung der Eisenbahn war die riskante Art und Weise gemeint, auf die sich der Junge ein paar Rupien zu verschaffen suchte. Er sprang auf einen fahrenden Zug, eroberte mit Gewalt oder Drohungen einen Sitzplatz und versuchte dann, den Platz für ungefähr zwanzig Rupien loszuschlagen. Das war ein allgemein bekannter Trick. Der Polizist, der den Jungen an der Kette führte, lächelte; der Anwalt, der die Geschichte erzählte, lächelte; der Einzige, der nicht lächelte, war der Junge.

Es gab ein Büro, in dem alle Unterlagen aufbewahrt wurden: ein Lagerhaus für Akten, unzählige Regale mit Papierbündeln, die in rotes, gelbes oder weißes Tuch gehüllt waren, unzählige Regalbretter mit zerfledderten, staubigen Registraturbüchern. An einem Tisch in der Mitte dieser scheinbaren Müllhalde saß ein alter weißbärtiger Mann mit einer schwarzen Kappe. Er blickte auf eine lange Geschichte des aufopferungsvollen Dienstes am Rechtswesen und erfolgreichen bürokratischen Wirkens zurück. Im Jahr 1947, zum Zeitpunkt der Aufspaltung des Subkontinents, war er nach Karatschi gekommen und arbeitete schon zweiunddreißig Jahre lang beim Gericht. Zugewandert war er aus Jaipur in Indien, wo er drei Jahre lang Erfahrung mit der Gerichtsarbeit gesammelt hatte. Im Jahr 1947 gab es nur sechs städtische Gerichte in Karatschi; jetzt waren es vierzig. Er hatte sich Schritt für Schritt hinaufgearbeitet; schließlich hatte er es zum Hauptschriftführer am wichtigsten Gerichtshof der Stadt gebracht. Als Schriftführer saß er neben dem Richter und führte über alles Protokoll. Protokollieren, Akten führen – das war seit jeher seine Berufung.

Zu guter Letzt war er ins Archiv versetzt worden, in diesen Raum mit in Tuch gewickelten Papierbündeln, Akten und Aufzeichnungen. Das Ganze wirke chaotisch, sei aber organisiert. Er könne alles binnen fünfzehn Minuten finden. Er brauche dazu nur das Datum des Urteils und das Datum der

Ablage, das heißt das Datum, an dem die Unterlagen ins Archiv geschickt worden waren. Aber was, wenn das Ablagedatum unbekannt sei? Dann, sagte der alte Mann, sei es schwierig. Besser gesagt, unmöglich, dachte ich bei mir. Er führte seine Methode vor, stellte sich selbst eine Aufgabe mit Urteils- und Ablagedatum, öffnete ein zerfleddertes Registraturbuch, sah dann in einem nach, das noch ramponierter wirkte, bahnte sich anschließend mit seiner schwarzen Kappe, seinem weißen Bart und einem Zeigefinger, der den Takt zu schlagen schien, seinen Weg an den Regalen entlang, bis er ein Bündel ausgegraben und in einer Staubwolke heruntergenommen hatte. Ich beglückwünschte ihn. Er erklärte, Gott schenke ihm den Erfolg, alles sei Gottes Wille.

»Hätten Sie gerne islamische Gesetze?«, wollte Nusrat wissen.

»Ja doch«, sagte der alte Mann, der sich wieder an seinen Tisch gesetzt hatte. »Das wäre besser.« Die Menschen in Karatschi seien zu gottlos; sie müssten schneller bestraft werden. Viele der Leute, die im Hof herumlungerten, seien berufsmäßige Zeugen, die in den verschiedensten Fällen aussagten und immer wieder aufträten. Obwohl in seine Akten vertieft und im Archiv vergraben, erkenne sogar er nach all den Jahren einige von ihnen.

Sein ganzes Berufsleben unter diesen bösen Menschen zu verbringen – wie komme er damit zurecht? Er missverstand meine unüberlegte Frage und antwortete streng, er habe niemals Bestechungen angenommen. In drei Jahren gehe er in den Ruhestand. Pläne habe er keine. Er lege seine letzten Jahre, wie er das sein ganzes Leben lang getan hatte, in Gottes Hand.

»Ihre Kinder?«, erkundigte ich mich.

»Fragen Sie lieber nicht, mein Herr.«

Und erst jetzt kam heraus, dass dieses erfüllte und erfolgreiche Leben im Dienste der Justiz von Karatschi – dieses Leben, für das er Gott danken musste – an einem grausamen Defekt krankte. Vier seiner Kinder litten unter Kalkmangel. Er verwendete den Fachbegriff Kalziumdefizienz. Ihre Knochen zerfielen. Zwei der Kinder seien schon gestorben. Das eine Mädchen sei mittlerweile gelähmt und ans Haus gefesselt. Die Unterarme hochhaltend und kreuzend, als sei auch er an den Handgelenken gefesselt, demonstrierte er den Zustand ihrer Beine. Nicht einmal eine Fliege, die sich auf ihr Gesicht setze, könne sie wegwischen; jemand anderer müsse das für sie tun.

Für dieses Mädchen freilich hoffte er auf eine medizinische Behandlung in den Vereinigten Staaten. Er hatte Briefe geschrieben und eine Antwort erhalten. Und, wie bei diesem Aktenmenschen nicht anders zu erwarten, er hatte die Akte zur Hand, gleich neben sich auf dem Tisch: handgeschriebene Briefe in Urdu und ein getippter Brief auf Englisch. Die Vereinigten Staaten! Die Welt des Wissens jenseits der Welt des Glaubens: Sogar hier wusste man von ihr.

Auf einer Bank unmittelbar neben der Balustrade der Vorhalle saßen zwei Bäuerinnen, eine alte Mutter und ihre erwachsene Tochter. Die Mutter war kaum größer als ein Meter zwanzig, ganz dürr und runzlig, die Lippen überzogen von einer dicken Schicht des purpurfarbenen Breies eines Betelblattes, der seine Spuren auch auf dem *orhni* aus Musselin hinterlassen hatte, mit dem sie ihr Haar und ihre flache Brust bedeckt hatte. Sie sprach in kreischendem Ton, und ihre Tochter – das alt-junge Gesicht gezeichnet von der Sonne, der schweren Arbeit und der Unterernährung – kreischte mit ihr um die Wette. Auf ihre geduldige, weibliche Art warteten sie darauf, dass jemand auf sie aufmerksam wurde. Sie waren

Leute mit einer Beschwerde und hatten ein Faible für die Gerichtsatmosphäre entwickelt; das Gerichtsgebäude war zu ihrer Klagemauer geworden.

Ein Mieter machte ihnen Probleme. Er wollte das Haus nicht räumen. Sie hatten großen Ärger gehabt, bevor das Militär die Macht ergriffen und das Kriegsrecht verhängt hatte. Also war die Sache jetzt wieder in Ordnung? Sie hatten ihr Grundstück zurückbekommen? Ja. Aber er hatte die Miete nicht bezahlt. Fünfzig Rupien monatlich für fünf Jahre. Fünf Jahre? Hatten sie fünf Jahre lang zugelassen, dass er mietfrei wohnte?

Die Tochter zeigte die Papiere vor. Es gab einen Brief auf Englisch, den ein Briefschreiber geschrieben hatte. In dem – ziemlich unzusammenhängenden – Schreiben stand, dass der Ehemann der Tochter sich von ihr scheiden lassen wolle und die Tochter in ständiger Angst lebe, von ihm umgebracht zu werde. Deshalb war sie zum örtlichen Polizeirevier gegangen und hatte die in dem Brief niedergelegte Erklärung abgegeben. Jetzt lebte sie bei ihrer Mutter. Sie habe »nur drei Kleider«. Der Ehemann, der sie habe umbringen wollen, habe alles Übrige mitgenommen, sogar ihre *burqa*, ihren Schleier.

Aber was hatte das alles mit dem Mieter und der nicht bezahlten Miete zu tun?

Na, das bedeute, kreischten sie mich eine nach der anderen an, dass sie keinen Mann hätten, keinen Beschützer. Es bedeute, dass sie für ihren Lebensunterhalt auf die Miete von dem Haus angewiesen seien.

Und es gebe auch Schwierigkeiten mit der Vermietung des Hauses. Sie hätten jemandem ein Bestechungsgeld von 3000 Rupien gezahlt, der die Erlaubnis für die Vermietung habe erwirken sollen. Aber der Mann habe das Geld eingesteckt und nichts unternommen. Und sie hätten jemandem 800 Rupien gegeben, der die 3000 Rupien für sie zurückholen sollte, und abermals sei nichts geschehen.

So kreischten und jammerten sie in der oberen Vorhalle des Gerichts und die alte Frau spie dicken Betelbrei aus, bis der *adhan* erklang, der Ruf des Muezzins zum Mittagsgebet. Die Regierung hatte angeordnet, dass staatliche Behörden für die Gebete die Arbeit unterbrechen sollten. In dem Gericht aber, in dem an diesem Vormittag nicht viel los war, schien der *adhan* weniger ein Ruf zum Gebet als ein Aufruf an Menschen, die ohnehin nichts weiter zu tun hatten, sich absolutem Nichtstun zu verschreiben.

Beim Mittagessen sagte Nusrat: »Geben Sie mir einen Rat. Bleibe ich besser hier? Oder gehe ich in den Westen?«

»Was würden Sie dort anfangen?«

»Ich könnte in Amerika eine Arbeit über Massenkommunikation schreiben und Examen machen.«

»Und danach?«

»Lehren würde ich nicht wollen. Ich würde reisen und schreiben. Reisen und schreiben.«

»Worüber würden Sie schreiben?«

»Über Verschiedenes. Danach würde ich mir einen Job bei irgendeiner internationalen Organisation suchen – als Experte für Medien in der Dritten Welt.«

»Was würden Sie machen, wenn Sie hier bleiben?«

»Ich würde in die Werbung gehen.«

»An Ihrer Stelle würde ich hier bleiben und in die Werbung gehen.«

»Aber es ist so unehrlich.«

»Ist es unehrlicher als das, was Sie jetzt tun?«

»Es würde mir keinen Spaß machen.«

»Wie viel würden Sie in einer Werbeagentur verdienen?«

»Viertausend.« Vierhundert Dollar. Jetzt kriege ich zweitausend. Aber es würde mir keinen Spaß machen. Man muss die *Morning News* nicht unbedingt mögen, aber ich bin dort immerhin ein freier Mann. Public Relations liegt mir nicht. Finden Sie nicht, dass jemand wie ich sich mit den Medien in der Dritten Welt beschäftigen sollte? Finden Sie es richtig, dass die Amerikaner und Kanadier in der Weltgeschichte herumreisen und uns etwas über die Medien in der Dritten Welt erzählen?«

»Ja. Diese Leute wissen, wozu Zeitungen gut sind. Uns könnten Sie nicht viel Neues erzählen.«

»Warum sagen Sie das?«

»Sie haben mir doch selbst erklärt, dass der Islam und das künftige Leben für Sie das Allerwichtigste sei.«

»Man fühlt sich ja ganz klein, wenn Sie so reden.«

Für einen Augenblick hatte ich dem mehrfachen Ärger, der sich in mir angestaut hatte – Ärger über die politische Gehässigkeit seiner Zeitung, Ärger darüber, dass er gleichzeitig islamisch bleiben und sich die Offenheit und Toleranz der anderen Zivilisation zunutze machen wollte –, freie Bahn gelassen und war aggressiv gegen ihn geworden. Ich hatte Schuldgefühle.

Wenn er auch meine Aggression zurückwies, stieß sie doch durchaus auf Resonanz bei ihm. Er glaubte an das Ideal eines islamischen Staates; er fand, dass Pakistan diesem Ideal nicht gerecht wurde und dass deshalb das Land die Geringschätzung verdiente, die er aus meinen Worten herausgelesen hatte. Das islamische Ideal war Thema eines 1951 erschienenen Buches mit dem Titel *Pakistan als Islamischer Staat*, das er mir zum Geschenk gemacht hatte. Es werde mir dabei behilflich sein, Pakistan zu verstehen, hatte er gemeint. Und das Buch zeigte mir, dass vor dreißig Jahren das islamische Ideal schon ebenso unbestimmt, ebenso sehr ein Gemisch aus praxisferner Absichtserklärung und Geschichtsklitterei (nebst begleitender profaner Korruption) war wie heute. Der islamische Staat, las ich dort, sei ein hoch droben schwebender, im Dunst verborgener Falke. »Ich kann ihn nicht sehen, aber ich spüre den Sog.«

Apropos Nusrat. Sechs Monate später, als ich wieder nach Karatschi kam und mich fragte, wen ich besuchen sollte, fiel mir als Erster Nusrat ein. Ich traf ihn verändert an. Dieser lebensprühende, intelligente Mann war grau geworden. Der Islam, dem er dienen wollte, hatte ihn in tiefe Paranoia gestürzt; und ich bedauerte mehr denn je meinen damaligen aggressiven Ausfall ihm gegenüber, der schließlich nichts weiter kannte als Pakistan.

Nusrat hatte den Mann im Archiv mit seiner schwarzen Kappe auf die islamischen Gesetze angesprochen. Ich dachte, es handele sich um Gesetze, die erst noch eingebracht werden müssten. Ich wusste nicht, dass sieben Monate zuvor vom Militärregime eine Reihe von zehn islamischen Gesetzen verabschiedet worden waren: Gesetze, durch die islamische Gerichte und koranische Steuern auf Vermögen und landwirtschaftliche Erzeugnisse eingeführt wurden, zusammen mit solchen, die sich auf Alkoholgenuss, Diebstahl und unerlaubte geschlechtliche Betätigung bezogen. In den letztgenannten Fällen konnte man kaum von Gesetzen reden; eigentlich ging es nur um Bestrafung.

Alkoholgenuss sollte mit achtzig Rutenhieben bestraft werden. Bei unerlaubtem Geschlechtsverkehr bestand für einen Muslim die Strafe im »Tod durch öffentliche Steinigung«, während einen Nichtmuslim eine öffentliche Auspeitschung mit hundert Rutenhieben und im Falle einer Vergewaltigung möglicherweise auch der Tod erwartete. »Die Strafe der Steinigung, die in Abschnitt 5 oder Abschnitt 6 vorgesehen ist, soll auf folgende Weise vollstreckt werden: Jene Zeugen, die gegen den Verurteilten ausgesagt haben, sollen, soweit anwesend, mit der Steinigung beginnen, und während die Steinigung fortgesetzt wird, kann der Verurteilte auch mit der Schusswaffe zu Tode gebracht werden, in welchem Falle das Steinigen und Schießen einzustellen ist.«

Für Diebstahl – vorausgesetzt, das Diebesgut überstieg einen bestimmten Wert (das Äquivalent von 4,457 Gramm Gold), der Dieb war kein enger Verwandter, Diener oder Gast und es handelte sich nicht um die Entwendung von »Wildgras, Fischen, Vögeln, Hunden, Schweinen, Rauschmitteln, Musikinstrumenten oder verderblichen Lebensmitteln, die keinen Konservierungsmethoden unterzogen wurden« – für Diebstahl, auf den diese mildernden Umstände nicht zutrafen, bestand die Strafe beim ersten Vergehen in der – »von einem dazu befugten medizinischen Beamten durchgeführten« – Abtrennung der rechten Hand »vom Handgelenk«; ein wiederholtes Vergehen wurde mit der Abtrennung des linken Fußes »bis zum Knöchel« geahndet, und eine abermalige Wiederholung zog lebenslange Haft nach sich. Die Amputation sollte unterbleiben, »wenn die linke Hand oder der linke Daumen oder zumindest zwei Finger der linken Hand beziehungsweise zwei Zehen des rechten Fußes des Missetäters entweder nicht vorhanden oder nicht zu gebrauchen sind«.

Allgemein lässt sich sagen, dass für viele Vergehen reichlich Prügel vorgesehen waren, wobei die »Verfügung zur Durchführung der Prügelstrafe, 1979« die Regeln dafür festlegte. »Vom Griff abgesehen, soll die Rute aus nur einem Stück bestehen, vorzugsweise aus Leder oder aber aus Rohr oder dem Zweig eines Baumes gefertigt sein und keinen Buckel oder

Knoten aufweisen; ihre Länge und ihr Umfang sollen jeweils 1,22 m und 1,25 cm nicht übersteigen.« Falls die Prügel zum Tod des Delinquenten zu führen drohten, sollten sie nach und nach verabreicht oder aufgeschoben werden. Eine Schwangere sollte »zwei Monate nach der Geburt beziehungsweise Fehlgeburt« ausgepeitscht werden. Auch aufs Wetter war Rücksicht zu nehmen. »Falls ... die Witterung zu heiß oder zu kalt ist, soll die Durchführung aufgeschoben werden, bis sich die Verhältnisse normalisiert haben.« Es galt, den Anstand zu wahren. »Am Körper des Delinquenten sind diejenigen Kleider zu belassen, von denen nach den Geboten des Islam der Körper bedeckt zu sein hat.« Männer waren im Stehen auszupeitschen, Frauen im Sitzen.

Dem Buch von 1951, das mir Nusrat schenkte, entnahm ich, dass offenbar fast schon seit der Gründung Pakistans fromme Menschen von Steinigung und Handabhauen zu schwatzen begonnen hatten: von »klassischen« Bestrafungen, auf die man hinarbeiten müsse, weil sie Bestandteil eines fernen islamischen Idealzustands seien, in dem Menschen wieder ebenso rein würden, wie sie es (dieser fantastischen Vorstellung zufolge) in den Anfängen des Islam gewesen waren. Dass sich Pakistan auf diesen Zustand hinbewegt hätte, ließ sich nicht behaupten; aber Hamid Ali, Magister der Philosophie und der Erziehungswissenschaft sowie Bakkalaureus der Juristischen Fakultät, der *Gesamtsystem islamischer Gesetze, 1979* (das hier von mir zitierte Werk) herausgegeben hatte, begrüßte die neuen Gesetze mit einer Begeisterung, die schwerlich nur juristisch motiviert war. Die Gesetze erfüllten die Nation »mit Stolz«, erklärte er. Fremde hätten »irrige Vorstellungen« vom Islam. »Der Islam ist ein System, das auf Wohlstand, Fortschritt und eine zukunftsorientierte Gesellschaft« abzielt. Der Islam sorge für »Fair play«; seine Prinzipien hätten ewige Geltung; seine Strafen dienten der »Läuterung der Gesellschaft als ganzer«.

Wenn ich aber bislang von diesen Gesetzen nichts gewusst hatte, dann deshalb, weil sie in den sieben Monaten, die sie bereits in Kraft waren, keine Anwendung gefunden hatten. In einem Fall hatte es einen Skandal gegeben. In einer Provinzstadt war ein *pir*, ein heiliger Mann, beschuldigt worden, die dreizehnjährige Tochter eines seiner Anhänger vergewaltigt zu haben. Der Gerichtsprozess gegen ihn gedieh nicht weit, weil das neue, islamische Gesetz, unter dem er angeklagt war, vier Tatzeugen verlangte.

Wieso vier Tatzeugen? Diese Bestimmung ging auf einen berühmt gewordenen Vorfall zurück, der sich im Jahr 626 oder 627, während der frühen kriegerischen Unternehmungen des Propheten, als sich der neue Glaube gerade durchsetzte und die einander befehdenden kleinen Stammesgemeinschaften eine nach der anderen verschlang, in der arabischen Wüste zugetragen hatte. Aischa, die Lieblingsfrau des Propheten, damals vielleicht dreizehn Jahre alt, war eines Abends aus irgendeinem Grund von der Karawane zurückgelassen worden. Sie schloss sich ihr erst am nächsten Morgen wieder an, und zwar in Begleitung eines hübschen jungen Kriegers. Unter den Gefährten des Propheten herrschte helle Empörung. Ali, der Vetter des Propheten, meinte, der Prophet müsse Aischa den Laufpass geben. Der Prophet, der sich mittlerweile in seinen Fünfzigern befand, war tagelang tief bekümmert. Aber Allah griff ein: Er offenbarte dem Propheten, dass Aischa unschuldig sei, dass vier Augenzeugen nötig seien, um einen Fall von Ehebruch zu beweisen, und dass achtzig Peitschenhiebe verdiene, wer grundlos das Gerücht ausstreue, dass Ehebruch begangen worden sei.

Aus Sicht eines Artikelschreibers in der *Pakistan Times* – der die Regierung gegen Beschuldigungen fehlenden religiösen Eifers in Schutz nahm und die Mullahs kritisierte, die der Regierung in der Frage der islamischen Gesetze als Berater gedient hatten – war das Gesetz gegen Vergewaltigung mangelhaft und absurd (»weil diese Handlung ja nie öffentlich begangen wird«) und gründete in einem falschen Verständnis des Koran. Bei der betreffenden Offenbarung des Propheten gehe es um »Lüsternheit« und speziell um Lüsternheit bei der Frau. Von Vergewaltigung sei gar nicht die Rede. Es seien also auch gar keine vier Tatzeugen erforderlich. Normale Zeugen hätten genügt; sogar medizinische Beweise hätten vorgelegt werden können.

Wer hatte, islamisch gesehen, Recht? Die Mullahs, die sich an den Wortsinn der am ehesten in Frage kommenden Verlautbarung des Koran klammerten? Oder der Mann von *Pakistan Times*, der die Verlautbarung ein bisschen zurechtbog, damit sie zu dem Fall passte, und der den Zeugnisbegriff im Sinne der heutigen Zeit erweiterte? Die vom Koran vorgesehene Strafe festzulegen war leicht; etwas ganz anderes war es, das Gesetz auszuarbeiten. Gesetze auszuarbeiten und sich dabei ausschließlich am Leitfaden der historischen, geographischen und kulturellen (manchmal auch folkloristischen) Besonderheiten des Koran zu orientieren hieß, sich in textexegetisch-religiös-sektiererische Streitigkeiten der obigen Art zu verstricken und im Nu Recht und Billigkeit aus dem Auge zu verlieren.

Der Autor von *Pakistan Times* machte aus seinem Zorn über die Mullahs kein Hehl. Sie seien von politischem Ehrgeiz getrieben; sie ließen die Regierung »raffiniert in die Falle tappen«, indem sie Gesetze konstruierten, die nicht praktikabel seien, und dann der Regierung vorwürfen, diesen Gesetzen keine Geltung zu verschaffen; sie spalteten den Islam in streitende Sekten auf und machten ihn so zum Gespött. Die Lösung könne nur darin bestehen, die Mullahs links liegen zu lassen, die Sekten zu beseitigen und sich auf die heilige Schrift zurückzubesinnen. Geschehe das, dann sei »ringsum alles hell und licht. Winden wir uns hingegen aus dem Koran heraus, dann erwartet uns nichts als Finsternis und Verwirrung.«

Aber war die Sache wirklich so einfach? Um nur ein Problem zu nennen: Wie alt war Aischa, als sie den fünfzigjährigen Propheten heiratete? War sie sechs oder neun oder neunzehn Jahre alt? Brachte sie, wie einer poetischen Darstellung des Ereignisses zu entnehmen, ihre Puppen und ihr Spielzeug mit ins Zelt des Propheten? Der Koran ist in diesem Punkt nicht hilfreich: Aischas Alter muss aus anderen Quellen erschlossen werden. In einer der feiertäglichen Freitagsausgaben der *Pakistan Times* findet man die Frage ausführlich abgehandelt: Sie ist von mehr als bloß historischem Interesse, weil Aischas Alter zum Zeitpunkt ihrer Verheiratung – und es existieren dazu neun verschiedene Ansichten – maßgebend sein kann für das gesetzliche Mindestalter, in dem Mädchen verheiratet werden dürfen.

Im Islam – und zumal im Islam der Fundamentalisten – steht und fällt alles mit dem Präzedenzfall. Die Grundsätze des Propheten, wie sie sich im Koran und durch die anerkannte Überlieferung geoffenbart finden, sind für alle Zeit gültig. Sie lassen sich auf sämtliche Fachgebiete ausdehnen. Vom Propheten ist der Ausspruch überliefert, die besten Muslime seien die Menschen seiner eigenen Zeit, die zweitbesten die der nächstfolgenden Generation und so weiter, in einem permanenten Abstieg, der sich bis ans Ende der Zeit fortsetzt. Lässt sich daraus eine Verdammung des »Darwinismus« herauslesen? Die neuen, gebildeten Fundamentalisten behaupten das. Damit legen sie gleichzeitig ein solides Glaubensbekenntnis ab und machen ihrer Wut gegen die Zivilisation Luft, von der sie sich eingekreist fühlen und an deren Beherrschung sie als Gemeinschaft verzweifeln.

In der fundamentalistischen Betrachtungsweise unterliegt die Welt einem ständigen Verfallsprozess und bedarf ständiger Erneuerung. Die einzige Aufgabe, die der Intellekt hat, besteht darin, bei dieser Erneuerung mitzuhelfen. Der Intellekt interpretiert Texte neu; er bringt göttliche Präzedenzfälle neu zur Geltung. So tritt die Geschichte in den Dienst der Theologie, verliert die Jurisprudenz Recht und Billigkeit aus dem Auge und scheidet sich das Wissen von sich selbst. Das Dogma hat seine Reize. Für einen Studenten an der Universität von Karatschi, der vielleicht aus provinziellen oder bäuerlichen Verhältnissen kommt, besitzt der alte Glaube mehr Überzeugungskraft als irgendeine neumodische akademische Disziplin. So schlägt der Fundamentalismus Wurzeln an den Universitäten und die Absage an Bildung wird unter Umständen der maßgebende Akt, durch den sich Bildung ausweist. In der Glanzzeit des Islam öffneten sich die Muslime dem Wissen, das die Welt zu bieten hatte. Der heutige Fundamentalismus stellt einen Thermostaten dar, der für eine minimale intellektuelle Betriebstemperatur sorgt. Er garantiert Gleichschaltung, Bequemlichkeit, Geborgenheit und die Konservierung des Bewährten.

Auf diese Weise durchdringt der Glaube alles, und man versteht, was die Fundamentalisten meinen, wenn sie sagen, der Islam sei eine komplette Lebensform. Aber was da über den Islam gesagt wird, gilt auch – und vielleicht sogar noch in stärkerem Maße – für andere Religionen wie den Hinduismus oder Buddhismus oder unbedeutendere Stammesreligionen, die in einem frühen Stadium ihrer Geschichte ebenfalls komplette Kulturzusammenhänge waren, selbstgenügsam und mehr oder minder isoliert, mit Institutionen, Verhaltensformen und Überzeugungen, die ein in sich geschlossenes Ganzes bildeten.

Der islamische Fundamentalismus möchte solche Ganzheitlichkeit zurückgewinnen, die für ihn etwas Gottgegebenes ist – und zwar ausschließlich kraft des Glaubens, kraft der religiösen Überzeugungen, Bräuche und Rituale. Seinen Intellekt außer Kraft setzend und seinen historischen Sinn Lügen strafend, wünscht der Fundamentalist gewissermaßen, sich aus dem Abstrakten einen Weg zurück ins Konkrete zu bahnen und die Stammesmauern wieder aufzurichten. Er strebt die Wiederherstellung eines Stammes- oder Stadtstaates an, den es – außer in der Einbildung der Theologen – nie gegeben hat. Der Koran ist nicht die Satzung eines gesetzten Goldenen Zeitalters; er ist das dunkel redende oder orakelhafte Dokument einer fortschreitenden Erhebung, die sich vom Propheten auf seinen Stamm und ganz Arabien ausbreitete. Arabien war voll von Bewegung; der Islam mit all seinen jüdischen und christlichen Bestandteilen war stets ein Mischgebilde, eklektisch, in Entwicklung begriffen. Fast im gleichen Augenblick, in dem der Prophet seine Gemeinschaft fest etablierte, zog er auch schon gegen seine Feinde zu Felde. Dass Aischa eine Nacht allein in der Wüste verbrachte, geschah während eines Kriegszuges im fünften Jahr der muslimischen Ära.

Der Westen beziehungsweise die weltweite Zivilisation, die er anführt, wird emotional abgelehnt. Sie untergräbt die islamische Ordnung, stellt eine Bedrohung dar. Aber gleichzeitig wird sie gebraucht – wegen ihrer Maschinen, ihrer Waren, ihrer Arzneimittel, ihrer Kampfflugzeuge, wegen der Auslandsüberweisungen der Emigranten, wegen der Krankenhäuser, die Kalziummangel vielleicht heilen können, wegen der Universitäten, an denen man mit einer Arbeit über Massenmedien Examen machen kann. Die ganze Ablehnung des Westens schließt die Annahme ein, dass es da draußen stets eine lebendige, schöpferische Zivilisation gibt, die in ihrer merkwürdigen Neutralität von jedem in Anspruch genommen werden kann. Die Ablehnung ist also nicht total. Für die Gemeinschaft als Ganzes ist sie auch eine Methode, aus dem intellektuellen Wettstreit auszusteigen. Sie muss zwangsläufig parasitär sein; parasitäres Verhalten zählt zu den uneingestandenen Früchten des Fundamentalismus. Und die Auswanderer strömen aus dem Land des Glaubens: 30 000 Pakistanis, die von den Arbeitskraftexporteuren allein nach Westberlin verfrachtet wurden, um dort das politische Asyl zu beantragen, das eigentlich für die Menschen aus Ostdeutschland gedacht ist.

Der Säulenheilige des islamischen Fundamentalismus in Pakistan war Maulana Maududi. Er widersetzte sich dem Gedanken eines eigenen indisch-muslimischen Staates, weil er der Ansicht war, die Muslime seien nicht rein genug für solch einen Staat. Er meinte, Gott selbst müsse der Gesetzgeber sein, und wurde mit dieser Methode, ekstatische Appelle an die Stelle eines praktischen Programms zu setzen, zum Mittelpunkt einer das Reich Gottes proklamierenden Heilsbewegung. Er kämpfte für islamische Gesetze, ohne ein Wort darüber zu verlieren, was das für Gesetze sein sollten.

Er starb, während ich mich in Pakistan aufhielt. Er starb freilich nicht in Pakistan: Die Nachricht von seinem Tod kam aus Boston. Am Ende seines langen, streitsüchtigen Lebens hatte sich der Maulana über seine heiligsten Prinzipien hinweggesetzt. Er war in ein Krankenhaus nach Boston gefahren, um dort Gesundung zu finden; am Ende seines Lebens hatte er sich den Fertigkeiten und wissenschaftlichen Errungenschaften ebender Zivilisation anvertraut, vor der er seine Anhänger hatte bewahren wollen. Er hatte, wie es einer meiner Gesprächspartner (nicht alle Pakistanis sind Fundamentalisten) formulierte, dort ernten wollen, wo er seinen Leuten zu säen verboten hatte. Vom Maulana ließe sich sagen, dass er seinen wohlverdienten Platz im Himmel via Boston ansteuerte und dass er mindestens einen Teil des Weges in einer Boeing zurücklegte.

»Wenn wir uns vom Koran leiten lassen«, schrieb der Autor in *Pakistan Times*, »wird ringsum alles hell und licht.« Die Gesetze der Mullahs mit ihren Prügelstrafen und Steinigungen hätten sich erledigt, aber eine islamische Gesellschaftsordnung sei in Pakistan immer noch möglich. Es brauche eine neue »Verfahrensweise«. Man müsse die Mullahs links liegen lassen, müsse die religiösen Sekten beseitigen, müsse den Versuch aufgeben, den Islam, der in der Herrschaft Allahs gründe, mit der westlichen Demokratie, deren Basis die Herrschaft des Volkes sei, zu vermengen, müsse die politischen Parteien abschaffen.

Binnen Wochen fand dieses politische Rezept Anwendung. Von den versprochenen Wahlen war keine Rede mehr. Aber der Staat musste regiert, das Volk im Zaum gehalten werden. Öffentliche Auspeitschungen wurden angeordnet, und mit dem Problem der Augenzeugen hielt man sich diesmal nicht auf. Die Armee schickte Lastwagen mit Prügelkommandos in die Basare: Recht auf Rädern, Islam als Schnellgericht.

Schritt für Schritt hatte Pakistan in der Konsequenz seiner islamischen Bemühungen die von den Briten übernommene Rechtsordnung demontiert und ersetzt – durch nichts.

7

Worauf es ankommt

Um die tausend Kilometer nordöstlich von Karatschi – hinter Sindh und den Ebenen des Punjab, am Ende des breiten Tals, das der Indus und seine Zuflüsse bewässerten – begann der Himalaya. In seinen Vorgebirgen lagen die kleinen »Zwillingsstädte« Rawalpindi und Islamabad.

Islamabad, zu Deutsch »Stadt des Islam«, die Hauptstadt Pakistans, war neu. Zwanzig Jahre zuvor war sie ohne ersichtlichen Grund von einem Militärregime erbaut worden, motiviert vielleicht nur dadurch, dass eine neue, ordentlich angelegte Stadt, die sich vom asiatischen Kuddelmuddel abhob, dem militärischen Gemüt zusagte und dass die plötzliche Errichtung einer Stadt westlichen Stils (ebenso wie die Ausrüstung der Armee mit Waffen aus den USA) die Illusion nährte, man sei endlich im zwanzigsten Jahrhundert angelangt und sowohl der Islam als auch Pakistan marschierten der Zukunft entgegen.

Das dreißig Kilometer entfernte Rawalpindi war die ältere Stadt. In Richtung Islamabad breiteten sich Vorstadtsiedlungen aus; im Zentrum freilich hatte sich wenig verändert. Im Basar standen nach wie vor die hohen, mit Veranden und Gitterwerk geschmückten Häuser aus dunklem Holz, vormals bewohnt von Sikhs und Hindus, die in der kleinen Stadt den Ton angegeben hatten und nach der Spaltung vertrieben worden waren. Der alte Britische Klub in Rawalpindi war immer noch in Betrieb – nur dass die Deckenlampen ein bisschen funzliger leuchteten, der Gelbton der Wände etwas gräulicher aussah, die Uniformen der Kellner etwas schmuddeliger wirkten, die Atmosphäre während der Essenszeiten etwas stärker vom Duft der Gewürze geschwängert war.

Die Briten hatten hier weniger als hundert Jahre geherrscht, und mehr als dreißig Jahre waren seit ihrem Abzug vergangen, aber das alte Rawalpindi blieb eine Stadt der britischen Kolonialzeit: in der von Hotels und Gärten gesäumten Prachtstraße, der Mall, in einer Reihe altmodischer Geschäfte in der Kashmir Road, in ihren Residenzen fürs militärische und zivile Personal.

In einer dieser Residenzen wohnte der Doktor. Er war der Leiter der medizinischen Abteilung einer kleinen Ölgesellschaft, deren Operationsgebiet die nach Westen gelegenen Vorgebirge des Himalaya bildeten. Die einst in britischem Besitz befindliche Gesellschaft wurde mittlerweile von Arabern kontrolliert; aber dem Gelände mit den Wohnhäusern für die leitenden Angestellten der Firma haftete etwas von der alten Großartigkeit an. Das Anwesen des medizinischen Leiters besaß einen großen Rasen, eine halbkreisförmige Auffahrt, einen von klobigen Säulen gestützten Vorbau. Das Wohnzimmer mit seinen dicken Mauern und einer überaus hohen Zimmerdecke ließ sich nur durch Ventilatoren und offene Türen kühl halten; durch Letztere erhaschte man Ausblicke auf die unmittelbar davor gelegenen Grünflächen.

Der Doktor, ein fünfzigjähriger kleiner Mann mit fein geschnittenen Gesichtszügen, war sich der Ehrwürdigkeit des Hauses bewusst. Aber sie erdrücke ihn nicht, erklärte er; was ihm an Großartigem zuteil geworden sei, habe ihm sein Glaube beschert. Der Doktor war Schiit. Die Schiiten – Anhänger

Alis und des Anspruchs, mit dem dieser gescheitert war (eines Anspruchs, der ursprünglich politischer Natur gewesen war und sich gegen die Vorherrschaft der Araber in dem expandierenden arabischen Imperium gerichtet hatte) – stellten in Pakistan eine religiöse Minderheit dar. Und wie um der übermäßigen Großartigkeit seiner Residenz etwas entgegenzusetzen, fing an diesem feiertäglichen Freitagmorgen der liebenswürdige Doktor an, von seinem »internationalistischen« Glauben (so nannte er ihn) zu mir zu reden.

Einer seiner zwei Söhne war zugegen, dreiundzwanzig Jahre alt, Student der Medizin und, wie der Doktor erklärte, ein »Rebell« und Rationalist. Anwesend waren auch zwei Journalisten mit ihren Frauen – ebenfalls schiitischen Glaubens. Bei der feiertäglichen Zusammenkunft handelte es sich um mehr als bloß um das gesellschaftliche Ereignis, mit dem meine Einladung mich hatte rechnen lassen. Die Schiiten sahen darin eine Gelegenheit zu ernsthaften – und das hieß theologischen – Gesprächen.

Sogar im Alltag, sagte der Doktor, gebe ihm der Glaube, dem er als Anhänger Alis huldige, Kraft. Sein Bekenntnis umfasse fünf zentrale Punkte: die Einheit und Einzigartigkeit Gottes, Gerechtigkeit, den Glauben an Propheten, den Glauben an Imame (die als Stellvertreter Gottes und als spirituelle Nachfolger des Propheten auf Erden herrschen) sowie den *dschihad* oder heiligen Krieg. Das sei nicht der heilige Krieg, von dem die Mullahs sprächen, versicherte der Doktor; der heilige Krieg, den er im Sinn habe, sei »das ständige Ringen mit sich selbst zur Überwindung des Bösen«.

Ich wollte von ihm wissen, auf welche Weise so schwer fassliche Dogmen wie der Glaube an Propheten und Imame ihm bei Alltagsgeschäften Kraft verleihen könnten.

»Das will ich Ihnen erklären«, sagte er. «Ich bin jetzt Leiter der medizinischen Abteilung der Firma. Das war ich nicht immer. Eine Zeit lang war ich Assistent. Dann setzte sich der damalige Chef zur Ruhe. Sechs Monate lang blieb sein Posten unbesetzt. Niemand wurde auf die Stelle berufen. Mir hätte sie zugestanden. Ich hatte schwer gearbeitet. Mein alter Vorgesetzter wusste, wie viel ich auf dem Gebiet der Bisse geleistet hatte, und ich wusste, dass er mir eine günstige Beurteilung geschrieben hatte. Bisse – auf diesem Gebiet kannte ich mich aus. Schlangenbisse, Skorpionbisse, Hundebisse, Eselsbisse, Hundebisse bei Eseln – mit all dem hatte ich zu tun gehabt. Armen Leuten passiert so etwas, und ich hatte viel unter armen Leuten gearbeitet. Reiche gehen nicht barfuß herum und lassen sich von Skorpionen beißen. Sie müssen sich keine Sorgen machen, dass ihre Esel oder Kamele von Hunden gebissen werden. Ich hatte also all diese Arbeit geleistet. Ich hatte jede Menge Menschen behandelt, die von Schlangen gebissen worden waren. Wenn sie kamen, strömte ihnen das Blut aus Nase und Mund. Man kann solche Sachen heilen. Ich rede hier vom Biss der Viper, damit wir uns recht verstehen. Die Kobra und der Blaue Bungar sind etwas anderes.

Ich ging also zum GD, zum Generaldirektor, und sprach mit ihm über die Stelle, über diesen vakanten Posten und meine Qualifikationen. Er reagierte nicht so, wie ich es mir erhofft hatte. Er äußerte die Vermutung, in Wirklichkeit gehe es mir nur um das Gehalt und dieses große Haus. Diese Dinge sind wichtig, klar. Aber *so* wichtig sind sie auch wieder nicht. Und außerdem kann ein Arzt sich seinen Lebensunterhalt überall verdienen. In jenem Augenblick, damals, im Büro des GD, war es mein Glaube, aus dem ich Trost schöpfte. Und als der GD zu mir sagte, wenn ich nicht zufrieden sei, solle ich doch kündigen, und mir über den Schreibtisch ein Blatt Papier zuschob, schrieb ich meinen Kündigungsbrief. Er dachte, er jage mir einen Schrecken ein. Ich aber hatte meinen Glauben. Ohne meinen Glauben hätte ich den Brief nicht geschrieben. Der GD erkannte das. Er nahm mein Kündigungsschreiben nicht an. Deshalb bin ich heute hier.«

Bei den Glaubensartikeln des Doktors sei aber gar nicht von der Hoffnung auf ein Leben nach dem Tod die Rede gewesen. Sei das für einen Muslim nicht etwas Wesentliches?

»Über das Leben nach dem Tod weiß ich nichts. Manchmal glaube ich daran. Manchmal verliere ich den Glauben daran. Ich spüre allerdings, dass ich zum Glauben verpflichtet bin. Ich sage Ihnen was. Mein älterer Sohn – nicht der Junge hier, sein älterer Bruder – studierte Chemotechnik. Wir sind so eine Familie, naturwissenschaftlich orientiert. Also, der Junge hatte bei der Zulassung zum Studium sehr gut abgeschnitten, baute aber bei der Zwischenprüfung ab. Das machte mir große Sorge. Wie konnte ein Junge, der die Aufnahmeprüfung so gut geschafft hatte, in der Zwischenprüfung derart abbauen? Das war eine ernste Sache; seine Zukunft war davon bedroht. Ich dachte, irgendein Minister könne dahinter stecken. So etwas wird hier gemacht. Jemand will etwas für den eigenen Sohn und sorgt dafür, dass die Examenspapiere anderer Leute verschlampt werden. Das passiert.

Während dieser Zeit träumte ich eines Nachts, ich befände mich unter einem großen, schönen Baum. Da war ein Musikinstrument. Ich erinnere mich nur an das schwarze Holz des Instruments – als ich aufwachte, konnte ich mich an nichts weiter erinnern. Aus dem Instrument drang Musik, wie ich sie nie zuvor gehört hatte. Und mein Vater tauchte vor mir auf. Er erschien mir aber in der Gestalt meines Onkels. Er sagte, er sei gekommen, mich zu trösten. Im Traum fing ich an zu weinen, und als ich aufwachte, stellte ich fest, dass mein Kopfkissen nass von Tränen war.

Ich ging an diesem Tag in die Schule meines Sohnes. Ich traf seinen Lehrer. Er teilte mir mit, dass mein Sohn trotz der schlechten Noten, die er für die anfänglichen schriftlichen Arbeiten bekommen hatte, in der Gesamtprüfung gut abgeschnitten und es auf 78 Prozent der möglichen Punkte gebracht hatte. Und genau in diesem Augenblick trat aus dem Schulgebäude ein Mann, der haargenau so aussah wie mein Onkel in dem Traum. Ich rannte zu ihm hin, umarmte ihn und sagte: ›Sie wissen ja nicht, wie froh ich bin, Sie zu sehen. Ich bin Ihnen letzte Nacht im Traum begegnet.‹«

Dieses Ereignis und andere ähnliche Vorfälle brachten den Doktor zu der Überzeugung, dass es ein Leben nach dem Tod gab. Gleichzeitig allerdings war er stolz auf den Rationalismus seines jüngeren Sohnes, des Medizinstudenten, der auch Gedichte in englischer Sprache verfasste (von denen er ein paar gerade einem der Journalisten zeigte). Inwiefern sei er denn Rationalist? Der Sohn – vom Vater gerufen, um die Frage selbst zu beantworten – erklärte, er betrachte den Propheten mit den Augen des Historikers. Der große, gute Mann habe existiert; später hätten die Menschen die Göttlichkeit zur Person hinzugefügt.

Der Sohn, er hieß Syed, war größer und schwerer gebaut als sein Vater. Die Brille, die er trug, ließ ihn als typischen Studenten erscheinen; an der Art, wie er mit den Gästen seines Vaters umging, erkannte man den privilegierten Akademikersohn. Er strahlte mehr gesellschaftliches Selbstbewusstsein aus als sein Vater, war intellektuell wagemutiger, gleichzeitig aber wusste er, dass er auf den Schultern seines Vaters stand.

Er fühle sich von seinen Freunden in der medizinischen Fakultät durch eine Kluft getrennt, erklärte Syed. Sie wollten einfach nur Examen machen, Arzt werden; für intellektuelle Fragen interessierten sie sich nicht. Sie wollten nur das Handwerk lernen; an der Zivilisation, die hinter diesem Handwerk stand, seien sie – anders als er – nicht interessiert. (Syed drückte die Sache freilich nicht so aus.) Wie war er zu seinen intellektuellen Interessen gekommen? Er habe den Vorteil des väterlichen Medizinerhintergrunds genossen – das habe ihm vor den meisten seiner Kommilitonen einen Vorsprung von ein, zwei Generationen verschafft. Er habe ein Jahr in England verbracht und viel auf Englisch gelesen.

Ich brachte ihn dazu, über seine englische Lektüre zu reden. Und seine Schilderung, wie er sich der fremden Zivilisation genähert hatte – in vielerlei Hinsicht ein bahnbrechendes Unterfangen und etwas ganz anderes als die pauschale Ablehnung »des Westens« durch Menschen, die, selbst wenn sie gereist waren und ihren Beruf (eine abstrakte, isolierte Fertigkeit) andernorts erlernt hatten, oft nur die unbestimmtesten Vorstellungen von dem hatten, was sie da ablehnten –, diese Schilderung faszinierte mich so, dass ich um Papier bat und mir Syeds Worte notierte.

Er war dreiundzwanzig und meinte, mittlerweile etwa zweihundertfünfzig englische Bücher gelesen zu haben – nicht gerechnet Enid Blyton, die er bis zum Alter von zwölf verschlungen hatte, und die »Biggles«-Bücher, zu denen er dann übergewechselt und denen er bis zu seinem vierzehnten Lebensjahr treu geblieben war. Dann, mit vierzehn, kam der Durchbruch zur Erwachsenenliteratur, als ihm sein Vater *Die gute Erde* von Pearl S. Buck zu lesen gab. Es folgten James Hadley Chase, Harold Robbins, Ian Fleming. Hatten ihm diese Bücher gefallen? Waren sie nicht zu fremdartig? Den Ian Fleming, sagte er, habe er nicht verstanden, aber er habe die Bücher gelesen, weil sie berühmt waren; genauso sei es auch bei Harold Robbins gewesen. Er habe unbedingt lesen wollen; man habe ihm gesagt, Lesen sei gut; das Problem für ihn habe darin bestanden, Sachen zu finden, die ihm etwas sagten. Er sei die Bestsellerlisten in *Time* durchgegangen, in der Hoffnung, etwas Geeignetes zu finden. Es sei indes nicht immer leicht gewesen zu kapieren, worum es in den Büchern ging.

Um diese Zeit – er war fünfzehn oder sechzehn – entdeckte er Steinbeck. *Jenseits von Eden* beeindruckte ihn tief. »Ich war begeistert von dem Buch. Das Mädchen wollte von seiner Familie loskommen, und ein Haus brannte nieder. An mehr erinnere ich mich heute nicht mehr. Für mich war es ein revolutionäres Buch.« Dann folgte sein Jahr in England. Er sah die Perry-Mason-Serie im Fernsehen und las zwanzig von den Perry-Mason-Büchern. War ihm der szenische Hintergrund der Bücher nicht zu unvertraut, nicht zu weit entfernt von dem, was er kannte? Nein, nein, er habe die Bücher ganz und gar verstanden.

Merkwürdig, diese englische Populärliteratur, die Syed Hussains sich entfaltendem, aus den Fugen geratenem Weltbild Struktur verliehen hatte: in der Hauptsache technische Fantasien, die das Fremde fasslich gemacht hatten und eine Mischung aus Modern und Archaisch, Durcheinander und Ritualhaftem darstellten: Enid Blyton, die »Biggles«-Bücher, Pearl S. Buck, James Hadley Chase, John Steinbeck, Perry Mason.

Und Sex. Von den 250 Büchern, die er gelesen hatte, drehten sich seiner Schätzung nach etwa dreißig um Sex. Er habe sie gelesen, »um sich zu stabilisieren«. Menschen, die keine Sexbücher kannten, könnten ihre Erregung nicht meistern, wenn sie auf eines stießen, und begeisterten sich dann für *Playboy*. Sein literarischer Lehrgang zum Thema Sex habe ihn davon kuriert. »Ich habe auch Sexbücher akademischer Art gelesen. *Glück in der Ehe*. Und so etwas.«

Seine große Liebe war aber nach wie vor Pearl S. Buck, seit er vor neun Jahren *Die gute Erde* gelesen hatte. Er hatte ungefähr sechs oder sieben ihrer Bücher gelesen – und betrachtete sie als gehobene Lektüre. »Sehr gut hat mir auch *The Wall Has Two Sides* von Graham Greene gefallen.«

»Sie meinen Felix Greene?«

»Kann sein. Auf jeden Fall Greene. Nein, von Graham Greene war *Der hässliche Amerikaner*. Ich bringe die Namen durcheinander. Ich erzähle Ihnen was. Eines Tages fuhr ich mit dem Zug nach Lahore. Es war um die Zeit der iranischen Revolution. Im Zug saß ein amerikanischer Missionar. Er forderte mich auf, mich zu ihm zu setzen, und wir kamen ins Gespräch. Er wollte wissen, was ich von den Ereignissen im Iran hielt. Ich sagte ihm – so bin ich nun mal –, die Amerikaner würden jetzt den Iran verlassen und stattdessen nach China gehen. Was ich sagte, gefiel ihm nicht. Vielleicht war er ein Agent.«

Ich hörte nur mit halbem Ohr zu, aber ihm war die Geschichte wichtig, vielleicht weil sie das Bild vom gefährlichen Amerika entwarf: Leben, das der Literatur entsprach, Literatur, die Aufschluss über die Welt verschaffte.

Als er mit seiner Geschichte von dem Amerikaner im Zug fertig war, sagte er: »Während ich all diese Bücher las, hörte ich mich auch in Schlager und westliche Musik ein. Ich war regelrecht scharf darauf. Nicht auf den Rock 'n' Roll-Krawall. Aber auf die anderen Songs mit einer echten Aussage. Nicht nur die westlichen, sondern auch die in Urdu gesungenen hiesigen. Ich mochte sehr die Carpenters, eine Geschwistergruppe. Ihr Thema ist die ursprüngliche Unschuld. Jedenfalls, wie ich sie verstehe. Jede Menge Songs, die ich höre, haben etwas über Religion auszusagen, über Gott, über Glaubensdinge.«

»Glaubensdinge?«

»Na, dass man etwas tut, weil man wirklich daran glaubt. Wie zum Beispiel lieben. Das, worauf es ankommt.«

»Aber ich dachte, Sie seien kein religiöser Mensch.«

»In gewissem Sinne bin ich auch nicht religiös. Aber eine Aussage muss in allem stecken.«

»Welches war das letzte Buch, das Sie gelesen haben?«

Er wusste es nicht zu sagen. Es war sechs Monate her; er konnte sich nicht erinnern. Um das Gespräch nicht abreißen zu lassen, sagte er: »Die beste Schriftstellerin, die ich gelesen habe, ist nach wie vor Pearl S. Buck. Sie schreibt über die Armen. Nicht über Chinesen oder Kommunisten, verstehen Sie – einfach über die Armen. Sie schreibt über die Armen und über das, worauf es in den menschlichen Beziehungen ankommt.«

»Worauf kommt es an?«

«Dass man zu Menschen eine Beziehung findet. Auf die Unschuld. Die Menschen versuchen ständig, sich übers Ohr zu hauen. Die Opfer und die Heuchler. Überall geht es um Fressen und Gefressenwerden. Große Länder versuchen den kleinen ihren Willen aufzuzwingen. Nicht nur Pakistan, sondern den kleinen Ländern überall in der Welt. Sie haben das auch im Iran versucht.«

Seine Familie war schiitisch. Der Iran war das Mutterland der Schia; kürzlich hatte im Iran, in der heiligen Stadt Mashhad, eine Hochzeit der Familie stattgefunden. »Meinen Sie, dass dort jetzt die Dinge in Ordnung sind, nach der Revolution?«, wollte ich von ihm wissen.

»Nein. Es ist einfach ein Teufelskreis. Im Iran läuft die ganze Zeit über etwas schief. So viel Morde im Namen Gottes –

das kann nicht in Ordnung sein.« Er dachte an die von den islamischen Revolutionsgerichten verfügten Hinrichtungen. »Eine Art ewige Strafe – und das ist der Tod ja – ergibt keinen Sinn, wenn Gott so groß ist. Das passt nicht zu einem Gott, der so groß ist.«

Heuchelei war das Thema des Gedichtes, das er an diesem Vormittag Besuchern gezeigt hatte – und mir gegenüber hatte er von den Opfern und den Heuchlern gesprochen.

Der Heuchler ist mit schönen Worten zur Stell,
der Biss ist schlimmer als das Gebell.
Ein Heuchler gibt sich kühn und dem Wagnis hold,
nicht alles, was glänzt, ist eitel Gold.

Grausamkeit, Ungerechtigkeit, Verleumdung – auch das gehörte zu seinen Themen (und in seiner eigenen Sprache, dem Urdu, fiel vermutlich das Spiel mit Worten, das Verbiegen der Idiome, noch unvorhersehbarer und ungestümer aus). Am meisten über ihn (und über das Problem seiner Isolation an der Medizinischen Fakultät, von dem er gesprochen hatte) sagte vielleicht das Gedicht auf einen mit der Familie befreundeten Chirurgen aus, der an einer Viruskrankheit gestorben war, die er sich bei der Arbeit im Krankenhaus zugezogen hatte:

Was er vermochte, niemand erkennt,
in dessen Herz nicht die Liebe brennt,
keine Zauberkraft war ihm gegeben,
nur eines schlagenden Herzens heilkräftiges Leben.

Als er von seiner Dichtung sprach, sagte er: »Ich bin drei, vier Monate leer. Ich bin beschäftigt – leer aus dichterischer Sicht.

Und dann kommt es einfach. Es passiert. Ich kann dann zwei oder drei Gedichte schreiben. Ich will nichts anderes machen. Nicht einmal zum Studieren habe ich, sobald das eintritt, Lust – auch wenn ich eigentlich studieren müsste. Und danach bin ich wieder leer.«

Das Gedicht, das er gerade geschrieben hatte, trug den Titel »Der große schwarze Mann«. Seltsames Thema. Um wen ging es? Um Muhammad Ali, den Boxer,

... der keine Fliege malträtiert,
aber mit einem Schlag einen Elefanten platt macht. Kapiert?

Am Ende des feiertäglichen Vormittags im Haus des Doktors nahm allem Anschein nach eine religiöse Diskussion zwischen den zwei Journalisten den Charakter eines regelrechten Streits an. Es ging um Ali, die Kultfigur der Schia, den Vetter und Schwiegersohn des Propheten. Nach Ansicht der Schiiten hätte Ali im Jahr 632 dem Propheten im Amt eines Beherrschers der Gläubigen nachfolgen müssen. Ali aber – so grandios sein Leben als einer der ersten Muslime, einer der wenigen, die miterlebten, wie der Islam sich zu einem Imperium entfaltete, auch verlief – Ali scheiterte politisch. Dreimal wurden ihm andere als Kalifen des islamischen Reiches vorgezogen. Und als es Ali 656 endlich ins Kalifat schaffte, blieb seine Herrschaft nicht unangefochten; im Jahr 661 wurde er ermordet. Bei der feiertäglichen Debatte nun ging es um die Frage, ob sich von dem Kalifen und Heerführer Ali sagen ließ, dass er den Tod von Menschen befohlen hatte? Oder hatte er seine Anhänger angewiesen, nur zu töten, wenn sie sich selbst verteidigen mussten?

Die Debatte begann ganz friedlich, während man im Wohnzimmer des Doktors zusammensaß. Aber bald nahmen die

Stimmen der Disputanten einen anderen Ton an: Sie wurden rau, bebten, bekamen Ähnlichkeit mit dem Singsang der Mullahs in der Moschee. Hier ging es um mehr als um historische Fragen. Das Scheitern und der Tod Alis, das Scheitern und der Tod seiner Söhne – das alles wurde draußen im Garten von den Schiiten durchdiskutiert und verwandelte sich dabei in eine anhaltende Agonie, die auch nach dreizehnhundert Jahren noch eigentümlich ungesühnt erschien – als ein Tod ohne Auferstehung. Die ethnischen Differenzen im frühen arabischen Reich (Ali, der Schutzherr der Unterdrückten) hatten sich in Religion verwandelt und bildeten den Quellpunkt dieser feiertäglich-vormittäglichen Passion in dem von den Briten erbauten herrschaftlichen Haus in Rawalpindi.

Der Disput dauerte noch weit über das Mittagessen hinaus an. Ich blieb nicht bis zu seinem Ende. Bevor ich mich verabschiedete, gab mir der Doktor sein persönliches Exemplar der *Maximen Alis*. Es war ein kleines Taschenbüchlein, vor Ort publiziert. Dies sei das Buch, das Wunder bei ihm gewirkt habe, erklärte der Doktor; es habe ihm damals, bei der Auseinandersetzung mit dem Generaldirektor der Firma, die nötige Kraft gegeben; auch mir könne es, meinte er, nützen.

Später, am Nachmittag, als ich in Flashman's Hotel an der Mall zurückgekehrt war, sah ich hinein. Alis Aussprüche waren berühmt. Die erste Sammlung – sie umfasste hundert Sentenzen – war vor über tausend Jahren entstanden; Tausende mehr waren seitdem dazugekommen. Das vorliegende Bändchen stellte eine Auswahl dar, ins Englische übersetzt von J. A. Chapman. Anfangs war ich verblüfft.

Trau anderen so, wie dir selbst. Wie hässlich ist ein Januskopf. Nicht jeder Schütze trifft ins Schwarze. Der Tod des eigenen Kindes bricht einem das Rückgrat.

Es gab indes auch noch eine Kehrseite zu diesen volkstümlichen Weisheiten:

Der größte Reichtum ist der Reichtum an Weisheit und Urteilsvermögen; die größte Armut ist die der Dummheit und Unwissenheit; die schlimmste Form der Ungeselligkeit sind Eitelkeit, Eingebildetheit und Selbstverherrlichung.
Vollkommenheit ist nicht von dieser Welt.
Die Bewohner der Erde sind nichts als bellende Hunde und lästige Tiere. Der eine heult den anderen an. Der Starke verschlingt den Schwachen; der Große drückt den Kleinen nieder. Sie sind Lasttiere, die einen aufgezäumt, die anderen frei laufend.
Die Welt ist ein von Heimsuchungen geplagter Ort voller Tücke und Ränke. Sie hat keinen Bestand, und wer in sie eintritt, ist dem Verderben geweiht.
Die Welt ist wie eine Schlange: sie fasst sich sanft an, aber ihr Biss ist tödlich.

Das waren die Aussprüche eines rechtdenkenden Mannes, an dem Ungerechtigkeit und Misserfolg zehrten. So viel Hass auf die Menschen, so viel Qual! Ließ sich daraus Kraft ziehen? Denen, die gescheitert waren und treu zu ihrem Glauben standen, konnte Ali freilich als der gute Mensch erscheinen, der noch mehr gelitten hatte; er adelte die Niederlage und das Leiden. Und Vergebung oder Seelenfrieden waren hier kein Thema: Er adelte den Zorn. Und während ich las – in meinem Zimmer in Flashman's Hotel unter dem breiten Dachvorsprung sitzend und durch eine frei stehende Mauer aus durchbrochenen Betonklötzen, die dekorativ von Bananenstauden flankiert war, abgeschirmt gegen den gleißenden Swimmingpool –, während ich las, wurde mir zunehmend klarer, wie viel von der Schia und ihrer religiösen Haltung dem

Sohn des Doktors eingeimpft worden war, diesem Rationalisten, in dessen stets nach draußen orientierter Dichtung ich nie und nimmer – ohne diese spezifische neue Einsicht – etwas Muslimisches entdeckt hätte.

Keine Religion ist weltlicher als der Islam. Ungeachtet ihrer Unfähigkeit auf politischem Gebiet fixiert diese Religion mehr als jede andere den Blick der Menschen auf den Funktionszusammenhang dieser Welt. In der Dichtung des Sohns des Doktors, seiner tastenden Antwort auf die weltumspannende Zivilisation, seinen Bemühungen um »das, worauf es ankommt«, glaubte ich erkennen zu können, wie islamischer Glaubenseifer kreativ und revolutionär sein und die Menschen zu einem Humanismus jenseits religiöser Dogmen führen konnte: zu einer wirklichen Erneuerung, in der man Neuem offen begegnete und sich durch es bereichern ließ, wie die Muslime das in ihren ruhmreichen Anfangstagen getan hatten.

Die Fundamentalisten in ihrer Unsicherheit und mit ihrer ahistorischen Sicht fürchteten, sich mit dem Fremden anzustecken. Aber der Fundamentalismus selbst hatte nichts zu bieten. Er trieb die Menschen einem unstillbaren Glaubenshunger in die Arme; er schuf eine politische Wüstenei. Er trat das, »worauf es ankam«, mit Füßen; er würde die übrige Welt nie und nimmer ausschließen können. Und ich glaubte die Möglichkeit absehen, glaubte für die nicht allzu ferne Zukunft vorhersehen zu können, dass eben dank der fundamentalistischen Exzesse der Islam in Pakistan die Bereitschaft entwickeln würde, sich selbsttätig zu transformieren.

8

Im Kaghan-Tal

Nach Norden zu wurde es unmittelbar gebirgig; weniger als hundertfünfzig Kilometer entfernt lagen die hohen Himalaya-Berge. Der Winter stellte sich dort früh ein; die Pässe waren monatelang durch Schnee blockiert. Im September begannen die Hirten und ihre Familien mit den Herden von den hoch gelegenen Sommerweiden in die Ebene hinabzuwandern. Um diese Wanderung zu beobachten, fuhr ich ins Kaghan-Tal. Qazi, Professor an der Universität von Islamabad, organisierte die Fahrt für mich. Er lieh mir sein Auto und seinen Fahrer; sie sollten mich nach Balakot bringen. Dort würde ich dann für die schwierige Fahrt nach Norden entlang dem eisigen Kunhar-Fluss, einem der ersten Zuflüsse des großen Indus-Stroms, einen Jeep mieten.

Mein Begleiter hieß Masud. Masud studierte Naturwissenschaften. Seit er erwachsen war, hatte er ein Examen nach dem anderen abgelegt; jetzt, mit siebenundzwanzig, wusste er nicht weiter. In Pakistan gab es keine Stelle für ihn. Er hätte gerne in der Forschung weitergearbeitet und wäre auch für ein Graduiertenstudium an einer englischen Universität angenommen worden; die Studiengebühren überstiegen indes seine finanziellen Möglichkeiten.

Er war ein groß gewachsener, dürrer, melancholischer Mann mit Brille und hängendem Schnauzbart. Der Bart deutete auf seinen militärischen Hintergrund: Sein Vater hatte von 1941 bis 1961 gedient, die ersten sechs Jahre in der britisch-indischen Armee, dann in der Armee Pakistans. Jetzt arbeitete der Vater als Buchhalter. Die Familie war vom indischen Lucknow nach Pakistan übergesiedelt; hier lebten sie als *mohajir*, als Fremde.

Die *mohajir*, erklärte Masud, hätten die regionalen Kulturen in den pakistanischen Provinzen verändert; in der Ernährung, in der Musik und in der Sprache hätten sie neue Stilformen eingeführt. Urdu, die Sprache der *mohajir*, stelle nun die Landessprache dar; es sei eine schöne, flüssige Sprache, verkündete er mir – dem Ausländer, den es über das Land ins Bild zu setzen galt. Nachdem wir die Stätte der antiken buddhistischen Stadt Taxila passiert hatten und während wir in Richtung Norden nach Abbottabad hinauffuhren, erhielt ich eine Lektion in Urdu; sogar ich vermochte die Klarheit und Eleganz seines Lucknower Dialekts zu würdigen. In dem Maße aber, wie er auf der Fahrt in die trockenen, hellen Berge vertrauter mit mir wurde, legte er die Rolle eines Sprechers der *mohajir* ab und gestattete sich ironische Töne.

Viele *mohajir*, erzählte er, hätten nach ihrer Übersiedlung nach Pakistan den Eindruck erweckt, in Indien Nawabs und Aristokraten gewesen zu sein. Er tue das nicht. Sein Vater habe in der Armee gedient; aber er habe nur den Rang eines *havildar* bekleidet, eines Unteroffiziers, eines Feldwebels. Ungeachtet seines Lucknower Urdu, seines militärischen Schnauzers, seiner akademischen Examen war Masud also – zumal in Pakistan, das im Vergleich mit Indien feudalgesellschaftlicher und wo der gewerbliche oder akademische Mittelstand schwächer entwickelt war – einfacher Herkunft, und dazu noch arbeitslos.

In Balakot stellten wir unser Auto ab. Im staatlichen Reisebüro mussten wir um einen Jeep feilschen. Dass wir um den Mietpreis handeln mussten, damit hatte ich nicht gerechnet. Und auch das Büro selbst fand ich überraschend: ein offener Raum am Ende einer Rasenfläche, mit zwei Polsterstühlen, zwei eisernen Bettgestellen mit Schaumstoffmatratzen, zwei weiteren, auf die Seite gekippten Bettgestellen, einigen Stühlen, die hinten im Raum mit den Beinen nach oben aufeinander gestapelt lagen, und einem kleinen Sofa vorne im Raum – ein Büro, das gleichzeitig wie ein Warteraum und ein abgehalftertes Krankenhauszimmer wirkte. Tatsächlich aber handelte es sich um ein Büro: Die Jeeps auf dem Rasen waren echt.

Masud bat mich, ich solle mich raushalten und kein Englisch sprechen, während er um die Wagenmiete verhandelte. Ich saß auf der Veranda eines Sommerhäuschens am Rande des Rasens, und nach einer Weile kam er finsteren Gesichts aus dem Büro. Sie hätten, sagte er, 750 Rupien, 75 Dollar, verlangt; sie würden sich wohl mit 700 zufrieden geben; er habe ihnen aber gesagt, wir würden uns im Basar nach einem anderen Jeep umsehen.

Ein Mann kam aus dem Büro. Er wollte 650. Masud beachtete ihn nicht. Auf Englisch sagte er grimmig zu mir: »Gehen wir in den Basar.« Wir wanderten durch den Basar – ein schwärzlicher unbefestigter Weg, schwärzliche kleine Läden. In einer vergammelten, ölgeschwärzten Tankstelle spritzte ein Mann einen vergammelten Jeep ab; er verlangte 900 Rupien. Also gingen wir in das staatliche Büro zurück und einigten uns, nicht auf 650, sondern auf 700.

Und im Nu (die Leute vom Büro hatten genau gewusst, dass sie uns kriegen würden) waren wir auf und davon. Der Fahrer des Jeeps war ein außergewöhnlich gut aussehender Mann: üppiges dunkelbraunes Haar, klassische indoeuropäische Gesichtszüge, schlanker, kräftiger Körper, mit dem die bauschige weiße Hose und das langschößige hellbraune Hemd gut kontrastierten. Er hatte einen Jungen als Gehilfen, einen schmuddeligen kleinen Zigarettenraucher mit vierschrötigem Gesicht und nichts als einem dünnen Hemd unter seinem khakifarbenen Umhang. Wir waren so überstürzt aufgebrochen, dass es einige Zeit dauerte, bis ich ihn bemerkte, wie er sich (um die nötige Dramatik bemüht) hinten an den Jeep klammerte, den Umhang um den Kopf und die schmalen Schultern geschlungen; etliche Kilometer lang hatte ich ihn dann für einen Basarjungen gehalten, der als Anhalter mitfuhr.

Bald schon fuhren wir am Ufer des Kunhar-Flusses, eines flachen Wasserlaufs in einem breiten, felsigen Tal. Ich ließ den Jeep anhalten, um nach den vielen Wochen Sand und Hitze wieder einmal dem Geräusch von Wasser zu lauschen. Die Straße lag von Bäumen beschattet – ein zusätzliches Glücksmoment. Aber wir durften nicht säumen; wir hatten einen weiten Weg vor uns, und Masud versicherte, wir würden unterwegs noch auf mehr Wasser treffen. Prompt sahen wir die ersten Hirten, die ihre Herden von den Bergen herabtrieben – und nach der problemlosen Fahrt von Rawalpindi wirkte das wie künstlich arrangiert, für uns in Szene gesetzt. Sie waren Afghanen, wirkten überraschend klein und zerbrechlich, die Männer mit schwarzen Turbanen, die Frauen in hellfarbenen bauschigen Hosen und langen Kopftüchern. Emsige Frauen, abweisend, eingeschlossen in ihrem Wanderleben, rußverschmiert in ihren leuchtenden Farben (Rot und Schwarz), unterernährt, erschöpft von der Arbeit und den Fußmärschen, die Gesichter gegerbt und zerfurcht.

An den Berghängen sah man in unregelmäßigen Abständen die überwucherten Reste alter Terrassierungen. Die am Hang stehenden Häuser hatten flache, dicke Lehmdächer, oft in wechselnder Höhe; die Dächer ruhten auf schweren Balken, die manchmal richtige Baumstämme waren – an Bäumen herrschte hier kein Mangel. Die Dächer der an die Straßenböschung gelehnten Häuser befanden sich häufig auf gleicher Höhe mit der Straße, so dass von ihnen nichts zu sehen war als eine Art Erdplatz: Die Wohnräume lagen verborgen darunter.

An einem Dorf hielten wir an, um mit einigen Jungen zu reden. Sie sahen aus, als hätten sie nichts zu tun, trugen aber die schiefergrauen Uniformen von Schülern und waren weniger abgeschnitten von der Welt, als es den Anschein hatte. Der eine Junge hatte einen Onkel in Lahore, ein anderer Brüder in Karatschi und einen Bruder in Saudi-Arabien. Ein junger Mann, der aus einem zweistöckigen Haus mit Flachdach und Steinmauern trat, erklärte, er könne jederzeit nach Karatschi gehen und dort als Zimmermann 2400 Rupien im Monat verdienen. Masud glaubte nicht, dass er aufschnitt: Dank der vielen Leute, die sich im Ausland Arbeit suchten, seien handwerkliche Fertigkeiten in Pakistan Mangelware. Aber die bäuerliche Anmaßung des Mannes konnte Masuds Schwermut nur verstärken; so viel, sagte er, könne er nicht verdienen.

Von der Außenwelt abgeschnitten waren sie nicht. Wir aber befanden uns, nur wenige problemlose Stunden Fahrt von Rawalpindi entfernt, bereits auf feudalgesellschaftlichem Boden. Ein überaus kleiner Mann, weniger als ein Meter fünfzig groß – wie winzig dieses Bergvolk war! –, ging mit einem Büffel, den er am Strick führte, an uns vorbei. Der Büffel gehöre ihm nicht, erklärten die Jungen. Er gehöre dem Herrn des Mannes, der vor ihm herging: ein Mann mit Turban, dem wir keine Beachtung geschenkt hatten, weil wir nicht verstanden, dass seine leeren Hände und sein Schlendergang Zeichen seiner dörflichen Stellung als Eigentümer eines Büffels und eines Leibeigenen waren. Und das Haus des großen Grundbesitzers, des reichen Mannes am Ort, stehe dort drüben, sagten die Jungen. Es war kein Haus mit flachem Dach, an den Berghang gelehnt, sondern eines auf ebenem Gelände, am Ende eines Feldes: ein großes Steinhaus mit zwei Stockwerken und einem Giebeldach aus Wellblech. Und da drüben die verkümmerten Männer, die gerade vorbeigingen, seien Gudscharen: die ursprünglichen Bewohner des Tales, nicht sehr helle oder, besser gesagt, ziemlich zurückgeblieben und wenig kontaktfreudig.

Die Straße stieg an. Das Flussbett sank in die Tiefe. Die steilen Hänge säumten schmale Ackerstreifen: Wo immer sich ein Fleckchen ebener Erde hatte aufschütten lassen, wuchs Mais, die spätsommerliche Feldfrucht des Tales. Dann waren da noch die Kiefern. Sie säten sich an den Berghängen selber aus; nach ihrem ersten horizontalen Austrieb richteten sich die Sämlinge auf und wuchsen auf der Suche nach Licht senkrecht und steil empor; es waren die höchsten Kiefern, die ich je gesehen hatte. Und immer wieder Häuser, nicht immer leicht zu entdecken unter der Tarnung ihrer flachen Dächer und der steinernen Mauern.

Ständig kamen Schafe, Ziegen, Pferde und Kamele die Straße entlang; die Schafe hatten gefärbte Rücken. Die Afghanen hatten keine Zeit für ein Gespräch. Hielten sie an, dann hatten sie wenig zu erzählen. Sie lebten in einem sehr kalten Landstrich; um diese Zeit des Jahres kamen sie von den Bergen herunter, um den Schneemassen des Winters zu entgehen; mehr gab es nicht zu sagen. Sie waren eins mit ihren Tieren; Mensch und Tier hatten sich zusammengefunden. Ganz kleine Kinder, die noch als Säuglinge betrachtet wurden, schnallte man mit dem Gepäck auf die Rücken von Kamelen oder Eseln. Waren sie über dieses Alter hinaus, gingen sie zu Fuß, arbeiteten, waren Mini-Erwachsene, die eine Gerte statt eines Stockes in der Hand hielten; in ihren Turbanen, Hemden und Hosen sahen sie so selbstbewusst und komplett aus, dass es aus der Ferne schwer fiel, ihr Alter oder ihre Größe zu schätzen – zumal wenn sie allein waren und die Vergleichsmöglichkeit fehlte.

Mit einem Anflug von stammesspezifischem Neid sagte der gut aussehende Jeepfahrer: »Für jedes einzelne dieser Schafe bekommen sie in Mansehra oder Abbottabad tausend Rupien.«

Die hurtigen kleinen Hufe der Schafe zerschroteten den feinen Staub der Straße noch feiner. Während wir in einer Staubwolke durch zwei oder drei dicht gedrängte Herden, ein Meer von wolligen, wogenden, vielfältig gefärbten Rücken, krochen, meinte Masud (dem bereits der angeberische Mann mit seiner Behauptung, 2400 Rupien in Karatschi verdienen zu können, einen Stich versetzt hatte): »Können Sie sich die Laks und Aber-Laks vorstellen, die auf dieser Straße unterwegs sind?« Ein Lak entsprach 100 000 Rupien.

»Was machen sie mit dem Geld?«, wollte ich wissen.

»Sie haben Leute, für die sie sorgen müssen«, sagte Masud. »Sie haben Töchter oder Söhne, die verheiratet werden wollen. Sie müssen Hochzeiten ausrichten. Hier herrscht der Brauch, dass der Junge dem Mädchen 20 000 Rupien zum Geschenk machen muss. Hat er kein Bargeld, dann muss er ein Haus bauen oder eine Regelung über Landbesitz treffen. Sodass sie etwas hat, wenn er sie verstößt. Kann er das nicht, kann ihn das Mädchen nicht heiraten.«

»Ich dachte, in Pakistan brauche das Mädchen eine Aussteuer.«

»Aussteuer? Das Wort kenne ich nicht.«

Meiner Vermutung nach kannte Masud das Wort. Meiner Vermutung nach wusste er auch, dass der Brauch nicht beliebt war. »In Karatschi«, sagte ich, »hat man mir erzählt, dass rechtgläubige Familien ihrer Tochter nur zweiunddreißig Rupien mitgeben, weil das die Summe war, die der Prophet erhielt.«

Das gab er zu.

Tausend Rupien für ein Schaf erschien mir unglaubhaft. Als wir später durch eine weitere Herde aufgehalten wurden, brachte ich Masud dazu, den afghanischen Hirten direkt zu fragen. Der Afghane hielt uns für Käufer. Er deutete auf eines der dickeren Tiere und erklärte, er werde es für weniger als 300 Rupien nicht verkaufen. Und nun war die Reihe an unserem Fahrer, der die Zahl Tausend ins Gespräch gebracht hatte, sich dumm zu stellen.

Der blass grüne Fluss stürzte über die Felsen herab; das Wasser war unablässig in Bewegung. Aus einer bestimmten Höhe freilich wirkte er wie gefroren. Die weißen Strudel und Wirbel bildeten ein starres Fleckenmuster – auch wenn man den Lärm noch hörte. Und auf der Fahrt hinunter auf sein Niveau war es faszinierend zu sehen, wie das starre Muster sich wieder verflüssigte und die Bewegung des Wassers dem Krach entsprach.

An einer breiten Spitzkehre der Bergstraße lagerten Afghanen. Sie hatten ein niedriges Zelt aufgebaut; Kamele und Esel standen in einer Gruppe zusammen; es wurde gekocht. Die Kochstelle und das dunkle Zelt boten einen reizvollen Anblick, und wir hielten an, um mit den Afghanen zu reden, nachdem wir uns beim Fahrer vergewissert hatten, dass sie solche Belästigung tolerieren würden.

Wir unterhielten uns mit einem Mann, der nach pakistanischer Mode gekleidet war. Er trug einen Schnurrbart, war weißhäutig und von der Sonne gebräunt und hatte ein freundliches bäuerliches Gesicht. Aber er war nicht auf den Kopf gefallen; da unser staatlicher Jeep ihn vermuten ließ, dass wir Staatsbedienstete waren, erklärte er Masud als Erstes, er und seine Lagergenossen hätten Afghanistan schon vor vielen Jahren verlassen und lebten seitdem ständig auf der pakistanischen Seite der Grenze.

Ohne sich von dem jungen Mann wegzuwenden und ohne die Stimme zu verändern, sagte Masud zu mir auf Englisch: »Er lügt. Er kommt aus Kabul. Er ist gerade in Kabul gewesen. Aber er will sich nicht in politische Schwierigkeiten bringen.«

Der junge Mann holte eine messingne Schnupftabakdose heraus. Sie war bis oben gefüllt mit einer dunkelgrünen Mischung aus Tabak und Kräutern; eine Prise davon musste man unterhalb der Unterlippe verstauen. Er gab mir etwas zum Probieren. Ich legte es auf die Zungenspitze, und während es feucht wurde, brannte es und hinterließ kein unangenehmes Gefühl. Ich revanchierte mich mit einem Quäntchen meines eigenen braunen Schnupftabaks. Er war zu stark für ihn, und er machte keinen Versuch, seinen Abscheu zu verbergen; er nieste und spuckte mir fast auf die Füße. Als er sich erholt hatte, klopfte er zuerst auf meine normale Brille, die ich in die Brusttasche meines Hemds gesteckt hatte, und nahm mir dann eigenhändig die Sonnenbrille von der Nase, die ich noch trug. Ich hatte vergessen, dass ich sie aufhatte – so hell war es. Ich hätte ihn gleich anfangs meine Augen sehen lassen müssen: Er hatte Recht, Anstoß an meiner Unhöflichkeit zu nehmen.

Er nahm uns mit zum Zelt, damit wir zusehen konnten. In der auf dem Subkontinent üblichen Weise hatte man Tee ziehen lassen, bis er bitter war; schmutzige kleine Porzellantassen lagen auf dem Boden. Ein Mädchen – sie mochte auch schon eine junge Frau sein – buk über einem Reisigfeuer *roti*, ungesäuertes Fladenbrot, aus; sie presste die Teigkugeln in großer Geschwindigkeit zwischen ihren Handflächen flach, wendete und drehte sie hin und her, bis sie ganz dünn und kreisförmig waren, und drapierte schließlich mit einer einzigen Bewegung den dünnen Teigfladen über ihrem rechten Unterarm, ehe sie ihn auf das Backblech schleuderte. Das Mehl stammte von dort angebautem Getreide; es war in dörflichen Mühlen gemahlen worden, die in diesen Gegenden durch das allzeit im Überfluss vorhandene Wasser angetrieben wurden.

Das heiße *roti*, das man uns anbot, schmeckte köstlich. Das Zelt, das Kochfeuer, die Berge, der Fluss, der Tee und das *roti*: Einen Augenblick lang hatte ich das Gefühl, mich diesem Leben verschreiben zu können. Aber war das alles, was ihnen zur Verfügung stand, das *roti* und der Tee? Masud fragte sie in meinem Namen. »Nur *roti* und *tschai*? Kein *tarkari*?« Keine wohlschmeckenden Fleisch- und Gemüsegerichte? Der junge Mann lachte. »*Tarkari*? Wozu brauchen wir *tarkari*?«

Dem Fahrer zufolge aßen sie manchmal *paneer*, Hüttenkäse. Aber bei dieser Mahlzeit gab es keinen.

»Deshalb sind sie so gesund«, sagte Masud. Masud machte sich Sorgen, die Nahrung könne verdorben und das Wasser verseucht sein. Er hatte Pillen mit; das passte zu seiner allgemeinen Ängstlichkeit.

Die Frauen oder Mädchen im Zelt waren bildschön. Jetzt gab es zwar nur *roti* und Tee, aber sie sahen besser genährt und gepflegter aus als die meisten Frauen, die wir unterwegs getroffen hatten; und die Gebirgssonne hatte ihrer weißen Haut einen wundervoll dunklen, warmen Ton verliehen.

Schafe und Ziegen tummelten sich im Zelt und in seinem Umkreis. Hinten im Zelt lagen Teppiche und Bettzeug. Der linke Teil des Bodens hier vorne im Zelt, sagte der junge Mann, sei für seinen Vater und seinen Onkel; dieser mittlere Teil sei für die Frauen und der Teil auf der Rechten – aber für wen der war, bekam ich nicht mit. Die Karawane bestand aus zwei Brüdern und ihren Familien; sie waren eine reiche Sippe. Die schlichte, grimmige Frau, die mit ihren silbernen Ohrringen und ihrer schweren silbernen Halskette an ihrem angestammten Platz in der Mitte saß, war die Frau des Onkels. Sie würdigte uns keines Blickes.

Ohne dass ich ihn dazu aufgefordert hätte, fragte Masud den jungen Mann nach den Schafpreisen. Der junge Mann deutete auf das kleinere Lager jenseits der Straße und erklärte, das Schaf dort drüben sei 3000 Rupien wert. Es war groß und trug schwer an seiner Wolllast; es musste etwas Besonderes sein, weil es im Wohnbereich des Lagers gehalten wurde und mit beiden Hinterbeinen an einem Pfahl in der Mitte festgebunden war.

Die Kamele in der Nähe des Hauptzelts waren auf eine Weise gefesselt, wie ich sie noch nicht kannte: Eines der Vorderbeine war nach hinten gebogen und mit einem Strick an den Oberschenkel gebunden, so dass sich das große Tier nur humpelnd vorwärts bewegen konnte. Zum ersten Mal sah ich, dass jedem Kamel ein Pfropfen oder Holznagel in der Nase steckte. Daran wurde die Führungsleine festgemacht. Der junge Mann demonstrierte uns die Sache. Er zog die Führungsleine nach unten. Das Kamel schnaubte, als sei es wütend, reagierte aber nicht. Dann freilich, ein bisschen verzögert, ließ es sich auf seine langen Beine nieder, deren Gelenke wund und schwielig waren. Wie Elefanten wirken auch Kamele aus der Entfernung adretter; aus der Nähe sieht man, wie rissig und zerklüftet ihre Haut ist.

Die schönen Mädchen im Zelt waren nach Auskunft des jungen Mannes seine Schwestern. Sie waren unverheiratet und er ebenso. Er meinte, er sei sechzehn. Das war indes offenkundig Unsinn; vielleicht wusste er sein Alter nicht und hatte keine Möglichkeit, den Ablauf der Jahre zu registrieren. Nun näherte sich das Oberhaupt der Familie. Er machte einen ebenso stattlichen wie mürrischen Eindruck, wirkte mit seinem eleganten Turban streng und abweisend. Erst als er dicht bei uns stand, bemerkte ich, wie klein er war: Er maß ein paar Zentimeter weniger als ein Meter fünfzig. Die afghanischen Nomaden waren freilich alle kleinwüchsig, wie auch viele ihrer Tiere – die Rinder, die Ponys, die Esel; die Kälber hatten die Größe von Hunden. Nur die Schafe und die Ziegen waren groß und kräftig. Der Vater hatte blass blaue Augen, die frisch mit Kohle umrandet waren. Die Spitzen seines weißen Schnurrbarts hatte er gewachst, seinen Kinnbart geteilt und gekräuselt; unter der Sonnenbräune war seine Haut weiß. Erstaunlich dieses Dandytum hier droben in den Bergen und inmitten der Kamele und Ziegen, diese Sorgfalt, mit der er Toilette gemacht hatte (es gab kein anderes Wort dafür) und womit er die Schminkbemühungen sämtlicher Frauen in den Schatten stellte!

Sein Vater sei fünfzig, sagte der junge Mann. Und der Vater – die blauen Augen voller Misstrauen, ja, Verachtung – wollte von seinem Sohn wissen, wer wir seien. Wir sprächen unterschiedliche Sprachen, erklärte der Sohn, Masud Urdu und ich Englisch. Damit gab er zu verstehen, dass wir beide Fremde waren, aber aus verschiedenen Stämmen kamen. Der Vater bot uns ohne große Begeisterung Tee an. Wir lehnten dankend ab. Und dann hatten wir uns nichts mehr zu sagen. Der Vater ließ sich in der linken, für seinen Bruder und ihn reservierten Zelthälfte nieder, lehnte sich gegen einige Bündel und schenkte uns keine Beachtung mehr.

Ein Esel, gefolgt von zwei, drei seiner winzigen Artgenossen, kam ins Zelt, um an geschnittenem Gras zu knabbern, das dort vielleicht für ein wertvolleres Tier aufbewahrt wurde. Der Vater versetzte dem Esel mit der offenen Hand einen lauten Schlag gegen die Flanke. Eine Absicht, dem Tier wehzutun, versteckte sich dahinter aber nicht; der Schlag sollte durch seinen hohlen, lauten Ton lediglich abschreckend wirken. Einer der kleinen Jungen der Familie bewarf die anderen Esel mit Steinen, die aber ganz klein waren und ohne Wucht geworfen wurden. Mit ihren Tieren gingen sie allesamt zart um. Sie fuchtelten mit ihren Stöcken drohend herum, benutzten sie aber nicht zum Schlagen, sondern nur um die Tiere zu schubsen und zu lenken.

Gegen das mit Stricken zusammengebundene Gepäck der Karawane gelehnt, fing der Vater an zu husten. Und dann spuckte dieser Mann mit seinem tollen Turban, seinen geschminkten Augen, seinem gekräuselten Bart und seinem gewachsten Schnurrbart unbekümmert aus, verunreinigte den Platz, an dem er sich niedergelassen hatte. Ich sah, dass er inmitten von Tierkot saß und dass sich hinten im dunklen Teil des Zelts wertvolle Schafe und Ziegen seiner Herde befanden – sie genossen mehr Schutz als die Menschen.

Auf den alten Mann herabblickend, sagte Masud: »So sind sie. Waren Sie schon in Afghanistan? In Kabul? Sogar die mittleren Schichten sind so.«

Wir sprachen verschiedene Sprachen. Und es herrschte gleichsam ein stillschweigendes Einverständnis darüber, dass bei allem wechselseitigen Interesse und bei aller gegenseitigen Duldung der Fremde dem Fremden auch mit Geringschätzung begegnete und jeder auf die Geschlossenheit seiner Gruppe pochte. Wie ich den Blicken des alten Mannes entnehmen konnte, war dessen Verachtung für uns nicht geringer als Masuds Verachtung für ihn. Es gab in diesem kleinen Gebiet so viele Stämme: Gudscharen, Afghanen, Kaghanis, Pathanen, Masud (aus Lucknow in Indien), mich. Und doch wahrte man die Formen der Höflichkeit: Man reichte Tee, bot Tabak an. Unser Jeepfahrer hatte sich zurückgezogen; die Afghanen ödeten ihn bereits an; er machte kein Hehl daraus. Er saß am Rande des Felsens, gut aussehend, mehr aus sich herausgehend, die Haare in Filmstar-Manier frisiert und die üppige dunkelbraune Mähne durch den Staub mit einer neuen Tönung versehen.

Und wer war nun die Mutter der schönen Mädchen im Zelt? Die schlichte Frau in der Mitte war die Frau des Onkels, das wusste ich. Laut dem jungen Mann hielt sich die Mutter der Mädchen (die nicht unbedingt auch seine eigene war) in dem kleineren Lager jenseits der Straße auf, wo man das Schaf, das 3000 Rupien wert war, sorgfältig angepflockt hatte, damit es nicht herumkraxelte und Schaden nahm.

Wir gingen über die Straße zu dem anderen Lager. Dort trafen wir den Onkel, der einfach auf dem Boden saß und so tat, als wären wir Luft. Zwei verschleierte Frauen – die eine von ihnen die Mutter der schönen Mädchen – machten sich mit dem Gepäck zu schaffen. Die Verschleierung war ungewöhnlich, ein Hinweis darauf, dass die Familie etwas Besseres war. Der Onkel redete mit den Frauen. Zusammen warfen sie einen Teppich auf den Boden, wohin der Onkel von seinem bisherigen Sitzplatz überwechselte. Und während er dasaß, fingen die Frauen an, ein Zelt um ihn herum aufzubauen: die Zeltplane mit ringförmigen Löchern, die Zeltstangen aus Bambus, eisenbeschlagen und oben verbunden, sodass sie ein dreifüßiges Gestell bildeten. Die Frauen hatten Mühe mit den Stangen. Der Onkel nahm keine Notiz. Er saß einfach da, wartete auf das Zelt und den Schatten und hielt eine alte

Milchpulverbüchse fest, die vor ihm stand. In der Büchse bewahrte er wahrscheinlich sein Geld auf.

Während die Frauen versuchten, das Zelt aufzurichten, fielen ihnen die Schleier von den Gesichtern. Sie hatten keine Ähnlichkeit mit den Mädchen im Zelt auf der anderen Straßenseite. Ihre Gesichter waren alt, zerfurcht und braun. Die unverheirateten Mädchen waren Schönheiten. Diese Frauen, Ehefrauen, waren Arbeiterinnen; sie waren Lasttiere. Wie die Frauen der Dakota-Indianer, die Parkman im Jahr 1846 auf dem Weg nach Oregon sah. Diese Afghanen freilich und all die Bergstämme lebten in Regionen, mit denen nur sie fertig wurden. Von ihnen konnte niemand sagen, was Parkman den Dakota prophezeite: dass sie von der Erde vertilgt werden würden.

Während wir dastanden und auf den Onkel herabblickten, sagte Masud: »Die Frauen machen die ganze Arbeit. Die Männer tun nichts. In Europa ist das anders, nicht wahr?« Er tat den Männern allerdings Unrecht. Sie nahmen auch sich selber hart ran; niemand mutete bei diesen Nomaden anderen so viel zu wie sich selbst. »Diese Haltung gegenüber den Frauen haben wir auch«, sagte Masud. »Aber in den Städten nimmt das ab.« Masud hatte Schwestern. Die älteren hatten geheiratet und waren »Hausfrauen«, wie er sagte, waren den traditionellen Weg gegangen. Die jüngeren Mädchen hingegen studierten, besuchten die Universität, und Masud machte sich Sorgen um sie.

Mir ging freilich in diesem Augenblick anderes durch den Sinn als Masud. Das afghanische Lager hatte mich in die ersten Geographiestunden meiner Kindheit zurückversetzt, zu den Zeichnungen in meinem Schulbuch, das den Titel *Fremde Welten* trug: zu Menschen, die unter extremen Lebensbedingungen ein Heim, Wärme, Geborgenheit schufen, zu den

Pfeil und Bogen tragenden Afrikanern in ihren Umfriedungen, in denen sie gegen die nächtlichen Gefahren des Urwalds geschützt waren, zu den Kirgisen in ihren Zelten in der unermesslich weiten Steppe, zu den Eskimos in ihren Iglus im Land des ewigen Eises.

Und die Mädchen im Zelt waren so hübsch: Ein bäuerliches oder nomadisches Verlangen regte sich in mir. In der Wüste von Sindh, am Grabmal des Heiligen, am Ufer des Indus hatte mir die Unterhaltung über *murschid* und *murid* Tolstois und Lermontows Kaukasus-Geschichten ins Gedächtnis gerufen. Und hier, am Rande eines der kalten Flüsse, die den Indus speisten (wobei das grüne Wasser schlammig wurde, während es in einem ausgekleideten Kanal zu dem fast 1500 Kilometer entfernt in einem tropischen Marschland gelegenen Karatschi transportiert wurde), hatte ich das Gefühl, zu Anfängen zurückzukehren: zu jenem Leben mit Tierherden, Zelten und täglichen Wanderungen. Was aber für mich eine Augenblickslaune war, das war für sie ihr ganzes Leben. Ich würde weiterfahren, anderes anfangen; sie aber würden ihr Leben so fortsetzen, wie ich es jetzt erlebte. Und die Mädchen, so schön sie waren mit ihrer herrlichen Haut, befanden sich in Wahrheit weit weg, eingehüllt in ihre stammeseigene Vorstellungswelt: Jetzt waren sie Schönheiten, gut genährt, im stolzen Bewusstsein ihres steigenden Werts, um bald schon Ehefrauen und Arbeiterinnen zu werden.

Den ganzen Nachmittag lang begegneten wir ihnen, sahen, wie sanft sie mit ihren Tieren umgingen, sanfter, als sie im Verkehr miteinander waren: sahen die Gesichter, die so zerfurcht und sonnenverbrannt waren, die alt wirkten, so jung sie sein mochten. Nicht viele sahen so gut und gesund aus wie die Mädchen im Lager. Einmal kam ein Mann vorbei, der eine Ziege trug, ein anderes Mal sah ich eine Ziege, eingehüllt in eine Decke und auf den Rücken eines Esels gebunden. Eine Frau hatte nur einen Schuh an; den anderen hatte sie ausgezogen, um ihn auf dem Kopf zu tragen. Der Schuh auf dem Kopf war Mode; später sahen wir Frauen mit beiden Schuhen auf dem Kopf, wobei die Absätze so ineinander gepasst waren, dass eine kleine Wölbung entstand. War der Boden steinig, wurden die Schuhe angezogen; machte ihn eine Staubschicht eben und weich, ging man besser barfuß. Die Knöchel der Wandernden waren schwarz von Schmutz.

Hoch droben, bei Shogran, war es bedeckt und kühl, sogar kalt, wenn Sprühregen fiel. Die Kiefern ragten ungeheuer hoch empor, und an manchen Stellen fiel der Boden neben der Straße so steil ab, dass es nicht leicht war, zu den Wurzeln der Bäume hinunterzuschauen. Auf der bergzugewandten Seite der sich windenden Straße sah man die Spuren der von der Landbevölkerung betriebenen Zerstörung: Die Rinden der großen Kiefern waren abgehackt worden, um als Brennholz zu dienen. Hier, wo es so wenig ebenen Boden und so wenig Vegetation gab und wo in den dünnen Erdansammlungen um die Felsen nur Kiefern wuchsen, war Brennholz rar.

Bei Einbruch der Dämmerung kamen wir wieder an den Fluss. Auf einer ausgedehnten grasbewachsenen Lichtung an dem tiefer gelegenen Ufer hatte man zahlreiche Lager errichtet. Feuer brannten, es wurde Tee gekocht und *roti* gebacken; hie und da schnitt man für die abendliche Mahlzeit Stücke getrockneten Fleischs auf. Kamele (sie wurden zuerst, danach die Menschen versorgt) kauten ihr Trockenfutter. In einem der Lager verspeisten sie Stechpalmenzweige. Unmittelbar am Fuß der Uferböschung, auf den Felsen am Rand des Wassers, in einer Dunkelheit, in der sich alle Farben auf Grau und Weiß reduzierten, sah man die Ponys und andere Lasttiere, am Ende des Tages von ihrer Last befreit.

Die Afghanen breiteten dicke Wollteppiche auf dem Gras aus. Diese Art Teppiche waren mir schon vorher aufgefallen. Sie bestanden aus ungefärbter, dunkelbrauner Rohwolle und hatten schlichte Muster in krassen Farben; sie rochen nach Schaf oder Ziege, hatten den typisch afghanischen Geruch, den Geruch, den diese Nomaden mit sich herumschleppten. Einer der Teppiche reizte mich, und sofort fingen Masud und der Jeepfahrer an – aus schierem Spaß an der Sache, wie es schien –, an meiner Stelle um den Preis zu feilschen. Der Chef des Lagers, ein alter Mann, der freundlicher war als zuvor unser Dandy mit den geschminkten Augen, wollte 400 Rupien. Der Jeepfahrer meinte, das sei zu viel. Aber wir setzten uns zu den anderen Männern des Lagers und tranken mit ihnen gesüßten Tee.

Danach führte mich Masud weg, um dem Jeepfahrer Gelegenheit zu geben, den Handel abzuschließen. Wir schauten uns die Lasttiere an, die ihre Blätter und Zweige kauten; wir wanderten zwischen den Zelten und Kochfeuern umher; wir mischten uns unter die Esel am Rande des felsigen Flussbetts. Als wir zurückkamen, war das Geschäft getätigt: 300 Rupien.

Alle waren zufrieden. Überall wurden Hände geschüttelt, während der Jeepfahrer den Teppich so triumphierend an sich nahm, als hätte er ihn tatsächlich für sich selbst erworben. Die Höhenluft musste mir aber wohl den Verstand geraubt haben. Als ich mir später in Rawalpindi den Teppich genauer ansah, war ich nicht nur von seiner Größe überrascht – im Dämmerlicht neben dem Fluss war er mir eher klein erschienen –, sondern auch von der Absonderlichkeit seines Musters und seiner Farben, die wie die Kleckse und unsteten Krakel eines überreizten Hirns wirkten und an ein Werk aus dem Irrenhaus denken ließen. Und vielleicht greift ja auch das Nomadenleben in irgendeiner Form den Kopf an.

Die Straße führte wieder aufwärts. Selbst in der Dunkelheit sah man den über die Felsen strudelnden Fluss weiß glänzen. Die Felsen wurden größer; sie wuchsen ins Ungeheuerliche; ein- oder zweimal verlief die Straße unter überhängenden Gesteinsmassen. In den an den Berghängen stufenförmig angeordneten Häusern mit ihren flachen Dächern leuchteten gelbe Lichter. Einzig und allein die Lichter markierten die Häuser, umschrieben ihr Inneres; sie vermittelten ein Gefühl von Kahlheit und Einsamkeit.

Auf der Straße konnte von Einsamkeit nicht die Rede sein. Manchmal lagerten die Leute unmittelbar unterhalb der Straße; an einer Stelle lag ein Mann allem Anschein nach schlafend auf der Felsmauer, von der die Straße gesäumt war. Einmal kamen wir an einem ganzen großen Lager vorbei, das sich neben der Straße ausbreitete: Reisigfeuer, Zelte, Schafe, die sich zum Schlafen hingelegt hatten und in der Dunkelheit aussahen wie glatte Steine am Rande eines Flussbetts. Lagerhunde – mit ihrem für die dortige Rasse typischen dichten Fell – bellten und rasten hinter uns her.

Seit Einbruch der Dunkelheit ertönte aus dem Kassettenrekorder unseres Fahrers unablässig indische Filmmusik. Traurige, herzergreifende Lieder von Liebe, Leid und Verlangen begleiteten uns durch das dunkle Tal; stets war es eine Frauenstimme, die da klagte.

Tum zindagi-ko ghumka fasana bana-gé.
Ankho men intizar-ki duniya jagga-gé.
Du hast aus meinem Leben eine Leidensgeschichte gemacht.
In meinen Augen hast du eine Welt des Verlangens erweckt.

Unübersetzbar, diese zauberische zweite Zeile, mit dem überraschenden Bild, das sie beschwor, dieser Welt (*duniya*) des Verlangens *(intizar-ki)*, wachgerufen *(jagga-gé)* in den Augen der liebenden Person *(ankho)*. Das war die Zeile, die das Lied seit vierzig Jahren lebendig erhielt; sooft die Zeile auf dem Tonband wiederkehrte, sang der junge Gehilfe des Fahrers mit.

Ik tees si dilmen ut-ti hai.
Ik dard sa dilmen hota hai.
In meinem Herzen schwillt ein Klagelied an.
Ein unnennbarer Schmerz erfasst mein Herz.

Immer noch waren Leute unterwegs, obwohl die Nacht schon weit fortgeschritten war; fürs Wandern und Lagern gab es offenbar keine festen Zeiten. Einmal verlangsamten wir unsere Fahrt wegen einer Gruppe, die einen Bullen jagte, der sich selbständig gemacht hatte und auf dem Weg, den die Karawane gekommen war, zurückgaloppierte.

Dann schien es, als seien wir von der Straße abgekommen. Wir stiegen aus dem Jeep aus. Es herrschte tiefe Dunkelheit. Der Fahrer schickte den Jungen los, um die Lage zu erkunden, und machte sich dann selbst auf die Socken. Er kam zurück und fuhr mit dem Jeep vorsichtig weiter, während wir an der Stelle, an der wir ausgestiegen waren, zurückblieben. Die Lichter des Jeeps verschwanden. Der Junge kam zurück und führte uns mit Hilfe einer Taschenlampe vorwärts. Er bot mir seine kleine Hand, die unerwartet zart war. Wir schienen über Schlamm und Felsbrocken zu gehen. Als die Lichter des Jeeps wieder auftauchten, ließ sich in der Schwärze der Nacht nur schwer abschätzen, wie weit weg sie waren. Sie wirkten weit entfernt, als habe der Fahrer eine ganze Strecke fahren müssen, ehe er auf die Straße zurückfand. Sekunden später stand indes der Jeep plötzlich da, nur ein paar Schritte vor uns.

Wir hatten das Gefühl gehabt, über Schlamm und Felsbrocken zu gehen. Als wir aber später bei Tageslicht auf der Rückfahrt wieder vorbeikamen, sah ich, dass ein Gletscher heruntergekommen war und sich über die Straße gelegt hatte. Der Schnee hing über die Schutzmauer der Straße, die gegen Steinschlag schützte, herab. Auf der Oberfläche war er alt und schmutzig; unterhalb der scheinbar festen Schneedecke aber sah man – passend zum Gebirgssommer, der gerade zu Ende ging – eine große weiße Höhle, aus deren tropfendem Innern ein Sturzbach schoss.

Wir befanden uns nun zwischen Gletschern und Gebirgsbächen. Von überall hörte man frösteln machende Wassergeräusche.

Das Rasthaus in Naran war erleuchtet, aber niemand antwortete. Als wir in Balakot wegen des Jeeps verhandelten, hatte der Fahrer erklärt, es gebe ein staatliches Hotel, in dem das Zimmer 125 Rupien koste. Jetzt behauptete er, der Zimmerpreis betrage über 200. Da ich darauf gefasst war, vier Zimmer buchen zu müssen (eins für mich, eins für Masud, eins für den Fahrer, der uns von Rawalpindi nach Balakot gebracht hatte und seitdem mucksmäuschenstill und gewissermaßen nicht vorhanden war, sowie eins für den Jeepfahrer und seinen Gehilfen), bekam ich einen Schreck. Masud aber, der neben seiner Angst vor Ansteckung auch von einer krankhaften Sorge ums Geld besessen war und ständig fürchtete, übers Ohr gehauen zu werden – Masud also erklärte, er habe keinen Zweifel daran gelassen, dass sich der Jeepfahrer und sein Gehilfe selber etwas suchen müssten. Es war freilich nicht das staatliche Rasthaus, wohin der Jeepfahrer uns brachte, sondern das

Park Hotel, an dessen grellfarbigen, primitiven Reklametafeln wir unterwegs mehrfach vorbeigefahren waren.

Das Park Hotel war ein langes, niedriges Gebäude, das in einigem Abstand von der Straße lag; es besaß eine schwach erleuchtete Veranda. Der Fahrer hupte, und aus einem kleineren Gebäude am Rande des Grundstücks kam ein Mann, in eine Decke gehüllt. Es war kalt, war schon seit längerer Zeit kalt, aber einen warmen Raum im Hotel, den man hätte aufsuchen können, gab es nicht. Der Mann mit der Decke zeigte uns ein Schlafzimmer: zwei Betten mit Holzrahmen, Wandbeleuchtung. Er und Masud verhandelten, woraufhin mich Masud aus dem kalten Schlafzimmer auf die eiskalte Veranda führte, um mir zu eröffnen, dass der Zimmerpreis fünfundsiebzig Rupien betrug, wenn noch ein weiteres Bett im Raum aufgeschlagen wurde. Statt also ein Reisender mit einem kleinen Tross zu sein, der sich auf eine Rechnung über hundert Dollar für eine Nacht gefasst machen musste, fand ich mich als Mitinsasse eines Schlafsaals wieder und musste nur siebeneinhalb Dollar bezahlen. Ich sagte, ich wolle allein schlafen, ich sei ein unruhiger Schläfer. Masud sprach mit dem lächelnden Mann vom Hotel, und man einigte sich auf eine Erhöhung der Rechnung um fünfundzwanzig Rupien für das weitere Zimmer.

Ich bat darum, mein Zimmer zu heizen. Der Mann vom Hotel lächelte und sagte, das sei nicht möglich. Der Schornstein funktioniere nicht; wenn man ein Feuer anmache, fülle sich das Zimmer mit Rauch. Das erklärte, warum der offene Kamin so relativ sauber war. Ich bat um heißen Tee. Ja, den würde ich kriegen, beim Abendessen. Apropos Abendessen, was wolle ich haben?

Gab es Eier? Nein, Eier gebe es nicht. Ich dachte an das klare Flusswasser und fragte: »Forelle?« Masud, der für mich dolmetschte, wiederholte das englische Wort für Forelle: »Trout?« Der Mann vom Hotel nickte bejahend mit dem Kopf und sagte: »Trout.« Und Masud, brav dolmetschend, sagte, es gebe Forelle.

»Vierzig Rupien für die Genehmigung«, sagte Masud.

»Genehmigung? Braucht man für alles eine Genehmigung?« Das Wort erinnerte mich an die Probleme, die ich in Rawalpindi gehabt hatte, als ich Bücher mit der Post verschicken und Reiseschecks eintauschen wollte.

»Nein«, antwortete Masud verstimmt.

Es war zu kalt, um noch weiter über Genehmigungen zu diskutieren. Ich hatte mit Kälte gerechnet. Aber jetzt tat sie körperlich weh, und das Zimmer schien mit jeder Minute eisiger zu werden. Ich hatte weder ein Wollhemd noch einen Pullover dabei und beschloss, unter meinem Safarihemd ein zweites Hemd überzuziehen. Als sie sahen, dass ich mich auszog, verließen sie das Zimmer und gingen auf die Veranda. Die Tür ließen sie offen; ich blieb in einer Art Kühlschrank-Privatsphäre zurück. Ihre Gesellschaft wäre mir lieber gewesen, sogar ein bisschen Hilfe von ihrer Seite. Meine Finger waren zu taub, um ohne weiteres mit den Knöpfen zurechtzukommen; ringsum hörte man das eiskalte Geräusch herabstürzenden Wassers.

Als ich in meinem Doppelhemd auf die Veranda hinaustrat, hatte dort der Mann vom Hotel vier leblose Forellen vorzuweisen: Aus weiter Ferne hatte er sie offenbar nicht holen müssen. Der Jeepfahrer und sein Gehilfe trennten sich jetzt von uns. Wie von Masud angekündigt, hatten sie sich selbst etwas gesucht; zweifellos wartete irgendein warmes, lehmgedecktes Bauernhaus auf sie.

Masud und ich (nebst unserem eigenen schweigsamen Fahrer) gingen in die Küche, weil es dort warm war. Sie befand sich in dem kleineren Gebäude am Rande des Grundstücks. Und obwohl wir erst wenige Minuten vorher angekommen, die Verhandlungen gerade erst beendet worden und die Forellen eben erst eingetroffen waren, befand sich in der Küche schon eine komplette Mannschaft bei der Arbeit, um unser Abendessen zuzubereiten; ein Holzfeuer brannte unter einem Backblech, ein Mann in einem langschößigen blauen Hemd plättete Teigkugeln mit den Händen, um *roti* zu backen, wobei die Schöße seines Hemds bei jeder seiner freudig erregten Handbewegungen hüpften, und die Forellen lagen filetiert, aufgeschnitten und gewürzt auf einem niedrigen Holztisch bereit.

Ich stand am Feuer, wo ich den Köchen im Weg war. Masud saß auf einem Rohrstuhl vor dem niedrigen Tisch. Ständig liefen wir hin, um die Tür der Küche zu schließen; beim Raus- und Reingehen ließ das Küchenpersonal sie ebenso ständig offen. Nichts war so wichtig wie das Feuer: nicht der Reinlichkeitszustand des Tisches, auf dem der Mann im blauen Hemd die Teigkugeln in Mehl wälzte, nicht die Qualität des Wassers in dem roten Plastikeimer, nicht der schartige niedrige Tisch, auf dem die filetierten Forellen lagen.

Der stets muntere Koch, endlich zufrieden mit seinem *roti*, benutzte ein Messer, um verkohlte Fettrückstände von dem runden Backblech abzukratzen. Er goss Öl auf das Blech, zog das brennende Holz zur Seite, um die Hitze zu verringern, legte die Filets auf das Blech, deckte sie mit einem Topfdeckel aus Aluminium zu, bückte sich, um vom schwärzlichen Fußboden einen Ziegelstein aufzuheben und platzierte den Stein auf dem Deckel.

»Am besten essen wir gleich hier«, sagte Masud.

Er sprach mir aus dem Herzen. Und so geschah es denn auch.

Ein großer, imposant aussehender Mann kam herein, der eine Pelzmütze und einen schieferblauen Umhang trug. Er war kein Dörfler oder Bergbewohner. Ich dachte, er sei vielleicht ein Grundbesitzer oder jemand, der mit dem Hotel zu tun hatte, oder auch ein Polizist, jemand vom Geheimdienst, der sich den Fremden anschauen kam. Er stellte sich uns als »Pillendreher« vor, als Apotheker oder Drogist. Er habe einen Laden in Balakot und einen in Naran. »Sie besitzen also zwei Geschäfte?«, vergewisserte ich mich. »Ich besitze nur ein Geschäft«, antwortete er. Der Laden in Naran habe im Sommer geöffnet (offiziell befanden wir uns noch in der Sommerhälfte), der Laden in Balakot hingegen im Winter.

Neben der Forelle gab es außerdem ein Fleischgericht für Masud und unseren stillen Fahrer (der sich sogar beim Essen so klein wie möglich machte und den Eindruck zu erwecken suchte, dass er weniger verzehrte als Masud und ich). Hunger und Kälte ließen Masud tollkühn werden und sorgten dafür, dass er all seine Angst vor Ansteckung vergaß. Vor seinem Fleischgericht sitzend, bat er um Wasser. Der Küchenjunge, der am Herd lehnte und uns die ganze Zeit über anstarrte, tunkte ein Glas in den roten Plastikeimer, reichte das triefende Glas Masud, und der leerte es bis auf den Grund.

Der Pillendreher verließ uns wieder. Nachdem er erzählt hatte, was er tat und wo er lebte, und herausgefunden hatte, wer wir waren und was für Sprachen wir sprachen, wusste er uns nicht mehr viel zu sagen. Der Koch im blauen Hemd zog das Holz von der Herdstelle weg. Er schlug die Flammen aus; die glühenden Holzkohlenstücke wurden rasch schwarz. Die Küche stand uns nicht mehr offen, wir mussten wieder in die Kälte hinaus. Aber das Essen hatte uns gewärmt. Im Hof erschien es uns nicht mehr so kalt, weniger kalt als im Zimmer. Masud aber hatte die Einsamkeit und Öde des Tals traurig gestimmt. Er blieb bei mir im Zimmer, um mir von sich und seinen Ängsten zu erzählen.

Seine Ängste drehten sich um seinen Vater und seine Familie und ums Geld. Er hatte das Gefühl, seine Familie unterstützen zu müssen, sah sich dazu aber nicht in der Lage. Und gleichzeitig machte er sich Sorgen wegen seiner eigenen wissenschaftlichen Karriere, die aus Geldmangel ins Stocken geraten war. Er war siebenundzwanzig; sein ganzes Leben lang hatte er studiert, und wegen des Faches, das er sich ausgesucht hatte, musste er das Leben als Student auch noch eine Zeit lang fortsetzen. Für seinen Vater war das hart. Beklagt hatte sich der Vater nicht; die Kinder und deren Ausbildung waren sein ganzer Stolz.

»Mein Vater muss mit Arbeiten aufhören. Er arbeitet so schwer, von morgens bis abends. Er ist ein Mann von einundsechzig Jahren.«

»Aber wenn er sich zur Ruhe setzt, wird er nichts mehr zu tun haben.«

»Sie verstehen das nicht. Ich habe Ihnen erzählt, welchen Rang mein Vater in der Armee innehatte. Mein Vater war Unteroffizier, ein ganz niederer Rang. Sie wissen nicht, was das hierzulande bedeutet.«

Mit einundsechzig verdiente sein Vater monatlich 1700 Rupien als Buchhalter. Masud litt deswegen Qualen und wegen seiner eigenen Hilflosigkeit und weil er gleichzeitig an sein Forschungsgebiet gefesselt war.

»Es ist keine angewandte Forschung. Wäre das der Fall, ließe sich Geld damit verdienen.«

»Sie möchten Pakistan verlassen?«

»Ich will Pakistan nicht verlassen. Es gibt hier Stellen, die ich kriegen könnte. Aber gerade jetzt hat die Regierung aufgehört, Leute einzustellen. Vielleicht ist der Einstellungsstopp nur vorübergehend. Ich weiß es nicht. Ich hatte mich für ein Stipendium an einer amerikanischen Universität beworben und wurde abgelehnt. Leute aus Indo-Pak, sagten sie, missbrauchten die Studentenvisa. Sie besorgten sich das Visum, führen hinüber, arbeiteten dort einen Monat oder so und tauchten dann unter. Ich kann nach England, nach Telford. Sie haben mir einen Platz gegeben. Aber wo kriege ich das Geld her? In manchen Ländern lässt sich glauben, dass Anstrengung sich bezahlt macht. Man kann darauf bauen, dass etwas herauskommt. Hier hat man höchstens Glück. In diesem Land kann man nur auf Glück hoffen.«

Er ahnte nicht, wie unmittelbar er mich mit seinen Worten ansprach. Die Vorstellung von Anstrengung, Hingabe und Erfüllung, die Vorstellung von menschlicher Qualität, ist auf bestimmte Gesellschaften beschränkt. Im kolonialen Trinidad, in dem ich aufgewachsen war, hatte sie keinen Platz. Dort gab es nur achtzig Arten von niederen Jobs, und die Qualität des Kakaopulvers und des Zuckers war wichtiger als die Qualität von Menschen. Die panische Angst, die ich jetzt bei Masud sah, seine Vorstellung, dass seine Welt eine Sackgasse war (während er gleichzeitig anderswo Tätigkeit und Wachstum sah), versetzten mich zurück in die Zeit vor dreißig oder fünfunddreißig Jahren, als ich selber diese Angst verspürt hatte.

Masuds Eltern waren im Jahr 1947 von Indien nach Pakistan ausgewandert. Sie waren als Muslime in einen muslimischen Staat mit muslimischen Überzeugungen gewechselt. Der Staat hatte sich nicht geändert; Masud hingegen, durch den Milieuwechsel befreit, hatte sich entwickelt; er (wie auch sein Vater) brauchte mittlerweile mehr als einen muslimischen Staat. Das Bedauern über den Weggang aus Indien, das nach Masuds Auskunft der Vater manchmal empfand, war berechtigt und auch wieder nicht: Im Jahr 1979 war Masuds Vater nicht mehr der gleiche Mann wie im Jahr 1947. Masud selbst, der nur Pakistan kannte, verehrte keine religiösen oder politischen Helden; sein Vorbild in Pakistan war ein Naturwissenschaftler, Abdus Salam, der in Europa forschte (und ein paar Wochen später den Nobelpreis bekam).

»Sie können mir eine Stelle an einer Universität geben«, sagte Masud. »Ich hatte früher eine. Aber die habe ich nicht mehr. Alles hier ist Politik. Wenn die Leute mir jetzt einen Job geben, dann ziehen sie sich Ärger mit den Behörden zu. Ich war in der Studentenpolitik aktiv.«

»Wie gut sind Sie?«

»Ich war unter den fünf Besten an meiner Universität.«

Er hatte von einer Dissertation gesprochen, von der Arbeit, an der er saß, von einem Doktorgrad, den ihm eine dortige Universität vielleicht bald verleihen werde. Umso überraschender, dass er jetzt sagte: »In einem Monat gehe ich vielleicht weg. Ein Freund hat für mich einen Vertrag mit einem College in Westafrika angebahnt.«

»Was für ein College?«

»Ein College.«

»Wie heißt es?«

»Es hat keinen Namen. Es ist einfach ein College. Eine Oberschule. Sie nennen sie College. Ich habe ausgerechnet, wie viel sie zahlen. 3600 Rupien monatlich.« Dreihundertsechzig Dollar.

»Das ist nicht sehr viel.«

»Mein Freund sagt, ich kann mit 800 Rupien auskommen.«

»Ich glaube nicht, dass man das kann.«

»Ich werde also 20 000 Rupien sparen können.«

»Was ist mit den Steuern? Haben Sie darüber etwas herausgefunden?«

»Darüber habe ich nichts herausgefunden. Aber mein Geldproblem wird es lösen.«

»Wird es Ihrer Karriere schaden?«

»Natürlich wird es meiner Karriere schaden«, antwortete er gereizt.

»Dann bleiben Sie hier!«

»Es wird mein Geldproblem lösen. Ich muss mich um meine Familie kümmern. Mein Vater ist ein Mann von einundsechzig.«

Ein Jahr: zehn Monate vielleicht. »Na gut«, sagte ich. »Dann gehen Sie! Ihr Englisch wird auch davon profitieren.«

Das schmeckte ihm nicht. »In ›Englisch als Fremdsprache‹ habe ich gut abgeschnitten.« Er nannte die Punktzahl. Sein Englisch wies freilich Schwächen auf. Aber er war nun mal der Mann der Prüfungen und Diplome.

Der lächelnde Mann vom Hotel kam herein.

»Er will jetzt gleich vierzig Rupien für die Fischereigenehmigung«, erklärte Masud. »Das Übrige hat Zeit bis morgen.«

Der Mann brachte auch für das Bett ein Tuch mit, nicht ein Bettlaken, um das ich ihn gebeten und das er mir vermeintlich auch zugesagt hatte, sondern ein Tischtuch. Er nahm die schwere Daunendecke vom Bett, breitete das Tischtuch aus und strich es wie auf einem Tisch glatt. Dann legte er die Daunendecke zusammen und deponierte sie am Fußende des Bettes. Und weg war er.

Ich fing an, das Bett zurechtzumachen.

Es sei wichtig, erklärte mir Masud, das Laken (oder vielmehr Tischtuch) unter der Daunendecke zu haben. »Man weiß nicht, wer darunter geschlafen hat.« Er führte es mir vor. »Hüllen Sie sich so darin ein. Passen Sie auf, dass Sie nicht mit der Daunendecke in Berührung kommen.« Diese Art des Bettmachens hatte er – ebenso wie ich – erst lernen müssen.

In heißen Ländern schläft man nicht unter einer Bettdecke; man benutzt zum Zudecken ein Baumwolllaken. Masud gab Wissen an mich weiter, das er selbst erworben hatte. Er hatte einen so weiten Weg zurückgelegt, hatte so viel lernen müssen; jemanden, an dem er sich hätte orientieren können, gab es nicht. Seine schlichte Herkunft zeigte sich an der Art und Weise, wie er aß: Er spie Sachen auf den Boden; wie weit er sich von seinen Ursprüngen entfernt hatte, bewiesen seine Pingeligkeit und Furcht vor Ansteckung (die durch seine allgemeine Ängstlichkeit noch verstärkt wurden).

Auf das Kopfkissen deutend, das mit einem grünen, damastähnlichen Stoff bezogen war, sagte er: »Und decken Sie auch das da ab.«

Nachdem er gegangen war, tat ich das, indem ich das Safarihemd, das ich tagsüber getragen hatte, mit der Außenseite über das Kissen breitete. Ich zog die dünnen Baumwollvorhänge zu; sie schlossen nicht. Es war kalt, aber unter der schweren Daunendecke fühlte ich mich behaglich. Im Nu hatte mich meine unter der Decke gestaute eigene Körperwärme eingelullt. Das Tosen des Wassers draußen begleitete mich in den Schlaf. Und man stelle sich meine Erleichterung und mein Entzücken vor – als ich aufwachte, war es Morgen.

Ich hatte gedacht, das Tosen komme vom Fluss. Jetzt sah ich, dass seine Ursache ein Wasserfall war, der unmittelbar hinter dem Park Hotel vom Berg herabstürzte. Am Fuß des Berges, neben dem Hotel, befand sich eine breite steinerne Rinne, durch die das Wasser abfloss. In diesem Tal schmelzenden Schnees dienten Kanäle nicht der Bewässerung, sondern hatten den Zweck, Überschwemmungen zu verhindern.

Die Berge auf der gegenüberliegenden Seite des Tals – jenseits des Hotelhofs und Hotelgeländes, der Hauptstraße, auf der in Decken gehüllte Männer und Jungen entlanggingen, der niedrigen Häuser des kleinen Städtchens, des unsichtbaren Flusses – leuchteten in der Morgensonne; die Klüfte in den Berghängen waren weich und verschwommen. Die Sonne hatte sich noch nicht über den Berg hinter dem Hotel erhoben; Berg und Hotel lagen noch im Schatten. Ein bisschen weiter unten aber, wo der Berg abfiel, schien die Sonne durch die Zweige einiger Kiefern: ein schmaler Lichtstrahl, der den Zweigen eine filigrane Transparenz verlieh.

Der lächelnde Mann vom Hotel brachte Tee für drei Personen. Er stellte das Tablett in meinem Zimmer ab. Ich ging, um unsere Fahrer und Masud zu holen. Masud indes hatte sich im Badezimmer eingeschlossen und blieb längere Zeit verschwunden. Als er endlich auftauchte, erklärte er, schlecht geschlafen zu haben. Er habe sich den Magen verdorben. Was er denn zu sich genommen habe, was ich nicht gegessen hatte? Das Fleisch? Das Wasser? Jawohl, das Wasser sei schuld.

»Das Wasser hier sieht sauber aus«, sagte er. »Aber es enthält bestimmte Mineralien. Sind Sie in Gilgit gewesen?« Gilgit lag weiter nördlich. »Das Wasser dort ist *schwarz*.«

Gott sei Dank hatte er seine Pillen. Unmittelbar anschließend allerdings kam die andere Seite seines Wesens zum Zug, und er setzte sich hin und futterte sich durch das stärkehaltige Hotelfrühstück aus dicken gebratenen Brotscheiben und matschigen, öltriefenden Kartoffeln, die grün vom vielen Curry waren.

Das Städtchen war eine kleine Siedlung aus niedrigen, nichts sagenden Steinhäusern, von denen einige alt, einige vom Staat neu erbaut waren (das staatliche Hotel hatte ein hellrotes Dach); es verlor sich hinter dem Basar abrupt in der Wildnis. Einige Läden oder Buden besaßen Rampen, auf denen gekocht wurde. Schaumiges Wasser aus den Läden rann auf die steinige Straße hinaus; Tierkot lag herum; der weichere Boden zwischen den Steinen war aufgewühlt und schwarz. Sogar schon zu dieser frühen Stunde wurden Schafe und Rinder die Straße entlanggetrieben.

So trostlos die Siedlung wirkte, so behelfsmäßig und halb verfallen der Basar aussah, der Ort war alt und lag an einer alten Gebirgsstraße. Und die Straße war dicht bevölkert: Stets gab es da die Häuser mit Flachdächern, die am Hang lagen oder halb versteckt an der Straßenböschung lehnten, die dicken Dächer aus dämmendem Lehm von schweren Balken oder Baumstämmen gestützt, die im Winter der zusätzlichen Last des Schnees standhalten konnten. Brennholz für den Winter – trocknende Kiefernzweige, Gestrüpp – lag auf den Dächern und wirkte wie eine weitere Tarnung.

Hie und da gediehen auf steinigen, felsbewehrten Terrassen ein paar ärmliche Feldfrüchte: Kartoffeln oder Paprika oder Mais (das Frühsommergetreide war Weizen, das Spätsommergetreide Mais, das Wintergetreide Hirse). Korn und Kartoffeln – und Paprika! Verstreut ragten Kiefern empor. An den steilen Berghängen wuchsen Büschel von Gras und ließen die Landschaft gesprenkelt erscheinen; stieg man hinauf und sah auf sie herab, vermittelten sie den Eindruck, als seien die Hügel und Berge von einem Geflecht aus Ziegenpfaden überzogen.

Der Schnee – jetzt, im Sommer, war er weggeschmolzen – hatte die Berge ausgewaschen und abgewetzt. In Felsspalten lagen Schneereste von unbestimmbarer Farbe: nicht weiß, nicht braun, eher wie eine Wasseroberfläche, in der sich Licht fing. Dieser alte Schnee war verharscht; aber trotz des nahenden Winters war er dabei, zu tauen, sodass jede schneegefüllte Kluft einen Sturzbach speiste. In mehr als 3000 Meter Höhe weitete sich das Land zwischen den Bergketten: geschwärzte Schneeüberreste in schattigen Spalten; dicker, weißer Schnee auf den Gipfeln, der die scharfen Konturen weich zeichnete; der abgescheuerte rote Fels sonnenbeschienener Hänge bewachsen von Moos; und in der Mitte der Hochebene ein grüner See mit einer Grasfläche voller Vergissmeinnicht und übersät mit den kleinen gelben Blüten einer sommerlichen Feuchtwiese, die hier in den paar Wochen bis zur Rückkehr des Schnees wuchsen. Am gegenüberliegenden Ufer des Sees standen einige Zelte, Nomadenzelte: dunkle Dreiecke auf weißer Zeltplane. Der Strom von Menschen und Tieren versiegte nie.

Auf dem Rückweg, als wir das Tal wieder hinunterfuhren, hielt der Jeepfahrer bei einem afghanischen Lager. Er rief dem Mädchen oder der jungen Frau, die vor ihrem Zelt *roti* bereitete, etwas zu. Als sie verstand, was er wollte, lächelte sie und schüttelte den Kopf. Masud erläuterte, er habe nach einer bestimmten Wurzel gefragt. Es handele sich um eine Arznei; sie heile Schmerzen. Meiner Vermutung nach ging es um Ginseng.

Der Jeepfahrer hatte auch noch anderes zu besorgen. Viele Male hielt er an diesem Vormittag an, um mit den Fahrern der Minibusse zu plaudern. Er war ein Mann, der in der Gegend Ansehen genoss; das hatte ich mir nicht so vorgestellt, als er uns in die Berge hinauffuhr. Er war mehr als ein schlichter Bergbewohner; seine Eleganz, seine weiten weißen Hosen, das braun getönte Hemd, das schöne Haar – all das war wohl kalkuliert.

Wie er jetzt mit den anderen Fahrern flüsterte! Was für ein verschwörerisches Gehabe! Vielleicht erkundigt er sich, dachte ich, nach einer anderen, weniger heilkräftigen Art Wurzel oder Arznei. Bei seinen Gesprächen ging es indes um Politik, um die Regionalwahlen, die vom Militärregime angeordnet worden waren. Ungeachtet der Ziegen, Schafe, Kamele, Zelte, Kochstellen und in rotschwarze Gewänder gekleideten beziehungsweise mit Silberschmuck behängten Afghanen brodelte das Tal von Politik. Die Partei des Jeepfahrers war die Partei des ehemaligen Ministerpräsidenten Bhutto. Ihn hatte man fünf Monate zuvor gehängt; seine Partei aber genoss nach wie vor die Sympathien der Leute im Tal.

Ministerpräsident Bhutto, meinte der Jeepfahrer, sei der einzige Mensch in Pakistan gewesen, der je etwas für die Armen getan habe. Vor Bhutto, zur Zeit des Generals Ayub (der von 1958–68 das Land beherrschte) hätten arme Leute Pässe nur für Länder wie Afghanistan und Indien bekommen, für schlechte Länder, Länder ohne Jobs und ohne Chancen. Unter Bhutto habe man Pässe für überallhin bekommen – Europa, Amerika, Saudi-Arabien, Abu Dhabi, alles. Jetzt kriege man erneut keine Pässe.

Masud (er trug eine blaue Nylon-Windjacke mit Reißverschluss und ein besticktes weißes Käppchen) sagte zu mir auf Englisch: »Die ausländischen Staaten haben es unterbunden. Aber er glaubt das nicht.«

Er sei im Tal geboren, sagte der Jeepfahrer. Sein Vater habe einen Laden gehabt; deshalb sei es ihm besser gegangen als den meisten. Für Politik habe er sich erst zu Bhuttos Zeit zu interessieren begonnen. »In dieser Gegend«, erklärte er (von Masud gedolmetscht), »gab es früher große Grundbesitzer. Sie fuhren drei Ernten jährlich ein. Sie verkauften ihre Ernten. Sie ließen die Leute hier für sich arbeiten, und die Leute bekamen von ihnen nichts weiter dafür als das Essen. So ging es damals hier zu.«

Und die Brücke, die dort über den Kunhar-Fluss führe – die habe Ministerpräsident Bhutto gebaut.

Der Jeepfahrer sprach weiter, redete sich in Rage. Er wirkte völlig verändert – der Mann, der uns ins Tal hinaufgefahren und aus Spaß den afghanischen Teppich für mich erhandelt hatte, war nicht wiederzuerkennen. Masud hörte auf zu dolmetschen.

Nach einer Weile sagte Masud: »Er ist jetzt erregt. Sehr erregt. Er sagt, Mr Bhutto sei nicht tot.«

Ausgezogen waren wir mit traurigen Filmschlagern, in denen die Liebesleidenschaft besungen wurde: Sie hatten der Dämmerung, dem Fluss und den Lichtern der fernen Häuser eine eigene Note verliehen. Und auf der Rückfahrt begleitete uns nun diese andere Leidenschaft. Das machte, dass ich die Menschen auf der Straße mit anderen Augen sah: Sie waren die Armen, die Vernachlässigten. Der Fahrer allerdings hatte anderes vor Augen.

»Diese *maulana*«, erklärte er in Masuds Übersetzung, »benutzen den Islam als ein Werkzeug. Wir sind alle Muslime. Als Muslime sind wir von anderer Art als sie. Sie wollen Pakistan zerstören. Unser Islam ist besser. Wir sind die Einzigen, die den Islam und Pakistan retten können.«

Wir mussten anhalten. Ein Lastwagen wurde mit Kiefernstämmen beladen. Die Stämme wurden mit den Händen vom Berghang auf den Wagen gehievt. Die Straße war eng; wir mussten warten, bis das Aufladen beendet war. Vor uns wartete ein roter Kleinbus Marke Suzuki. Wir stiegen aus. Die Straße war durch die Herden, die über sie hinweggezogen waren, zu feinem Staub zertreten. Der Jeepfahrer schlenderte vor zu der Straßensperre, um mit den Aufladern zu sprechen und sich dann hinzusetzen und ihnen zuzuschauen.

Masud und ich standen neben der Schlucht, an deren Grund der Kunhar floss.

»Was er über die *maulana* gesagt hat, finde ich richtig«, sagte Masud. »Ich sehe das auch so. In dieser Gegend können fünfzehn Prozent lesen und schreiben.«

»Aber ist es nicht merkwürdig«, sagte ich, »dass die einzige Freiheit, die er haben will, die Freiheit ist, das Land zu verlassen? Er hat gar keine Vorstellung davon, dass sich das Land entwickeln ließe, dass es hier Jobs geben könnte.«

Masud verstand mich zuerst nicht. Der Gedanke, wegzukommen, spielte in seinem eigenen Kopf eine zu große Rolle. Als er dann doch verstand, sagte er: »Aber die Herrschenden im Land haben diese Vorstellung nie gehabt oder sie den Menschen vermittelt. Jetzt ist die Armee an der Macht.«

Ich blickte auf die Arbeiter, die Hirten und die Müßigen, die beim Aufladen zuschauten, hier droben, über dem grünweißen Fluss, und sah nun Arme und Ohnmächtige anstelle von Menschen, die eine bestimmte Tracht trugen oder eine Reihe bestimmter Eigenschaften aufwiesen. Und etwas von Masuds Trübsal und der Erregung des Jeepfahrers wandelte mich an.

»Was geschieht mit diesen Leuten?«, fragte ich.

»Das weiß nur Gott«, antwortete Masud.

Und fügte später hinzu: »*Nichts* geschieht. Was soll denn auch geschehen?« Und noch später, nachdem sich eine Herde gefärbter Schafe an uns vorbeigedrängelt und den feinen Staub noch ein bisschen feiner zertrampelt hatte, sodass er in Wolken aufstieg und sein weißes Käppchen und seinen Schnauzbart grau färbte, sagte er, während er auf den Fluss hinuntersah: »Ihre Hände sind leer. Sie haben keine Gewehre. *Millionen* werden sterben müssen.« Kein aufrührerischer Geist sprach aus ihm, sondern nackte Verzweiflung. »Wissen Sie, wie viele politische Parteien es in diesem Land gibt? Es gibt vierundneunzig politische Parteien in diesem Land. Was kann da geschehen?«

»Wann haben Sie angefangen, sich Sorgen um die Zukunft zu machen?«, fragte ich.

»1971.« Damals trennte sich Bangladesch von Pakistan. »Nein, ich glaube, es war früher. Bei der Immatrikulation fing ich an, mir Sorgen um die Zukunft zu machen.«

Masud hatte meine Frage missverstanden. Meine Erkundigung zielte auf Pakistan. Er aber wurde von seinen Ängsten so erdrückt, dass er die Frage auf sich persönlich bezogen hatte. Er hatte in der Frage eine Fortsetzung unserer Unterhaltung vom Vorabend gesehen.

Der Jeepfahrer saß am Hang, die Knie angezogen, die Beine in den weißen Hosen gespreizt, und sah den Aufladern zu.

»Ich gab früher Nachhilfeunterricht. Damit verdiente ich mir 400 Rupien im Monat. Aber ich musste damit aufhören. Die Eltern der Kinder behandelten mich wie einen Domestiken. Sie behandelten mich nie als Lehrer. Wenn ich zu vier Uhr bestellt war und um fünf hinkam, setzte es Ärger. Fielen ihre Kinder durch, gaben sie mir die Schuld.«

Geld, seine Karriere, seine Familie: Das waren die Themen des vorangegangenen Abends, auf die er jetzt wieder zurückkam.

»Mein Vater fragt sich heute, warum er hergekommen ist«, sagte er. »Warum bin ich nur gekommen? Wo ist das würdige Leben, das ich hier zu finden glaubte?« Wie ich indes schon beim ersten Mal gedacht hatte, war das nur die halbe Wahrheit. Masuds Vater, der muslimische Korporal, hatte, als er im Jahr 1947 nach Pakistan auswanderte, das würdige Leben, das er suchte, damals auch gefunden.

Endlich war der Lastwagen beladen. Die schweren Stämme wurden mit Stöcken festgeklopft und mit Stricken umwunden. Der Lastwagen fuhr ab. Der rote Suzuki-Kleinbus fuhr ebenfalls los. Wir folgten – nicht ohne einiges Gerangel mit dem Gegenverkehr, der sich gleichfalls angestaut hatte.

In der Stadt Jared machten wir Halt. Sie war berühmt für ihre Holzschnitzereien. Zu sehen bekam ich freilich nur Ärmliches – Holzdolche, Tabletts, Aschenbecher: schlechtes Design, schlechte Ausführung. Masud kaufte für fünfzehn Rupien einen Aschenbecher aus Walnussholz. Zweifellos hatte es die Tradition einmal gegeben; jetzt erschien der Mangel an handwerklichem Geschick, Augenmaß und Geschmack als Teil des allgemeinen Elends.

Wir überholten erneut den Lastwagen mit den Baumstämmen und fuhren dann wieder hinter dem kleinen roten Suzuki her, eingehüllt in seine Staubwolke.

Plötzlich schien hinten in dem Suzuki ein Aufruhr loszubrechen. Jemand wurde auf die Straße geschleudert. Und dann folgte noch ein Zweiter nach.

»Sie werfen Leute aus dem Bus«, sagte ich.

»Ein Kampf«, stellte Masud fest.

Der Suzuki fuhr weiter. Dann aber hielt er an. Wir wichen dem ersten Mann aus; er war unverletzt und stand schon wieder auf seinen Füßen. Dann kamen wir an einem Halbwüchsigen oder jungen Mann vorbei, der auf der Straße lag – seine weiten, mit einem Strick zusammengebundenen Hosen klafften auseinander, sodass man das Geschlechtsteil sah. Vom Bus kamen Menschen bereits auf ihn zugerannt. Wir fuhren an dem Suzuki vorbei – der Fahrersitz war leer – und stoppten knapp hundert Meter vor ihm, an einer Straßenausbuchtung.

Ich wollte kein Blut sehen und war froh, dass unser Fahrer erst hier angehalten hatte. Was passiert war, wussten wir nicht. Aber die Windschutzscheibe des Suzuki war zertrümmert, und die Erklärung für den Vorfall fand sich an dem steilen Hang über der Straße: eine Herde Ziegen, Teil des Almabtriebs, war von der Straße abgeirrt. Die Tiere hatten einen

Stein losgetreten, der die Windschutzscheibe zertrümmert und den Fahrer verletzt hatte. Ein paar Sekunden fuhr der Suzuki führerlos auf der Bergstraße entlang. Das war fraglos der Augenblick, in dem sich einer der hinten sitzenden Passagiere aus dem Auto geworfen hatte. Dann war der verwundete Fahrer hinausgefallen, und irgendjemand, vielleicht der Mann, der neben dem Fahrer saß, hatte den Suzuki zum Stehen gebracht.

Der Fahrer wurde gerade aufgehoben und zu unserem Jeep gebracht. Währenddessen kletterte unser Jeepfahrer trittsicher (er stammte ja aus der Gegend) den felsigen Steilhang hinauf, dorthin, wo sich hoch droben über der Straße die Ziegen und ihr Hirt befanden. Wieso tat er das? Warum hatte er es so eilig? Die Antwort war einfach: Er wollte sich den Hirten vorknöpfen, ihn verprügeln und auf die Straße herunterscheuchen.

Das malerische Stammesexemplar, der Mann, der seine Herden hinab zu ihren Winterweiden trieb, war jetzt nur noch ein kleines verletzliches Männchen. Unser Fahrer hatte ihn ins Gesicht geschlagen und misshandelt. Sein schwarzer Turban – Zeichen seiner Würde – baumelte ihm als schmuddeliger Baumwollstreifen vom kahlen Kopf; den ganzen Weg herab bekam er Stöße und Boxhiebe; seine kostbaren Ziegen musste er zurücklassen. Auf der Straße stürzten sich dann Leute aus dem Suzuki-Bus abwechselnd auf ihn, verpassten ihm eins und rannten wieder an ihren Platz zurück. Packte sie der Zorn erneut, wiederholten sie ihre Attacke und versetzten dem alten Hirten Schläge auf Kopf und Oberkörper, während er weinend dastand und ohne seinen Turban so klein wirkte wie ein Kind.

»Sie bringen diesen Mann noch um«, sagte ich zu Masud.

»Nein«, meinte Masud. »Sie hören jetzt auf, ihn zu schlagen. Sehen Sie, jetzt wird er in den Bus gesetzt. Sie bringen ihn zum Polizeirevier.«

Aber das Ganze war doch ein Unfall. Und was geschah mit den Ziegen des Mannes? Masud fand gegen das Vorgehen der Leute nichts einzuwenden; hierzulande verfuhr man eben so. Dabei hatte unser Jeepfahrer so mitfühlende Worte für die Armen gefunden. Die Armen waren seine Leute, die Menschen aus dem Tal; Leute von draußen zählten nicht zu seinen Armen.

Sie brachten den Suzuki-Fahrer zu unserem Jeep. Er war bewusstlos. Ein Mann hielt ihn auf dem Vordersitz in seinen Armen. Masud und ich saßen auf dem Rücksitz; der Gehilfe des Jeepfahrers klammerte sich hinten an das Gefährt. Blut sah man bei dem Verwundeten nicht.

»Er hat innere Wunden«, erklärte Masud. »Sie sagen, es sei ein sehr großer Stein gewesen, der herabfiel und ihn traf, während er am Lenkrad saß.«

Als ich ihn halb entblößt auf der Straße hatte liegen sehen, hielt ich ihn für einen Halbwüchsigen oder einen sehr jungen Mann. Jetzt sah ich, dass er älter war, ein extrem dürrer Mensch, Gesicht und Körper durch Unterernährung eingefallen. Er blieb bewusstlos. Der Mann, der ihn in den Armen hielt, sprach sanft zu ihm wie zu einem Kind. Aber der Verwundete reagierte nicht, schlug kein einziges Mal die Augen auf.

Wir fuhren so schnell, wie wir konnten, das Kaghan-Tal hinunter nach Balakot, entlang der Schlucht des Kunhar, der Hügelketten, der hohen Kiefern, der terrassierten Maisfelder, der Häuser mit den flachen Dächern. Hin und wieder fühlten Masud oder der Jeepfahrer mit dem Handrücken die Wange des bewusstlosen Mannes. Sie sagten, er sei am Leben; aber er regte sich kein einziges Mal und gab keinerlei Geräusch von sich.

Ungefähr eine Stunde lang waren wir unterwegs. Als wir Balakot erreichten und zu dem kleinen grauen Krankenhaus kamen, waren im Hof nur Kinder, und niemand kam heraus, um den Verwundeten zu übernehmen. Der Doktor war nach Peschawar gefahren; der Pillendreher befand sich in Mansehra. Der Verwundete musste also nach Mansehra geschafft werden. Aber dafür waren wir nicht mehr zuständig; wir mussten unseren Jeep zurückgeben.

Und auch die Zuständigkeit des Jeepfahrers endete hiermit. Für ihn gab es nichts weiter mehr zu tun. Er hatte sich in politische Erregung versetzt, hatte seine Erregung in der Verfolgung des afghanischen Hirten und dann in der Fürsorge für den verwundeten Mann abreagiert. Die lange, anstrengende Fahrt durch die Berge nach Balakot aber überforderte seine innere Anteilnahme – und seinen Sinn für Theatralik. Als wir ihn dort verließen, gut aussehend, unbeschäftigt, wirkte er genervt und ausgepumpt.

In unserem Mietauto und mit unserem Mietfahrer fuhren wir durch den Spätnachmittag und den hereinbrechenden Abend davon. Nach den Bergen erschien das Land weicher, trockener, abwechslungsreicher in der Vegetation.

Weder Masud noch ich sprachen viel. Es gab wenig zu bereden. Seine Probleme belasteten Masud, machten eine neutrale Unterhaltung schwieriger.

Die Fahrräder auf der Straße fuhren ohne Licht. Die Busse und Lastwagen hatten häufig keine Rücklichter, weil es sinnlos war, Stellen zu beleuchten, die man hinter sich hatte. Die Pferdefuhrwerke fuhren ohne alle Beleuchtung.

Von plötzlichem Ärger befallen, sagte ich: »Sie sind nicht beleuchtet.«

»Sie sind nicht beleuchtet«, bestätigte Masud.

Ich setzte ihn an der Straße ab, die nach Peschawar führte –

zu der Garnisonsstadt im Westen, in dem flachen, breiten Tal, das sich hinauf zum Kyberpass und in einen anderen Teil von Afghanistan erstreckte.

9

Agha Babur

In Rawalpindi berichteten die Zeitungen über staatliche Sparmaßnahmen. Sechs Ministerien sollten aufgelöst werden. In Belutschistan war Sparen angesagt: Keine neuen Stellen würden mehr geschaffen werden, und Gehaltserhöhungen für Angestellte entfielen. Neunundzwanzig Beamte der Abteilung für Maße und Gewichte erhielten ihre Entlassung. Wie die *Pakistan Times* meldete, hatten die betroffenen Beamten »die Regierung dringend ersucht, sie auf andere Stellen zu versetzen, um in dieser Zeit hoher Preise sie und ihre Familien vor seelischer Verzweiflung und Hungertod zu bewahren«. Glaubte man *The Muslim*, hatten die Beamten allerdings nur vor »seelischer Verzweiflung und Enttäuschung« gerettet werden wollen.

Die Kleinbusse, die zwischen Rawalpindi und Islamabad verkehrten, waren aus Protest gegen polizeiliche Schikanen in einen eintägigen Proteststreik getreten. Die Busfahrer erzählten den Zeitungen, die Polizei wolle höhere Schmiergelder. Die Polizei erklärte, die Fahrer hätten sich gegenüber Passagieren »Fehlverhalten« zuschulden kommen lassen.

Vierunddreißig Lehrer berichteten *The Muslim*, sie hätten in Oman im Südosten der arabischen Halbinsel Stellen nicht antreten können, weil die Auswanderungsbehörden in Pakistan ihre »Unbedenklichkeitsbescheinigungen« in Zweifel gezogen hätten. In derselben Ausgabe von *The Muslim* fand sich ein Untersuchungsbericht über die hohen Kosten für den Ausbau einer staatlichen Touristenherberge hoch droben im Norden: Der Ausbau hatte statt geplanter sieben Monate fünf Jahre gedauert.

In *Pakistan Times* schrieb ein Armeeangehöriger a. D. einen Artikel über Disziplinlosigkeit. »Mittlerweile wird offen eingeräumt, dass unsere Gesellschaft korrupt ist und alle nur denkbaren sozialen Missstände aufweist. Von Kindern, die in einer häuslichen Atmosphäre aufwachsen, in der Schmuggelei, Schwarzmarktaktivitäten, Hamsterei, Bestechung und Korruption ... ganz unverhohlen praktiziert werden, lässt sich nicht erwarten, dass sie irgendeine Form von Disziplin akzeptieren. Wenn diese Kinder die Erziehungseinrichtungen besuchen, bemühen sie sich natürlich, die Atmosphäre, die sie von zu Hause gewohnt sind, auf das neue Milieu zu übertragen ...« Die Lösung bestand darin, in den Schulen und an den Gerichten größere Festigkeit, eine »eiserne Hand«, zu beweisen (und an den Schulen jede politische Betätigung zu unterbinden). »Haftstrafen, Auspeitschungen und notfalls auch Hinrichtungen werden für den nötigen Nachdruck sorgen.«

Zum umfassenderen Thema der Krise Pakistans fand sich in *The Muslim* ein eindringlicher Leitartikel von A. H. Kardar, dem früheren Kapitän der pakistanischen Kricket-Nationalmannschaft, einem Oxford-Absolventen. »Wir blicken voll Scham und Zorn auf den absoluten Mangel an Kompetenz und Engagement zurück, den die politische Führung und die Staatsverwaltung im Blick auf ökonomische Probleme an den Tag gelegt haben ... Scham und Zorn über die immer weiter wachsenden Getreideimporte ...« Und was hatte er nach diesem leidenschaftlichen Ausbruch als Lösung anzubieten? Nichts Konkretes. Nur, dass nicht so viel Politik gemacht werden dürfe, und dann wieder das Übliche: »Fest steht, dass wir uns zwischen dem Materialismus und den mit ihm untrennbar verknüpften, die Nation spaltenden politischen Programmen und dem Wort Gottes entscheiden müssen.«

Und zu allem Überfluss gab es in *Pakistan Times* noch die Besprechung einer vom Ausschuss für Bildende Kunst veranstalteten Ausstellung. Der Künstler war Hameed Sagher. Es handelte sich um seine erste Ausstellung, und der Rezensent war gleichzeitig auf Offenheit bedacht und um Zartgefühl bemüht.

»Während man in die betagte Empfangshalle des Ausschussgebäudes eintritt und über die Holzdielen schreitet, fällt der Blick auf eine Anzahl leuchtender Tafelbilder, auf die der Geist ebenso heftig wie widersprüchlich reagiert. Man steht vor einer verblüffenden Vielfalt von Techniken und Stilformen ... Um diese Vielfalt der Stile zu verstehen, die teilweise miteinander völlig unvereinbar sind, muss man etwas über den Künstler wissen. Hameed Sagher war eine Zeit lang Dichter. Dann fing er an, sein Talent als bildender Künstler unter professioneller Anleitung kommerziell zu nutzen. Eine förmliche künstlerische Ausbildung hat er nicht genossen ... Den Dichter faszinieren Ideen. Der bildende Künstler muss diese Ideen in Farben fassen, wobei er sich von den provokativen Ideen seiner Freunde inspirieren lässt. Er hat infolgedessen ein Spannungsverhältnis ausgebildet, kraft dessen er seine Ideen ziemlich heftig und manchmal ziemlich krass veranschaulicht ...

Sein ›Intellekt‹ macht den Eindruck eines brennenden Kopfes. Das in Pastell gemalte Tafelbild mit dem Titel ›Kampf‹ zeigt Hände, aus denen Flammen schlagen. ›Bewegung‹ ist ebenfalls Darstellung eines politischen Kampfes, der sich in Rauch und Feuer entlädt. Irgendwo sind Rasenstücke, deren kühles Grün der feurigen Wirkung der brennenden Figuren entgegenwirkt. ›Das Gebet‹ zeigt flehend erhobene Hände mit großen Augen, die dazwischen hindurchlugen, und einem Minarett, um das Vögel kreisen ... Die leuchtenden Farben, die Lebendigkeit und die Spannung lassen hoffen. Wenn er Erfahrungen sammelt und nicht dem ökonomischen Druck erliegt, könnte sich Hameed Sagher zu einem Künstler von Format entwickeln.«

Die Ausstellung wurde in der Freimaurerloge gezeigt. Die Freimaurer waren einige Jahre zuvor als zionistische Organisation verboten worden (ein weiterer Grund für das Verbot war, wie man mir erzählte, dass ihnen Salomon als der höchste aller Propheten galt), und ihre Räumlichkeiten hatte der Ausschuss für Bildende Kunst übernommen.

Das Gebäude befand sich in der Straße hinter Flashman's Hotel, einer Straße, in der mit Umhängetüchern, Teppichen und Stoffen gehandelt wurde. Es war ein solides Backsteinhaus aus der britischen Kolonialzeit – in dem Stil, den das Ministerium für öffentliche Bauten pflegte – mit einem Rasen, einer halbkreisförmigen Auffahrt, Bogenfenstern und einem Säulenvorbau. Auf dessen Ziergiebel sah man immer noch das Freimaureremblem, die beiden Stechzirkel, die wie ein unvollendeter Stern aussahen. (Rawalpindi war voll von diesen Usurpationszeichen, diesen Erinnerungen an Vertreibungen und Säuberungen. Das Haus des Präsidenten hatte einem Sikh gehört; Poonch House, einer der Paläste des hinduistischen Maharadschas von Kaschmir, war reif für den Abriss.)

Der Verantwortliche für die Hameed-Sagher-Ausstellung hieß Agha Babur. Er war ein humoriger Mann mittleren Alters, schlank und gut aussehend, mit einem Kranz weißen Haars, das sich hinten längte. Sein Büro befand sich in einem

Raum abseits des Ausstellungssaals. Er war beschäftigt – am Nachmittag sollte die Vernissage stattfinden –, schenkte mir aber ein bisschen von seiner Zeit.

Eine ziemlich korpulente Frau (Agha Baburs Ehefrau: Er sagte mir später, sie sei gesundheitlich nicht auf der Höhe) saß schweigend, aber mit freundlicher Miene, an einer der Schmalseiten des Schreibtischs von Agha Babur. Ein ehrerbietiger Mann vom Rundfunk saß Agha Babur gegenüber. Ich saß an der anderen Schmalseite.

Agha Babur hatte den kurzen Kommentar zu Hameed Saghers Werk auf dem Katalogblatt verfasst.

»Ich musste das schreiben. Es ist wichtig für unsere Künstler, dass sie diesen Ausstellungsprospekt haben, wenn sie sich im Ausland präsentieren wollen. Sie können nicht einfach nur eine Preisliste vorzeigen. Die Leute in Frankreich oder Deutschland oder Italien würden ihnen keine Ausstellungen geben, wenn sie einfach nur eine Preisliste vorzeigten. Sie brauchen diese Prospekte.«

Die Preise für einen Hameed Sagher waren nicht hoch: Sie reichten von fünfzig bis 200 Rupien, fünf bis zwanzig Dollar.

Ehe er dem Ausschuss für Bildende Künste beitrat, war Agha Babur Armeeangehöriger. »Ich kam in den Ausschuss, weil er ein sinkendes Schiff war. Ich machte etwas aus ihm. Das konnte ich, weil ich ein Mann voller Ideen bin. Ich gebe Ihnen ein Beispiel. 1975 war das Jahr des Tourismus. Das Ministerium hier kümmerte sich nicht darum. Der Tourismus gedieh hier anfänglich nicht sehr gut. Ich schickte Briefe an die diplomatischen Vertretungen am Ort, in denen ich sie bat, mir ihre Werbeplakate für den Tourismus zu schicken. Ich bekam Plakate von zehn Ländern, und wir veranstalteten eine Internationale Ausstellung von Tourismusplakaten. Wir vergaben Preise. Den ersten Preis gaben wir an Polen, den zweiten an die Türkei, den dritten an Spanien. Wir mussten ihn Spanien geben. Sie hatten ein Stierkampfplakat.«

Wie ein Toreador auf seinem Stuhl sitzend und mit den Händeln fuchtelnd, machte er mit dem Oberkörper eine plötzliche Ausweichbewegung zur Seite, wobei seine Augen vor Vergnügen funkelten.

»Voller *Bewegung*. Das verschaffte uns Publicity in all diesen Ländern. In einem Brief an den hiesigen Minister schrieb ich: ›Das hier habe ich geschafft. Ihr Ministerium *liegt auf der faulen Haut*.‹ Und er antwortete: ›Agha Babur, Sie sind ein Mann voller Ideen.‹ Damit gab ich mich nicht zufrieden. Ich brachte ihn dazu, mir durch sein Ministerium Pok-ale zu beschaffen.« Aus seinem Mund klang es wie eine Aalspezies. »Und wir vergaben diese Pok-ale, und das war auf den Fernsehbildschirmen in Warschau, Ankara und Spanien zu sehen.

Die Sachen fallen mir einfach so ein. Morgens, während ich mich rasiere. Ein Beispiel. Wir befinden uns im vierzehnten Jahrhundert nach der islamischen *hedschra*. In Havanna hat unser Präsident erklärt: ›Vor vierzehnhundert Jahren fand eine Revolution statt.‹« (Der Präsident hatte das ein paar Wochen zuvor auf einer Konferenz der Blockfreien geäußert, denen sich Pakistan gerade angeschlossen hatte.) »Also, das brachte mich auf eine Idee. Sie sind der Erste, dem ich davon erzähle. Sie genießen dieses Privileg. Zur Feier des Eintritts in die neue *hedschra* werde ich eine Ausstellung zur Kalligraphie des Heiligen Korans veranstalten.«

In dem Prospekt für Hameed Sagher hatte Agha Babur geschrieben: »Hameed Saghers Gemälde zehren von einer poetischen Stimmung; bei ihrer reflexiven Darstellung von Nostalgie und Schmerz bedienen sie sich eines naiven Stils. Er ist auf der Suche nach Identität und Kraft … Das Werk ist Ausdruck eines Individualismus des Künstlers, der sich mit halbgaren, gemischten Gefühlen konfrontiert sieht, als säße er eingeschlossen und versteckt in der Schatzhöhle Ali Babas.« Und darunter in eleganter Kursivschrift: *Agha Babur*.

Er wartete auf eine Reaktion von mir. Ich las den letzten Satz laut vor. Er schien begeistert. Agha Babur, Ali Baba: vielleicht hatte der erste Name (Agha Babur liebte es, sich beim Namen zu nennen) den zweiten ins Spiel gebracht.

Wir unterhielten uns über die Rolle der englischen Sprache in Pakistan. Ich bemerkte, dass nicht viele Leute Englisch beherrschten. Er widersprach zuerst, schien dann aber geneigt, mir zuzustimmen. »Das gesprochene Englisch stirbt vielleicht aus. Aber nicht das geschriebene. Obwohl ich Urdu sehr schätze, vergesse ich nie, dass ich auch Engländer bin.« Er meinte englischsprachig. »Wir besitzen jetzt diese englische Sprache. All die Araber und Perser besäßen sie nur zu gern. Es wäre schlecht, wenn wir sie verlören. Wenn unser pakistanischer Vertreter heute in den Vereinten Nationen aufsteht und zwei, drei Stunden lang in diesem herrlichen Englisch eine Rede hält, dann stürzen danach die Araber auf ihn zu und umarmen ihn. Wir dürfen dieses Englisch nicht verlieren.

Mein Lehrer war Bukhari. Der große Bukhari. Ein Alptraum! Er schleuderte dir deine Aufsätze entgegen, warf sie dir ins Gesicht. ›Das soll Geschriebenes sein? Das nennen Sie Englisch?‹ Einmal sagte er etwas, das sich mir eingeprägt hat. Er sagte: ›Heute ist Schreiben eine Qual. Alles andere macht Spaß. Vergessen Sie das nicht. Aber der Tag wird kommen, da macht Schreiben Spaß, und alles andere ist qualvoll.‹ War das nicht eine kluge Bemerkung von ihm? ›Schreiben ist eine Qual, alles andere macht Spaß. Aber der Tag wird kommen –‹«

Er brach ab und sagte: »Sie sind wie meine Freundin Caro-lihn in den Vereinigten Staaten. Sie notierte sich auch immer die Sachen, die ich gesagt hatte.«

Ich machte mir Notizen auf den Rändern des Katalogblatts.

»Sie war in den Vereinigten Staaten meine Fremdenführerin. Eine geschiedene Frau. Ich hielt mich dort auf Einladung des amerikanischen Außenministeriums in kultureller Mission auf. Caro-lihn sagte zu mir: ›Agha Babur, die meisten Menschen besuchen die Ostküste und meinen, sie haben die Vereinigten Staaten gesehen. Äußerstenfalls machen sie noch einen Ausflug nach Los Angeles an der Westküste. Und dann meinen sie, die Vereinigten Staaten zu kennen. Sie sind der Erste, den ich kenne, der nach Utah gekommen ist. Was interessiert Sie daran?‹ ›Die Polygamie, schließlich bin ich Muslim‹, habe ich geantwortet. Das war ein Scherz. Sie erzählte mir von einem Plan, ein Theater in einem Kaufhaus zu installieren. ›Caro-lihn‹, sagte ich, ›Sie bringen die Kunst in die Schaubude.‹ Schaufenster, Schaubude. Ich konnte sagen, was ich wollte – sie fand es gut. Während sie am Steuer saß, zog sie mit der einen Hand einen Notizblock heraus und fing an zu schreiben. Ich sagte: ›*Caro-lihn!* Was machen Sie da?‹ Sie sagte: ›Agha Babur, ich schreibe mir nur die Sachen auf, die Sie von sich geben.‹«

Er nahm eine Enzyklopädie vom Regal. Auf der kleinen Karte der USA hatte er mit blauer Tinte die Route seiner Kulturreise eingezeichnet. Florida und Disneyworld hatte er ebenfalls besucht.

Die Vernissage war für 17.30 Uhr anberaumt. Aber wir waren hier in Pakistan, und bei dem Mann, der die Eröffnungsrede halten und das Band zerschneiden sollte, handelte es sich um den irakischen Botschafter. Ich dachte, es würde reichen, wenn ich um 18 Uhr hinkam. Aber weil der Ausstellungssaal so nahe beim Hotel lag und weil ich trödelte und mir die Umhängetücher und Teppiche anschaute, traf ich um fünf nach sechs ein. Am Tor stand ein Polizist. Auf dem Rasen hatte man für das Büfett eine *schamiana*, eine geschmückte Umfriedung aus Zelttuch, aufgebaut. Ich kam hoffnungslos zu spät. Die Reden waren alle schon gehalten.

Agha Babur, der Exmilitär, hatte pünktlich angefangen. Er hatte den Botschafter gebeten, sieben Minuten nach dem offiziellen Eröffnungstermin zu erscheinen, und der hatte genau dies getan. Als ich in den Saal mit seinem kahlen, alten Dielenboden trat, machte die Gruppe der Offiziellen gerade die Runde bei den Bildern: der Botschafter im dunklen Dreiteiler, Agha Babur im hellgrauen Straßenanzug, der Künstler im weißen pakistanischen Gewand mit rehfarbener Wollweste. Der stämmige Botschafter sah ernst und gequält aus und hörte mit zur Seite geneigtem Kopf zu; der Künstler war klein, schüchtern, von der Bedeutung des Augenblicks wie erschlagen und machte einen durchaus gewinnenden Eindruck; Agha Babur wirkte mit seinem langen weißen Haar ebenso kunstverständig wie elegant und vornehm.

Der Saal war voll. Agha Babur hatte es wieder einmal geschafft. In der sozialen Wüstenei Rawalpindis hatte er ein gesellschaftliches Ereignis in Szene gesetzt. Und die Ausstellung war ein Erfolg. Zwölf von den Bildern waren bereits verkauft. Der irakische Botschafter hatte fünf gekauft (darunter das mit »Intellekt« betitelte Flammenhaupt); der Vertreter der indonesischen Botschaft hatte zwei erstanden; der Botschafter der DDR beziehungsweise sein Vertreter hatte eins gekauft und ebenso der russische Botschafter (der kein Urdu sprach, aber Persisch verstand, und der die langen Finger des Malers betastet und erklärt hatte, sie verrieten den »Künstler«).

Ich lernte einen Freund des Künstlers kennen. Er war Lehrer, und der kleine junge Mann in seiner Begleitung war ebenfalls Lehrer. Der junge Mann – auf dessen schmalem Brustkorb schwarzes Haar spross – hatte in der Armee gedient, den Dienst aber quittiert, um Lehrer zu werden. Jetzt wollte er nach England gehen, um dort eine Dissertation zu schreiben. Wie so viele Pakistani beanspruchte er, mehr zu sein als bloß Pakistani. Er sei persischer Herkunft, sagte er; sein Vorfahr sei nach dem Indienaufstand von 1857 nach Indien gekommen. (Dieser Vorfahr musste sich allerdings seine Vorfahrenrolle mit sechzehn anderen teilen.) Er wollte nach England, um eine Doktorarbeit über den politischen Roman zu schreiben: E. M. Forster, Conrad, Graham Greene.

»Greene?«

»Er schrieb die drei Romane über Afrika.«

»Drei Romane?« Ich dachte nach.

»Er schrieb diesen Roman über Afrika. *Das Herz* oder so ähnlich.«

»*Das Herz aller Dinge*. Politisch würde ich den aber nicht nennen.«

»Er ist politisch. Es gibt da einen Dialog über die Verlogenheit der Eingeborenen. Aber dass der Kolonialismus schuld daran ist, dass Menschen die Eingeborenen als Lügner bezeichnen, wird nicht erwähnt. Die Menschen wurden durch den Kolonialismus, was sie sind. Durch die Geschichte. Aber davon redet niemand.«

»Wenn Sie so denken, dann ist jeder Schriftsteller politisch.«

Der junge Mann – blass und dünn, wie er war – hatte über seine Doktorthese noch nicht sehr tief schürfend nachgedacht; mehr als den dürftigen Einfall hatte er nicht vorzuweisen. Das Thema wechselnd, fragte er: »Wie steht es mit Kipling?«

»Niemand hat zutreffender über die Inder geschrieben als Kipling. In diesem Punkt gibt es an ihm nichts auszusetzen.«

Er wusste indes von Kipling gar nichts; er kannte nur den Namen. »Ich wollte gar nichts über den englischen politischen Roman machen«, vertraute er mir an. »Es war ihre Idee. Ich wollte eigentlich Shakespeares Sonette machen. Aber sie meinten, das sei schon zu sehr beackert.«

»Über die Sonette ist viel geschrieben worden. Was wollten Sie denn darüber sagen?«

»Meiner Vermutung nach fühlte sich Shakespeare von einem jungen Mann angezogen. Aber die Leute hielten das für widernatürlich.«

Mir schien, er tat vielleicht besser daran, die Sonette in Ruhe zu lassen.

»Und weil sie es für widernatürlich hielten – sehen Sie, ich bin Perser. Kennen Sie Hafis, Saadi? Die Menschen in Europa sind sehr naiv, was die Homosexualität betrifft.«

Er war dreißig und hatte wenig gelesen, wusste wenig, hatte wenig Ideen. Ich glaube, in Wahrheit wollte er gar keine Dissertation schreiben. Er wollte einen Job, wollte ein Ausreisevisum und eine Unbedenklichkeitsbescheinigung; er wollte weg.

Wie konnte er lesen, wie sich ein Urteil bilden, wie in die kritischen Disziplinen einer anderen Zivilisation eindringen, wo sich ihm so viel von seiner eigenen Geschichte entstellt und tabuisiert, für Nachforschungen unzugänglich, darbot? Und wie verrückt, dieses Gespräch über den englischen politischen Roman und die Verkrüppelungen durch den Kolonialismus, das wir in der widerrechtlich angeeigneten Freimaurerloge von Rawalpindi führten, wenige Wochen bevor in der gleichen Stadt im Namen eines sakrosankten Islam Prügelkommandos die Runde machten, offizielle Fotos von öffentlichen Auspeitschungen publiziert wurden und man einen der besten Journalisten des Landes verhaftete und in Ketten fotografierte.

10

Die Salzhügel eines Traums

Die Abende wurden kühler in Rawalpindi; der Sommer war fast vorüber. Machte man aber die kurze Busfahrt von den Vorgebirgen des Himalaya hinunter nach Lahore, der in den Ebenen des Pandschab gelegenen Stadt, kehrte man in eine nach wie vor brütend heiße Gegend zurück. Und gleichzeitig wechselte man aus einer Region, die von Regenfällen abhing, in eine andere, die auf künstliche Bewässerung angewiesen war, für die das Wasser aus den Flüssen des Pandschab kam.

Die bewässerten Ebenen des pakistanischen Pandschab hatten diesem Teil des Subkontinents als Kornkammer gedient. Aber während die Bewässerung manchen Feldern Segen brachte, bedeutete sie für andere einen Fluch. Da die Landflächen im Pandschab über keine natürliche Entwässerung verfügten, war der Grundwasserspiegel angestiegen und stand im Bereich von drei Metern unter der Erdoberfläche. Vierzig Prozent des bewässerten Landes war mittlerweile voll gesogen mit Wasser; ein Viertel des Landes war durch Versalzung verdorben, durch Salz, das sich an der Oberfläche weiß ablagerte, während es als schwarze Beimengung in der Tiefe sein noch zerstörerisches Werk verrichtete. Der Killer arbeitete sich unterirdisch voran; aber über der Erde konnte man die nächste Reihe von hoch gewachsenen Bäumen sehen, deren

Wurzeln verfaulen würden, die nächste Flur, auf der bald schon nichts mehr wuchs.

Das Dorf Raiwind lag mitten in einem Gebiet dieser neu entstandenen Wüste. Fuhr man von Lahore hinaus zu dem Dorf, überblickte man (dank der Flachheit des Landes) Hunderte von Quadratkilometern zerstörtes Land (mit vereinzelten üppig bewachsenen, grünen Placken, die noch erhalten geblieben waren). In Raiwind fand eine große Versammlung statt. Aus der Ferne sah es aus wie ein Jahrmarkt: Menschen, die sich auf flachen, geraden Wegen zu Fuß auf eine Zeltstadt zubewegten, Lastwagen, Busse und Pferdekarren, klein wie Spielzeuge, in Staubwolken gehüllt (die Gräben allerdings standen voll Wasser).

Die Versammlung fand aus religiösem Anlass statt: Religiöse Erregung war in Pakistan ein Dauerzustand. Man hatte Ramadan begangen und das Fest zum Abschluss von Ramadan; dann folgten die Aufregungen um die Pilgerfahrt nach Mekka; als Nächstes stand das Opferfest bevor. Und dazwischen nun noch dies: die Zusammenkunft einer muslimischen Bruderschaft, die der Idee einer allen Muslimen aufgetragenen Missionstätigkeit huldigte.

Sie kamen aus allen Teilen Pakistans und auch aus vielen anderen Ländern – weiß der Himmel, was sie es sich hatten kosten lassen. Sie zählten nicht zu den Armen, die Mitglieder dieser Bruderschaft; viele von ihnen waren Händler. Zwei oder drei Tage lang hörten sie sich Reden an und lebten und beteten gemeinschaftlich. Raiwind, wo nichts auf den Feldern gedieh, bot hierfür den idealen freien Raum. Das Land war so von Wasser durchtränkt und stand so dicht unter der Oberfläche, dass man an manchen Stellen das Gefühl hatte, auf einer Sprungfedermatratze zu gehen.

Es gab reichlich Erfrischungszelte mit gestreiften Segeltuchwänden. Das zentrale mit Zelttuch überspannte Areal war riesig; unzählige Bambusstangen ragten in unterschiedlicher Abschrägung aus der hügeligen weißen Überspannung empor; weiße Baumwollbahnen hingen an Seilen, die an den Bambusstangen befestigt waren; die lose zusammengehefteten Baumwollbahnen hoben und senkten sich, sodass sich in der ungeheuren, endlos wirkenden überspannten Fläche Risse und Schlitze auftaten, durch die man Streifen des blass blauen Himmels und Stücke der sonnenbeschienenen, blendend weißen Tuchoberfläche sah. Die Schlitze sorgten für unregelmäßige Lichtstreifen, die sich in Bruchstücken auf den Menschen und dem Boden abzeichneten. Das durch die weiße Baumwollplane eher gefilterte als abgeschattete Licht verlieh dem Zeltinnern eine Art von Unterwasseratmosphäre, und die sich an ihren Halteseilen hebenden und senkenden Baumwollbahnen erzeugten tatsächlich die Suggestion einer über uns befindlichen Meeresoberfläche. Hier und da fächelten Leute irgendwelchen Turban tragenden heiligen Männern Luft zu, manchmal mit Hilfe von Laken; wenn, wie es gelegentlich geschah, zwei Männer gemeinsam ein großes weißes Laken über einem der ruhenden Heiligen hob und senkte, dann hatte man für kurze Zeit den Eindruck, der Betreffende ruhe unter einem Thronhimmel. Überall sah man Matten und aufgerolltes Bettzeug und Wasserkrüge.

Das Ganze wirkte durchorganisiert; jede Reihe war nummeriert. Man reichte mich von einem zum anderen weiter, entriss mich irgendwann einer gerade in Gang kommenden Unterhaltung und brachte mich zu der Enklave mit den Ausländern, den Arabern, Indonesiern und sogar Afrikanern (die offensichtlich alte Hasen bei diesen internationalen muslimischen Treffen waren und die das ethnische Aufsehen, das sie, ihre Trachten und ihre Sprache erregten, schamlos auskosteten). Auch dort wurde ich einer Unterhaltung entrissen, um schließlich in der Vorstandsetage, bei der *schamiana*, zu landen, wo mich ein Wissenschaftler mit geschorenem Kopf unter die Lupe nahm, ehe ein Brigadegeneral mit wundervollem weißem Bart, traurigen Augen und verbindlichen Umgangsformen zu mir kam, um sich mit mir über das Leben nach dem Tod zu unterhalten. Das, sagte er, sei eines der Ziele der Versammlung: Die Leute sollten dazu gebracht werden, ernsthaft über das Leben nach dem Tod nachzudenken.

Sie hockten vor mir auf einem Baumwollteppich, der auf der nackten Erde lag. Der Wissenschaftler erzählte, er sei gegen Ende des Krieges in England gewesen; er sei auf einem Truppentransporter hingekommen. Selbst da schon habe er die Krankheitszeichen am Westen bemerkt, habe aber geschwiegen; mittlerweile mache ja der Westen selbst kein Hehl mehr aus seiner Krankheit.

Er wolle nicht »gespalten« sein, sagte der Wissenschaftler, wie es sein eigener Vater im britisch beherrschten Indien gewesen sei: zu Hause Muslim, draußen Europäer. Sie – wie auch alle anderen Teilnehmer an der Versammlung – wollten muslimisch sein, so, wie es die ersten Muslime gewesen seien. Als ich genauer wissen wollte, in welchen Hinsichten seine neue Seinsweise sich von der alten unterscheide, bekam ich keine konkrete Antwort.

Es war heiß; der Wissenschaftler mit seinem geschorenen Kopf schwitzte. Der Turban tragende Brigadegeneral wirkte kühler und auch eindrucksvoller, innerlich zerrissener. Er wolle sich von allen selbstischen Regungen reinigen, wolle alles Allah zuliebe tun. Aber jede Handlung rufe Zweifel in ihm wach; in jeder Handlung entdecke er irgendeinen verderbten, egoistischen Gedanken.

»Bleiben Sie da und schauen Sie sich an, wie wir beten«,

sagte er. »Uns alle gemeinsam beten zu sehen hat manchmal auf den Neuankömmling eine besondere Wirkung.«

Aber genau deshalb wollte ich nicht bleiben, genau daran lag mir nichts: an den Gebeten, dem Anblick von hunderttausend Menschen – oder waren es 200 000? –, die sich in der vermeidbaren Wüstenei von Raiwind unisono verneigten.

Auf dem Rückweg hielt ich in einem Dorf an. Kein Ackerbau wurde hier mehr betrieben. Die Männer waren keine Bauern mehr, sondern Pendler, die zur Arbeit nach Lahore fuhren, das zwei Stunden entfernt lag. Das Wasser unter der Oberfläche war der Feind: Das einfachste Loch wurde zum Tümpel, und das Dorf war voll von Tümpeln, die manchmal ziemlich groß waren und deren abgestandenes Wasser dörfliche Abfälle säumten. Grün fehlte. Rinder allerdings gab es trotzdem; Kuhfladen, Brennmaterial, lag zum Trocknen auf Lehmmauern.

Die Männer, mit denen ich sprach, hatten sich vor der Sonne in ein zerfallenes, aus einem Raum bestehendes Gebäude aus Lehmziegeln zurückgezogen, das neben einem Tümpel stand. Ein Stück weiter entlang der holprigen unbefestigten Straße stand ein Haus, das ansehnlicher aussah. Es handele sich, wurde mir gesagt, um ein muslimisches Haus. Ich fand das eine merkwürdige Ausdrucksweise, bis ich begriff, dass damit gemeint war: Vor Pakistan, vor 1947, hatte das Haus einem Nichtmuslim gehört. Jetzt war das ganze Dorf muslimisch, war rein. Zur Stunde des Gebets – einen Ruf zum Gebet vernahm man nicht – standen zwei der Männer auf, um in die Moschee zu gehen.

Das Land war Salz. Aber der Glaube sorgte dafür, dass diese Menschen friedlich blieben.

Und manche waren so erfüllt von Glaubenseifer, dass es sie aus den Reihen der Gläubigen herausgetrieben hatte. So war es den Ahmadi ergangen. Um etwas über sie in Erfahrung zu bringen, war ich nach Lahore gekommen.

Die Ahmadi hielten sich für die reinsten aller Muslime. Ihrer Verehrung für den Propheten hatten sie die Verehrung für Ahmad, einen verheißenen Messias, aufgepfropft, der im neunzehnten Jahrhundert in Indien erschienen war. Ahmads Anhänger, die Ahmadi, behaupteten, ihr Messias sei erschienen, um den verderbten Glauben zu erneuern. In den Augen anderer Muslime tat diese Verehrung des verheißenen Messias der »Endgültigkeit« der Sendung Mohammeds Abbruch und stellte deshalb die finsterste Blasphemie dar. Die Anhänger Ahmads hatten wiederholt Verfolgungen erdulden müssen; unter Bhuttos Regierung hatte man ihnen den Status von Muslimen aberkannt.

Mein Interesse an der Sekte hatte die Staatsangestellte geweckt, die ich in Karatschi kennen gelernt hatte – die Witwe im grünen Sari. Mich hatte beeindruckt, wie gebildet sie war und wie würdevoll sie sich betrug, wie gottergeben sie sich mit der Verfolgung abfand und akzeptierte, dass sie und ihre Kinder unter Umständen aus Pakistan würden auswandern müssen.

Ich kam nach Lahore in der Hoffnung, die Ahmadi-Gemeinde in der ungefähr 150 Kilometer entfernt gelegenen kleinen Stadt Rabwah besuchen zu können. Aber dazu brauchte es Empfehlungen; und in Lahore war es nicht leicht, solche Empfehlungen, die einem Zugang zur Sekte verschafften, zu bekommen. Die Ahmadi selbst kapselten sich verständlicherweise ab. Und Muslime, die nicht der Sekte angehörten, wollten von ihr nichts wissen; sie gaben entweder vor, nicht zu verstehen, wovon ich sprach, oder sie gerieten in Rage.

Mir wurde berichtet, die Ahmadi neigten zur Doppelzüngigkeit; der Mann, von dem sie öffentlich nur als von ihrem

Messias sprachen, gelte ihnen insgeheim als zweiter Prophet. Ich erfuhr, der Sektengründer Ahmad sei im Interesse einer Spaltung der indischen Muslime von den Briten protegiert worden. Ich hörte auch, sie seien in den Streitkräften stark vertreten; sie seien gute Geschäftsleute und wüssten, wie man es »zu etwas bringt«. Wer zu den Ahmadi übertrete, finde Schutz und Beistand.

Durch den Sohn eines ehemaligen Armeeoffiziers lernte ich dann Oberst Anees kennen, der ebenfalls in der pakistanischen Armee gedient hatte. Der Oberst gehörte der Sekte an; er war aus der Armee ausgeschieden, weil er das Gefühl hatte, dass dort die Vorurteile gegen die Sekte – zumal nachdem sie geächtet worden war – überhand nahmen. Er war einundvierzig, ein korpulenter, aber muskulöser Mann mit breiten Schultern. Er hatte einen heiteren Gesichtsausdruck und schien ständig einem Lächeln nahe. Nach dem Bangladesch-Krieg im Jahr 1971 hatte er zwei Jahre in indischer Kriegsgefangenschaft verbracht. In dem indischen Kriegsgefangenenlager hatte er viel gelesen, Französisch gelernt und eine Reihe schöner, sorgfältig gearbeiteter, fotografisch genauer Bleistiftzeichnungen angefertigt. Etwas von seiner Heiterkeit entstammte vermutlich jenen zwei Jahren, die er zurückgezogen und mit geistigen Konzentrationsleistungen befasst verbracht hatte.

Ihn zu mögen war nicht schwer. Schwerer war, sich mit seinem wunderlichen Glauben anzufreunden. Aber damit rechnete er: Um die Ahmadi verstehen zu können, erklärte er, müsse man viel, sehr viel, über den Islam wissen. Was er damit meinte, wurde mir erst klar, als er mich mit den Oberhäuptern der Sekte in Lahore zusammenbrachte. Er führte mich irgendwann am späten Nachmittag hin und überließ mich dann mir selbst.

Ein luxuriöses Vorstadthaus mit drei oder vier Autos in der Auffahrt; ein grüner, vegetationsreicher Garten; holzgerahmte Schiebetüren aus Glas; ein mit Teppichen belegter Fußboden, Stilmöbel, niedrige gedrechselte Holztische, moderne pakistanische Gemälde, Bedienstete, Tee. Ein seltsamer Rahmen – bei dem vielleicht nur die indisch-viktorianische Pingeligkeit passte, das Gefühl der Eingeschlossenheit, das er vermittelte –, um religiöse Mysterien zu enthüllen, die für mein Empfinden einer längst vergangenen Welt entstammten. Und die Männer, die mich erwarteten – sie waren unterschiedlichen Alters, von Ende dreißig bis Ende sechzig –, mochten nach ihrer Kleidung, ihrer Bildung und ihren Umgangsformen zu urteilen gut und gern moderne Geschäftsleute sein. Manche waren es wahrscheinlich auch. Aber sie strahlten eine besondere Autorität aus: Sie waren Männer, denen nach eigener Einschätzung ihr Glaube etwas Gigantisches verlieh.

Nicht vielen war gegeben, einen Messias zu erkennen, zu seinen ersten Anhängern zu zählen und auf diese Weise mit den ersten Gläubigen, die dem Propheten gefolgt waren, verbunden zu sein. Der Mut dieser frühesten Gläubigen hatte mittlerweile seine Würdigung gefunden, und das würde auch mit ihrem Wagemut geschehen, wenn sich erst die ganze Welt zu dem verheißenen Messias bekehrte. Als Wahrzeichen ihres Glaubens trugen einige – aller Verfolgung zum Trotz – ein schmales sichelförmiges Bärtchen am Kinn.

Hundert Jahre zuvor hatte es nur Ahmad, einen einzelnen Menschen gegeben. Jetzt gab es rund um die Welt zehn Millionen Ahmadi. Warum sollte es nach weiteren hundert Jahren nicht zehn Millionen mal zehn Millionen Gläubige geben? Das war es, was der Imam von Lahore, das geistliche Oberhaupt (er trug ein sichelförmiges Bärtchen) einem

Zweifler in London entgegengehalten hatte. Mit ihrer gigantischen Glaubenskraft könnten sie es sich leisten, über Spötter und die »etablierten Mächte« zu lachen. Die wahre Religion, so der Imam, sei von »Kultur« überlagert; dringe man durch diese vergängliche Schicht, sei die Religion wieder klar und einfach.

Es gebe stets Menschen, die göttliche Zeichen lieber verleugneten, meinte der Imam. So sei zum Beispiel prophezeit, dass beim Erscheinen des Messias beziehungsweise bei der Verkündigung seiner Botschaft sowohl eine Sonnen- als auch eine Mondfinsternis eintreten werde. Als sich im Jahr 1894 beide Finsternisse in engem zeitlichem Zusammenhang ereigneten, habe ein Zweifler tief enttäuscht den Kopf gegen eine Mauer geschlagen und gerufen: »Mit diesem Menschen« – dem verheißenen Messias – »hat es tatsächlich seine Richtigkeit!« Aber seinen Zweifel aufgegeben habe er dennoch nicht.

Sie amüsierten sich über die Geschichte, die ihnen wohl bekannt war. Und es gab auch noch eine Geschichte neueren Datums zum Thema Unglauben und »etablierte Mächte«.

»Vergangenes Jahr«, sagte der Imam, »fand im Commonwealth-Zentrum in London ein Kongress statt. Aus den verschiedenen Ländern waren Hunderte von Delegierten angereist. Wissenschaftler waren dort zugegen. Einige von ihnen hielten Referate. Die Presse aber ignorierte den Kongress. Vom Fernsehen kam keiner.«

»Worum ging es bei dem Kongress?«, wollte ich wissen.

Der Älteste in der Gruppe sagte: »Es ging um die Erlösung Christi vom Kreuz.«

Christus sei nicht am Kreuz gestorben. Er habe sich nur im Koma befunden, als man ihn vom Kreuz abnahm. Das Turiner Schweißtuch beweise, dass der Gekreuzigte noch geblutet und also gelebt habe. Die gebrochenen Gliedmaßen Christi seien geheilt und er habe sich aufgemacht, den verlorenen Stämmen Israels zu predigen. Er sei bis nach Kaschmir in Nordindien gelangt und dort im Alter von 120 Jahren gestorben.

»Wer veranstaltete den Kongress?«, fragte ich.

»Wir«, sagte der Imam, der sich über meine dumme Frage wunderte.

Auch ich staunte. Tatsächlich aber spielte diese Geschichte über Christus für den Glauben der Ahmadi eine wichtige Rolle.

Einige Muslime sind der (durch den Koran freilich nicht gestützten) Überzeugung, dass Christus (der für die Muslime zu den Propheten zählt, die Mohammed vorangegangen sind) als der Erlöser oder Mahdi auf die Erde zurückkehren wird. Nach Ansicht der Ahmadi basiert diese Prophezeiung auf einem Missverständnis. Christus lebe nämlich nicht irgendwo im Himmel, wo er auf seine Rückkehr auf die Erde warte, sondern er sei tot. Er sei tot, weil er nicht nach der Kreuzabnahme zum Himmel aufgefahren sei. Man habe ihn vom Kreuz genommen, ihn geheilt, und dann habe er sein Predigerleben bis zum hohen Alter von 120 Jahren fortgesetzt. Er habe sein Leben, ein sehr langes Leben, als ein Mensch beendet; er könne nicht für eine zweite Lebenszeit auf die Erde zurückkehren.

Den Ahmadi zufolge bestand die wahre Prophezeiung darin, dass jemand *wie* Christus als der verheißene Messias auf Erden erscheinen werde, um in einer Zeit der Finsternis die Religion zu läutern und den Islam in seiner Reinheit wiederherzustellen. Und dieser Mensch war Ahmad, der im Jahr 1838 im unmittelbar an der Grenze zum heutigen Pakistan gelegenen indischen Dorf Qadian zur Welt kam. Jesus wurde

1300 Jahre nach Moses geboren, Ahmad 1300 Jahre nach Mohammed. Jesus kam in einer römischen, Ahmad in einer britischen Kolonie zur Welt. Das waren nur zwei von unzähligen Parallelen.

Ahmad entstammte einer Grundbesitzerfamilie. Unter der britischen Herrschaft hatten sie allerdings ihre acht Dörfer verloren, und innerfamiliäre Erbteilungen hatten für Ahmad wenig übrig gelassen. Von Ahmads Kindheit oder frühem Leben wird wenig berichtet. Bekannt ist, dass ihm das Arabische, die heilige Sprache, ohne Unterricht zuflog, und dass er an Schwindelanfällen und Zucker litt und leicht stotterte. Seine erste Erleuchtung hatte er mit vierzig. Aber erst im Jahr 1890, er war mittlerweile einundfünfzig oder zweiundfünfzig, bekannte er sich öffentlich zu seiner Sendung. Wie sich herausstellte, existierten für vieles von dem, was Ahmad betraf – unter anderem auch für seine körperlichen Gebrechen und den Namen seines Geburtsorts – Prophezeiungen.

Seine Offenbarung empfing er in Form von Worten, und das war wichtig. Hätte er nur beansprucht, von Gott inspiriert zu sein, er hätte für seine Worte nicht so viel Geltungsanspruch erheben können. Irgendwann klagte man ihn eines Mordversuchs an – dies war ein früher Versuch, ihn in Misskredit zu bringen –, aber er wurde freigesprochen. Er heiratete spät und wurde mit fünfzig (ein Jahr bevor er seine Sendung publik machte) Vater. Sein Sohn wurde das zweite Oberhaupt der Bewegung (Ahmad selbst starb 1908). Für all diese Ereignisse gab es prophetische Voraussagen.

Eine verwickelte Geschichte, wie Oberst Anees mir schon warnend angekündigt hatte; mag sein, dass ich sie nicht in allen Einzelheiten korrekt wiedergebe. Einen großen Teil des hier Niedergeschriebenen (allerdings nicht alles) erfuhr ich von Idrees, dem Bruder des Imam von Lahore, der es mir auf einer langen morgendlichen Fahrt zur Niederlassung der Ahmadi in Rabwah erzählte.

Idrees legte Wert darauf, mir den Glauben der Ahmadi als reinen Islam vorzustellen und mir zu zeigen, dass er mit akzeptierten Überlieferungen und Prophezeiungen im Einklang stand. Ich hatte auch das Gefühl, dass ihn die Ächtung der Sekte beunruhigte und er jeden Eindruck von Blasphemie vermeiden wollte. Der weißhaarige Idrees war Anwalt an Gerichten höherer Instanz; er verstand sich auf kluge, detaillierte Erläuterungen.

Die Ächtung der Sekte durch Bhutto war prophezeit worden. Desgleichen die Bestrafung Bhuttos. Ein Herrscher, so die Prophezeiung, werde sie zu Ungläubigen, *kafir*, erklären, und man werde ihm später beide Hände brechen. »Die eine Hand, in der er die Verfügung hielt«, erläuterte Idrees, »und die andere, mit der er sie unterzeichnete.«

Ich wollte von Idrees wissen, ob es nicht besser für die Ahmadi gewesen wäre, in Indien zu bleiben, in ihrem ursprünglichen Zentrum in Ahmads Geburtsort.

»Ohne Pakistan und Mr Dschinnah«, sagte Idrees, »wäre Indien ein zweites Spanien.«

»Spanien?«

»Ein Land, in dem der Islam ausgerottet wurde. Und heute sind viele Gelehrte der Ansicht, dass der Islam seine großartigsten Leistungen in Spanien vollbrachte.«

Der zweite Kalif oder Nachfolger Ahmads (sein Sohn) hatte indes schon lange vor der Spaltung des Subkontinents eine Wanderung prophezeit: vergleichbar der Wanderung Christi, nachdem man ihn vom Kreuz abgenommen hatte. Die Prophezeiung war Ahmads Sohn im Traum übermittelt worden.

Das Land, durch das wir fuhren, war flach. Unvermittelt tauchten Hügel vor uns auf: die Salzhügel des Pandschab; aus der Luft ließ sich Idrees zufolge erkennen, dass es sich um die letzten Ausläufer des Himalaya handelte. Sie waren flach und rot, so rot, dass die Männer, die das Salz abbauten – schiere Salzbrocken, die aussahen wie geäderter Marmor –, vom Staub rot eingefärbt waren.

Am Rande der Hügel floss der Chenab, einer der Flüsse des Pandschab, ein typischer Wasserlauf des indopakistanischen Subkontinents: nichts, was zwischen klar abgegrenzten Ufern dahinfloss, sondern eine breite, zerklüftete Senke, die bei der Stadt Rabwah (zu Füßen der Salzhügel) drei bis fünf Kilometer breit war: das meiste davon freiliegend und trocken, mit niedrigen, gewölbten Sandbänken, großen grauen Schwemmsandflächen, die dort, wo sie von Wasser durchtränkt waren, eine schwärzliche Farbe hatten, und hie und da stehen gebliebene Tümpel, während der eigentliche Fluss eher einer unregelmäßigen Wasserfläche als einem Wasserlauf glich, wie er sich spiegelglatt und scheinbar ohne Tiefe teilte und träge um eine Insel wand.

Nachdem der zweite Kalif die Auswanderung der Sekte prophezeit hatte, war ihm in einem Traum eine Landschaft wie diese erschienen; und sie hatte in der Tat Traumqualität, wie sie mit ihren roten, felsigen Hügeln und der ausufernden Flusssenke plötzlich aus der flachen, bewässerten Ebene des Pandschab auftauchte.

»Er sah eine riesige Flut über uns kommen«, erzählte Idrees, »und sah uns alle von ihr mitgerissen, bis wir schließlich in einer bergigen Gegend, in der es Hügel, aber auch sandige Flächen gab, an Land gesetzt wurden.«

In dieser Auswanderungsgeschichte, die der von Christus ähneln musste, waren die Hügel wichtig: Es hieß, dass Jesus und Maria, nachdem sie Galiläa verlassen hatten, in eine geographisch hoch gelegene Gegend gezogen waren. Und der

Fluss war wichtig, weil der verheißene Messias selbst prophezeit hatte, für sein Volk würden harte Zeiten anbrechen und er werde ihnen dann, um sie zu trösten, an den Ufern des Nil oder eines dem Nil ähnlichen Flusses erscheinen. In einer unwirklichen Welt war »ähnlich« – das Wort, das Idrees ständig im Munde führte – das Zauberwort schlechthin. Der Nil, machte Idrees geltend, entspringe im Mondgebirge; Chenab bedeute »Mondfluss«.

Die Gemeinschaft hatte am Ufer dieses kostbaren Flusses eine Wohnsiedlung geplant. Viele Angehörige der Sekte hatten Parzellen erworben. Dann aber hatte die pakistanische Regierung – die sogar hier die Gemeinschaft verfolgte – das Land für Bihari-Flüchtlinge aus Bangladesch beschlagnahmt. Flüchtlinge gegen Ausgestoßene, Unerwünschte verdrängten Unerwünschte: Immerhin hatten die Bihari bereits eine Moschee erbaut, Symbol ihrer Machtübernahme, ehe die Ahmadi eine gerichtliche Verfügung gegen die Enteignung ihrer Grundstücke erwirkten. In Rabwah selbst hatte die Regierung gut anderthalb Hektar erschlossenes Bauland der Gemeinschaft weggenommen, um eine Polizeistation darauf zu errichten; auch dagegen war eine Verfügung erwirkt worden.

Jenseits des Flusses, am Fuße eines der roten Hügel, lag im diesigen Licht des heißen Tages der Friedhof der Ahmadi. Die Menschen, die dort bestattet waren, hatten die Gemeinschaft und die Bewegung testamentarisch bedacht. Flache Gräber, flache Friedhofsmauer: Der Friedhof wirkte wie ein Teil der merkwürdigen Landschaft, und hätte Idrees ihn mir nicht gewiesen, ich hätte ihn gar nicht bemerkt.

Als die Ahmadi das Land kauften, war es mit einer zwischen fünfzehn und dreißig Zentimeter dicken Schicht Salpeter bedeckt. Das Land – sie hatten 400 Hektar gekauft – lag seit Jahrhunderten verlassen da. Jetzt wies dieses Land wie auch manche Stelle auf dem roten Salzgestein einen gelbgrünen Bewuchs auf, einen zusätzlichen Anflug von Farbe. Und es existierte eine kleine Ortschaft, in der Bäume standen, auch wenn das Brunnenwasser – anderes Wasser gab es hier nicht – ein wenig salzig war. Die Siedlung der Ahmadi und ihr religiöses Zentrum hatten etwas von einer Niederlassung für Staatsangestellte: flache, staubige, rote Backsteingebäude mit Vorhängen aus Schilf vor den Eingangstüren und mit Veranden, die auf Höfe blickten, in denen, sorgsam gewässert, Oleander, Hibiskus und eine kleine Palmenart wuchsen.

Idrees brachte mich im Gästehaus – »reserviert für Leute von Rang« – unter und ging zum Büro des Imams, des derzeitigen Oberhaupts der Sekte, um sich dort zu melden. Der Imam, Enkel des verheißenen Messias, war siebzig Jahre alt und hatte laut Idrees an der Oxford University Examen gemacht. Man brachte mir Pepsi-Cola und anschließend Tee. Bald darauf kam Idrees herein und berichtete mir ehrfurchtsvoll, man habe ihn »gerufen«. Auch ich würde in Kürze gerufen werden, meinte er.

Das geschah aber nicht. Zur Erklärung für das Ausbleiben des Rufs führte Idrees später an, der Imam habe so viel zu tun. Er müsse Tausende von Briefen schreiben und viele Verwaltungsaufgaben erledigen; außerdem wolle er am folgenden Tag nach Rawalpindi. Statt des Imam bekam ich sein Foto zu sehen – das Bild eines pausbackigen Mannes mit Turban – und durfte mir das abgedunkelte Wartezimmer anschauen, wo eine schwermütige Familie mit einer gebeugten, schwarz verschleierten Frau wartete, als ob es sich um eine Arztpraxis handelte.

In der Schriftenabteilung lagen Stapel von Broschüren und Koranübersetzungen – trotz Ärgers mit der Regierung wegen einer neuen Druckerpresse. Idrees klopfte von jedem der umfangreichen Bücher den Wüstenstaub ab und zeigte mir die Korane Sprache um Sprache und Titelblatt um Titelblatt. Die Ahmadi waren in Afrika aktiv: Sie hatten Koranübersetzungen in Luganda, in Suaheli, in Yoruba. So viel Energie, so viel Organisation in diesem Winkel des Pandschab! Aber die Ahmadi zielten ja auch auf nichts Geringeres als auf die Bekehrung der Welt.

In vielen muslimischen Ländern waren sie verboten; aber anderswo ging die Arbeit voran. Der hoch gewachsene, weiß gekleidete Mann etwa war von einer Missionsstation in Dänemark zurückgekehrt. Er erinnerte an einen Diplomaten, der nach Hause beordert worden war und nun in bescheideneren Verhältnissen leben musste. Ehe er sein altes Fahrrad bestieg, um in die Sonnenglut hinauszufahren, erklärte er, die Skandinavier seien auf der Suche nach neuen Glaubensgewissheiten; er habe in Dänemark eine ordentliche kleine Gemeinde für den verheißenen Messias aufgebaut.

Dicker, zufriedener und erfolgsverwöhnter war der Mann, der zwanzig Jahre lang immer wieder in London missionarisch tätig gewesen war. Seine Gemeinde umfasste 10 000 Mitglieder (in der Hauptsache Einwanderer aus Pakistan, wie sich vermuten ließ); er hatte nicht gezögert, sich – in London – für muslimische Anliegen einzusetzen. Die Direktorin der Schule, die seine Tochter besuchte, verlangte von dieser, dass sie den Rock der Schuluniform statt der weiten Hosen trug, die muslimischer Schicklichkeit entsprachen. Er habe sich an die vorgesetzte Behörde gewandt und einen Sieg errungen. Seine Tochter habe weiter Hosen tragen dürfen, und als sich das herumsprach, hätten viele Muslime ihre Töchter auf diese Schule geschickt; die Direktorin habe sich später bei ihm bedankt. Das Gesetz garantiere Religionsfreiheit, erklärte er. Er meinte das englische Gesetz, das Gesetz der anderen.

Sein großes Problem habe darin bestanden, seine Tochter vor einem »gespaltenen Bewusstsein« zu bewahren. Sie aber sei durch diesen »Feminismus« aufgerührt worden und habe sich mit der Anpassung an Pakistan und Rabwah schwer getan. Er habe sie überzeugt, habe ihr gezeigt, wie viel besser die islamische Lebensform für Frauen war. Während seiner Zeit in England habe er miterlebt, wie sich die Stellung der Frauen in England verschlechtert habe; in den Bussen boten die Männer ihnen nicht mehr den Sitzplatz an, und im *Observer* habe er gelesen, Geschlechtskrankheiten hätten das Ausmaß einer »Epidemie« angenommen.

Aber was habe denn seine Tochter an der Frauenbewegung gereizt? Er blieb die Antwort schuldig. Über Lautsprecher ertönte in melodisch moduliertem Singsang der Ruf zum Ein-Uhr-Gebet: »Es gibt keinen Gott außer Gott.« Der einstige Londoner Missionar erhob sich. Er setzte seine schwarze Pelzmütze auf und sagte mit englisch gefärbter Scherzhaftigkeit, die verriet, dass London und die großstädtische Selbstsicherheit immer noch in ihm nachwirkten, er wolle nicht zu spät zum Mittagessen kommen – entgegen dem, was gemeinhin über muslimische Frauen gesagt werde, sei seine Frau eine Despotin. In London hätten die Leute immer von ihm wissen wollen, warum er sich nicht vier Frauen nehme; er habe ihnen geantwortet, er werde nicht einmal mit einer fertig.

Idrees selbst war vom Sinn einer strikten Abschließung der Frauen überzeugt: Seine eigene Frau lebte unter der *purdah*. Idrees nahm an, das Unbehagen, das mir der Londoner Missionar bereitete, beziehe sich nur auf die pakistanische Migration. Während wir durch das gleißende Licht zurück zum Gästehaus gingen, sagte er: »Im menschlichen Treiben gibt es Ebbe und Flut ...« Das Bild von der Flut, der Traum des Kalifen, die Wanderung!

Wir aßen zu Mittag. Idrees ging, um seine Gebete zu verrichten, wobei er zusammen mit den Drei-Uhr-Gebeten auch die versäumten Ein-Uhr-Gebete absolvierte. Danach ging ich in sein Zimmer im Gästehaus und wir unterhielten uns. Er lag auf einem der Betten, mal auf dem Rücken, mal auf der Seite. Ich saß auf dem Stuhl vor der Frisierkommode. Es war heiß. Das Salzgestein der Hügel um Rabwah speicherte die Hitze und strahlte sie ab. Im Sommer kühlten die Felsen nie ab. Idrees aber war die Ruhe selbst. Dieses Land aus Salz, Fels und Fluss war seine Zuflucht. In Rabwah, sagte er, finde er stets Frieden.

Es gab ständig Nadelstiche, immer drohte Verfolgung. Just an diesem Morgen war ihm wieder ein kleiner Schrecken eingejagt worden: Ein Mann aus der Stadt hatte sich bei der Polizei beschwert, er sei auf Anordnung des Sektenoberhaupts aus einem Haus vertrieben worden. Das stimmte zwar nicht, es handelte sich vielmehr nur um einen Streit zwischen Mieter und Eigentümer; aber die Leute wussten, dass sie mit solchen Geschichten zur Polizei gehen konnten. Kürzlich hatte er mit einem ähnlichen Fall zu tun gehabt: Ein entlassener Arbeiter hatte sich selbst einige Verletzungen zugefügt und dann vor dem Arbeitsgericht behauptet, er sei von der Sekte zusammengeschlagen worden.

Unfehlbar fand er irgendwelche schlechten Nachrichten dieser Art vor, wenn er nach Rabwah kam. Dennoch kam er gern und hatte das Glück, den Ort ungefähr zweimal im Monat besuchen zu können. Seinen Glauben konnte ich nicht teilen. Aber während er in dem Zimmer seine Ängste ablegte, fühlte ich mich ihm näher. Es gefiel mir zu sehen, wie er entspannt auf dem Bett lag, begierig den Frieden genoss, beladen mit der Ungeheuerlichkeit seines Bekenntnisses, seines Glaubens an den verheißenen Messias, der gekommen war, die wahre Religion zu reinigen und neu zu verkünden. Er wurde ruhiger, sein Gesicht frischer. Und ich sah, wie sehr mich sein graues Haar in die Irre geführt hatte: Er war etliche Jahre jünger als ich. Die große trockene Hitze, die Traumlandschaft, der Menschen erst kürzlich eine Bedeutung verliehen hatten, die Stätte der Erlösung und eines möglichen Martyriums: Man fühlte sich weit zurück in die Vergangenheit versetzt.

Wir sprachen über Träume. Die Träume des zweiten Kalifen hatten auch schon in britischen Kolonialzeiten großes Renommee genossen. Sir Mohammed Zafrullah Khan, einer der angesehensten Ahmadi, hatte sie dem britischen Vizekönig weitererzählt, der skeptisch blieb, bis er auf diesem Weg präzise Informationen über Kriegspläne der Alliierten erhielt. Mit Träumen und Prophezeiungen musste man freilich behutsam umgehen; man durfte sie nicht einfach in die Welt hinausposaunen; sie konnten Anstoß erregen. Besser war es, Prophezeiungen erst öffentlich zu machen, wenn sie eingetreten waren – wie die Prophezeiung über Ministerpräsident Bhutto und seine beiden gebrochenen Hände.

Wie lange aber würde der Frieden in Rabwah währen? Gab es irgendwelche Hinweise, irgendwelche Träume, die auf einen erneuten Ortswechsel deuteten?

Damit hatte ich offenbar eine wunde Stellte berührt. Idrees wollte über dergleichen nicht nachdenken. Steif antwortete er: »Zum gegenwärtigen Zeitpunkt ist dies der Ort, der Gottes Zwecken dient und der ganzen Welt und dem gesamten Menschengeschlecht Orientierung gewährt.«

Wir traten hinaus in die Hitze. Wir sahen uns die Moschee an und den großen Innenhof, in dem alljährlich die Gläubigen zusammenkamen. Wir sahen die Schule, in der Adepten aus verschiedenen Ländern unterrichtet wurden – sechs oder sieben Jahre lang dauerte die Ausbildung –, um dann in ihre jeweilige Heimat zurückzukehren und die frohe Botschaft vom verheißenen Messias zu verkünden. Wir lernten einen zweiundzwanzigjährigen indisch-muslimischen Jungen aus Trinidad kennen und einen sechsundzwanzigjährigen aus Indonesien. Am Rande des braunfarbenen Sportplatzes sahen wir zwei Nigerianer, zwölf und vierzehn Jahre alt. »Kommen Sie, kommen Sie!«, sagte Idrees zu mir. »Ich möchte nicht, dass sie sich ausgeschlossen fühlen.« Die Jungen, die einen verwaisten Eindruck machten, kamen zu uns und wussten nicht, worüber sie mit uns reden sollten: strahlende Augen in traurigen Gesichtern, Menschen, die sich am Fuße der Salzhügel des Pandschab, in der aus dem Boden gestampften Wohnsiedlung, nach den feuchten Wäldern Afrikas verzehrten.

Die Sonne neigte sich dem Horizont zu. Wir fuhren ab. Plötzlich, mitten in der Unterhaltung, vereinigte Idrees seine Handflächen in der typischen muslimischen Gebetshaltung. Wir fuhren gerade am Friedhof vorbei. Es sei seine Gewohnheit, erklärte er danach, ein Gebet für sie zu sprechen, »auf dass sie im Himmel noch weiter erhöht werden«.

Die untergehende Sonne loderte im Chenab, im Mondfluss. Und als wir den Fluss hinter uns hatten, loderte sie in den stillen Tümpeln der versumpfenden Felder, des bewässerten Landes, das starb, das sich in Salz und Marsch verwandelte, Marsch, die in der Dämmerung, wo das Wasser das letzte Tageslicht einfing, klarer sichtbar war als im gleichmäßig grellen Licht des Tages.

Idrees hatte die ganze Zeit über geredet. Jetzt schwieg er still. Es war, als ob das Land ihn in seiner persönlichen Schwermut bestärkte und ihr wieder einen Zug von akuter Sorge verlieh.

Von den Kochfeuern stieg Rauch auf. Der Rauch auf der

Straße war schwarz von den Auspuffgasen der Fahrzeuge, die ohne Katalysator fuhren. Die Pferdekarren waren nicht beleuchtet, und den Lastwagen fehlten häufig die Rücklichter. Sie hätten alle einmal Lichter gehabt, meinte Idrees. Mittlerweile aber fehlten Recht und Ordnung. »Wenn Recht und Ordnung vom Gesetzgeber mit Füßen getreten werden, wie kann man dann vom einfachen Mann erwarten, dass er sich an die Gesetze hält?«

Seine Anwaltspraxis florierte nicht sonderlich. Aber seine Frau hatte einiges Vermögen und Einkommen in die Familie mitgebracht. Er wolle reisen, er reise gern, er sei erst zweiundvierzig. Er sagte es zwar nicht, aber ich spürte, dass ihm wie der Ahmadi-Frau im grünen Sari, die ich in Karatschi kennen gelernt hatte, bereits der Gedanke gekommen war, auszuwandern und sich künftigen, gravierenderen Verfolgungen zu entziehen.

Die Lichter von Lahore tauchten in der Dämmerung auf.

»Haben Sie sich die folgende Prophezeiung notiert? Im Jahr 1989 wird die Welt es müde sein, auf das Kommen Christi zu warten. Die Iraner werden es müde sein, auf den Zwölften Imam zu warten. Dann werden sie sich zu uns bekehren.«

III

Unterhaltungen in Malaysia
Der ursprüngliche Glaube

»... Ein halb nackter, Betel kauender Pessimist stand auf der Sandbank im tropischen Fluss, am Saum der stillen und unendlichen Wälder; ein zorniger, ohnmächtiger Mann mit leeren Händen und einem Schrei bitterer Unzufriedenheit auf den Lippen – einem Schrei, der, wäre er zustande gekommen, so wahr, so machtvoll und so durchdringend in der jungfräulichen Ödnis der Urwälder widergehallt hätte wie nur je ein philosophischer Aufschrei, der, aus den Tiefen eines Lehnstuhls kommend, das schmutzüberzogene Gewirr von Schornsteinen und Dächern behelligt.«

Joseph Conrad: *An Outcast of the Islands* (1896)

»Gesellschaften, die eine bis dato eher ereignislose Geschichte aufweisen, machen auf Europäer den merkwürdigen Eindruck der Dürftigkeit und Abgeschiedenheit. Sie fühlen sich nicht als Erben ihrer Vergangenheit, und daher erscheint alles, was sie ihren Nachkommen zu hinterlassen beabsichtigen, fade und blutleer für jemanden, dessen Vergangenheit lebendig ist und dessen Zukunft erhellt wird vom Wissen um die allmählichen und unter Schmerzen erreichten Errungenschaften vergangener Zeiten. Die Geschichte lässt uns bewusst werden, dass den menschlichen Dingen kein Zweck innewohnt; eine ein für alle Mal feststehende Vollkommenheit, ein Wissen, das nicht zu übertreffen wäre, gibt es nicht.

Bertrand Russell: *Portraits from Memory*

1

Erste Gespräche mit Shafi: Die Reise aus dem Paradies

Alle Religion kam aus Indien beziehungsweise vom indopakistanischen Subkontinent nach Südostasien. Als Erste fassten dort Hinduismus und Buddhismus Fuß. Sie haben die großen Kulturen Kambodschas und Javas angeregt, deren Monumente – Angkor und Borobudur – zu den Weltwundern zählen. Diese von Indien herübergekommenen Religionen – so die Überlieferung – wurden nicht von Kriegern oder Kolonisatoren, sondern von Kaufleuten und Priestern verbreitet. Und so etwas Ähnliches waren wohl auch jene indischen Reisenden, die nach der Ausbreitung des Islam auf dem Subkontinent die neue Religion im vierzehnten oder fünfzehnten Jahrhundert nach Indonesien und Malaysia hinüberbrachten.

Der Islam trat also in Südostasien als eine weitere Religion Indiens auf. Er kam nicht im Gefolge einer arabischen Invasion wie in Sindh; es gab kein systematisches Abschlachten der heimischen Kriegerkaste, keine arabischen Militärkolonien, kein Verteilen der Beute, kein Wegschleppen von Schätzen oder Sklaven für irgendeinen Kalifen im Irak oder in Syrien; den Ungläubigen wurde kein Tribut abgepresst und keine Steuer. Weder kam es zu einer gesellschaftlichen Katastrophe, noch wurde eine fest gefügte Weltordnung über Nacht abgeschafft. Der Islam verbreitete sich als Idee – ein Prophet, eine göttliche Offenbarung, Himmel und Hölle, ein von Gott verbürgtes Gesetzeswerk – und verband sich mit älteren religiösen Vorstellungen. Nun aber kommen muslimische Missionare ins Land, um diese Mischreligion zu läutern; und die besonders eifrigen Vertreter unter ihnen kommen einmal mehr vom Subkontinent, vor allem aus Pakistan.

Freilich bringen sie von dort weder Nachrichten von der Militärherrschaft noch von der auf Auslandsüberweisungen basierenden Wirtschaft, weder vom Verlust des Rechts, noch von der Tragödie der Bihari-Muslime, die mittlerweile in Bangladesch genauso unerwünscht sind wie dort, in Pakistan. All dies hat natürlich mit dem Islam überhaupt nichts zu tun; diese Männer haben nur eine Botschaft im Gepäck, die vom Islam und von den Feinden des Islam. Was sie zu bieten haben, ist Leidenschaft, jene besondere Leidenschaft der Muslime vom Subkontinent: die Leidenschaft von Menschen, die sich, der staatlichen Existenz Pakistans zum Trotz, als bedrohte Minderheit empfinden; die – weil sie sich Geschichte als eine »unterhaltsame« Erzählung von Eroberungen vorstellen – nunmehr das Gefühl haben, alles andere als Eroberer zu sein; und vor allem die Leidenschaft von Muslimen, die sich an den Rand der wahren islamischen Welt verwiesen fühlen. Die räumliche Entfernung Persiens von Arabien hatte die Schia entstehen lassen und mit ihr die Überzeugung der Perser, reinere Muslime zu sein als die Araber. Die indischen Muslime leben in noch größerer Entfernung von Arabien als die Perser, und ihre Leidenschaft ist ebenso heftig, wenn nicht heftiger.

Jeder Muslim ist ein Missionar für den Islam: Ebendies war die Vorstellung der Bruderschaft, die sich in der wassergetränkten Wüste des Pandschab versammelte. Und wenn sie dann vier Tage in Zelten zusammengelebt und in großen

Scharen gemeinsam ihre Gebete gesprochen haben, zieht es diese einfältigen Menschen hinaus, berauscht von der Vision einer Welt, die im Begriff steht, einen Wandel zu erleben. Manche gelangen bis nach Malaysia; so geht das schon seit Jahren; und hier, in Malaysia, hat ihre Leidenschaft schließlich ein Echo gefunden.

Ganz im Norden des Landes finden sich einige wenige architektonische Überreste, die von der Hinduisierung zeugen, ansonsten aber konnte sich, anders als in Java oder Kambodscha, in Malaysia keine große, von Indien geprägte Kultur entwickeln. Das Land (mochten Europäer auch hin und wieder an seiner Küste anlanden) wurde mehr oder weniger umgangen: Bis ins 19. Jahrhundert war es denn auch den Malaien überlassen.

Die Erzählungen Joseph Conrads geben einen Eindruck davon, wie es vor hundert Jahren an den entlegeneren Orten des Malaiischen Archipels aussah: Europäer, die mit ihren Schiffen die Küsten befuhren, gelegentlich in Konkurrenz zu Arabern, den Männern des reinen Glaubens; europäische Handels- oder Verwaltungsniederlassungen am Meeresufer oder an Flussmündungen, den Urwald im Rücken; chinesische Bauern und Arbeiter, die sich, wo immer sie konnten, sesshaft machten; malaiische Sultane und Radschas, Krieger mit ihrem Hofstaat; und, immer im Hintergrund, die Malaien einfachen Schlages, Fluss- und Waldmenschen, halb Muslime und halb Naturanbeter.

Es sind strikt separierte Welten, die hier aufeinander prallen: die Welt der Europäer, die es an den »äußeren Rand der Dunkelheit« drängt, und die geschlossene Stammeswelt der Malaien. Ebendies war eines der großen Themen in den Erzählungen Joseph Conrads. Die islamischen Revolutionäre des heutigen Malaysia, jene jungen Männer, die alles verwerfen, sind die Nachkommen jener, die damals im Hintergrund standen, der Fluss- und Waldmenschen. Sie traten auf den Plan, als die Uhr des Kolonialismus abgelaufen war, nach der Unabhängigkeit und nachdem Geld ins Land gekommen war.

Mittlerweile gibt es in Malaysia an den Landungsstegen mehr als nur Kokosnüsse und Rattanmöbel zu kaufen. Malaysia produziert viele kostbare Dinge: Zinn, Kautschuk, Palmöl, Erdöl. Malaysia ist reich. Das ins Land strömende und auch die unteren Schichten erreichende Geld hat eine ganze Generation gebildeter Dörfler hervorgebracht und sie in eine Zivilisation hineingezogen, die einst nichts als der äußere Rand der Dunkelheit zu sein schien, mittlerweile aber ein universelles Phänomen ist.

Nicht immer mögen diese jungen Leute, was sie vorfinden. Manche haben im Ausland studiert, oftmals technische Fächer, aber nur wenige wissen wirklich, wo sie gewesen sind. Auch wenn sie in Australien, England oder den Vereinigten Staaten leben, sind sie ständig auf der Suche nach den Sitten und Gebräuchen ihrer Heimat; die Zeit, die sie im Ausland verbringen, verbittert sie und wirft sie noch stärker auf sich selbst zurück. Ins Dorf können sie nicht mehr zurück. Sie sind jung, aber das Leben, das sie in ihrer Kindheit kannten, hat sich verändert.

Und so begreifen sie allmählich, dass im Verlauf der zurückliegenden hundert Jahre, während sie oder ihre Vorfahren dahindämmerten, ihr Land – eine ganz neue Vorstellung: ein Verbund von Königreichen und Sultanaten – vom Kolonialismus umgeschaffen wurde; dass sich das reiche Malaysia von heute auf kolonialen Fundamenten fortentwickelt und ein Werk der Briten und Chinesen ist. Die Engländer legten Bergwerke und Plantagen an. Sie brachten die Chinesen ins

Land (die fleißigen, entwurzelten Bauern aus dem Jahrhundert zuvor) und eine kleinere Anzahl von Indern, damit sie die Arbeit machen sollten, für die die Malaien nicht geschaffen waren. Die Briten herrschen inzwischen nicht mehr. Die Malaien aber machen nur noch die Hälfte der Bevölkerung aus.

Die Chinesen haben einen Sprung nach vorn gemacht; ihre Tatkraft und ihre Erfindungsgabe sind der Motor des Landes. Von der politischen Macht sind sie allerdings ausgeschlossen. Das Vorrecht des Herrschens liegt bei den Malaien. Das Land ist offiziell islamisch, mit einem islamischen Rechtssystem; sexuelle Beziehungen zwischen Muslimen und Nichtmuslimen sind gesetzwidrig, und es existiert eine Art Religionspolizei, die überall herumschnüffelt. Die Rechtsvorschriften, nach denen Nichtmuslime diskriminiert werden, sind empörend. Die Malaien, die an der Macht sind, sitzen freilich fest im Sattel; sie gehören uralten Familien an oder sind von königlichem Geblüt und haben schon Generationen zuvor den Übergang in die neue Welt vollzogen.

Die Neuankömmlinge aus den Dörfern, die ohnehin mit dem Gefühl leben, schon unendlich viel verloren zu haben, sehen nun ihren Weg an jeder Biegung blockiert. Geld, wirtschaftliche Entwicklung und Bildung haben in ihnen lediglich die Erkenntnis aufkeimen lassen, dass die Welt anders ist als ihr Dorf und dass sie nicht ihnen gehört. Ihre Wut – die Wut einer Landbevölkerung mit beschränkten Fertigkeiten, beschränkten Geldmitteln und einem beschränkten Verständnis der Welt – ist grenzenlos. Jetzt aber verfügen sie über eine Waffe, den Islam. Er ist ihr Mittel, es der Welt heimzuzahlen. Er ist ihrem Leiden gemäß, ihrem Gefühl von Unzulänglichkeit, ihrer sozialen Wut und ihrem Rassenhass.

Der Islam ist mehr als die alte Religion, die sie aus ihren

Dörfern kennen. Der Islam, den die Missionare ihnen bringen, ist eine Religion der Verheißung kommenden Wandels und baldigen Triumphs, und er präsentiert sich ihnen als Teil einer weltweiten Bewegung. In einem lokalen Missionsblättchen, den *Readings in Islam*, steht zu lesen, dass der Westen sogar nach Meinung seiner eigenen Weisen von seinem Materialismus und seiner Gier verschlungen werde. Der wahre Gläubige dagegen, mit seiner Vorstellung vom Leben nach dem Tod, lebe für höhere Ideale. Für einen Ungläubigen, dem die Gewissheit eines späteren Lebens fehlt, sei das Dasein eine einzige Vergnügungstour. »Einen Großteil seines Reichtums verschwendet er auf einen protzigen Lebensstil und stellt seinen Prunk und seine Pracht durch das Tragen von Seide und Brokat und die Benutzung von Gefäßen aus Gold und Silber zur Schau.«

Seide, Brokat, Gold und Silber? Kann das in einer Stadt wie Kuala Lumpur allen Ernstes behauptet werden? Allerdings handelt es sich hier um Theologie. Der Satz bezieht sich auf einen Hadith oder eine Überlieferung aus dem Leben des Propheten. Hudhaifa bat einst um Wasser, und ein persischer Priester reichte es ihm in einem silbernen Trinkgefäß. Hudhaifa wies den Perser zurecht, hatte er doch mit eigenen Ohren den Propheten sagen hören, dass die Ungläubigen goldene und silberne Gefäße benutzten und in Seide und Brokat gewandet gingen.

In dieser Form also kommt der neue Islam ins Land, und den neuen Menschen aus den Dörfern stellt er sich als eine Art alternativer Gelehrsamkeit und Wahrheit dar, mit einer Fülle gelehrter Handreichungen. Er ist Leidenschaft ohne konstruktives Programm. Erst einmal muss die materialistische Welt niedergerissen werden; der islamische Staat ergibt sich dann ganz von allein, wie im Iran oder in Pakistan.

Die Botschaft, die von Pakistan ausgeht, macht längst nicht Halt in Malaysia. Sie wandert hinüber nach Indonesien – 120 Millionen Menschen gegenüber zwölf Millionen in Malaysia; die überdies ärmer, aus ganz verschiedenen ethnischen Gruppen zusammengesetzt und auch anfälliger sind, mit einer Unzahl von Pogromen und Massentötungen in der jüngeren Geschichte des Landes. Dort, in Indonesien, wird die islamische Bewegung unter der Jugend von ihren Gegnern als Nihilismus betrachtet. Man nennt sie »die malaysische Krankheit«. Und auf diese Weise bekehrt die in Pakistan entfachte islamische Leidenschaft, mit ihren ganz eigenen Wurzeln, immer wieder aufs Neue und schürt zugleich weitere Verzweiflung und weiteres Leid. Die Verheißung der politischen Katastrophe verbreitet sich dementsprechend als frohe Botschaft.

Malaysia dampft. Während der Regenzeit türmen sich morgens die Wolken auf; nachmittags schüttet es, das Blaugrün der Hügel verschwindet, und später hängen die Wolken wie Rauch in den Schründen der Berge. Kletterpflanzen ranken sich im Eiltempo die stählernen Verankerungsseile der Telegrafenmasten hoch und drücken verwelkende Zweige von Kokospalmen nieder, noch bevor sie abgefallen sind; sie überwuchern absterbende Bäume oder Bäume ohne Widerstandskraft und rufen so den sonderbaren Eindruck einer Baumbeschneidung hervor. Regen, Sonne und Dampf stehen hier nicht für Verfall oder tropische Erschlaffung; sie stehen für Lebensfülle, für das rasche Wachsen des Reichtums, für Geld.

Von der alten Kolonialsiedlung Kuala Lumpur, der Hauptstadt Malaysias, sind einige Überreste erhalten. Alte, ziegelgedeckte, private Anwesen, im original britischen Stil; die Zeilen der schmalen, zweigeschossigen Ladenhäuser der Chinesen, mit dem Geschäft zu ebener Erde, der Gehsteig von Pfeilern gesäumt, die das auf ihn hinausragende erste Geschoss abfangen; malaiische Kampongs oder Dörfer – einfache und doch zugleich ansehnliche Häuser aus verwittertem Holz und mit rostigem Wellblech –, in Vierteln, die zur Zeit der Stadtgründung den Malaien vorbehalten waren; in der Nähe des Bahnhofs die britischen Amtsgebäude: viktorianisch-gotische Gerichtshöfe im Stil der Mogulpaläste, Kuppelbauten, Bogenarchitektur und Treppentürme.

Diese Stadt alter kolonialer Prägung ist von den neuen städtebaulichen Entwicklungen überholt worden, von den Wolkenkratzern der neuen Stadt und den von Koreanern erbauten Autobahnen, die vom Flughafen hereinführen, zunächst durch Plantagen (aus der Luft ist Westmalaysia dunkel von Wald, aber es ist ein geordneter Wald, dessen Bäume in Reihen stehen, aus denen der Dampf säulenartig aufsteigt wie der Rauch aus Schornsteinen) und dann vorbei an den Fabriken und Montagehallen international tätiger Unternehmen.

In den öffentlichen Parks und auch anderenorts begegnet man in dieser neuen Stadt jungen Malaien vom Lande, die sich wie Araber kleiden, mit Turban und langem Hemd. Arabische Kleidung – so weit weg von Pakistan und den arabischen Ländern – ist ihr politischer Ausweis. An der Universität tragen manche Mädchen nicht nur den Schleier, sondern trotz der Hitze auch Handschuhe und Socken. Verschiedene Gruppen tragen unterschiedliche Farben. Der Schleier ist mehr als ein Schleier, er ist die Maske der Aggression. Nicht wie die verfilzten Locken des Rastafari auf Jamaika, den die Randexistenz, in die er sich seit Generationen gedrängt sieht, abgestumpft hat; auch nicht wie der Aufzug, in dem sich der Mittelklasse-Hippie präsentiert, der nichts anderes sein möchte als ein Aussteiger; vielmehr ist dies die Kleidung entwurzelter Dörfler, die zerschlagen möchten, was nicht ihres ist, und es dann zu übernehmen gedenken. Denn ein uneingestandenes Moment der kollektiven Fantasie ist, dass die Welt weitergeht, dass sie von allein läuft und nur beerbt werden muss.

Shafi arbeitete für die islamische Sache. Zwar trug er keine arabische Kleidung, aber er hatte Verständnis für die jungen Männer, die das taten. Er war aus einem Dorf im Norden des Landes nach Kuala Lumpur gekommen. Die Verstörung, die dieser Umzug ausgelöst hatte, war ihm noch anzumerken.

»Als ich im Dorf lebte«, erzählte er, »herrschte dort eine ganz andere Atmosphäre. Man kommt vom Dorf. Man sieht die glänzenden Lichter und man spürt sofort die materialistische Zivilisation um einen herum. Die Folge war, dass ich nicht mehr an meine Religion oder an meine Pflichten dachte – soweit es das Beten betraf. Natürlich ging das nicht so weit, dass ich ausgegangen wäre und Verwerfliches getan hätte, etwa mich mit Mädchen eingelassen oder mich mit Alkohol, Spielen oder Drogen abgegeben hätte. Meinen Glauben verlor ich nicht. Ich vergaß nur zu beten, dachte nicht mehr an meine Verantwortung. Ich war einfach wie weggetreten. In meinem Umfeld gab es keine feste Größe mehr. Irgendwie ließ ich mich treiben und wusste nicht mehr, in welche Richtung ich gehen sollte.«

»Wo lebten Sie, als Sie nach Kuala Lumpur kamen?«, fragte ich ihn.

Darauf gab er keine klare Antwort. In diesem frühen Stadium unseres Gesprächs fiel es ihm nicht leicht, konkret zu werden. »Ich wohnte in einem Vorort«, erwiderte er, »wo ich ständig der materialistischen Zivilisation ausgeliefert war, die ich nie zuvor erlebt hatte. Jungen und Mädchen können hier zusammen ausgehen. Es gibt keine Kontrolle durch die Familie. Gegenüber der Gesellschaft, die einen im Dorf normalerweise kritisiert, wenn man was Schlechtes getan hat, ist man frei. Nehmen Sie eine Ziege, eine Kuh oder einen Büffel – irgendwo, wo die Ziege ununterbrochen angebunden war – und lassen Sie diese Ziege in einem Haufen anderer Tiere frei laufen: Sie wird sich überall herumtreiben, wenn sie nicht angekettet ist.«

»Ist das schlecht für die Ziege?«

»Ich denke schon, dass die Ziege sehr glücklich wäre, wenn sie frei herumlaufen könnte. Für mich wäre das wohl nicht so gut. Hätte die Ziege Verstand, dann würde ich sie fragen: ›Warum willst du denn herumlaufen, wo du doch angebunden bist und dein Herr dich füttert und versorgt? Warum willst du dann noch herumlaufen?‹«

»Ich möchte schon frei herumlaufen«, warf ich ein.

»Was meinen Sie mit Freisein? Freiheit bedeutet für mich nicht, dass man überall hingehen kann, wo man möchte. Freiheit ist untrennbar von der Definition eines bestimmten Bezugsrahmens. Denn ich bin der Ansicht, dass wir nicht einfach herumrennen und alles bekommen können. Eine solche Freiheit bedeutet nichts. Man muss sich tatsächlich einen Rahmen setzen, wohin man gehen und was man tun möchte.«

»Aber wussten Sie denn nicht, was Sie wollten, als Sie nach Kuala Lumpur kamen?«

»Mein Hauptziel war Bildung. Das war schon ein Bezugsrahmen. Aber der Konflikt zwischen dieser Freiheit und dem ursprünglichen Ziel besteht nach wie vor, und ich sehe darin das Problem, mit dem ich und auch viele meiner Freunde zu tun haben.«

»In anderen Ländern stehen die Menschen vor genau demgleichen Problem.«

Darauf Shafi: »Haben sie es aber auch in ihrem Familienleben mit den gleichen Einschränkungen zu tun?«

»Was für Einschränkungen?«

»Einschränkungen religiöser Art. So ein Rahmen ist einfach da. Die religiöse Überlieferung, das Leben in der Familie, die Gesellschaft, die Dorfgemeinschaft. Und dann kommt man in die Stadt, wo die Menschen in ihrer Bewegung nicht eingeschränkt sind, wo sie frei sind. Sofort gibt es einen Wertekonflikt.

Sehen Sie, wir haben im Dorf, in dem ich aufgewachsen bin, nur das strikte Existenzminimum. Wir haben Reis zum Essen und ein Haus zum Wohnen. Niemand musste betteln gehen. In der Stadt kann man für zehn Dollar ein Mittagessen kaufen [zehn malaysische Dollar, die in einem Verhältnis von 2,20 zum amerikanischen Dollar stehen]. Man kann sich aber auch für fünfzig Cent ein Essen am Imbissstand kaufen. Diesen Mehrbetrag von neun Dollar fünfzig, den die Städter bezahlen, den würde man bei uns für andere Zwecke ausgeben. Für uns, mit unserem Bezugsrahmen, unserer Tradition und unserer Religion, ist das eine maßlose Übertreibung.

Manchmal hat meine Frau das Gefühl, wir sollten ins Dorf zurückkehren, und ich empfinde das auch so. Nicht, weil wir vor der modernen Welt davonlaufen wollen, sondern weil wir versuchen möchten, ein einfacheres, sinnvolleres Leben zu führen als in der Stadt, wo es so viel Verschwendung gibt und so viele Dinge, die vielleicht gar nicht echt sind. Man ist nicht ehrlich mit sich selbst, wenn man letztlich für fünfzig Cent keinen Hunger leiden muss, stattdessen aber zehn Dollar fürs Essen hinlegt.

Ich werde Ihnen mal was über Verschwendung sagen. Die Regierung hat vor kurzem ein Eisstadion gebaut. Drei Monate später haben sie es wieder abgerissen, weil eine Autobahn darüber gebaut werden sollte. Sie bauen breite Straßen und Autobahnen quer durch die Dörfer. Und wem gehören die Lkws, mit denen die Erzeugnisse der armen Bevölkerung abtransportiert und dafür die Waren herangeschafft werden, die die Reichen zu einem horrenden Preis hergestellt haben – Farbfernseher, Kühlschränke, Klimaanlagen, Transistorradios?«

»Wollen denn die Menschen diese Dinge nicht?«

»Letzten Endes werden Farbfernseher – an denen die Leute ja Spaß haben – bloß benutzt, um Reklame für bestimmte Produkte zu machen und um die Menschen zu einem verschwenderischen Leben zu verführen.«

»Würden Sie nicht auch sagen, dass das Dorfleben für die meisten Menschen trostlos ist?«

»Das Dorfleben? Das ist doch einfach. Es ist frei – wie soll ich sagen? – von Verschwendung. Man soll nicht verschwenden. Man soll nicht Dingen hinterherjagen. Meine Rückkehr in den Kampong sehe ich so, dass ich mit der Dorfgemeinschaft lebe, aber nicht vor der Entwicklung davonlaufe. Die Gesellschaft dort ist wohl geordnet. Stirbt jemand, dann geht eine Meldung durch den Kampong, sodass die meisten sofort wissen, wer gestorben ist, wann er beerdigt wird, woran er gestorben ist und was mit seinen nächsten Angehörigen ist – sind sie bei ihm? Das Dorf ist nicht verdreckt. Faktisch nicht und auch nicht geistig oder sozial.«

»Soziale Verschmutzung?«

»Etwas, was unseren Sitten und Gebräuchen entgegensteht. Ein Mann darf nicht mit einer Frau gehen, die nicht zu seiner Familie im Kampong gehört. Es ist verboten.«

»Warum ist das falsch?«

»Das Wesen der Würde des Menschen und der Achtung voreinander beruht auf einer untadeligen Beziehung zwischen Mann und Frau. Es braucht ein Gesetz, um die Urzelle der Gesellschaft zu schützen. Die Familie bedarf des Schutzes. Wenn die Mädchen vom Dorf nach Kuala Lumpur kommen, dann wollen sie keinen Schutz durch das Gesetz.«

Shafi war zweiunddreißig Jahre alt. Er war klein und schmächtig, trug eine Brille, hatte eine schräg abfallende Stirn und einen dünnen Bart. Er war mal Bauunternehmer gewesen, hatte aber keinen Erfolg gehabt und danach alle geschäftlichen Aktivitäten aufgegeben, um ganztägig für eine islamische Jugendbewegung mit Namen ABIM zu arbeiten. Die ABIM war die wichtigste und am stärksten durchorganisierte islamische Jugendgruppe Malaysias. Shafi verehrte den Mann, der an ihrer Spitze stand: Anwar Ibrahim war ein Mann in Shafis Alter.

Seine Geschichte war ungewöhnlich. Er stammte von der wirtschaftlich weiterentwickelten Westküste des Landes und war Shafi eine oder zwei Generationen voraus. Sein Großvater hatte ein kleines Dorfrestaurant betrieben; sein Vater war Krankenpfleger in einem Hospital. Anwar selbst war Schüler an einem von den Briten für die Söhne lokaler Fürsten und Sultane gegründeten College gewesen. Er hatte dafür eine Aufnahmeprüfung ablegen müssen, die den Sprösslingen aus königlichem Geblüt nicht abverlangt worden war.

Die Briten hatten sich verpflichtet, die islamische Religion der Sultane nicht zu entehren, und am College achteten sie peinlich darauf, dass dieser Verpflichtung auch nachgekommen wurde. Anwar gelangte indessen zu der Überzeugung, dass die Religion, wie sie am College praktiziert wurde, lediglich Ritualcharakter habe, ohne jede größere Bedeutung. Mit der Hilfe eines englischen Lehrers (der später zum muslimischen Glauben übertrat) begann er daher, den Islam zu studieren. Allmählich begriff er den Wert von Disziplin, Eintracht und Unterwerfung unter den Willen Gottes. Als er etwa sechzehn Jahre alt war, hielt er in den Dörfern Reden über den Islam; er war ein leidenschaftlicher Redner. Aus diesen Schüleraktivitäten hatte sich seine Bewegung entwickelt, mittlerweile war sie hoch organisiert, verfügte über ein Gebäude in Kuala Lumpur, mit Büroräumen, Personal und sogar einer Schule.

Er hatte Verbindungen zu islamischen Gruppen im Ausland, in Indonesien, Bangladesch und Pakistan. Er war im Iran gewesen und dort mit Ayatollah Khomeini zusammengetroffen. Das hatte seinem Ansehen vor Ort Auftrieb gegeben. Für Anwar Ibrahim war der Islam der Energiespender und Seelenreiniger, den Malaysia brauchte. Der wahre Islam würde die Menschen aufrütteln, zumal die Malaien, und sie zugleich vor dem verderblichen Einfluss der rassistischen Politik Malaysias, vor der Erbärmlichkeit einer nur dem Geld verpflichteten Kultur und vor einer leichtfertigen Nachahmung des Westens bewahren.

Sein Büro bei der ABIM – mit angebauten Kabinen für die Mitarbeiter, mit Schreibmaschinen und Aktenschränken – glich dem eines Mannes aus der mittleren Führungsriege eines Unternehmens: moderne Geräte und eine moderne Büroorganisation für die Sache des sittenstrengen Islam. Er war klein und schmächtig, schmächtiger noch als Shafi und im Aussehen noch jungenhafter als dieser. Er war ein attraktiver Mann, dessen Attraktivität noch dadurch gesteigert wurde, dass er, ungeachtet seiner großen Autorität unter der örtlichen Bevölkerung, den Eindruck vermittelte, immer noch ein Lernender zu sein, jemand, der unausgesetzt den Dingen nachsann. Seine umfassende Vision vom Islam verlieh ihm eine Sicherheit, die nicht allen seiner Anhänger zu Eigen war. Seine

Reisen hatten seine Vision noch gefestigt. Er missbilligte die »Versponnenheit« mancher malaysischer Moslemgruppen, ihre religiöse und politische Unbedarftheit. Er räumte ein, dass er über die ökonomische Seite der Dinge noch nicht nachgedacht habe, er sei über das »Stadium der Bewusstseinsbildung« noch nicht hinausgekommen. Mein Eindruck war, dass er aufrichtig daran glaubte, eines Tages aus einem Land wie etwa Pakistan ein islamisches Wirtschaftssystem importieren zu können.

Ich hätte mich gern länger mit Anwar unterhalten. Nach unserer ersten Begegnung in den Büroräumen der ABIM kam mir in den Sinn, dass ich mit ihm Malaysia bereisen sollte, um das Land mit seinen Augen zu sehen. Er war einverstanden, aber es wurde nichts daraus. Er hatte zu tun, stand er doch im Mittelpunkt aller Aktivitäten der ABIM. Ständig war er unterwegs, entweder mit dem Auto oder mit dem Flugzeug. Er war als Redner gefragt. Als die zweite unserer Verabredungen ins Wasser fiel, schickte er Shafi zu mir ins Holiday Inn, wo ich untergekommen war.

Es lag nur an der Empfehlung Anwars, dass Shafi, als er mich besuchen kam, sich meinen Fragen öffnete. Und selbst unter diesen Umständen scheute sich Shafi, seine Person in den Vordergrund zu stellen, als Sprecher der Bewegung zu erscheinen und Anwar als deren Oberhaupt den Rang ablaufen zu wollen.

»Ich bin nicht der Anführer«, erklärte Shafi unter Lachen, als wir in der Gardenia-Cafeteria beisammensaßen. »Ich bin nur der General.«

Anfangs war es nicht leicht, mit Shafi ins Gespräch zu kommen. Er verkündete die abstrakten Grundsätze der Bewegung, und das machte seine Redeweise hölzern. Er vermied es, konkret zu werden, nicht weil er etwa geheimnistuerisch war, sondern weil er immer nur auf Fragen nach dem Glauben und seiner Glaubensbewegung hatte antworten müssen, nie aber auf Fragen nach der eigenen Person.

Er möge Orte wie das Holiday Inn nicht, erklärte er mir. Ich hielt das für eine Übertreibung, bis er über das Verschwenderische des Lebens in der Stadt sprach. Zu keiner Zeit gelang es mir, die beiden Seiten seiner Person unter einen Hut zu bringen – den intelligenten, beherrschten und lernbegierig aussehenden jungen Mann und demgegenüber das schläfrige Dorfleben, aus dem er, wie er erklärte, kam und nach dem er sich zurücksehnte.

Sein Wunsch war, zurückzukehren und jenes Gefühl für die Stimmigkeit und Fülle der Dinge wiederzuerlangen, und ich erkannte, warum für ihn der Islam in dieser Hinsicht das perfekte Medium war. Als Mann, der mit beiden Beinen im Berufsleben stand, der ein Organisator war, war Shafi jedoch letztlich das Geschöpf einer Welt, die er ablehnte; und ebendies war die Welt, die seine Intelligenz freigesetzt hatte. Es wäre ihm schwer geworden, den Teil seiner Person, der durch und durch der Tradition und seinen natürlichen Fähigkeiten verhaftet war, von jenem anderen, der ganz allein sein Werk war, zu unterscheiden. Überdies hatte sich sein Dorf verändert; auch Malaysia hatte sich verändert; und schließlich hatte sich auch die Welt verändert.

Über diese veränderte und bedrängende Welt hörte ich in einem Seminar der Universität, nicht lange, nachdem Shafi und ich uns getrennt hatten, den malaysischen Außenminister reden. Der Minister trug ein Hemd mit Blumenmuster: Es war dies die einzige Note, die auf die Tradition verwies. Er – wie auch der indischstämmige Beamte aus seinem Ministerium – sprach über die Auseinandersetzungen auf der letzten Konferenz der blockfreien Staaten in Havanna;

er sprach von Unruhen an den nördlichen Landesgrenzen mit Thailand, Kambodscha und Vietnam. Zugegen waren auch ausländische Botschafter. Die beiden Abgesandten der chinesischen Botschaft, in kurzärmeligem, grauem Safarianzug, schrieben mit und hielten dabei ihre Schreibfeder nach Art der chinesischen Kalligraphen kerzengerade in die Höhe. Nach dem Vortrag wurden einige Botschafter von dicken Limousinen abgeholt. Es waren also nicht nur die einheimischen reichen Chinesen und die Erbauer von Autobahnen oder Hersteller von Farbfernsehern, die die Welt verändert hatten.

Später, beim Abendessen im Haus eines angesehenen Rechtsanwalts indischer Abstammung, wendete sich das Gespräch einer anderen Form der früheren Lebensumstände zu. Der Rechtsanwalt mit Namen James Puthucheary war während der Kolonialzeit in Malaysia und Singapur politisch aktiv gewesen. »Ich bin von den Briten ins Gefängnis gesteckt worden«, sagte er, »von den Singapurern und von den Malaysiern. Die Einzigen, die mich in einer Weise eingesperrt haben, dass ich danach noch freundlich mit ihnen verkehren konnte, das waren die Briten.« Der britische Kolonialsekretär, der im Rang gleich hinter dem Gouverneur kam, stattete ihm eines Tages im Gefängnis einen Besuch ab. Bevor er die Zelle betrat, fragte er: »Mr Puthucheary, hätten Sie etwas dagegen, wenn ich hereinkomme?« Später, so erzählte Puthucheary, hätten sie sich beide »für die Welt entschieden«. Der Kolonialsekretär nahm seinen Abschied und wurde Geschäftsmann; Puthucheary schloss sein Studium ab, mit dem er schon im Gefängnis begonnen hatte, und wurde Rechtsanwalt. »Wir trafen uns regelmäßig und spielten Bridge zusammen.«

Es waren Zusammenkünfte der eleganten und gebildeten

Leute aus dem Mittelstand, denen die Verschiedenheit ihrer Abstammung – es waren Malaien, Chinesen und Inder – durchaus bewusst war. In der Auffahrt und auf dem Rasen standen zahlreiche Autos. Alte Schlachten, alte Regeln; man hätte durchaus sagen können, dass diese Männer – dank des malaysischen Geldes – gerade erst zu Ansehen gekommen seien. Für sie hatte sich die Welt im Eiltempo verändert. Aber kaum gewonnen, wurde das Erreichte schon vom Kummer und vom Zorn derer unterminiert, die in dieser Runde nicht vertreten waren, der Menschen von Fluss und Urwald, die dem Erwachen aus der Kolonialzeit fremd gegenübergestanden hatten und deren Söhne mittlerweile die erste Generation gebildeter Provinzmalaien stellten. Für sie hatte sich die Welt in noch rascherem Tempo gedreht.

Am Morgen darauf konnte ich dann auch eher begreifen, was in der Zeitung zu lesen stand. *Aktien im Wert von $ 15 Millionen für die Bumiputras*. Ein *Bumiputra* (ein vorislamisches Sanskritwort) ist ein »Sohn der Erde«, ein Malaie. Den Malaien sollten Darlehen gewährt werden, damit sie speziell ihnen zugedachte Aktien erwerben konnten. Mit dieser Vorzugsbehandlung von Seiten der Regierung sollten sie wirtschaftlich auf das Niveau der Chinesen gebracht werden. Die Maßnahme erwies sich indessen als ineffektiv und führte nur dazu, unter den Malaien eine privilegierte Kaste von Personen zu schaffen, die als »Aushängeschild« dienten. Gegen ebendiese Form von Rassismus zogen Anwar Ibrahim und der ABIM zu Felde und propagierten stattdessen einen unverfälschten islamischen Weg.

Wir sind für islamischen Pflichtunterricht, erklärt die ABIM: Der Islam solle in der Schule Pflichtfach für alle Muslime sein. *Rahman: Die Entwicklung des Geistes darf nicht vernachlässigt werden*: Dies sagt ein Regierungsmitglied, das ebenso muslimisch ist wie alle seine Mitbürger. *Hört den Ruf von jenseits der Wüste*: So lautete der Titel eines Feuilletonartikels, den ein bekannter Journalist eigens für diesen besonderen Tag, das Opferfest, verfasst hatte; ein ordentlich geschriebener, hymnischer Aufsatz über Familienerinnerungen an eine Pilgerfahrt nach Mekka.

Lediglich die Hälfte der Bevölkerung Malaysias bekennt sich zum muslimischen Glauben. Aber alle müssen dem Islam ihre Reverenz erweisen. Entsprechender Druck kommt von unten, zum einen von einer Bewegung zur geistigen Läuterung und Reinigung, aber auch von einer sich ethnisch definierenden politischen Organisation. Dies sorgt für allgemeine Nervosität im Lande und hat zur Folge, dass sich die Menschen vor Besuchern verbergen, aus Angst, sie könnten sich verraten. Seltsamerweise entsteht dadurch in einem Land, in dem Regen, Dampf und Urwald vorherrschen, das Klima eines ideologiegeprägten Staates.

Shafi fand sich am Morgen ein. Aus Anlass des religiösen Feiertags, des Opferfests, kam er im traditionellen malaiischen Gewand, einer Tunika in blassen Orangefarben, langen Hosen (dieser Teil der malaiischen Tracht war den Chinesen abgeguckt), mit goldenen Knöpfen an der Tunika. Um die Hüfte trug er, einer lockeren Schärpe gleich, einen Sarong (der Sarong gehört zur ursprünglichen malaiischen Kleidung; den seinen, ein Tuch mit pastellfarbenen Streifen, hatte seine Mutter gewebt). Er hatte sich ein schwarzes Samtkäppchen aufgesetzt, das zusammengefaltet werden konnte (es war der indische Anteil an der Malaientracht). Er sah aus wie ein Fürst. Mit einem Dolch an der Hüfte hätte er hundert Jahre zuvor gut und gerne ein Radscha sein können, der mit seinem Hofstaat an einem Flussufer steht. Er war allerdings mit seinem Auto gekommen, und wir standen im Foyer des Holiday Inn.

»Haben Sie gelesen, was ich gestern Abend gesagt habe?«, fragte er. »Wie fanden Sie es?«

»Ich fand sehr gut, was Sie über Ihre Familie als Keimzelle gesagt haben.«

»Möchten Sie weitere Fragen stellen?« Er zeigte sich erwartungsvoll und aufgeschlossen. Die Konzentration auf seine Biographie und mein Interesse an den besonderen Umständen seines Lebens hatten ihn angeregt.

»Durchaus. Aber Ihre Philosophie und die Vorstellungen Ihrer Bewegung kenne ich schon. Ich möchte eher etwas Persönliches von Ihnen erfahren.«

Wir begaben uns vom Foyer in die Gardenia-Cafeteria, vorbei an der Bar, wo abends, wenn es dunkelte, Paare beisammensaßen und die »Old Timers« – Inder und Malaien oder vielleicht auch ausschließlich Malaien – elektronisch verstärkt Schlager trällerten. In der Cafeteria setzten wir uns ans Fenster und hatten dadurch den kleinen ovalen Swimmingpool im Blick, mit dem kleinen ovalen Kinderbecken daneben. An diesem Morgen hielten sich dort draußen nur Weiße auf.

»Was halten Sie davon?«, fragte ich ihn.

Weil er mit Fragen zu seiner Person gerechnet hatte, war er jetzt ein wenig verkrampft. Er drehte sich um und schaute hinunter auf die Menschen an dem kleinen Schwimmbecken; dabei präsentierte er sich mir im Profil, die weiche braune Haut des Malaien, die Neigung seiner Stirn, seine Brille, den Winkel seines Nasenrückens, den Knubbel seiner Stupsnase, seinen Bart. Er sah streng aus; sein Gesichtsausdruck wurde ernst.

»Ich weiß nicht, was ich davon halten soll«, sagte er, »sie

sind uns fremd, mehr kann ich dazu nicht sagen. Sie gehören nicht zu unserem Kulturkreis.«

»Möchten Sie nicht mit ihnen zusammen sein?«

»Nein. Obwohl das Wasser recht erfrischend aussieht. Im Dorf haben wir auch so klares Wasser. Die Umgebung ist allerdings natürlicher. Man kann das Flussbett sehen, die Bäume und die Kletterpflanzen an den Ufern.«

Hinter dem Swimmingpool sah man eine Frau in den Vierzigern mit schwarzem Badeanzug. Es war eine Weiße, ihre Haut war nicht sonnengebräunt, sie hatte weiche Körperformen, war aber immer noch ansehnlich; sie lag auf einem Liegestuhl mit weißen Plastikgurten und hatte ihre Beine eher unbeholfen als provokant angewinkelt. Direkt unter uns lag eine etwas jüngere Frau in blauem Badeanzug bäuchlings auf ihrem Liegestuhl; sie war kleiner, ihre Körperformen fester. Bei einem sexuell aktiven Mann hätten beide durchaus Verlangen wecken können.

»Halten Sie die weißen Frauen da unten für hübsch?«, fragte ich ihn.

Er musterte sie der Reihe nach und zeigte dabei jedes Mal den gleichen ernsten Gesichtsausdruck: Entsprechend angestrengt bemühte er sich, zu einem Urteil zu kommen.

»Uns fehlen die Kriterien zum Vergleichen«, meinte er schließlich.

»Aber weiße Männer und auch Männer anderer Hautfarbe finden malaiische Frauen schön.«

»Das habe ich auch gehört. Aber stimmt das denn? Empfinden sie das wirklich so?«

Danach, in der Cafeteria, wo uns malaiische Kellnerinnen in langen grünen Gewändern bedienten, an denen Schildchen mit der Unternehmensdevise des Holiday Inn (»Schön und anheimelnd«) angeheftet waren, sprachen wir über das

Dorf. Shafi fiel das nicht leicht, obwohl die Mühe, die er sich beim Nachdenken und Erinnern gab, inspirierend auf ihn wirkte. Die Geschichte, die sich dabei ergab, bekam durch mein Fragen Gestalt.

»Ich kenne jeden Winkel meines Dorfs. Als Kinder gingen wir auf Vogeljagd oder fingen Fische. In Hosen oder im Sarong. Wenn wir Hosen anhatten, waren die Taschen immer voller Kiesel. Um damit auf Vögel zu schießen, benutzten wir Zwillen. Während der Schulferien gingen wir immer morgens um zehn Uhr los, im Fastenmonat auch schon viel früher. Zum Mittagessen kamen wir dann zurück, die Kieselsteine waren wir alle los, aber Beute hatten wir keine. Manchmal vergnügten wir uns damit, Kautschuksamen zu sammeln. Jeder von uns tat ein paar Samen in ein Stück Bambus, legte es etwa zehn Zentimeter über dem Boden auf Stützen und versuchte es aus einiger Entfernung zu treffen. Wer das schaffte, der bekam alle Stäbe.

Eine andere Beschäftigung in unserer Kindheit war das Lesen im Koran, auch wenn wir die Bedeutung der Verse nicht verstanden. Unsere Eltern haben uns dazu angehalten. Wir taten einfach, was sie sagten.«

»Meinen Sie nicht auch«, fragte ich ihn, »dass das für den Verstand eines Kindes ein schlechter Start war?«

»Da haben Sie wohl Recht, aber den Koran zu lesen bedeutet doch noch mehr. Wir hören von ganz verschiedenen Seiten, dass man den Koran lesen soll. Jedes neue Lesen bringt Güte ins Leben. Ich spüre das ganz deutlich.«

»Das ist also so etwas wie Magie?«

»In diesem Fall ist es mehr als Magie. Das ist nicht von einem Menschen geschrieben worden. Magie wird von Menschen gemacht, während der Koran darüber steht. Wir hatten dann noch ein anderes Buch, das von einigen der bekanntesten Dorfältesten geschrieben worden war. Mit religiösen Texten, bei denen es hauptsächlich um Unterweisung ging. Gedruckt wurden sie in der Stadt. Darin stand, wie man betet und sich selbst sauber hält. Körperlich sauber. Hat man Wasser zur Verfügung, dann wäscht man sich mit Wasser. Hat man keins, dann darf man etwas anderes nehmen. Kleine Steine, Holz, Baumrinde, Blätter, Papier. Aber keine Knochen von nichtgeschlachteten Tieren. Das gehört zur grundlegenden Hygiene.

Wenn man keine ordentliche Toilette hat, soll man eine abgelegene Stelle aufsuchen, wo man von niemandem gesehen werden kann, und nicht am offenen Fluss, wo die gleiche Wasserstelle von anderen Menschen benutzt wird, auch nicht unter einem Haus oder dort, wo die Fäkalien ein öffentliches Ärgernis wären. Das ist eine heilige Unterweisung, die für unser Leben Gültigkeit besitzt. Ich sah darin etwas, was wir zu befolgen hatten. Wir waren damals nicht viel älter als zwölf Jahre.«

»Gab es in jedem Haus Ihres Dorfes ein solches Buch?«

»Jeder, der am Unterricht teilnahm, erhielt das Buch. Teil eins, Teil zwei und Teil drei. Das Buch hatte der Mullah der Moschee verfasst. Soweit ich mich erinnere, hatte er an der Wand einen großen Bücherschrank, ungefähr drei Meter breit und drei Meter hoch, voll mit solchen Büchern. Das erste bekam man umsonst. Wenn man das aber verlor, musste man das nächste kaufen. Der Unterricht fand Freitag nachmittags und Samstag morgens in der Moschee statt. Für alle Kinder zwischen neun und fünfzehn, sechzehn Jahren.«

»Stand in den Büchern irgendetwas über Masturbation oder Geschlechtsverkehr?«

»Eigentlich ging es bei den Unterweisungen um die Sauberkeit. Das war das eine. Das andere war, wie man seine Gebete verrichten sollte. Welches Wasser erlaubt war für die Waschungen vor dem Beten. Man sollte sauberes Wasser nehmen. Sauberes Wasser, in der Regel hieß das ein Fluss mit fließendem Wasser. Als Mindestmenge soll man zwischen neunzig und hundertzwanzig Litern nehmen. Dann kann man sagen, dass es sauber ist. Man darf keinen Schmutz mehr sehen, keinen Schmutz mehr riechen und keinen mehr spüren. Solange diese Voraussetzungen nicht erfüllt sind, ist das Wasser schmutzig.

Versäumte man eine Unterrichtsstunde ohne triftigen Grund, dann wurde man bestraft. Und eine solche Bestrafung durch den Mullah wurde von den Eltern gebilligt. Außerdem gab es Freitag morgens die Unterweisung durch den Vorsteher der Dorfältesten. Die war für alle, nicht nur für die Kinder. Sie lehrten uns eine Menge über die Welt und über den Himmel. Die Beziehungen zwischen den Menschen. Zwischen Alten und Jungen, zwischen Männern und Frauen. Sauberkeit, Beten. Bei dieser Unterweisung am Freitagmorgen schlugen sie im Koran und in der Auslegung nach und ermunterten die Menschen, den Koran und die Auslegungen zu lesen. Später mussten wir jeden Tag zum Koranunterricht gehen, morgens und nachmittags.

Mein Dorf liegt in der Provinz Kota Baru, im Nordosten des Landes. Ich würde die Menschen in meinem Dorf als sehr rührig bezeichnen. Sie sind Tuchweber – meine Mutter hat zum Beispiel den Sarong gewebt, den ich am Körper trage. Nur ein paar arbeiten für die Regierung. Einige haben Plantagen, Reisfelder oder Kokosplantagen. Die Leute, die für sie arbeiten, finden sie im Dorf.

Damals lebten ungefähr zweitausend Menschen im Dorf. Jeder hatte für seine Familie ein eigenes Haus, mit eigenem Land beziehungsweise Land, das einem Verwandten oder dem Religionsministerium gehörte. Sie bauten ihre eigenen Häuser. Hausbesetzungen gibt es nicht. Soweit ich mich erinnern kann, gibt es auch keine Bettelei. In unserem Dorf gibt es keinen Bettler. Ich würde sagen, es war ein ziemlich wohlhabendes Dorf. Ein Mann musste mit seiner Familie wegziehen, weil das Land, auf dem sie ihr Haus hatten, nicht ihnen gehörte. Sie zogen in ein anderes Dorf, und als wir sie später fragten, wie sie zurechtkommen, da sagten sie, dass nichts mit diesem Dorf zu vergleichen sei. Im Dorf hätten sie leichter Arbeit finden können.

Im Dorf hat es eine Verunreinigung durch gelbe Kultur oder gelbe Literatur nicht gegeben. Es gab eine Schule, wo man lesen und schreiben lernte, mehr nicht. Das war alles. Auf Malaiisch.«

»Wenn man aber ein so einfaches Leben führt, dann kann man doch vermutlich keinen intellektuellen Interessen nachgehen«, bemerkte ich.

»Intellektuelle Interessen sind gar nichts. Ich will Ihnen ein Beispiel nennen. Bei uns gab es nur wenige junge Leute, die das Dorf mit dem Ziel einer höheren Schulbildung verließen. Nur wer zur Familie eines Mullahs gehörte, verließ das Dorf. Und auch nur wegen der Religionserziehung, nicht wegen weltlicher Bildung. Sie reisten nach Mekka. Sämtliche Familienmitglieder des Mullahs reisten dorthin. Einer von ihnen hatte dort einen Verwandten.

In unserem Dorf gab es keine Ausländer. Neben unserem Dorf befindet sich allerdings ein Chinesendorf. Sie sind anders, mehr ist dazu nicht zu sagen. Sie essen Schweinefleisch, und wir sagen, dass Schwein schmutzig ist. Sie sehen anders aus. Wir fanden nicht, dass sie hässlich waren. Sie hatten schmale Augen und hellere Haut. Sie sind sehr viel dreckiger als wir. Aus dem Hof ihrer Häuser stinkt es. Das Abwasser im

Hof stinkt. Sie hielten Schweine, und Schweine stinken. Und jedes Mal, wenn die Schweine aus ihrem Koben ausbrachen und in unser Dorf liefen, wurden sie von unseren Jungs mit Steinen beworfen. Und auch die streunenden Hunde aus dem Chinesendorf wurden mit Steinen beworfen. Ein Muslim darf ja weder Hunde noch Schweine halten, das ist tabu. Streit zwischen den Dörfern gab es allerdings nicht.«

»Waren die Chinesen reich?«

»Damals waren sie nicht reich. In Sachen Ausbildung waren sie sehr streng mit ihren Kindern. Sie achteten darauf, dass sich ihre Kinder nach dem Mittagessen mit ihren Schulbüchern befassten oder laut ihre Lektion aufsagten, in der Küche oder im Vorraum.«

»Aber ging es bei Ihnen nicht auch streng zu, wenn auch nur bei der Religionserziehung?«

»Bei uns ist der Religionsunterricht Pflichtfach. Eigentlich muss jeder junge Muslim darüber Bescheid wissen. Das ist einfach Pflicht. Bei uns galt das Menschliche mehr als das Religiöse.«

»Aber intellektuell haben Sie sich im Rückstand gefühlt.«

»Ja, wir fühlten uns intellektuell im Rückstand. Ich würde außerdem sagen, dass wir uns auch im Hinblick auf handfeste, weltliche Bildung im Hintertreffen fühlten. Wenn es aber darum geht, menschlicher, verantwortungsvoller, vernünftiger in unserem Verhalten zu sein, dann denke ich, dass wir erheblich besser sind als sie. Moralisch gesehen sind wir erheblich besser als sie.«

»Aber Sie waren technisch nicht so gut ausgerüstet.«

»Das stimmt, technisch waren wir nicht gut ausgerüstet. Einer unserer Mullahs im Dorf stand einmal vor diesem Problem. Er versuchte es mit einem Pressverfahren für Kokosöl und mit Seifensieden. Mit beidem hatte er keinen Erfolg.

Warum? Nun, ich nehme an, er hatte nicht das technische Know-how und auch keine betriebswirtschaftlichen Kenntnisse. Mehr kann ich dazu nicht sagen, weil ich damals nicht in die Fabrik hineindurfte.

Wir dachten aber auch nie über den Erwerb von technischem Wissen nach. Mir ist der Fall in Erinnerung, wie über den Fluss in Kota Baru eine Brücke gebaut wurde und ein paar Mullahs und Hadschis [Mullahs, die die Pilgerfahrt nach Mekka gemacht hatten] ganz außer sich waren. ›Wie um alles in der Welt kann man eine so riesige Konstruktion über den Fluss bauen‹, meinten sie. Und als dann die Füllarbeiten dran waren, reagierten sie fast schockiert.

Wir sind im Grunde gutwillige Menschen, aber technisch völlig ungewappnet, weil wir selbstgenügsam sind. Wir brauchen keine Wolkenkratzer, keinen Riesenaufzug und keine Straße. Wir brauchen dieses ganze technische Zeug nicht.«

»Sind Sie da so sicher?«, fragte ich ihn.

»Ich glaube schon. Im Dorf sahen wir einmal in einem Kalender die Abbildung eines fünfundzwanzigstöckigen Gebäudes in Singapur, darüber waren wir sehr erstaunt. Das war 1957. Im Dorf sind wir der Meinung, dass wir diese Art von Wirtschaftsentwicklung nicht brauchen. Das Bedürfnis nach all diesen Dingen stellt sich nur dann ein, wenn man entsprechende Erfahrungen außerhalb Kota Barus macht, bei einem Besuch in Kuala Lumpur oder anderswo.«

»Wie sind Sie an diesen Kalender gekommen?«

»Einige unserer Verwandten unternahmen einen Hadsch [die Wallfahrt nach Mekka] über Singapur und brachten von dort den Kalender mit. Singapur war eine verkehrsreiche Stadt – was sie mit einem Bild zum Ausdruck brachten: nachts im Hotel hätten sie das Gefühl gehabt, die Autos würden am Kopfende ihrer Betten vorbeifahren. Das hinderte sie am Schlafen. Ich kann mich im Dorf nur an zwei oder drei Autos erinnern. Derjenige, der uns damals Singapur beschrieb, schildert mittlerweile das Dorf ein bisschen mehr wie Singapur – Lärm von Autos, die hinter dem Bett vorbeirasen.«

»Sie glauben nicht, dass es mit dem Dorfleben von früher ein für alle Mal vorbei ist?«

»Nein, das sollte es schon noch geben. Was wir aber brauchen, das ist eine gute Grundversorgung mit Dienstleistungen. Wir brauchen gute Busverbindungen und gute Schulen.«

Immer wieder diese Vision vom einfachen Leben! Freilich nicht ohne Bus, ohne Straße, ohne Straßenbau und Maschinen.

»Wie sah Ihre Schule aus?«, fragte ich ihn.

»Die Schulräume im Dorf lagen zu ebener Erde; wenn es regnete, stand die Schule immer unter Wasser. Und wir hatten keinen Strom.«

Und über diese einfache Schule war die neue Welt hereingebrochen und hatte Shafi, ohne es zu merken, aus dem ausschließlich dörflichen Zusammenhang herausgerissen. Da war zum Beispiel die Pfadfinderbewegung. Sie war Teil des britischen Kolonialsystems, obwohl sie Shafi vermutlich bloß wie ein Teil seines Schuldaseins im Dorf vorkam. 1963 fand in Malaysia ein Geschicklichkeitswettbewerb der Pfadfinderbewegung statt. Um an dieser Prüfung teilzunehmen, verließ Shafi zum ersten Mal Kota Baru; er war fünfzehn Jahre alt und Mitglied der Pfadfindergruppe seiner Schule; so kam er in die von Engländern und Chinesen dominierte Stadt Kuala Lumpur. Auch siebzehn Jahre später war ihm die Aufregung und der Aufruhr, den jene Reise in ihm ausgelöst hatte, noch ins Gesicht geschrieben. Und das zeigte sich auch an seiner Sprache.

»Wir fuhren mit dem Zug. Einen Tag und eine Nacht. Damit hatten wir gerechnet. Wir waren ganz aufgeregt. Wir fuhren als Gruppe. Während der Reise suchten wir nach Ähnlichkeiten mit dem, was wir kannten. Zum Beispiel nach guten malaiischen Restaurants – von denen gab es viele in Kota Baru. Aber wir fanden keine. Wir hatten Probleme, an Essen zu kommen. Schließlich mussten wir uns ja entsprechend den islamischen Vorschriften ernähren.

Bei der Abreise hatten wir noch die dörfliche Szenerie vor Augen, gegen Abend aber sahen wir dann Kautschukplantagen und den Dschungel; in der Nacht fuhren wir zumeist durch Dschungel. Am folgenden Morgen dann, als wir uns Kuala Lumpur näherten, bemerkten wir, dass der Zug durch chinesisches Wohngebiet, chinesische Siedlungen fuhr, die uns ja recht vertraut waren, aber dadurch wurde uns bedrückend klar, dass wir Schwierigkeiten haben würden, ordentliches muslimisches Essen zu bekommen und mit anderen Malaien zusammen zu sein. Wir sahen überwiegend Chinesen und Inder. Von daher hatten wir ziemliche Probleme, uns zu verständigen. Wir kannten die doch gar nicht. Für uns ist es leichter, mit einem Malaien zu reden, der uns kennt. Es war ein Schock, aber aus der Fassung brachte uns das nicht. Denn damit hatten wir gerechnet. Angst hatten wir eigentlich überhaupt nicht.

Wir hatten zwar eine Vorstellung von gewissen Orientierungspunkten in Kuala Lumpur, sodass wir uns ohne Mühe zurechtfanden. Aber wir hatten den Eindruck, im Nirgendwo zu sein. Wir waren verloren in dieser riesigen Stadt. Jedes Mal, wenn wir irgendwo herumliefen, sahen wir unter zehn Menschen kaum einen Malaien. Damit hatten wir gerechnet. Aber wir waren ja als Gruppe zusammen und machten uns weiter keine Sorgen. Wir lebten mitten in einem nichtislamischen, nichtmalaiischen Wohngebiet, und genau da lag unser Problem. Wir wussten zwar, dass es überall in der Stadt verstreut malaiische Kampongs gab, aber wir blieben, wo wir waren, schon weil wir uns behaupten wollten.«

Shafi war müde. Die Gedächtnisanstrengung hatte ihn erschöpft. Und ihn wurmte die Diskrepanz, die sich im Verlaufe unserer Unterhaltung zwischen seiner Sehnsucht nach der unverfälschten Reinheit des Dorflebens und der Einsicht in die Rückständigkeit der Malaien aufgetan hatte. Tief in seinem Innern spürte – und wusste – er, dass da keine Diskrepanz, kein Bruch war; aber er fand keine Worte, um dem Ausdruck zu geben.

Es war mittlerweile ein Uhr und damit für Shafi zu spät, um mich zu seinen Glaubensbrüdern mitzunehmen, wie er es eigentlich an diesem Feiertag vorgehabt hatte. Wegen dieses Festes war das große Freitagslunchbüfett des Holiday Inn hier in der Cafeteria gedeckt worden, statt wie sonst in dem abgeschlossenen Spiegelsaal im ersten Stock, in dem an normalen Freitagen (für Nichtmuslime beziehungsweise für Muslime, die den Ruhetag nicht befolgten) eine Modenschau mit Musikbegleitung stattfand. Das Hotel wirkte bedrückend auf Shafi, weil es ihm völlig fremd und pompös vorkam, voller Ausländer, die keinen Glauben und keine Achtung vor den Vorschriften hatten; mit einem Mal konnte ich es mit seinen Augen betrachten. Wir gingen an der Bar vorbei, die sogar bei Tageslicht im Dunkeln lag. Auf der anderen Seite des Korridors standen Vitrinen mit Selangor Pewter, dekorativem Zinnschmuck aus heimischer Produktion; kein Hotel oder Andenkengeschäft, in dem man ihn nicht zu sehen bekam, kein Lokalblättchen und keine Zeitschrift, die nicht dafür Reklame gemacht hätte.

Es war eine merkwürdige Vorstellung, dass in Shafis Dorf Bücher geschrieben und gedruckt wurden, Bücher mit religiösen Vorschriften, wie sie etwa im Iran von den Ayatollahs, zum Beispiel Khomeini oder Shariatmadari, verfasst wurden, deren Anhänger Abschriften davon bei sich zu Hause hüteten und darin, ohne rot zu werden, Auskünfte über die intimsten Angelegenheiten nachlesen und sich so vergewissern konnten, was nach dem Koran und der anerkannten islamischen Überlieferung erlaubt war und was nicht. Das einfache Leben war ein strenges Leben. Für alles gab es Vorschriften; und jeder hatte sich diese Vorschriften zu Eigen zu machen.

Die Fundamentalisten Pakistans glaubten, dass die Befolgung der richtigen Vorschriften die Reinheit der frühen islamischen Verhältnisse wiedererstehen lasse: Die Neuordnung der Welt werde der Wiederentdeckung des wahren Glaubens auf dem Fuße folgen. Im gemischtrassischen Malaysia waren der Kummer und leidenschaftliche Wunsch Shafis direkter; und ich spürte, dass für ihn der Wunsch nach Wiedereinsetzung der Vorschriften auch den Traum einschloss, die Gewissheit seiner Kinderzeit zurückzuerlangen, das dörfliche malaiische Leben, das er verloren hatte.

Etwas von diesem Kummer ereilt die meisten von uns. Als Individuen indessen, die für sich selbst verantwortlich sind, müssen wir ständig schauen, dass wir damit zurechtkommen. In seinen Augen aber war er überhaupt der erste Mensch, der aus dem Paradies vertrieben worden war. Dafür ging Shafi mit der Welt ins Gericht; die ganze Last dieses Gewöhnungsprozesses bürdete er dem Islam auf.

Dieser Gedanke kam mir allerdings erst später. An jenem Nachmittag, nachdem Shafi sich von mir verabschiedet hatte, war ich noch ganz eingenommen von der Stimmung, die er mir vermittelt hatte. Abends an der Bar servierte man mir doch noch den Begrüßungsdrink des Hauses, »Tropical Aura«. Das Getöse der »Old Timers« ebbte ab; der Drink schmeckte nach Ananas aus der Dose. Später – ich war erneut in der Cafeteria – bestellte ich ein Omelette. Es schmeckte nicht gut. Der malaiische Kellner aber war äußerst gewissenhaft und hilfsbereit. Und als ich ihm zusah, wie er den Nachbartisch deckte und versuchte, alles richtig zu machen, dachte ich bei mir: ›Er ist wie Shafi, das darf ich nicht vergessen.‹

2

Mutige Mädchen

Ich wurde morgens um halb drei wach und konnte nicht wieder einschlafen. Während einer ebenfalls schlaflosen Nacht zuvor war ich morgens um halb fünf in die Cafeteria gegangen und hatte sie leer vorgefunden, mit einem Geruch nach chemischen Reinigungsmitteln. Darum blieb ich jetzt auf meinem Zimmer. Kurz nach fünf bestellte ich einen Kaffee. Zweimal musste ich deswegen telefonieren. Der Hotelboy, der mir den Kaffee brachte, war schmuddelig und gar nicht freundlich. Die Milch war sauer. Das nahm mir die Lust auf Kaffee, ohne mein Verlangen danach zu mindern.

Als ich den Vorhang zurückzog, war draußen heller Tag; auf dem Pferderennplatz jenseits der Straße wurden Pferde trainiert. Ich hatte mich gerade wegen des Blicks auf die Pferderennbahn und auf die Hügel von Kuala Lumpur für das Holiday Inn entschieden. An Samstag- und Sonntagnachmittagen versammelte sich die Menge auf der Haupttribüne, und jede halbe Stunde hörte man ihr Geschrei, das einen per Lautsprecher übertragenen Rennkommentar übertönte. Aber es gab weder Pferde noch Pferderennen. Die Rennen fanden anderswo statt; die Menge starrte auf einen Fernsehschirm und hatte sich nur zum Zweck der Pferdewette versammelt, denn nach Malaysias islamischem Recht waren Wetten in Kuala Lumpur nur bei Pferderennen erlaubt. Auf der Geisterrennbahn waren jetzt Pferde zu sehen, zuerst sah ich zwei, dann sechs, schließlich ganz viele. Ich beobachtete die Haltung der Reiter über dem Hals ihrer Pferde, mit kurzen Steigbügeln und waagrechten Zügeln.

Der Himmel war bedeckt. Die Hügel dampften. Aus den engen Tälern stiegen sehr weiße Wolken auf, und über der Hügelkette türmte sich eine Bank grauweißer Regenwolken, die langsam höher stieg und sich aufplusterte. Um die Rennbahn standen Bäume, wie ich sie aus meiner Kindheit kannte: Bananenbäume, Frangipani und noch ein Baum mit gelben Blüten, der riesige mittelamerikanische Samaan oder Regenbaum, der auf den Plantagen als Schattenspender benutzt wird.

Ich wäre gern munterer und aufnahmebereiter gewesen, um mich an diesem Anblick erfreuen zu können. Die Erschöpfung infolge der Schlaflosigkeit schlug um in Beklemmung und Gereiztheit: die schlechte Milch, die mir den Kaffee vermiest hatte, die unbeantworteten Telegramme. Als ich die Treppe hinunterkam, stand ein junges Mädchen am Empfangstresen. Ich fragte sie nach den Telegrammen. Sie verwies mich an die Telefonvermittlung. An der Tür war ein Schild angebracht: ›Eintritt für Unbefugte verboten‹. Im Raum dahinter saß eine junge Malaiin, die nicht gut Englisch konnte; sie war unscheinbar und trug eine runde Brille.

Während sie ihre Liste durchsah, las ich die Anweisungen für das Personal, die in Malaiisch und Englisch gehalten waren. Darunter eine, die ich besser nicht gelesen hätte. ›Pflichtvergessene Hotelangestellte‹ hatten auf den Boden des Umkleideraums sowie auf Kantinenteller und in Kantinengläser ›uriniert und defäkiert‹. Rituell vorgeschriebene Sauberkeit und Sauberkeit, die ihren Zweck in sich hat, sind offenbar zwei paar Schuhe, das eine hat nichts mit dem anderen und nichts mit der Rücksicht auf andere zu tun. Es gab zwar Vorschriften für das Verhalten im Dorf, aber keine Vorschriften für die Stadt. Es gab Hotelvorschriften; sie mussten befolgt werden, eben weil es Hotelvorschriften waren – und das Hotel garantierte ein hohes Maß an Komfort. Im Personaltrakt jedoch, unter seinesgleichen, mochte dieser oder jener Malaie schon der Meinung sein, dass die Vorschriften keine Geltung hätten.

Das Ekelgefühl verließ mich nicht. Als ich nach draußen kam, bildete ich mir ein, Gerüche wahrzunehmen. Und die Gerüche schienen mich überallhin zu verfolgen, sogar bis zum Equatorial Hotel, wohin ich zum Mittagsbüfett gegangen war. Dort traf ich einen Mann, den ich schon kannte. Er sagte mir, die Stadt sei nicht für Muslime erbaut. Muslime müssten nämlich fünfmal am Tag eine rituelle Waschung vornehmen, bevor sie ihre Gebete verrichten könnten. Dafür benutzten sie, was gerade zur Hand sei: Spülbecken und Waschzuber zur Waschung ihrer Füße und Genitalien. Dementsprechend nahm die ganze Erregung, die ich bei Shafis Geschichte verspürt hatte – und die an jenem Morgen dazu beigetragen hatte, mich aus dem Schlaf zu rütteln –, eine andere Richtung.

Das alles hatte sich allerdings wieder gelegt, als mich Shafi, jetzt in seiner normalen Bürokleidung, an diesem Nachmittag aufsuchte. Als ich ihn vor mir sitzen sah, so offen, so für sich einnehmend, fiel meine Beunruhigung von mir ab. Er hatte einen Freund mitgebracht, einen sehr kleinen, schmächtigen Mann von vierunddreißig Jahren. Der Vater dieses Freundes war ein Dorfmullah gewesen. Er selbst hatte sich auf das Studium des Islam verlegt und war – merkwürdig genug – ins englische Birmingham gegangen, um dort seine Doktorarbeit zu schreiben. Mittlerweile war er ein ranghoher Vertreter des ABIM. Bei einem Unfall hatte er etliche Zähne eingebüßt und er hinkte. Wenn er sprach, schien er aufgrund der fehlenden Zähne zu lächeln.

»Warum sind alle so jung in Ihrer Bewegung?«, fragte ich sie.

»Unsere Eltern waren einfache Leute«, antwortete der Freund mit seinem Lächeln. »Fünfundneunzig Prozent von ihnen haben keine Universität besucht. Und wer auf der Universität war, erhielt gerade mal so viel Ausbildung, um den Kolonialherren zu dienen.«

Er war genauso direkt wie Shafi. Meine ganze Sympathie vom Vortag kam zurück.

»Sie sind ja genau wie Shafi«, sagte ich zu ihm. »Sie versuchen überhaupt nicht, etwas zu verbergen.«

»Was sollten wir zu verbergen haben?«, fragte Shafi, »was eigentlich?«

»Shafi«, sagte ich, »als ich Sie gestern Morgen fragte, was Sie von den Weißen am Swimmingpool dachten, war es da das erste Mal, dass Sie über so etwas nachdenken mussten?«

»Ja, das war das erste Mal.«

»Aber wieso, Shafi? Diese Menschen umgeben Sie doch überall. Auch hier, in der Cafeteria, sind sie überall um uns herum.«

»Ich *sehe* diese Menschen nie«, antwortete er.

Er meinte das in zweierlei Hinsicht: Er hatte nie Gelegenheit, mit Weißen zusammenzukommen, und wenn er sie sah, dann nahm er keine Notiz von ihnen.

Bis dahin hatte noch keiner von ihnen das Sandwich mit Ei angerührt, das ich für sie bestellt hatte. Sie warteten darauf, dass ich als Erster äße. Ich aß. Aber auch dann knabberten sie nur daran, obwohl Shafis Freund nicht zu Mittag gegessen hatte. Beide ließen den größten Teil ihres Sandwich unangerührt auf dem Teller liegen. Aus purer Höflichkeit hatten sie zugelassen, dass ich Sandwiches für sie bestellte. An einem Ort wie dem Holiday Inn waren sie beide besorgt, dass man ihnen nichtislamisches Essen vorsetzen könnte.

Als sie sich verabschiedet hatten, führte Shafi, um die Stufen zu vermeiden, seinen hinkenden Freund die mit einem Teppich bedeckte Gepäckrampe an der Seite des Gebäudes hinunter. Neben dem sehr kleinen, zerbrechlich aussehenden Mann mit seinem lädierten linken Bein wirkte Shafi groß und wie ein Beschützer. Mir kamen Behzad und seine kleine, humpelnde Freundin auf dem Bahnsteig des Teheraner Bahnhofs in den Sinn: Revolutionäre, auf die jetzt niemand achtete, die aber um die Wahrheit und die dunkle Drohung wussten, die sie in sich trugen.

Shafi hatte versprochen, mich zur Ausbildungsstätte der ABIM mitzunehmen und sogar ein paar ›mutige Mädchen‹ ausfindig zu machen, die sich mit mir unterhalten würden. Seinen Freund hatte er mitgebracht, damit er mal einen Blick auf mich werfe. Offenbar hatte der Freund nichts an mir auszusetzen, und so holte mich Shafi früh am nächsten Morgen mit seinem Auto ab.

In Anbetracht der hektischen, multiethnischen und modernen Großstadt mit ihren Firmenschildern in Chinesisch, Englisch und Malaiisch, beim Anblick des Verkehrsgewühls und der Auspuffgase, die in der Hitze flirrten, und auch beim Blick auf Shafi am Steuer seines Autos, das er jetzt wie alle Übrigen durch den Verkehr lenkte (vormals ein Knabe, dessen Dorfschule im äußersten Nordosten des Landes einen Fußboden aus gestampfter Erde hatte, der in der Regenzeit unter Wasser stand), fragte ich ihn, ob die Stadt ihm immer noch fremd vorkomme.

Er sagte, das tue sie nicht. Er selbst aber sei mittlerweile ein Fremder in seinem Dorf. Er meinte das wörtlich. Die Gebäude dort waren jetzt andere; Menschen waren fortgezogen; er kannte längst nicht mehr jeden. Das Dorf war nicht mehr seins, so wie früher.

In der Schule, die sich in dem dreistöckigen ABIM-Gebäude außerhalb des Stadtzentrums befand, stieß ich auf einen Australier, einen großen Mann mittleren Alters mit Brille und Käppchen, der, offenkundig untätig, abseits saß. Shafi sagte, der Mann versuche, sich Wissen über den Islam anzueignen. Die geschäftigen jungen Malaien, die mir über den Weg liefen, waren alle von der Sorte, die ich inzwischen identifizieren konnte – Leute vom Lande, deren anfangs ausdruckslose Gesichter, über die ein Anflug von Misstrauen huschte, sich durch ein Lächeln aufhellten, als ihnen Shafi mein Anliegen erläuterte: traditionelle Gebräuche, traditionelle Höflichkeitsbekundungen, kaum mehr als Unmutsäußerungen.

Der Generalsekretär indes war unangenehmer. Kaum hatte mich Shafi ihm vorgestellt, da klärte er mich darüber auf, dass die Welt in den letzten zwei- oder dreihundert Jahren, nämlich mit der Industrialisierung, in einem moralischen Niedergang begriffen sei. Er sprach wie jemand, der sich anschickt, das wieder in Ordnung zu bringen. Er hatte das Gebaren eines Vorgesetzten und hielt eine Reihe von Broschüren in der Hand.

Shafi hatte zu tun und ließ mich mit Nasar allein. Auch bei ihm fiel – wie bei so vielen anderen – die geringe Körpergröße ins Auge, seine Zerbrechlichkeit. Vor gut hundert Jahren – als die europäischen Küstendampfer von Anlegestelle zu Anlegestelle schipperten, als die Briten ihre Plantagen anlegten und die Chinesen ins Land kamen, als Verwaltungsstädte nichts als primitive Ansiedlungen am Rande der Urwälder waren – bekleidete Nasars Vorfahr die Würde eines Scheichs; als Malaie lebte er in Arabien und kümmerte sich um Landsleute auf ihrer Wallfahrt nach Mekka. Dieser Scheich wurde, nachdem er nach Malaysia und in sein Dorf zurückgekehrt war, das damals kaum zehn Kilometer vom heutigen Kuala Lumpur entfernt lag, Vater eines Sohnes. Dieser Sohn, Nasars Urgroßvater, heiratete mit zwölf Jahren. 1934, er war schon hochbetagt, gründete er eine Zeitung in malaiischer Sprache. Er wollte seine malaiischen Landsleute wachrütteln, ihnen sagen, dass sie für ihr Überleben kämpfen müssten. Aber niemand hörte auf ihn; sogar der eigene Sohn, Nasars Großvater, der eigentlich Religionslehrer werden sollte, kam zu dem Schluss, dass die Einkünfte aus dem Lehrberuf nicht ausreichten, und wurde daher Reisbauer, auf sieben Morgen Land. Der Sohn des Reisbauern wurde Regierungsangestellter und zwar Beamter im Forstministerium. Er war Nasars Vater. Auf diese Weise war die Familie, einst von arabischer Kultur geprägt und auf ihre Weise tonangebend, zu einer Familie der »unteren Mittelklasse« geworden.

Nasar selbst war im Anschluss an seine Schulausbildung vor Ort nach Bradford in England gegangen, um dort ein Diplom im Fach Internationale Beziehungen abzulegen. Dort begriff er, dass die Großmächte keinerlei Interesse am Frieden hatten und sich nur um ihre Einflusssphären kümmerten; sie betrieben Waffengeschäfte. Und was Nasar vom Leben der Engländer in Bradford mitbekommen hatte, war überhaupt nicht nach seinem Geschmack gewesen.

»Sie sind zu individualistisch. In Bradford hörte ich immer: ›Warum gehen Sie nicht auch mal in Kneipen oder Discos?‹ Sie wollen damit sagen, dass man mit anderen zusammen sein soll, aber nicht mit der eigenen Familie. Sie sind Geschöpfe ihrer eigenen Technologie. Und die Modernisierung

Malaysias wird diesem Muster folgen, wenn dem nicht ein Riegel vorgeschoben wird. Wir sagen Ja zur Technologie, aber sie darf die Grundlagen der gesellschaftlichen Verhältnisse nicht durcheinander bringen. Freie Partnerwahl und Alkoholmissbrauch sind die großen Gefahren. Der ist einfach eine Folge der freien Partnerwahl. Vertrauen ist die Grundlage des Glücks der Familie. Allah schuf Männer und Frauen, damit sie in einem ordnungsgemäßen Verfahren verheiratet werden und eine Familie gründen. Das ist die Grundlage der Gesellschaft. Wir müssen dafür sorgen, dass eine freie Partnerwahl nicht stattfindet. Letztlich wollen wir hier getrennte Schulen für Jungen und Mädchen haben. Wir glauben, dass die derzeitige Arbeitslosigkeit auch mit diesen Vorstellungen von der Befreiung der Frau zu tun hat.«

Frauen, die Familie: Beide lösen sie Ängste in diesen schmächtigen Männern aus, die gerade erst an die Öffentlichkeit getreten sind und womöglich ahnen, dass mehr als ihre körperliche Zerbrechlichkeit im Spiel ist. Shafi hatte am Ende unserer ersten Unterhaltung gemeint: »Wenn die Mädchen aus den Dörfern nach Kuala Lumpur kommen, dann wollen sie keinen Schutz durch das Gesetz.«

Die Männer mussten zur Moschee, die mittäglichen Freitagsgebete standen an. Kurz bevor sie gingen, die Büroräume sich leerten und das Licht ausgeschaltet wurde, stellte mir Shafi die mutigen Mädchen vor, mit denen er mir ein Zusammentreffen versprochen hatte.

Wir saßen im Vorraum zusammen, von dem aus man auf die Autobahn sah. Es war eine Art Lagerraum, unaufgeräumt, auf dem Tisch standen Plastikbecher mit Milchkaffee, den niemand angerührt hatte, Broschüren und Veröffentlichungen lagen in großer Zahl herum, außerdem stand ein schiefer

Bürostuhl im Raum, dem eine Laufrolle fehlte. Zwei Ventilatoren übertönten den Verkehrslärm.

Die Mädchen waren von unterschiedlichem ethnischem Typ. Das eine war dunkelhäutig und schlank; das andere hellhäutig, pummelig und hatte ein rundes Gesicht. Beide trugen sie lange Kleider und eine Kopfbedeckung. Die des dunkelhäutigen Mädchens war aus dünner schwarzer Baumwolle und sah zerknittert und nachlässig aus. Auffällig an ihr war eine allgemeine jugendliche Unordentlichkeit, die für sie einnahm. Das rundgesichtige Mädchen war adretter. Das weiße Kopftuch war fest um ihren Kopf gezogen, und darüber hatte sie eine rosa Kopfbedeckung, die unter dem Kinn zusammengehalten wurde.

Sie waren beide ein bisschen nervös. Auf der ABIM-Schule waren sie seit zwei Jahren; sie waren hierher gekommen, weil sie auf der staatlichen Schule nicht so gut abgeschnitten hatten. Beide waren mittlerweile in der obersten Klasse.

Ich fragte nach ihrem Kopfputz, der mich an den der Frauen in Teheran erinnerte. Sie nannten mir das entsprechende malaiische Wort dafür, *tu-dong*.

Das Mädchen mit dem schwarzen *tu-dong* sagte: »Der Kopf muss bedeckt sein.«

Das Mädchen mit dem eng anliegenden rosaweißen *tu-dong* setzte hinzu: »Man darf kein einziges Haar sehen.«

»Aber man sieht doch was von Ihrem Haar«, sagte ich zu dem Mädchen in Schwarz. Tatsächlich sah man eine Menge von ihrem Haar.

Sie kicherte und wurde albern.

»Warum muss das Haar bedeckt sein?«, fragte ich sie weiter.

»Das Haar, wissen Sie –«, sagte das Mädchen in Schwarz und kicherte erneut, nahm sich dann aber zusammen und fuhr fort: »Manche Mädchen haben sehr hübsches Haar, und manchmal werden Männer vom Haar sexuell angezogen.«

Sie sagte auf Malaiisch etwas zu dem rundgesichtigen Mädchen in Rosa, das darauf den Raum verließ.

Ich fragte: »Ist das denn schlecht? Ist das schlecht für die Frau? Oder für den Mann?«

»Für beide ist das schlecht. Für das Mädchen ist es eine Sünde, weil man auf diese Weise Männer anzieht.«

Das Mädchen in Rosa kehrte zurück und sagte: »Das Haar ist *aurat*.«

»*Aurat*?«

»Etwas, das man nicht zeigen darf.«

Sie sprachen beide abwechselnd und machten dabei entsprechende Gesten. Das Mädchen in Rosa sagte: »Mädchen dürfen nur ihr Gesicht zeigen.« Und das in Schwarz ergänzte: »Und die Hände ab dem Handgelenk.«

»Und die Füße?«

»Die Füße?«, fragte das Mädchen in Schwarz zurück. »Ich glaube nicht; ich glaube nicht, dass die Füße *aurat* sind.« Ihre Füße konnte man nämlich unter ihrem langen Baumwollkleid sehen; es war genauso zerknittert wie ihre Kopfbedeckung. Zudem trug sie hübsche kleine hochhackige Schuhe mit Riemchen und Schnalle.

Das Mädchen in Rosa meinte dagegen: »Die Füße sind *aurat*.«

Sie tauschten ein paar malaiische Worte aus, und dann ging das Mädchen in Rosa wieder hinaus.

Das Mädchen in Schwarz sagte: »Zwei Jahre auf dieser Schule sind eine kurze Zeit. Weil man so vieles lernen muss.« Dann, als wolle sie ihre Unsicherheit bezüglich der Füße von Frauen wettmachen, fuhr sie fort: »Ein Mann ist von der Taille bis zum Knie *aurat*.«

Das Mädchen in Rosa kam zurück und erklärte: »Die Füße sind *aurat.*«

(Wer saß draußen vor der Tür, mit fertigen Antworten? Womöglich der Australier?)

Das Mädchen in Schwarz sagte: »Manche Mädchen bedecken ihr Gesicht. Hier an der Schule machen das viele. Erforderlich ist das aber nicht.«

»Warum tun sie das?«

»Vielleicht wissen sie mehr«, meinte das Mädchen in Rosa.

Das Mädchen in Schwarz lächelte, schon etwas weniger nervös, als amüsiere es sie, wie wenig sie wusste.

Ihre pummelige und ordentliche Freundin schien insgesamt etwas gefestigter. Sie meinte: »Diese Anschauungen sollen vor allen Dingen helfen, Schönheit und Liebenswürdigkeit der Frauen zu bewahren. Wir können dadurch unsere Schönheit erhalten. Sie ist nicht dazu da, dass man sich damit brüstet. Das ist ganz schlecht.«

»Warum ist das schlecht?«

Das Mädchen in Schwarz – die Kesse, wie ich inzwischen bei mir dachte – erwiderte: »Soweit ich weiß, ist das sehr schlecht.« Sie lachte. »Ich *weiß* es, aber ich habe keine Worte dafür.«

»Würden Sie gern Ihr Gesicht bedecken?«

»Eines Tages vielleicht. Wenn wir mehr wissen.«

»Und wenn wir es für erforderlich halten«, ergänzte das Mädchen in Rosa.

»Was müssen Sie denn noch alles lernen? Sie sind doch schon zwei Jahre hier.«

»Es gibt noch so *viel* zu lernen«, setzte das Mädchen in Schwarz hinzu.

Das Mädchen in Rosa erläuterte: »Wir können kein Arabisch.«

»Sie verstehen also die Gebete gar nicht, die Sie sprechen?«

»Die verstehen wir schon. Aber der Koran ist auf Arabisch, und wir würden den Koran gern auf Arabisch lesen.«

»Wären Sie lieber auf der staatlichen Schule geblieben, wenn Sie die Prüfung bestanden hätten?«

Das Mädchen in Schwarz nickte bejahend.

Das Mädchen in Rosa erläuterte in ihrer pausbäckigen, bedächtigen Art: »Derzeit ist das Bildungssystem an den staatlichen Schulen mehr auf das Theoretische gerichtet.«

»Naturwissenschaft«, ergänzte das Mädchen in Schwarz, nunmehr sichtlich gegen die staatliche Schule eingenommen. »Naturwissenschaft und Technik. Man muss alle Prüfungen bestehen, um einen Studienplatz an der Uni zu bekommen – wenn man einen guten Job oder einen hohen Lebensstandard oder ein gutes Einkommen haben möchte. Religion wird an den Schulen eigentlich nicht unterrichtet. Die Mädchen beten nicht. Sie wissen gar nicht mehr, wie man Gebete sprechen muss. Und beten *muss* man.«

»Sagen Sie den Mädchen, dass sie in die Hölle kommen?«

»Wo denken Sie hin!«, erwiderte das Mädchen in Rosa. »Das sagen wir nie. Wir müssen nett zu ihnen sein. Wir müssen freundlich mit ihnen reden.«

»Und tut es Ihnen Leid um sie?«

»Ja, schon«, meinte das Mädchen in Schwarz.

»Ist es denn schlecht, wenn man einen guten Job haben will?«

»Nein, schlecht ist das nicht«, erklärte das Mädchen in Rosa. »Aber wir können im Leben doch nicht immerzu materiellen Dingen hinterherjagen. Es gibt doch ein Leben nach dem Tod. Daher müssen wir im Leben ein Gleichgewicht zwischen unserem Leben auf Erden und dem Leben nach dem Tod finden.«

An das Mädchen in Schwarz mit ihren hochhackigen Schuhen gewendet fragte ich: »Sind Sie nicht viel zu jung, um an den Tod zu denken?«

An ihrer Stelle antwortete das Mädchen in Rosa feierlich: »Der Tod kann uns jederzeit ereilen.«

»Und Sie möchten in den Himmel kommen?«

»Gewiss doch! Im Himmel sind wir mit guten Menschen zusammen. Und nicht nur mit guten Menschen. Auch mit unserem Propheten. Haben Sie von unserem Propheten gehört? Im Himmel ist alles gut und schön. Ich kann Ihnen gar nicht sagen, wie gut es dort ist. Unser Gott hat es uns verheißen. Man kann es mit nichts auf der Erde vergleichen.«

»Finden Sie die Zeit, Bücher zu lesen?«

»Natürlich lesen wir«, meinte das Mädchen in Rosa.

»Wir lesen *so* viel«, ergänzte das Mädchen in Schwarz mit einem leichten Stoßseufzer.

»Was haben Sie als Letztes gelesen?«

»*Abseits der törichten Menge*«, antwortete das Mädchen in Rosa.

»Das ist ja ein Schullesebuch. So was meine ich nicht. Ich meine ein Buch, das Sie für sich selbst, aus Interesse, gelesen haben.«

»Bei der vielen Schularbeit, die wir zurzeit aufhaben«, meinte das Mädchen in Schwarz, »konnte ich in der letzten Zeit nichts lesen. Mir fällt da nichts ein.«

Das Mädchen in Rosa erklärte: »Wir haben Barbara Cartland und Perry Mason gelesen.«

»Und James Hadley Chase«, erinnerte sich plötzlich das Mädchen in Schwarz.

»Und Denise Robins«, ergänzte das Mädchen in Rosa, und ihr Gesicht erstrahlte, wie es zuvor erstrahlt war, als sie das Leben im Himmel beschrieb.

»Und was ist mir Harold Robbins?«

»Ich mag Harold Robbins nicht«, erklärte das Mädchen in Schwarz, »ich habe damit aufgehört.«

Sie kicherte. Das Mädchen in Rosa lächelte.

»Warum haben Sie denn aufgehört?«

»Ich kann es nicht sagen«, sagte das Mädchen in Schwarz, »ich kann nur übersetzen, was wir auf Malaiisch sagen. Wir sagen: ›Das Buch ist schmutzig.‹«

»Und was ist mit den Büchern von Barbara Cartland und Denise Robins?«

»O nein!«, rief das Mädchen in Rosa aus, geradezu dahinschmelzend. »Die sind nicht schmutzig.« Und mit einer merkwürdigen Geziertheit setzte sie hinzu: »Das sind Bücher für junge Mädchen.«

»Sind denn die Menschen in den Büchern eigentlich nicht zu weit weg von Ihrem Leben? Es sind doch Engländer, Europäer, Weiße. Es sind Christen.«

Darauf das Mädchen in Rosa: »Ich lese nur zum Zeitvertreib.« Und zeigte mir damit, dass es hinter ihrer Resolutheit noch eine andere Facette ihrer Persönlichkeit gab.

»Wir haben sie auf Anweisung unseres Lehrers gelesen«, fügte das Mädchen in Schwarz hinzu.

»Um unser Englisch zu verbessern«, meinte das Mädchen in Rosa.

»Bekommen Sie Mills-and-Boon-Bücher hier?«, fragte ich.

Diese kurzen Paperback-Romane, die eher unter dem Namen des Verlags als dem ihres jeweiligen Autors bekannt sind, wurden in vielen Commonwealth-Ländern mit Erfolg verbreitet. Sie kommen den Fantasiebedürfnissen von Menschen entgegen, für die Bildung und städtisches Leben etwas Neues waren, und scheinen sie in moderne Formen des Empfindens einzuüben; sie werden sogar von Studenten und auch von erwachsenen Männern gelesen.

»Mills-and-Boon-Bücher«, sagte das Mädchen in Rosa, fast zärtlich, und es zerfloss wieder vor Seligkeit, so als erinnere es sich an ein besonders süßes und reichhaltiges Essen.

»Was ist denn an diesen Bücher so schön?«

Das Mädchen in Rosa wurde jetzt wieder förmlicher und erwiderte: »Beim Lesen ist die Liebe immer so schön, weil ja alles so erfunden ist.«

»Wollen Sie damit sagen, Sie möchten nicht, dass Ihnen so etwas passiert?«

»Nein, das möchten wir nicht.«

»Aber worin besteht dann der Spaß?«

»Wir lesen das einfach, um uns vorzustellen, wie schön ihr Leben ist.«

»Schön?«

»Sie sind reich«, meinte das Mädchen in Rosa, »sie haben ein großes Haus und ein großes Auto.« Ihre Stimme wurde weich und volltönend: »Und sie sind verliebt.«

»Liebe? Wird denn Ihre Heirat nicht von Ihren Eltern in die Wege geleitet?«

»O nein! Nicht bei uns.«

Ein großes Haus, ein großes Auto: Waren diese islamischen Entlein – mochten sie auch eifrig die Vorschriften lernen und sich um das Nachleben sorgen – womöglich insgeheim längst städtische Schwäne?

»Würden Sie auf dem Dorf leben wollen?«, fragte ich sie. »Ich habe hier mit einigen Leuten geredet, die der Ansicht sind, dass es am besten sei, auf dem Dorf zu leben.«

»Nein«, meinte das Mädchen in Schwarz, »ich möchte hier leben.«

Das Mädchen in Rosa hielt dagegen – jetzt wieder in festem Ton und wie einstudiert: »Das Dorf ist friedlicher. Ich würde gern auf dem Dorf leben.«

Das Mädchen in Schwarz schien seine Meinung nun geändert zu haben. Sie sagte: »Ja, auf dem Dorf ist es friedlicher.« Dann aber besann sie sich erneut: »Ich möchte aber doch lieber in der Stadt leben, denn hier spielt sich eigentlich alles ab.«

Noch einmal sagte das Mädchen in Rosa in schwärmerischem Ton: »Auf dem Dorf ist es friedlicher.«

Wie jemand, der sich und seine Gefühle kennt und einen Weg gefunden hat, ihnen Ausdruck zu geben, meinte das Mädchen in Schwarz: »Ich möchte in der Stadt leben, denn hier ist ja auch die religiöse Bewegung zu Hause.«

Um sie zu provozieren, sagte ich: »Aber es sind doch so viele Fremde in der Stadt.«

»Stimmt«, meinte das Mädchen in Schwarz, und ihre Antwort kam schnell und bestimmt. »Wir haben zu viele Immigranten.« Mit diesem Wort bezeichneten Malaien die nichtmalaiischen Einwohner, vor allem die Chinesen. Von den Nichtmalaien wurde die Bezeichnung strikt zurückgewiesen, und sie beriefen sich dabei auf ihre hundertjährige Ansässigkeit im Land. »Die Immigranten schaffen Unruhe. Die Briten haben sie ins Land gebracht. Die Briten haben das britische Verwaltungssystem eingeführt. Vorher war alles islamisch.«

Ich hatte gedacht, das Mädchen in Schwarz mit seiner unordentlichen Kopfbedeckung, dem *tu-dong*, seinen hochhackigen Schuhen und der Unsicherheit über die islamischen Vorschriften sei die Unbekümmerte von beiden. Jetzt musste ich feststellen, dass sie mit ihren politischen und ethnischen Ansichten die Verbissenere war. Diesen Teil der Unterhaltung bestritt nun sie. Das Mädchen in Rosa hörte bloß zu und setzte dabei ihr erstarrtes, süßliches Lächeln auf.

Das Mädchen in Schwarz sagte: »Die Chinesen versuchen,

unsere Wirtschaft zu monopolisieren. Sie sind gute Unternehmer. Wir geraten ins Hintertreffen. Es stimmt nicht, wenn sie sagen, die Malaien seien faul. Wir wissen, dass es nicht stimmt, aber es verletzt uns, wenn wir das hören. Wären wir die Chinesen los, dann könnten wir ein geschäftstüchtiges Volk sein. Sehen Sie sich nur mal die Geschichte an: Zur Zeit des Sultanats von Malakka waren wir als besonders geschäftstüchtiges Volk bekannt!«

»Warum machen Sie sich solche Gedanken über die Chinesen?«

»Die Chinesen haben China, die Inder haben Indien. Wir haben nur Malaysia.«

»Haben Sie nicht auch Indonesien und all die Inseln?«

Sie verzog das Gesicht und ihre jugendliche Stirn legte sich in Falten. »Indonesien ist voller Christen – wissen Sie das denn nicht?!»

»Sind Sie in Kuala Lumpur geboren?«, fragte ich das Mädchen in Schwarz.

In der Tat war das ihre Geburtsstadt, aber ihre Eltern waren aus Indonesien, von der Insel Java gekommen. »Das ist ganz lange her«, meinte sie.

»Schon vor dem Krieg«, ergänzte das Mädchen in Rosa.

Folglich war das Mädchen in Schwarz beziehungsweise ihre Familie zur Zeit der britischen Herrschaft eingewandert. Sie war eine Indonesierin, was aber hieß, dass sie ethnisch mit den Malaien verwandt war, außerdem war sie auch noch eine Muslimin. Nach vierzig Jahren konnte sie sich als Malaysierin betrachten. Die Chinesen aber – die doch ihr Land aufgebaut hatten – waren nach hundert und mehr Jahren immer noch Immigranten.

Die Büros im Innern des Gebäudes lagen im Dunkeln. Die Männer waren noch in der Moschee. Die Mädchen gingen mit mir hinunter auf die Straße. Das Mädchen in Rosa überquerte die belebte Straße und wartete mit mir, bis ich ein Taxi herangewinkt hatte. Das Mädchen in Schwarz blieb auf der gegenüberliegenden Seite im Türeingang stehen, fast konnte man einen Anflug weiblichen Charmes an ihr entdecken; sie lächelte, hin und wieder winkte sie mir unmerklich zu und sie war freundlich zu mir, dem Außenstehenden; ansonsten aber steckte sie voller wirrer Leidenschaften. Ihr unordentlich und unfachmännisch gesteckter *tu-dong* konnte ihr Haar nicht verbergen, und unter ihrem langen, graubraunen, sackähnlichen Baumwollkleid – den Insignien islamischer Sittsamkeit und Inbegriff ihrer Aggressionsbereitschaft – blitzten ihre hübschen, kleinen, hochhackigen Schuhe hervor, mit ihren Riemchen und Schnallen.

Ein Malaie hatte Muslim zu sein – so stand es geschrieben in den Gesetzen des neuen Staates. Aber Malaie sein, das hieß auch, von der großen und reichen Stadt der Briten und Chinesen, in der sich alles abspielte, ausgeschlossen sein. In das tropische Land der Wälder, Flüsse und Dörfer war Geld geflossen; und dieses Geld war der Auslöser für nie gekannte Hektik und ungeahnte Enttäuschung.

3

Zwischen Malakka und dem Hochland von Genting

Das Land war üppig: Regen und Hitze und Flüsse, fruchtbarer Boden, der vor Leben strotzte, überquellend von Bananen, Reisfeldern, Palmen und Kautschuk. Unter den Kautschukbäumen wuchs Gras; Vieh, das in der Sonne Schaden genommen hätte, konnte in ihrem Schatten weiden. Die in der Stadt kaum zu ertragende Hitze war auf dem Land gut auszuhalten. Wasser und Sonne begünstigten die Vegetation, die Schutz bot und Kühle. Und überall dort, wo man die rote Erde durch Straßenarbeiten oder die Erschließung von Neubaugebieten aufgerissen hatte, war sie im Nu wieder von Grün bedeckt. Die malaiischen Dörfer lagen nie weit auseinander; die Häuser mit ihren steil abfallenden Dächern und ihren niedrigen Holzwänden waren eingefasst von kleinen Gärten. Und in regelmäßigen Abständen tauchten die Kleinstädte der Kolonialzeit auf, Ansiedlungen der Chinesen: zweistöckige Geschäftshäuser, Beton und Wellblech, die Läden nach hinten verlegt, der Bürgersteig geschützt durch das darüber aufragende Haus. Das jeweilige Baujahr der Geschäftshäuser – entsprechende Angaben waren entweder aufgemalt oder in erhabenen Zahlen aus Formbeton aufgesetzt worden – zeigte, dass sie jüngeren Datums waren; viele stammten aus den dreißiger Jahren, denn die Kolonie wurde erst spät erschlossen.

All dies sah ich bei einer Ausflugsfahrt, die ich an einem Samstag von Kuala Lumpur aus in den Süden nach Malakka unternahm. Nach Malakka fuhr ich wegen seines historischen Namens: die Straße von Malakka, Malakkarohr, Malakkapfeffer.

Im Zentrum der Stadt stand eine rot gestrichene Kirche aus dem Jahr 1753; neben der Auffahrt zur Ruine einer alten europäischen Festung gab es ein Museum. Überall sonst dagegen schien Geschichte in der Hitze wie weggebrannt. Bei Ebbe war der Strand breit und flach und bestand aus weichem, schwarzem Schlamm. Abwasserkanäle aus der Stadt ergossen sich auf ihn. Der schwarze Schlamm war übersät mit den Atemlöchern kleiner Krabben und durchpflügt von den Kriechspuren amphibischer Lebewesen, kleine Springelritzen und schwarze, sich windende Tierchen mit Flossen.

Weit draußen ankerte ein Schiff. Eine kleine Flottille von Leichtern, an der Pinne jeweils ein Malaie mit bloßem Oberkörper und einem Sarong um die Hüfte, wurde in Linie in den Stadtkanal geschleppt. Dieser war eher eine offene Kloake, aber mit grauem, statt braunem oder schwarzem Wasser, und wurde gesäumt von Lagerhäusern und Gebäuden der jüngsten Kolonialvergangenheit.

Die europäische Vergangenheit war indes älter, als der Anblick vermuten ließ. Malakka hatte einst den Seeweg zu den Gewürzinseln Ostindiens bewacht und galt darum als wertvoll. Es war von den Portugiesen (sieben Monate, nachdem sie aus Lissabon abgesegelt waren) im Jahre 1511 erobert worden, acht Jahre bevor Cortés – auf der anderen Seite des Globus – auf Mexiko marschierte, zweiundzwanzig Jahre bevor Pizarro nach Peru kam. Hier und jetzt war dies alles nur noch schwer zu begreifen. Und noch unbegreiflicher war, dass Portugal und der Westen nur wenig später als der Islam hier angelangt waren.

Der Westen war nach seinen zahlreichen Mutationen stets ein Novum geblieben, hatte Veränderungen bewirkt und Unordnung gestiftet, wie auch jetzt wieder. Der Islam dagegen war alt und ehrwürdig geworden und schien Teil eines in sich geschlossenen und – um das Wort zu benutzen, das ich von Shafi alsbald zu hören bekommen sollte – »mittelmäßigen«, dörflichen Lebens der Malaien geworden zu sein.

Dieses Thema der Mittelmäßigkeit, der Widerspruch zwischen seiner Sehnsucht nach dörflichen Lebensformen und seinem Wunsch, dass die Malaien sich behaupten, beschäftigte Shafis Gemüt. Er hatte mich deswegen angerufen. Er war unzufrieden gewesen mit dem, was er mir gesagt hatte.

Als ich ihm dann am Sonntag von meiner Fahrt nach Malakka erzählte und betonte, wie fruchtbar das Land sei, das ich gesehen hatte, sagte er: »Man kann ein Samenkorn auf die Erde werfen und es wird wachsen.« Er machte dabei eine Geste, als werfe er ein Samenkorn in den Swimmingpool des Holiday Inn. »Man kann einen Haken ohne Köder ins Wasser hängen und man wird einen Fisch fangen. Vielleicht ist das der Grund, warum die Malaien Mittelmaß geblieben sind. Sie leben an Flüssen. Auf diese Weise haben sie natürlich reichlich Fisch, fruchtbares Land für die Reisfelder, können sich mühelos mit ihren Booten fortbewegen. Das Leben ist einfach zu leicht, im Vergleich zu dem der Chinesen, die aus einem Land mit vier Jahreszeiten kommen.«

Er hatte sich ein paar Gedanken zur Selbstgenügsamkeit des Dorfes zurechtgelegt, und die wollte er als Erste loswerden.

»Wir sind eine eng verbundene Gemeinschaft und wissen

nicht viel von der Außenwelt. Sie haben mich gefragt, warum wir keine Techniker, keine Fachleute haben. Für den Bedarf des Dorfes haben wir unsere eigenen Bauhandwerker, von denen jeder auch Architekt ist, der Baupläne für die Kunden entwerfen und der aufgrund seiner Kenntnisse diese Pläne dann auch umsetzen kann. Wir haben allerdings keine Ärzte. Aber wir haben im Dorf die traditionelle Heilkunst. Soweit ich mich erinnere, hat es bei uns nie chronische Krankheiten gegeben, die einen sofortigen Eingriff vor Ort nötig gemacht hätten.«

Nachdem das gesagt war, setzten wir das begonnene Gespräch über sein Leben und seinen Werdegang fort. Sein erster Besuch in Kuala Lumpur im Jahr 1963 zusammen mit der Pfadfindergruppe seiner Schule war für ihn ein Schock gewesen. Der zweite Aufenthalt zwei Jahre später fiel ihm dagegen schon leichter.

»Ich war damals schon etwas mehr daran gewöhnt und auch ein bisschen mutiger. Ich kam in Begleitung eines alten Mannes, der ein entfernter Verwandter war, und wir blieben zehn Tage; wir kamen bei verschiedenen Verwandten unter. Wir wohnten in malaiischen Kampongs, aber auch bei Verwandten, die eine moderne Wohnung hatten. Ein Beispiel, wo ich ein bisschen mutiger war, ist mir noch in Erinnerung. Ich hatte ein Taxi zum Museum genommen. Auf dem Nachhauseweg wusste ich, nachdem ich eine Weile gegangen war, nicht mehr, welchen Weg ich nehmen sollte. Da nahm ich einfach noch mal ein Taxi.«

»Warum war das mutig? Sie waren doch schon siebzehn!«

»Meine Eltern erlaubten mir nicht, mit jemandem nach Kuala Lumpur zu fahren, den die Familie nicht kannte. Leute wie ich verlassen nicht oft den Kampong, um auf diese Weise nach Kuala Lumpur zu fahren. Sie sind nicht ängstlich. Manche sind ängstlich, manche sind es nicht. Jedenfalls haben sie in Kuala Lumpur nichts zu tun.

Ich zumindest war nicht ängstlich, als ich 1966 nach Kuala Lumpur kam, um mich am College auf die Uni vorzubereiten. Meine älteren Mitschüler gingen alle hier in Kuala Lumpur auf die Uni. Ich wohnte in einem Studentenheim, das von Studenten verwaltet wurde. 1968 ging ich dann an die Technische Universität. Da begann ich mich für Hochschulpolitik zu interessieren. Und dabei kam ich dann auch in Kontakt mit Anwar Ibrahim. Ich war einundzwanzig und er war einundzwanzig.«

»Gingen Sie mit Mädchen aus?«

»Was meinen Sie mit ausgehen? Na ja, ich schwärmte für jemanden, und die Betreffende lebte bei ihrer Familie, sodass ich sie schwerlich ausführen konnte. Jemanden ausführen, das bedeutet, man ist unzuverlässig. Sie war eine entfernte Verwandte. Es war eine Kinderschwärmerei, die bei Familientreffen in meinem Dorf angefangen hatte.

1969 gab es in Kuala Lumpur politische Unruhen, Rassenausschreitungen zwischen Malaien und Chinesen. Damals wurde ich zu einem politischen Anführer. Ein paar Freunde hatten mich aufgefordert, zu einer Demonstration bei einer politischen Veranstaltung mitzukommen, aber ich war nicht mitgegangen. Ich ahnte, dass es an diesem Tag zu Unruhen kommen würde. Es handelte sich um eine Demonstration von Malaien gegen die Chinesen.«

»Hatten Sie starke Vorbehalte gegenüber den Chinesen?«

»Ja. Ich würde sagen, dass ich mit Gefühlen der Ablehnung gegenüber den Chinesen aufgewachsen bin. Was die religiösen Tabus betrifft. In Kuala Lumpur hatte man eine andere Einstellung. Hier ging es um die Politik des Landes. Am Tag der Demonstration, ungefähr um sieben Uhr abends, war ich in einem Wohnheim, als ich im Radio hörte, dass über Kuala Lumpur der Ausnahmezustand verhängt worden sei. Durch diese Meldung fühlte ich mich darin bestätigt, dass ich nicht zu der Demonstration gegangen war. Mein Vorgefühl war richtig gewesen. Ich organisierte kollektive Sicherheitsmaßnahmen rund um das College und brachte die Schüler dazu, ganz normal zum Abendessen zu gehen und sich ansonsten ruhig zu verhalten. Andere Anführer waren gerade nicht da, und so wurde ich rein zufällig zu einem Studentenführer. Nach den Unruhen kam es zu Veranstaltungen mit Anwar Ibrahim und anderen islamischen Studentenorganisationen. Es gab dann erste Diskussionen über Nationalismus und Islam. Und so hat eigentlich alles angefangen.«

»Hatten Sie als Student je Zweifel an Ihrem Glauben?«

»Nein. Ich bezweifelte nur den Sinn einzelner Regelungen. Zum Beispiel: Warum eigentlich Ehe? Ich machte sogar den Vorschlag einer Vertragsehe. In der Art, dass jemand, der unbedingt Nachkommen haben möchte, eine Ehe schließt mit der Abmachung, dass nach der Geburt eines Kindes der Vertrag dann nicht mehr gilt. Es waren unausgegorene Vorstellungen, die ich damals hatte. Solche Tagträume hatte ich seinerzeit.«

»Haben Sie dabei an das Mädchen gedacht, von dem Sie so angetan waren? Gab es eine Reaktion?«

»Nein, das Mädchen, für das ich geschwärmt habe, hat nicht reagiert. Nach Abschluss des College war ich bei einer Jugendorganisation tätig. Vier Jahre darauf bin ich in die USA gegangen.«

Das war neu für mich. Aus Shafis bisherigen Äußerungen war nicht zu entnehmen gewesen, dass er ins Ausland gegangen war.

»Ich hatte mich an den Kulturzuständigen der Amerikanischen Botschaft gewandt, nachdem ich davon gehört hatte, dass es einen Austausch für junge Leute aus der Jugendarbeit gab. Zuerst sagte er, alle Plätze seien vergeben, aber einen Monat später meldete er sich und bot mir einen Amerikaaufenthalt an.

Die Vereinigten Staaten waren ein Schock. Vor der Reise hatte man uns Literatur gegeben, damit wir wüssten, was auf uns zukam. Aber bei der Ankunft auf dem John-F.-Kennedy-Flughafen erlebte ich zunächst den biologischen Schock des Zeitunterschieds. Es war einen Tag früher: Wir hatten immer noch den gleichen Tag wie bei der Abreise. Wir wussten schon vorher, dass der Flughafen riesig war und dass alles anders sein würde. Das hat mich nicht umgehauen. Aus der Luft sah ich wunderschöne Wohngrundstücke nahe am Strand und ich dachte, das ist wirklich schön. Und im Hotel wohnte ich dann – wie erwartet – mit einem Afrikaner zusammen.«

»Sie hatten das erwartet?«

»Ich war gar nicht überrascht, mit einem Afrikaner zusammenzuwohnen, denn ich war je der einzige Malaysier in dem Austauschprogramm.« Dass Shafi indessen so viel Nachdruck auf den Umstand legte, mit einem Afrikaner (der in seiner Erzählung im Übrigen ganz und gar namenlos blieb) einen Raum geteilt zu haben, machte mich darauf aufmerksam, wie sehr ihn dieses Erlebnis, direkt im Anschluss an einen langen Flug und noch unter dem Eindruck des Jetlags, verunsichert hatte. »Ich nahm an, man ließ mich mit diesem Afrikaner zusammenwohnen, weil die Organisatoren des Austauschprogramms versuchten, irgendwie Leute mit vergleichbarem kulturellem Hintergrund zusammenzubringen. Ich hatte schon damit gerechnet, dass es in dem Programm eine gewisse Einteilung nach Herkunftsländern geben würde. Unglücklich war ich deswegen nicht. Ich dachte, man brächte uns, den Afrikaner und den Malaysier, deswegen zusammen, weil wir beide aus unterentwickelten Ländern kamen, mit dem gleichen Zivilisationsniveau, wenn Sie so wollen.

Das Essen war von A bis Z westliches Essen. Als Muslim hatte ich Probleme, es mir schmecken zu lassen, denn ich hatte den Verdacht, dass es nicht auf muslimische Weise zubereitet worden sei. Am zweiten Abend überredete mich der Programmverantwortliche dazu, mir einen nichtjugendfreien Film anzusehen. Danach hatte ich den Eindruck, dass das meiste, was in Amerika auf mich zukommen würde, nicht« – er suchte nach dem Wort – »zu meiner Kultur gehört, mir fremd ist, dass irgendwie alles, was dort *ja* ist, für uns in Malaysia *nein* ist und dass alles, was in Amerika *nein* ist, bei uns *ja* ist. Technische Entwicklungen, materielle Errungenschaften, auf all das war ich gefasst. Das hat man ja überall.«

»Überall?« Diese Vorstellung, dass die entwickelte Welt etwas sei, was sowieso existiert, was einfach da ist, war Teil einer im Grunde von Anfang an festgelegten Einteilung der Menschen in schöpferische und nichtschöpferische, in ungläubige und gläubige. Sie machte mich neugierig.

»Bei unseren Zwischenlandungen in Bangkok, Hongkong, Tokio konnte ich überall dasselbe sehen: turmhohe Gebäude, geschäftige Menschen, moderne Technik. Was ich nicht finden konnte, das war ein Mensch mit der gleichen religiösen Grundüberzeugung, wie ich sie habe.«

»Warum hat Sie das überrascht? Schließlich sind Sie in ein fremdes Land gereist. Ein großes Land, ein wichtiges Land. Interessierte es Sie denn nicht, was man dort zu bieten hatte?«

»Was die zu bieten hatten, hat mich überhaupt nicht interessiert. Ich frage mich allerdings, wie es möglich ist, bei der Art von Entwicklung, die man dort hat, dass die sich nicht mal für einen Augenblick hinsetzen können, um über die Schöpfung des Universums nachzudenken. Die Nichtmuslime, die nicht an die Erhabenheit des Schöpfers glauben, haben nicht einmal Zeit, über diesen Schöpfer nachzudenken. Später, in Chicago, habe ich mit Juden, mit Negern und mit Amerikanern über den Islam gesprochen. Und im Vergleich zur Transzendentalen Meditation, der diese Leute anhängen, hat sie meine kurze Darstellung wirklich gefesselt.«

»Was wissen Sie über andere Religionen?«

»Ich habe hier und da etwas darüber gelesen, wie es gerade kam. Aber was lässt sich überhaupt vom Universum begreifen, mit unserem beschränkten Kopf?«

»Meinen Sie nicht, dass Sie für sich selbst vielleicht zu viel beanspruchen und dabei andere Menschen allzu leicht schlecht machen?«

»Man kann sagen, ein Mensch ist zivilisiert, wenn er weiß, woher er kommt und wohin er geht. Ich kann nicht akzeptieren, dass ein Mensch gebildet und zivilisiert ist, wenn er sein Leben damit zubringt, das Universum zu studieren, und am Ende die Sterne anbetet und dabei nicht weiß, woher er kommt und wohin er geht. Sie haben die Antwort nicht gefunden.«

»Glauben Sie denn, Shafi, dass Sie die Antwort gefunden haben?«

»Ich glaube schon.«

»Erzählen Sie mir mehr über Ihre Zeit in den Vereinigten Staaten.«

»Vor meiner Abreise aus Kuala Lumpur fragte mich ein Reporter, was ich dort vorhabe. Ich antwortete ihm, ich wolle sämtliche politischen Maßnahmen studieren, die von den zivilisierten – den so genannten zivilisierten – Menschen in der modernen Welt angewendet werden, damit wir nicht den gleichen Fehlern aufsitzen wie sie.«

»Wollen Sie damit sagen, dass Sie Zivilisation haben, die dort aber nicht?«

»Zivilisation bedeutet für uns nicht bloß materielle Weiterentwicklung. Für uns bedeutet es, den Menschen, die Person, dem Schöpfer näher zu bringen.«

»Sie halten also nicht allzu viel von mir?«, wollte ich von ihm wissen.

»Werden Sie jetzt bitte nicht emotional«, meinte Shafi lachend. Die Bemerkung kam wie aus der Pistole geschossen; ich hatte den Eindruck, dass er diesen Gag schon des Öfteren gemacht hatte. »Wenn Sie länger bleiben, könnte ich Sie vielleicht überzeugen. Über die USA habe ich allerdings von jemandem ein Buch bekommen. Letztlich ist es doch so, das ergab sich aus Gesprächen und Diskussionen, dass dort Geld die Religion und Sexualität der Prophet ist. Das Leben dort dreht sich im Grunde um Geld und Sex.«

»Haben Sie den Eindruck, dass sich mein Leben um Geld und Sex dreht?«

»Ich würde sagen: Was ist der Zweck Ihres Schreibens? Wollen Sie den Menschen nicht mitteilen, was der Sinn des Ganzen ist?«

»Ja. Ich würde es Vermittlung von Einsichten nennen.«

»Tun Sie das nicht für Geld?«

»Ja schon, aber es kommt doch ebenso auf den besonderen Charakter der schriftstellerischen Arbeit an.«

Ich hatte ihn aus der Fassung gebracht. Die Vorstellung einer Berufung war neu für ihn. Für einen kurzen Augenblick – und das sprach für seine Aufgeschlossenheit – dachte er darüber nach. Er hatte eine ausgesprochene Vorliebe für Auseinandersetzungen über Religion – so viel war mir schon klar. Als er aber dann den Gesprächsfaden wieder aufnahm, hatte er nicht im Sinn, meine Bemerkung in Abrede zu stellen oder anzufechten.

Mit einem Blick, der so etwas wie Besorgnis zum Ausdruck brachte, meinte er: »Ich würde sagen, dass Ihnen etwas verloren geht. Sie werden Ihrem Anspruch an sich selbst nicht gerecht. Sie haben die Wahrheit gesucht, aber Sie haben sie nicht gefunden.«

»Lassen Sie uns auf die USA zurückkommen.«

»Ich habe Freunde dort gefunden. In New York, Chicago, Washington und Indiana. Ich habe in einem Nachbarschaftsprogramm gearbeitet, einem Hilfsprogramm für Arme. Aber die ganze Zeit habe ich mich auf die Heimreise gefreut. Wenn ich jetzt an Amerika denke, dann ist das für mich ein Ort für einen Kurzbesuch, aber nicht für einen längeren Aufenthalt. Nach meiner Rückkehr habe ich für das Rote Kreuz gearbeitet. Dann nahm ich eine Stelle in einer Firma an, einem Bauunternehmen. Es war eine malaiische Firma. Dort war ich Geschäftsführer.«

»Sie waren aber noch sehr jung.«

»Ich war acht- oder neunundzwanzig. Was dort bei den Geschäften gedreht wurde, war völlig unmoralisch. Das lief nur mit Bestechung. Betrug bei den Bauarbeiten, nicht ordnungsgemäße Ausführung der Arbeiten.«

»Lag das daran, dass es ein malaiisches Unternehmen war?«

»So ist das Geschäft in der Baubranche. Wer in dieser Branche tätig ist, ist skrupellos. Der Druck, der mit der Bestechung verbunden war, war zu groß. Nach ungefähr einem Jahr verließ ich die Firma wieder. Ich bekam ein ziemlich gutes Gehalt, ungefähr tausend Dollar monatlich. Das war 1973–74. Ich versuchte, mich in der Baubranche auf eigene Füße zu stellen und dabei ehrlich zu bleiben. Es lohnt sich nicht, ehrlich zu sein. Ich hatte einen Auftrag und bemühte mich, ehrlich zu sein – man versucht, ehrlich zu sein, und dann ist man der einzige Ehrliche weit und breit. Nehmen wir an, ich baue ein Haus, und der Auftrag schreibt eine Betonmischung vor; ich versuche also, dem Auftrag zu entsprechen, aber meine Arbeiter – die meisten von ihnen Chinesen – befolgen die Anweisungen nicht. Und dann kriege ich Scherereien. Die Leute glauben mir nicht. Die Kunden glauben mir nicht und haben Vorurteile gegenüber malaiischen Bauunternehmern. Ihr Argwohn ist nicht unbegründet, denn die Malaien fangen in dieser Branche je gerade erst an. Einmal war ich sechs Monate ohne Auftrag. Das war eine harte Zeit. Es war aber auch befriedigend, denn man macht ja etwas für sich selbst und man weiß, dass man ehrlich dabei ist. Für uns Muslime ist der Zweck der Geschäfte, dass man den Forderungen aus der Gesellschaft nachkommt.«

»Gilt das nicht für jedes Geschäft?«

»Bei manchen Geschäften geht es ausschließlich um den Profit. Gegen Ende meiner dreijährigen Tätigkeit als Bauunternehmer nahm mein Engagement für islamische Gruppen zu. Und mir wurde klar, dass es mir ein Bedürfnis wurde, ein starkes Bedürfnis, den Forderungen der islamischen Bewegung gerecht zu werden und nicht denen der Branche, in der ich tätig war.«

»Was war mit dem Mädchen, für das Sie geschwärmt hatten?«

»Nach meiner Rückkehr aus den USA habe ich geheiratet. Nicht meinen Schwarm, sondern ein Mädchen vom Dorf, das wahrscheinlich aus ähnlichen Verhältnissen kommt wie ich. Ein Mädchen aus dem Kampong. Sie kommt aus einer armen Familie, die in einer anderen Provinz lebt. Das bedeutete einen Bruch mit der Tradition meiner Familie. Denn aus meiner Familie, unter meinen engen Verwandten hat keiner jemanden aus einer anderen Provinz geheiratet. Meine Eltern hatten keine Einwände. Ich aber habe das Gefühl, mit einer Tradition gebrochen zu haben. Das beunruhigt mich aber nicht. Meine Frau arbeitet in einer Firma, einer englischen Firma. Was in dem Unternehmen gemacht wird, kümmert sie nicht weiter. Sie erledigt hauptsächlich Sekretärinnenarbeit. Ein Haus haben wir noch nicht. Es ist im Bau. Ich habe es einer Erschließungsgesellschaft für 58 000 Dollar abgekauft.«

»Sie haben also die Idee aufgegeben, wieder ins Dorf zurückzugehen?«

»Für mich spielt es keine Rolle, ob ich im Dorf oder in der Stadt lebe. Ich liebe das Dorf, weil es dort keine Umweltverschmutzung gibt. Die Menschen dort sind nicht materialistisch eingestellt. Sie haben Würde. Sie sind ziemlich fromm. Gäbe es in der Stadt eine saubere Gemeinschaft und eine saubere Umwelt, ich würde bleiben. Das ist vielleicht nicht möglich, aber ich muss wegen der Art meiner Tätigkeit bei der muslimischen Jugendbewegung in der Stadt sein. Wir haben knapp dreißig Kilometer außerhalb von Kuala Lumpur acht Morgen Land als Gemeinschaftseigentum gekauft und versuchen, eine selbständige Gemeinde aufzubauen, mit sämtlichen Einrichtungen, alles nach islamischen Vorschriften. Ein islamischer Kindergarten, eine Genossenschaft, ein Gesundheitszentrum mit muslimischen Ärzten. Wir planen, die Ressourcen maximal zu nutzen.«

»Sie versuchen also, das Dorfleben wiederzuerwecken! Aber sagten Sie nicht, dass das Leben in Ihrem Dorf in Kota Baru mittelmäßig war?«

»In gewisser Hinsicht schon. Weil es selbstgenügsam ist. Der entscheidende Unterschied liegt darin, dass wir uns hier von religiösen Rücksichten leiten lassen.«

»Das gilt doch sicher ausnahmslos für alle Malaien?«

»Nein, nicht alle Malaien lassen sich davon leiten. In manchen Gemeinden werden die Traditionen stärker als die Religion gepflegt. Einige dieser Traditionen sind ziemlich heidnisch.«

Er meinte damit: vorislamisch. Und mir wurde klar, dass es vor seinem Wunsch, die malaiische Dorfgemeinschaft zu bewahren, eine weitere, gegenläufige und ihm durch den neuen Islam vermittelte Wunschvorstellung gab, nämlich das Dorfleben vom Hergebrachten zu reinigen, seinem malaiischen Volk einen wichtigen Teil seiner selbst auszutreiben. Aber das war eine andere Frage. Er wusste, dass er die Frage nach der Mittelmäßigkeit noch nicht beantwortet hatte.

»Es ist nicht einfach, den Malaien zu weniger Mittelmäßigkeit zu verhelfen. Ich bin in dieser Frage noch nicht mit mir im Reinen.«

Er hatte sein Dorf aufgegeben. Er hatte eine Frau von außerhalb der Provinz geheiratet und damit eine Familientradition gebrochen. Bildung, Reisen und Beruf hatten ihn, ohne dass er es gemerkt hätte, von weiteren Traditionen Abschied nehmen lassen. In der neuen Welt hatte er beruflich Schiffbruch erlitten. Mir war klar geworden, dass er ohne den Islam verloren wäre. Aber ob er es nun guthieß oder nicht, er war inzwischen in der neuen Welt angekommen; und in ihr konnte er sich nicht verstecken. Sein Überleben hing davon ab, es wieder und wieder zu versuchen und es mit immer größerem Einsatz zu versuchen. Es hing davon ab, ob er eine Vision hatte.

Als wir aus der Cafeteria traten – und wieder war er in Sorge, es könnte der Anschein enstehen, er schiebe sich in den Vordergrund, wolle seinen Mitmenschen gegenüber etwas Besonderes sein –, sagte ich zu ihm: »Ich möchte, dass Sie eine Sache bedenken. Ich will nicht streiten, obschon ich weiß, dass Sie nichts dagegen hätten, mit mir zu streiten. Aber ich denke, es ist Ihnen in Amerika vielleicht das eine oder andere entgangen, weil Sie mit einer vorgefassten Meinung hingefahren sind. Ich denke, dass Sie überhaupt nicht fair zu den Menschen da draußen sind.«

»Ich gebe zu, dass es dort aufopferungsvolle Menschen gibt, gute Menschen. Aber einen Kompromiss kann ich nicht machen.«

Aus der *New Straits Times*, 6. November 1979:

DREI ANKLAGEN WEGEN ZERSTÖRUNG VON HINDU-KULTFIGUREN IN TEMERLOH
Temerloh, Montag – Ein ehemaliger Religionslehrer sowie ein Student haben sich heute vor dem hiesigen Gericht für unschuldig erklärt. Ihnen war zur Last gelegt worden, letztes Jahr im Temerloh-Distrikt hinduistische Kultfiguren zerstört zu haben …

Auch dies gehörte zur islamischen Bewegung unter der gebildeten Jugend. Es war eine elementarere Form des Islam und ich spürte, dass sie Shafi in Verlegenheit brachte. Das sei ohne Bedeutung, meinte er. Aber es hatte Bedeutung.

Shafis Gruppe, die ABIM, war nicht die einzige islamische Jugendorganisation in Malaysia. Und Anwar Ibrahim, mit seiner hochfliegenden Vorstellung vom Islam, war nicht die einzige Führungsperson. Es gab andere Anführer, die weniger komplizierte Botschaften verkündeten. Missionare (aus Indien oder Pakistan) hatten die Botschaft nach Malaysia gebracht, die Kultfiguren müssten zerschlagen werden. Sie hatten anhand etlicher zu Rate gezogener Bücher errechnet, wie viele Jahre Aufenthalt im Paradies ein Muslim sich mit jeder zerschlagenen Kultfigur verdiene. Und sie waren zu dem Ergebnis gekommen, dass ein Muslim mit der stattlichen Zahl von dreißig zerstörten Figuren das große Los gezogen hätte: eine Ewigkeit im Paradies.

Die Wut der Malaien galt im Grunde den Schreinen der Chinesen – manche davon bloße Betonkästen –, die man überall in den Städten sehen konnte (gleich zwei standen zum Beispiel neben dem Holiday Inn). Aber die Chinesen waren mächtig und sie hatten ihre Geheimgesellschaften. Die tamilischen Hindus dagegen waren eine kleine, friedfertige Gemeinschaft. Dementsprechend wurden die Bilder der Hindus zerstört. In einem Zeitraum von drei Wochen wurden 1978 Nacht für Nacht die Tempel der Tamilen entweiht.

Und dann kam es am Kerling-Tempel zu einer Tragödie. Eine Gruppe von fünf Bilderstürmern (darunter wenigstens zwei Studenten) wurde von acht Tempelwächtern überrascht. Dabei wurden vier der jungen Leute getötet. Nach diesem Vorfall wurden keine Kultfiguren mehr zerstört. Und nun lautete die Beschuldigung in diesem – im Vergleich zum Fall des Temerloh-Tempels – bedeutenderen Verfahren gegen die acht Tempelwächter von Kerling auf »fahrlässige Tötung ohne Mordabsicht«.

Der Prozess fand unweit von Kerling, in Klang, an der Westküste, etwas mehr als dreißig Kilometer von Kuala Lumpur entfernt, statt. Ich ließ mich mit einem Taxi hinbringen; der Fahrer war ein Tamile. Aber seine Gedanken waren nicht bei diesem Gerichtsverfahren. Sie galten dem Geld. Geld war überhaupt sein einziger Gedanke.

Als ich am ersten Tag zu ihm ins Taxi gestiegen war, sagte ich zu ihm: »Sie haben Ihre Taxiuhr nicht angestellt.«

»Ich muss immer nur an eins denken«, erwiderte er. »Ich

denke daran, wie ich morgen nach Malakka komme. Das kostet mindestens 140 Dollar. Das Geld habe ich nicht. Meine Schwester wird verheiratet.«

»Warum kostet die Fahrt nach Malakka denn so viel?«, fragte ich ihn.

Darauf er: »Wir sind zu siebt. Meine Mutter, meine Schwester, meine Frau und meine drei Kinder. Sieben. Der Fahrpreis macht mindestens zwanzig Dollar für jeden. Im Sammeltaxi.«

Und während wir im brodelnden Verkehr von Kuala Lumpur immer wieder anhielten und anfuhren, war ich zum Teilhaber seiner Sorgen geworden.

»Müssen Sie denn alle sieben nach Malakka fahren?«, fragte ich ihn. »Muss Ihre Frau mit?«

»Sie *muss* mit. Ihre Schwester wird verheiratet!«

»Sagten Sie nicht, es wäre Ihre Schwester?«

»Die Schwester meiner Frau ist auch meine Schwester.«

»Also gut. Ich verstehe, warum Ihre Frau mitfahren muss. Aber was ist mit Ihrer eigenen Schwester? Muss sie mit nach Malakka?«

»Sie *möchte* mit. Sie kennt die Braut sehr gut.«

»Na gut, lassen Sie doch Ihre Frau und Ihre Schwester fahren. Zwei Fahrten, vierzig Dollar!«

»Und was ist mit meiner Mutter? Sie kennen unsere Gebräuche nicht. Meine Mutter muss mitfahren.«

»Also gut. Warum lassen Sie nicht Ihre Mutter, Ihre Frau und Ihre Schwester fahren? Und Sie bleiben hier.«

»Drei Frauen? Die ganz allein nach Malakka fahren?«

»Also meinetwegen. Sie fahren auch mit.«

»Wenn ich mitfahre, können die Kinder aber nicht hier bleiben. Sie sind sehr jung und alle drei sind Mädchen.«

Das hieß: Es fahren eben alle sieben nach Malakka oder keiner. Ein Mann, der sechs Frauen und Mädchen am Hals hat; kein Wunder, dass er nahe daran schien, wirres Zeug zu reden.

Und auch jetzt, als er mich zum Prozess nach Klang fuhr, war er wieder fast so weit, dass er wirr redete. Geld, Geld; Unmengen brauchte er davon. Wenn er doch nur irgendwie an 60 000 Dollar käme, dann ginge es ihm gut, erklärte er. Er würde das Taxifahren aufgeben und einen Schreibwarenladen aufmachen. Es gab Geld zu verdienen in diesem Geschäft. Man hinterlegte 10 000 beim Grossisten und der gab einem Ware im Wert von 20 000 Dollar mit einem Kreditrahmen von drei Monaten.

Wenn doch nur, wenn doch nur. Und dann hatte er diese sieben Mäuler zu stopfen; und seine drei Kinder waren alles Mädchen; und dann war da noch die Schwester, die unter die Haube gebracht werden musste. Und die Regierung schob immer alles nur den Malaien zu. Die Chinesen waren viel netter. Als Feinde zum Fürchten, aber treue Freunde. »Kennen Sie die Malaien? Mögen Sie sie? Die Malaien stoßen Ihnen den Dolch in den Rücken.« Er hüpfte förmlich auf dem Sitz herum, so viele verschiedene Ängste hatte er.

»Sind Sie nach Malakka gefahren?«, fragte ich ihn. »Haben Sie sich das Geld geliehen?«

»Ja, von einem Pandschabi. Hundert Dollar. Nächsten Monat muss ich ihm 125 zurückzahlen.«

»Sie haben also Geld zu 300 Prozent geliehen. Und jetzt wollen Sie auch noch einen Kredit über 60 000 aufnehmen.«

Er wechselte das Thema und kehrte lieber zu einem älteren zurück, zu seinen Ausgaben. Zehn Katti Reis kaufe er pro Woche, sagte er. »Wie viel wiegt ein Katti?« – »Etwas mehr als ein Kilo.« – »Sie kaufen also *zweiundzwanzig* Pfund Reis in der Woche?« – »Ja.« Er hatte von zweiundzwanzig Dollar pro Tag an Kosten gesprochen, um sein Taxi vom Taxiunternehmen zu mieten; zweiundzwanzig Meilen bis Klang, hatte er gesagt; und jetzt zweiundzwanzig Pfund Reis pro Woche. Es war seine Schicksalszahl.

Aber bei allem, was er um die Ohren hatte, hatte er scharenweise Freunde. Bei jedem Verkehrsstau schien er einen zu entdecken. »Der ist von meinem Taxiunternehmen.« Ein anderes Mal sagte er: »Sehen Sie das Auto. Das habe ich früher gefahren. Dann hat mich der Chef zu sich gerufen und mir dies hier gegeben, das andere hat er dem Kollegen da gegeben. Der ist ein schlechter Fahrer. Er trinkt und dann fährt er. Das mach' ich nie. Ich trinke nur ein Schlückchen Toddy. Einmal in der Woche. Samstagnachmittags. Zwei Liter.«

»Zwei Liter Kokosfusel!«

»Das ist gut für den Körper.«

»Sie haben kein Geld«, sagte ich zu ihm, »aber Sie haben drei Kinder. Sie leihen sich Geld zu 300 Prozent Zinsen, um zu einer Hochzeit nach Malakka fahren zu können. Und nun erzählen Sie mir, dass Sie jeden Sonnabend betrunken sind.« Im Rückspiegel sah ich, dass ihm einer seiner oberen Schneidezähne fehlte. »Wie haben Sie den Zahn verloren?«

»Bei einem Unfall mit dem Motorroller.«

»Wie ziehen Sie sich nur all diese schrecklichen Geschichten zu? Warum gehen Sie nicht aufs Land zurück und werden Bauer?«

»Hab' kein Land.«

Da konnte man nichts machen. Es war irgendwie traurig, wenn man bedachte, dass seine südindischen Vorfahren – lange vor dem Islam und lange vor dem Eindringen der westlichen Zivilisation – ihre Religion, ihre Epen, ihre Bildhauerei und Architektur über ganz Südostasien verbreitet hatten. Ihm selbst war das vielleicht gar nicht bewusst. Er stammte von Landarbeitern ab, die im neunzehnten Jahrhundert und noch danach zur Arbeit auf den Plantagen der Engländer herübergebracht worden waren. Das war dann auch schon seine ganze Vergangenheit. Und jetzt, im nachkolonialen, islamischen Malaysia, saß er in der Klemme. Er war in einer ebenso aussichtslosen Lage wie Shafi und all die anderen Malaien vom Dorf. Und vielleicht war er sogar noch schlimmer dran, weil ihm das Gemeinschaftsgefühl fehlte oder die Gewissheit einer makellosen Vergangenheit, er hatte auch keinen Glauben, an den er sich hätte halten können, und er war außerstande, der Welt deswegen Vorwürfe zu machen, er wusste auch nicht, wem er welche hätte machen sollen. Die Bilderstürmereien in Kerling und Temerloh, der Prozess in Klang, das waren Dinge, die ihn angeblich nicht interessierten und die wohl auch nur oberflächliche Ängste in einem Mann ausgelöst hätten, der mit einem ganzen Sack voller Nöte geboren worden war.

An diesem wirtschaftlich entwickelten Westküstenstreifen reihte sich Stadt an Stadt, hier gab es keine malaiischen Dörfer. In Klang mussten wir uns nach dem Gerichtsgebäude erkundigen. Es war ein ruhig gelegenes, zweistöckiges Kolonialbauwerk, etwas außerhalb des Stadtzentrums. Im Hof keine Schaulustigen. Im ersten Stock, wo sich der eigentliche Gerichtssaal befand, saß niemand auf den Zuhörerbänken. Das Verfahren hatte Schlagzeilen gemacht; die öffentliche Aufmerksamkeit war groß; die Menschen waren beunruhigt. Der eigentliche Prozess dagegen schien eher eine Privatangelegenheit zu sein, so unwichtig, wie Shafi behauptet hatte: ein malaiischer Richter, zwei malaiische Polizisten, ein junger, gut aussehender indischer Junge im Zeugenstand, eine indische Dolmetscherin in gelbem Sari neben dem als Zeuge auftretenden Jungen, ein indischer Anwalt mit Koteletten, der Fragen stellte.

Die sieben übrigen Angeklagten, die sich in jener Nacht den Bilderstürmern entgegengestellt hatten, standen in einer Art Gehege, einem Pferch mit Holzgeländer in der Mitte des Saals. Der Prozess schien sie nicht weiter zu berühren. Vier Ventilatoren dröhnten vor sich hin, kein Wort war von dem zu verstehen, was Anwalt, Zeuge oder Dolmetscherin sagten. Es war wie eine ganz private Angelegenheit. Und doch waren vier orientierungslose, wahnsinnig gewordene junge Männer, die die neue Welt um ihren Verstand gebracht hatte und die in ihrer Verwirrung den simplen Traum von dreißig zerschlagenen Kultfiguren und vom ewigen Leben im Himmel geträumt hatten, jetzt tot.

Wir fuhren zurück ins Stadtzentrum und nach einer kurzen Rundfahrt weiter zur Anlegestelle, die über einem Uferstreifen aus schwarzem Schlamm erbaut worden war. Ruderboote, bei denen Planken fehlten, verrotteten in diesem Schlamm, dessen Farbe sie bereits angenommen hatten. Auf dem braunen Wasser lagen Boote, die noch benutzt wurden, vertäut zwischen aufragenden Pfählen. Krähen und eine ausgemergelte Katze stocherten in den Abfällen herum. Dann fiel Regen und vernebelte die Sicht, ohne die Hitze zu mindern; er machte alles grau und überzog den fast flüssigen Schlamm mit kurzlebigen Pockennarben. Man konnte sich gut vorstellen, wie diese unschöne Bucht hundert Jahre früher ausgesehen hatte: vielleicht eine Fischersiedlung, die damals womöglich wie ein Ort gewirkt hatte, in den die Welt nie Einzug halten würde.

Mein zahnlückenbehafteter tamilischer Taxifahrer, der für einige Zeit verschwunden war, kam wieder zurück, vom Regen durchnässt. Er hatte irgendwo ein paar Krabben aufgetrieben. In seiner atemlosen und aufgeregten Art erzählte er, dass Krabben in Kuala Lumpur das Doppelte kosteten.

»Wollen Sie sie dann nicht verkaufen?«, fragte ich ihn.

»Ich werde sie mit nach Haus nehmen. Wir werden sie essen.«

»Sie werden die 60 000 Dollar nie aufbringen.«

Weitab jener Küste führte eine neu angelegte Straße die bewaldeten Hügel des Hochlandes von Genting hinauf. Die Wolken schoben sich hügelabwärts; es war kühl genug, um einen Pullover anzuziehen. Am Ende dieser Straße aber, wenn man die hohen, weißen Stämme der Urwaldbäume, die Düsterkeit des Waldes, die Schlingpflanzen, die breiten, herzförmigen Blätter, die Farne, wilden Palmen und wilden Bananenbäume hinter sich gelassen hatte, nach all dem stand man nicht vor einer Siedlung oder Stadt, sondern vor einem riesigen Vergnügungspark, einem Betonspielplatz im Dunst: ein Miniatursee, kleine Gehwege, Miniatureisenbahnen, ein Hotel und ein Kasino.

In Malaysia waren die Freuden des Geldes simpel. Das Geld überstrahlte die Beschränkungen von Ländern wie Malaysia, die Armseligkeit, den Mangel an Bildung, das Zuspätkommen in jeder Hinsicht. Geld – das aus dem Erdöl, dem Kautschuk, dem Zinn und dem Palmöl stammte – veränderte die alten Verhältnisse. Aber das Geld machte die Menschen lediglich zu Käufern von Importgütern, ließ das Land in einem Abhängigkeitsverhältnis zu den industriell entwickelten Ländern verharren, hielt alle Menschen in einem Kolonialstatus fest.

Der Rückzug von jemandem wie Shafi war also durchaus verständlich; auch die Wut der Bilderstürmer und ebenso auch der Wunsch vieler Malaien, als Araber zu gelten, so zu tun, als lebe man so rein und unberührt wie in den Tagen des Propheten.

4

Arabien

In Kuala Lumpur gab es eine muslimische Gemeinde. Es hieß, die jungen Malaien dort stünden modernem Leben, modernen Gegenständen völlig ablehnend gegenüber. Sie bebauten ein kleines Stück Land und lebten – so meinten sie jedenfalls – wie Araber, und zwar wie die alten Araber, nicht wie die heutigen. Besucher waren bei ihnen nicht gern gesehen. Shafi, der zwar mit der Idee der Kommune sympathisierte, aber sich in die Angelegenheiten einer anderen Gruppe nicht einmischen wollte, übermittelte ihnen meinen Namen. Tagelang geschah überhaupt nichts.

Dann erhielt ich einen Anruf von Khairul. Er war Mitglied der Gemeinde. Sein Englisch war abgehackt und scharf, wie die Aussprache von Japanern in einem altmodischen amerikanischen Kriegsfilm. Und wie eine Filmfigur fragte er mich denn auch: »Wie weiß ich denn, dass Sie nicht vom KGB oder von der CIA sind?« Ich dachte, er wüsste das. Vor einiger Zeit hätten sie nämlich, sagte er, zwei Reportern von *Time* den Besuch erlaubt, aber sie hätten seither mehr und mehr das Gefühl, die beiden seien von der CIA gewesen. (Wie ich später erfuhr, hatte aber *Time* die Geschichte gar nicht gebracht; und Khairul war – wie alle, die die Öffentlichkeit scheuen und auf unerwartetes Schweigen stoßen – am Ende wohl ein bisschen eingeschnappt.)

Er sagte, er werde an dem betreffenden Abend drei Personen mitbringen. Ich bat ihn, es bei zweien zu belassen, ich sei zu abgespannt, um mich in meinem Zimmer im Holiday Inn mit vier Personen auseinander zu setzen.

»An welchem Aspekt sind Sie interessiert?«, hörte ich die schneidige, japanische Stimme Khairuls fragen. »Am geistigen oder am wirtschaftlichen Aspekt?«

»Am geistigen.«

Und dann kam mir der Gedanke, womöglich etwas Falsches gesagt zu haben. Es wäre vielleicht besser gewesen, über die wirtschaftliche Seite diskutieren zu wollen. Von Anwar Ibrahim vom ABIM hatte ich ein wenig über die ökonomischen Vorstellungen bestimmter islamischer Gruppen in Malaysia erfahren. Ihre These war, dass der Westen am Zusammenbrechen sei. »Man erweckt dort den Eindruck, das islamische Wirtschaftssystem beinhalte im Wesentlichen die Herstellung von Ketchup und *halal*-Nahrungsmitteln [die entsprechend den Riten rein sind]. Nach dem Motto: Pro Woche wird eine Kuh geschlachtet.«

Aber meine Sorge wegen des womöglich falschen Gesprächsthemas war so grundlos wie meine Vorbehalte wegen der Zahl der Besucher. Khairul und seine Leute kamen gar nicht. Stattdessen kam eine Nachricht, in der ich aufgefordert wurde, am nächsten Morgen um zehn Uhr vor dem Parlamentsgebäude einen Mann zu treffen. Ich beschloss, darauf nicht einzugehen. Ich nahm an, dass, wenn ich nichts täte und mich in der Folge still verhielte, die Chance groß sei, dass Khairuls Neugier angestachelt und er womöglich von sich aus nachfragen würde. Und so war es denn auch.

Ein paar Tage später erhielt ich abends gegen halb acht einen Anruf von Khairul. Er sei im Foyer des Holiday Inn, mit seinen drei Begleitern. Sie kamen zu mir hoch. Vielmehr: Sie stürmten herein. Drei von ihnen – darunter auch Khairul – sahen mit ihren Turbanen und langen grünen Gewändern einigermaßen aufsehenerregend aus.

Ein Mann trug Hose und Hemd. Er setzte sich in einen der Sessel. Einer der Turbanmänner setzte sich in den zweiten Sessel. Khairul, ein Mann mit lustigen Augen, tief von der Sonne gebräunt, der in seinem arabischen Gewand unerwartet jovial wirkte, nahm auf dem niedrigen Tischchen zwischen den beiden Sesseln Platz. Ein sehr kleiner bärtiger Mann, der von sich sagte, er sei Journalist und wolle sich Notizen machen, setzte sich auf den Stuhl an der Frisierkommode und holte sofort Stift und Papier heraus.

»Was wollen Sie wissen?«, legte Khairul gleich los.

Die vier Männer füllten so sehr den Raum, und ich war immer noch so verdutzt ob ihrer Erscheinung – der Turban, die schmuddeligen Gewänder – und ihres hektischen Auftretens, dass ich schon wieder vergaß, nach dem islamischen Wirtschaftssystem zu fragen.

»Sie alle sind unterschiedliche Menschen«, sagte ich, »ich möchte daher gern wissen, wie Sie zu dem geworden sind, was Sie jetzt sind.«

»Ja«, meinte Khairul, »wir sind alle verschieden.«

Alle außer Khairul stammten aus dem Bundesstaat Kedah im Norden des Landes. Der Mann in Hose und Hemd – er sah eher wie ein Chinese aus und nicht wie ein Malaie und schien auch nicht so aufgeregt zu sein wie die anderen – sagte, er sei Arzt. Khairul selbst war Rechtsanwalt. Der Mann mit dem weißen Turban und dem Anflug eines Mulattengesichts war Missionar und Hadschi, also jemand, der die Wallfahrt nach Mekka gemacht hatte. Er war der Ungepflegteste von allen, aber er war ihr Sprecher. Khairul übersetzte und verhielt sich alsbald recht ungezwungen, indem er die Beine hochzog und auf dem niedrigen Tisch unter der Hängelampe mit ihrem für das Holiday Inn typischen Schirm aus Flechtwerk zum Schneidersitz kreuzte. Ich saß im Pyjama auf dem Bett.

Ich fragte den Hadschi, ob er irgendwelche romantischen Gefühle für das Dorfleben empfinde. »Nein«, sagte er. Das Leben auf dem Dorf sei nicht islamisch. Der Arzt ergänzte: »Es gibt dort viele animistische und hinduistische Traditionen.«

Das hatte mir auch Shafi gesagt: Der Widerspruch in Shafis Denken war erst gegen Ende unseres letzten Gesprächs zutage getreten. Das richtige Leben für die Malaien war das Leben auf dem Dorf. Aber genau dort mussten die Verhältnisse geändert werden. Der Glaube musste geläutert und die alten heidnischen Traditionen ausgemerzt werden.

Khairul meinte: »Die Hochzeitszeremonien in den Dörfern sind immer noch hinduistisch.«

»Ist das denn von Bedeutung?«

»Ja«, erklärte der Hadschi. Es sei ein Verstoß gegen den Koran.

Der Hadschi erzählte, dass die Familie seiner Mutter aus dem Jemen stamme. Sie kamen über Thailand nach Kedah. Die Familie seines Vaters war aus Sumatra. Sie waren – der Hadschi und auch die anderen lachten bei diesem Gedanken – Kannibalen gewesen, Kopfjäger. Sein Großvater war als Erster zum Islam konvertiert. Sein Vater wurde Religionslehrer. Er war Bauer und arm: Als er starb, hinterließ er genau einen Dollar. Er weigerte sich, seinen Sohn auf die staatliche Schule zu schicken. Er unterrichtete ihn selbst.

In Khairuls Übersetzung sagte der Hadschi: »Er brachte mir alles bei. Er brachte mir den Koran bei und Arabisch. Er erzählte mir von Napoleon und Hitler.«

»Was erzählte er Ihnen über Napoleon?«

»Napoleon erließ einfache und wirkungsvolle Gesetze. Aber er hält dem Vergleich mit Khalid, dem Gefährten und General des Propheten, nicht stand. Khalid berichtet, dass es für ihn ein Augenblick höchster Befriedigung war, als die Armeen der Gläubigen und der Ungläubigen aufeinander prallten und nur das Donnern der Pferdehufe zu hören war, und die Funken von den klirrenden Schwertern sprühten in der dunklen Nacht.«

»Der dunklen, kalten Nacht«, ergänzte der Arzt.

»Vergleichen Sie das mal mit Napoleon. Der zieht seine Streitkräfte zurück, um seine Geliebte aufzusuchen. Das steht so in den Geschichtsbüchern. Sie können es nachlesen. Wie kann man also diese beiden Persönlichkeiten vergleichen wollen? Khalid opfert sein Leben, um seine Religion zu verteidigen. Napoleon denkt an seine Geliebte. Frauen haben überall die gleichen körperlichen Merkmale. Die Überzeugung aber ist unvergleichlich.« So lautete Khairuls Übersetzung. »Wäre Napoleon ein Muslim gewesen, dann hätte man ihn in die hinterste Linie versetzt, er wäre höchstwahrscheinlich aus dem Verkehr gezogen worden –«

»Sie meinen vor ein Kriegsgericht gebracht worden?«

»Genau«, kommentierte Khairul, der den Gedanken aufgriff. »Er wäre wegen unmoralischen Verhaltens vor ein Kriegsgericht gebracht worden.«

Ich wollte, dass der Hadschi mehr über seine Kindheit berichtete. Ich hätte gern einen Vergleich zwischen seinen und den Erinnerungen Shafis angestellt. Aber er erklärte, er wolle lieber über wichtigere Dinge reden. Ich versuchte es trotzdem.

»Was haben Sie eigentlich am Dorfleben als nichtislamisch missbilligt?«, fragte ich ihn. »Abgesehen von den Hochzeitszeremonien.«

»Den Wucher.«

»Wer waren die Geldverleiher?«

»Malaien, Chinesen.« Der Hadschi unterbrach sich, um meine Gefühle nicht zu verletzen.

»Inder«, sagte der Journalist, der an der Frisierkommode saß und seine Aufzeichnungen machte. »Chettys. Haben Sie schon mal was von den Chettys gehört?«

Ich bejahte. »Was mögen Sie an den Chinesen nicht?«

»Die Art, wie sie leben«, erwiderte der Hadschi und lächelte. »Wenn sie Muslime würden, hätte ich nichts gegen sie. Wir haben keine Rassenvorurteile.« (Es hieß allerdings in Malaysia, wenn die Chinesen als Kollektiv Muslime würden, dann würden die Malaien zum Buddhismus konvertieren.)

Bis zum Alter von fünfzehn Jahren hatte er sich um die Rinder seines Vaters gekümmert und auf dessen Feldern gearbeitet. Dann starb sein Vater. Zu seiner Beerdigung kamen an die tausend Menschen.

»Aber warum haben die Ihren Vater nicht unterstützt? Er war doch Religionslehrer! Warum ließen die ihn mit nur einem Dollar in der Tasche sterben?«

Der Hadschi gab darauf keine Antwort. Er sagte, er habe nach dem Tod des Vaters mit dem Lesen weitergemacht. Er las alles, was er in die Hände bekam. »Ich habe ein Buch von Sukarno gelesen. *Revolution*. Irgendwas mit Revolution.«

»*Im Schatten der Revolution*«, warf der Arzt ein. (Das war allerdings eine falsche Übersetzung. Der Titel von Sukarnos Buch lautet: *Dibawah Bendera Revolusi*, und das bedeutet eher: »Unter der Flagge der Revolution«.)

Der Journalist, der sich über unser Gespräch Notizen machte, warf zugleich einen Blick auf diverse Schriftstücke, die auf der Frisierkommode herumlagen, und irgendwo in meinem Hinterkopf hatte ich die Befürchtung, er könnte etwas entdecken, was sein Missfallen erregen müsste.

Er sprach dann auf Malaiisch mit Khairul. Dieser fragte mich, ob ich einen Fotoapparat hätte. Ich verneinte. Khairul erläuterte die Frage des Journalisten: »Er hat einen, aber keinen Film dafür. Kann er hier einen kaufen?«

Ich sagte, er könne es versuchen, der Laden im Foyer habe noch offen. Darauf verließ der kleine Mann im langen Gewand den Raum, und seine großen, weißen Tennisschuhe blitzten über die dunkle Auslegware des Holiday Inn.

Ich nahm eine Prise Schnupftabak und erläuterte, dass es Tabak sei und nichts Härteres – ich wusste, dass sie Aufputschmittel ablehnten.

Khairul meinte: »Der Koran fördert den Tabakgenuss keineswegs.«

»Fördert?«

»Es ist nicht verboten. Es ist nicht empfehlenswert. Das ist ein Fachterminus im Arabischen, verstehen Sie?«

Der Hadschi sagte lächelnd: »Die meisten Tabakhersteller sind Juden, und um die Juden zu vernichten, dürfen wir ihre Waren nicht konsumieren. Es gibt ein sehr gutes Buch über die Juden.«

Der Arzt ergänzte: »Von Henry Ford.«

»Dem Autofabrikanten«, setzte Khairul hinzu.

»Kann ich das Buch hier bekommen?«

»Im Perkim-Buchladen«, sagte Khairul. »Dort können Sie es bekommen.«

Der Hadschi erklärte: »Die Juden sind die Feinde Gottes. Kennen Sie die Evolutionstheorie?«

»Ich habe davon gehört.«

Der Hadschi starrte mich mit seinem lächelnden Gesicht an: »Wissen Sie, warum diese Theorie in die Welt gesetzt wurde?«

»Für einen Mann, der aus bäuerlichen Verhältnissen kommt, wissen Sie eine ganze Menge«, bemerkte ich.

»Ich weiß sehr wenig. Ich weiß nur einen Bruchteil von dem, was im Koran steht.«

Khairul, der mit gekreuzten Beinen und entspannt auf dem Couchtischchen zwischen dem Arzt und dem Hadschi saß, beteuerte: »Wenn man den Koran kennt, weiß man alles. Wirtschaft, Politik, Familienrecht – alle diese Prinzipien sind im Koran enthalten.«

Es klopfte an der Tür.

»Das wird Ihr Freund sein«, sagte ich.

Ich stand in meinem Pyjama vom Bett auf und ließ den Journalisten herein. Mit seinem Turban, den runden, getönten Brillengläsern, dem langen, dünnen Bart, seinem Gewand und einem weiteren, sarong-ähnlichen Kleidungsstück, das ich vorher gar nicht bemerkt hatte, sah er aus wie ein abgemagerter, kleiner, in der Sonne ausgedörrter Derwisch, der sich in der Korridorwüste des Holiday Inn verlaufen hatte. Er blieb in seinen großen weißen Schuhen sehr dicht an der Tür stehen, als ob er, so weit weg von seinen Kameraden, ganz eingeschüchtert sei. Einen Film hatte er nicht aufgetrieben.

Ich setzte mich wieder aufs Bett und sagte zum Hadschi, der gelassen und lächelnd in seinem Sessel saß: »Sie sprachen gerade von der Evolution. Sie sagten, sie wäre aus einem bestimmten Grund aufgebracht worden.«

»Was wissen Sie über die Geschichte der Juden?«, fragte der Hadschi zurück.

»Sehr wenig.«

»Sie sind eine geniale Rasse«, erklärte er, »wussten Sie das? In den Büchern Gottes wird das bestätigt.«

Khairul fügte von sich aus hinzu: »Sie sind eine geniale Rasse. Quer durch die Geschichte.«

»Die anderen Rassen«, meinte nun wieder der Hadschi, »sind eifersüchtig auf die Juden, weil sie eine so geniale Rasse sind. Was die Geschichte der Ideen angeht, haben sie einen großen Beitrag geleistet. Karl Marx.«

»Engels«, meldete sich Khairul zu Wort.

»Tolstoi«, ließ der Journalist verlauten, der an der Frisierkommode erneut seine Notizen machte.

»Alles Juden«, sagte der Arzt.

Ich hatte den Eindruck, dass wir uns recht weit von dem Thema der Evolution entfernt hatten. »Möchten Sie etwas Tee?«, fragte ich sie.

»Wird der Tee hier im Hotel von Muslimen zubereitet?«, wollte der Hadschi wissen. »Wie wird er zubereitet?«

»Sie nehmen dazu Teebeutel. Und die Kellner sind Malaien.«

Der Hadschi sah nicht so aus, als wäre er überzeugt. Sie besprachen sich untereinander auf Malaiisch, und schließlich sagte Khairul: »Wir hätten gern ein Getränk aus der Flasche.«

Ich stieg vom Bett herunter und ging zu dem kleinen Sanyo-Kühlschrank, der quer in einer Ecke stand, nicht weit von dem Stuhl, auf dem der Hadschi saß, und die Aufschrift »Ihre Privatbar« trug. Auf dem Kühlschrank standen Miniaturflaschen in Doppelreihe, der Vorrat an Trinkbarem in den einzelnen Fächern war bescheiden: Bier, Weißwein, Tonic, Coca-Cola, Seven-Up-Limonade. Sie entschieden sich für Coca-Cola.

»Eine Flasche reicht«, meinte Khairul, »für uns vier ist das genug. Wir sind es so gewohnt.«

Ich nahm die Flasche mit ins Bad und, um Befürchtungen einer eventuellen Verschmutzung zuvorzukommen, gab ich ihnen zur Erklärung: »Neben der Tür hängt ein Flaschenöffner.« Ich brachte ihnen eins der sterilisierten, in Zellophanpapier eingehüllten Gläser und übergab es dem Hadschi zusammen mit der geöffneten Flasche.

Der Journalist spielte auf der Frisierkommode mit zwei Zeitungsausschnitten herum.

»Es geht darin um den Taxifahrer und den Afrikaner«, erklärte ich.

Sie kannten die Geschichte. In den Zeitungen war groß darüber berichtet worden. Ein Taxifahrer hatte am Flughafen von Kuala Lumpur einen völlig verzweifelten Afrikaner aufgelesen, der ihm vorjammerte, er habe sein Flugticket verloren sowie andere Papiere und sein Geld. Der Taxifahrer nahm den Afrikaner mit zu sich nach Hause, gab auf eigene Kosten eine Annonce zwecks Wiederbeschaffung der Papiere auf, allerdings ohne Erfolg, kümmerte sich um eine Verlängerung des Visums, lieh dem Mann Geld – eigenes Geld und Geld seiner Tante – für ein Hotelzimmer und ein neues Flugticket. Jetzt, zwei Monate später, war der Afrikaner, ein Mann aus Ghana, wieder in Kuala Lumpur, hatte der Tante des Taxifahrers 2000 US-Dollar in die Hand gedrückt und dem Taxifahrer selbst ein neues Datsun-Auto versprochen.

»Würde so etwas in Ihrem Land passieren?«, fragte der Hadschi und reichte das Glas mit Coca-Cola an Khairul weiter.

»Nein«.

»In islamischen Ländern kommt das tagtäglich vor. Für Sie sind das vielleicht Neuigkeiten, für uns nicht.«

Allerdings war der Taxifahrer Chinese und bekam, einem Zeitungsbericht zufolge, keine Erlaubnis zum Betrieb eines eigenen Taxis.

Der Hadschi säuberte seine Nasenlöcher mit dem Zeigefinger und streifte dann den Finger an der Samtlehne des Sessels ab; darauf sagte er: »Wir müssen die Geschichte über die Juden zu Ende erzählen. Noch vor Moses' Lebzeiten gab es in arabischen Landen einen jüdischen Stamm. Bei diesem

Stamm lebte ein Prophet. Nach göttlicher Offenbarung befahl der Prophet den Juden, samstags zu beten. Aber die Juden missachteten die Befehle des Propheten, weil samstags immer viele Fische im Meer waren und sie lieber fischen gingen, als an diesem Tag einen religiösen Feiertag zu begehen.«

»Diese Geschichte kenne ich nicht«, musste ich einräumen.

»Steht alles im Koran. Das Ende war: Der Prophet war in Rage, und der Zorn Gottes –.«

Hier hatte Khairul Schwierigkeiten mit der Übersetzung. Er unterbrach sich und unterhielt sich auf Malaiisch mit dem Hadschi. Dann fuhr er fort. »Und der Zorn Gottes kam über die Juden, und Gott schwor, den ganzen Stamm in Affen zu verwandeln –.« Er unterbrach sich erneut und kicherte.

»Menschenaffen«, sagte der Arzt in strengem Ton. »Sie sind in Menschenaffen verwandelt worden.«

»Für sieben Tage«, betonte der Hadschi.

»Und dann verschieden sie«, ließ sich der Journalist vernehmen.

Der Hadschi sagte: »Die Geschichte wird in der Thora, im Koran und im Testament erwähnt –.«

»Im Alten Testament«, bemerkte Khairul und kommentierte seine Übersetzung. »Lukas und die anderen erkennen wir nicht an.«

»Das sind die drei Bücher Gottes«, sagte der Hadschi. »Die Gläubigen dieser drei Bücher kennen die Geschichte. Wir Muslime glauben an das Alte Testament. Wer nicht an dieses Buch glaubt, ist kein Muslim.«

»Weil in einem Teil des Alten Testaments das bevorstehende Kommen Mohammeds eindeutig erwähnt wird«, ergänzte der Arzt.

Khairul warf ein: »Darüber gibt es ein Buch von Professor

Benjamin. Sie können es im Perkim-Buchladen bekommen. Das ist ein zum Islam übergetretener katholischer Priester. Sein jetziger Name ist Professor Abu Daud.«

Der Hadschi, der bei diesem Zwischenspiel in englischer Sprache übergangen worden war, fuhr fort: »Die Geschichte der Juden ist aber noch nicht zu Ende. Nachdem sie in Menschenaffen verwandelt worden waren, sank ihr moralisches Ansehen. Um diesem Übelstand abzuhelfen, weil sie ja bereits moralisch verworfen sind –«

»In den Augen der Welt«, erläuterte der Arzt.

»– ziehen sie nun die ganze Welt mit sich nach unten.«

»Ihr Grundsatz dabei ist«, kommentierte wieder der Arzt, »wenn sie schon schmutzig sind, dann sollen auch die anderen schmutzig sein.«

Der helläugige und dicklippige Hadschi meinte, zu mir gewandt: »Es hat Sie vielleicht befremdet, als ich sagte, dass die Juden Feinde Gottes seien. Das ist aber nur eines der Kennzeichen ihrer Verruchtheit. Sie haben mir Fragen gestellt. Jetzt lassen Sie auch mich einige Fragen stellen. So halten wir es im Islam. Erst fragen Sie, dann frage ich. Erst erzähle ich, dann erzählen Sie. Glauben Sie, dass Ihre Urgroßväter Menschenaffen waren?«

»Nein.«

Der Hadschi lächelte und erklärte (Khairul produzierte, nachdem er seine Cola getrunken hatte, Rülpser beim Übersetzen): »Das beweist die Verruchtheit der Juden.«

»Aber entwickeln sich denn die Menschen nicht?«, wandte ich ein. »Ich meine das nicht auf die einzelne Person bezogen« – und ich wendete mich an jeden von ihnen – »aber haben Sie mir nicht gesagt, dass Ihre Großväter auf Sumatra Kopfjäger waren. Heute dagegen sind Sie ein Hadschi und ein gebildeter Mann.«

»Das war eine falsche Lebensweise«, erwiderte der Hadschi. »Deswegen entstand ja der Islam, um die Diskrepanzen dieser Lebensweise aufzuheben. Vor der Zeit des Islam konnte zum Beispiel Kalif Omar seine Tochter hernehmen und sie lebendig begraben. Es war eine Schande, eine Tochter zu haben. Das war so Usus bei den Arabern der damaligen Zeit. Kalif Omar musste stets schluchzen und vergoss Tränen, wenn er an seine Vergangenheit dachte, an sein Leben vor dem Islam.«

»Seine Freunde sahen ihn in der Wüste weinen,« erläuterte der Arzt.

»Und nachdem er sich in den Schoß des Islam begeben hatte, wurde er der trefflichste alle Männer.«

»Haben Sie das Buch *Der Weg nach Mekka* gelesen?«, fragte Khairul. »Ah, das ist ein Buch! Es ist von Mohammed Asad, einem österreichischen Juden.«

Der Journalist, der lange Zeit geschwiegen hatte, meldete sich jetzt zu Wort: »Wie war doch noch sein früherer Name? Pold irgendwas.«

»Leopold«, erwiderte Khairul. »Sie können auch dieses Buch im Perkim-Buchladen bekommen.«

»Es ist eine Biographie, nicht wahr?«, fragte der Arzt.

»Ja«, antwortete Khairul, »es ist eine Biographie. Ein *schönes* Buch.«

Der Hadschi, der von neuem übergangen worden war, schaltete sich wieder in das Gespräch ein: »Glauben Sie an einen Schöpfer?«

»Nein«, sagte ich.

»Das ist aber die Grundlage des Islam.«

»Es ist zu schwer für mich«, erklärte ich, nachdem wir länger diskutiert hatten, »ich fühle mich verloren, wenn ich allzu sehr über das Universum nachdenke.«

»Dieses Gefühl des Verlorenseins würde ich als Zufriedenheit beschreiben«, meinte der Hadschi.

Ich konnte nicht sagen, ob das mitfühlend oder kritisch gemeint war.

»Haben Sie, als Sie im Iran waren, mit Religionslehrern dort gesprochen?«

»Ich habe einige Ayatollahs getroffen. Khalkhali, Shirasi.«

»Ah ja, Shirasi«, sagte der Hadschi. »Worüber haben Sie mit ihm gesprochen?«

»Ein bisschen über Religion. Ich glaube, er hatte Angst, ich könnte ein Kommunist sein.«

Sie lachten.

»Was ist im Augenblick im Iran los?«, fragte der Hadschi.

»Ein Durcheinander. Es herrscht Rechtlosigkeit. Die Fabriken arbeiten nicht. Die Mullahs wissen nicht, wie sie das Land führen sollen. Mit diesem Problem könnten Sie hier auch zu tun bekommen.«

Der Hadschi meinte: »Sofern Muslime auf islamische Art und Weise leben, auf wahrhaft islamische Weise –« Wieder hatte Khairul Schwierigkeiten mit der Übersetzung.

»Dann folgt alles andere nach«, warf der Arzt dazwischen.

»Welcher Unterschied besteht zwischen Ihrem jetzigen Leben als wahrhafte Muslime und Ihrem früheren Leben?«, fragte ich sie.

Dazu sagten sie nichts.

Der Hadschi meinte lediglich: »Wenn Sie einem Menschen begegnen, können Sie auf einen Blick erkennen, ob er ein Hindu, ein Animist oder ein Muslim ist.«

Aber wie? War es dem Gesicht abzulesen? Stand dem Gläubigen eine Art Gnade oder Zufriedenheit ins Gesicht geschrieben?

Nein, der Hadschi meinte etwas ganz Simples. Nichtgläubige essen Schwein und sind nicht wählerisch mit dem Essen.

Ich fragte nach ihrer Kleidung. Mussten sich religiöse Menschen so anziehen wie sie?

Die Antwort kam von Khairul: »Es gibt fünf Grundsätze für die Bekleidung. Es sind Gebote Allahs. Die Männer müssen sich vom Nabel bis zum Knie bedecken. Die Frauen müssen alles bedecken, außer dem Gesicht und den Händen.«

»Einige Frauen in der Universität bedecken ihre Hände«, meinte ich.

»Das ist auch besser«, erwiderte Khairul.

»Warum tragen Sie grüne Umhänge?«

»Weiß und grün zu tragen ist im Islam empfehlenswert.«

»Warum?«

»Weil das die Art und Weise war, wie die Propheten gelebt haben. Ein Batikschlafanzug, wie Sie ihn anhaben, ist im Islam nicht empfehlenswert.«

»Batik?« Ich zupfte an meinem Schlafanzugoberteil von Marks and Spencer.

Khairul erklärte: »Batik ist nur was für Damen.«

Der Journalist setzte hinzu: »Für Männer muss die Kleidung schlicht sein.«

»Aber Pyjamas sind islamisch. Schnitt und Farben sind islamisch. Die Europäer haben die Idee dazu aus der Türkei und Indien übernommen.«

»Sie kommen zwar aus islamischen Ländern«, meinte der Hadschi, »aber in Allahs Geboten ist nicht davon die Rede.»

»Sie verstehen die Schönheit des Islam nicht«, erklärte Khairul. »Wenn Sie erst einmal die fünf Grundsätze verstanden haben, dann werden Sie auch seine Schönheit verstehen. Die fünf Grundsätze sind auf alles anwendbar. Im Islam sind gewisse Dinge zwingend geboten, andere sind empfehlenswert. Das ist ein Terminus technicus. Eine Übersetzung aus dem Arabischen.«

»Vielleicht erlaubt?«

»Erlaubt? Nein, empfehlenswert ist besser. Gewisse Dinge sind eben nicht empfehlenswert, wie Ihr Batik. Andere Dinge dagegen sind *haram*, verboten. Etwa wenn ein Mann seine Knie zeigt. Die fünfte Kategorie ist *harus*, ins Ermessen gestellt.«

»Ins Ermessen gestellt, Diskrepanz – Sie benutzen ein eigenartiges Vokabular, Khairul.«

»Ich bin Anwalt«, bemerkte er. Und dann warf er sich ein wenig in die Brust: »Ich habe meine Ausbildung auf einer Schule gemacht, wo Malaiisch gesprochen wurde. Ich möchte Ihnen mal erläutern, was der Grundsatz des freien Ermessens bedeutet. Zum Beispiel ein Unternehmer, der eigentlich nur fünf Hemden braucht, stattdessen aber vierzig kauft, weil er sich vierzig leisten kann. Im Jenseits wird er sich dann für seine Verschwendungssucht zu verantworten haben. Diese fünf Grundsätze decken alle Bereiche des Lebens ab. Alles – Politik, Wirtschaft, Familienleben, sogar das Husten. Über den Islam gibt es *so viel* zu lernen. Man kann Jahre und Jahre damit zubringen und kommt doch nie zu einem Ende.«

»Ich würde gern etwas über das Husten und die fünf Grundsätze erfahren.«

»Ich werde Ihnen ein Beispiel nennen. Wenn Sie bei einer Versammlung sind und es Ihnen peinlich ist zu husten; aber drei Tage später wachen Sie mit einem starken Seitenstechen auf, weil Sie nicht gehustet haben, dann war Ihr Verhalten falsch. Husten ist zwingend geboten, sobald es der Gesundheit schadet, wenn man nicht hustet. Husten ist empfehlenswert, wenn Sie die Hand vor den Mund halten und ausrufen: ›Gelobt sei Allah!‹ Es ist nicht empfehlenswert zu husten, ohne die Hand vor den Mund zu halten. Jemandem allerdings ins Gesicht zu husten« – er drehte sich zum Arzt und tat so, als wolle er ihm ins Gesicht spucken – »das ist schauderhaft. Es ist *haram*, verboten. Es ist unislamisch und eine Sünde.«

»Wie steht's mit dem Husten nach freiem Ermessen?«

»*Harus*. Sofern Sie bei sich zu Hause sind und es niemanden beleidigt. Dann dürfen Sie im Stehen husten oder im Sitzen husten. Es ist ganz und gar freigestellt. Alle diese Dinge sind geregelt.«

Schließlich aber mussten sie gehen. Der Hadschi musste zu einer Veranstaltung; er komme viel herum und sei ein großer Prediger, erklärten sie. Auf den Arzt wartete seine Klinik.

»Sie sollten seine Klinik sehen«, meinte Khairul, »sie ist durch und durch islamisch und so schön. Ihnen geht es nicht gut; ich sehe, dass es Ihnen nicht gut geht. Sie hätten eine *schöne* Behandlung von ihm erhalten. Er würde Sie auch jetzt behandeln.»

»Ich bin schon bei einem anderen Arzt«, sagte ich, »ich kann nicht wechseln.«

»So ist das«, kommentierte der Arzt, der sich jetzt merkwürdig professionell gab.

Die Gemeinde befand sich in einem Randbezirk Kuala Lumpurs, in einer hügeligen, waldigen Gegend. Nicht weit davor stand am Straßenrand ein Hinweisschild. Ich hatte hier kein Schild erwartet. Obgleich die Gemeinde die Reputation hatte, geheimniskrämerisch zu sein, war es ja doch einigermaßen unsinnig, sich arabisch zu kleiden und dann zu verstecken.

Das Land war wie geschaffen für eine malaiische Siedlung, für Holzhäuser auf Stützen oder Pfählen, für grüne Gärten und hohe, Schatten spendende Bäume. Aber den Wald hatte man zugunsten einer breiten Straße abgeholzt; und die Straße war gesäumt von modernen, malaiischen Häusern – modern, weil sie statt der Fenster verglaste Lichtschlitze aufwiesen und weil der Pfahlbauteil der Häuser zu ebener Erde ummauert worden war, um mehr Raum zu schaffen.

Durch den Regen war die Sandstraße in eine Schlammpiste verwandelt worden. Es waren viele junge Leute in grünen Umhängen oder Gewändern und weißen Turbanen zu sehen. Am äußersten Ende der Straße wurde ein im Schlamm stecken gebliebenes Auto angeschoben. Unter denen, die mithalfen, meinte ich den Hadschi zu erkennen; hier schien alles möglich zu sein. Aber ich irrte. Nur durch den weißen Turban hatten die Gesichter einiger Malaien etwas Mulattisches an sich. Andere, ebenso gewandete Gestalten (die auf die Gebetsstunde warteten wie Schauspieler auf ihren Bühnenauftritt) lümmelten sich auf der Veranda oder dem Vorbau des Eckladens herum, in dem die Kommune – als Ausweis der Autarkie ihrer islamischen Lebensform – vorbeikommenden Autofahrern dies und das zum Kauf anbot.

Ich kaufte eine Hand voll Schnipsel frittierter Süßkartoffeln. Man reichte sie mir in einer zusammengehefteten Plastikschachtel. Sie schmeckten weniger nach Süßkartoffeln als nach dem Frittieröl.

Der Taxifahrer meinte dazu: »Da sehen Sie mal, welchen Kram man hier heutzutage kriegt!« Und dabei sprach er das Wort *Kram* so merkwürdig aus, dass ich zunächst annahm, er meine damit das malaiische Dorf.

Ich bot ihm von den Süßkartoffeln an.

»Nein, danke«, sagte er missgelaunt.

5

Der kaputte Spielplatz

Shafi stammte aus dem unterentwickelten Nordosten des Landes, aus Kota Baru. Ich wollte das Dorf kennen lernen, um das er trauerte – einst unverseucht, die Menschen voller Frömmigkeit, würdig und nicht materialistisch eingestellt. Kota Baru war darum der erste Halt auf einer Reise ins Landesinnere, die er für mich organisiert hatte.

Die Reise fing schon nicht gut an. Der tamilische Fahrer mit der Zahnlücke, der Unglücksrabe, sollte mich zum Flughafen bringen. Mit strahlendem Gesicht lief er am Abend zuvor im Foyer des Holiday Inn auf mich zu und verkündete, dass er für meine Fahrt zum Flughafen eingeteilt sei. Er hatte mich bei so vielen Fahrten zum Mitwisser all seiner Ängste gemacht, dass er sich mittlerweile als meinen Freund betrachtete. Und wie ich schon mehr oder weniger erwartet hatte, ging wieder was schief. Während der Nacht war sein Auto zu Bruch gegangen (er meinte allerdings, dass er den Schaden von der Versicherung ersetzt bekäme), und am anderen Morgen musste ich mir einen neuen Fahrer suchen.

Nach nur einer Stunde Flug waren wir in Kota Baru und im Monsun. (Siebzehn Jahre früher hatte Shafi noch eine Reise von einem Tag und einer Nacht auf sich nehmen müssen, um von Kota Baru, vorbei an den Kautschukplantagen und durch den Dschungel, nach Kuala Lumpur zu gelangen, das so viele

Schrecken für ihn bereithielt.) Zweimal setzte das Flugzeug zur Landung auf der Piste des Flughafens von Kota Baru an. Schließlich landeten wir in einem Platzregen, und die Passagiere hasteten in kleinen Gruppen unter grellbunten Regenschirmen zur Flughafenhalle. Kein Rahman wartete dort auf mich, wie Shafi es eigentlich geplant hatte.

Man nannte mir den Namen eines Hotels, und ich fuhr mit einem Taxi dorthin. Kota Baru stand unter Wasser: ein altersschwaches Kolonialstädtchen aus den zwanziger oder dreißiger Jahren – kleine niedrige Läden, kleine niedrige Häuser, ziegelgedeckte Dächer, Wellblech –, aus dem das frisch hereinströmende Geld eine neue Stadt aus Beton und Glas erstehen ließ. Das Hotel war neu, klein, mit modernen Ambitionen. Ich fand heraus, dass Rahman für eine Nacht ein Zimmer für mich bestellt hatte – es war wie ein kleines Wunder, allerdings gab es nur dieses Hotel in der Stadt.

Später rief er mich an. Er sagte, es sei merkwürdig, dass niemand mich abgeholt habe. Schließlich habe er nicht nur einen, sondern drei Männer zum Flughafen beordert, die mich abholen sollten, drei Schuldirektoren. Er habe denen sogar erklärt, dass ich nach meinem jahrelangen Aufenthalt in England vermutlich eine weiße Haut habe. Seine Geschichtenerzählerei – das genaue Gegenteil der Direktheit von Menschen wie Shafi – sollte bei mir als ebendies: Geschichtenerzählerei, ankommen. Es war seine Art, mir zu verstehen zu geben, dass er nicht allzu viel mit mir zu tun haben wolle. Rahman arbeitete für die Regierung. Er hielt es wohl nicht für angebracht, allzu viel mit Shafi oder der ABIM oder einem von der ABIM hergeschickten Besucher zu tun zu haben.

Der Regen hörte nicht auf. Rahman kam am späten Nachmittag ins Hotel. Er war ein kleiner, rundlicher, lächelnder

Bursche in einem kurzärmeligen, blauen Safari-Anzug. Ich nahm an, er würde mich in Shafis Dorf oder einen vergleichbaren Ort fahren. Aber das hatte Rahman gar nicht vor; er wollte in der Öffentlichkeit partout nicht als mein Reiseführer, egal wo, in Erscheinung treten. Stattdessen fuhren wir im Regen bei am Nachmittag rasch eintretender Dunkelheit – vorbei an überschwemmten Feldern, vereinzelten, kleinen und vom Regen durchweichten malaiischen Häusern unter triefnassen Obstbäumen – zu einem islamischen College, wo Rahman sich die Verantwortung für mich, seinen gefährlichen Besucher, mit zwei oder drei anderen teilen konnte, die nicht minder nervös waren als er selbst.

Sie hatten den Tisch zum Tee gedeckt. Der Tee war süß, milchig und kalt. Die mir gegenübersaßen, meine Gastgeber, schienen gewillt, den Mund nicht aufzumachen. Waren dies Shafis Kameraden, die als Kinder mit ihm Fische gefangen und Steine nach Vögeln geschleudert hatten? Ja, sie waren es. Vielleicht nicht seine wirklichen Freunde, aber Menschen wie diese. Nicht nur Shafi hatte sich weiterentwickelt.

Unter ihnen war ein Philosophiedozent. Dozent? Ein Mann aus Shafis ländlicher Vergangenheit? Tatsächlich. Er hielt am College Vorlesungen über die Versuche arabischer und persischer Philosophen, islamisches mit griechischem Denken zu verschmelzen. Es schien ein schwerer Kurs zu sein, und der Dozent betonte denn auch, dass der Kurs schwer sei, und setzte einigermaßen bedrückt hinzu, dass er, zumal in griechischer Philosophie, noch eine Menge zu lesen habe. Er hatte an der islamischen Al-Azhar-Universität in Kairo studiert. Er war ungern dort gewesen (überhaupt schienen nur wenige Provinzmalaien Spaß an ihren Reisen gehabt zu haben). Er fand die Araber undiszipliniert und unzuverlässig.

Ich hätte gern mehr über seine Studentenzeit an der Al-

Azhar-Universität erfahren. Aber er erklärte – auch dies Geschichtenerzählerei –, dass er zu tun habe. Er müsse mit seiner Frau zu Abend essen. Und nach dem Abendessen? Danach müsse er mit dem Auto los und die Mitteilung vom Tod eines Familienmitglieds unter der Familie verbreiten. Das war ein malaiischer Brauch (und zugleich der erste Beleg für das Fortleben von Dorfgewohnheiten, die Shafi erwähnt hatte).

Es war Zeit für die Gebete. Sie ließen mich mit dem Tee sitzen und begaben sich ins Nachbarzimmer, um ihre Gebete zu verrichten. Dafür ließen sie sich Zeit.

Als sie wieder zurückkamen, taute der Verwaltungsbeamte, dessen Übergewand bis oben zugeknöpft war und der auch ansonsten einen zugeknöpften Eindruck machte, ein bisschen auf und erzählte, dass er drei Tage in England gewesen sei, in »Queensway, WC2«. Von diesen drei Tagen waren ihm drei Dinge in Erinnerung geblieben: Menschen, die unter der Erde reisten; ein Redner im Hydepark, der erklärt hatte, dass sechzig Prozent der englischen Männer homosexuell seien; und der (irgendwie im Widerspruch dazu stehende) Anblick von Männern und Frauen, die sich in der Öffentlichkeit umarmten.

»Es fehlen die einfachsten Benimmregeln«, meinte der Verwaltungsbeamte. »Wenn wir bei uns einen Fisch fangen, dann säubern wir ihn, braten ihn und essen ihn dann. Dort fangen sie den Fisch und essen ihn gleich auf. Wir spülen den Fisch noch aus, während sie sich schon nach dem Essen den Mund abwischen.«

Rahman bemerkte ergänzend – wobei er von der sonst üblichen idyllisierenden Metaphorik absah: »Bei uns haben wir für den Geschlechtsakt einen bestimmten Ort und eine bestimmte Zeit.«

»Bei uns ist das etwas Privates«, belehrte mich der Philosophiedozent. »Es ist etwas Heimliches und Heiliges. Wir erzählen davon nicht einmal unseren Freunden.«

»Diese Menschen sind verloren«, meinte der Verwaltungsbeamte.

Der Arabischlehrer stieß zu uns. Er war größer als die anderen, trug einen Sarong und ein weißes Käppchen. Sein Gesicht war ausdruckslos. Er fing gleich an zu essen. Die Menschen hätten genug von Romanen, verkündete er, und deswegen wendeten sie sich dem Koran zu.

»Der ist *naturgemäßer*«, sagte Rahman.

Aber gab es nicht auch arabische Romane?

»Sicher«, erwiderte der Arabischlehrer und kaute dabei. Es gab einen ägyptischen Romanschriftsteller. Aber das eine Buch ging in die Richtung und das andere in eine andere, was beweise, dass der Mann selbst nicht mehr ein noch aus gewusst habe.

Was waren das für Romane?

Er konnte es nicht sagen. Er meinte, er gebe nur wieder, was seine Schüler gesagt hätten. Und dann aß er noch etwas von dem malaiischen Kuchen, trank Unmengen kalten Tees, erhob sich, strich seinen Sarong glatt und trollte sich.

Sie waren zufrieden: Dieses Wort benutzten sie wieder und wieder. Ich sollte wissen, dass sie zufrieden waren. Rahman arbeitete für die Regierung, bekam dafür tausend Dollar im Monat und einen Wagen. »Ich bin gern hier«, sagte er. Er wollte gar nicht in irgendeinen anderen Teil Malaysias umziehen. Hier war das Leben nicht von Konkurrenz geprägt, hier musste man sich nicht wegen der Chinesen ärgern, hier hatte man einfach nicht die gleichen Probleme wie die Malaien in anderen Landesteilen.

Es regnete und regnete. Zum Abendessen gingen wir in ein

malaiisches Restaurant, das von einer malaiischen Organisation betrieben wurde. Das Restaurant war prächtiger als alles, was Shafi als Kind gekannt haben konnte. Die Dekoration war ein bisschen heruntergekommen, Rahman jedoch war stolz, dass er es als ein Beispiel für ein malaiisches Unternehmen vorführen konnte. »Sehen Sie«, meinte er, »wir gehen nicht alle bis zum Islam zurück.«

Der Philosophiedozent war auch noch da; offenbar hatte er das Abendessen mit seiner Frau ebenso wie seine Pflichten in Sachen Todesfall vergessen. Seine Geschichte war ohnehin nichts anderes als ein an mich adressiertes Signal gewesen, ihm nicht wegen Al-Azhar, der Philosophie oder anderer strittiger Fragen zuzusetzen.

Alle hatten sie überdies große Familien – auch dies machte einen Teil ihrer Zufriedenheit aus. Rahman etwa hatte fünf Kinder, der zugeknöpfte Verwaltungsbeamte, der noch recht jung war, hatte drei, der Philosophiedozent vier.

»Wir sind Optimisten«, erklärte der Philosophiedozent. »Mein Vater war arm. Und trotzdem geht es mir gut. Auch unseren Kindern wird es gut gehen.«

»Allah hat gesagt, dass kein Geschöpf unversorgt bleibe«, meinte der Verwaltungsbeamte.

»Was ist dann aber mit einem Land wie Kambodscha?«, warf ich ein.

»Sie haben sich die Strafe selbst zugezogen«, erwiderte der Verwaltungsbeamte. »Das sind Allahs Worte über die Ungläubigen.«

»Eine Ameise beißt Sie ins Bein«, kommentierte Rahman, »aber Sie töten dann doch nicht diese spezielle Ameise, Sie versuchen, sie alle auf einmal loszuwerden.«

Dann befragte ich sie zu einer Meldung in der Morgenzeitung. Es war die Geschichte verbreitet worden, vierzig Köpfe seien nötig, um den Hafen fertig zu stellen; die Dorfbewohner hatten vorsorglich ihre Kinder von der Schule fern gehalten.

Das sei eine alte Geschichte, erklärten sie. Als Kind habe er von einer ähnlichen Geschichte gehört, erzählte Rahman. Damals sei auch von vierzig Köpfen die Rede gewesen, um den Eisenbahnbau zu Ende zu bringen. Solche Geschichten hätten eine einfache Erklärung. Eltern wollten, dass ihre Kinder zu Hause blieben und nicht herumlungerten, weil es im Dorf dunkel sei und es nur hier und da Beleuchtung gebe. Als er Kind war, habe es auch geheißen, sie sollten nicht auf einen Bananenbaum klettern, weil sonst die Geschlechtsteile abfaulen würden: Damit sollten die Kinder nur davon abgebracht werden, auf den Baum zu klettern. Saß man auf einem Kissen, dann hieß es, man bekomme Furunkel am Hintern; das wurde gesagt, um die Kissen sauber zu halten.

»Inzwischen sind die Menschen aber aufgeklärter«, meinte Rahman, »sie sagen ihren Kindern jetzt, dass sie die Kissen beschmutzen würden, wenn sie sich draufsetzen.«

Und während wir uns unterhielten, regnete es weiter. In der feuchten Luft zog sich meine Brust zusammen. Ich musste an mein winziges Hotelzimmer denken, in das die Klimaanlage eiskalte Luft blies, ohne dass sie reguliert werden konnte.

Shafi trauerte um das Dorfleben, das er gekannt hatte. Er sprach darüber, wie über etwas Vergangenes, etwas, das er für sich selbst nur in einer Gemeinschaft wiederbeleben könne. Für diese Männer dagegen existierte ein solches Leben noch – ein Leben in Gemeinschaft, die alten Sitten und Gebräuche, Einträchtigkeit. Die Autos und neuen Beschäftigungsformen standen dazu nicht im Widerspruch. Shafi war es, der sich geändert hatte. Der Islam dieser Männer machte einen Teil ihrer tiefen Zufriedenheit aus. Shafis Islam – der Islam als Energiespender und Seelenreiniger für die Malaien, der Zerstörer falscher Sitten und falscher Sehnsüchte – war revolutionär und diente keiner Sache, die diese Männer hätten verstehen können.

Es berührte mich eigenartig, als Sendbote ebendieser Revolution betrachtet zu werden. Aber offenkundig sah man mich so, also überließ man mich nach dem Abendessen mir selbst. Rahman rief mich am nächsten Morgen an, um mir mitzuteilen, dass er um elf Uhr in die Moschee gehen müsse und danach bis um drei »Programm« mit seiner Frau habe. Er könne mich daher nirgendwohin begleiten, auch nicht zu einer Batikfabrik. Er könne mich nicht mal zum Flughafen zurückbringen.

Es regnete. Ich war gezwungen, im Hotel zu bleiben. Das Zeitungspapier, das der »Wartungsmann« des Hotels über den Luftschlitz der Klimaanlage geklebt hatte, half nicht, die Kälte in meinem Zimmerchen abzumildern. Um es warm zu bekommen, musste ich die Belüftungsklappen im Badezimmer öffnen, und das ließ den Regen hereinprasseln. Das Foyer war sehr klein. Ich pendelte zwischen Foyer, Speiseraum und meinem Zimmer hin und her. Damit schlug ich die Zeit bis zum späten Nachmittag tot, dann ging ich durch die Wassermassen zum Flughafen. Für kurze Zeit ließ sich die Sonne blicken, dann goss es wieder. Wasser über Wasser ergoss sich auf die Piste, dicke Tropfen spritzten hoch und weiß auf.

Penang lag nur einen Katzensprung entfernt an der Westküste. Die Westküste war die wirtschaftlich entwickelte Küste Malaysias, sie war intensiver kolonisiert, hier befanden sich die englische Plantagen, die Fabriken, und hier lebten die tatkräftigen Chinesen. Von hier stammte auch Anwar Ibrahim von der ABIM, und aus diesem Grund hatte Shafi in Penang einen Aufenthalt für mich arrangiert. Nach der Erfahrung in Kota Baru war ich allerdings unsicher geworden. Das Flugzeug, das in Penang zwischenlandete, flog weiter nach Kuala Lumpur, und ich war versucht mitzufliegen. Aber schließlich stieg ich doch aus.

Ein Katzensprung, und doch kam ich mir vor wie in einem anderen Land. Penang besaß einen internationalen Flughafen; es gab keinen Regen; und ich wurde von Abdullah erwartet, einem Universitätsangehörigen von vierunddreißig Jahren.

Fabriken mit bekannten Namen, eine geschäftige Stadt, in manchen Teilen sogar elegant: Abdullah fuhr mich durch die Stadt und anfangs sprach er in neutralem Ton mit mir, wie um herauszufinden, wie er mit mir umzugehen habe. Doch dann brach seine Leidenschaft aus ihm heraus: internationale Gesellschaften, Niedriglöhne, die Indolenz der Malaien, ihre Unfähigkeit zum Wettbewerb, die dringende Notwendigkeit des Islam. Abdullah war ein Malaie von blasser Hautfarbe, mit den Gesichtszügen eines Weißen. Er war alles andere als zufrieden, ein Mann, den die Leidenschaft in Trübsinn gestürzt hatte. Durch ihn lernte ich Mohammed kennen, der zwei Jahre jünger war und äußerlich mehr wie ein Chinese aussah. Mohammed war Lehrer; auch er trug das Kreuz der Malaien.

Sie brachten mich zum E&O-Hotel und ließen mich für eine Weile allein. Das E&O war ein Grandhotel aus britischer Zeit, und es war immer noch sehr vornehm. Wenn man die große Hotelhalle betrat, war das wie eine Erquickung. Mein Aufenthaltsraum ging auf eine Terrasse mit Büschen und Palmen; dahinter lag das Meer, aber in der Dunkelheit konnte ich es nicht sehen. Und was für eine Erlösung geradezu – obwohl ich mit Abdullah und Mohammed in ihrer Niedergeschlagenheit durchaus mitfühlen konnte –, das malaiische

Malaysia mitsamt der Selbstzufriedenheit und Unzuverlässigkeit der Leute in Kota Baru hinter mir gelassen zu haben! Die Anspannung in meiner Brust löste sich; und im riesigen Speiseraum, in dem frisch gebügelte Tischdecken auf den Tischen lagen und die Kellner Chinesen waren, die ihrer Aufgabe fix und routiniert nachkamen, hellten sich meine Lebensgeister so weit auf, dass ich fast eine ganze Flasche australischen Rieslings leerte.

Ich war noch ein bisschen benommen vom Wein, als pünktlich um zehn Uhr, wie sie es versprochen hatten, Abdullah und Mohammed zurückkamen, um sich um mich zu kümmern. Sie kamen auf mein Zimmer. Ich bestellte Tee und Kaffee. Der chinesische Zimmerkellner, eben noch freundlich, ja wissbegierig mir, dem Fremden, gegenüber, wurde beim Anblick der Malaien weiß im Gesicht, als ob er ahnte, was ich mir bereits zusammengereimt hatte: dass nämlich die beiden Malaien mit ihren hübschen, melancholischen Gesichtern Männer waren, die sich einer ethnischen und religiösen Mission verschrieben hatten.

Für einen Augenblick sah ich sie – auf ihren Rattanstühlen sitzend – wie aus einer Distanz heraus. Nachdem sich der Kellner entfernt hatte, wandte ich mich mit einer Überlegung an Mohammed und Abdullah, die mir im Speiseraum gekommen war: dass nämlich einem Provinzmalaien in einem alten Kolonialhotel wie diesem, das ebenso sehr seinen Wünschen entsprach, wie er es ablehnte, schon das Gefühl kommen könne, fremd im eigenen Land zu sein.

»Sie treffen den Nagel auf den Kopf«, meinte Mohammed, der jüngere mit den chinesischen Gesichtszügen.

»Wir fühlen uns fremd«, bestätigte Abdullah.

»Haben Sie sich als Kinder auch schon so gefühlt?«

»Besonders, als wir in die Stadt geschickt wurden«, antwortete Mohammed. »Die Grundschule habe ich noch im Kampong besucht. Danach wurden wir zum weiteren Unterricht in eine Kleinstadt geschickt. Butterworth.« Er sprach das englische Wort so aus, wie es hier üblich war: »But'worth«. »Das liegt von hier aus genau auf der anderen Seite des Kanals. Und schon da fühlte ich mich ein bisschen wie ein Fremder.« Er war damals elf Jahre alt.

»Ich kann mich noch gut erinnern, wie ich das erste Mal zu meinen Lehrern ging. Es waren Geistliche, Patres und Fratres, wie es bei Ihnen heißt. Mein Onkel brachte mich zur Schule. Sie lag direkt neben einem christlichen Friedhof. Also, neben der Schule befand sich von da an immer dieser Friedhof, und die Kapelle. Es gab also immer diese Atmosphäre, diese christliche und fremdartige Atmosphäre. Und natürlich mussten wir jeden Morgen eines dieser Lieder singen.«

»Choräle. Können Sie sich noch an einen davon erinnern?«

»Nein, mir fällt keiner mehr ein.« Aber er erinnerte sich noch an ein paar Brocken aus dem christlichen Religionsunterricht. »Aber nichts über den Islam. Der Islam wurde uns nie beigebracht. Das muss ungefähr 1957 gewesen sein. Etwa die Zeit, als wir dann unsere Unabhängigkeit bekamen. Es war wohl auch dieser Hintergrund, der zur Verwirrung in den Köpfen von uns Jugendlichen führte, der Leute unserer Generation. Man ist Muslim und man kommt aus einer muslimischen Vergangenheit und aus dem Kampong; und dann wird man in dieses Umfeld gebracht, regelrecht verpflanzt. Deshalb habe ich auch bis in die jüngste Zeit noch angenommen, dass meine Weltanschauung sehr unislamisch ist.«

»Was meinen Sie damit?«

»Ganz allgemein die Vorstellung vom Leben. Welche Vorstellung macht man sich vom Menschen und von der Gesellschaft? Welchen Begriff hat man von der Natur? Ist sie ein

Teil von einem selbst? Muss man sich gegen sie stellen und sie erobern oder Seite an Seite mit ihr leben? Und schließlich, welche Vorstellung hat man vom Übernatürlichen? Welche Macht hat es?«

»Was ist Ihre eigene Vorstellung von der Natur? Als Muslim und als Malaie?«

»Dazu kommen wir noch.«

»Welche Vorstellung von der Natur hat man Ihnen nach Ihrer Ansicht auf der Schule beigebracht?«

»Zum damaligen Zeitpunkt?« Er wusste nicht, was er antworten sollte. Dabei hatte er doch das Thema aufgebracht. Er überlegte einen Augenblick. »Diese Vorstellungen waren nicht unbedingt christlich. Es war eigentlich eine Mischung aus christlichen und weltlichen Gedanken. Eine Vorstellung, die uns damals nahe gebracht wurde, war zum Beispiel, dass die Natur ausgebeutet und unterworfen werden müsse. Warten Sie – vor allem aber, dass die Natur etwas sei, das keine Seele hat, dass man nur durch Unterwerfung der Natur seinen Frieden finden könne.«

Ich dachte an meine eigene Schulzeit auf Trinidad, das ja auch eine britische Kolonie mit Plantagen gewesen war. Hat man auch mir solche Vorstellungen beigebracht?

»Sind Sie auch der Meinung von Mohammed?«, fragte ich Abdullah.

»Er hat da völlig Recht«, erwiderte Abdullah.

»Hatten Sie diesen Eindruck schon damals als Kind? Oder ist das Ihre heutige Ansicht?«

»Klar geworden ist es uns erst jetzt, wo wir auf den Islam zurückblicken«, meinte Mohammed.

»Aber hat man Ihnen denn auf der Schule nichts über Wordsworth und die englische Naturlyrik beigebracht?«

»Das stand nicht im Zentrum. Davon hörten wir nur im Literaturunterricht. Und als Kommentar wurde uns gesagt, diese Leute wären alle Romantiker. Das war nicht der Kern ihres Denkens. Denn die ganze Zeit über wurde hauptsächlich davon geredet, wie man die Zinnminen ausbauen müsse, wie Bäume gefällt und Fabriken gebaut werden müssten.«

Mohammed hatte Recht. Das britische Malaysia, an dieser Westküste, war nichts als Plantage und Zinngrube. Chinesen, Inder und auch ein paar Indonesier waren herangeschafft worden, um Minen und Plantagen zu betreiben, während die Malaien, weil sie nicht für diese Art kasernierter Schufterei taugten, in ihren grünen Dörfern an den Ufern der Flüsse blieben. Auch jetzt waren diese malaiischen Dörfer immer noch bezaubernd, bewirtschaftete Waldgebiete mit Obstbäumen und Schattenspendern, Bananenpflanzungen, Pfahlhäuser aus Holz mit luftigen Innenräumen zum Schlafen, halb hoch ummauerte Veranden zum Schwatzen. Nicht wie die reglementierten Plantagen, auf denen Kautschukbäume in Reihen gezogen wurden, die man regelmäßig rodete und neu pflanzte, mit Arbeitern, die in Baracken hausten. Nicht wie die Bergwerke oder formlosen Kleinstädte mit ihren Betonzeilen aus Ladenhäusern. Als Kind des Kampong dürften Mohammed diese zwei Welten, zwei Landschaften bewusst gewesen sein – mehr als mir in meiner Kinderzeit auf Trinidad. Aber wie viel hatte er davon wirklich wahrgenommen? Wie viel hatte er in der angestammten Perspektive seines malaiischen Dorflebens überhaupt sehen können?

»Was war Ihre eigene Vorstellung von der Natur?«

Er war dieser Frage schon einmal ausgewichen. Und auch jetzt zögerte er wieder. »Damals, meinen Sie? Ich wäre wohl nicht in der Lage gewesen, es zu benennen.«

»Versuchen Sie es doch jetzt!«

»Meine Vorstellungen soll ich formulieren?« Und genauso

unverstellt, wie ich es schon bei Shafi beobachtet hatte, verstummte er daraufhin und versuchte sichtlich, mit etwas zu Rande zu kommen, mit dem er sich bislang noch nicht auseinander gesetzt hatte.

Ich wollte ihm helfen und sagte: »Die malaiische Vorstellung ist doch sicher auch, dass der Busch gerodet wird, Bananenbäume und Mangobäume um das Haus herum gepflanzt werden, und man den Busch fern hält. Wird auf diese Weise die Natur denn nicht auch untertan gemacht?«

»Ich würde es eher als Koexistieren bezeichnen. Jedenfalls ist das die malaiische Sichtweise. Die Vorstellung, die Natur müsse unterworfen werden, wie es heutzutage im Westen verstanden wird, gab es dort nicht.«

»Man muss es sich eher so vorstellen, dass entwickelt wird, was man braucht«, ergänzte Abdullah.

»Gleichzeitig kümmert man sich um die, die aktuell nicht gebraucht werden«, setzte Mohammed hinzu.

»Um die?«

»Um die natürlichen Elemente. Die Elemente der Natur.«

Auf einmal hatte ich den Eindruck, dass das, was sie da gerade vortrugen – was sie in Einklang zu bringen suchten mit einer reflexionslosen Lebensform –, im Grunde westliche Ideen von Ökologie und Umwelt waren.

Als ich dann nachhakte, fuhr Mohammed nach ein oder zwei missglückten Ansätzen fort: »Ich bin mir nach wie vor nicht sicher, welche Vorstellung die Malaien vom Menschen, von der Gesellschaft oder vom Übernatürlichen haben.«

»Das Übernatürliche? Wollen Sie wirklich ein so bombastisches Wort in den Mund nehmen?«

»Wir können dieses Wort gar nicht vermeiden, wenn wir die Weltanschauung eines bestimmten Volkes verstehen wollen, in diesem Fall also der Malaien oder der Muslime.«

Vage Gefühle, das war alles, womit ich abgespeist wurde.

Er schien zu merken, dass er sich vage ausgedrückt hatte. »Ich möchte noch etwas nachtragen zu dem, was ich über die Zinnbergwerke gesagt habe«, meinte er. »Als unsere Lehrer uns erklärten, dass die Natur erobert, nutzbar gemacht werden müsse – diese Vorstellungen stehen alle im Zusammenhang mit der industriellen Revolution.«

Da sprach der Schüler, der Student der Geschichte. Aber da war auch noch etwas anderes. Ich hatte den Eindruck, dass er Vorstellungen in Worte fasste, um die er in doppelter Hinsicht gebracht worden war, Vorstellungen, die eigentlich aus dem Westen stammten, dann von den neuen Missionaren des Islam übernommen und in ihren zahllosen Veröffentlichungen verflacht dargestellt worden waren: die Vorstellung vom Untergang des Westens, seinem geistigen Schiffbruch und der Verschwendung der natürlichen Ressourcen.

»Haben Sie während der Schulzeit auch schon so gedacht?«, fragte ich ihn.

Er gab keine Antwort.

Stattdessen antwortete Abdullah, der die meiste Zeit geschwiegen hatte. »Ich zumindest habe auf der Schule, in Klasse 5, all diese Dinge nach und nach begriffen. Ich meine, unser Leben ist ja kein Zufall. Unser Leben hat schon eine tiefere Bedeutung. Seit meiner frühesten Kindheit habe ich eine religiöse Erziehung gehabt, weil meine Familie immer strenggläubig war. Als ich etwa siebzehn Jahre alt war, sind diese religiösen Gefühle dann auch in mir selbst entstanden.«

»Es muss doch etwas gegeben haben, was sozusagen der Auslöser war. Etwas, woraufhin Sie sich gefragt haben, was man Ihnen denn da auf der Schule eigentlich beibringt. Können Sie sich an einen besonderen Umstand erinnern?«

»Ich erinnere mich, dass wir in diesem Unterricht über englische Literatur ein besonderes Buch hatten. *Mensch und Gott*. Zur griechischen Mythologie. Über Zeus und Aphrodite und die Venus von Milo und all diese griechischen Göttinnen. Und Apollo. Diese Figuren, die nach Meinung der Griechen Götter waren, die in menschlicher Gestalt auftraten – und sich dann bei allen möglichen Beschäftigungen verlustierten, nicht wahr? Eifersüchteleien zum Beispiel, Ausschweifungen. Natürlich, neben dem moralischen Aspekt, wissen Sie – das ist es, was ich als Muslim eigentlich abstoßend finde. Zum Beispiel erinnere ich mich, wie Jupiter in menschlicher Gestalt erscheint und Prinzessin – ich weiß jetzt ihren Namen nicht mehr – verführt. Und dann haben wir auch noch Erdkunde gelernt, wir mussten was über die Gestalt der Erde lernen, zum Beispiel, wie sich ein Vulkan bildet – dazu bekam man dann verschiedene Dinge gesagt. Aber im Religionsunterricht wurde uns gesagt, dass dies alles von irgendjemandem geschaffen worden sei, der das ganze Weltall regiert. Ich habe also darüber mit meinem Religionslehrer gesprochen. Ich würde auch sagen, dass ich das Glück hatte, aus einer großen Familie zu kommen. So konnten wir gelegentlich zu Hause darüber sprechen. Wie also konnte das geschehen, dieser Vulkan, so wie es im Erdkundeunterricht behauptet wurde? Das musste natürlich durch irgendetwas geschaffen worden sein.«

Mohammed sagte daraufhin: »Meine Vorgeschichte ist anders als die von Abdullah. Ich war wahrscheinlich viel stärker Malaie als Muslim. Meine Familie war nicht so religiös, nicht so erfahren in den Lehren des Islam, würde ich vermuten. Und dann kam ich auf die Missionsschule, und die Erziehung, die ich dort erhielt, war eine Mischung aus christlichem und weltlichem Unterricht.« In den Augen dieser Männer war weltlich ein schlimmes Wort; weltlich bedeutete diesseitig, gottlos, westlich, nichtmalaiisch. »Als ich von der Oberschule abging, war ich dementsprechend weltlich eingestellt. In dieser Hinsicht war mein Leben stärker durcheinander. Ich wusste nicht viel über den Islam. Deshalb war auch mein islamisches Denken und Empfinden weniger ausgeprägt. Ich begann also erst, mich mehr damit zu befassen, als ich dann als Lehrer arbeitete.«

»In welcher Hinsicht waren Sie denn verwirrt«, fragte ich. »Mein Lebensweg ist komplizierter als Ihrer, und trotzdem bin ich nicht verwirrt. Und es gibt viele Menschen wie mich. Heutzutage haben auf der ganzen Welt unzählige Menschen eine komplizierte Lebensgeschichte.«

»Wenn Sie genau darüber nachdenken, sind Sie nicht verwirrt,« meinte Mohammed.

»Wenn ich genau darüber nachdenke«, bestätigte ich.

»Sie sind nicht verwirrt, weil Sie es akzeptieren,« lächelte er.

»Könnten Sie nicht auch akzeptieren, was Sie mittlerweile sind? Sie sind als Malaie zur Missionsschule gegangen, weil das die beste Schule war, die es damals für Sie gab. Wussten Sie denn nicht, wer Sie waren und was da mit Ihnen passierte?«

»Wahrscheinlich nicht.« Und dann wiederholte er: »Wahrscheinlich nicht.« Er überlegte eine Weile und meinte: »Damals war mir wahrscheinlich nicht klar, dass ich verwirrt war.« Er überlegte noch einmal, diesmal etwas länger und fuhr dann fort: »Auch wenn ich sage, dass mein Leben bis dahin nicht sehr religiös geprägt war, so war mir doch bewusst, dass ich betete; auch in meiner Familie beteten alle. Und plötzlich wird man aufgefordert, dieses christliche Lied zu singen. Das muss mich mit Sicherheit sehr verwirrt haben. Und außerdem muss mich noch eine andere Vorstellung in Verwirrung gestürzt haben, dieses Miteinander der Geschlechter.« Das hatte er sich bis zum Schluss aufgehoben, dieses starke Schockerlebnis auf der Missionsschule. »In der Schule war man immer mit Mädchen zusammen. Man wurde aufgefordert, sich an den Händen zu fassen und zu tanzen.«

Mohammed war zweiunddreißig Jahre alt. Er war Lehrer, mit Freunden an der Universität. Aber auch nach zweiundzwanzig Jahren brachte ihn dieser Verstoß gegen ein dörfliches Tabu immer noch aus dem Gleichgewicht. Und wie schon bei Shafi im Holiday Inn von Kuala Lumpur vermochte ich auch in diesem Fall das Gesagte nur schwer mit dem eleganten Mann in Einklang zu bringen, der es gesagt hatte und der sichtlich entspannt in einem Rattansessel saß, mitten in einem Hotelzimmer, das sich auf eine mit Palmen und Büschen geschmückte Terrasse öffnete, das Meer in Sichtweite.

»Wir haben uns jetzt anderthalb Stunden unterhalten«, meinte er. »Aber wir haben noch nicht über die Dinge gesprochen, über die Sie gern hätten sprechen wollen. Die Neuordnung der Gesellschaft.«

Das war richtig. Aber ich hatte dieses Thema mit Bedacht umgangen. Unserem kurzen Gespräch am frühen Abend hatte ich nämlich entnommen, dass sein Interesse an der Zerschlagung der Gesellschaft weitaus reger war als das an ihrer Neuordnung, dass jene Neuordnung, an der ihm gelegen war, nur einen Namen hatte: Islam, mitsamt seinen abstrakten Aussagen. Und so sollte es denn auch kommen. Malaysia – mit seinen schmerzlichen Problemen: der Indolenz der Malaien, der Tatkraft der Chinesen, der Rassenpolitik, der Korruption durch das neue Geld, der technologischen Abhängigkeit eines kleinen, ungebildeten Landes – entschwand, wurde selbst eine Abstraktion, ein Land des reinen Glaubens, der totalen Unterwerfung unter Allah. Dank dieser Unterwerfung löste sich alles in Wohlgefallen auf.

Um Mitternacht mussten sie gehen. Noch später nach Hause zu fahren, waren sie zu ängstlich. Mohammed ließ mir zwei Artikel da, auf die ich einen Blick werfen solle. Einmal ein von ihm verfasster Aufsatz mit dem Titel: »Die moderne Welt löst sich auf: Der Trend zur *Nahdah* (Wiedergeburt) in der islamischen Welt«. Geschrieben war er im Stil der islamischen Bekehrungstraktate. Ein Abschnitt war überschrieben: »Der Bankrott des Westens« (»Sünde und Wollust, Alkohol und Frauen, wilde Parties und ein Umfeld, das in Versuchung führt«); ein anderer Abschnitt war betitelt: »Die Vollkommenheit des Islam«. Das war nur logisch. Der Westen, der Mohammed mit akademischer Bildung ausgestattet hatte, war nun offen für die Kritik, zu der er ihn angeleitet hatte. Der Islam, der ihm diese Bildung nicht verschafft hatte, der ihm nur die Stärkung durch den Glauben brachte, war von Kritik ausgenommen.

Der zweite Artikel, den mir Mohammed dagelassen hatte, war ein mit Bleistift geschriebener Aufsatz, den er für unser Treffen vorbereitet hatte. Es war ein Abriss dessen, was er über die Neuordnung Malaysias gesagt hatte. Und es war nicht minder abstrakt. Sein »Glaubenssystem« forderte die Anbetung Allahs; für das »Gesellschaftssystem« verlangte er Freiheit, »keine Korruption oder Untreue in den Ämtern«, den Schutz der Frauen und des Familienlebens, »keine Rotlicht- oder Schwulenviertel«; das »Wirtschaftssystem« verwarf »unrechtmäßige Einkommen, Korruption, Glücksspiele, die Ausbeutung der Armen und Unterprivilegierten«. Am Ende des Aufsatzes aber kam es besonders dick. Der letzte Abschnitt über das »politische System« seines idealen Staates propagierte »Führung durch einen Imam: Khalifah ist

Gottes Vertreter auf Erden«. Faktisch wurde nach einer Führungsfigur wie Ayatollah Khomeini gerufen. Khomeini herrschte im Iran als Gottes Stellvertreter. So sollte, nach Mohammeds Vorstellungen, auch jemand in Malaysia herrschen. Das war sein einziger konkreter Vorschlag.

Dahin also hatten ihn seine Leidenschaft als Malaie und Muslim, sein Wissen um die Geschichte, sein erwachendes Selbstbewusstsein und seine ersten intellektuellen Alleingänge gebracht. Eine Vorstellung von Reformen oder irgendwelchen Verbesserungsmaßnahmen hatte er nicht. Er gab sich nicht mit Konkretem ab. Für ihn, der von den Worten und Gedanken anderer abhängig war und diese Gedanken mit seinen eigenen wortlosen Gefühlen in Übereinstimmung zu bringen suchte, war es mit Mühen verbunden, konkret zu werden. Er wollte nur, dass die Welt so urplötzlich wieder neu geschaffen und in Besitz genommen werde, wie sie ihm (als er, in seiner Erinnerung, als Dorfjunge auf die neben dem Friedhof gelegene Missionsschule ging) genommen worden war. Das war die Verheißung des Islam.

Die Nachrichten aus der muslimischen Welt waren nicht ermutigend. Das neue Jahrhundert des islamischen Zeitalters – von dem die Gläubigen sich so viel erhofften – hatte mit einer Serie von Katastrophen begonnen. Ein pakistanisches Flugzeug mit Pilgern an Bord, die gerade ihre Wallfahrt beendet hatten, war nach dem Start vom Flughafen von Mekka abgestürzt. In Mekka selbst hatte es in der Großen Moschee eine tagelange Schießerei gegeben, bei der viele Menschen getötet worden waren. In Pakistan war das Kriegsrecht verschärft worden. Die Wahlen wurden abgesetzt, öffentliche Auspeitschungen eingeführt. Ein bekannter pakistanischer Journalist war verhaftet worden; auf Fotos war er in Ketten zu sehen. Im Iran hatten Studenten die amerikanische Botschaft besetzt und mehr als fünfzig Amerikaner als Geiseln genommen, aus keinem anderen Grund als dem, auf die Pauke zu hauen. Die islamische Revolution war ins Stocken geraten, auf Abwege gekommen, ziellos geworden.

Mohammed und Abdullah schenkten den schlechten Nachrichten aus den Ländern der Gläubigen jedoch keinen Glauben. Mohammed nahm an, dass die Nachrichten aus Pakistan lediglich bedeuteten, dass das Land endlich doch noch neu geordnet werde. Abdullah glaubte nicht, dass die Nachrichten aus dem Iran von den Nachrichtenagenturen Reuter oder Associated Press korrekt wiedergegeben würden. Wir hatten an diesem Abend schon vorher über dieses Thema geredet, und Abdullah hatte gemeint: »Wir brauchen unsere eigenen Nachrichtenagenturen.«

Ich fuhr zurück nach Kuala Lumpur.

Das Fräulein von der Rezeption begrüßte mich am Telefon: »Wie geht es Ihnen? Was macht Ihre Brust? Wissen Sie, Sie sollten kein Eis in Ihr Getränk tun, wenn Sie Asthma haben. Sie sollten Fledermäuse nehmen.«

»Fledermäuse?«

»Ja, Fledermäuse. Die Leute aus dem Kampong machen das. Man fängt die Fledermäuse, entnimmt ihnen das Herz und brät es, bis es knusprig ist, wirklich knusprig, dann zerstößt man es und rührt es unter seinen Kaffee, und davon trinkt man dann zweimal täglich. Das machen die Leute aus dem Kampong so. Und es wirkt auch.«

»Aber das Herz einer Fledermaus ist doch sehr klein.«

»Vielleicht nehmen Sie zwei oder drei, ich weiß auch nicht. Aber es wirkt.«

Als Shafi zu mir kam, um sich zu erkundigen, wie die Reise abgelaufen war, sagte ich zu ihm: »Aber Sie haben mir gar nichts über den Regen in Kota Baru erzählt. Das ist, als würden Sie mir von Grönland erzählen, ohne das Eis zu erwähnen.«

»Das war mir entfallen«, lachte Shafi. »Die Menschen sind immer rausgegangen, wenn es Überschwemmungen gab, um auf den Straßen das Wasser zu erleben. Für sie ist das eine große Sache. Und dann fahren sie Boot. Es gibt da eine Geschichte – ich habe sie allerdings nie erlebt –, dass die Mädchen in ihren Festtagskleidern aus den Häusern kommen, im schönsten Kleid, und die Jungen die Gelegenheit nutzen, die Mädchen zu sehen. Aber nie weiter als bis zum Knie. Und dann das Bootfahren. Jede Familie hat ein Boot unter dem Haus, sie ziehen es heraus und richten es für die Bootsfahrt her. Sie rudern einmal ums Dorf und erleben, wie das ist, wenn überall Wasser steht, wo normalerweise keins ist. Wenn die Überschwemmungen anfangen, dann fällen wir ein paar Bananenbaumstämme, stecken einen Bambusstab quer durch, und auf diesem Floß paddeln wir dann herum.«

»Das hört sich für mich wie das Paradies an. Ihre Augen strahlen auch jetzt noch, wo Sie davon erzählen.«

Genauso sprach er hin und wieder von seinem Dorf, nicht wie ein Dorfbewohner, sondern wie ein romantischer Reisender, wie ein Mann, der das aus der Ferne betrachtet.

»Nach Regen haben wir uns immer gesehnt. Ich mag Wasser.«

Einige Tage später – Anwar Ibrahim war zu einer islamischen Konferenz nach Bangladesch gefahren, und im ABIM-Büro gab es wenig zu tun – kam Shafi erneut zu mir. Wir nahmen ein Taxi und machten eine Rundfahrt. Wir fuhren durch die neuen Wohnsiedlungen im wunderschönen Hügelland westlich der Stadt. Ich sah eine gepflegte Stadt, in der Geld sich rasch zu verteilen schien, aber nicht das war es, was Shafi mir zeigen wollte. Der Unterschied zwischen Alt und Neu war der zwischen Malaiisch und Chinesisch. Und auch wenn die Häuser neu waren, konnte Shafi ein malaiisches und ein chinesisches Haus genau auseinander halten.

Ich ließ mich auf dieses Spiel mit ihm ein. Da ich ein Neuling war, suchte ich mir leichte Beispiele aus. Wir kamen an einem Haus vorbei, um das herum Holz gestapelt war. »Ein chinesisches Haus?«, sagte ich fragend. »Ein chinesisches Haus«, antwortete Shafi. Dann kamen wir an ein Haus mit in Reihen gepflanzten Orchideen im Vorgarten. »Ein malaiisches Haus?«, tippte ich. Shafi antwortete: »Nein, ein chinesisches Haus.« Ich gab auf.

Weiter außerhalb, dort wo die Vororte ins Land übergingen, fuhren wie an einigen Mädchen vorbei, darunter ein recht hübsches, die in einem Buswartehäuschen saßen. Es waren malaiische Mädchen.

»Zeitlose Menschen«, kommentierte Shafi.

»Wie können Sie so etwas sagen?«

Er benutzte das Wort allerdings auf seine Weise. Und er sagte das auch nicht als Romantiker, sondern als jemand, der Reformen will. »Zeitlose Menschen. Menschen, die keinerlei Zeitbegrenzung kennen und sorglos mit ihrer Zeit umgehen. Sie können es sich erlauben, auf den Bus zu warten. Nichts drängt sie, ihre Arbeit zu erledigen. In einigen Dörfern sieht man die Menschen stumm herumsitzen. Sie spielen Karten, schwatzen: ›Wohin gehst du?‹ – ›Zum Markt.‹ Fragt man ›Warum?‹, dann nennen sie keinen besonderen Grund, nur die Ziellosigkeit, sie wollen Leute sehen, die auch dahin gehen, Freunde treffen und ihnen ›Guten Tag‹ sagen und danach, wenn die Zeit zum Abendessen gekommen ist, wieder nach

Hause gehen. Und wenn sie ihre Freunde treffen, dann erkundigen sie sich: ›Wie geht es den Kindern? Wie war der Fang? Gibt's viele Fische auf dem Markt? Was ist mit der und der Familie los? Wie hoch steht das Wasser? Fünf Meter? Sechs Meter?‹ Zeitlose Menschen.«

Wir kamen in die Nähe von Kokosplantagen. Die grobstämmigen Bäume mit ihren dunkelgrünen Wedeln wuchsen in Reihen. Schwere Büschel mit den gelben und roten, ölhaltigen Kokosnüssen lagen gestapelt am Rande des Feldes, nass vom Regen. Der Himmel war grau; noch mehr Regen war im Anzug. Wir drehten um Richtung Stadt.

Der Fahrer rief: »Pilze!«, und Shafi bat ihn, an dem malaiischen Straßenverkaufsstand zu halten, wo es die Pilze gab. Es waren große, weiße Pilze mit langen Stielen, die zu Bündeln zusammengebunden waren.

»Es sind keine Kulturpilze«, erklärte Shafi. »Sie werden im Wald gesammelt.«

»Sie sehen aus wie Blumen«, sagte ich.

»Es ist eine Art Blume«, meinte Shafi mit merkwürdiger Zärtlichkeit in der Stimme und blickte auf die Pilzbündel, die er gekauft hatte. Und als wir wieder losfuhren, meinte er: »Im Dorf hieß es immer: ›Nimm nie einen Spaten, um Pilze auszugraben. Wenn du das machst, dann kommt der Pilz nie wieder zurück.‹ Ich dachte, das hätte mit dem Metall zu tun. Aber das war's nicht. Wenn man einen Pilz mit einem Spaten ausgräbt, dann gräbt man auch die Sporen, die Erde mit aus.«

Die Mädchen saßen noch immer an der Bushaltstelle.

Kurz vor Kuala Lumpur ließ Shafi den Fahrer von der Schnellstraße runterfahren. Wir kamen durch eine Siedlung malaiischer Notunterkünfte, Menschen, die aus den Dörfern hierher gekommen waren. Die Häuser ähnelten denen auf dem Land, aber sie standen enger beisammen, und es gab kein Grün. Die Behausungen wurden über Nacht hochgezogen, und Shafi wies auf die großen Schuppen mit Holz und anderem Baumaterial, das die Bewohner der Siedlung für ihre Zwecke nutzen konnten.

»Die Chinesen«, meinte Shafi, »nutzen ihre Lage aus.«

»Aber sie stellen doch auch eine Leistung zur Verfügung.«

»Das macht nur siebzig Prozent aus.«

»Das ist doch genug. Sie möchten, dass die Menschen vollkommen sind. Das ist der Unterschied zwischen uns.«

Wir aßen zu Abend im Holiday Inn. Diesmal machte er keine Umstände wegen des Essens.

»Ist es wirklich so«, fragte ich ihn, »dass Sie noch niemals so über Ihr Leben nachgedacht oder gesprochen haben wie jetzt mit mir?«

»Das ist richtig. Für mich ist die Vergangenheit vorbei. Ich habe das Gefühl, dass ich keine Zeit habe, über dergleichen nachzudenken.« Und er fügte hinzu: »Die guten alten Zeiten.«

Über die Geschichte seines Landes wusste er nichts. Von seinen Eltern hatte er gehört, dass die Japaner Malaysia während des Kriegs besetzt hatten, das war aber auch alles. In anderen Regionen existierten alte Legenden, in Kota Baru dagegen gab es nichts Derartiges, jedenfalls hatte er keine gehört. Auf der Schule hatte ihn der Geschichtsunterricht nicht interessiert. Und jetzt war nicht die Zeit zum Lernen oder Lesen, jetzt hatte er seine Arbeit für die Bewegung. Die reiche Vergangenheit seines Volkes blieb ihm verschlossen: Hinduismus, Buddhismus, der animistische Glaube.

Er lebte in einem Zwischenstadium. Er spürte, dass er als Malaie nichts besaß; als Reaktion darauf hatte er den Wunsch, nichts als sein Glaube zu sein, eine Art abstrakter Mensch – als ob so etwas möglich wäre. Um als zivilisiert zu gelten, hatte er gesagt, muss ein Mensch wissen, woher er kommt und wohin er geht. Das war keine Sache der Geschichte; für Shafi war das lediglich eine Frage der richtigen religiösen Einstellung. Alles leitete sich ab aus dem wahren Glauben. Aus der Liebe zu seinem malaiischen Volk ergab sich sein Wunsch, die Welt für sie in Ordnung zu bringen; er wollte sie so gereinigt sehen, wie er selbst in seinen Augen war. Das war die große Aufgabe, die er sich gestellt hatte.

»Aber hält nicht die Religion die Menschen von dem ab, was sie eigentlich tun sollten?«, fragte ich ihn. »Bietet die Religion ihnen nicht eine Hintertür?«

Er überhörte meine Bemerkung und deutete die Frage in seinem Sinne. »Wir sind die erste Generation«, sagte er. »Nur wenige sind in der Lage, die Lebensauffassung des Islam in ihrer Ganzheit zu begreifen. Wir wollen uns von der normalen Tradition lösen, weil sie nicht die wahre islamische Lebensauffassung ist. Aber dieser Weg ist schwer und braucht Zeit.«

Ich befragte ihn zur Natur und erzählte ihm, was Mohammed und Abdullah in Penang gesagt hatten: dass die Muslime die Koexistenz mit der Natur suchten, während die Nichtmuslime, vor allem die Westler, sich die Natur untertan machen wollten.

Er ging nicht auf die Bemerkungen Mohammeds und Abdullahs ein. »Ich will ganz offen mit Ihnen sein. In meinem Dorf findet keine Entwicklung statt. Keine Zinnbergwerke, keine Kautschukbesitzungen. Ich kann dazu also nur wenig sagen.« Seine Erfahrungen waren beschränkter und auch persönlicher. »Als ich jung war, hatte ich den Eindruck, dass alles um mich herum sehr sauber war. Die Flüsse waren nicht mit irgendwelchen Chemikalien verunreinigt. Der einzige Schmutz, den es gab, war der Gestank der Schweine und des Schweinekots aus dem chinesischen Nachbardorf. Als ich fünfzehn war, wurde mit dem Bau von Batikfabriken begonnen – drei Stück insgesamt, eine malaiische und zwei chinesische –, und die Chemikalien wurden direkt in den Fluss geleitet. Die Folge war, unsere Badefreuden im benachbarten Flüsschen wurden beeinträchtigt. Sie haben uns unseren Spielplatz kaputtgemacht. Sie hätten die Abfälle in ein Loch schütten sollen. Wir waren damals gar nicht glücklich darüber, meine Freunde und ich. Zufällig war es eine chinesische Batikfabrik, und wir straften sie mit Verachtung.«

»Ich habe einen malaiischen Roman gelesen; darin schreibt der Verfasser von Urinpfützen unter der Veranda der Häuser.«

»Das ist biologische Verschmutzung, und manchmal dienen diese Abfälle als Dünger. Vogelkot oder Hühnerkot. Die Abfälle von Schweinen sind bei uns wegen der religiösen Einschränkungen allerdings gar nicht gut angeschrieben.«

»Waren für Sie als Kind die Hügel schön? Oder die jungen Reispflanzen?«

»Das war für uns ein alltäglicher Anblick. Wir haben nie darüber nachgedacht, ob es schön war oder nicht. Aber in einigen Romanen lasen wir etwas über Reisfelder und den Wind, der durch die Bambusbäume weht und dabei eine Art Geräusch, ein natürliches Geräusch macht, und auf diese Weise ging uns auf, wie schön unsere Umgebung ist.«

»Als Sie mir heute Morgen die Häuser zeigten, sagten Sie, die Chinesen legten ihre Pflanzungen aus kommerziellen Gründen an und die Malaien aus ästhetischen Rücksichten.«

»Ich habe nicht ästhetisch gesagt.«

Hatte er aber doch. Das Wort hatte Eindruck auf mich gemacht. Es gab gute Gründe für dieses Wort, aber vielleicht hatte er nicht genau das Wort benutzt, das ihm vorschwebte. Er wollte sagen, dass bei den Chinesen Haus und Garten ein kommerzielles Unternehmen seien; dass die Menschen, die in dem Haus mit den in Reihen gezogenen Orchideen lebten, die Blumen des Geldes wegen angepflanzt hätten. Der malaiische Hof war ein Garten und dieser ein Teil des häuslichen Umfelds; er blieb Teil der guten Erde, Teil der Natur, auch wenn vom Obst oder von den angebauten Nutzpflanzen ein gewisser Anteil zum Verkauf bestimmt war. Es gab einfach kein Wort, um das zu beschreiben. ›Ästhetisch‹ (obgleich es recht gut passte) war lediglich Shafis Kürzel, ein Wort, das ihm entschlüpft und das nicht unbedingt vertretbar war. Vielleicht hatte er die Idee nicht bis zu Ende gedacht. Vielleicht gab es auch keine Definition für den Unterschied zwischen malaiischen und chinesischen Häusern, die nicht hätte auseinander genommen werden können, obwohl ein solcher Unterschied durchaus bestand, und zwar sehr deutlich und sichtbar.

Ich fragte mich, ob nicht vielleicht die Unfähigkeit, seinen Gefühlen die passenden Worte zu verleihen – neben dem fehlenden Sinn für Geschichte –, Shafi dorthin gebracht hatte, wo er jetzt war. Von Worten nicht zu kontrollierende Gefühle waren bloße Gefühle geblieben und in die Religion eingesickert; sie hatten Shafi dazu gebracht, sich die abstrakten Grundsätze eines missionarischen Glaubens zu Eigen zu machen, hatten seine Beweggründe kaschiert, hatten seine Sache verunklart, zum Teil auch vor ihm selbst verborgen. Mittlerweile waren seine authentischen Gefühle unter der Religion begraben. Er hatte seine Vergangenheit, sein Dorf geliebt; jetzt aber setzte er alles daran, sie auszumerzen.

»Ich hatte eine kleine Meinungsverschiedenheit mit meinem Vater, als ich mit ihm über Bananenpflanzungen und das malaiische Haus sprach«, sagte er, »ich war sehr angetan von schönen Blumen und wollte vor dem Haus welche pflanzen. Aber mein Vater grub direkt vor dem Haus ein riesiges Loch und verbrannte einige Tage lang darin ein paar Abfälle, etwas Müll – Bananenblätter, Unkraut und sonstige Gartenabfälle –, und dann pflanzte er einen Bananenbaum. Ich war darüber nicht sehr glücklich. Aber er sagte: ›Der Bananenbaum wird uns Früchte bringen. Die Blumen werfen nichts ab, was wir essen könnten.‹

Ich rief meine anderen Schwestern und Brüder zusammen, um meine Sache zu verteidigen, aber der Bananenbaum blieb, wo er war. Nach ein paar Monaten trug er Früchte und mein Vater stichelte gegen mich: ›Sieh mal, jetzt haben wir die Früchte unserer Arbeit. Und du hast überhaupt nichts von den Blumen, die du gepflanzt hast.‹ Mein Vater hatte tatsächlich das Loch dort gegraben, wo ich immer Blumen gepflanzt hatte. Später und auch jetzt noch habe ich dann keine Blumen mehr pflanzen wollen, weil sie abgesehen vom schönen Anblick ja doch nichts einbringen.«

»Wie denken Sie denn heute über dieses Erlebnis?«, fragte ich ihn.

»Mein Vater hatte Recht. Auch jetzt will meine Frau hier in unserem Haus in Kuala Lumpur lieber Topfblumen haben, aber ich habe durchgesetzt, dass wir stattdessen Grünzeug pflanzen, ein bisschen Gemüse.«

IV

Indonesien
Usurpationen

»Die Menschen hier haben ihre Religion verloren.«

Sitor Situmorang

1

Angriffe

Seine Meinung über mich änderte Shafi erst ganz zum Schluss. Am Morgen meiner Abreise aus Kuala Lumpur rief er mich an und nannte mir die Namen einiger Leute aus der Muslimbewegung Indonesiens. Er sagte, dort hätten sie es schwerer. In Indonesien herrsche die Armee, und sie stehe der Bewegung feindlich gegenüber. Dann rief er noch einmal an. Er bat mich, auf meinem Weg zum Flughafen am Büro Halt zu machen; er würde sich gern verabschieden. Als ich jedoch kaum mehr als eine Stunde später beim ABIM-Gebäude eintraf, war Shafi nicht in seinem Büro; und von dort, wo er war, kam er nicht zu mir herunter.

Er schickte einen älteren Mann. Dieser trug eine schwarze malaiische Kappe und war gerade aus der Schweiz zurückgekehrt, wo er sich in Sachen Islam aufgehalten hatte; die neuen Muslime reisten viel. (In manchen Kreisen Malaysias verbreitete man die Nachricht, Europa sei in rascher Bekehrung zum Islam begriffen. Das seit jeher liberale und lebenskluge Skandinavien sei bereits gefallen, Frankreich zur Hälfte muslimisch, und in England konvertierten täglich Hunderte von Menschen.)

Der Mann, der aus der Schweiz gekommen war, erzählte mir von der Besetzung der amerikanischen Botschaft in Teheran. Die westlichen Presseberichte, meinte er, seien so parteiisch, dass er nicht wisse, was er glauben solle. In der Schweiz habe er indes erfahren, die Amerikaner hätten mehrere Iraner für einen Angriff auf eine *andere* westliche Botschaft angeheuert, um die Revolution in Misskredit zu bringen. Revolutionswächter hätten diese Verschwörung aufgedeckt und die gedungene Bande stattdessen zur amerikanischen Botschaft gelotst.

In gedrückter Stimmung wegen Shafi – und weil er sein Problem hinter dem Islam versteckte – fuhr ich durch die reichen, wohl geordneten Plantagen zum Flughafen von Kuala Lumpur und landete am späteren Nachmittag in Jakarta.

Es hatte geregnet. Die Straßen waren gesäumt von rotem Schlamm. Lange Wellblechzäune (was mochte sich dahinter verbergen?); Obstverkäufer, die mit ihren Körben im Nassen saßen; Busse mit qualmendem Auspuff; Menschenmengen; der Eindruck einer großen, zusammengedrängten Stadt – rote Ziegeldächer, viele Bäume – am Fuß der verstreut stehenden Wolkenkratzer; die Hauptverkehrsstraßen kenntlich gemacht durch aufsteigenden Smog. Nach der Weitläufigkeit Kuala Lumpurs hatte man das Gefühl, wieder in Asien zu sein. Zeitungsjungen und missgebildete Bettlerkinder belagerten die Straßenkreuzungen. Männer trugen ihre Lasten, indem sie auf den Schultern eine biegsame Stange mit Körben an den Enden balancierten und sich mit schnellen, gezierten Schritten vorwärts bewegten. (Später, in der im Binnenland gelegenen Stadt Yogyakarta, versuchte ich mich einmal an der Last eines Töpfers. Anstrengend war es weniger für die Schultern als für die Waden, die bei jedem schweren Schritt zitterten: Man musste leichtfüßig gehen.)

Aber Jakarta war zugleich eine Stadt der Standbilder und Revolutionsdenkmäler: So gab es eine Freiheitsflamme, eine Phalanx kämpfender Männer, die nur mit Bambusspeeren bewaffnet waren, und eine riesenhafte Gestalt, die ihre Ketten sprengte. All dies schien ohne Zusammenhang mit dem Leben der Stadt, und die Kunststile waren importiert; manche Sachen wirkten russisch, andere expressionistisch. Aber das, woran sie erinnerten, war real: Nationalstolz und eine Freiheit, um die es erbitterte Kämpfe gegeben hatte.

In Jakarta befand man sich in einem Land mit ausgeprägtem Bewusstsein seiner Vergangenheit. Und diese Vergangenheit reichte über den Freiheitskampf und die Kolonialzeit hinaus. Hier hatten die Holländer geherrscht, mehr als dreihundert Jahre lang; Jakarta hieß bei ihnen Batavia. Von ihrer Sprache freilich war keine Spur zu sehen. Allgegenwärtig war, in lateinischer Schrift, das Indonesische, und manche indonesischen Wörter stammten aus dem Sanskrit. Auch der Name Jakarta – nun statt Batavia – ging auf ein Sanskritwort zurück und bedeutete »Stadt des Sieges«. Und die Begegnung mit dem Sanskrit, so weit im Osten, ließ die Gedanken Jahrhunderte zurückwandern.

Mein Hotel hieß Borobudur Intercontinental, sein Name ging auf den zentraljavanischen buddhistischen Tempel aus dem neunten Jahrhundert zurück. Auf dem Grundriss dieses großartigen Tempels mit seinen neun Terrassen basierte das Hotellogo: Es zeigte drei konzentrische punktierte Kreise innerhalb von fünf Quadraten, deren gestufte Seiten einen Kräuseleffekt erzeugten. Aufgedruckt war es auf Aschenbechern, eingewebt in Fahrstuhlteppiche, abgebildet auf den Bodenfliesen des großen Schwimmbeckens, wo die Kräuselwellen des blauen Wassers das Kräuselmuster des Logos noch verstärkten.

Indonesien war wie Malaysia ein muslimisches Land. Aber die vorislamische Vergangenheit, die in Malaysia nur in Gestalt von dörflichem Brauchtum zu überleben schien, erwies sich in Indonesien – oder Java – als große Kultur. Der Islam, erst seit dem fünfzehnten Jahrhundert im Lande, war die offizielle Religion. Doch die hindu-buddhistische Vergangenheit, die vierzehnhundert Jahre zurückreichte, lebte in vielfacher Weise weiter – zwar halb ausgerottet und etwas verrätselt, aber immer noch Ehrfurcht gebietend wie Borobudur selbst. Und diese Vergangenheit verlieh den Indonesiern – oder den Javanern – das Gefühl ihrer Einzigartigkeit.

Die Kriegs- und Revolutionsstatuen in Jakarta waren von übertriebenem Pathos, manche sogar grotesk. Aber sie erinnerten an die jüngste Geschichte; und diese Geschichte war heroisch und schauerlich, und es schwindelte einen, wenn man etwas über sie las.

Die Japaner schafften die holländische Sprache ab, nachdem sie Indonesien im Jahr 1942 besetzt hatten. Sie ordneten an, dass sämtliche in Holländisch geschriebenen Schilder abmontiert oder übermalt werden müssten; und so verschwand, nach dreihundert Jahren, das Niederländische über Nacht. Sie setzten Sukarno und andere indonesische Nationalistenführer, die die Holländer eingesperrt oder ins Exil geschickt hatten, während des Krieges als vorläufige Regierung ein. Die Japaner stellten auch eine indonesische Armee auf. Sie kämpfte nach Kriegsende vier Jahre lang gegen die Holländer, als diese versuchten, sich die Herrschaft wieder zu sichern. Und dieselbe Armee hielt später, während der zwanzigjährigen Präsidentschaft Sukarnos, die verstreuten Inseln des Archipels zusammen und kämpfte vielerorts erfolgreich gegen muslimische und christliche Separatistenbewegungen.

Die Unabhängigkeit war für das Land keine leichte Sache. Sie kam nicht in Gestalt von Erneuerung und Fünfjahresplänen. Sie kam als eine Kette kleiner Kriege, als Chaos und Prachtentfaltung und als Fortleben der von Sukarno gepflegten nationalistischen Rhetorik. Sukarnos Glanz verblasste. Die Armee gewann an Macht. Sie war es, die ihn im Jahr 1965 stürzte. Sie behauptete, die Kommunisten planten, mit seiner Duldung, die Machtübernahme. Und so kam es nach dem Chaos und den Enttäuschungen der Unabhängigkeit zu einem Terror, der alles übertraf, was der Archipel bislang erlebt hatte.

Hunderttausend Menschen wurden inhaftiert. Es gab ein Massaker an Chinesen (die seit Jahrhunderten in Indonesien lebten und schon immer Opfer von Pogromen geworden waren: Auch die Holländer brachten 1740 in Jakarta Tausende von ihnen um.). Und den Berichten zufolge sollen bei Volksaufständen im gesamten Archipel eine halbe Million Menschen als angebliche Kommunisten aufgespürt und getötet worden sein. Manche meinen sogar, eine Million. Noch heute sind die Indonesier fassungslos, wenn es um die Ereignisse von 1965 und danach geht. Sprechen sie darüber, so ist es, als blickten sie aus der Ferne auf einen rätselhaften Teil ihrer selbst.

Heute herrscht die Armee. Die khakifarbenen Armeebusse sind allgegenwärtig; und Jakarta ist übersät mit den Kasernen der »Kommando«-Einheiten (seltsam, dass gerade dieses Wort der Holländer beibehalten wurde), an denen die rotweiße indonesische Flagge weht. Die Armee hat sich in eine politische Organisation verwandelt und dekretiert, dass sie in jeder Regierung als starke Kraft vertreten sein muss.

Die Armee hält den Archipel zusammen. Und die Herrschaft der Armee hat Indonesien – nach der von Sukarno geprägten Zeit des Dahintreibens und des leeren Redens – fünfzehn Jahre Ruhe beschert. In diesem Zeitraum ließ Jakarta mit Hilfe des indonesischen Erdöls seine zahlreichen Wolkenkratzer in die Höhe schießen; die Hauptstraßen wurden gepflastert; mittlerweile entstehen auch die einer Großstadt angemessenen Dienstleistungsbetriebe. In dieser Zeit der Ruhe ist eine gebildete Generation herangewachsen, die erste, die seit fünfzig Jahren Stabilität erlebt. Aber das Militärregime erregt die Gemüter. Und schon entsteht – die typische Falle für Länder wie Indonesien – trotz Stabilität und Wachstum eine nervöse Unruhe.

Zum Ausdruck kommt diese Unruhe im neuen Islam; dieser Islam ist mehr als ein Ritual, er spricht von der Ungerechtigkeit, die Allahs Geschöpfen widerfährt, und von den teuflischen Machenschaften weltlicher Regierungen; dieser Islam bringt die Menschen dazu, sich zurückzuziehen, um dann desto heftiger vorwärts zu preschen.

Es schwindelt einen, wenn man sich die jüngste indonesische Geschichte vor Augen hält. Sieht man überdies, was sie im Leben eines einzelnen Menschen angerichtet hat, dann fragt man sich, wie jemand, der so wenig Rückhalt durch Recht oder Nation besitzt, so vielen Angriffen auf seine Persönlichkeit standzuhalten vermochte.

Suryadi war Mitte fünfzig: klein, dunkelbraun, von offenbar zarter Gesundheit. Geboren in Ostjava, bezeichnete er sich als einen der »statistischen Muslime« Indonesiens. Er hatte keine religiöse Erziehung erhalten; seine Religion war das, was um ihn herum in der Luft lag. Weder war er sicher, ob er an ein Leben nach dem Tode glaubte, noch wusste er, dass dieser Glaube einen Grundbestandteil des Islam bildete.

Er gehörte zum Adel, aber auf Java bedeutete das nur, dass er nicht aus dem Bauernstand kam. Die Holländer beherrschten Java mit Hilfe des alteingesessenen Feudaladels. Aber

Java war nichts weiter als eine Agrarkolonie, und dem Adel wurden zur Zeit der Holländer keine besonders großen Fertigkeiten abverlangt. Suryadis Großvater hatte als Adliger eine bescheidene Büroarbeit, sein Vater war Bankbuchhalter.

Weil Suryadi aus dem Adel kam, durfte er eine holländische Schule besuchen. Das Schulgeld war nicht hoch; und Suryadi brauchte überhaupt nichts zu zahlen. Der Unterricht war ausgezeichnet; wie sehr, das bewies er mit seinem vorzüglichen Englisch. Und noch unlängst, als er wieder Deutsch lernen und im Goethe-Institut von Jakarta einen Sprachkurs belegen wollte, hatte er sich mit seinem vierzig Jahre zurückliegenden Deutschunterricht auf mittlerem Niveau eingestuft gesehen und war später mühelos in der Lage, eine in Deutschland benotete Prüfung zu bestehen.

Anfang 1942 wurde Java von den Japanern besetzt. Radio Tokio meldete, Japan wolle Indonesien die Unabhängigkeit geben, und so waren viele Menschen bereit, die Japaner als Befreier zu begrüßen. Suryadi absolvierte gerade sein letztes Schuljahr. Die holländischen Lehrer wurden durch Indonesier ersetzt, und an der Spitze der Schule stand ein japanischer Rektor. Aber in den sechs verbleibenden Monaten war der Unterricht genauso wie unter den Holländern. Dann wechselte Suryadi – verwunderlich, wie doch alles weiterläuft, auch in Zeiten des Umsturzes – an die Universität. Dozenten und Professoren waren Japaner. Doch die Japaner wurden nicht mit den Fremdsprachen fertig. Sie sahen das selbst ein, und bald schon holten sie Indonesier, die unter ihrer Aufsicht arbeiteten.

Die Indonesier nutzten den Unterricht, um Nationalismus zu predigen. Vom allgemeinen Wohlwollen gegenüber den Japanern war nicht mehr allzu viel übrig. Suryadi wusste, dass das gesamte Wirtschaftsleben im Interesse der japanischen

Kriegsanstrengungen umgekrempelt wurde. Tausende Indonesier wurden beim Bau der Birma-Eisenbahn eingesetzt (und noch heute gibt es Indonesier in Thailand, die nach der damaligen Zwangsauswanderung dort geblieben sind). Radios wurden versiegelt; die Geräte, die einst die guten Nachrichten von Radio Tokio brachten, durften nicht länger benutzt werden.

Zu jener Zeit ereigneten sich zwei Vorfälle, die Suryadi zum erklärten Gegner der Japaner machten. Die Universitätsspitze ordnete an, alle Studenten müssten sich den Kopf kahl scheren. So schrieb es die Disziplin des Zen-Klosters vor. Und Suryadi empfand es, wie es empfunden werden sollte: als Angriff auf seine Persönlichkeit. Außerdem wurde eines Tages auf dem Exerzierplatz – wo man die Studenten militärisch drillte – ein Student von einem japanischen Offizier geohrfeigt. Alle Indonesier fühlten sich gedemütigt, und Suryadi und seine Freunde veranstalteten eine Protestkundgebung in der Universität. Dreißig Protestierende, Dozenten und Studenten, wurden von der japanischen Geheimpolizei verhaftet und ins Gefängnis geschafft.

Im Gefängnis hörten sie, wie andere wegen japanfeindlicher Vergehen oder auch nur wegen Radiohörens gefoltert wurden. Aber Suryadi und seine Mitstreiter wurden als politische Gefangene behandelt und im Übrigen weiter der Zen-Disziplin unterworfen. Man schlug sie mit Bambusstäben, aber es war nur ein Demütigungsritual. Die Bambusstäbe waren am Ende gespalten und verletzten nicht; sie machten lediglich ein lautes, knallendes Geräusch. Nach einem Monat wurde Suryadi dann zusammen mit seinen Freunden freigelassen. Aber sie wurden von der Universität relegiert. So schloss er seine Ausbildung niemals ab.

Sie waren glimpflich davongekommen, weil die indonesischen Nationalistenführer noch immer mit den Japanern kooperierten. Suryadi zufolge hat Sukarno nie geglaubt, dass Japan den Krieg verlieren würde; er glaubte nicht einmal, dass auf Japan eine Atombombe niedergegangen war. Erst nach der japanischen Kapitulation riefen Sukarno und die Nationalisten die Unabhängigkeit Indonesiens aus. Dann folgte ein vierjähriger Kampf gegen die Holländer.

Was für Geschehnisse hatte Suryadi da in seinen ersten sechsundzwanzig Jahren miterlebt! Aber er war frei von bitteren Gefühlen. Das Geschehene war zu groß gewesen; man konnte niemandem etwas vorwerfen. Weder gegen die Holländer noch gegen die Japaner hegte er Groll. Mittlerweile machte er mit beiden Geschäfte; und beide achtete er als Menschen, die einen Vertrag einhielten. Die Japaner standen in Südostasien im Ruf, rücksichtslos auf ihren Vorteil zu sehen (in Jakarta hatte es antijapanische Ausschreitungen gegeben, weil die Japaner den indonesischen Markt beherrschten); aber Suryadi fand die Japaner im Zweifelsfall großzügiger als die Holländer.

Er war frei von Bitterkeit; man könnte sagen, er hatte sich durchgekämpft. Dennoch erfüllte ihn eine indonesische Traurigkeit, die Traurigkeit eines Mannes, der sich allein gelassen fühlte und nun – nach der Holländerzeit, der Japanerzeit, den vier Jahren Krieg gegen die Holländer, den zwanzig Sukarnojahren – ohne etwas dastand, wofür er sich einsetzen konnte. Mehr als einmal schien ihm als Indonesier die Welt offen zu stehen, aber dann verschloss sie sich wieder.

In den letzten Sukarnojahren hatte er einfach abgewartet. Danach schien die Armee das Land wieder zum Leben zu erwecken. Aber jetzt geschah noch etwas anderes. Man erhob Anspruch auf so etwas wie javanische Kultur. Suryadi war selbst Javaner; die heimischen Tänze sowie Epos und Puppenspiel gehörten untrennbar zu seiner Existenz. Doch nach seinem Eindruck wurde die javanische Kultur missbraucht; sie ermutigte zur Wiederaufnahme feudaler Verhaltensweisen, und die Armee spielte die Rolle der alten Adelshöfe. Suryadi hatte den Blick des Javaners für feudale Höflichkeitsformen. Er sah, dass das jetzige Salutieren des Soldaten vor dem Offizier mehr war als ein militärischer Gruß; darin steckte die Verneigung vor dem Feudalherrn. Es war ein unausgesprochener Rückfall in frühere Verhältnisse und nicht das, was Suryadi sich für sein Land gewünscht hatte.

Außerdem verlor er seine Tochter. Sie war zum neuen Islam übergetreten, der hier bei manchen die malaysische Krankheit hieß. Während der Schulzeit und an der Universität war sie ein lebensfrohes Mädchen. Sie lernte javanischen Tanz, sie liebte Tauchen und Zelttouren. Doch während des Studiums lernte sie einen der neuen Muslime kennen, einen wiedergeborenen Muslim; und von da an veränderte sie sich. Wenn sie aus dem Haus ging, bedeckte sie ihr Haar; sie trug lange Gewänder in tristen Farben; und entsprechend stumpfte sie innerlich ab.

Eines Tages taten Suryadi und seine Frau etwas Unverzeihliches. Sie kramten in den Papieren der Tochter und entdeckten dabei ein von ihr unterzeichnetes Gelübde. Gelobt hatte sie, sich in allen Dingen von einem bestimmten muslimischen Lehrer leiten zu lassen; er sollte sie zum Paradies führen. Sie, die andernfalls nur eine »statistische Muslimin« wie Suryadi und seine Frau gewesen wäre, ließ sich nun im reinen Glauben unterweisen.

Suryadi nahm ihr die Sache damals sehr krumm. Mittlerweile war er der Ansicht, er hätte anfänglich mehr Ruhe bewahren sollen; er habe sein Erschrecken allzu offen gezeigt und das Mädchen damit noch stärker zurückgestoßen. Einmal habe er sie gefragt: »Wenn nun jemand dich bittet, mit zum Zelten zu kommen, sagst du dann: ›Es geht nicht, weil ich nicht sicher sein kann, ob es dort Wasser für meine Gebetswaschungen gibt‹?« Sein Ton sei gereizt und ironisch gewesen. Aber später sei sie mit einer Antwort zu ihm gekommen. »Ich habe nachgesehen. Im Koran steht nirgendwo, das müsste auf Reisen unbedingt sein.« Und da begriff Suryadi, dass jede Ironie an ihr abprallte, dass sie sich von der bei ihnen üblichen Art, in Anspielungen zu reden, entfernt hatte. Am meisten bekümmerte ihn der Verlust an Intellekt. »Hast du denn keinen Verstand mehr?«, fragte er sie einmal. »Musst du jedes Mal zu diesem Buch greifen? Kannst du nicht mehr selbst denken?« Worauf sie antwortete: »Der Koran ist Quell aller Weisheit und Tugend auf Erden.«

Sie heiratete den wiedergeborenen Muslim, der sie zum Glauben geführt hatte. Sie machte einen Studienabschluss; er war immer noch Student; aber als gute muslimische Ehefrau ordnete sie sich ihm unter. Mit diesem neuen Kummer lernte Suryadi gerade zu leben: Die einst lebensfrohe Tochter war ihm fremd geworden.

Unlängst freilich hatte er einen kleinen Anlass zur Hoffnung entdeckt. Einmal fuhr er sie ins Haus ihrer Schwiegereltern zurück, wo sie mit ihrem Mann lebte. »Ich habe euch doch das Häuschen gekauft«, sagte er. »Warum zieht ihr nicht lieber dorthin? Warum will dein Mann weiter bei seinen Eltern wohnen? Das ist nicht in Ordnung. Warum tut er nichts aus eigenem Entschluss?« Darauf antwortete sie: »Er hat einen Minderwertigkeitskomplex, Vater.«

Dieses kleine Signal, das erste seit geraumer Zeit, aus dem hervorging, dass seine Tochter noch Verstand und Urteilskraft besaß, war für Suryadi ein großer Trost. Auch sie sah also, was Suryadi unverkennbar fand: dass der junge Mann ein armer

Student war, dem der Background fehlte und der mit dem Universitätsleben nicht zurechtkam. Bis zum Examen hatte er noch einiges vor sich, aber er widmete seiner Arbeit zu wenig Zeit. Während des Ramadan hatte er das Studieren völlig aufgegeben, er fastete den ganzen Tag und begab sich abends zum Beten in die Moschee. Das war leichter, als über den schwierigen Büchern zu hocken; und sein religiös korrektes Verhalten trug ihm die Bewunderung der islamischen Gruppe an der Universität ein.

All dies hatte Suryadis Tochter nun selber erkannt. Das Gespräch lag ein paar Wochen zurück, und seit damals hoffte Suryadi darauf, dass sie noch rechtzeitig etwas mehr erkennen würde.

Zum Schluss, kurz bevor wir uns trennten, sagte er: »Aber ich habe Glück gehabt. Ich habe es nicht gehalten wie viele andere in Indonesien und unter Druck einfach die Wellenlänge gewechselt.«

»Die Wellenlänge gewechselt?«

»Sie wissen ja, wie die Menschen hier sind. Aber vielleicht wissen Sie's auch nicht. Sie werden mystisch. Logisch denkende, rational denkende Leute. Sie zünden Weihrauchkerzen an oder wachen nachts auf Friedhöfen, wenn sie etwas erreichen wollen; wenn sie merken, dass sie enttäuscht werden, dass sie mit Arbeit oder Karriere nicht vorankommen.«

»Das nennen Sie mystisch?«

»Ich wüsste nicht, wie man es sonst nennen soll.«

Der Islam war die offizielle Religion der Menschen. Aber unter dieser Oberfläche regte sich die frühere Welt: Relikte der hindu-buddhistischen und animistischen Vergangenheit, die freilich nicht mehr in ein System gehörten. Die Tempel aus dem neunten Jahrhundert, der buddhistische von Borobudur und der hinduistische von Prambanam, erregten allgemeinen Stolz. Doch sie waren nicht mehr restlos im Besitz der Menschen, weil man sie nicht mehr restlos verstand. Ihre einst übermächtige Bedeutung musste jetzt von Gelehrten herausgearbeitet werden; und Borobudur blieb ein Rätsel, Gegenstand akademischer Zwistigkeiten. Wiederentdeckt wurde der Tempel von den Holländern, er war ihr Geschenk an die Javaner: So jedenfalls formulierte es der Dichter Gunawan Mohammed, der die Wochenzeitschrift *Tempo* herausgab. Als die Rede auf die Vergangenheit kam, sagte Gunawan – selbst Muslim, aber auf seine eigene, indonesische Art – und machte dabei eine kurze, hackende Bewegung mit der Hand: »Irgendwo wurde das Band durchschnitten.«

Sie waren ein Volk, für das die Vergangenheit ebenso lebendig wie tot war. Und gleichgültig, ob sie über die Morde von 1965 oder die Nachtwache auf dem Friedhof sprachen – immer redeten sie, als wären sie sich selbst ein Rätsel.

Jetzt aber – mit dem durch die Armee gesicherten Frieden, mit dem Wachstum der Industrie und der Zunahme der Bildung, mit dem Eintreffen der neuen Technologien in Indonesien – war die Welt fremder geworden. An einem Samstagmorgen schlenderte ich durch den Pasar Baru, den Neuen Basar im Zentrum Jakartas, mit seinem aufgebrochenen Pflaster auf den Gehwegen, seinem Schlamm, seinen Geschäften voller Importgüter, seinen Lebensmittelständen und seinem Lautsprecherlärm. In dieser Jahrmarktsatmosphäre stieß ich auf einen Buchladen. Es war ein hell erleuchtetes Geschäft, das auf zwei Etagen Bücher anbot. Da gab es englisch geschriebene Fachbücher – über Medizin, Psychologie und Technik –, aber auch eine große Abteilung mit englischen Büchern über mystische oder esoterische Themen: Taoismus, I-ching, Paul Bruntons Gedanken über die »Verborgene Weisheit« Indiens und Ägyptens. Genauso präsentierte sich die neue Kultur: fachliches Können plus Magie, eine Kultur, der ihr Herzstück fehlt.

Nach der schwindelerregenden Geschichte der letzten fünfzig Jahre war die Welt fremd geworden, und die Menschen ließen sich ziellos treiben. Gleichgültig ob sie sich vorwärts, in die neue Gesellschaft hinein, oder wie Suryadis Tochter rückwärts, zurück zum reineren arabischen Glauben, bewegten, stets gerieten sie in eine Welt, die anderen gehörte, und entfernten sich immer weiter von sich selbst.

2

Sitor: Die Rekonstruktion der Vergangenheit

Indonesien erschloss sich nur langsam, und als ich Sitor Situmorang kennen lernte, erfasste ich ihn noch nicht als ganzen Menschen. Er war Dichter; in der späteren Sukarnozeit hatte er eine wichtigere Rolle gespielt und wurde nach dem Militärputsch für zehn Jahre, von 1965 bis 1975, inhaftiert. Bei unserer ersten Begegnung entging mir – und später fiel es mir schwer, ihn so zu sehen – die politische Seite des Mannes samt der zehnjährigen Haft, in der er weder schreiben noch irgendetwas lesen durfte. Sie entging mir, glaube ich, weil Sitor bei unserem ersten Treffen nicht wollte, dass ich sie sähe; vielleicht war ihm dieser Teil seiner Vergangenheit in dem Augenblick lästig.

Er präsentierte sich als Schriftsteller, als human gesinnter, nachdenklicher Mensch. Er sprach von einer Autobiographie, an der er gerade schrieb und die ihm Probleme bereitete. Er war ein kleiner Mann von sechsundfünfzig Jahren mit kleinem, hagerem, negrito-chinesischem Gesicht und struppigen Augenbrauen; eine mit Büchern gefüllte Umhängetasche aus Segeltuch verlieh ihm einen sonderbaren Anflug von modernem Studentenlook.

Er stammte aus dem Norden der großen Insel Sumatra. Sumatras Landschaft war wilder als die javanische. Die Muslime waren muslimischer, der hindu-buddhistische Einfluss war schwächer, es gab christliche Gebiete und immer noch einige animistische Stämme. Aus einem von ihnen kam Sitor, er war ein Batak. Und diese Stammesherkunft war der Kernpunkt bei seinen Problemen mit der Autobiographie.

Ich erinnerte mich, welche Mühe Shafi gehabt hatte, den Ereignissen seines erheblich kürzeren Lebens, seinem Fortgang aus dem Dorf in die Stadt, Struktur zu verleihen. Und nicht zuletzt dies machte auch Sitor Kopfzerbrechen. Doch seine Stammesvergangenheit lag weiter zurück; er hatte den Kontakt zu ihr verloren; und er merkte, dass er ohne Einsicht in seine Ursprünge beim Schreiben nicht mehr tun würde, als eine Abfolge von Ereignissen aufzuzeichnen. Deshalb, so Sitor, habe er die Niederschrift eine Zeit lang unterbrochen und sich stattdessen darauf konzentriert, seine Stammesherkunft zu begreifen. Zusammen mit einer jungen kanadischen Ethnologin sei er in sein Dorf im Norden Sumatras gefahren. Mit ihrer Hilfe habe er sich einiges von seiner Vergangenheit wieder angeeignet; und es war wie eine Erleuchtung.

All dies kam bei unserer ersten Begegnung zutage. Sie war kurz; wir hatten beide anderes zu tun. Damals versuchte ich immer noch, Kontakt mit muslimischen Gruppen aufzunehmen – man kam nicht an sie heran.

Sitor begleitete mich zu einem ihrer Büros; es lag auf seinem Weg. Nach meinem Eindruck bewegte er sich mit der Autorität eines Mannes, den jeder kennt. Aber als jemand ihm vom Fenster eines höheren Stockwerks aus zuwinkte, machte er mich darauf aufmerksam. »Ich kenne ihn gar nicht«, sagte er. Selbst da bekam ich nur teilweise mit, wie wichtig es für Sitor – nach seiner zehnjährigen Haft, seinem zehnjährigen Verstummen als Schriftsteller im Alter zwischen zweiundvierzig und zweiundfünfzig – sein musste, diese kleinen Beweise dafür zu erhalten, dass er noch einen Namen hatte.

Die Muslime machten sich rar. Taxifahrten vor und nach dem Mittagessen in der feuchten Hitze erbrachten nichts. Am Nachmittag überkam mich die Reise- und Hotelmüdigkeit. Mein Zimmer lag im fünfzehnten Stock. Mich beschlich das Gefühl, als lebte ich schon lange mit dieser geräuschlosen, klimatisierten Aussicht: rote Ziegeldächer und Bäume, Wolkenkratzer, ein Reklameschild für XEROX, Flugzeuge, die auf dem zur Linken liegenden Inlandflughafen landeten, Autoverkehr auf den Straßen zu beiden Seiten des Hotelparks, Abgase, die wie brauner Dunst über den Schnellstraßen hingen, dann aufstiegen und sich mit den regenschwangeren Wolken mischten. Jakarta war keine Stadt für Nachmittagsspaziergänge.

Und so rief ich Sitor an. Ich ahnte nicht, dass sein Leben von Politik und Haftzeit schwer gezeichnet war. Unser Treffen am Vormittag hatte mir den Eindruck vermittelt, er müsse ein Mann sein, der zur Ruhe gekommen war, ein gelassener, Vertrauen einflößender Mann.

Am Telefon war eine Frau. Sie sprach gut Englisch. Und dann dauerte es so lange, bis Sitor zum Apparat kam, dass ich schon fürchtete, ich hätte ihn bei der Mittagsruhe gestört oder bei der Arbeit, bei seiner Schriftstellerei, seiner Autobiographie. Als er jedoch mit mir sprach, war er so freundlich und Anteil nehmend, wie ich erwartet hatte.

»Sie müssen aus dem Borobudur weg«, sagte er, »und in ein anderes Hotel ziehen.«

»Sie meinen, das Borobudur kümmert sich nicht genug?«

»Nein, es wäre billiger.«

Aber dann verstand er. Er verstand die Einsamkeit.

»Kommen Sie zu mir«, sagte er, »um sieben. Um sechs erwarte ich einen jungen Mann. Nein, kommen Sie um halb sieben.«

Er wohnte in der Jalan Maluku. Ein paar Männer, die sich nach der Tageshitze vor einer neonbeleuchteten Getränkebude herumdrückten, zeigten dem Taxifahrer den Weg. Dann kam ein Handkarren vorbei, geschoben von einem Mann, der mit einem Bambusstück dagegen klopfte. Diese Lebensmittelkarren gehörten zum Leben Jakartas hinzu, und das Hotelrestaurant hatte des Lokalkolorits wegen sogar einen echten aufgestellt; in der Umgebung des Hotels gab es sie allerdings nicht.

Nun stand ich vor einem großen neuen Betonhaus mit einer Gartenpforte, die aus Bambus zu sein schien. Sitor kam heraus, in einem langen indonesischen Hemd. Die Pforte kommentierte er mit dem kurzen Satz: »Der Bambus verbirgt das Eisen.« Dann erklärte er, der Lebensmittelkarren verkaufe Nudeln; das erkenne er am Geräusch des Bambusstücks. Jedes auf der Straße verkaufte Essen habe seine eigene Begleitmusik.

Das Haus war ein deutsches Haus mit einer Art diplomatischem Status. Vorübergehend hatte es keine Bewohner. Es war karg möbliert; aber es enthielt eine zeitgenössische indonesische Skulptur und viele indonesische Bilder.

Wir gingen auf die Rückseite des Hauses. Als wolle er das englische Wort repetieren und ausprobieren, sagte Sitor: »Das ist die Terrasse.« Wir setzten uns. Der junge Mann, den er um sechs Uhr erwartet hatte, war nicht gekommen. »Er hat viel zu tun. Er arbeitet in Sachen Menschenrechte.«

Das Häuschen, das in einer Ecke des grünen und mit Geschick bepflanzten Hintergartens stand, war der »Pavillon«. Dort wohnte Sitor.

»Barbara wird gleich zu uns stoßen«, sagte er.

Adi, der junge Mann, traf ein. Er war in den Dreißigern und schlank, hatte scharfe Gesichtszüge und kurz geschnittenes Haar. Er erklärte, er arbeite seit zwölf Stunden und könne nicht lange bleiben. Wenn er zu lange bliebe, würde es daheim einen kleinen Vietnamkrieg geben.

»Adi gehört zu den neuen Führungskräften«, erklärte Sitor, »er ist Muslim.«

»Ich bin Muslim«, sagte Adi.

»Warum?« In Indonesien konnte man eine solche Frage stellen.

»Meine Eltern waren Muslime. Außerdem ist der Islam logischer als der Katholizismus. Diese Sache mit der Dreieinigkeit verstehe ich überhaupt nicht. Der Protestantismus ist da besser. Der Hinduismus hat seine Kasten. Das lehne ich ab.«

Die Dunkelheit brach herein. Auf der Veranda des Pavillons ging ein Licht an. Und gegen dieses Licht sah man eine groß gewachsene, schlanke Frau in langem Kleid, deren Gesicht im Schatten lag. Sie schien beschäftigt mit einer Hängepflanze oder mit irgendetwas in einem Käfig.

Sitor überkam ein Zittern. Zittern in seinem Alter, beim Anblick einer Frau! Er fasste sich und sagte mit einiger Bedächtigkeit: »Barbara ist Holländerin.«

Ein Dienstmädchen stellte Teller mit Süßigkeiten auf den Tisch, an dem wir saßen. Dann kam Barbara den kurzen Weg zu uns herüber, und als sie aus dem Schatten des Pavillonlichts in das Licht des Haupthauses trat, verlor sie alles Geheimnisvolle. Sie trug ein blaues Batikkleid. Sie war jung, Ende zwanzig, und sah gut aus; sie trat sicher auf und hatte Stil. Sitor wurde ruhiger.

»Was ist das?«, fragte ich und deutete auf die Süßigkeiten.

»Sie werden aus Bohnen gemacht«, antwortete Barbara in fast akzentfreiem Englisch.

»Sind sie lecker?«

»Er mag sie. Sie müssen gut sein.« »Er« war Sitor.

Mit Adi sprach sie Indonesisch.

Die Süßigkeiten waren kugelrund und hatten Vertiefungen, wie lasch gewordene kleine Tennisbälle. In der flanellartigen Hülle befand sich eine weiche Füllung: fettig, süß, geschmacklos, wie die Süßigkeiten, die ich in Malaysia probiert hatte.

Auf Englisch sagte Adi: »Ich bin gerade verhört worden, weil ich Muslim bin.«

»Du liebe Güte«, sagte Barbara, »doch nicht verhört?«

Aber Verhöre gingen Adi gerade im Kopf herum. Ein Karikaturist war festgenommen worden.

»Die Armee hat keinen Sinn für Humor«, sagte Adi.

»Ist es ernst?«, fragte ich.

»Sie machen's wie immer. Sie werden ihn ein oder zwei Tage einsperren. Er wird in freundlicher Form verhört. Obgleich freundlich nicht ganz das richtige Wort ist.«

Später begleitete Sitor mich auf die Straße hinaus. Jetzt am Abend waren mehr Handkarren da, und man hörte unterschiedliche Geräusche.

Fern von Barbara in ihrem langen Batikkleid überkam ihn wieder das Zittern.

»Gehen Sie zurück zu Adi«, sagte ich.

»Adi ist ein alter Freund.«

»Sind Sie mit Barbara verheiratet?«

»Nach Stammesart.« Er lachte auf offener Straße. »Kommen Sie am Samstagmorgen. Ich zeige Ihnen die Fotos. Der Stamm hat darauf bestanden. Nachdem wir schon zwei Jahre zusammenlebten.«

»Sie sind fünfundfünfzig, Sitor?«

»Sechsundfünfzig.«

»Und noch immer das Leben der Leidenschaft? Sie verlässt uns also nie?«

»Genau das hat mich auch die kanadische Ethnologin gefragt. ›Jetzt noch, in Ihrem Alter?‹ Sie war vierundzwanzig.« Und wieder lachte er und entblößte die Zähne in seinem hageren negrito-chinesischen Gesicht.

Am Samstagmorgen, bei Tageslicht und in dem fast leeren Haupthaus, war alles ganz anders. Sitor hatte Zahnschmerzen und nahm mehrere Medikamente. Barbara trug ihre Arbeitskleidung: in den blasseren Farben Europas. Sie wirkte schmaler. Das Tageslicht fügte ihrem Gesicht ein oder zwei Jahre hinzu, ließ sie freilich noch immer als eine Frau von Anfang dreißig erscheinen. Sie war geschäftig, geschäftsmäßig und mit den Gedanken bei der Fahrt zur Arbeit. Sie arbeitete in einem mit holländischem Geld finanzierten Zentrum für indonesisches Kunsthandwerk; und bevor sie losging, gab sie Sitor noch Anweisungen für ihre Käfigvögel und vor allem für ihren roten Papagei.

Sitor kam nicht zur Ruhe. Er hatte Zahnschmerzen, und ständig tauchten Leute auf, nur um mit dem berühmten Dichter einen Gruß zu wechseln. Wir hatten verabredet, dass wir an diesem Morgen über seine Autobiographie sprechen wollten. Aber immer wieder schob er es auf; einmal ging er zur Toilette. Als wir dann doch anfingen, konnte er nicht reden. Er hatte sich zu gut vorbereitet, zu angestrengt nachgedacht. Jede Formulierung schränkte er ein, sobald er sie ausgesprochen hatte, und brachte kaum einen Satz zu Ende. Er begann, große Worte zu benutzen. Und immer waren Besucher da, und es kam zum langwierigen Austausch von Höflichkeiten auf Indonesisch.

Durch jede Tür des Wohnzimmers sah man Grün: Auf diesem kleinen Grundstück schuf das Klima, das man sich wunderbar zunutze gemacht hatte, grüne kühle Räume und grünen, großblättrigen Schatten vor jedem Ausgang. Und pausenlos machten die Handkarren – während der Morgen verging, seine Frische verlor – auf der Straße ihre verschiedenartigen Geräusche.

Zu guter Letzt beschlossen wir, einfach zu plaudern. Sitor holte Fotoalben heraus und zeigte mir Farbfotos von seinem Dorf in Nordsumatra. Aufgenommen waren sie erst wenige Wochen zuvor, als er zum ersten Mal mit Barbara ins Dorf gereist war. Sitor hatte erzählt, dass er einem Stamm angehörte; er hatte auch erwähnt, dass er aus einer Häuptlingsfamilie kam. Die Worte sagten mir nicht viel. Die Fotos halfen mir, *eine* Seite der Realität zu verstehen: dass es für Sitor als Stammesangehörigen und Häuptlingssohn ein Stückchen Sumatra, ein Stückchen Erde gab, das sein absoluter und unveräußerlicher Besitz war.

Seit achtzehn Generationen herrschten Sitors Vorfahren über ein kleines Gebiet – annähernd zehn mal zwanzig Kilometer – im Norden Sumatras. Es war eine gebirgige, felsige Gegend, die zu erobern nicht lohnte. Die Holländer kamen erst spät, gegen Ende des neunzehnten Jahrhunderts. Sitors Vater kämpfte gegen sie: von 1884 bis 1908! Die Daten waren kaum glaubhaft, aber Sitor erklärte, sein Vater sei 1850 geboren und 1963 gestorben. Er starb mit 113 Jahren? Ja; er war ein Supermann nach Stammesart. Sitor hatte eine achtzigjährige Schwester; er selbst wurde gezeugt, als sein Vater dreiundsiebzig war. Nach dessen Niederlage gegen die Holländer ernannten sie ihn zum Verwalter des Gebietes. Er blieb Häuptling, und alles ging im Wesentlichen so weiter wie bisher.

Das Stammesgebiet, über das Sitors Vater geherrscht hatte,

bestand aus drei Tälern, die sich von 1800 Meter hohen Bergen bis zu einem wunderschönen See hinabzogen. Die Fotos zeigten blasse, im Tal gelegene Reisfelder, gesäumt von Dämmen oder Mauern aus Stein. Der Reis stand nicht, wie auf fruchtbareren Böden, dicht und smaragdgrün. Die Farben dieser Stammeslandschaft waren sonderbar gedämpft, zurückgenommen. Hier hatte Sitor seine Kinderjahre verbracht, als eines von vielen Einzelwesen in der Großfamilie des Häuptlings; an ein Gespräch mit seinem Vater oder seiner Mutter konnte er sich nicht erinnern. Als er sechs war, schickte man ihn auf eine holländische Schule für seinesgleichen: Söhne von Häuptlingen und Unterhäuptlingen. Aber nur für Jungen, nicht für Mädchen. Deshalb war Sitors Schwester, die Achtzigjährige, nicht mehr als eine ungebildete Bäuerin und für Sitor – vor seiner Erleuchtung durch die Ethnologin – Teil einer fernen Vergangenheit.

Es war ein isoliert lebendes Volk. Aber was immer diese Menschen in ihre Täler verschlagen hatte, mitgebracht – oder entwickelt – hatten sie Dekorationskunst und außergewöhnliche architektonische Fertigkeiten. Hohe Steinmauern schützten das Dorf; die Eingänge waren schmal und ließen sich leicht verteidigen oder hermetisch abriegeln. Die Häuser waren im Rechteck angeordnet. Sie hatten hornförmige, steile Dächer, deren First in der Mitte abgesenkt und an beiden Enden auf- und auswärts geschwungen war wie ein Schiffsbug: eine Bauform, so Sitor, die die Häuser gegen die in der Gegend häufigen starken Winde schützte.

Die einzige moderne Ergänzung zu dieser Architektur in Sitors Dorf war das Wellblech der Dächer. Die Häuser standen auf kräftigen Holzpfeilern, die durch eingezapfte Querstangen oder -balken verstärkt waren. Den Raum zwischen Pfeilern und steilen Dächern nahmen die auffallend niedrigen Hauswände ein. Im Innern war es dunkel. Es gab Holzbetten, die in abgewandelter Form das horn- oder bugartige Dach wiederholten. Und dieselbe abgewandelte Form tauchte noch einmal auf dem freien Dorfplatz auf: an dem Steinsarkophag, der die Schädel der Häuptlinge enthielt. In den Deckel war die obere Hälfte einer Eidechse eingemeißelt; die Füße befanden sich auf dem unteren Teil des Sarges. Die Eidechse galt als Sinnbild des Glücks.

Aus diesem Leben wurde Sitor herausgerissen, als man ihn mit sechs Jahren auf das holländische Internat schickte. Es war eine christliche Schule, aber niemand verlangte, dass er Christ sein müsse. Indessen verlangte man, dass er Holländisch sprach, sowohl im Unterricht als auch in der Freizeit. Die längsten Schulferien dauerten einen Monat. Dann fuhr er in sein Dorf zurück. Dort wurde er von seinem (damals schon mehr als achtzigjährigen) Vater und seiner Mutter liebevoll begrüßt, aber zu einem Gespräch mit ihnen kam es nie. Er schlief in einem der Dorfhäuser und aß aus dem Gemeinschaftstopf. Essen gab es immer, zubereitet von irgendeiner entfernten Verwandten.

In seinem Abschlussjahr an der Oberschule in Jakarta kamen die Japaner. Zuerst landeten sie in Südsumatra, Mitte Februar 1942. Zwei Wochen später hatten sie Sumatra überrannt und landeten in Westjava. Die holländische Armee trat den Rückzug an. Die Straßen Jakartas waren menschenleer, niemand verließ das Haus. Aber eines Tages fuhren Sitor und ein paar Freunde mit ihren Fahrrädern los. Und bei dem großen holländischen Kolonialdenkmal nicht weit vom heutigen Standort des Borobudur Intercontinental sah Sitor den ersten japanischen Soldaten.

Der Soldat saß auf einem Fahrrad, einem der berühmten Klappräder der japanischen Armee. Er wirkte müde und schwitzte; seine Uniform war aus dünnem und billigem Stoff, er roch nach Schweiß. Er hielt die Jungen an und machte ihnen verständlich – obgleich er nur Japanisch sprach –, dass er das Fahrrad wollte, auf dem Sitor saß.

Das japanische Klapprad war schlampig gebaut und schwer zu treten. Sitor hatte ein britisches Fahrrad, ein robustes Rad der Marke Humber oder Raleigh oder Phillips. Aber da es schon für Sitor etwas zu groß war, war es für den Japaner bei weitem zu groß. Er versuchte, damit zu fahren, musste jedoch feststellen, dass es nicht ging. Sitor mochte damals annähernd ein Meter sechzig groß gewesen sein, der Japaner war deutlich kleiner als er.

Das holländische Denkmal, bei dem die Begegnung stattfand (und an dessen Stelle heute die gigantische Bronzestatue eines jubelnd seine Ketten sprengenden Mannes steht), zeigte einen der ersten holländischen Kolonisatoren, der, so Sitor, auf das unter ihm liegende eroberte Land Indonesien wies. Und schon damals, als er sein Fahrrad behalten konnte, kam ihm der Gedanke, wie seltsam es doch sei, dass ein so kleiner Mann wie dieser japanische Soldat den riesigen Holländer hatte besiegen können.

Dies war schon das Äußerste an direktem Kontakt, den Sitor mit den Japanern hatte. In dem Stadtteil Jakartas, in dem er wohnte, ging das Leben weiter wie bisher; selbst in den holländischen Vierteln war das nicht anders, erst später verbrachte man holländische Frauen und Mädchen in Lager. Allerdings wurde Sitors Schule geschlossen. Als nach einigen Wochen wieder Eisenbahnen verkehrten, fuhren Sitor und seine Freunde häufig in das Hügelland am Rande Jakartas, um dort Obst und Gemüse zu holen, das sie dann auf der Straße zum Verkauf anboten. Später fand er handfestere Arbeit. Die Japaner hatten angeordnet, dass alle Schilder in holländischer

Sprache abmontiert oder unleserlich gemacht werden sollten. So zog Sitor umher und übermalte holländische Schilder.

Sechs Monate später befahlen die Japaner allen nichtjavanischen Schülern und Studenten, auf ihre Heimatinseln zurückzukehren. Sie wollten, so Sitors Vermutung, Indonesien in überschaubare Besatzungszonen aufteilen; und sie wollten beschäftigungslose Schüler und Studenten als potentielle Unruhestifter aus Jakarta entfernen. So nutzte Sitor das japanische Angebot einer kostenlosen Heimreise und kehrte nach Sumatra zurück, in das Dorf, in dem er seit seinem sechsten Lebensjahr nie länger als einen Monat gewesen war. Er blieb dort drei Jahre. Sein Bruder besaß eine gute Bibliothek: die Bibliothek eines Mannes, der die solide holländische Schulbildung genossen hatte. So konnte Sitor zwar die Schule nicht abschließen, aber als der Krieg zu Ende ging, hatte er sehr viel gelesen.

Danach folgten die Wirren der indonesischen Nachkriegsgeschichte: die Ausrufung der indonesischen Republik durch Sukarno und andere; der Kampf gegen die Holländer; die Sukarnojahre; und dann 1965 der Putsch gegen Sukarno. Die von den Japanern geschaffene Armee stieg zur herrschenden Macht auf. Sitor wurde wegen seiner Verbindungen zu Sukarno verhaftet und für zehn Jahre, bis 1975, ins Gefängnis gesteckt. Er durfte weder lesen noch schreiben. Einmal pro Monat gestattete man ihm den Besuch einer Person, und dieser Besuch dauerte fünfzehn Minuten. Was tat er damals? Er sprach mit seinen Mitgefangenen; er machte die Bekanntschaft neuer Menschen; politisch und sozial lernte er viel dazu.

Was immer Sitor in Jakarta war oder gewesen war, für sein Dorf blieb er immer der Stammesangehörige. Und als er aus dem Gefängnis kam, musste er erneut in die Stammesgemeinschaft aufgenommen werden. Bei diesem Initiationsritual holte man den Schädel seines Großvaters aus jenem Steinsarkophag heraus, in dessen Deckel die Glückseidechse eingemeißelt war. Sitor hielt einen flachen Teller mit dem Schädel und einer Zitrone – für die Reinigung. An der Zeremonie nahm auch ein Vetter von Sitor teil. Er war Mediziner, und als er sah, dass der Unterkiefer des Schädels beim Herüberheben auf den Teller verrutscht war, streckte er die Hand aus und schob ihn wieder in die richtige Stellung. Der Schamane oder Priester war außer sich vor Zorn. Durch die Berührung des Ahnenschädels drohte der Vetter, alles Gute zunichte zu machen und Unglück über die Gemeinschaft zu bringen.

Sitor besaß ein Schwarzweißfoto, das diesen Augenblick festhielt: Es zeigt ihn selbst, wie er, ohne etwas von dem Drama in seinem Rücken zu ahnen, den Teller mit dem Schädel und der Zitrone in Schulterhöhe hält; außerdem den Schamanen, der mit wutverzerrtem Gesicht und wehendem Haar vorwärtsschnellt, um die ehrfurchtslose Geste des Vetters an der Wirkung zu hindern.

Als politisch Geächteter konnte Sitor keine Arbeit finden. Aber als Dichter hatte er noch einen Ruf. Eines Tages, etwa zwei Jahre nach seiner Entlassung aus der Haft, veranstaltete er eine Dichterlesung im Haus eines Niederländers in Jakarta. Anwesend waren ungefähr zwanzig Menschen, hauptsächlich Ausländer. Jemand kam zu spät. Sitor, der mit dem Rücken zur Tür stand, wandte sich beim Eintritt des Zuspätkommenden um und sah eine hoch gewachsene junge Europäerin, deren Schönheit ihn überraschte. Und mehr noch als ihre Schönheit, so Sitor, ihre »Aura«. Sie verwandelte den Raum. Unverzüglich beschloss er, die Bekanntschaft der jungen Frau zu machen. Und er hatte ein bisschen Glück, denn sie setzte sich neben eine Engländerin, die ihn gebeten hatte, eines seiner Gedichte in englischer Übersetzung vorzutragen.

So konnte Sitor nach der Lesung direkt auf die junge Frau zugehen. Er sagte, er würde sie gern kennen lernen, und bat um einen »Termin«. Dabei stellte er fest, dass sie zu der Lesung gar nicht gekommen war, weil sie Sitors Gedichte kannte. Sie war nur gekommen, um sich den Mann anzusehen, der früher Verbindung zu Sukarno hatte und zehn Jahre lang inhaftiert war. Sitor störte es gar nicht, dass sie seine Lyrik nicht kannte. Barbara war Holländerin. Nach Indonesien kam sie im Auftrag einer holländischen Gruppe, um die Entwicklung des indonesischen Kunsthandwerks voranzubringen – gewissermaßen wie eine Mitarbeiterin des Friedenskorps.

Sie trafen sich am 25. Mai. Barbara war in Gedanken schon bei der Rückreise nach Holland; am 16. Juni wollte sie zum Urlaub in ihr Heimatland fliegen. Und das war unglaublich, denn Sitor hatte die Einladung einer holländischen Kulturvereinigung in der Tasche und sollte am 28. Juni fliegen. Noch jetzt, zwei Jahre danach, wusste er die Daten genau. So konnte Barbara ihm in Jakarta vor ihrem Abflug zwar nur zwei »Termine« gewähren, in den Niederlanden aber sehr viel mehr.

Es fiel ihm nicht leicht herauszufinden, welchen Eindruck er auf sie machte. Barbara war Holländerin und sehr kühl. Überwältigt aber war er von der neuen Welt, die sie ihm zeigte, und den neuen Ideen, die sie ihm näher brachte. Er hatte zehn Jahre im Gefängnis gesessen, abgeschnitten von Büchern, immer mit den alten Ideen lebend; ein ganzes Jahrzehnt der westlichen Intellektuellenbewegung war an ihm vorübergegangen.

Barbara war ein Kind der sechziger Jahre, gehörte zur 68er Generation. Sie hatte den Kopf voll mit E. F. Schumacher und ähnlichen Leuten. Und dem in Kolonialzeiten aufgewachsenen Sitor erschienen Barbara und ihre Freunde wie »Missionare« neuen Schlages. Die jungen Leute, in deren Kreis Barbara ihn einführte, hatten nicht mehr vor, die Einwohner der fernen Länder zu bekehren; sie wollten ihnen auf direktere Weise helfen.

Woher waren sie gekommen? Wie hatte Europa diese verblüffende Generation aus dem Boden gestampft? Während der Zeit, die er mit Barbara in Holland verbrachte, befand er sich in einem Zustand hochgradiger emotionaler und geistiger Erregung: Er, dieser dreiundfünfzigjährige, knapp ein Meter sechzig große Stammesangehörige mit den negritochinesischen Gesichtszügen (und den struppigen Augenbrauen, die bisweilen an einen chinesischen Piraten denken ließen), Diabetiker und politisch kaltgestellt, nun in Gesellschaft der lebhaften großen Holländerin, die zwanzig Jahre jünger war als er.

Als sie nach Indonesien zurückkehrten, zogen sie zusammen. Der Stamm erfuhr davon, und er forderte sie auf, nach Stammesritus zu heiraten. Dazu musste Barbara in einen verwandten, aber separaten Stamm aufgenommen werden, denn Sitors Stamm war »exogam« – der ethnologische Fachausdruck ging ihm leicht von den Lippen.

Erst wenige Wochen zuvor waren er und Barbara zur Hochzeitszeremonie in sein Dorf gefahren. In den felsigen Höhen über den Tälern war es feuchtkalt; auf den Fotos sah man tief hängenden Nebel und Wolkendunst und sanfte Farben. In einem der Häuser mit dem extravaganten hornförmigen Dach fand ein rituelles Mahl statt. Barbara und Sitor aßen mit den Händen: Schweinefleisch. »Schauen Sie«, sagte Sitor und zeigte auf ein Foto, »das bin *ich*. In *meinem* Dorf. Das ist echt, nicht für Touristen.« Gekleidet war er wie ein Besucher, er steckte in Gummistiefeln und blickte auf eine alte Frau hinunter, die an einem Bauernwebstuhl arbeitete. »Und das ist meine Schwester. Sie kann weder lesen noch schreiben.« Es gab auch ein Foto von Barbara und ihm, beide standen vor der Tür des väterlichen Hauses, vor dem Haus des großen Häuptlings, das jetzt Sitors Bruder gehörte: Dorthin musste Sitor Barbara bringen, um sie nach Stammesart zu heiraten.

Er war beeindruckt davon, welchen Weg er zurückgelegt hatte, und es war ein langer Weg. In eine einzige Generation fügte er all jene Erfahrungen ein, die sich für andere Indonesier über die letzten vier oder fünf Jahrhunderte erstreckten. Und dennoch war er außerstande, seine Autobiographie zu schreiben. In den vergangenen drei Jahren hatte er zwei Versuche unternommen und sich von vielen hundert Seiten wieder getrennt. Zu umfangreich, zu außergewöhnlich war das Material; die Persönlichkeitsveränderungen, die für ihn den Kern des Erlebten ausmachten, konnte er nicht zum Ausdruck bringen; nur wiedergeben, was sich ereignet hatte.

Über das Geschriebene sagte er: »Was dem Ganzen fehlt, ist die Synthese. Es stellt nicht dar, wie die Entwicklung durch das Prisma meiner Individualität aussieht. Was ich erlebt habe, fügt sich in keinen Zusammenhang, weder künstlerisch noch persönlich oder politisch.«

Es war ihm nicht gelungen, sich selbst zu definieren, weil er nicht wusste, wer er war. Ein Schnitt trennte ihn von seiner Vergangenheit. Mit sechs Jahren war er zur holländischen Schule gegangen; dort trieb man ihm die Überzeugungen seines Dorfes aus. Für einen Schriftsteller war seine Kindheit seltsam sprachlos gewesen: Nie hatte er sich mit seinen Eltern unterhalten. Deshalb war die kanadische Ethnologin eine solche Hilfe für ihn.

Fünf Monate blieb sie in seinem Dorf, und er begleitete sie

als Führer und Dolmetscher. Er zeigte mir die Ethnologin auf einem Foto; sie war eine große, hübsche junge Frau im Safarianzug: Ein Batak und Sitor zu sein hatte unleugbar auch seine guten Seiten. Mit ihren geschickten Fragen rekonstruierte sie für ihn die Geschichte seiner Vorfahren. Ihm selbst wäre das nicht gelungen. Wenn er jetzt noch einmal daranginge, seine Autobiographie zu schreiben, könnte er wenigstens sagen: »So haben meine Vorfahren achtzehn Generationen lang gelebt.«

»Ich bin kompliziert«, erklärte Sitor, »aber nicht konfus.«

Im Laufe des Vormittags waren mehrere Leute gekommen. Ein Deutscher, der Englisch sprach, wollte sich das Haus anschauen. Die anderen Besucher kamen zu ihm, dem Dichter. Er begrüßte sie alle liebevoll. Noch vier Jahre nach seiner Freilassung freute er sich, wenn man ihn aufsuchte.

Mittags kam Barbara zurück. Sie versorgte ihre Vögel, jeden einzeln. Ich ging mit Sitor zum Pavillon. Dieser stand am Ende eines langen, neben dem Haupthaus gelegenen Gartens und war geschmückt mit den kunsthandwerklichen Produkten, zu deren Förderung Barbara nach Indonesien gekommen war: mit Riedgrasmatten, Rattanstühlen, Körben aus Timor. Barbara verstand ihr Handwerk, sie hatte einen guten, unbestechlichen Blick.

Zum Mittagessen hatten die Hausangestellten (es waren zwei) gebratenen Fisch und Reis zubereitet, danach gab es eingelegte Gurken. Sitor aß wenig, wegen seines Diabetes.

»Geht es bald nach Europa zurück?«, fragte ich Barbara.

»Ich hoffe nicht.« Entschlossen biss sie in ein Stück saure Gurke.

»Ich würde gern noch einmal hinfahren«, sagte Sitor. »Ich hätte gern eine Einladung für längere Zeit. Hier gibt es zu vieles, was mir wehtut.«

Barbaras Mittagspause war schnell vorüber; sie begab sich wieder zu ihrem Kunsthandwerk. Ich nahm noch eine Scheibe Bratfisch; Sitor schaute mir beim Essen zu. An einer Wand des kleinen Raums hing ein surrealistisches Bild, darauf sah man zwei Akte von hinten, einen männlichen in Braun und einen weiblichen in Dunkelrot, und überall Vögel. Ein befreundeter Maler hatte genau an dem Tag angerufen, als Barbara einer ihrer Vögel gestorben war; daraufhin hatte er ihnen spontan dieses Bild geschenkt. An anderen Wänden hingen Akte, die Sitor selbst mit heftigem Federstrich gezeichnet hatte.

Der Glanz, der Indonesien und Sitor als Dichter umgab: für Barbara. Glanz und Geborgenheit, wie Barbara und Europa sie boten: für Sitor. Barbara konnte Europa als etwas Selbstverständliches hinnehmen. Sitor, der einen langen Weg hinter sich hatte, konnte es nicht. Das Dorf seiner Vorfahren, die Täler, der See, die Steinmauern, die Märchenhäuser – das alles war nun sein Eigen. Aber er konnte nicht mehr dorthin zurück; er konnte nicht so tun, als wäre er etwas, was er längst nicht mehr war. Ohne Europa (und das hieß Holland) mit den Einladungen und dem Interesse an seiner »Kompliziertheit« blieb ihm nur Indonesien, das für ihn ein Land der Kränkung und des Scheiterns war, wo man ihm keine Arbeit gab und ihn einfach auslöschen konnte, ohne dass er an irgendjemanden oder irgendetwas zu appellieren vermochte.

Erst viele Stunden später erkannte ich, was wir bei unserem langen Gespräch ausgelassen hatten: die zwanzig Jahre von 1945 bis 1965. Ich hatte Sitor nicht danach gefragt; seine Anfänge und seine Gegenwart interessierten mich mehr. In jenen zwanzig Jahren, den ersten der indonesischen Unabhängigkeit, schrieb Sitor seine Gedichte und wurde berühmt. Später ging er in die Politik und verfügte über Macht. Für manche Menschen, zumal jene, die gegen Ende der Sukarnozeit als »Konterrevolutionäre« galten, wurde er damals zur Bedrohung. Und wie ich später entdeckte, gab es Leute, die überzeugt waren, Sitor habe ihnen in ihrer Laufbahn geschadet. Selbst nach so langer Zeit hatten einige ihm das nicht verziehen.

Aber der Mann, der mir davon berichtete, setzte fast sofort hinzu: »Ich will trotzdem nichts gegen ihn sagen. Er hat mehr gelitten als wir alle.«

3

Entschulung

Adi Sasano, den ich am ersten Abend bei Sitor getroffen hatte, erklärte mir, ich würde die indonesischen Muslime besser verstehen, wenn ich aufs Land führe und mir die traditionellen islamischen Dorfschulen ansähe. Diese Schulen nannte man *Pesantren*. Adi hatte einen Geschäftspartner, der sich besonders für die Pesantren interessierte; und dieser Mann, ein ebenso gläubiger oder engagierter Muslim wie Adi, plante meine Reise. Er meinte, ich solle mir sowohl ein modernes Pesantren anschauen (es gebe ein berühmtes unweit von Yogyakarta und Borobudur) als auch ein ganz altes besichtigen (es befinde sich eines bei Surabaya).

Diese Dorfinternate oder Pesantren hielten am Einklang zwischen Dorfgemeinschaft und Schule, zwischen Landleben und Bildung fest. Darin unterschieden sie sich von den Schulen westlichen Typs, die in Asien mitten aufs flache Land gesetzt wurden und immer zu psychologischen Brüchen führten. Irgendwann war, wie Adis Freund mir erzählte, der berühmte Pädagoge Ivan Illich nach Indonesien gekommen, um die Pesantren zu besichtigen. Ich kannte Illichs Bücher nicht und von seiner »Entschulungs«-Theorie nur den Namen. Aber ich wusste, dass er ein renommierter Mann war, und dachte mir, es müsse interessant sein, dorthin zu fahren, wo auch er (ich muss gestehen: zu meiner Überraschung) sich aufgehalten hatte.

Mein Begleiter war Prasojo, ein neunzehnjähriger Student, und ich hätte keinen besseren haben können. Mit einem Stipendium des American Field Service war er ein Jahr in Arizona gewesen. Er sprach gut Englisch, mit amerikanischem Akzent. Seine Zeit in Arizona hatte er sehr genossen, er hatte viel gelernt und war dem American Field Service so dankbar, dass er plante, ihm einen Teil des Geldes, das er von mir erhalten würde, zu spenden.

Außerdem hatte ich den Eindruck, als wollte Prasojo mir, einem Fremden, etwas von der Freundlichkeit zurückgeben, der er in den Vereinigten Staaten begegnet war. Während unserer kurzen Reise trug er Jeans, deren Markenzeichen AFS auf die Gesäßtasche aufgenäht war. Er war etwas mehr als mittelgroß und sah aus wie ein Chinese. Über dieses Aussehen wurde in der Familie gewitzelt. Prasojos Vater, ein stämmiger Mann und unverkennbar Indonesier, sagte dann: »Na so was – wie bin ich bloß an diesen chinesischen Sohn geraten?«

Mit der Garuda-Pendelmaschine flogen wir nach Surabaya an der Nordküste Ostjavas. Die Küste war schlammverschmutzt. Die Flüsse zogen sich als morastige Schlängellinien durch das grüne, hemmungslos bebaute, übervölkerte Land. Surabaya war umgeben von Reisland, von langen, schmalen, streifenförmigen Reisfeldern, die in dieser Form leichter zu bewässern waren, aber aus der Luft gesehen den Gedanken an unendlichen, bescheidenen Arbeitsfleiß wachriefen.

Die Häuser passten, wie wir später sahen, als wir von Surabaya aus landeinwärts fuhren, genau zu den streifenförmigen Reisfeldern. Auch sie waren ganz schmal und nach hinten hin lang gestreckt. Sie standen ein wenig abseits der Straße, und die Vorhöfe waren freigeharkt, aber schattig. Aus dem nackten Erdreich ragten Bananenbäume, Kokospalmen, Mangobäume, Zuckerrohr und roter Jasmin auf. Gleich hinter den Häusern begannen die Reisfelder. Die ganze Fahrt schien durch ein einziges langes Dorf zu führen: Hier war Java nur endlose Armseligkeit, die sich kaum mit berühmten alten König- und Kaiserreichen zusammenbringen ließ; ein Land, auf dem es nichts zu geben schien als die emsig arbeitenden Menschen, die *wong cilik*, jene kleinen Leute, die mit ihrer Fruchtbarkeit geschlagen waren, denn aus den vier Millionen Javanern zu Beginn des neunzehnten Jahrhunderts waren achtzig Millionen geworden.

Das Wort *wong cilik* lernte ich von Prasojo, der mir zugleich erklärte, dass dieses (vom Klang her so wunderbar passende) Wort ebenso herabsetzend wie altmodisch sei. Aber noch immer legten manche Menschen, die nicht aus dem Bauernstand kamen, Wert darauf, ihren höheren Rang zur Geltung zu bringen. Sie nannten sich »Adlige«, *raden*, und setzten den Buchstaben *R* vor ihren Namen. Sie bauten sich Häuser mit einem besonderen, hutförmigen Dach, und dieser Unterschied wäre mir entgangen, hätte mich Prasojo nicht darauf hingewiesen: so zusammengequetscht, stereotyp und anheimelnd schien alles zu sein, die roten Ziegeldächer, die geflochtenen Bambuswände für die Armen, der Beton für die weniger Armen, die Höfe voller Schatten und Früchte und Blumen.

Fenster waren, so Prasojo, etwas ganz Neues. Im traditionellen javanischen Haus gab es keine; und bei geflochtenen Bambuswänden, die weder grelles Licht noch Hitze, dafür aber Frischluft durchließen, waren sie auch überflüssig. Im traditionellen Haus kam das Licht durch Lücken im Dach. Betonwände dagegen machten Fenster erforderlich; und ich konnte feststellen, dass bei den weniger Armen gerade gläserne Lüftungsschlitze »in« waren.

Jeder kleine Hof hatte zwar seine Torpfosten, doch kein Tor. Die Pfosten waren sonderbar gestaltet, obenauf saßen in Etagen konstruierte, zurückgestufte Pyramiden oder Diamantformen, und manche von ihnen waren in der Mitte gespalten: Beton, der unverkennbar wie Ziegel aussehen sollte. Auf den ersten Blick schienen diese Pfosten anzuzeigen, dass Land und Leute zu einem einzigen Besitztum, vielleicht einer großen Plantage, gehörten; in Wirklichkeit aber waren sie ein Relikt, übrig geblieben vom Baustil des letzten auf Java bestehenden Hindu-Königreiches, des Majapahit-Reiches, das gegen Ende des fünfzehnten Jahrhunderts zerfiel.

So lebte die vorislamische Vergangenheit fort: als Tradition, als Rätsel. Auf dem vor uns fahrenden Bus stand *Indrapura*, »Indras Stadt«; und an vielen Geschäften las man *Indra Vijaya*, »Indras Sieg«. Aber dieser Indra war nicht mehr der arische Gott aus dem hinduistischen Pantheon. Für Prasojo und unseren Fahrer war er nur noch eine Figur aus dem javanischen Puppenspiel. Und nun erzählte der Erstere mir eine einheimische Muslimlegende, die Geschichte der fünf Pandava-Brüder, die für die fünf Grundprinzipien des Islam stehen. Ich glaube, er ahnte nicht, was für ein Wunder diese Legende darstellt: Die Erzählung stammt aus dem uralten Hinduepos *Mahabharata*, das auf Java 1400 Jahre lang lebendig war, dort neue Wurzeln schlug und später dem Islam angepasst wurde. Der Javaner und Muslim Prasojo lebte inmitten wunderschöner Rätsel. Jeder Versuch, wissenschaftlich an seine Vorgeschichte heranzugehen, hätte ins Wanken gebracht, was sein fester Glaube, sein Stecken und Stab geworden war.

Und so kamen wir am Spätnachmittag in die Stadt Jombang. Dort befand sich das berühmte alte Pesantren. Doch kaum hatten wir die Schnellstraße verlassen, schien es, als wimmele es in Jombang von Schulen. Der Unterricht war zu Ende, und auf der Straße sah man einzelne Gruppen schwätzender muslimischer Schulmädchen: kleine nonnenähnliche Gestalten mit Kopfbedeckung, Bluse und Sarong. Wo war unser Pesantren, und worin unterschied es sich von den übrigen Bildungsanstalten? Wir rasten vorwärts, dann wieder zurück – der Fahrer tat, als wären wir noch auf der Schnellstraße – und drangen in finstere ländliche Gassen ein. Und schließlich stellten wir fest, dass wir schon mehrfach daran vorbeigefahren waren: Trotz einer Anschlagtafel sah es so gewöhnlich aus und hatte nichts vom abgeschiedenen Anwesen im Wald, jener Mischung aus Dorf und Schule, die ich (und auch Prasojo) erwartet hatte.

Es gab einen Zaun. Dahinter standen einfache zweistöckige Betongebäude um einen sandigen Hof herum, auf dem ein paar Bäume wuchsen. Die Mitte des Hofes nahm eine offene, auf Säulen ruhende Moschee mit einem fast ebenerdigen Fliesenfußboden ein. Am Rand des Fußbodens und auf der Stufe saßen oder lagen Schuljungen in Hemd und Sarong und folgten einem arabischen Text, den ein für uns unsichtbarer Lehrer mit scharfer Stimme ohne Punkt und Komma vortrug.

Wir gingen am Zeitungsbrett vorbei – im Freien stehend, obenauf eine hölzerne Dachkappe, die Zeitungen hinter Glas – zum neben der Moschee gelegenen Büro. Es war niemand dort. Verschiedenfarbige Hemden und Sarongs hingen über den Verandageländern der zweistöckigen Gebäude. Überall waren Jungen mit entblößtem Oberkörper und im Sarong, mit ihrer warmbraunen Hautfarbe und dem schlanken, flachen, schönen Körper der Indonesier; Brust- und Bauchmuskeln zeichneten sich zart ab.

Sie starrten zurück. Dann scharten sie sich nach und nach

um uns. Als wir weitergingen, folgten sie uns und wuchsen zu einer größeren Menge an, während wir den schmalen, unbefestigten Wegen und schlammigen Abflussrinnen zwischen den an der Rückseite des Geländes gelegenen Häusern folgten: überall baumelnde Kleidungsstücke oder Sarongbahnen, flüchtige Blicke in überfüllte Zimmerchen (acht Jungen pro Raum, wie man Prasojo erklärte). Vor dem primitiven Küchenschuppen und dem schuleigenen Laden lagen Schlamm und Abfall, und über einem offenen Feuer auf dem matschigen Vorplatz kratzte ein kleiner, mit Sarong bekleideter Junge an dem pappigen Reisbrei in einer angebrannten Rührpfanne herum. Verschreckt schaute er auf uns und die uns begleitende Menge. Vielleicht, schoss es mir durch den Kopf, haben alle mittelalterlichen Lehranstalten so ausgesehen.

Aber da – hatte da wirklich ein Junge »Illich« gerufen und dann noch einer?

Ein winziger Mann mit schwarzer Kappe, wohl kaum anderthalb Meter groß, kam auf uns zu und führte uns mitsamt unserem Gefolge zurück zum Vorderteil des Geländes, zu einem Gebäude unweit der Moschee. Er öffnete eine Tür, ließ Prasojo und mich in einen großen Raum eintreten und schloss die Tür vor der Schülermenge. Unter seiner schwarzen Kappe wirkte er streng.

»Er sagt, wir stiften Unruhe«, erklärte Prasojo.

»Nicht ich stifte Unruhe«, gab ich zur Antwort.

In dem großen Raum standen niedrige Tische und zu beiden Seiten der Tische lange Reihen von Stühlen. Wir setzten uns.

Und wie in Ostafrika zu bestimmten Jahreszeiten die fliegenden Ameisen in mehreren Wehen übereinander an den Fenstern kleben, weil sie vom Licht angelockt werden, so drängten sich nun die Schüler des berühmten Pesantren von

Jombang – angelockt wovon? von dem Besucher, der als Beweis ihrer Berühmtheit diente? – stapelweise an den Fenstern, ein Mongolengesicht über dem anderen, ein Grinsen über dem anderen. Selbst alles, was ich im Schutze des Raumes sprach, äfften sie nach. Und jetzt hörte man inmitten von Plappern und Nachäffen deutlich, dass »Illich! Illich!« gerufen wurde. Hatte der Besuch – oder das angebliche Interesse – dieses berühmten Mannes sie so eitel gemacht?

In den Raum trat ein zweiter Mann.

»Sie sagen«, dolmetschte Prasojo, »wir müssen uns eintragen. In der Moschee findet gerade Arabischunterricht statt, und wir stiften Unruhe. Sie haben häufig Besucher hier.«

Natürlich.

»Wir müssen uns im Büro eintragen«, sagte Prasojo.

»Aber im Büro ist niemand. Dort waren wir zuerst.«

So blieben wir noch eine Weile sitzen. Dann stellte sich heraus, dass der Mann mit der schwarzen Kappe keinerlei Befugnisse hatte, dass er nicht einmal Lehrer, sondern lediglich Schüler war, und zwar seit neun Jahren. Er hatte uns nur deshalb in diesen Raum gebracht, weil er uns für sich haben wollte. Ich fand, man müsse ihm eine nützliche Betätigung verschaffen.

»Geben Sie ihm das Empfehlungsschreiben«, bat ich Prasojo, »und bitten Sie ihn, es seinem Leiter zu bringen.«

Als traditionelle und »unstrukturierte« Schule (wie man mir in Jakarta gesagt hatte) besaß ein Pesantren keinen »Rektor«, sondern einen *kiyai*, einen »Leiter«.

Ohne aufzubegehren, nahm der Mann mit der schwarzen Kappe den Brief und ging.

Ich wandte mich an Prasojo. »Könnten Sie mit dem Arabischlehrer sprechen?«

Sein Unterricht dauerte noch an. Er selbst stand irgendwo

verborgen im Schatten der Moschee und rezitierte ununterbrochen.

Prasojo war entsetzt. Einen Lehrer könne er nicht unterbrechen.

»Was tun wir dann?«

»Wir warten.«

Also warteten wir. Als der Arabischunterricht zu Ende war, gingen wir hinaus, auch auf die Gefahr hin, dass wir wieder in die Menge gerieten. Jungen mit nacktem Oberkörper lümmelten sich auf den Veranden der Häuser herum; manche rauchten süßlich parfümierte indonesische Nelkenzigaretten. Aber die Menge der Nachäffer, die nun von allen Seiten herandrängte, erschwerte Bewegung und Sprechen. Der kleine Mann mit der schwarzen Kappe kam zurück, eilfertig und adrett und gleichmütig wie zuvor, in der Hand das Empfehlungsschreiben. Er hatte den Leiter nicht gefunden.

Prasojo brachte mich wieder in den Raum mit den Stühlen. Er sagte – und seine Betrübnis machte ihn seltsam förmlich –: »Kann ich Sie eine Weile hier lassen? Ich gehe selbst und hole jemanden.«

Er ging hinaus. Ich sah, dass keiner der Jungen ihm folgte. Mich jedoch gafften sie weiter an. Dann aber brach der Abend herein, Gebetszeit, Essenszeit, und das Interesse an mir begann abzuflauen. Immer seltener und manchmal schon von weit her (ein fortschlendender Müßiggänger, dessen Neugierde befriedigt war) erscholl der Ruf »Illich!«. Überdies war die indonesische Höflichkeit nicht einfach vergessen. Zwar saß ich allein, aber aus einem Hinterraum kam jemand mit vielen gefüllten Teegläsern (als sollte gleich eine richtige Teegesellschaft stattfinden), stellte eines vor mich hin, ohne mich anzuglotzen, und ging wieder hinaus.

Prasojo kehrte in Begleitung zweier Männer zurück. Der

eine war ein Schüler, der mich nur anstarrte und schwieg. Der andere war Englischlehrer und nicht größer als der Mann mit der schwarzen Kappe. Er bestand nur aus Lächeln und war sehr darauf erpicht, sein Englisch anzuwenden. Prasojo dämpfte seinen Eifer. Sie unterhielten sich auf Indonesisch, und dann erklärte Prasojo, der Englischlehrer werde uns zu einem anderen, eine halbe Autostunde entfernten Pesantren bringen, wo wir vermutlich jemanden fänden, der uns Auskunft geben könnte.

Wir hatten wohl nicht viel zu verlieren. So fuhren wir durch die Dämmerung, vorbei am immergleichen javanischen Dorf, und der lächelnde Englischlehrer, der neben dem Fahrer saß, störte überhaupt nicht. Ganz plötzlich, nach einigen Minuten, wandte er sich um und fragte: »Wie oft sind Sie schon hier gewesen?« Und nachdem er seine englische Frage zusammengebastelt und ausgesprochen sowie eine Antwort erhalten hatte, saß er für den Rest der Fahrt brav und schweigend da.

Das Pesantren, das wir nun erreichten, sah neuer und professioneller aus: ein geschickt angelegter Komplex von Gebäuden aus Beton und Wellblech, die einen gepflegten Hof umstanden. Es war die Stunde des Abendgebets; irgendjemand rief in singendem Ton zum Beten. Im unbeleuchteten Büro saß der stellvertretende Schulleiter, ein alter Mann mit dicken Brillengläsern und im langen blauen Sarong. Er sagte, wir hätten Glück, Mr Wahid wolle am nächsten Tag nach Jakarta fahren. In der Dunkelheit führte er uns durch ein paar Gärten zu einem Privathaus, wo wir Abdur Rahman Wahid, der alles über die Pesantren wusste, sprechen könnten. Erst jetzt fiel mir ein, dass man mir Wahid als einen Mann genannt hatte, den ich unbedingt besuchen sollte. In den Zeitungen Jakartas hatten Artikel über ihn gestanden. Seine Arbeit für die Pesantren machte ihn allmählich zu einer bekannten Person.

So führte mich der Zufall – Prasojos Begegnung mit dem Englischlehrer – zu Mr Wahid. Und was Wahid, ein kleiner, stämmiger Mann mittleren Alters im Sarong, in seinem nach westlichem Vorbild eingerichteten Wohnzimmer bei gedämpfter Deckenbeleuchtung und (in einer entfernten Zimmerecke) laufendem Fernseher sagte, während Frauen kamen und gingen, Familienmitglieder, Hausangestellte, und Teetassen auf den niedrigen Tisch gestellt wurden – was Wahid also sagte, gab dem Tag eine neue Wendung, brachte Ordnung in die wirren Erlebnisse des Spätnachmittags und öffnete mir die Augen für ein historisches Wunder.

Zuerst der Name. Das indonesische Wort für Chinesenviertel hieß *perchinen: per-china-en*, »wo die Chinesen sind«. Genauso war *pesantren* eigentlich *per-santri-en*, »der Ort, wo die weisen Männer sind«, denn *santri* ist eine Spielart von *shastri*, was im Sanskrit einen Mann bezeichnet, der in den hinduistischen *shastra*, den heiligen Schriften, bewandert ist.

Zu hindu-buddhistischer Zeit war ein Pesantren auf Java ein Kloster, das als Gegenleistung für geistlichen Beistand und Schutz von der Dorfgemeinschaft unterhalten wurde. Als die philosophischen Systeme der alten Gesellschaft auseinander brachen, fiel es den Sufi-Muslimen nicht schwer, solche Stätten zu übernehmen und sie weiterhin als Beratungszentren für die Dorfbewohner zu nutzen. Jedermann konnte jederzeit zum Leiter oder *kiyai* eines Pesantren gehen und um persönlichen Rat oder religiöse Unterweisung bitten. Man brauchte sich zu keinem förmlichen Lehrgang anzumelden; in diesem Sinne war die Pesantren-Erziehung tatsächlich »unstrukturiert«.

Zur Zeit der Holländer in der zweiten Hälfte des neunzehnten Jahrhunderts begannen die Dörfer, sich zu verändern. Manche Leute wurden reich und wollten, dass ihre Kinder eine Schulausbildung bekamen. Diese Dorfbewohner mit ihrem neuen Wohlstand verwandelten die Pesantren allmählich aus Sufi-Zentren in Schulen für Kinder. Und auch der Islam machte auf Java eine Veränderung durch. Die Sufi-Seite, die den älteren Religionen näher stehende mystische Seite, verlor an Bedeutung. Die Eröffnung des Suezkanals und das Aufkommen der Dampfschifffahrt brachten Java, bis dahin weitab an der Ostgrenze des Islam gelegen, näher an die übrige Welt heran. Zur Zeit der Segelschiffe brauchte man Monate, um nach Mekka zu reisen; jetzt konnte man in drei bis vier Wochen dort sein. Mehr Menschen fuhren nach Mekka. Mehr Menschen lernten den reineren Glauben kennen: den Propheten, den Gesandten Gottes, und seine strengen Gebote.

Im letzten Jahrzehnt des neunzehnten Jahrhunderts begann man, die Pesantren in Schulen umzuwandeln. Das Pesantren von Jombang, das wir gesehen hatten, war 1896 gegründet worden. Aber die Schulen blieben religiöse Einrichtungen: Stätten, für deren Unterhalt die Dorfbewohner sorgten und wo sie sich Rat holen konnten. Alle fünfunddreißig Tage trafen sich die Pesantren-Leiter einer Region und diskutierten die anstehenden Probleme. Unlängst zum Beispiel gab es einige Aufregung über Männer mit langen Haaren. Die Schulleiter gingen den korrekten islamischen Weg. Sie sahen im Koran und in anderen bewährten Zeugnissen aus der Zeit des Propheten nach, ohne etwas zu finden, was der Prophet über lange Haare gesagt hatte. Also beschlossen sie, dass lange Haare kein Problem darstellten. Und warum trafen sich die Leiter alle fünfunddreißig Tage? Das war ein Relikt aus hindu-buddhistischen Zeiten. Damals hatte die Woche fünf Tage, und die Vorsteher der Klöster kamen alle sieben Wochen zusammen.

Es war spät. Aber in Wahids Pesantren fand immer noch Unterricht statt, im Haus am Ende des Gartens. Das Pesantren hielt am Stundenplan des Klosters fest und verpflichtete seine Insassen rund um die Uhr zu Eifer und Hingabe. Wir gingen in den Garten hinaus, um zuzuschauen. Im Vorderraum des kleinen Lehrerhauses und vor dessen Tür lagen Jungen ausgestreckt auf dem Boden. Der Raum wurde von gedämpftem Licht erhellt; der Lehrer hatte schlechte Augen. Er las oder rezitierte auf Arabisch, ohne innezuhalten, und die Jungen verfolgten den Text in ihren Büchern. Es war Unterricht in islamischem Recht.

Wahid sagte, der Lehrer sei einer der gebildetsten Männer der ganzen Gegend. Er bekäme kein Gehalt, lediglich 500 Rupiah pro Monat, das sind achtzig US-Cent. Doch die Dorfbewohner brächten ihm zu essen; das Pesantren sorge für Beförderungsmittel und habe ihm das Häuschen gebaut.

Der Unterricht war zu Ende. Die Jungen standen auf. Einige drückten sich in unserer Nähe herum. Der kleine Lehrer mit seinen dicken Brillengläsern kam aus dem schummerigen Häuschen und stand schweigend und demütig neben uns, während wir über ihn sprachen. Er sei erst dreißig, sagte Wahid, aber er wisse einen Großteil des Korans auswendig.

»Erst dreißig«, sagte ich, »und da weiß er den Koran auswendig!«

»Den halben«, erklärte Wahid, »den halben.«

Ich fand, das sei nicht genug für einen dreißigjährigen Mann, der nur ein einziges Buch zu bewältigen hatte. Während Wahid und ich freundschaftlich darüber stritten, stand der Lehrer vor seinem Haus in dessen gedämpftem Licht, schweigend, vornübergebeugt und bescheiden, und wartete darauf, entlassen zu werden: der unwirkliche Nachfahre buddhistischer Mönche aus verflossenen Zeiten, der noch heute (wie Buddha es seinem Orden vorgeschrieben hatte) von der Mildtätigkeit seiner Mitmenschen lebte, sich nun aber mit Arabischunterricht für ihre Kinder revanchierte.

Wir fuhren mit dem Englischlehrer nach Jombang zurück. Er bekam mehr als achtzig Cent Monatsgehalt, obgleich er nicht sagte, wie viel. Freilich habe er kein Haus und erhalte von niemandem Essen. Er komme zurecht, aber es reiche gerade so. Wenn er einem Dorfbewohner eine Schale Reis abkaufte, kostete ihn das fünfzig Rupiah, ungefähr acht Cent; eine Schale Reis mit »etwas dazu« konnte ihn um sechzehn Cent ärmer machen.

Im Lampenlicht sah das Pesantren von Jombang anders aus, ernster. Das Haupttor war geschlossen. Damit sollten die Jungen dringehalten werden, erklärte der Englischlehrer. Wir gingen durch das offene Tor neben dem Haus des Leiters; die Jungen hatten zu viel Angst vor ihm, um es zu benutzen.

Die Lampen verbreiteten schummeriges Licht. Der Gebäudekomplex war stiller als am Nachmittag. Doch in einem der Häuser, das Al Fattah hieß, lungerten sie noch im Sarong herum; und wie beim abendlichen Gang durch einen Naturpark voller Vögel, die schlafend auf der Stange sitzen, löste der Besucher auch hier ein letztes, leichtes Flügelschlagen aus. Acht Jungen bewohnten ein Zimmer; vorgeschrieben war, dass sie verschiedenen Altersstufen angehörten (sie begannen die Schule mit dreizehn und schlossen sie mit fünfundzwanzig ab). Aber nicht immer gab es ausreichend Bodenfläche, und manche Jungen schliefen in der Moschee.

Hier und da saßen Jungen auf dem Hof und taten im trüben Licht so, als lernten sie. Sie taten nur so, denn das Licht war zu schwach. Vor sich hatten sie: ein Buch über islamisches

Recht, eine *Arabische Grammatik*, eine *Geschichte des Islam*, ein Buch mit dem Titel *Wie man betet*. Im Letzteren sah man acht Zeichnungen, die die wechselnde Körperhaltung beim islamischen Gebet darstellten, und genau besehen war das Buch recht überflüssig, denn die Jungen beteten fünfmal am Tag. Es war später Abend; und der Tag im Pesantren begann früh.

Das Sufi-Zentrum, umgewandelt in eine Schule; die Disziplin der Mönche und Derwische, übertragen auf Jugendliche: Das war weder traditionell, noch war es Schulbildung. Es war ein Bruch mit der indonesischen Vergangenheit; es war Islamisierung, eine Abstumpfung, wie sie kein Lehrplan westlichen Stils hätte mit sich bringen können. Und dennoch zog es die Betroffenen an, denn damit verquickt war etwas anderes: die alte mönchische Verherrlichung des Armutsgedankens, eines Gedankens, von dem bei seiner Anwendung auf eine javanische Schule des Jahres 1979 kaum mehr übrig blieb, als dass die Armen den Armen beibringen, arm zu sein.

Die Nacht verbrachten wir in Surabaya. Kein Imperium, keine Weltmacht erinnert sich aller kleinen Schlachten. Aber die Menschen vor Ort erinnern sich. Nach dem Krieg, 1945, hatten die Briten in Surabaya gegen Indonesien gekämpft. Es gab Standbilder zum Gedenken an das Ereignis; und nachdem wir, Prasojo und ich, sie besichtigt hatten, machten wir uns auf die sechsstündige Fahrt nach Yogyakarta, Richtung Südwesten. Erneut nahmen wir die Landstraße nach Jombang, durch das nicht enden wollende Dorf mit den in Etagen konstruierten Torpfosten, die von dem längst untergegangenen hinduistischen Majapahit-Reich auf Java erzählten.

Das Majapahit-Museum, wo wir Halt machten, hatte wenig zu bieten. Aber nicht weit entfernt stand am anderen Ende der kleinen Dorfstraße ein Tempel. Die Straße war grün, sehr schattig. Die Häuser aus Bambusgeflecht hatten keine Fenster. Bei einem mitten auf den Weg gesetzten Stoppschild – an einer Bambusstange, die lose in einem Loch stand – passte ein kleines Mädchen auf. Gegen hundert Rupiah Eintritt, für die es einen Quittungsabschnitt ausgab, nahm es die Stange heraus: Das Geld bekam das Dorf.

In einem strohgedeckten Schuppen neben dem Sträßchen hing ein großer Holzklotz lose an einem Querbalken. Das war der Beobachtungsposten des Dorfes, wo die Bewohner nachts abwechselnd Wache hielten. Der Klotz war ausgehöhlt, und an einer Seite hatte man einen vertikalen Spalt eingeschnitten; schlug man mit einem Schlegel daran, so ertönte ein dröhnendes Geräusch. Damit konnte man die Stunde schlagen und vor Dieben oder Feuer warnen; Feuer war die Hauptgefahr.

Und gleich am Rande des schattigen Dorfes, auf freiem Gelände, stand die uralte Pracht: der hohe rote Ziegelturm des Majapahit-Tempels, ohne jede Verzierung, geometrisch, kraftvoll, in jenem alten Baustil, von dem die etagenförmig gestuften Diamantformen und Pyramiden auf den Torpfosten abstammten, die wir auf dem Weg von Surabaya bis hier gesehen hatten. Als Denkmal gab er nicht viel her. Die in dem Turm verwahrten Statuen hatte man abmontiert. Aber nach all dem Zusammendrängen und dem Einerlei – kleine Häuser, Reisfelder in schmalen Streifen – bescherte dieser Tempel den Menschen eine Vergangenheit und der Landschaft eine andere Atmosphäre.

Prasojo wusste nicht, welchen Zweck oder welche Bedeutung das Heiligtum gehabt hatte. Beeindruckt war er nur von der Tatsache, dass es ohne Maschinen erbaut worden war. Auch Mörtel hatte man nicht verwendet. Im Laufe der Jahrhunderte wurden die Ziegelsteine durch Kalk zusammengehalten: zur großen Verwunderung eines Deutschen, den Prasojo kennen gelernt hatte.

Wir aßen etwas in einem chinesischen Café. »Können Sie erkennen, dass es Chinesen sind?«, fragte Prasojo, und ich sagte, ja. Das Dorf nahm kein Ende; die Menschen und ihre Häuschen begleiteten uns. Dann wurde die Landschaft zerrissener, wir schlängelten uns durch junge Teakwälder, in denen die Bäume kerzengerade in die Höhe wuchsen und große, runde Blätter hatten. Die Japaner, so Prasojo, hätten im Krieg alle javanischen Teakwälder abgeholzt. Und das war interessant; denn einen Tag zuvor hatte er mir auf dem Inlandflughafen von Jakarta, wo Fotos von indonesischen Altertümern hingen, erzählt, die Japaner hätten mit Schwertern die Steinköpfe der Buddhastatuen abgeschlagen oder verunstaltet. Im Majapahit-Museum kamen wir noch einmal darauf zu sprechen, und ich sagte ihm, die großen Bilderstürmer der Geschichte seien (abgesehen von Trophäenjägern) die Muslime gewesen, sie hätten den meisten alten Statuen ihre Nasen abgeschlagen. Zuerst tat er sich schwer, das zu akzeptieren. Aber dann begriff er und meinte nur: »Damit die Menschen sie nicht anbeten.«

Es war Mittag und selbst in den Teakwäldern feucht. Von Zeit zu Zeit schlief Prasojo ein. Er bat den Fahrer, eine Kassette mit Popmusik in den Rekorder des Autos einzulegen, dazu könne er gut schlafen. Das Land wurde flacher, öffnete sich zu einer weiten Ebene, die auf der einen Seite von einer blauen Hügelkette, auf der anderen von weit entfernten hohen Bergen begrenzt war. Es hatte geregnet; alles glänzte und glitzerte. Die Reisfelder standen in prachtvollstem Grün. Und vor dem Hintergrund dieses Grüns hob sich jeder kleinste leuchtende Farbfleck – auf den Kleidern und Sarongs der zwischen den Reispflanzen arbeitenden Menschen – doppelt prachtvoll ab, weil er sich zusammen mit dem Himmel im Wasser spiegelte. Der Reis wuchs in geraden Reihen; die Felder standen in unterschiedlichen Reifestadien.

Als das Licht sich veränderte und die Nachmittagshitze nachließ, wurde Prasojo wach und wieder munter. Der Schlaf hatte ihn mehr als erfrischt: In poetischen Worten sprach er über das Land, durch das wir fuhren. Nicht weit von hier war er zur Schule gegangen. Er erzählte, wie schön es gewesen sei, frühmorgens, wenn es noch dunkel war, aufzustehen und mit Fackeln aus Palmwedeln zur Landstraße zu gehen, wo der Bus hielt. Er erzählte von den »Verabredungs«-Gewohnheiten am Nachmittag. Die Rendezvous fanden zwischen vier und sechs Uhr statt; nach sieben konnte man nirgends mehr hingehen. Das Mädchen saß im Damensitz hinten auf dem Motorroller und schlang die Arme um die Taille des jungen Mannes: Mehr Vergnügen war beim Rendezvous nicht gestattet.

»Der beste Teil des Tages«, sagte Prasojo.

Die Sonne war rot. Das Licht war rot; rot fiel es durch das Laubwerk der Bäume und auf die Straße. Aus den Reisfeldern stieg leichter Dunst auf; die blauen Hügel wurden blaß; und Sonne und Himmel spiegelten sich im Wasser der Reisfelder.

»Uns fällt es nicht leicht, im Ausland zu sein«, sagte Prasojo, »wir bekommen Heimweh.«

Nach allem bekamen sie Heimweh. Nach allem, was wir an diesem Tag erlebt hatten: nach der Frische des Morgens, der Hitze des Mittags, der Entspannung und den Farben des Spätnachmittags. Nach allem, was wir an der Straße und auf den Feldern gesehen hatten: dem Zyklus der Reisernte, den wechselnden Arbeiten, den Männern, die ihre Lasten an beiden Enden einer Bambusstange in Körben trugen, den Fahrradrikschas, den (je nach Region ganz verschiedenartigen) Pferdekutschen. Ein Indonesier wusste alles über sein Land; nicht das kleinste Detail an den Häusern, an der Kleidung oder am Licht entging ihm. Jede Jahreszeit hatte ihre Ordnung, jeder Tag hatte seine Ordnung. Als Prasojo nach Arizona ging, war sein erster Gedanke nach dem Aufwachen am ersten Tag: »Ich bin nicht in Indonesien.«

All diese Mitteilungen entlockte ihm das schwindende Licht, die beste Zeit des javanischen Tages. Auf der Straße wimmelte es von Menschen, die sich den Wonnen dieser Tageszeit hingaben, die sich entspannten, plauderten. Die Pferdekutscher hatten zu tun. Jungen und Mädchen fuhren gemeinsam auf Fahrrädern – Prasojo machte mich auf sie aufmerksam.

Außerdem erzählte er mir, was ihm während seiner Zeit in Arizona an Abweichendem aufgefallen war. Eines Morgens zum Beispiel stellte er seinem Nachbarn eine Frage, die er aus Gründen der Höflichkeit und des freundlichen Umgangs auch einem Indonesier gestellt hätte: »Was machen Sie heute?« In Indonesien hätte der Mann geantwortet: »Ich gehe aufs Reisfeld. Ich habe dies und das zu tun.« In Arizona hingegen kam als Antwort – von einem Dreißigjährigen – nur: »Das geht Sie nichts an.« Oder Prasojo begab sich, wie in Indonesien üblich, zum Haus eines Freundes, ohne bestimmten Grund, nur weil es sein Freund war. Die Mutter des Jungen – in Arizona – fragte aber: »Was wollen Sie?« In Indonesien wäre das sehr unhöflich gewesen. »Wir sind nicht so individualistisch«, sagte Prasojo.

Wenn auf Java jemand seinen Reis schneiden wollte, sandte er den anderen Leuten im Dorf eine Nachricht. Dann kamen sie und halfen und erhielten Reis für ihre Hilfe. Prasojos Großvater, selbst ein Bauer, nahm seine Abendmahlzeit gern vor dem Haus ein, so dass er vorbeigehenden Freunden zurufen konnte: »Komm, iss mit uns.« In der Stadt ging das natürlich nicht. In Jakarta hätte man im Handumdrehen das Haus voll. Seine Mutter freilich besaß den Teilungsinstinkt noch; das konnte ihr Streit mit dem Vater eintragen und endete mitunter in Tränen. Mit Mühe hatte sie zwar gelernt, dass es unmöglich war, jeden Abend halb Jakarta zu Gast zu bitten, aber noch heute nahm sie auf eine Bahnfahrt immer erheblich mehr Proviant mit, als sie für sich und ihre Familie brauchte, einfach um so viel bei sich zu haben, dass sie anderen im Abteil etwas abgeben konnte.

Doch obgleich Prasojo ganz Indonesier war, ging er mit Wonne auf Reisen. In seiner Zeit beim American Field Service in Arizona war er überwältigt von der Entdeckung, wie verschiedenartig die Menschen sind. Bis dahin hatte er wegen der kolonialen Vergangenheit eine Abneigung gegen die Holländer (ein paar Wochen später erzählte er mir von einem unangenehmen handgreiflichen Zusammenstoß zwischen seinem bäuerlichen Großvater und einem Holländer); in Arizona indes lernte er einen jungen Holländer kennen, den er schließlich sehr gern mochte, und war glücklich, seine Gefühle gegenüber den Holländern abschütteln zu können. Wie wohl tuend war es auch, dass man einen deutschen Jungen »Hitler« nennen und der das als Spaß auffassen konnte; und wie wohl tuend, dass jemand – wenn Prasojo Schweinefleisch ablehnte – die Bemerkung fallen ließ: »Hey, wann gibst du endlich deine Religion auf?«

Anfangs hatte er bei einer lutherischen Familie, dann bei Presbyterianern und schließlich bei Agnostikern gewohnt; mit allen war er gut zurechtgekommen. Allerdings blieb er so sehr Indonesier, dass er nichts zu antworten wusste, als jemand in Amerika ihn fragte: »Finden Sie die Vereinigten Staaten besser als Indonesien?« Prasojo wollte dem Amerikaner, der die Frage gestellt hatte, nicht wehtun; aber er konnte auch nicht behaupten, er liebe Indonesien weniger, als er es wirklich tat. Was er in Arizona erlebt hatte, weckte in ihm den Wunsch, Schriftsteller zu werden, und so verfasste er einen hundertseitigen autobiographischen Essay mit dem Titel *Merden Bukan Casa Grande*, »Merden ist nicht Casa Grande«. Casa Grande war die Stadt in Arizona, wo er gewohnt hatte; Merden war der Name seines javanischen Dorfes.

Bei Sonnenuntergang erreichten wir den Tempel von Prambanam. Nach all den Fotos war es überraschend, den mächtigen Turm so nahe an der Hauptstraße, so sehr als Teil einer dörflichen Umgebung zu sehen; man mochte seinen Augen nicht trauen.

Dieser Hindutempel aus dem neunten Jahrhundert – frühe Fotos zeigen nichts als den riesigen Sockel und eine Moräne aus herabgefallenen Steinen – wurde von den Holländern wiederaufgebaut, ohne dass man etwas verfälschte: Wo die Originalstücke abhanden gekommen waren, wurden einfache, schmucklose Steine eingesetzt. Der Bau war Mittelpunkt eines riesigen Komplexes gewesen. Die Restaurierungsarbeiten dauerten an. Die zu kleineren Tempeln gehörenden Steine waren in Reih und Glied ausgelegt und gekennzeichnet. Doch das Dorf leistete sich Übergriffe. Außerhalb des umzäunten Denkmalsgeländes brannte Abfall in den Überresten eines der kleineren, noch mit Bildwerken versehenen Heiligtümer. »Das tut mir weh«, sagte Prasojo. Aber auch hier bestaunte er offenbar nur, dass Menschen ohne jede Maschine etwas so Großes hatten bauen, so gekonnt hatten bildhauern können.

Ein paar Mädchen aus dem Ort, zu dieser Tageszeit ganz ausgelassen, liefen die vier Steintreppen hinauf und hinunter, riefen Prasojo und mir etwas zu und gingen kichernd an der von einer Brüstung umgebenen Terrasse entlang. Über den nassen Feldern verblasste der Himmel; der Tempel wirkte alt.

In die Balustrade waren Szenen aus dem *Ramayana* eingemeißelt, aus jenem Hinduepos, das sich Java und andere Länder Ostasiens zu Eigen gemacht hatten. Tausend Jahre nach Prambanam war das Epos auf Java noch immer lebendig. Prasojo kannte es gut, aus dem Puppentheater. Er kannte die Personen, die Geschichten; er verstand, welche moralischen Probleme sie behandelten. Mit Hilfe einer verzwickten – hinduistischen oder buddhistischen – Theologie kündeten Denkmäler wie Prambanam von der Macht und Gottähnlichkeit eines Königs. Die Theologie war verschwunden; Könige und Priester ebenfalls; die sanftere Seite der alten Religionen überdauerte – als Kultur.

Prasojo war Muslim; unter den neuen Muslimen hatte er Freunde. Aber noch war er weit entfernt von dem neuen muslimischen Wunsch nach Reinigung, nach der Schaffung des abstrakten Gläubigen, der aus nichts anderem besteht als den religiösen Geboten. Dazu war seine javanische Kultur zu sehr sein Eigen: Von ihr hatte er während der Fahrt immer wieder gesprochen.

Freunde und Plaudern, das fand Prasojo wichtig. Er hatte Freunde in Yogyakarta. Bei ihnen verbrachte er die Nacht, und später erzählte er, sie seien noch zu fünft – für eine Stunde – in ein Restaurant gegangen und hätten »mächtig Spaß« gehabt.

Auf seinen Wunsch hin wollten wir am nächsten Morgen früh aufstehen, um uns anzuschauen, wie die Schüler von Yogyakarta, zu siebt nebeneinander, klingelnd und lachend mit dem Fahrrad zur Schule fuhren. Warum fahren sie so, im dicksten Verkehr von Yogya? »Weil sie glücklich sind.« Und sie sind glücklich, weil das zu ihrem Alter und zum frühen Morgen passt. Aber diese radelnden Schüler verursachten – mitsamt allen übrigen in die Pedale Tretenden – den Verkehrsstau, der Prasojo aufhielt. So entgingen mir die Schüler.

Allerdings brachte er einen seiner Freunde mit, eine für mich – nach all seinen Erzählungen – fast mythische Gestalt: jenen Freund, der auf Java zum Ritual und zur Geborgenheit des Lebens hinzugehörte. Prasojo konnte nicht verhehlen, wie sehr ihn sein Freund entzückte. Er berührte ihn, und er lächelte, als er mit mir über ihn sprach. Und der Freund selbst schwieg, solange er bei uns war, schien aber nie gelangweilt, sondern froh, mit Prasojo zusammen zu sein.

Das Pesantren von Jombang war eine harte Probe gewesen. Doch Prasojo setzte große Hoffnungen auf das Pesantren von Pabelan. Es sei das Vorzeige-Pesantren, die »traditionelle« islamische Lehranstalt, die man zur Schule erweitert hatte. Und diese Schule hielten manche für das javanische Nonplusultra: Sie war keine Zeugnisfabrik (Leistungsnachweise stellte sie nicht aus), sie war »unstrukturiert«, lehrte geeignete Fertigkeiten, bildete eine sich selbst tragende »Kooperative«, nicht nur weil Lehrende und Lernende zusammenarbeiteten und niemand im engeren Sinn bloß Lehrer war, sondern auch weil Dorf und Schule sich gegenseitig halfen und niemand ausschließlich Dorfbewohner oder Schüler war. Nach allem, was ich davon begriff: eine Bildungsgemeinschaft, eine Selbsthilfeorganisation, ganz im Einklang mit dem Dorfleben, wie Prasojo es mir geschildert hatte.

Das Pesantren lag eine Autostunde von Yogya entfernt an der Straße nach Borobudur: pausenlos Dorf und Reis, hier auf vulkanischem und fruchtbarem Boden. Wir bogen in einen von Bäumen überhangenen Weg, an dessen Ende wir auf einem großen, sandigen, mit Kokospalmen und Flamboyants bestandenen Gelände mehrere weiß getünchte javanische Häuser erblickten. Das Büro fanden wir in einem etwas primitiven Dorfhaus vor, und dort begannen meine Probleme.

Im Büro befanden sich zwei Männer. Einer war Taufiq. Er mochte dreißig sein, war klein und rundgesichtig und hatte ein kolossales Dauerlächeln und ein unbefangenes, tiefes Lachen. Er bestritt, dass das Büro ein Büro sei. Und das brachte mich sofort in Verwirrung, weil ein Glasschrank mit vielen Aktenordnern darin stand.

Taufiq erklärte, es gebe kein Büropersonal. Der Dienst werde abwechselnd von den Leuten im Pesantren übernommen, und daher sehe es – was er ungemein komisch fand – für manche Besucher gar nicht wie ein Büro aus. An diesem Morgen saß Taufiq nur deshalb als Ansprechpartner dort, weil er gerade an der Reihe war.

Aber ließ sich da kontinuierlich arbeiten? Wer kümmerte sich um die Akten im Glasschrank? Auf diese Fragen gab Taufiq entweder keine Antwort, oder was er sagte, entging mir. Den zweiten Anwesenden, einen stattlichen jungen Mann, der fließend Englisch sprach, stellte er uns als Leiter, als Oberhaupt des Dorfes vor. Meinem Bild von einem Dorfvorsteher entsprach er überhaupt nicht. Und während ich versuchte, mit den Rätseln, die Taufiq mir bereits aufgegeben hatte, zu Rande zu kommen, entging mir eine Zeit lang, wie er Prasojo erklärte, warum es an dieser Schule keine Lehrer gab.

Ich hörte erst wieder zu, als Taufiq in seinem gleichmütigen Ton sagte: »Wir leben in Frieden mit der Natur.«

Beim Thema Ökologie schrillte schon eine Alarmglocke: Es klang modern, galt aber zugleich als korankonform, und aus beiden Gründen wurde es dem neuen Islam einverleibt. Vollständig am Gespräch beteiligt war ich dann wieder, als Taufiq meinte, wir seien Fremde, aber willkommen. Wir könnten zum Mittagessen bleiben und auch über Nacht. So wäre es üblich in Pabelan: Ein Muslim sei man nur, wenn man seinem Mitmenschen diene.

»Dienen Sie deshalb Ihren Mitmenschen?«, fragte ich. »Manche dienen ihnen einfach, weil sie Mitmenschen sind.«

»Wir sind Muslime«, antwortete der Dorfvorsteher, »und wir wollen gut sein.«

»Was meinen Sie mit gut?«

Der Dorfvorsteher richtete sich gerade auf und sagte: »Sitte. Keinen Anstoß erregen.«

Das war eine gute, eine muslimische Antwort: festhalten an bewährter muslimischer Sitte, keinen Anstoß bei Muslimen erregen.

Ich fragte: »Ist es gut oder schlecht, lange Haare zu tragen?«

Wieder zögerte er nicht eine Sekunde. »Das ist kein Problem.«

Er hatte seinen Islamtest bestanden; entspannte sich; blickte mich mit neuer Aufmerksamkeit an. »Sind Sie Araber?«, fragte er.

»Nein. Wie kommen Sie darauf?«

»Sie sehen aus wie unser Prophet.«

Prasojo war außer sich. »So was können Sie doch nicht sagen. Niemand weiß, wie der Prophet aussah.«

»Niemand weiß es«, sagte der Dorfvorsteher und versuchte, sich zwischen Gotteslästerung und Unhöflichkeit hindurchzulavieren. »Aber er sieht so aus, wie man vermuten könnte, dass der Prophet aussah.«

Wir betrachteten die an der Wand hängende Landkarte des indonesischen Archipels. Pabelan lag im Zentrum. Aus allen

Bezirken Indonesiens, die Schüler in das Pesantren geschickt hatten und mit Reißzwecken markiert waren, liefen rote Fäden auf dieses Zentrum zu.

Prasojo zeigte – vielleicht im Scherz, vielleicht auch nicht – auf eine ganz kleine Insel im Norden. »Wie haben sie dort oben davon erfahren?«

»Reden wir nicht«, sagte Taufiq, »gehen wir raus.«

Wir ließen den Dorfvorsteher im Büro zurück und traten hinaus auf den sandigen Hof. Der Jauchegeruch, der schwer im Büro hing, wurde an der frischen Luft etwas erträglicher. Ein paar Jungen und Männer, darunter ein Alter mit schwarzer Kappe, zimmerten im Schatten einer Kokospalme hölzerne Bettgestelle zusammen.

»Sie sagen«, wandte ich mich an Taufiq, »es gebe keine Lehrer. Wer hat ihnen beigebracht, Betten zu bauen?«

»Sie bringen es sich gegenseitig bei.«

Wir gingen zu den Bettenbauern hin. Sie waren unzweifelhaft an Besucher gewöhnt und beachteten uns nicht.

»Was soll ich jetzt fragen?«, sagte Prasojo.

»Fragen Sie, wer das Holz bezahlt.«

»Die Leute schenken uns einiges«, erklärte Taufiq, »und wir verkaufen einiges. Wir machen Möbel und verkaufen sie. Manche Leute im Dorf wissen nicht mal, dass ich zum Pesantren gehöre. Sie denken, ich bin Händler.« Und dazu stimmte Taufiq sein tiefes kurzes Lachen an; die Vorstellung des Inkognitos, des Verwirrspiels gefiel ihm.

»Gucken Sie mal«, sagte Prasojo. »Mädchen. Und ziemlich hübsche.«

Es war der Blick des Neunzehnjährigen. Die Mädchen waren noch sehr jung; sie hockten im Sand um ein etwas größeres Loch herum, lasen kleine Stücke Kokoswurzel zusammen und ließen sie in Körbe fallen. Als wir näher traten, um zuzuschauen, begannen sie zu trödeln und brachen die biegsamen Wurzelstücke ganz behutsam ab, ohne sich zu beeilen.

»Sie sammeln Brennmaterial zum Kochen«, sagte Taufiq. »Es ist eine Kooperative.«

»Wie lange machen sie das«, fragte Prasojo, »Brennmaterial auflesen?«

»Heute ist Freitag«, erwiderte Taufiq. »Sie haben keinen Unterricht.«

Prasojo begann, sich um die hübschen Mädchen Sorgen zu machen. »Heißt das, sie machen es den ganzen Tag?«

Taufiq lächelte noch immer. »Es ist eine Kooperative.«

Aber noch während wir zuschauten, beschlossen die Mädchen, Feierabend zu machen. Vorsichtig standen sie auf, stemmten ihr Körbchen mit Kokoszweiglein gegen die Hüfte und zogen mit wiegenden Schritten davon.

An manchen Stellen war weiße Schnur über den Sand gespannt: Volleyballfelder. Aber niemand spielte. Hier und da wurden Matratzen zum Lüften auf Matten in die Sonne gelegt.

»Da ist der Mädchenschlafsaal«, sagte Prasojo. »Wollen Sie mal gucken?«

Ich war nicht geneigt, mich von Prasojo vorschieben zu lassen. Also sagte ich: »Das könnte ihnen peinlich sein.« Wir gingen weiter und sahen uns stattdessen eine Gruppe an, die einen Teich säuberte. An eine nicht in Betrieb befindliche elektrische Pumpe war ein dickes Schlauchstück angeschlossen; Jungen mit Netzen standen im schaumbedeckten, dunkelgrünen Wasser und fischten Blätter und anderen Schmutz heraus. Beaufsichtigt wurde die Arbeit von einem Mann mittleren Alters.

»Er ist der Mann«, sagte Taufiq, »der das Pesantren gegründet hat – 1962.«

»Wollen Sie mit ihm sprechen?«, fragte Prasojo.

Ich antwortete, nein; ich hätte nicht gewusst, was ich ihm sagen sollte.

Wir gingen weiter zum Schlafsaal der Jungen. Er war voll gestopft mit Betten und Koffern. Dort schliefen zweiunddreißig Jungen, einige waren da und lagen auf ihren Betten.

»Der Junge da ist berühmt«, sagte Taufiq zu Prasojo, »sein Bruder ist Sänger.« Er nannte einen Namen, und Prasojo war beeindruckt.

Vor einem anderen Schlafsaal standen ein paar kleinere Jungen neben Koffern, Taschen und Paketen. Auf dem Kopf trugen sie ihre kleinen schwarzen Kappen, mit denen sie vollständig angekleidet aussahen, als seien sie gerade eingetroffen und warteten, dass man ihnen sagte, wohin sie gehen sollten.

Taufiq erklärte: »Die Jüngeren lassen wir alle zehn Tage oder so umziehen. Wegen der Interaktion. Hier spielt es keine Rolle, ob sie aus Java oder von den Sundainseln oder aus Sumatra stammen. Sie sind Indonesier. Sehen Sie den Jungen da?«, fragte er Prasojo. »Er kommt aus Timor.«

Prasojo horchte auf. »Aus welchem?«

»Aus Timor«, erwiderte Taufiq lachend, »unserer neuesten Kolonie. Bald werden wir noch Australien kolonisieren.«

»So was dürfen Sie nicht sagen.«

In Gedanken noch bei den Jungen, die verlegt wurden, fragte ich: »Angenommen sie wollen nicht umziehen? Sie sagten ja, es gäbe keine Lehrer, alles sei kooperativ.«

»Stimmt. Es ist völlig unstrukturiert.«

»Aber angenommen sie wollen nicht umziehen?«

»Da drüben«, sagte Taufiq und wies über die Bäume und ein paar Volleyballfelder hinaus, »haben wir ein Stück Land. Wir betreiben dort Landbau.«

Ich vergaß die Jungen. »Wie viel?«, wollte ich wissen.

»Zweieinhalb Hektar.«

In einem neuen Gebäude – das einiges gekostet haben musste – befanden sich Musikinstrumente. Aber es war Freitag, und niemand spielte. An einer Tafel hingen fotokopierte Artikel in Indonesisch und Englisch über das Pesantren. Drei waren englisch geschrieben. Sie klangen zum Verwechseln ähnlich, insbesondere was die »Interaktion« zwischen Schule und Dorfgemeinschaft betraf, und beruhten offensichtlich auf einem Werbeprospekt. Einer der Artikel erwähnte Ivan Illich – an seinem Namen schien man in einem Pesantren kaum vorbeizukommen – und gab zu verstehen, dass das Pesantren in Pabelan ein perfektes Beispiel für »Entschulung« sei.

Taufiq und Prasojo warteten, während ich las.

Dann wandte ich mich an Taufiq: »Sie sagen, alles ist unstrukturiert, und es gibt keine Lehrer. Wie lange bleiben die Schüler hier?«

»Sechs Jahre«, antwortete Taufiq.

»Ich fürchte, ich verstehe nicht, was ich hier sehe.«

»Schauen Sie«, sagte Prasojo, »eine Wandzeitung.«

In einem grob gezimmerten Dorfschuppen, auf dessen Boden aus gestampfter Erde eine dicke, von Fußstapfen bucklige Staubschicht lag, stellten drei Jungen die Wandzeitung zusammen. Die Artikel waren mit der Maschine getippt, linker und rechter Rand justiert: Das bedeutete, dass es irgendwo in dieser Kolonie aus javanischen Hütten und Häusern eine elektrische Schreibmaschine und jemanden gab, der mit ihr umgehen konnte.

Wir kamen an einer alten Hütte mit Wänden aus Kokosgeflecht vorbei. Direkt davor saß ein alter Mann.

»Wer ist das?«

»Ein Dorfbewohner«, antwortete Taufiq, erfreut über meine Frage, »und der da auch. Dorf und Schule, alles eins.«

»Prasojo«, sagte ich, »ich glaube, ich kriege eine Erkältung. Wir sollten nach Yogya zurückfahren.«

Taufiq versuchte nicht, mich zu halten. Wir gingen in Richtung Büro zurück. Vor ein paar Holzkisten, die auf Bohlen standen, hielten wir inne.

»Darin bewahren wir unseren Reis auf«, erklärte Taufiq. »Den geben uns die Dorfbewohner. Und wenn sie was wollen, geben wir's ihnen.«

Das war Taufiq; noch ganz zuletzt gab er mir Rätsel auf.

Als wir im Auto saßen, sagte ich zu Prasojo: »Ich glaube, das ist eine schlechte Schule. Warum die viele Mühe, nur für so was? Warum bauen sie nicht einfach eine richtige Schule? Bekommt irgendjemand da eine Ausbildung? Oder spielen sie nur Dorfbewohner?«

»Das können Sie so nicht sagen. Sie können nicht fünfzehn Minuten irgendwo sein und sich gleich ein Urteil darüber bilden.«

»Wir waren nicht nur fünfzehn Minuten da.«

»Ich glaube, Sie haben nicht verstanden, was Sie gesehen haben.«

»Genau das denke ich auch.«

»In meiner Schule baute man keine Betten«, sagte Prasojo. »Man hat sie weder gemacht noch verkauft. Das ist eine neue Idee.«

»In meiner Schule konnte ich tischlern«, wandte ich ein.

»Wirklich?« Er verstummte.

Wir überquerten das aufgerissene Flussbett mit seinen wild durcheinander geworfenen schwarzen Lavablöcken – es war einer der Lavaabflüsse des Vulkanbergs Merapi.

»Haben Sie schon mal von einem englischen Schriftsteller

namens Charles Dickens gehört?« Meine Frage schien mir absurd, angesichts der vorbeiziehenden javanischen Reisfelder. »Also, 1837 oder 1838 schrieb Charles Dickens einen Roman mit dem Titel *Nicholas Nickleby*, und darin schildert er eine solche Schule. Geleitet wird sie von einem Mr Squeers. Er glaubt ans praktische Lernen, ›learning by doing‹. Botanik: ins Freie gehen und gärtnern. Biologie: rausgehen und die Pferde striegeln.«

»Von Charles Dickens habe ich gehört, aber *Michael Nickleby* habe ich nicht gelesen.«

»*Nicholas Nickleby*. Ich fände es abscheulich, wenn man mich an einen solchen Ort zwänge.«

»Es wäre *kriminell*, wenn Sie abreisen und so etwas schreiben würden. Niemand wird dort gezwungen.«

»So habe ich's nicht gemeint, Prasojo. Ich meinte, wenn ich ein Junge wäre und meine Eltern schickten mich an so einen Ort, fände ich das abscheulich.«

Ich hatte ihn schwer gekränkt; ich hatte seine javanische Höflichkeit überstrapaziert. Er glaubte an das Pesantren-System, weil es ein javanisches und muslimisches System war. In Pabelan war er noch nie gewesen, und vielleicht zerbrach er sich über das, was wir gesehen und von Taufiq gehört hatten, genauso den Kopf wie ich. Aber er achtete den guten Ruf dieser Anstalt.

Etwas später – Yogya rückte näher, Plakattafeln tauchten auf – kam er noch einmal auf das Thema zurück, aber auf Umwegen. »Wie würden Sie den Unterschied zwischen Bildung und Wissen beschreiben?«

Und nun, als ich über Prasojos Frage nachdachte, schien mir, als sähe ich zum ersten Mal, was Taufiq mir vielleicht hatte mitteilen wollen.

Aber diese Sorte Diskussion gefiel mir nicht. »Ich weiß

nicht«, sagte ich, »ob ich darauf antworten kann. Es ist eine falsche Frage. Bildung und Wissen sind nicht immer etwas Unterschiedliches.«

Er tat, als verstünde er. Als wir in der Mittagshitze nach Yogya hineinfuhren – Motorroller und qualmende Busse, Bäckereien im holländischen Stil, Reklame für indonesische Nelkenzigaretten, Fahrradrikschas mit ihren hinten erhöhten Sätteln (die Hauptanstrengung, die diese Rikschas verursachten, lag nicht in den Waden, sondern in den Armen, weil die Rikschafahrer permanent Druck ausüben mussten, um das Vorderteil ihres Gefährts am Boden zu halten) –, als wir also nach Yogya hineinfuhren, tat Prasojo so, als kokettiere er in Gedanken mit dem, was ich gesagt hatte.

Aber als das Auto vor dem Hotel hielt, konnte er nicht mehr an sich halten. Er sagte: »Ich wollte eigentlich gar nicht Ihr Führer sein. Ich habe eine Woche Schule drangegeben, um Sie zu begleiten. Mein Lehrer meinte, es wäre eine gute Idee, wenn ich Sie begleite. Deshalb hat der Rektor mich gehen lassen.« Und dann kam, ganz unerwartet nach seinem Angriff, noch eine Entschuldigung. »Es tut mir Leid, dass ich Sie heute Morgen zu diesem Batik-Dings gefahren habe. Sie haben nicht darum gebeten, so was zu sehen. Ich habe Ihnen die Zeit gestohlen.«

Ich hielt ihn am Arm fest, um ihm so auch meine Entschuldigung anzubieten. Er ließ mich den Arm eine Weile halten, bevor er die Autotür öffnete.

Aber war der Gedanke der dörflichen Bildungsgemeinschaft – wenn das, was ich gehört hatte, zutraf – nicht doch nur die Vorstellung von einer Gemeinschaft mit geringen Fertigkeiten, ein Missbrauch der Armen?

Ein Stück weit klärte sich das Rätsel, als wir abends zu einer Versammlung im Haus von Umar Kayam gingen. Von seinen Eltern hatte er den Namen eines persischen Dichters erhalten, doch in Indonesien machte er sich selbst einen Namen. Er war ein großer, attraktiver Mann Ende vierzig, Dozent an der Universität von Yogyakarta und außerdem Schriftsteller. Prasojo hatte gewaltigen Respekt vor ihm. Und nun ergriffen Umar und seine Freunde – von denen einer in Pabelan gelernt hatte – Prasojos Partei.

Sie sagten, ich hätte Pabelan missverstanden. Ich sei am Freitag dort gewesen, also am unterrichtsfreien Tag; und ich sei durch die Sprache auf eine falsche Fährte gelockt worden. In Pabelan gäbe es sehr wohl Lehrer. Als Taufiq sagte, es gebe keine Lehrer, habe er vermutlich gemeint, es gebe keine religiösen Lehrer, nichts, was Ähnlichkeit mit einem *ustad* hätte, dessen Wort einst Gesetz gewesen war. Pabelan sei zwar in erster Linie eine religiöse und islamische Schule, aber auch andere Fächer würden unterrichtet; es gebe eine Bibliothek und ein Labor. Neu daran sei der Versuch, eine solche Schule im Dorf anzusiedeln und die Ressourcen des Dorfes zu nutzen.

»Aber Prasojo«, sagte ich, »hat uns Taufiq nicht erzählt, es gäbe keine Lehrer und das Ganze wäre unstrukturiert?«

»Vielleicht wusste Taufiq gar nicht so gut Bescheid. Ich sagte Ihnen schon, Sie haben sich zu schnell Ihr Urteil gebildet. Natürlich steht Ihnen das frei. Doch Sie waren zu schnell.«

Aber mochte es nicht auch sein, dass man mir in Pabelan Dinge erzählt hatte, von denen man meinte, ich wollte sie hören? Solange Taufiq und der Dorfvorsteher mich für einen Muslim oder gar Araber hielten, hatten sie das Muslimische hervorgekehrt. Als Taufiq später ein anderes Bild von mir hatte, griff er, vielleicht etwas zu ungehemmt, auf modern klingende Wörter wie »Kooperative«, »keine Eliten« oder »unstrukturiert« zurück. War es womöglich nur die javanische Höflichkeit – manche Indonesier in Jakarta verfluchten sie –, die mich verwirrt hatte?

Im Gespräch bei Umar Kayam ging es immer wieder um das javanische Dorf. Es gab eine neu gezüchtete Reissorte. Dieser Reis wuchs doppelt so schnell wie der alte und konnte zweimal pro Jahr geerntet werden. Das Nahrungsmittel wurde dringend benötigt, aber die zwei Ernten durchbrachen den alten Lebensrhythmus, gerieten in Widerstreit mit den Festen und Puppenspielen, die den Javanern so am Herzen lagen. Es gab zu viele Menschen, und die Großfamilie war in Auflösung begriffen: Niemand rief mehr Verwandte herbei, die beim Reisschneiden halfen und dafür einen Teil der Ernte erhielten. Das ritualisierte Gemeinschaftsleben, von dem Prasojo mit so viel Rührung gesprochen hatte, brach auseinander. Und der Islam, den man an Orten wie Pabelan vorfand, gehörte zur Reaktion auf dieses Auseinanderbrechen.

Prasojo war gar nicht wohl bei der Sache, aber am nächsten Morgen fuhren wir noch einmal nach Pabelan, um festzustellen, was mir entgangen war.

Entgangen war mir die hohe Tordurchfahrt am Beginn des Dorfweges, das Begrüßungsschild. Die Kokospalmen, die Flamboyants mit ihren roten Blüten sowie die Ziegeldächer des Schulkomplexes wirkten malerischer. Es waren weniger Schüler zu sehen. Die Vorhalle der Moschee war leer. Durch eine offene Tür an der Rückseite des Büros sah ich ein paar Mädchen beim Nähen. Sie erklärten, sie machten ein Begrüßungstransparent, weil man heute den Minister für religiöse Angelegenheiten erwarte. Dann kicherten sie und liefen davon.

Der Mann, der an diesem Vormittag als Sekretär und Sprecher im Büro arbeitete, war kleiner als Taufiq und trug eine schwarze Kappe. Mir schwante gleich, dass auch er mich durcheinander bringen würde. Zu hören war, dass irgendwo Arabischunterricht stattfand, junge Mädchen antworteten einem Lehrer im Sprechchor; aber der Mann im Büro meinte, der Unterricht habe noch nicht begonnen. Ich fragte, ob die Schüler auf dem Feld seien. Es war eine provokante Frage, aber er gab ganz ernsthaft Antwort. Er sagte, aufs Feld gingen die Schüler erst nachmittags. Ich fragte, wo Taufiq sei.

»Er wäscht.«

»Badet?«

»Er wäscht Kleider.«

»Wäscht er viele Kleider?«

»Ja.«

Es hörte sich an, als mache Taufiq so etwas gern im Pesantren. Ich sagte: »Ich will mir mal ansehen, wie Taufiq wäscht.«

Wir gingen um das Gelände herum zu einem Sträßchen auf der Rückseite. Durch eine Betonrinne floss dreckiges Wasser aus einem Haus in einen aufgeweichten, schwarzen Graben.

»Was ist das?«

Der Sekretär antwortete, als handele es sich um einen englischen Vokabeltest: »Eine Gosse, ein Kanal.«

»Ist das ein Schulgebäude?«

»Es gehört einem Dorfbewohner.«

Daneben befand sich eine Reihe von Waschräumen aus Beton und vor ihnen eine Reihe offener, halb ummauerter Waschplätze. Auf dem Weg zwischen Baderäumen und Waschplätzen sah ich Taufiq mit einem roten Plastikeimer: Taufiq, pausbackig und fröhlich wie immer.

»Guten Morgen«, sagte er, »schön, Sie wiederzusehen. Ich

wusste, dass Sie zurückkommen würden. Aber jetzt entschuldigen Sie mich bitte. Ich muss ein bisschen waschen.«

Gleich hinter den Waschräumen waren ein paar Jungen dabei, anderen die Haare zu schneiden. Auch ein Achtzehnjähriger wartete, das Handtuch über die Schultern geworfen, auf den Haarschnitt. Er kam aus Sumatra und wollte bald in sein Dorf zurückkehren. Er hätte vor, sagte er, Gutes für das Dorf zu tun. Das war zwar korrekt und höflich; aber ich wollte es genauer wissen. Er meinte – und sprach es aus –, er würde als Lehrer arbeiten. Mehr könne er nicht sagen.

Zusammen mit Prasojo und dem Sekretär kehrte ich um. Wieder sahen wir Taufiq, wenn auch nur Kopf und Schultern, die über die Betonwand des Waschplatzes hinausguckten. Er trug ein rotes T-Shirt. Er lächelte uns an und sagte: »Ich wasche gerade.«

»Wäscht er viel?«, fragte ich den Sekretär.

Der verstand den Hintersinn meiner Frage und antwortete: »Er wäscht seine eigenen Sachen.«

Wir kamen zu dem neuen Gebäude, in dem die Mädchen ihr Arabisch herunterleierten. Die straff gebundene Kopfbedeckung, die ihnen verwehrte, Haare zu haben, verlieh ihnen ausdruckslose Mongolengesichter. Der Unterricht war fast zu Ende; der Lehrer stapelte Hefte auf. Es klang, als begänne jede Zeile dieses letzten, von den Mädchen abgeleierten Textteils mit dem Wort *Allah*, aber Prasojo sagte, das stimme nicht.

»Gestern«, sagte ich zu dem Sekretär, »erzählte Taufiq mir, es gäbe hier keine Lehrer.«

Während der Sekretär weiterging, sprach er auf Indonesisch mit Prasojo. »Taufiq wollte sagen: Er ist zwar Lehrer, aber zugleich lernt er von anderen, von Leuten wie dem Schulleiter. Deshalb ist er auch Schüler.«

Wir kamen an dem typisch javanischen Haus vorbei, das man mir am Vortag als erstes Gebäude des Pesantren gezeigt hatte. Auf die Tür hatte jemand auf Englisch gemalt: *Altes Haus*. Die Wände bestanden aus Bambusgeflecht. In der Mitte des nicht weiter unterteilten Raumes standen vier, oben durch Querbalken verbundene Holzpfeiler, die das Ziegeldach trugen. Auf drei Seiten befand sich eine durchgängige, elegant gearbeitete Bambusplattform: dicke Bambusstützen als Unterbau, für die Plattform selbst dünnere Stücke aus gespaltenem Bambus, durch ständigen Gebrauch ganz blank gerieben. Auf dieser Plattform schliefen zweiundzwanzig Jungen. An den Wänden aus Bambusgeflecht standen viele kleine, in verschiedenen Farben angemalte Schränke. Hier war sie, die ursprüngliche Idee des Pesantren: das Dorfgebäude, in dem die Jungen des Dorfes Arabisch lernen und einem Dorflehrer im Chor den Koran nachsprechen sollten.

Auf der Bambusplattform lag eine Menge Bettzeug herum. Aber an einer Stelle entpuppte sich das, was aussah wie ein Bündel Bettdecken, als ein Junge; um den Kopf hatte er ein weißes Tuch gebunden, zum Zeichen, dass er krank war. Krank war er seit dem Vortag; der Arzt sollte am Nachmittag kommen. Es war nicht so wichtig.

Wir traten wieder ins Freie, in die neuere Welt der »Interaktion«. Im Schatten der Kokospalmen zimmerten sie noch immer Betten: sieben oder acht Männer verschiedenen Alters, die dort sägten und hobelten.

»Verkaufen Sie die Betten? Gestern sah es für mich so aus.«

»Nein, die Betten sind für uns. Wir brauchen eine Menge.«

»Woher haben Sie das Geld, um Holz zu kaufen?«

»Das weiß ich nicht.«

»Dann sind diese Männer also Arbeiter? Bezahlen Sie sie?«

»Sie kommen aus dem Dorf. Und sie werden bezahlt.«

»Gestern wurde uns erzählt, das sei eine Kooperative. Taufiq sagte, es seien Schüler und Dorfbewohner und sie lernten voneinander.«

Der Sekretär schwieg. Wir blickten auf die sägenden und hobelnden Männer. Wie schwer beschäftigte Arbeiter beachteten sie uns kaum.

Prasojo versuchte, die Situation zu retten. Er hob eine Hacke auf und fragte: »Aber dies gehört dem Pesantren, nicht wahr?«

Geistesabwesend, immer noch grübelnd, antwortete der Sekretär: »Ja.«

»Schöne Hobel haben sie«, bemerkte ich.

»Möchten Sie einen kaufen?«, fragte Prasojo.

Aber jetzt ergriff der Sekretär das Wort. »Taufiq wollte sagen, dass manche dieser Männer noch nie Betten gemacht haben. Vielleicht Stühle. Vielleicht Häuser. Wie man Betten baut, haben sie erst gelernt, als sie hierher kamen. In diesem Sinn sind sie Schüler. Ich glaube, das hat Taufiq gemeint.«

Ganz plötzlich sagte Prasojo, als wäre er gerade darauf gekommen: »Das hier ist wie ein Campus. Aber ein Campus, wo die Lernenden auch arbeiten.«

Freilich, es war ein Campus mit Bauernhofatmosphäre. Vor dem Mädchenschlafsaal (den Prasojo am Vortag mit mir besichtigen wollte) standen Pfützen, auf denen Enten mit vielen Küken schwammen. Wir suchten uns behutsam einen Weg durch den Schlamm, vorbei an den Abfallhaufen und den Wäscheleinen. Der Fischteich war so grün und düster wie vor der Reinigungsprozedur. Die Honda-Pumpe stand immer noch da, mitsamt dem angeschlossenen, im Teich liegenden Schlauch.

Wir sprangen von der Mauer hinter dem Mädchenschlafsaal, und hier, auf dieser tiefer gelegenen, schmutzigeren

Ebene, auf der es nach Bauernhof roch, gab es Dorfhäuser und Dorfbewohnerinnen, die uns zulächelten und aus dem vielen Abfall, der auf ihren Höfen herumlag und aus dem die Häuser herauszuwachsen schienen, etwas zuriefen.

»Arbeiten sie für das Pesantren?«

»Sie sind aus dem Dorf. In ihrer Freizeit arbeiten sie für die Kantine.«

Die Kantine lag unweit der Kuhställe. Hier wimmelte es von Dörflern, die umgruben, sauber machten, Lasten schleppten; und im Hintergund hörte man den Sprechchor einer anderen Arabischklasse. Der zum Bauernhof umgewandelte Campus erinnerte jetzt an ein mittelalterliches Landgut voller bäuerlicher Geschäftigkeit. Und als hätte dieser Gedanke sie heraufbeschworen, traf eine ganze Schlange von mittelalterlich wirkenden Dorfbewohnern ein, die unhandliche, längliche Holzstücke schleppten.

Jetzt ergriff Prasojo die Inititative und hielt einen der Männer an. Er war breit und kräftig und nicht mehr jung. Trotz seiner Last hielt er sich an die javanische Höflichkeit und erzählte Prasojo, ja, er wäre gern Schüler. Doch ihm fehlten die Zeugnisse, und die zehn Dollar monatliches Schulgeld könnte er nicht aufbringen. Er verdiente 500 Rupiah pro Tag, achtzig Cent; aber er bekomme auch zu essen.

Der arabische Sprechchor kam aus einem neuen Schulgebäude. Auf der Veranda saß eine Gruppe fröhlicher, neugieriger Frauen; sie stopften Matratzen mit Kapok aus, und dessen Flocken flogen wie Staub umher.

Prasojo sprach mit dem Sekretär und sagte dann: »Sie haben siebzig Lehrer. Und sie führen Anwesenheitslisten, und jeder Schüler hat eine Akte. Hier ist es gar nicht unstrukturiert.« Prasojo kicherte. »Sondern *sehr* strukturiert.« Die Lehrer seien Freiwillige. Nach Ablauf ihrer Schulzeit im Pesantren blieben sie ein oder zwei Jahre, um zu unterrichten; sie erhielten zwischen acht und vierzig Dollar pro Monat.

So ein Kraftaufwand, so eine Organisation – nur um die Dorfatmosphäre zu imitieren und Dorfbewohner zu lehren, Dorfbewohner zu sein!

Als wir zum Büro zurückgingen, sahen wir Taufiq, der seine Waschaktion beendet und Plastikeimer und Waschbecken den Rücken gekehrt hatte. Sein rotes T-Shirt hatte er abgelegt und trug ein frisches geblümtes Hemd und eine fliederfarbene Hose, die über seinen kurzen dicken Schenkeln spannte. Sein rundes Gesicht war sauber rasiert. Er wirkte, als sei er nun bereit für den vor ihm liegenden Tag – vielleicht sogar für eine Begegnung mit dem Minister für religiöse Angelegenheiten. Er schenkte uns ein strahlendes Lächeln.

»Der Leiter«, sagte er, »hatte damit gerechnet, dass Sie über Nacht bleiben würden. Er hat persönlich einen Schlafplatz für Sie hergerichtet. Aber Sie sind weggefahren. Er erwartete Sie zum Mittagessen. Er ließ die Jungen Fische fangen und alles.«

Fische! Und ich dachte, die Jungen, die im Teich standen, hätten ihn gesäubert. Taufiq selbst hatte es ja gesagt.

Ich fragte, ob ich von den Artikeln, die über das Pesantren erschienen waren, Kopien bekommen könnte. Vor allem wollte ich den haben, in dem Taufiq das Pesantren eine »Lerngemeinschaft« genannt hatte. Taufiq sagte, er werde mir die Artikel besorgen, und ging fort.

Wir warteten.

»Meinen Sie, er holt mir die Kopien?«, fragte ich den Sekretär.

»Ja. Er geht zum Kopierraum.«

Kopierraum! Eine moderne Kopiermaschine an diesem Ort,

wo sie alles über den Islam lernten und sich angestrengt bemühten, Dorfbewohner zu sein!

Taufiq kehrte mit den Kopien zurück: Neben den Artikeln brachte er auch einen Brief, den er gerade aus Australien erhalten hatte.

Wir gingen wieder auf den Hof und zum Auto. Ein zerlumpter kleiner Dorfjunge kam vorbei; auf dem Rücken trug er eine riesige grüne Frucht.

»Ist er ein Schüler?«, neckte ich Taufiq.

Prasojo kicherte.

»Er ist Dorfbewohner und Schüler«, sagte Taufiq.

Er lächelte. Aber das Lächeln täuschte mich nicht: Er meinte es ernst. Ich war froh, dass wir fuhren, denn nach spätestens fünf Minuten hätte uns sein hochphilosophischer Umgang mit der Sprache erneut in Verwirrung gestürzt.

Im Auto, während der Fahrt durch das Dorf, schaute ich mir den Brief aus Australien an. Er war drei Wochen alt und kam von einer Universität. Hatte Taufiq ihn wirklich gelesen?

»Lieber Taufiq, ich muss Ihnen noch einmal danken für die Zeit, die wir zusammen verbracht haben. Leider war sie zu kurz, aber ich hoffe, wir können unseren Dialog in Briefen fortsetzen. Wenn ich über meinen Besuch bei euch in Pabelan nachdenke, geht mir immer noch alles durcheinander ... Was soll ein Schüler nach eurem Wunsch tun, wenn er aus Pabelan weg ist? ... Er besitzt die Fertigkeiten, mit denen er das Dorf voranbringen kann, aber was kann er für jene tun, die wenig oder gar kein Land haben? Welche islamischen Grundprinzipien hat er in Pabelan gelernt, die ihm in dieser Situation weiterhelfen? ... Was sagt euch der Islam über Indonesien und über Maßnahmen gegen die Armut?«

4

Die Reisgöttin

Und dies war das Problem. Welche Botschaft hielt der Islam für die Dörfer bereit?

Eine Woche später fuhr ich erneut nach Yogyakarta, um von dort aus mit Umar Kayam eines der Dörfer am Fuß des Vulkanbergs Merapi zu besuchen. Der Merapi hatte lange, sanft abfallende Hänge; ständig hing ein kleiner Dunststreif um den Kegel, und mitunter verschwand dieser ganz in den Wolken. Dank der Lava war der Boden fruchtbar. Das nasse Erdreich, das die Männer auf den Reisfeldern mit ihren Ochsen tief umpflügten oder mit Hacken lockerten, war schwarze Vulkanerde. Die von niedrigen Erdwällen umgebenen Felder reichten bis an die Dörfer heran, sodass diese aus der Luft gesehen – rote Ziegeldächer zwischen grünen Bäumen, Schatten in der tropischen Weite – scharfe, eckige Konturen hatten.

Wer eines dieser Dörfer betrat, fand mehr als nur Schatten. Er betrat eine verzauberte, abgeschlossene Welt, in der alles – Nahrung, Häuser, Werkzeuge, Rituale, Formen der kultischen Verehrung – jahrhundertelang gewachsen war und eine gewisse Perfektion erreicht hatte. Alles griff ineinander, ganz so, wie die außen anschließenden Reisfelder, von denen manche kaum mehr als 2000 Quadratmeter groß waren, genau ineinander passten.

Jedes Haus, gleichgültig ob es Betonmauern oder Wände aus Bambusgeflecht hatte, stand im Schatten; und jeder Baum war zu irgendetwas nütze, selbst der mir bislang ganz unbekannte Kapokbaum. Es gab vielerlei Bambusarten, manche dick und dunkel, fast schwarz, andere schlank und gelb mit grünen Streifen, als wäre Farbe von einem übervollen Pinsel darauf getropft. Aus all diesem Bambus machte man Betten, Möbel, Wände, Zimmerdecken und Matten. Das Beherrschende indes war der Reis. Von ihm ernährten sich alle, und für ihn arbeiteten sie; er markierte die Jahreszeiten. Im traditionellen Haus gab es hinter dem pfeilergestützten Hauptraum ein kleines Zimmer: Einst war dies der Kultraum der Göttin Sri, Devi Sri, der Reisgöttin.

Umar fuhr mich zu Linus' Dorf, und Linus kam mit. Er war ein junger Dichter aus Yogya, der bislang nur von seinen Dichterlesungen lebte. Linus war Katholik; mit vollem Namen (er hatte zwar auch einen indonesischen Namen, benutzte ihn aber nicht) hieß er Linus Agustinus. Seine Mutter war Katholikin; um sie heiraten zu können, trat sein Vater zum Katholizismus über. Sie lebten von der Bebauung ihres Landes. Der Vater war Dorfvorsteher. Mit dem Militärputsch wurde dieser Posten zu einem Wahlamt, und der Dorfvorsteher musste dafür sorgen, dass die Regierungsvorhaben ausgeführt wurden – zum Beispiel die Bauern dazu bringen, den neuen Reis anzupflanzen. Solange man das Amt innehatte, erhielt man annähernd fünf Hektar Land zur Bebauung; in Zentraljava war das viel.

Das Dorf lag unweit der Straße nach Pabelan, und Umar kannte die Gegend gut. Während der Revolution, also des Krieges gegen die Holländer, waren diese in Yogyakarta einmarschiert, und die Revolutionstruppen hatten sich in die Dörfer zurückgezogen. Damals kämpfte Umar in der Studentenarmee; ihre Mitglieder wurden bei den Dorfbewohnern einquartiert.

»Waren Sie gut organisiert?«, fragte ich. Umar lachte über meine Frage. »Wo denken Sie hin?« Es war eine Zeit der Wirren gewesen; und wie an den meisten Orten, an denen Frieden herrscht, fiel es jetzt schwer, in einer so sanften Szenerie – mit so kleinen und wehrlosen Dörfern, so gefährdeten Feldern, die so viel Pflege brauchen – über den Krieg nachzudenken.

Das Haus von Linus' Familie war aus Beton, stand auf niedrigen Pfeilern und hatte einen Betonfußboden. Aber es war nach javanischem Muster gebaut. Über der Innentür hing ein katholisches Heiligenbild und an einer der Wände eine Lederfigur aus dem javanischen Puppenspiel: Es war der schwarze Krishna, nicht der schelmische Gott der Hindulegende, sondern der javanische Krishna, der weise, weit blickende Mann, also eine passende Figur für das Haus eines Dichters. Im Bücherschrank standen die Bücher, die Linus in der Schule und an der Universität benutzt hatte, außerdem *The Collected Poems of T. S. Eliot*, ein Geschenk der BBC, denn Linus hatte den zweiten Preis in einem vom indonesischen Auslandssender der BBC veranstalteten Dichterwettbewerb gewonnen.

Man brachte Teegläser mit Zinndeckeln und einen Teller, auf dem sich dampfende Maiskolben stapelten, dann noch einen Teller mit einer Art gefüllter Teigrolle. Das war das indonesische Begrüßungsritual, die Zurschaustellung von Überfluss. Von den Gästen forderte sie entsprechende Höflichkeit. Niemand wollte als Erster essen oder trinken; und oft kam es zum Beispiel vor, dass der Tee erst ganz zum Schluss getrunken wurde, wenn er schon kalt war.

Eine der Speisen brachte eine von Linus' jüngeren Schwestern, ein hübsches Mädchen von zehn oder zwölf Jahren in einem Kittelkleid. Dann kam ein anderes, erheblich älteres Mädchen, um sich die Besucher anzusehen. Es hatte verzerrte Gesichtszüge und vorstehende Zähne; das Kleid hing schief am Körper herunter. Seine Bewegungen waren unkoordiniert, und die in Hausschuhen steckenden Füße schlurften schwerfällig über den glatten Betonboden. Diese Schwester setzte sich in die andere Ecke des Raumes auf einen Stuhl und musterte uns wortlos; dann, nach einer Weile, stemmte sie sich hoch und ging mit ihren schlurfenden Schritten hinaus.

Ein paar Minuten später sagte Umar mit viel Zartgefühl: »Vielleicht haben Sie Linus' Schwester gesehen. Es geht ihr nicht gut.« Noch als Kind sei sie krank geworden. Man habe sie zum Arzt gebracht, und die Arzthelferin habe ihr eine falsche Spritze gegeben, die ihr Nervensystem schädigte. Das Haus des Dichters, das Haus des Dorfvorstehers, war zugleich ein Haus der Tragödie.

Dann kam Linus' Mutter, die Frau, deretwegen sein Vater konvertiert und die Familie katholisch war. Umar erhob sich in unverkennbar gebückter Haltung und mit einem seitlichen Schleifschritt: ein großer Mann, der versuchte, sich kleiner zu machen als die kleine Frau. Und bevor wir uns alle setzten, ergoss sich ein wohlklingender Redestrom aus ihren Mündern.

Sie war auf die typisch indonesische Art klein und schmächtig, und auf der Straße wäre sie wohl kaum aufgefallen. Aber jetzt, herausgelöst aus der indonesischen Menschenmenge, im eigenen Haus und als unsere Gastgeberin, trat ihre Schönheit leuchtend zutage, und man konnte sehen, mit welcher Sorgfalt sie sich gekleidet hatte: Bluse, Schärpe und Sarong (ihre Töchter trugen Kittelkleider). Hinter dem bereitwilligen (und nach einer Weile beunruhigenden) indonesischen Lächeln erkannte man ihre ausgesuchten Umgangsformen und in der Bauersfrau die Vertreterin einer hoch stehenden Kultur. Ihr Gesicht war heiter und offen; den Kopf hielt sie erhoben und leicht nach hinten geneigt; sie war von zartem Knochenbau, ihre Augen leuchteten, obgleich sie tief in den Höhlen lagen, und ihre Lippen über den makellosen Zähnen waren makellos geformt. Wenn sie – unbefangen und ohne Verlegenheit – sprach, schienen ihre Worte immer kurz davor, in Lachen umzuschlagen.

Eine Weile lang unterhielten sich beide, sie und Umar, auf diese Art und Weise, und es sah aus, als hätten sie einander viel mitzuteilen. Aber alles gehörte, wie Umar mir später erklärte, zum Begrüßungsritual. Sie benutzten die Höflichkeitssprache der Javaner, die sich von der Alltagssprache unterschied; und sie sagten kaum etwas. Linus' Mutter hatte erzählt, sie habe zur Schule eines ihrer Kinder gehen müssen, um dessen Zeugnis abzuholen; deshalb habe sie uns leider nicht willkommen heißen können, als wir ankamen. Es beschäme sie, so vornehme Leute wie uns an einem Ort zu begrüßen, der kaum ein Haus, eher eine Hütte sei. Und Umar hatte sich gleichermaßen entschuldigt für unser Eindringen, das womöglich Unordnung in die Harmonie ihres häuslichen Lebens bringe. Und so ging es immer weiter: Entschuldigung wurde mit Entschuldigung beantwortet.

Eine einzige konkrete Mitteilung kam indes dabei heraus. Umar erwähnte sie später, als wir das Haus verlassen hatten und durch das Dorf gingen. Die Mutter machte sich Sorgen um Linus. Er kam selten ins Dorf; er wohnte in seinem Häuschen in Yogya; er war nicht verheiratet; er hatte keine Arbeit. Und an ihren Worten, so Umar, sei etwas dran: Linus sei achtundzwanzig Jahre alt.

»Aber ist sie nicht insgeheim stolz«, fragte ich Linus, »dass Sie Dichter sind?«

Auf Englisch antwortete er: »Sie hätte nicht mal eine Ahnung, was das ist: Dichter zu sein.«

»Linus hat nur eine einzige Möglichkeit«, sagte Umar, »ihr das verständlich zu machen. Er müsste sagen oder suggerieren, dass er als Dichter in der klassischen Tradition steht. Aber das wäre Unsinn. Sie würde es als unmöglich zurückweisen.«

Für jemanden wie Linus' Mutter, die in einer fertigen Kultur lebte, war Dichtung etwas längst Geschriebenes, eine Art heiliger Schrift; es gab nichts mehr hinzuzufügen.

Gerade jetzt freilich tat sich für Linus eine Chance auf. Eine Zeitung in Yogya hatte ihn gebeten, die Kulturseite zu übernehmen, für fünfundzwanzig Dollar pro Monat. Bis Yogya war es nur eine kurze Busfahrt, aber das Leben, das sich Linus dort aufzubauen suchte – Dichterlesungen, Zeitungen –, schien Welten entfernt von dem engen, vom Reis geschaffenen Dorf.

Die schattige kleine Dorfstraße machte viele Kurven. Der Erdboden war lavaschwarz und gefegt. In den Gossen schoss das Wasser dahin – ohne Wasser kein Reis. Die Moschee war ein schlichter, auf niedrige Pfeiler gesetzter Schuppen: keine Kuppel, kein spezielles Dach. Der Islam kam nicht als Kultur nach Java; er kam nur als Religion oder als Ergänzung zu alten Religionen; er bediente sich dessen, was bereits da war. Die Moschee war offen; im Innern lagen ein paar Bambusmatten, sonst nichts. Einige Schritte weiter, an einer Biegung des lavaschwarzen Sträßchens, stand die katholische Kirche, wie die Moschee ein schlichter Schuppen, aber mit einem Wellblechvordach über den Betonstufen und einem Kreuz auf dem Dach.

Die Moschee war geöffnet, wie es sich für Moscheen gehört. Die Kirche war geschlossen. Das Schloss war allerdings nicht ganz ernst zu nehmen. Von einem Hibiskusstrauch brach Linus einen Zweig ab, steckte ihn in das Schlüsselloch und drehte um. Die Kirche war fast so kahl wie die Moschee. Sie besaß ein Kruzifix. Hoch oben an den Wänden hingen drei kleine gerahmte Bilder, die die Kreuzwegstationen darstellten. Das Glas war überzogen von Fliegendreck und Spinnweben; die Bilder hatten die Farbe verloren, und zwei waren in den Rahmen verrutscht. Der Maschendraht am oberen Ende der Wand, gleich unter der Dachrinne, war an vielen Stellen zerrissen.

Nach Indonesien kam das Christentum wenig später als der Islam. Es war die Religion der Kolonialmacht; aber ebenso wie der Islam präsentierte es sich den Dorfbewohnern auch als Ergänzung der alten Religionen. Aus dem Islam freilich, der offiziellen Religion des Volkes, schöpften die Indonesier zur Zeit der Holländer ihren Stolz. Wenige Schritte weiter – das Dorf war klein und der Spaziergang kurz, aber er war wie ein Gang durch die javanische Geschichte – stand ein Haus mit einer Tafel, die es als das Büro der *Muhammadiyah* auswies. So nannte sich eine nationalistisch-muslimische Reformbewegung in Indonesien, die zur Zeit der Holländer entstanden war; heute galt sie als »konservativ«.

Ein kleines Dorf, ein kurzer Spazierweg; und nun wurde – in diesem Dorf aus vergänglichen Häusern – die Geschichte noch um Jahrhunderte erweitert. Quer durch das Dorf begaben wir uns zum Haus des muslimischen *koum*. Umar Kayam übersetzte das Wort mit »Gemeindeältester« und gab mir eine Vorstellung von den Pflichten des *koum*. Die muslimischen Familien holten ihn bei wichtigen Gelegenheiten – Geburt, Bestattung, Geburtstag – oder einfach dann, wenn eine religiöse Zeremonie anstand; und er allein vollzog das Ritual namens *salamatan*.

Bei diesem Ritual ging es unter anderem darum, Nahrungsmittel zu weihen und auszuteilen. In Erinnerung an meine hinduistische Kindheit erkannte ich die Zeremonie als Relikt des Hinduismus, und nun sah ich den muslimischen *koum* als Nachfahren des Hindupriesters vor mir.

Wie überrascht war ich, als ich entdecken musste, dass er in einer elenden Bruchbude am Ende des Dorfes gleich neben den Reisfeldern wohnte; sein Haus war verfallen, das Innere finster, die Veranda voll Gerümpel, die Bambuswände hingen durch, und der Kalkanstrich färbte sich kurz über dem schwarzen Erdreich schwärzlich.

Er bat uns nicht hinein. Er trat heraus und blieb auf dem Vorhof stehen, auf dem feuchten schwarzen Boden, im Baumschatten. Er trug Shorts und ein weißes T-Shirt. Seine Frau, die uns nicht vorgestellt wurde, blieb auf der Veranda und schaute zu. Er wirkte eher wie ein Landwirt und Bauer als wie ein Priester. Und nun war ich noch einmal überrascht, als ich von seinen anderen Aufgaben erfuhr: Als *koum* wusch er die muslimischen Toten und hüllte sie für die Bestattung ins Leichentuch. In seiner Person vereinigte er also die rituellen Pflichten des Priesters und des Unberührbaren. In einzigartiger Weise verkörperte er, dieser Ritualdiener, was vom hinduistischen Kastensystem bewahrt worden war.

Er war vierundsechzig, klein, muskulös und noch immer kräftig gebaut, seine braune Haut glänzte von der Sonne, und nur die etwas schlaffere Haut um seine Knie verriet sein Alter, das sich eher im Gesicht zeigte. Seine Wangenknochen traten hervor wie ein Sims; zusammen mit der blasseren Stirn und seinem flach gedrückten Haar ließ das darauf schließen, dass er bei der Arbeit in der Sonne einen schweren Hut trug.

Jetzt erzählte er Umar etwas von seinen Pflichten als Leichenbestatter, und dabei sprach er vergnügt, als wolle er jeden Augenblick in Lachen ausbrechen. Er schämte sich dieser Pflichten nicht. Die Stellung als *koum* hatte er von seinem Vater geerbt, dazu einen Morgen (also gut 4000 Quadratmeter) Land. Das erklärte seinen Körperbau, die Arbeit auf dem Reisfeld. Er hatte seine Sache gut gemacht. Er sah sich als erfolgreichen Mann, der auf ein ordentliches und nutzbringendes Leben zurückblickte.

Demnach gäbe es nichts, dem er nachtrauerte? In seinem Land war alles gut gelaufen?

Vor Lachen schien er fast zu bersten. Gut gelaufen? Es sei doch immer besser geworden. Nie sei das Leben besser gewesen; er lebe in einer guten Zeit. Welchen vergangenen Dingen sollte er nachtrauern? Erst seien die Holländer da gewesen; und als er sechsundzwanzig war, hätten die Japaner Java besetzt.

Was für eine Zeit war das? Wie kam er mit den Japanern zurecht?

Erneut klang seine Antwort, als berste er vor Lachen. Es war eine *furchtbare* Zeit, sagte er. Alles war knapp. Sie hatten keinen Kleiderstoff. Sie mussten Hosen aus Sackleinen tragen. Und danach kam die Revolution, der Krieg gegen die Holländer. Das Dorf gehörte zu jenen, wo die Holländer nach ihrem Einmarsch in Yogyakarta regelmäßig Razzien machten; er musste oft weglaufen und sich verstecken. Nein, die gute Zeit, das sei heute.

Und was war mit Sukarno, dem Führer im Kampf gegen die Holländer?

Die Antwort des alten Mannes, des Bauern, der da neben seiner elenden Hütte stand, war überraschend. Sein Gesicht wurde weich; seine Stimme wurde weich. »Oh«, sagte er, »er war ein schöner Mann. Er konnte gut reden.«

Nachdem Umar übersetzt hatte, fügte er hinzu: »Schönheit

spielt hier eine große Rolle. Ein politischer Führer muss gut aussehen. Aber ich denke, das gilt für die meisten Länder.«

Dennoch war es merkwürdig, selbst in Java mit seinen Ritualen und Höflichkeitsformen: dass Schönheit und Rednergabe ein kolonisiertes Volk durch grausame Kriege führen sollten. War an Sukarno in den ersten, den dreißiger Jahren nicht doch etwas mehr dran?

»Fragen Sie ihn, wann er zum ersten Mal von Sukarno gehört hat.«

Die Antwort kam, und Umar lachte. »Er sagt 1945. Ich muss sagen, das ist was Neues für mich.«

»Ich dachte«, erwiderte ich, »ich würde etwas über den jungen Sukarno der dreißiger Jahre hören.«

»Ich nicht. Damals war Sukarno meist im Exil. Es gab noch nicht so viel Medienberichterstattung. Und was es gab, das kontrollierten die Holländer. Ich dachte eher, er würde sagen, dass er zum ersten Mal während der japanischen Besatzungszeit von Sukarno gehört hätte, als die Japaner ihn aus dem Exil zurückholten.«

Von Sukarno hatte der Alte also erst nach der Ausrufung der Unabhängigkeit im August 1945 gehört. Ganz plötzlich war er, der Führer, auf den Plan getreten, nicht nur als Mann mit einer Armee, sondern als jemand, dem man folgte, weil er gut aussah und reden konnte.

Am anderen Ende des Hofes fraßen zwei weiße Kühe frisches Heu. Das Geläut der Glocken, die sie um den Hals trugen, gab die Begleitmusik zu den übersprudelnden Worten des Alten ab. Das Leben hatte sich letztlich zum Guten gewendet, war besser geworden, als er es unter japanischer Besatzung, in jenen harten Zeiten, wo er nichts von der Existenz eines Führers ahnte, erwartet hätte.

Aber warum wohnte er, obgleich er mit dem einen Morgen,

also einer hübschen Menge, Land und seiner Arbeit als *koum* ein wohlhabender Mann war – warum wohnte er in einer so armseligen Hütte?

Umar und Linus sprachen miteinander, und dann sagte Umar: »Es geht um eine bestimmte Lebensweise.« Als er meine Frage an den alten Mann weitergab, antwortete dieser: »Das ist im Islam so Sitte.«

Eine Sitte, wie er erklärte, an die sich niemand mehr hielt. Nur ein Drittel der Muslime lebte wie Muslime, nur ein Drittel ging zur Moschee. Bei den Jüngeren allerdings bahnte sich ein Wandel an. Warum? Vielleicht, sagte er, lag es daran, dass Religion in der staatlichen Schule Unterrichtsfach sei und die Jugendlichen es lernen müssten, wenn sie gute Noten haben wollten.

Er und Umar unterhielten sich weiter. Die schlanken, langbeinigen javanischen Hähne stolzierten auf dem feuchten Hof herum; die Kuhglocken läuteten; die Frau des Alten beobachtete uns von der dunklen, mit Gerümpel voll gestellten Veranda aus und lächelte.

»Ich habe ihn nach dem Wayang gefragt«, sagte Umar. *Wayang*, das Puppenspiel. »Ob er als Muslim etwas gegen die Hindugeschichten habe. Er sagte, nein; das seien doch nur Geschichten.«

Wir gingen zurück zu Linus' Haus – noch mehr Tee, noch mehr dampfender Mais, ein Teller mit heißen Chips aus irgendwelchen getrockneten Früchten. Als wir aufbrachen, begleitete uns Linus' Mutter bis vor das Haus. Abgeschälte Maiskolben trockneten im Vorhof auf einer Matte. Sie sollten verkauft werden, denn aus den zerstampften Kolben gewann man Öl; hier hatte alles einen Nutzen. Und diesmal fiel mir der kleine Schuppen an der Straße auf, der von Linus' Eltern betriebene Laden: Denn sie waren auch Händler.

Umar wollte mir noch das traditionelle javanische Haus zeigen. Linus wusste, wo eines stand. Es war nicht auf Besuch vorbereitet und in Unordnung; aber die Hausfrau lächelte, während wir uns umsahen, und zeigte uns, wo früher der Kultraum der Reisgöttin gewesen sein musste. Und mir schien, als mache Umar nach dieser Störung beim Abschied eine besonders tiefe Verbeugung und einen besonders langen Schleifschritt zur Seite. Diese altertümliche Eleganz – und das nur wenige Minuten entfernt von der ordinären Landstraße mit ihren Motorrollern.

Hier indessen hatten wir Unruhe gestiftet. Kinder kamen heraus, um zu gucken. Jedes der Mädchen trug eine Puppe, aber eine lebendige – entweder einen kleinen Bruder oder eine kleine Schwester – auf der Hüfte.

Bis Yogya war es nur eine halbe Stunde. Doch nicht jedermann konnte wie Linus die Fahrt vom Dorf in die Stadt machen. Linus war privilegiert. Er war Dichter, wusste, wer er war, konnte sich abseits halten. Nur wenigen Dorfbewohnern ging es wie ihm. Die meisten hatte das Dorf geprägt. Sie brauchten die Sicherheit der Großfamilie, die Sicherheit der Dorfgemeinde, wie feudal sie auch organisiert war, wie schwer ihnen auch Pflichten wie Nachtwache oder Gemeinschaftsarbeit auf den Reisfeldern fielen. Für diese Männer war das Dorf tatsächlich eine verzauberte Welt, aus der man kaum ausbrechen konnte. Und wenn jemand gezwungenermaßen fortging – einfach weil es am Land fehlte, ihn zu ernähren –, dann suchte er in Fabrik oder Büro stets nach der Großfamilie und etwas Dorfähnlichem, selbst in Jakarta.

Wie das Christentum war auch der Islam eine Ergänzung der älteren Religionen. Der Dorfglaube war ein zusammengesetzter Glaube; die Vorstellung vom guten Leben war eine zusammengesetzte Vorstellung. Die Menschen hatten alles gleichzeitig: die Moschee, die Kirche, Krishna, die Reisgöttin, ein Relikt der hinduistischen Kasten, die buddhistische Idee des Nirwana, die muslimische Vorstellung vom Paradies. Keiner, so Umar Kayam, konnte genau Auskunft darüber geben, was er war. Man sagte: »Ich bin Muslim, aber ...« Oder: »Ich bin Christ, aber ...«

Und dann erzählte Umar folgende Geschichte von den Einwohnern des Dorfes Prambanam. Nach dem Militärputsch 1965 forderte die Regierung in ihrer Furcht vor dem Kommunismus der letzten Sukarnozeit jeden Indonesier auf, verbindlich zu erklären, welcher Glaubensgemeinschaft er angehörte. Die Leute in Prambanam saßen in einer Zwickmühle. Einerseits waren sie Muslime und glaubten an den Propheten und sein Paradies. Aber als Muslime mochten sie sich nicht bezeichnen, weil sie gegen zu viele Gebote verstießen. Sie wussten, dass ihre Vorfahren im neunten Jahrhundert die großen Tempel errichtet hatten – die nun von Menschen aus aller Welt besichtigt wurden; und auch wenn sie nicht mehr restlos verstanden, was die Tempel bedeuteten, so wussten sie doch, dass es Hindutempel waren. Sie liebten die Puppenspiele, die auf das *Ramayana* und das *Mahabharata* zurückgingen, und sie wussten, dass beides Hinduepen waren. Daher meinten die Leute von Prambanam, sie müssten sich eigentlich als Hindus bezeichnen.

Das Vertrackte war nur, dass sie nicht wussten, was sie als Hindus zu tun hatten. Sie hatten keine Priester und keinerlei Ahnung, welche Rituale zu vollziehen waren. Aus Bali ließen sie Hindupriester kommen, und die Balinesen kamen mit ihrem Gamelanorchester, um ihnen alles beizubringen. Aber es klappte nicht. Die Vergangenheit ließ sich nicht wiederherstellen; die alten Rituale und die alte Theologie sprachen niemanden mehr an. Und so wurden die Leute von Prambanam wieder zu dem, was sie immer gewesen waren: Menschen mit zusammengesetzter Religion.

Am Donnerstag, zu jener späten Nachmittagsstunde, die Prasojo die schönste Zeit des javanischen Tages genannt hatte, saß eine Frau in einer der Hauptstraßen von Yogya vor ihrem kleinen Laden und verfertigte kleine Duftkissen aus Bananenblättern, die sie mit Rosenblütenblättern, Jasmin und den süß duftenden, lindgrünen Blüten des Ylang-Ylang füllte. Sie war schwanger und saß mit gespreizten Beinen. Die Blattstücke lagen in einem Korb, Blütenblätter und Blüten und andere Dinge in einzelnen Schalen. Sie arbeitete schnell; sie nahm zwei Bananenblattstreifen, heftete sie am unteren Ende mit etwas Kokosblattrippe zu einer Tasche zusammen, warf rote und weiße Blütenblätter in diese Tasche hinein, fügte Jasmin hinzu, manchmal Duftstoff aus einer Flasche, und heftete die Tasche auch am oberen Ende zusammen. Hin und wieder tat sie noch eine gelbe Paste hinein oder ein braunes Stäbchen – je nachdem was die Kunden wollten. Es waren Mädchen und Frauen, die da warteten. Jedes Duftkissen kostete fünfzehn Rupiah, weniger als drei Cent. Diese Blumengaben brachte man den Geistern der Toten als Opfer dar; sie wurden im Haus oder auf den Gräbern ausgelegt; und man kaufte sie am Donnerstagabend, weil der Freitag, der muslimische Feiertag, zum heiligen Ruhetag geworden war.

Umar Kayam wohnte gegenüber einem chinesischen Friedhof. Das bescherte ihm Weitblick und Stille, aber einige seiner Verwandten mochten ihn dort nicht besuchen. Er erklärte ihnen, die Chinesen seien fleißig und erfolgreich und chinesische Totengeister seien höchstwahrscheinlich gute Geister. Aber sie wollten einfach nicht hören.

Die Religion hatte zwei Seiten: Einerseits hatte sie die

Furcht nicht gebannt, andererseits war sie ungewöhnlich hoch entwickelt. Dieselben Menschen, denen die Geister der Toten so nahe waren, besaßen lebendige Epen, die sich in Morallehren verwandelt hatten. Zwar ließen sich weder die Rituale noch die komplizierte Theologie des Hinduismus wiederherstellen, aber er hatte Java seine menschlichste und poetischste Seite, seine Epen *Ramayana* und *Mahabharata*, hinterlassen; und diese lebten fort im Puppenspiel, dem Wayang.

Das *Mahabharata* war länger als sein Gegenstück. Es dauerte neun Stunden und war »Schwerarbeit« für einen Puppenspieler, da er alle Personen spielen, alle Stimmen sprechen musste. Das *Ramayana* wurde häufiger aufgeführt, und in Zentraljava stieß man überall auf dieses Wort – auf der Rückfront der Busse, auf den Anzeigetafeln der Geschäfte. Die Geschichten, im Laufe der Jahrhunderte umgearbeitet und erweitert, waren Teil der kollektiven Fantasie geworden. Die Charaktere waren zugleich Götter und Menschen. Selbst im Programmzettel der für Touristen gekürzten Wayang-Fassung, die gegenüber dem Sheraton Hotel, auf der anderen Straßenseite, gespielt wurde, hießen die Personen R. Rama, R. Lesmana, R. Hanoman – wobei R. für *raden* stand, den Adelstitel, den manche Leute sich noch gern anhefteten –, sodass die archaischen, stilisierten Puppenschatten auf dem weißen Wandschirm die Menschen zwar direkt in eine heroische Vergangenheit entführten, zugleich aber den Zusammenhang mit der Gegenwart wahrten.

Die Geschichten waren mehr als nur Geschichten. Sie hatten Tiefe. Sie besaßen Doppelsinn. Hier ein Ausschnitt aus der Handlung des *Ramayana*; er stammt aus dem Buch »Die menschliche Person im Wayang«, einer Sammlung von Zeitungsartikeln des Puppenspielers Sri Mulyono. König Rahwana von Alengka entführt Sinta, die bildschöne Frau des Königs Rama von Mangliawan. König Rama marschiert mit seinen Truppen in Alengka ein, um seine Frau zu befreien. Wibisana, der jüngere Bruder des Königs Rahwana, macht diesem Vorwürfe wegen der Entführung der schönen Sinta und fleht ihn an, er möge sie ihrem Ehemann zurückgeben. Rahwana hört nicht auf ihn, und Wibisana schließt sich dem Invasionsheer an. Hatte Wibisana Recht, sich in den Dienst dessen zu stellen, was er für die gute Sache hielt? Oder war, was er tat, ein Akt des Verrats? Hätte er überhaupt zur Tat schreiten müssen?

Das Invasionsheer beginnt zu siegen. In seiner Verzweiflung wendet sich König Rahwana an seinen anderen Bruder, Kumbakarna. Er sagt zu ihm: »Du bist meine letzte Rettung. Meine Generäle sind tot. Unser Land wird verwüstet. Hilf mir.« Kumbakarna antwortet: »Gib Sinta an ihren Ehemann zurück. Noch ist es Zeit.« Rahwana lehnt ab. Und fügt hinzu: »Die Eindringlinge haben deine Söhne getötet.« Daraufhin zieht Kumbakarna in blinder Raserei hinaus ins Feld, kämpft gegen die Invasoren und stirbt einen grausamen Tod. Welcher Sache hat er gedient?

Der gute Puppenspieler lässt, wie immer er selbst die Geschichte deutet, ob politisch oder mystisch, alle Fragen offen. Jeder Zuschauer reagiert seinem Charakter und seinen Lebensumständen entsprechend. Außerdem ist die Geschichte dichter, als es in dieser Wiedergabe den Anschein hat. Denn jede Person bringt ihre ganze Abstammung und ihre Dilemmas mit, auch der böse Rahwana, auch die schöne Sinta. Jede Person ist mit ihrer eigenen Suche beschäftigt, und im Moment ihres Auftretens in der Geschichte befindet sich jede in einer Krise; wie im tiefgründigsten Drama oder Roman sind alle Begegnungen mit Bedeutung geladen. Endlos ziehen die

Epen sich hin, und die Puppenspiele vertragen unzählige Wiederholungen; denn je mehr das Publikum weiß, desto mehr versteht es; und die Deutung der Motive oder dessen, was richtig und falsch oder ratsam ist, ändert sich pausenlos.

Höchstes Ziel ist die Erlösung, das Nirwana; der Weg dorthin führt über die Unterwerfung der Sinne, und auf diesem Weg gibt es allenthalben Selbsttäuschung. Die islamische Vorstellung vom Paradies fügt sich problemlos in den hindubuddhistischen Traum vom Leben ohne weltliche Verstrickung und weltlichen Druck. Die islamische Vorstellung vom allmächtigen Gott verschmilzt mit dem eher mystischen Bild des Hindugottes Wischnu oder Vishnu, der, wie Sri Mulyono schreibt, nichts anderes ist als »WAHRHEIT ... WIRKLICHKEIT, Quell aller Dinge und allen Lebens«.

Die simple Morallehre des Islam, der seine Antworten im Buch oder in den Taten des Propheten ständig parat hat, tritt im Puppentheater hinter etwas anderem zurück. Hinduismus und Buddhismus verbreiten ihre Vielschichtigkeit. Es ist, als hätten in diesem entlegenen Winkel der Welt, auf Java, die Menschen den nacheinander eintreffenden Religionen dasjenige entnommen, was ihnen am menschlichsten und befreiendsten erschien, und daraus ihren eigenen Glauben gemacht. Im Wayang und in den Epen sah Umar Kayam das Herzstück der javanischen Religion und Kultur. Sie seien die Erklärung für das Rituelle, die Höflichkeitsformen, die permanente Beschäftigung mit menschlichem Verhalten.

Dieses Interesse an Schönheit und korrektem Verhalten hatte freilich eine Kehrseite. Nach dem Sturz Sukarnos und seiner kommunistenfreundlichen Regierung im Jahr 1965 wurden in Indonesien zwischen einer halben und einer Million Menschen hingemetzelt. Damals kamen die ganzen Frustrationen, die eine immer raffiniertere Lebensform erzeugt, an die Oberfläche; alle Privatfehden wurden ausgefochten. Im hinduistischen Bali, das heute die Touristen besuchen, wurde ebenso grausam gemordet wie überall. Aber dort nahmen die Dorfbanden, um dem Gemetzel einen Anflug des Rituellen zu verleihen, auf ihre Mordzüge die Gamelanorchester mit.

Der Islam war Teil der zusammengesetzten Religion. Und die Fragen, die der Briefschreiber von der australischen Universität an Taufiq gerichtet hatte, blieben bestehen. Was hatte der neue missionarische Islam, der Islam der Pesantren, den Dörfern zu bieten? Welche neuen Vorstellungen vom Landbesitz, welche Debatte eröffnete er diesen Dörfern, die gar nicht so verzaubert waren, wie es den Anschein hatte, deren Gleichgewicht längst zerstört war?

Es gab zu viele Menschen. Aber die staatliche Familienplanung bedrohte das System der Großfamilie, den von ihr gewährten Schutz. Man brauchte mehr Nahrungsmittel. Aber der neue Reis, der zwei Ernten pro Jahr erbrachte, zerstörte den alten dörflichen Lebensrhythmus, geriet in Konflikt mit den Festen, ließ den Menschen keine Zeit für das Puppenspiel und untergrub dergestalt die alte Kultur, sprengte das, was die Menschen verband. Die Bauern waren verschuldet. Wegen der zwei jährlichen Ernten mussten sie Geld bei der Bank aufnehmen, für Düngemittel und Saatgut. Die Vermehrung der Banken auf dem Lande sollte eine Hilfe sein, aber bei der Bank lieh man nicht wie beim Geldverleiher des Dorfes, den jedermann kannte. Wer sich Geld bei der Bank lieh, wurde zur Marionette oder zum Opfer einer unpersönlichen Institution.

Nach Ansicht des *koum* in Linus' Dorf lernten die Jugendlichen in der Schule jetzt mehr über den Islam und interessierten sich deshalb stärker für den Glauben. Aber sein Islam war der alte dörfliche Islam; und er, der *koum*, sah sich als jemand, der mit seinem Entgelt für religiöse Dienstleistungen, seinen 4000 Quadratmetern Land und seinem Wissen von der Vergangenheit in guten Zeiten lebte. Mittlerweile gab es viele Menschen, die keine Ahnung mehr von den Japanern oder den Holländern hatten, viele, für die es im Dorf keinen Platz mehr gab und die aus der einzigen Lebensform, die sie kannten, verstoßen oder verbannt wurden. Sie lebten in schlechten Zeiten; und der Islam, von dem sie sich angesprochen fühlten, war ein anderer als der des *koum*: Er rechtfertigte ihr Empfinden, dass etwas falsch oder unrecht sein müsse.

In Pabelan hatte man mir die Kopie eines Artikels aus einer nicht weiter genannten Zeitschrift gegeben. Es war ein Gespräch, das ein »christlicher Laie« mit einem muslimischen *kiyai* oder Pesantren-Leiter geführt hatte. »Sie fragen mich nach der Situation der heutigen Bauern und wie der *kiyai* diese ungerechte Gesellschaft verändern kann? Den heutigen Bauern widerfährt keine Gerechtigkeit. Die meisten sind arm, weil sie kein Land besitzen. Immer mehr von ihnen sind heute arbeitslos. Anstelle von Bauern setzen die Grundherren Maschinen ein. Mit den eigenen Produkten erzielt der Bauer nur sehr niedrige Preise. Die Reichen dagegen sind in unserer Gesellschaft unglaublich reich. Ihr Vermögen stammt aus dem Geld, das unser Land von reichen Nationen geschenkt oder geliehen bekommt. Wie kann nun ein *kiyai* zur Veränderung dieser Gesellschaft beitragen? Wie kann er Grundherren und reiche Leute dazu bringen, ihre Besitztümer aufzugeben, die nach islamischer Lehre allein Allah gehören und den Menschen, die Allahs Geschöpfe sind, zurückgegeben werden müssen?«

Aber wer war denn Allahs Geschöpf und wer nicht? Wo kam

das Land her, das man auf der übervölkerten Insel Java hätte zurückgeben können? Java war nicht Malaysia. Die meisten Menschen in Linus' Dorf bebauten einen halben Morgen, etwa 2000 Quadratmeter Land. Waren sie reich? Der *koum* mit seinem einen Morgen betrachtete sich als wohlhabend. Wo war das Land, das er hätte zurückgeben können?

Der Islam, der – aufpoliert mit neuen und geborgten Ideen von der verruchten Maschine, dem Missbrauch ausländischer Hilfsgelder – in die Dörfer kam, war derselbe Islam, der im späten zwanzigsten Jahrhundert seine politischen Wurzeln wiederentdeckt hatte. Der Prophet hatte einen Staat gegründet. Er hatte den Menschen die Idee der Gleichheit und Einigkeit geschenkt. Die in diesem Staat schon früh ausgebrochenen dynastischen Streitigkeiten waren in die Theologie des Islam eingedrungen, sodass die Religion, die die Tage der Menschen mit Ritualen und Gottesdiensten füllte und das Leben nach dem Tode predigte, ihnen zugleich ein messerscharfes Gespür für die Ungerechtigkeit auf Erden verlieh und dieses Gespür zu einem Bestandteil der Religion erhob.

Der Islam des späten zwanzigsten Jahrhunderts warf allem Anschein nach politische Probleme auf. Aber er hatte teil an jenem Geburtsfehler, der sich durch die ganze islamische Geschichte hindurchzieht: Für die von ihm aufgeworfenen politischen Probleme hielt er keine politische oder praktische Lösung bereit. Zu bieten hatte er nur den Glauben, nur den Propheten, der schon alles richten würde – den es aber nicht mehr gab. Dieser politische Islam war nichts als blindes Wüten, Anarchie.

Mit einem Mal tauchten Touristen in Yogyakarta auf, Reisegesellschaften aus Japan, Deutschland, Taiwan und Australien; und das Sheraton füllte sich. Was gab es für sie in Yogya zu sehen? Was taten die Australier? Wohin gingen sie? Die Besucher, die ich bei den Tempeln von Borobudur und Prambanam sah, waren Indonesier und ein paar Deutsche. In der Hotelhalle des Sheraton spielte das Gamelanorchester morgens anderthalb Stunden und nachmittags anderthalb Stunden; aber niemand schien zuzuhören. Im Restaurant auf der siebten Etage gab es abends eine Stunde lang klassischen javanischen Tanz von hoher Qualität; aber immer blieben Tische leer. Für die Reisegesellschaften war Yogya nur eine Zwischenstation, etwas, das man so mitnahm. Das eigentliche Ziel war Bali mit dem Zaubernamen: Bali zu Weihnachten.

Ich fragte mich, was die Australier hier wollten. Aber von einem wusste ich, was er tat. Er schrieb an einem wissenschaftlichen Aufsatz über die javanischen Köhler. Man hatte herausgefunden, dass sie mit zunehmender Abholzung der Wälder zu einer aussterbenden Spezies geworden waren; und in Jakarta gab es allem Anschein nach Menschen, die zwar Tomaten verkauften oder Schuhe ausbesserten oder Lebensmittelkarren vor sich herschoben, aber steif und fest behaupteten, sie seien Kohlenbrenner. Von diesem traurigen Spleen hatte mir schon eine hübsche Soziologin erzählt, die sich während ihrer Feldforschung, als sie in einem javanischen Dorf umhergezogen war, mit Typhus angesteckt hatte. Und ich hatte angenommen, mehr sei dazu nicht zu sagen.

Der Australier indes, den ich dann kennen lernte, forschte bereits seit zwei Monaten über das Thema. Zwei Monate! Er lachte, als ich das ausrief. Zwei Monate seien gar nichts. Zu einem wissenschaftlichen Beitrag gehörten Interviews, Fragebögen, Tabellen. Das Akademikerleben sehe vielleicht gemütlich aus, aber es habe seine Härten!

Am Vorabend meiner Abreise aus Yogya rief er an. Am Nachmittag hatte er tatsächlich auf der Straße einen Mann gesehen, der ein Holzbündel auf dem Rücken trug. In einem ersten Impuls wollte er hinter dem Holzträger, der sichtlich ein Köhler war und Holzkohle brennen wollte, herlaufen und ihn befragen. Aber er unterließ es. Er war in Gesellschaft javanischer Freunde – und das noch zur angenehmsten Tageszeit; er ließ den Augenblick verstreichen. Er sah, wie sein seltener Informant – wer weiß, vielleicht der letzte Köhler in Zentraljava – im Straßenstaub unter seiner Last davonging und in den schwarzen Abgasen der städtischen Busse und der Motorroller verschwand.

Aber der Australier hatte seine Vorkehrungen getroffen. In Yogya hatte er eine Art Anstellung. Ich nicht. Am Weihnachtsabend warf mich das Sheraton hinaus, und ich musste nach Jakarta zurückkehren, ins Borobudur Intercontinental. So entging mir der Königspalast von Yogyakarta; desgleichen sein buddhistisches Mandala; die neun Tore, die den neun Körperöffnungen des Menschen entsprechen, die Räume, die so vieles symbolisieren, die Bäume, die so vielfältige Bedeutungen haben: all die ineinander verschlungenen hindu-buddhistisch-muslimischen Mysterien des javanischen Königtums, die dem Wunder der einzigartigen Kultur in nichts nachstehen.

5

Der Verlust der Persönlichkeit

Zu Weihnachten änderte das Borobudur Intercontinental seinen ganzen Charakter. Die Mitarbeiter der multinationalen Gesellschaften, die ausländischen Wirtschaftsfachleute und Berater reisten ab. Viele waren allein stehende Männer mittleren Alters. Die einen fuhren nach Hause, die anderen ins kühlere Hügelland oder auf die Inseln. Den Einheimischen machte das Borobudur ein Feiertagsangebot zu reduzierten Preisen; und sie kamen, samt ihren Familien; bei den Wohlhabenden war dies eine bewährte Form, den Weihnachtsurlaub zu verbringen.

Kinder rannten die mit Teppichen ausgelegten Korridore entlang und spielten mit den Aufzügen. Indische Kindermädchen, einige barfüßig, wiegten Babys auf den Armen. Eine chinesische Familie tat das für Festtage einzig Richtige, freilich ohne Spaß daran zu haben, und saß einen geschlagenen Vormittag schweigend im fünfzehnten Stockwerk auf den Polsterbänken vor den Aufzügen. Das Familienoberhaupt, ein alter Mann mit zerfurchtem Gesicht, trug eine ärmellose Weste ohne Hemd darunter. Vom fünfzehnten Stock aus wirkten die schwarzhaarigen Köpfe im Schwimmbecken mit dem gekräuselten Borobudur-Logo unnatürlich groß und ließen (auch wegen ihrer Zahl) an Kaulquappen denken. An einem Morgen zählte ich dreiundsechzig Köpfe im Becken.

Bescheidene Vergnügen; aber sie nährten heimlichen Groll. Groll gegen die Chinesen, die Ausländer, die Leute mit Fertigkeiten, die die Indonesier nicht besaßen. Groll vielleicht sogar gegen die Fertigkeiten selbst und die neue Ordnung, die sie mit sich brachten und die noch niemand rückhaltlos akzeptierte: neue Männer, neue Stellung, neue Macht, neues Geld. Die falschen Männer besaßen das Geld. Die falschen Männer taten vornehm wie der Adel. Die falschen Leute tummelten sich im Borobudur und demonstrierten die Kehrseite der neuen Gesellschaft.

»Billig für Sie«, sagte die junge Frau im Hotelshop, als ich mir fürs Fest eine Flasche Portwein kaufte, »aber nicht für uns.« Und ihr breites Lächeln – nicht das alte, das ich kannte – machte mich frösteln.

Das Gefühl, dass etwas falsch oder unrecht sein müsse, war einfach da. Alles, was in den fünfzehn Friedensjahren getan worden war, konnte man vergessen. Je reicher das Land wurde, je besser es funktionierte, desto leichter galt seine kreative Seite als etwas Selbstverständliches, desto leichter zeigte sich die neue Ungleichheit. Und so konnten die Menschen sich nach 1945 zurücksehnen, als alle gleich arm waren und dieselbe Vorstellung von Richtig und Falsch, von Recht und Unrecht hatten. Wie in den Dörfern machte auch in der Stadt jede Verbesserung die Sache nur schlimmer, die Menschen unsicherer.

»Der Verlust der Persönlichkeit«, der Verlust des kollektiven Empfindens für Gut und Böse: das war das Thema, mit dem Darma-sastro sich beschäftigte.

Darma-sastro war hoher Beamter in einem der neuen Ministerien, die mit Technologie zu tun hatten. Man hatte ihn mir als einen der talentierten neuen Indonesier geschildert, und er empfing mich eines Abends nach Dienstschluss in seinem Büro. Er mochte Ende dreißig oder Anfang vierzig sein. Er rauchte würzig duftenden holländischen Tabak in amerikanischen Maiskolbenpfeifen, was ihm in Indonesien etwas Apartes verlieh. Ein schöner Mann war er nicht, aber er besaß Autorität und persönliche Ausstrahlung. Er hatte Verbindungen zum Hochadel. Als er das erwähnte, spielte er es sofort herunter; aber unzweifelhaft verschaffte ihm gerade diese Verbindung seine Distanz zur neuen Elite – »zehntausend, nicht mehr«, wie er sagte –, zu der er gleichfalls gehörte.

»Bei uns gibt es heute Menschen«, erklärte Darma-sastro, »die ihre Persönlichkeit oder ihre Identität verloren haben. Sie gehören nicht mehr zum Dorf. Sie sind zu reich oder zu wichtig geworden. Ins Dorf zurückzukehren erschiene ihnen abartig. Das Gefühl der Geborgenheit, das die Dorfgemeinschaft mit ihrer gegenseitigen Hilfe verschafft, ist ihnen abhanden gekommen. Zugleich sind sie keine Individuen im westlichen Sinn. Sie sind außerstande, auf eigene Verantwortung zu handeln und auf gleicher Stufe mit anderen Individuen zu interagieren.

Manche waren im Ausland, aber viele waren nur mit dem Körper dort, während der Kopf im Land geblieben ist. Woran erkennt man diese Menschen?« Dies war die Art, in der Darma-sastro sprach; er stellte Fragen und beantwortete sie selbst. »Sie bleiben unter sich. Sie essen die gewohnten Speisen. Sie verkehren nicht mit Menschen aus dem Westen. Sie abonnieren keine Zeitungen. Ich kenne Indonesier, die drei Jahre in den Vereinigten Staaten waren, ohne in eine amerikanische Zeitung zu schauen. Was schauen sie sich an? Fernsehen. Die Berührung mit dem Westen ist minimal, und genauso wollen sie es. Außerhalb Indonesiens können sie nicht mithalten. Sie bleiben Dorfbewohner. Im Westen sind sie nur, um ihren Abschluss zu bekommen und dann mit der ihnen zugemessenen Würde nach Indonesien zurückzukehren.

Aber hier gehören sie nicht zum Adel. Ihnen fehlen die feudalen Wertvorstellungen des *noblesse oblige*. Mit ihrer neuen Würde streben sie daher vor allem nach Macht und Reichtum. Das ist wie ein Krebsgeschwür. Früher haben wichtige Leute eine Verantwortung für die Gesellschaft übernommen. Wer zum Adel gehörte, von dem erwartete man, dass er Vorbild war. Die Leute, die ich meine, sind außerstande, als Richter über Recht und Unrecht zu fungieren, weil sie selbst nicht mehr zwischen Recht und Unrecht unterscheiden können. Warum? Zusammen mit ihrer Identität sind ihnen sämtliche Werte abhanden gekommen, mit Ausnahme jener, die zur Macht gehören. Sie sind Menschen, die immer nur nach persönlicher Sicherheit streben.

Noch ist das nicht der Dschungel, aber es könnte sich dazu auswachsen. Millionen von Menschen sind moralisch gut, aber nicht mächtig genug, um das Gute durchzusetzen. Tausende hingegen – und das ist wichtig – haben Macht, aber nicht den Willen, das Gute durchzusetzen. Deshalb fühlt man sich ohne Halt. Sich haltlos fühlen ist genau dies. Man weiß, dass man Gutes tun und das Böse meiden sollte. Aber jetzt gilt es nachzudenken. Und sobald man beim Nachdenken ist, fühlt man sich haltlos. Dann merkt man, dass der ganzen Gesellschaft der Halt fehlt. Ich sage Ihnen: Wenn jemand wie ich bewusste geistige und moralische Anstrengungen unternehmen muss, um das Gute zu tun, dann stimmt da was nicht.

Woher stammt das Geld, mit dem all dies noch begünstigt wird? Es stammt aus dem Erdöl.« Er ging im holzgetäfelten Büro umher und zeigte auf die Metallschränke, die moderne Ausrüstung. Er begann, seine Worte in Gestik umzusetzen.

»Ich lebe in erster Linie vom Erdöl – von den staatlichen Öleinnahmen und den Steuern für andere Exportgüter. Jedenfalls wenn ich hier bin, in der Stadt. Außerhalb der Großstädte lebe ich von dem, was das Land hergibt. Wir leben von dem, was die Menschen hergeben. Ich besteuere sie, ich verlange Steuern von ihnen. Diese Leute müssen einsehen, dass ich meine Bedürfnisse habe – sie können nicht mit leeren Händen zu mir kommen.

Überrascht Sie das? Früher in Europa maß sich die Bedeutung eines Adligen an der Größe seines Landbesitzes. Auf Java maß sich die Bedeutung eines Adligen an der Zahl der Menschen auf seinen Ländereien. Denn Menschen, das hieß Reichtum: unbezahlte Arbeit, Teil des Ernteertrages, Truppen. Wir sind keine Adligen mehr, aber wir haben nicht vergessen, dass Menschen Reichtum bedeuten.«

Aus der Höhe gesehen war Jakarta ein riesiger Teppich aus Bäumen und roten Ziegeldächern. Aber auf dem Stadtplan sah man nur wenige Hauptstraßen. Es waren die Straßen, auf denen der Verkehr floss, vorbei an den neuen Wolkenkratzern, den Parks und den Denkmälern. Diese Straßen gaben der Stadt ihren Rahmen. Jakarta hatte keinen Mittelpunkt, es war eine Anhäufung aus städtischen Kampongs oder Dörfern, und diese Dörfer bewahrten die zufällige Struktur der ländlichen Dörfer. Kein Straßenplan konnte die Windungen und Kurven der Sträßchen und Gassen wiedergeben.

Die Dörfer im Zentrum waren aus Beton. Aber weiter draußen gab es noch Grün: Dort lagen die Häuser in Gärten ohne Zaun, im Schatten von Obstbäumen, an Höfen, die zweimal täglich gefegt wurden. Diese Dörfer waren auch jetzt noch Gemeinden samt dem eigens ernannten »Vorsteher«. Solche Wohngegenden brauchten nur wenig, um wieder in Ordnung zu kommen. Aber viele dieser Gemeinden standen auf schwankendem Boden. In der Nähe des Zentrums war Baugrund kostbar; die Dörfer konnten zum Zweck der Stadtentwicklung aufgekauft werden; und dann musste die Gemeinde an den Stadtrand umziehen. Außerdem wuchs die Zahl der Familien; das Land wurde immer wieder aufgeteilt; die Häuser schrumpften zusammen, und die Sträßchen zwischen ihnen wurden immer schmaler.

Eine Müllabfuhr kam da gar nicht in Frage: Das überließ man den Lumpensammlern, den Männern mit den tadellos gearbeiteten Bambuskörben auf dem Rücken, die den Abfall nach allem nur irgend Verkäuflichen durchsuchten, nach jeder Blechdose, jeder Flasche, jedem Papierfetzen, der glatt gestrichen und als Einwickelpapier verkauft werden konnte. Die kostbaren Obstbäume waren eingezäunt, ein als Geschenk gehütetes Fleckchen Java hinter Stacheldraht, umgeben von winzigen Häusern. Und immer wieder, auf jedem freien Platz, Kinder in kleinen Horden, zahlreich wie Küken.

Als ich eines Morgens mit Prasojo durch ein solches Dorf ging, stand eine dieser Horden am Fuß eines Rambutanbaums. Oben im Baum saß ein alter Mann und pflückte mit einer Bambusstange die in Büscheln wachsenden stachligen roten Früchte. Wir blieben stehen und schauten zu. Der Sohn des Mannes bemerkte uns. Als er sah, dass wir Fremde waren, nahm er eins von den Büscheln, die sein Vater gepflückt hatte, und bot es uns mit der hindu-javanischen Höflichkeitsgeste an: die Früchte in der ausgestreckten Rechten, während die Finger der Linken den rechten Ellbogen berührten.

Für die Familie waren die Früchte Geld; sie sollten verkauft werden. Nur wenige hundert Meter entfernt, jenseits des dörflichen Labyrinths, lag die von Dieselabgasen schwarz verqualmte und von kleinen Ständen gesäumte Hauptstraße. Jakarta war eine Fünfmillionenstadt. Hier, bei Menschen, die nahe dem Abgrund lebten, gab es sie noch, wie durch ein Wunder: die Umgangsformen des ländlichen Dorfes, die feinen Sitten einer alten Kultur.

Prasojo empfand weniger Rührung über das Rambutangeschenk als ich. Für ihn war es einfach das, was sich gehört. »So verhalte ich mich auch«, sagte er, »so handelt man, wenn man noch in der Gemeinschaft lebt. In der ›Gesellschaft‹ würde derselbe Mann einem vermutlich das Obst stehlen.«

In der Gemeinschaft zu leben hieß: noch auf die alte, kooperative Weise des javanischen Dorfes. In der ›Gesellschaft‹ zu leben hieß: auf eigenen Füßen stehen, das Dorf und seinesgleichen verlassen und sich ins Stadtleben stürzen. Solche Menschen setzten Prasojo zufolge ihr Leben »aufs Spiel«, er nannte sie Glücksspieler. Es waren diejenigen, die dann Lumpensammler wurden. Es waren diejenigen, die auf der Straße Zigarettenstummel auflasen (und zwar mit zwei langen Bambusstöcken, die sie wie lange Essstäbchen benutzten), um den Tabak für eine »Zigarette« an die Armen zu verkaufen. Es waren Javas Gescheiterte, und manche hatten nicht einmal »Papiere«. Es waren diejenigen, die die Fruchtbarkeit der Javaner aus der javanischen Kultur ausgrenzte, Menschen von ganz unten, die ihre Persönlichkeit ebenso eingebüßt hatten wie Darma-sastros Menschen von ganz oben. Mit ihren Körben auf dem Rücken, ihren langen Stöcken, ihrer pingeligen Emsigkeit und ihrem permanent auf den Boden gerichteten Blick – wie Menschen, die sich ganz vom geschäftigen Treiben und von der Menschenmenge gelöst hatten – waren sie mahnendes Beispiel für alle Übrigen: Das Leben konnte leicht schief gehen.

Jakarta boomte. Die Stadt und das Land brauchten Reichtum und Können. Aber beides führte zu kränkenden Aufspaltungen, und so entstand blinde Wut über den Verlust der alten Ordnung, den Verlust der alten Kenntnis von Gut und Böse.

Die Feiertage gingen zu Ende. Die Neureichen samt ihren Kindern und Kindermädchen verließen das Borobudur Intercontinental. Im Schwimmbecken wurde für die jährliche Instandsetzung das Wasser abgelassen; wo es sich blau gekräuselt hatte, glänzten nun weiße Fliesen, und Arbeiter hackten und hämmerten. Die Mitarbeiter der Multis, die Berater und Wirtschaftsfachleute kehrten zurück. In den Fluren herrschte Frieden. Die Geschäftswelt war wieder eingezogen.

6

Mental-Training in Bandung

Es war Regenzeit. Selbst an Sonnentagen war der Süden Jakartas in Wolkendunst gehüllt, und Hochhäuser, Blattgrün und rote Dächer verblassten. Das Land wirkte flach, aber im Süden lagen Hügel, und sie wurden sichtbar, wenn der Dunst sich hob. Oben in den Hügeln lagen die Ferienhäuser von Leuten, die der Hitze und Feuchtigkeit Jakartas entfliehen wollten.

Eine Schnellstraße, die sich durch Ackerland fraß – weswegen es anfänglich zu Studentenprotesten gekommen war, aber jetzt floss dort dichter Verkehr –, bildete den ersten Teil der Strecke in Richtung Berge. Wo sie endete, begann wieder das übervölkerte Java; eine schmale Straße wand sich durch ein endloses Dorf (hier und da zu kleinen Städtchen verdichtet), vorbei an Gemüse- und Obstständen, bis man schließlich Teeplantagen erreichte, über die, vermischt mit den schwarzen Auspuffgasen der Busse und Lastwagen und Motorroller, Wolken und Nebel hinwegzogen. Hier und da war das durchnässte Erdreich auf der einen Seite der Bergstraße weggerutscht, und dann hingen die überraschend dicken und langen Wurzeln eines Teestrauchs frei über der Fahrbahn.

Von Tee und Nebel führte die Straße hinab in ein flaches Reistal mit klarer Sicht, dann stieg sie durch scharf konturierte, kegelförmige Berge wieder an bis zur Hochebene, auf der die Stadt Bandung lag: das Bandung der berühmten postkolonialen Konferenz im Jahr 1955, an der Präsident Sukarno und Nehru teilnahmen; das Bandung des kühlen Klimas, das asiatische Paris, wie man auch diese Stadt neben anderen in Kolonialzeiten genannt hatte; das Bandung der berühmten, von den Holländern gegründeten Technischen Hochschule, des Institute of Technology, das unvermeidlich zum Nährboden der Revolution wurde. Auch Sukarno studierte in Bandung; sein Titel »Doktor der Ingenieurwissenschaften« stammte von dieser Hochschule.

Noch immer stand Bandung im Ruf politischer Radikalität. Es gehörte zu den Zentren der islamischen Erneuerung in Indonesien. Viele von Prasojos Freunden in Jakarta hatten das Feiertagswochenende dort verbracht und an einem dreitägigen islamischen »Mental-Training«-Kurs in der Moschee der Hochschule teilgenommen.

Geleitet wurde der Kurs von einem Mann, der unter indonesischen Muslimen Berühmtheit genoss: von Mr Imaduddin, einem Elektroingenieur und Dozenten der Hochschule. Manche Leute in Jakarta hielten Imaduddin für mutig, andere fanden ihn gefährlich. Vor fünf Monaten war er nach einjähriger Haftzeit aus dem Gefängnis entlassen worden. Sein Name, Imaduddin, der eher arabisch als indonesisch klang, zeigte an, zu welcher Sorte Muslimen er gehörte.

Mit den ungepflasterten Fußwegen und den provisorischen Verkaufsständen am Straßenrand sahen die Außenbezirke von Bandung weniger nach Paris als nach Java aus. Aber die Zauberstunde war angebrochen, die Stunde der »Rendezvous«, von der Prasojo erzählt hatte, und eine Weile fuhren wir hinter einem Pärchen auf einem Motorroller her; das Mädchen hatte sich sorgfältig zurechtgemacht und fuhr im Damensitz, die Arme um die Taille seines Begleiters geschlungen, durch

Smog und Verkehrslärm, wobei seine Pumps gefährlich von den Füßen herabbaumelten.

»Sie haben nach dem *langsat*-Teint gefragt«, sagte Prasojo, »sie hat einen.«

Die Farbe der Langsat-Frucht galt als die perfekte Hautfarbe der Indonesierin. Die Frucht war von blassem Ocker, wie der Adobe, der luftgetrocknete Lehmziegel; und das Mädchen auf dem Motorroller hatte eine helle, südchinesische Hautfarbe.

Unsere musternden Blicke machten die junge Frau verlegen. Als unser Fahrer sie mit der Lichthupe anblinkte, wurde ihr Begleiter, vom Verkehr schon genug in Anspruch genommen, ganz nervös; mehr als einmal drehte er sich um und blickte uns finster an. Als sie schließlich abbogen, warf uns das Mädchen mit der *langsat*-Haut und den baumelnden Pumps ein schelmisches Lächeln zu, und Prasojo sagte: »Haben Sie *gesehen*? Haben Sie das *gesehen*?«

Fast Straße für Straße mussten wir uns zur Hochschule samt ihrer Moschee durchfragen. Sie lag im älteren, kolonialen Teil der Stadt: bei Dunkelheit und Lampenlicht flüchtige Eindrücke von breiten, stillen Straßen, zurückgesetzten Häusern und einem großen Verwaltungsgebäude, in dessen Dachschnitzereien Java zum architektonischen Motiv, zu einem Stück holländischer Kolonialexotik verkommen war.

Der zylindrische Turm der Moschee war »modern«. Es war schon nach sieben, und auf den freien gepflasterten Plätzen zwischen der Moschee und ihren Nebengebäuden warteten Jungen und Mädchen, die Teilnehmer des Mental-Training-Kurses, in Gruppen auf den Beginn des Abendunterrichts. Sanfte Mädchenstimmen riefen aus den Schatten: »Prasojo! Prasojo!« Dieser Junge mit seinem Erfolg! Die Mädchen mochten Prasojo genauso wie er sie; und nun scharten sie sich um ihn, als sei er wochenlang fort gewesen. Die Fröhlichkeit der Gruppe erinnerte an die Fröhlichkeit von Campern. Es waren Jugendliche aus Jakarta, Kinder der Mittelschicht, die sich deutlich von den Leuten im Pesantren oder den strengeren, geschlossenen Muslimgruppen unterschieden.

Irgendjemand rief Imaduddin an, und ein anderer lotste uns zu seinem Haus. Noch bevor wir ausgestiegen waren, trat Imaduddin schon aus dem Haus und begrüßte uns, ein mittelgroßer, breitschultriger Mann mit breitem, lächelndem, offenem Gesicht; rasch schob er uns hinein.

Es war das Haus eines Universitätsdozenten mit einfachen Stühlen und Regalen, aber auch etwas typisch Indonesischem: zwei Mädchen, Verwandte oder Hausangestellte, die ganz am Ende des Raumes auf dem Boden saßen. Kaum waren wir eingetreten, sprangen sie auf und entfernten sich, zweifellos um den Begrüßungstee zu bereiten.

Imaduddin las das Empfehlungsschreiben, das Prasojo mitgebracht hatte. Beim Lesen hellte sich seine Miene auf; er fühle sich geehrt, sagte er. Er war achtundvierzig Jahre alt, sah allerdings jünger aus. Seine Haut war glatt, seine dunklen Augen leuchteten, und er hatte einen breiten, humorvollen Mund. Er besaß Anziehungskraft und schien jeden mit offenen Armen zu empfangen. Aber wie, fragte er, hatte ich von ihm gehört? Ich erwähnte den Namen eines Journalisten in Jakarta, und Imaduddin erwiderte lachend: »Sagen Sie ihm, ich kämpfe noch immer um meine Freiheit! Nach fünf Monaten. Die Hochschule hat mir für dieses Jahr keine Lehrerlaubnis erteilt.«

»Warum meinen Sie, hat man Angst vor Ihnen?«

»Ich weiß es nicht. Ich vermute, weil ich bei den Studenten beliebt bin.«

Ich fragte, was sein Name bedeute.

»Ima-dud-din«, sagte er, »das heißt: Stütze des Glaubens.«

»Haben Sie ihn selbst gewählt?« Manche Indonesier machten das. Prasojo hatte sich einen Namen ausgesucht und es erst danach seinen Eltern mitgeteilt.

»Nein, mein Vater gab ihn mir. Er hatte in Al Azhar in Kairo studiert. Ich habe immer schon Ima-dud-din geheißen.«

Der Begrüßungstee kam, nicht in Gläsern, sondern in Porzellantassen. Zu essen gab es dazu zwei Sorten Gebäck, in Glasgefäßen. Das war nicht die Gastfreundschaft des Dorfes.

Die Verhöre im Gefängnis waren hart gewesen. Das erste hatte zwanzig Stunden gedauert, aber von Misshandlungen konnte Imaduddin nichts berichten. Unter seinen Mitgefangenen befanden sich eine Reihe berühmter Männer. Damals lernte er auch Dr. Subandrio kennen und unterhielt sich mit ihm. Zur Zeit des Militärputsches von 1965 war Subandrio Außenminister gewesen. Die Armee beschuldigte ihn, zusammen mit anderen einen kommunistischen Staatsstreich geplant zu haben, und verurteilte ihn zum Tode. Drei Tage vor seiner Hinrichtung setzte sich Königin Elisabeth von England mit einem Gnadenappell für sein Leben ein, und die Urteilsvollstreckung wurde ausgesetzt. Seither war dieser ehemalige Mitstreiter Sukarnos, von der Welt so gut wie vergessen, permanent inhaftiert gewesen: wahrlich kein Pappenstiel, wenn man es, Tee schlürfend, von Imaduddins Dozentenhaus aus betrachtete.

Seltsam war auch der Gedanke, dass diese beiden Männer, der neue Muslim Imdaduddin und Subandrio, der alte Mann der alten Linken, mit ihren gegensätzlichen, aber für den indonesischen Staat angeblich gleichermaßen gefährlichen Zielen, im Militärgefängnis freundschaftlich miteinander verkehrt hatten.

Wie war es möglich, dass Imaduddin mit Subandrio hatte sprechen dürfen? Die Wärter, so die Antwort, seien nach einer Weile freundlicher geworden, und er habe das eine oder andere Privileg erhalten. Es klang, als sei die Haftzeit nicht allzu schlimm gewesen. Und tatsächlich kam sie Imaduddin nicht völlig ungelegen. Kurz bevor man ihn abholte, hatte er einige arabische Länder besucht. Die Araber hatten ihm Unmengen von Essen vorgesetzt. Aber niemand hatte Imdadud-din gesagt, dass es sich bei Arabern empfiehlt, ganz langsam zu essen und seinen Gastgeber zu beobachten, weil man immer essen muss, wenn auch er isst. Mit siebzig Kilo Körpergewicht war Imaduddin in Sachen Islam zu den Arabern gereist, mit achtundsiebzig Kilo reiste er wieder ab. So viel wog er, als die Polizei ihn abholte; und dieses Übergewicht wollte er noch immer loswerden. Ein wenig abgenommen hatte er schon im Gefängnis; der Militärarzt, der ihn untersuchte, war zufrieden mit seinen Fortschritten.

Doch nach der Freilassung hatte man ihm am Institute of Technology keinen Lehrauftrag erteilt. Alles, was er zurzeit tat, war seine islamische Missionsarbeit unter den Jugendlichen. Seine Mental-Training-Kurse waren allgemein bekannt. Sieben Jahre zuvor hatte er damit begonnen und einige sogar mit muslimischen Studentengruppen in England absolviert. In Jakarta war die Nachfrage groß. Für den jetzigen Kursus hatte es siebenundsechzig Bewerber gegeben; nur siebenundvierzig davon konnte er nehmen.

Noch ein Schlückchen Tee, noch ein Häppchen Gebäck, und dann war es Zeit, sich vorübergehend zu trennen: Ich musste mir in dieser problematischen Ferienzeit ein Hotel suchen, und Imaduddin begab sich zu seinem Mental-Training.

»Jetzt sehen Sie«, sagte Prasojo, »warum er so beliebt ist. Haben Sie gemerkt, wie er Ihnen die Hand geschüttelt hat? Meine schüttelte er, als kennte er mich schon lange, als freute er sich von Herzen, mich zu sehen. Ich glaube, so muss ich mich verhalten, wenn ich mit Menschen auskommen möchte.« Was Prasojo in Amerika erlebt hatte, prägte ihn sehr. Er hatte Fotoalben von seiner Zeit beim American Field Service dabei: internationale Studentenpartys, Grand Canyon, Schnee.

Als ich zurückkam, war das Mental-Training schon seit einer Stunde im Gange. Der Kurs fand in dem barackenähnlichen Klinikgebäude statt, das zur Moschee gehörte. Der Boden war gefliest; die grüne Tafel war schon beschrieben; der Raum wurde von Neonlampen erhellt. Die Kursteilnehmer saßen auf metallenen Klappstühlen mit breiten, glänzenden Rückenlehnen. Es waren mehr Mädchen als Jungen da, die Ersteren saßen auf der rechten, die Letzteren auf der linken Seite. Die Mädchen trugen Kopftücher oder -bedeckungen in hübschen Farben: Gelb und Grün und Lila und Rosa und Purpurrot und Weiß. Alle Teilnehmer hatten ein grünes Kärtchen mit ihrem Namen. Der Kursleiter war ein kleiner, schnurrbärtiger Mann im geblümten Hemd.

Imaduddin saß an der Rückwand des Raumes. Als ich mich neben ihn setzte, teilte er mir mit, wir sähen gerade eine Übung in »Kommunikation«.

Vier oder fünf Schüler wurden nach draußen geschickt, und der Kursleiter, in der Hand ein Tonbandgerät, las einem der jungen Männer die Geschichte von einem Autounfall vor. Dann wurde eine der draußen Wartenden hereingerufen. Der Junge fing an, ihr die Geschichte zu erzählen. Sie stellte Fragen, er geriet durcheinander, die Schüler lachten. Sie waren alle vertraut mit dem Puppentheater; sie hatten einen Schauspielerinstinkt. Immer deutlicher nahm der Mental-Training-Kurs die Züge eines Puppenspiels an; und je länger die Geschichte weitergegeben, je stärker sie von Schüler zu

Schüler entstellt wurde, umso schallender wurde das Gelächter.

»Alles wird aufgenommen«, sagte Imaduddin, »und zum Schluss noch einmal abgespielt, damit sie sehen, wie sehr die Anfangsgeschichte sich verändert hat. Das soll ihnen helfen, wenn sie einmal in die Welt ziehen und den Islam predigen wollen.«

Aber bis zum Stadium des Abspielens kam die Übung gar nicht. Es war nicht nötig. Der Puppenspielerinstinkt der Teilnehmer gewann die Oberhand; und das, worauf es ankam – die Entstellung einer zwei- oder dreimal erzählten Geschichte –, wurde Gegenstand vieler komischer Szenen.

Dann war es Zeit für den ernsthaften Teil. Und wie brave Schüler, die ihren Spaß gehabt haben und nun bereit sind herauszufinden, was er gebracht hat, kamen die Teilnehmer zur Ruhe und berichteten dem Lehrer, was sie aus der Übung gelernt hatten. Es waren wichtige Dinge: der Nutzen des Nachforschens, die rationale Analyse.

Mir schien, die von ihnen gezogenen Schlüsse könnten sich auch gegen sie kehren, denn die Botschaft, die sie in alle Welt tragen sollten, überstieg alles Gewohnte: ein von Gott erleuchteter Prophet, willkürlich festgesetzte Gebote, eine Wallfahrt zu einem bestimmten Stein, ein Fastenmonat. Aber wir waren ja schon mitten im Islam, und dessen Glaubensartikel standen außer Frage. Nachforschen und Analyse galten religionsinternen Problemen: der Hadithsammlung, den Überlieferungen und Berichten vom Propheten. Einige der Überlieferungen waren glaubwürdiger als andere; wer sich an die unglaubwürdigen hielt, konnte leicht in eine unislamische Lebensweise hineingeraten. Und die Schüler steuerten stracks auf das Wesentliche zu: Das Spiel, das sie spielten, lenkte ihre Gedanken direkt auf den entsprechenden Hadith und sogar auf bestimmte Koranstellen. Diese Stellen wurden vorgelesen. Und das Mädchen mit dem *langsat*-Teint auf dem Rücksitz des Motorrollers schien weit, weit weg, schien einer anderen, einer Welt des Leichtsinns anzugehören.

Der schnurrbärtige junge Kursleiter mit dem japanischen Tonbandgerät war zufrieden. Imaduddin gleichfalls. Das Spiel hatte er nicht selbst erfunden; die Idee dazu stammte aus verschiedenen Quellen. Aber die Umrüstung für die Zwecke des Islam war sein eigener Einfall.

Wieder sprach der Kursleiter. Die Teilnehmer standen auf und stellten die Metallstühle geräuschvoll zu annähernd kreisförmigen Fünfergruppen zusammen – fünf war die Zahl des Islam. Bislang hatte ich von den meisten Mädchen nur Rücken und bunte Kopftücher gesehen; jetzt sah ich ihre Gesichter. Ein *langsat*-Teint war nicht darunter. Die meisten schienen aus Sumatra zu kommen, das muslimischer war als Java.

»Ich glaube«, sagte ich zu Imaduddin, »ich habe sechs Spielstadien erkannt. Der Lehrer erzählt die Geschichte; die Geschichte wird entstellt; die Schüler äußern sich dazu; es werden Rückschlüsse auf die Hadithsammlung gezogen; aus dem Koran werden die einschlägigen Verse vorgelesen; und jetzt sitzen die Schüler in Fünfergruppen zusammen.«

»Ganz richtig. Aber diese Fünfergruppen sind schon ein neues Spiel.«

Alle Gruppen erhielten Umschläge. In jedem Umschlag befanden sich verschieden geformte Papierschnipsel, und die Aufgabe bestand darin, aus diesen Schnipseln Quadrate zu bilden. Keiner der Umschläge enthielt ein komplettes Quadrat, sondern die Stücke waren so verteilt, dass eine Fünfergruppe alle Schnipsel, die sie erhalten hatte, zu fünf Quadraten zusammenlegen konnte.

»Sie sollen zusammenarbeiten, ohne zu reden«, erklärte Imaduddin. »Niemand darf anderen in seiner Gruppe Papierstücke wegnehmen. Aber was ihm angeboten wird, darf er benutzen.«

Wir gingen zwischen den Fünfergruppen umher; sie hatten die Köpfe zusammengesteckt, und hier und da gab es einen Spaßmacher, einen Jungen, der seine Verwirrung übertrieb und absichtlich sinnlose Muster legte. Einer der Jungen versuchte, wie ich mit Freude feststellte, rasch zu mogeln, nahm dem Nachbarn einen Schnipsel weg und fügte ihn dem Muster eines anderen ein. Dann ein Freudenschrei und Händeklatschen: Eine Mädchengruppe war fertig. Es war wie beim Bingo. Nun weitere Rufe und freundschaftliche Kabbeleien zwischen Jungen und Mädchen: Die Luft war geladen mit jugendlicher Sexualität. Und erneut die ernste Seite. Die Stühle wurden an ihren Platz gerückt, der Lehrer bat um Kommentare. Sie kamen einer nach dem anderen. Es war verblüffend zu sehen, was sie aus dem kleinen Spiel herausholten, wie weit sie damit auf dem Weg des Islam gelangt waren.

Der Kursleiter schrieb die Kommentare an die grüne Tafel. Imaduddin übersetzte sie mir. Sie hatten fünf Dinge gelernt – fünf war eine einleuchtende islamische Zahl, da es fünf islamische Grundprinzipien gab. »Kooperation ist unerlässlich für das gemeinsame Ziel. Wer zu schnell aufgibt, erreicht nichts. Man muss anderen geben, ohne zu fragen. Unerlässlich ist auch, dass man sich gegenseitig kennt. Ausdauer.«

»Aber das mit der Ausdauer«, sagte ich, »haben Sie schon genannt. ›Wer zu schnell aufgibt, erreicht nichts.‹«

Imaduddin gab mir Recht.

Aber nur ganz kurz waren die Schüler vom Weg abgekommen. Ein Mädchen mit safrangelbem Kopftuch hob die Hand und redete; der Kursleiter schrieb etwas an den unteren Rand der Tafel; und Imdaduddin sagte: »Das ist wichtig. Das Gefühl der Zugehörigkeit.«

All das hatten sie dem Spiel entnommen. Trotz der kleinen Mogelei waren sie direkt auf den islamischen Gedanken der Einheit oder Einigkeit zugesteuert: Menschen, die gemeinsam vor dem Schöpfer im Staub liegen und durch strenge Gebote gebunden sind. Und unausgesprochen folgte daraus: Alles, was es außerhalb dieser Gemeinschaft gab, wurde ausgesperrt; alles, was außerhalb war, galt als gottlos, unrein, ungläubig. Sie gingen den rechten und sicheren Weg; sie waren glücklich im neu erstarkten Glauben. Wieder fielen manchen Teilnehmern einschlägige Koranverse ein. Und wieder die Vorführung von Gelehrsamkeit und Nachforschen, als Schüler und Lehrer im Buch blätterten und verschiedene Verse lasen.

Dann reichte der Kursleiter ein paar Textkopien herum, und Imaduddin sagte: »Der Lehrer bittet mich, ein Gedicht vorzutragen. Es stammt von Iqbal. Heute ist die letzte Sitzung des Mental-Training-Kurses, und ich schließe sie immer, indem ich ein Gedicht von Iqbal vorlese. Ich habe es ausgewählt, weil es sehr gefühlsbetont ist. Geschrieben ist es in Urdu, wie Sie vielleicht wissen; dann von Effendi ins Arabische und aus dem Arabischen von Mohammed Natsir ins Indonesische übersetzt.« Iqbal, der Ideologe Pakistans; Natsir, einer der Führer der verbotenen Muslimpartei Indonesiens.

Dann ging Imaduddin – den die indonesische Höflichkeit in Verzug brachte, weil er mir das Gedicht erklärt hatte – zum Lehrerpult. Er setzte die Brille auf und begann zu lesen, und nun war er wie verwandelt. Seine ganze feine Lebensart und sein offenkundiger Humor verschwanden in dieser neuen Persönlichkeit, nicht der des Schauspielers oder Puppenspielers, sondern des Mullahs, des Mannes, der an diesem oder jenem Tag muslimischer Leidenschaft in der Moschee den

Koran vorträgt. Er hatte das Gedicht gefühlsbetont genannt; beim Lesen versagte ihm fast die Stimme. Ein paarmal war er den Tränen nahe: Islam als Angst, Hölle, Himmel, Erlösung. Und darum ging es, soweit ich verstand, in Iqbals Gedicht: Wie sollte man ohne den Propheten und das Wissen um seine Mission die Welt ertragen?

Er hatte angekündigt, das Gedicht werde sechs Minuten dauern. Es dauerte mehr als zehn Minuten. Mittlerweile war es nach halb elf. Der Mental-Training-Kurs lief seit über drei Stunden. Er war zu Ende. Doch um drei Uhr morgens mussten die Schüler schon wieder aufstehen. Und zwar nicht aus Gründen von Zucht und Selbstverleugnung, die stets die Einigkeit fördern; sondern weil, wie Imaduddin mich belehrte, im Koran steht, dass bestimmte Gebete mitten in der Nacht gesprochen werden müssen, und mitten in der Nacht hieß zwischen Mitternacht und sechs Uhr morgens.

Den Kursteilnehmern schien das nichts auszumachen. Sie waren wie fröhliche Camper, die dem Drama des letzten Frühaufstehens entgegenzittern. Sie erhoben sich von den Metallstühlen und gingen zögernd fort, die Mädchen zur einen Seite des Moscheegeländes, die Jungen zur anderen. Es waren Mittelschichtkinder aus Jakarta, Menschen, die mit der spezifisch indonesischen Gefahr des Persönlichkeitsverlusts konfrontiert waren. Im Islam, im Leben der Moschee mit seinen Geboten und Ritualen fanden (oder rekonstruierten) sie etwas wie die alte feudale oder ländliche Gemeinschaft, die es für sie nicht mehr gab.

Imaduddin sagte, er werde nicht wie die Kursteilnehmer zum Drei-Uhr-Gebet aufstehen. Aber um halb vier war er auf den Beinen. Jeden Montag und Donnerstag stand er so früh auf, weil er an diesen Tagen fastete. Einen solchen Brauch gab es nur bei den indonesischen Muslimen, und man sagte mir, er stamme womöglich vom Animismus her. Das Fasten war kein Fasten im strengen Sinn; wie im Ramadan durfte man vor Sonnenaufgang und nach Sonnenuntergang Nahrung zu sich nehmen. Ein raffinierter Zusatz bestand für manche in der Einschränkung auf weiße Nahrungsmittel, denn Weiß war die Farbe der Reinheit, und einem Indonesier kam es durchaus gelegen, weil er dann von seiner Lieblingsspeise Reis essen durfte, so viel er wollte. Aber davon erfuhr ich erst später und konnte Imaduddin nicht danach fragen.

Als ich ihn am nächsten Morgen in seinem neben dem Klassenraum vom Vorabend gelegenen Büro traf, erklärte er, er faste montags und donnerstags, weil auch der Prophet an diesen Tagen gefastet habe. Das stehe zwar nicht im Koran, aber es gebe einen glaubwürdigen Hadith darüber. Außerdem sorgte sich Imaduddin um sein Körpergewicht. Zusätzlich zum Fasten machte er Jogging. Er müsse auf sich Acht geben, sagte er, schließlich gehe er auf die fünfzig zu. Nach seinem Eindruck habe er sich von der Überfütterung durch die Araber noch nicht gänzlich erholt. Aber das lag nun an die achtzehn Monate zurück. Sein Bauch ließ mich eher vermuten, dass er sich zweimal pro Woche, an seinen Fastentagen, einen überwältigenden Appetit anhungerte.

Er war so facettenreich. Beim islamischen Mental-Training arbeitete er mit Tonbandgerät und Spielen aus der westlichen Psychologie. Er besaß die Leidenschaftlichkeit eines Mullahs; aber zugleich machte er Jogging. Er hatte eine furchtbare Epoche der indonesischen Geschichte miterlebt und die Bekanntschaft bedeutender Indonesier gemacht. Er profitierte von der Unabhängigkeit seines Landes, von seiner in Schüben vollzogenen Entwicklung und davon, dass Leuten seiner Generation mit einem Mal die Welt offen stand. Er wurde Elektroingenieur; er reiste; und in den Vereinigten Staaten erwarb er einen höheren Studienabschluss.

Er hatte in vielen verschiedenen Zeitaltern gelebt, war Teil einer großen Bewegung gewesen, die die Grenzen in der Welt fließend machte. Doch das Wunder seines Lebens ließ Imaduddin kalt; seine neue Welt nahm er als etwas Selbstverständliches hin. Da war keine Entwicklung, der es nachzuspüren galt. Er war als Muslim auf Sumatra geboren. Dieser Anfang enthielt alles Übrige: Hinzu kamen nur noch Ereignisse, Arbeitsgeräte und das Alter.

Imaduddins Vater war, wie er mir am Vorabend erzählt hatte, Absolvent der islamischen Universität Al Azhar in Kairo. Er spielte eine wichtige Rolle in der muslimischen *Masjumi*-Partei.

»Mein Vater war religiöser Lehrer an einer religiösen Schule, die zur Zeit der Holländer vom Sultanat betrieben wurde. Es war eine berühmte Schule, und mein Vater war dort Rektor. Während der Revolution, im Krieg gegen die Holländer, gehörte ich der muslimischen Hisbollah an. Zwei Wochen lang hat man mich 1946 zum Guerillakämpfer ausgebildet und mir dann Stern und Streifen des Hauptfeldwebels angeheftet. Mit fünfzehn Jahren! Hisbollah heißt wörtlich: Gotteskrieger.«

»Warum sagen Sie muslimische Armee? Waren Sie denn nicht Indonesier und haben für die indonesische Unabhängigkeit gekämpft?«

»In der Revolutionsarmee gab es damals viele Gruppierungen. Die Kommunisten von der PKI hatten ihre eigenen Truppen; sie nannten sie Rote Armee. Die Sozialisten hatten ebenfalls eigene Verbände; desgleichen die Nationalisten und Sukarno. Manchmal haben wir gegeneinander gekämpft – als die Holländer fort waren.

Nach der Unabhängigkeit bin ich wieder zur Oberschule gegangen. In unserer Gegend hatte die Revolutionsregierung 1947 die erste weiterführende Schule eröffnet. Diese Schule habe ich besucht, bis 1953.«

»Warum haben Sie beschlossen, Elektroingenieur zu werden?«

»Im Jahr 1952 stattete der Vizepräsident Dr. Hatta Sumatra einen Besuch ab und sprach über die Frage, wie man die Entwicklung des Landes vorantreiben könnte. Er besichtigte den größten Wasserfall in der Nähe der Stadt Medan und hielt eine Rede über die Bedeutung der Elektrizität. Von dieser Rede war ich total fasziniert. Im Jahr darauf schloss ich die Schule ab, mit der besten Note. Als ich meinen Vater bat, mich nach Bandung zu schicken, sagte er: ›Ich habe kein Geld dafür. Aber wenn du auf eigene Faust hinfahren willst, hast du meine Erlaubnis – und mein Gebet.‹

Meine Mutter verkaufte einen ihrer Ringe, und ich fuhr nach Jakarta, mit einer Geldsumme, die gerade für die Schiffskarte und ein oder zwei Monate Essen reichte. Um etwa sechs Uhr abends legte das Schiff von Sumatra ab. Drei Nächte waren wir auf See und kamen dann abends in Jakarta an. Als ich die Menschenmassen sah, verschlug es mir die Sprache.

In Jakarta trafen wir abends ein, aber der Hafen war geschlossen, und wir durften erst am nächsten Morgen an Land gehen. Auf dem Schiff waren wir Schulabsolventen nämlich zu viert. In der Frühe sind wir zum Bildungsministerium gegangen, und ich wandte mich sofort an die Stipendienabteilung. Ich zeigte ihnen mein Zeugnis und mein Empfehlungsschreiben von der Oberschule. Einer meiner Freunde hatte in Jakarta einen Freund, war aber unsicher, ob der uns alle vier in seinem Haus beherbergen könnte. Aber zum Glück konnte er es. Wir schliefen im Wohnzimmer auf dem Fußboden. Es war das Privathaus von Mr Sutan Sjahrir, des Generalsekretärs der Sozialistischen Partei Indonesiens.«

»Aber das ist ja ein berühmter indonesischer Name«, sagte ich, »Sie können ihn doch nicht so beiläufig nennen.«

In der Tat war es verblüffend, dass er so von ihm sprach: Sutan Sjahrir, einer der ersten Nationalisten Indonesiens, von den Holländern zwischen 1934 und 1942 ins Exil geschickt und im ersten Jahr der Unabhängigkeit indonesischer Premierminister.

»Das liegt daran«, antwortete Imaduddin, »dass Sutan Sjahrir uns auf Sumatra besucht hatte. Ich war damals Schülervertreter an meiner Oberschule in Medan und bin ihm dort begegnet. Er hielt Ausschau nach vielversprechenden jungen Männern – die Sozialisten machten das so. Und Sie können sich vorstellen, was es für einen Jugendlichen bedeutete, mit diesem großen Mann zu sprechen.

Noch am selben Tag sind wir von Jakarta nach Bandung aufgebrochen, jetzt mit einem Empfehlungsschreiben an den Generalsekretär der Sozialistischen Partei Westjavas. Auch er nahm uns ein paar Nächte bei sich auf. Und dann kamen wir zum ITB, zum Institute of Technology in Bandung, und haben uns immatrikuliert.«

»Aber das ist ja eine wunderbare Geschichte über Sutan Sjahrir.«

»So waren die Sozialisten nun mal. Immer auf der Suche nach Anhängern. Doch ich konnte gar kein Sozialist sein, ich bin ja bereits Muslim. Die guten Ideen des Sozialismus finde ich im Koran.«

»Aber der Koran verschafft Ihnen nicht die Institutionen. Genau das versuchen die Sozialisten. Und Sie wollen doch mehr als nur Ideen.«

»Für die Institutionen sorgen wir schon. Die Muslimarmee

Hisbollah war organisiert von der *Masjumi*-Partei. Mein Vater gehörte zu den führenden Männern in dieser Partei, er vertrat seine Region Nordsumatra. Und er saß im obersten Rat der muslimischen Geistlichkeit. Deshalb konnte ich, obgleich ich mich von Sutan Sjahrir mit seinem Auftreten und seinen intellektuellen Fähigkeiten stark angezogen fühlte, kein Sozialist sein, weil ich bereits Muslim war. Ich bewunderte ihn als einen unserer Nationalistenführer, aber mehr nicht.«

»Hatten Sie bei *Masjumi* denn ein richtiges Programm?«

»Ja. Dezentrale Regierung. Zwei Kammern. Kooperatives Wirtschaftssystem. Ökonomische Mitbestimmung für die Einheimischen in jeder Region.«

»Ist das Islam? Oder Regionalismus?«

»Die Entwicklung auf dem Lande stand im Zentrum. Die meisten Muslime leben in ländlichen Gegenden.«

Muslime, Muslime: Er sagte es, wo andere Leute von Indonesiern gesprochen hätten.

Dann sein erster Freitag an der Technischen Hochschule: Es war ein Schock für ihn, so Imaduddin.

»Hier ging es 1953 sehr weltlich zu. Eine Moschee war nicht in der Nähe. Man musste drei Kilometer bis ins Dorf hinunterlaufen. Die meisten Hochschulprofessoren waren Holländer – und sie blieben bis 1957, als Sukarno sie hinauswarf. Die meisten Vorlesungen wurden auf Englisch gehalten. Das war Vorschrift, wegen der Leute, die kein Indonesisch sprachen. Am ersten Freitag stellte ich fest, dass Professoren zur Gebetszeit ihre Vorlesung abhielten. Ich kam aus Sumatra und war in einer streng muslimischen Familie aufgewachsen. Zu erleben, dass man nicht zu den Freitagsgebeten in die Moschee ging, war für mich deshalb ein seelischer Schock.

Ich stand auf und bat den holländischen Dozenten um die Erlaubnis, zur Moschee gehen zu dürfen. Er wirkte sehr freundlich und gab mir sein Plazet. Zwei oder drei Studenten folgten mir. So ging ich zur Moschee, versäumte aber die Vorlesung. Freitags musste ich nun immer wählen – Moschee oder Vorlesung. Deshalb kam mir der Gedanke, wir könnten eine Moschee in der Nähe des Campus brauchen. Damals, beim ersten Mal, gingen nur drei oder vier Studenten mit mir hinaus. Heute – ich glaube, die *New York Times* hat eine Befragung durchgeführt, und da sagten sie, es gingen zweitausend Studenten zur Moschee.«

»Sie haben sich um ein Stipendium beworben. Bekamen Sie es?«

»Nach zwei Monaten. Das Geld meiner Mutter – aus dem verkauften Ring – reichte zwei Monate. Es waren fünfhundert Rupiah.« Jetzt, nach den vielen Abwertungen, achtzig Cent. »Das Stipendium betrug monatlich dreihundert Rupiah, das war genug. Die Pension kostete etwa hundert.«

Ein paar Leute kamen ins Büro. Darunter war ein kleiner Mann mittleren Alters; er war sorgfältig gekleidet, vielleicht einfacher Herkunft, vielleicht Vater eines Studenten. Er begegnete Imaduddin mit großer Hochachtung; und dieser entschuldigte sich mit der spontanen Höflichkeit, die Prasojo (und mich) am Vorabend so beeindruckt hatte, und erhob sich, um seine Besucher zu begrüßen.

Ich verließ meinen Sessel und setzte mich an den Schreibtisch, während Imaduddin mit den Besuchern sprach. Auf einem Briefstapel lag ein kopiertes Blatt mit Briefkopf. Es war aber nicht das öffentliche Rundschreiben, für das ich es zunächst hielt, sondern ein persönlicher Brief aus den Vereinigten Staaten, von einem Professor, der Weihnachts- und Silvestergrüße sowie einen Jahresendbericht mit Familiennachrichten schickte. Amerikanische Jovialität, freundliches Wohlwollen gegen Menschen aller Kulturen: hier, auf Imaduddins Schreibtisch. Amerikanischer Lehrender und asiatischer Lernender, Ungläubiger und Missionar: wie viel Missverständnis steckte in ihrer Bekanntschaft!

Im Jahr 1947 eröffnete die Revolutionsregierung, trotz all ihrer damaligen Schwierigkeiten, auf Sumatra eine weiterführende Schule. Seit damals kletterte Imaduddin auf der akademischen Stufenleiter ununterbrochen nach oben; und 1963, zehn Jahre, nachdem er mit fünfhundert Rupiah nach Bandung gekommen war, schickte ihn die Hochschule in die Vereinigten Staaten, wo er einen höheren Studienabschluss erwerben sollte. Drei Jahre war er dort, zuerst in Iowa, dann in Chicago. Im Sommer 1966 bekam er an der Cornell University einen Ferienjob als Fachberater für Indonesisch. Neun Wochen lang erhielt er wöchentlich hundert Dollar, und mit diesen neunhundert Dollar reiste er nach Europa und Mekka.

»In Mekka kamen mir die Tränen. Als ich dort zum ersten Mal in die Moschee trat, wo der schwarze Stein steht, habe ich geweint. Ich weinte auch, als ich wieder fortmusste.«

Genauso erzählte er, als die Besucher gegangen waren, von seinen ersten drei Jahren im Ausland. Genauso setzte er den Akzent: drei Jahre Aufbaustudium, Glück mit dem Ferienjob in Cornell und dann der Höhepunkt in der Großen Moschee von Mekka.

»Ja, der Brief, den Sie sich angeschaut haben« – also hatte er es gemerkt –, »stammt von meinem Professor. Er ist Christ. Als ich verhaftet wurde, hat er einen Protestbrief an die Regierung geschrieben.«

Nach der Zeit im Ausland nahmen seine muslimischen Interessen einen internationaleren Charakter an. An der Cornell University hatte er einen Mann aus Malaysia kennen gelernt. Auf dessen Vermittlung ging er 1971 nach Malaysia, um bei der Umwandlung einer Fachhochschule in eine Universität mitzuwirken. In Malaysia blieb Imaduddin zwei Jahre, bis 1973; er engagierte sich in der muslimischen Jugendbewegung und betrachtete deren Mitglieder noch jetzt als seine »Brüder«. Seit damals war er, so sein Eindruck, den indonesischen Behörden verdächtig, denn sie – und nicht nur sie – fürchteten die »malaysische Krankheit«, und ganz besonders fürchteten sie die Radikalisierung an der Hochschule in Bandung.

Im Jahr 1973 kam die Ölkrise, die Erhöhung des Erdölpreises, und das Geld für arabisches Öl wirkte wie Lohn für den arabischen Glauben. Die Missionstätigkeit in Sachen Islam kam auf Touren; in einem Dutzend ausländischer Staaten beschlossen muslimische Studenten, die sich auf halbem Entwicklungswege befanden, die bis dahin in der neuen Welt eher ängstliche Zurückhaltung an den Tag gelegt und es kaum geschafft hatten, ihre technischen Studien in Zusammenhang mit den Gastländern zu bringen, die Zeit sei reif für die Verkündigung des wahren Glaubens. Imaduddin reiste nach Libyen, nach England, stieg in internationalen muslimischen Studentenverbänden immer höher auf, und seine Mental-Training-Kurse, die den altmodischen Lehren der Mullahs eine nunmehr notwendige Modernität verliehen, wurden immer gefragter.

Die Haftzeit hatte seinen Aufstieg nicht gestoppt. Auf seiner Visitenkarte – weiß, schwarz und grün (die Farbe des Islam) – stand auf Englisch: *Muhammad Imaduddin Abdul Rahim – Generalsekretär – Internationaler Verband Islamischer Studentenorganisationen*. Einen indonesischen Namen hatte er nicht.

»Sie haben ja nur arabische Namen«, sagte ich.

»Es sind keine arabischen Namen. Es sind muslimische Namen.«

Vom Turm der Moschee erklang der Ruf zum Mittagsgebet – jener Moschee, die es noch nicht gab, als Imaduddin an die Hochschule kam, um Elektrotechnik zu studieren. Er sagte, er werde in fünfzehn Minuten zurück sein, und überließ mich den Büchern im Bücherschrank.

Einige, auf Englisch geschrieben, waren das täglich Brot der islamischen Missionsarbeit, Titel wie: »Der Mythos des Kreuzes«, »Jesus als Prophet des Islam«. Andere waren indonesische Übersetzungen, Taschenbücher, die die Muslimorganisation herausgab. Eines stammte von Qutub, einem Ägypter. Ich wusste nichts über ihn; Imaduddin erklärte, er sei auf Nassers Betreiben ermordet worden. Ein anderes hatte Maulana Maududi geschrieben, jener indopakistanische Fundamentalist, der so extremistisch war, dass er sich sogar gegen die Idee eines Staates Pakistan ausgesprochen hatte, mit dem Argument, die indischen Muslime seien nicht rein genug für einen Muslimstaat. Seit der Gründung Pakistans hatte er dreißig Jahre lang für islamische Gesetze und einen islamischen Staat agitiert (allerdings niemals konkrete Vorschläge gemacht). Er fügte Pakistan nur Schaden zu, flog zu guter Letzt nach Boston, unterwarf sich in einem dortigen Krankenhaus der westlichen Wissenschaft und starb.

Imaduddin kehrte zurück. Sein Fastentag war längst bei der Zeit des Mittagessens angelangt; und nach meinem Eindruck war ihm, zumal nach den Gebeten, bewusst, dass er nun ohne auskommen musste.

»Ist der Islam das Einzige, was Sie anspricht?«, fragte ich.

»Ich mag auch westliche Musik. Den *Messias* von Händel. Ich mag Bach. Die geistliche Musik.«

Aber er haderte mit der Aufmerksamkeit, die man in Indonesien den Baudenkmälern der alten Religionen entgegenbrachte.

»Waren Sie schon mal in Canberra?«, fragte er. »Haben Sie die dortige indonesische Botschaft gesehen? Das ist ein Hindubauwerk. Unser Land ist kein hinduistisches oder buddhistisches Land, es ist zu neunzig Prozent muslimisch.«

»Aber Borobudur und Prambanam sind doch große indonesische Denkmäler.«

»Borobudur, darum sollte sich die internationale Gemeinschaft kümmern.«

Die internationale Gemeinschaft, die Weltkultur: Lieferantin von Tonbandgeräten und psychologischen Spielen und akademischen Abschlüssen in Elektrotechnik; und jetzt auch noch Hüterin indonesischer Kunst und Kultur.

Für den auf Sumatra als Muslim geborenen Imaduddin musste Indonesien erst einmal geläutert werden. Sein Glaube war so stark, dass er sein Land von Geschichte, Überlieferung und Kunst – von seiner ganzen Eigenart – trennen konnte. Sein Glaube war zu einfach für Indonesien, jedenfalls für Java, zu einfach sogar für den *koum* in Linus' Dorf. Und Indonesien, das übervölkerte Indonesien mit so vielen ausgegrenzten Menschen, das nur die Armee zusammenhielt, war zu schwach für seine Art von Protest.

»Fahren Sie um Jakarta herum. Im Umkreis von fünfzehn oder zwanzig Kilometern könnten Sie sehen, was hier wirklich vor sich geht. Das Land gehört nicht denen, die es bearbeiten. Nach meinem Verständnis vom Islam darf ich kein Stück Land besitzen, das ich nicht bebauen kann. Das Recht dazu hat nur Allah. Wenn man hier einen islamischen Staat errichtet, dann muss der das Land so aufteilen, dass es keinen Großgrundbesitz gibt.«

»Gibt es einen islamischen Staat, in dem das geschehen ist?«

»Ja. Zur Zeit von Abu Bakr und Omar, zur Zeit der ersten vier Kalifen.«

Also in den Anfängen des Islam, in der dreißigjährigen Epoche, die mit dem Tod Alis, des Schwiegersohns des Propheten, im Jahr 661 n. Chr. endete. Dieselbe Antwort hätte ich auch von einem pakistanischen Dorfmullah bekommen. Von Imaduddin in Bandung hatte ich sie nicht erwartet.

»Ich will Ihnen was erzählen«, sagte Imaduddin. »Einer der engsten Freunde des Propheten war ein Mann namens Bilal, ein Negersklave, der von Abu Bakr freigelassen wurde und die Menschen zum Gebet rief. Als der Prophet mit seinen Gefährten nach Medina zog, gab er Bilal ein Stück Ackerland zum Bebauen. Zur Zeit Omars, des zweiten Kalifen, war Bilal schon alt und schwach und konnte nicht mehr alle Ländereien bebauen. Da nahm Omar einen Teil des Landes und gab ihn einem anderen.«

»Meinen Sie, so könnte ein Staat heute verwaltet werden? Von einem einzigen Mann?«

»Die damalige Zeit brauchte es so. Außerdem sprachen wir von Landreform, nicht von politischer Führung. Und selbst Omar hatte einen Beraterstab.«

»Warum ist dieses Regierungssystem zusammengebrochen?«

»Zerschlagen hat es der fünfte Kalif. Er war interessiert an einer Dynastie. Damit begann der Feudalismus in der islamischen Geschichte.«

»Und so war seither jede islamische Herrschaft?«

»Ja, ich glaube schon. Wenn man den Islam heute in die Tat umsetzen will, muss man einen Staat auf der Basis einer Republik errichten.«

»Sagten Sie nicht gerade, der Islam sei gescheitert?«

»Nein, nicht der Islam. Die Menschen. Die Muslime.«

»Sie meinen, Sie könnten sie jetzt dazu bringen?«

»Ja. Besonders Indonesien. Denn die politische Struktur

stimmt in vielem mit der islamischen Lehre überein. Präsident, beratendes Gremium oder Parlament, Armee. Was wir jetzt brauchen, sind die Menschen hinter der Struktur. Sie müssen echte Muslime sein.«

»Hat die Regierung deswegen Angst vor Ihnen? Sagen manche Leute deswegen, Sie seien mutig?«

Er schien überrascht. »Ich bin nicht mutig.« Und das meinte er ernst: Er tue nur, was er tun müsse.

Ein paar Kursteilnehmer kamen herein, um sich zu verabschieden. Ihre Gesichter strahlten und drückten Respekt aus. Der Kurs war ein Erfolg gewesen. Alle T-Shirts mit dem englischen Aufdruck *Revival of Islam* konnten verkauft werden. Imaduddin war genauso gerührt wie die Schüler. Er begleitete sie zur Tür und stand dann plaudernd im Sonnenlicht: weißes Hemd, graue Hose mit Gürtel, stark, attraktiv, Vertrauen einflößend.

»Ich bereite die nächste Generation indonesischer Führungskräfte vor«, sagte Imaduddin, als er zurückkam. »Ich glaube, in der Verfassung steckt einiges vom Islam. Ich bereite die neue Generation vor, die das alles ersetzen soll.«

Das alles ersetzen. Aber wofür und wodurch? Nicht durch neue Institutionen, sondern ausschließlich durch Menschen, die so rein und geläutert waren wie er selbst. »Ich bin nur Lehrer, ganz gewöhnlicher Lehrer, jedenfalls für mein Gefühl«, hatte Imaduddin gesagt. »Mein Interesse ist, die Jugendlichen zu erziehen. Weil ich glaube, was wir jetzt brauchen, ist ein echter muslimischer Führer.«

Wie zur Zeit Omars und der anderen rechtgläubigen Kalifen würde daraus alles Gute entspringen. Das war das Ziel seines Fundamentalismus: Man brauchte einen frommen Führer, keinen Mann mit persönlichem Gewissen, Mitgefühl und Lebenserfahrung, sondern einen Mann, der nach dem Buch lebte, einen richtigen Stellvertreter des Propheten, der dessen Taten und Offenbarungen so genau kannte, dass er alles so richten würde, wie auch der Prophet es getan hätte. Was den Islam von anderen ethischen Systemen trennte, war der Gedanke, dass man fromm und gut sein muss.

Imaduddins Glaube und persönliche Integrität folgten einer simplen Logik: Ungerechtigkeit war unislamisch, und Ungerechtigkeit gab es in Indonesien reichlich. Derselbe Imaduddin, der das Unrecht im eigenen Land beklagte, konnte ohne jede Gewissensbisse in muslimische Diktaturen reisen. Für ihn waren es Länder, die den Glauben verwirklicht hatten. Dort suchte man nicht nach Ungerechtigkeit; man blickte nur auf den Führer und fühlte sich durch die Reinheit seines Glaubens geläutert.

Er erzählte mir, er sei ein paar Tage in Pakistan gewesen. Von Gründung und Geschichte des Landes schien er wenig zu wissen. Für ihn war es einfach ein muslimischer, durch Iqbals Dichtung herausgehobener Staat. Von den pakistanischen Institutionen, von seinen islamischen Pseudogesetzen, von dem dort herrschenden Kriegsrecht und der nicht funktionierenden Verfassung, von seiner politischen Würdelosigkeit, den öffentlichen Auspeitschungen, der Zensur, der Demütigung der Intellektuellen – von alledem wusste er so gut wie nichts.

Warum er so wenig wisse? »Vielleicht wegen der westlichen Presse«, sagte er. Wegen des Argwohns gegenüber dieser Presse sei er auch unsicher, was eigentlich im Iran vor sich gehe. Er erhalte nur wenige Informationen »von drinnen«.

Ein muslimischer Redakteur in Jakarta, dem ich davon berichtete, sagte: »Es hält sie doch nichts ab. Sie können Leute hinschicken, um etwas zu erfahren. Wenn sie nichts wissen, dann deshalb, weil sie nichts wissen wollen. Es nützt ihrer Sache nicht.«

Und im Grunde war ihre Sache bei der westlichen Presse gut aufgehoben. *The Revival of Islam*: Diese englischen Worte auf den nach Abschluss des Mental-Training-Kurses verkauften T-Shirts wurden durch die Titelgeschichten vieler internationaler englischsprachiger Zeitschriften allgemein bekannt. Und Imaduddin hatte, als er von der Zahl der Betenden in seiner Moschee sprach, die *New York Times* erwähnt.

In Jakarta sagte mir einer von Imaduddins Exschülern und Vorsitzender eines einflussreichen, zur Moschee eines Mittelschichtviertels gehörenden Jugendverbandes, der Islam sei die große, neue Bewegung, die weltweit Anhänger gewinne. *Time* und *Newsweek* sagten das auch. Und in einer ihrer Reportagen zählte *Newsweek* den Propheten sowie einen weiteren Muslim zu jenen fünfzig Menschen, die die Geschichte der Welt am nachhaltigsten beeinflusst hätten. »Es steht schon in der Geschichtsschreibung«, sagte der junge Mann, und meinte nur, dass es in *Newsweek* stand. (Geschichtsschreibung als göttliches Hauptbuch, gehütet – wie so vieles – von der anderen Kultur.) Er stammte aus der Mittelschicht, dieser junge, groß gewachsene Mann mit dem *langsat*-Teint. Seit seinem Mental-Training-Kurs bei Imaduddin verfolgte ihn der Gedanke an den Tod und das Leben nach dem Tode. Doch ein Winkel seines Denkens war noch frei für weltlichen Stolz.

Newsweek und *Time* wirkten mit an der Geschichte, über die sie berichteten. Die Botschaft lautete: Der Islam ist rein und vollkommen; der säkularisierte, dahinsterbende Westen muss abgelehnt werden. Aber der Westen brauchte lange zum Sterben. Und immer mehr Menschen zog es in die neue Welt. In dieser Welt, deren Zentrum so weit weg, so dem Zugriff entzogen schien, empfanden Männer, die wie der Vorsitzende des Jugendverbandes in Jakarta gerade erst den Entwicklungsweg beschritten hatten, nur ihre Unzulänglichkeit. Sie waren weder Bauern noch Pesantrenschüler. Sie strebten nach hohem westlichem Können; sie stärkten sich mit westlichem Wissen, sie brauchten es. Das gehörte zu ihrer immensen Abhängigkeit. Und diese rief die Qualen hervor, die sie (wie Halbwüchsige) zu lindern suchten, indem sie den harten Alltag ihrer neuen religiösen Praxis auf sich nahmen: die fünf täglichen Gebete, das unnötige Fasten. Die Religion, die sie missachtet hatten, obgleich sie die ihre war, wurde zu einer besonderen Privatsphäre. Sie verschaffte die Illusion der Ganzheit; sie verhieß einen bevorstehenden Sieg. Und hier wurden sie für sich selbst und – wie die Zeitungen ihnen suggerierten – für andere wieder interessant.

Ablehnung und Abhängigkeit: Für die Menschen auf halbem Entwicklungswege war es schwer, aus dem Zirkel auszubrechen. Eine der Teilnehmerinnen an Imaduddins Mental-Training-Kurs – wo sie, mit bedecktem Kopf, getrennt von den Jungen saß und aus westlichen Psychospielen korankonforme Lehren zog – wollte nach London gehen: als Mannequin, wie sie sagte. Aber eigentlich wollte sie nur einen entsprechenden Kurs besuchen. Das indonesisch-europäische Geschäft mit Mannequins wurde gerade erst aufgebaut. Ich sah einen Prospekt. Er sprach die Mittelschicht an, die Menschen auf halbem Entwicklungswege. Heute lockte es sie, das Mannequin-Geschäft, sowohl die Mädchen als auch ihre Eltern, es war ein bequemer Schritt vorwärts in die neue Welt. Aber man brauchte nur wenig Fantasie, um zu erkennen, dass dabei ein oder zwei Mädchen auf Abwege geraten könnten und sich der Schritt nach vorn eines Tages vielleicht nur als weitere Quelle kollektiven Leidens erweisen würde.

7

Die austauschbaren Revolutionen

Das alles ersetzen. Der Islam heiligte blindes Wüten – Wüten im Glauben, Wüten in der Politik: Eines konnte sein wie das andere. Mehrmals auf dieser Reise hatte ich feinfühlige Männer kennen gelernt, die bereit waren, große Umwälzungen ins Auge zu fassen.

Im Iran war es Behzad, er hatte mir Teheran und die heiligen Städte Qom und Mashhad gezeigt. Er war kein Muslim, sondern der kommunistische Sohn eines kommunistischen Vaters. Aber sein Kommunismus wirkte wie eine Spielart des im Iran herrschenden schiitischen Glaubens, eine Spielart jener gegen Ungerechtigkeit gerichteten schiitischen Wut, die aus dem siebten Jahrhundert, vom Sieg der Araber über das Perserreich herstammt. Für den guten Muslim war die beste Zeit der Welt die Epoche des Propheten und der ersten vier Kalifen; für Behzad war es die Epoche in Russland zwischen 1917 und 1953. Damals habe das Dunkel sich gelichtet, eine ungerechte Gesellschaft sei abgeschafft worden, und in den russischen Gefängnissen und Lagern hätten lauter Verbrecher gesessen. Für Behzad war die Idee der Gerechtigkeit untrennbar verknüpft mit der Idee der Strafe. Ayatollah Khomeini sprach im Namen des rächenden Gottes; und der Kommunist Behzad sprach wie Khomeini.

In Pakistan hatte ich im weit nördlich gelegenen Kaghan-

Tal mit dem sanften Masud gesprochen. Muslim war er nur vom Gefühl her. Doch als er am Rand der Kunharschlucht mit ihrem grünen, eiskalten Wasser neben mir stand, gingen seine sorgenvollen Gedanken über Familie und die eigene Zukunft, ohne dass er sich dagegen wehrte, in allgemeines politisches Hadern mit seinem Land über, und er sagte: »Millionen werden sterben müssen.«

Auch in Jakarta hörte ich etwas dergleichen, von einem Geschäftsmann. Wir trafen uns an einem Spätnachmittag im Hotelrestaurant. Man hatte ihn mir als Wirtschaftsexperten geschildert, als jemanden, der Kontakt zu den Ministerien hatte, als einen Mann, der für die Zukunft plante. Das alles war er, aber zugleich besaß er das typisch indonesische Empfinden, dass etwas falsch lief. Und ihn erfüllte Wut: Wut gegen die Chinesen (die für Indonesien zu talentiert seien – »wie Rolls-Royce-Ersatzteile an einem japanischen Auto«), die multinationalen Konzerne, die Erfolgreichen, die Ignoranten, die zurzeit in seinem Land das Sagen hätten.

»Die führenden Männer in den Entwicklungsländern«, erklärte er, »oder wenigstens die meisten, sind äußerlich reich, aber innerlich arm.« Und dabei legte er die Hand aufs Herz. »Sie mögen einen Mercedes kaufen, aber das echte Gespür dafür fehlt ihnen – sie können nicht würdigen, welche Erfindungsgabe und welche Arbeit in diesen Gebrauchsgegenstand eingegangen sind. Es hat keinen Sinn, eine IBM-Schreibmaschine zu kaufen, wenn man nur vierzig Wörter pro Minute schafft.« Er war kein humorvoller Mann, aber sein Zorn (und seine Vorliebe für Metaphern aus dem Bereich der Wissenschaft) verlieh ihm eine Art Witz.

Er war ein Muslim aus Sulawesi – früher Celebes –, wo es wie auf Sumatra und Westjava in den fünfziger Jahren eine starke muslimische Separatistenbewegung gab. Im Innern bewahrte er mehr als nur einen Rest des damaligen Wütens – obgleich er vom Zusammenhalt des indonesischen Staates profitiert hatte. Mit nichts hatte er angefangen und war ein gebildeter Mann geworden; zum Studium war er im Ausland, in den Vereinigten Staaten, gewesen; mit der Firma, die er gründete, hatte er Erfolg; nach dem Verfall in der letzten Sukarnozeit wirkte er mit an der wirtschaftlichen Entwicklung des Landes. Aber das war nicht alles. Sein Erfolg brachte Verschiebungen mit sich. Er erkannte deutlicher, welche Leute sich an die Spitze gesetzt hatten, und er wollte sie allesamt wieder loswerden. Denselben Staat, der ihm einst den Aufstieg ermöglichte, hätte er nun gerne umgestürzt.

»Wir müssen viele Menschen umbringen«, sagte er, »von diesen Javanern müssen wir eine oder zwei Millionen töten.« Alle Aufsteiger – wie er selbst einer war – müssten umgebracht werden: alle, die in der Regierung, den guten Stellungen, den Universitäten, den schönen Häusern saßen. »Ich glaube, in Jakarta habe ich mein ganzes Empfindungsvermögen verloren. Mein Büro liegt im neunten Stockwerk eines dieser hohen neuen Gebäude. Da gibt es eine zentrale Klimaanlage. Zur Arbeit fahre ich im klimatisierten Auto. Dann fahre ich zurück, bleibe daheim und lese. Ich sehe fern. Wo lebe ich eigentlich? Was Armut ist, kann ich gar nicht erfassen. Wie soll ich die Klagen begreifen, die aus der Gesellschaft kommen?«

Es gebe zu viel Ungerechtigkeit. Zu viele Menschen seien arbeitslos, von Jahr zu Jahr würden es mehr. Die Regierung, die multinationalen Gesellschaften, die chinesischen Unternehmer aus Singapur und Hongkong – sie schufen nicht ausreichend Arbeitsplätze. Und darauf reagierte dieser Mann mit blinder Wut: mit Wut, die nur scheinbar politisch, in Wirklichkeit jedoch islamisch und reiner Selbstzweck war; und mit Rassenhass.

»Die meisten Promovierten sind Chinesen. Sie sind wie eine Krebszelle, sie wachsen und wachsen und gewinnen Macht, und irgendwann zerstören sie ihre Umgebung, ohne dass wir dem Einhalt gebieten können. Egal in welchem System, diese Leute werden sich immer durchsetzen und schlauer sein.«

»Aber Sie brauchen doch talentierte Leute.«

»Diese Leute« – und jetzt meinte er nicht nur die Chinesen, sondern auch die Beschäftigten der Multis und alle Ausländer – »sind wie elektrischer Strom mit 220 Volt Spannung. Die Gesellschaft hat aber nur Leitungen für 110 Volt, und jeder direkte Kontakt mit den 220 Volt macht die 110 Volt kaputt. Man braucht einen Transformator. Vorgesehen dafür sind der öffentliche Sektor und die jungen Intellektuellen. Doch beide stellen sich, weil sie auf die Beschaffung materieller Güter versessen sind, meistens auf die Seite der 220 und nicht der 110 Volt. Wenn diese jungen Technokraten anfangen, Auto zu fahren, wollen sie einen Rolls-Royce oder wenigstens einen Volvo.«

Daher müsse das alles verschwinden. »Der kommende Kampf wird zwischen den Universitäten und den Pesantren ausgetragen. Eines Tages werden die Pesantrenschüler in Jakarta sein und dieses schöne Hotel niederbrennen. Der Islam kann zur Droge werden. Er macht einen high. Man geht in die Moschee und wird ganz high. Und wenn man dann high ist, hält man alles, was geschieht, für Allahs Willen.«

Das sei ja in Indonesien schon mal passiert, dieses Massenmorden. Im Jahr 1965 wurden die Kommunisten ausradiert. Eine Million Menschen habe man umgebracht, sagte er, nicht etwa eine halbe Million, wie heute behauptet werde. Und eigentlich hätten noch mehr ermordet werden sollen, denn damals gab es zweieinhalb Millionen Kommunisten. Anderthalb

Millionen seien also dem Gemetzel entkommen, und von ihnen waren viele noch da.

»Wenn das Töten anfängt«, sagte ich, »sind Sie vielleicht selbst dran.«

»Vielleicht. Ich hoffe, nicht. Aber es könnte sein.«

»Man hat mir erzählt, dass manche Leute 1965 das Gamelanorchester mitnahmen, wenn sie morden gingen.«

»Natürlich. Damit es noch schöner wird.«

Es war nach der Teezeit, und die Brasserie des Borobudur Intercontinental – hinter dem Glas die Gartenanlagen – war gefüllt mit den Menschen, gegen die er sich in seinen Reden wandte: ortsansässige Chinesen, wohlhabende indonesische Geschäftsleute, die Männer mittleren Alters, die für die Multis arbeiteten. Er sprach laut und auf Englisch.

»Sagen Sie das auch«, fragte ich, »wenn Sie mit Vertretern der Regierung reden?«

»Nein. Mit ihnen spreche ich über Fakten und Zahlen, Pläne und Studien.«

»Und warum sagen Sie mir das alles?«

»Sie sind kein Wissenschaftler. Sie wollen etwas über mich erfahren. Sie spielen Schach mit mir. Deshalb rede ich von der anderen Seite.«

Ich spielte kein Schach mit ihm. Bevor er kam, hatte man ihn von meinem Vorhaben unterrichtet. Vielleicht glaubte er es nicht. Er war ungewöhnlich klein, sein Gesicht wies eine leichte, aber erkennbare Verunstaltung auf. Sie muss ihn gequält haben; in Indonesien liebt man Schönheit. In der Brasserie wollte er die Aufmerksamkeit auf sich lenken. Er besaß das indonesische Gespür für Theatralik. Aber seine Wut war ganz und gar real; und seine Gewaltfantasie konnte Wirklichkeit werden. 1965 war bereits geschehen.

Irgendwann sprach ich mit Gunawan Mohammed, Herausgeber des führenden indonesischen Wochenmagazins *Tempo*, über die Morde von 1965. Damals war Gunawan fünfundzwanzig Jahre alt. (Die Indonesier haben viel durchgemacht: Erst später fiel mir wieder ein, dass Gunawan mir bei anderer Gelegenheit erzählt hatte, sein Vater sei 1946 während der Revolution, als er, Gunawan, sechs war, von den Holländern hingerichtet worden. Er hege jedoch keinen Groll gegen die Holländer. »Es war Krieg«, sagte er.)

Für die Morde von 1965 hatte Gunawan eine einfache Erklärung parat. »Angst. Ich kann Ihnen kaum beschreiben, wie sehr die Leute sich vor den Kommunisten fürchteten. Sie waren so stark, und niemand wusste, was sie tun würden.« Der Sitz der Kommunistischen Jugendorganisation lag nicht weit von Gunawans Haus entfernt, und in den damaligen Tagen der Angst saß er daheim mit einem Gewehr. »Ich glaube, ich hätte auch getötet, wenn ich gemusst hätte.«

Zufällig stieß ich auf ein Buch, das noch vor diesen Zeiten der Angst erschienen war. Es war eine Lyrikanthologie mit dem Titel *Contemporary Progressive Indonesian Poetry*, die englische Übersetzung kommunistischer Gedichte aus dem Indonesischen, herausgegeben 1962 von der Liga für Volksbildung. Uraltgeschichte, hätte man meinen können; aber noch immer war alles verboten, was die Liga publiziert hatte. Und erst im Dezember 1979, während meines Aufenthalts in Indonesien, wurde Pramoedya Ananta Toer, der berühmteste Schriftsteller aus dem Umkreis der Liga, aus der Haft entlassen – zusammen mit den letzten der Zwanzigtausend (dies die offizielle Zahl), die seit 1965 im Gefängnis saßen, weil sie Kommunisten waren; die indonesische Regierung, so hieß es, gab damit dem Druck Präsident Carters nach.

Über Pramoedyas späteres Leben mag man kaum nachdenken: Mit einundvierzig Jahren inhaftiert, mit vierundfünfzig der Welt zurückgegeben, seine frühen Bücher verboten, seine besten Jahre vergeudet. Er erinnerte mich an Sitor Situmorang, den ich nur wenige Tage nach meiner Ankunft in Indonesien kennen gelernt, dessen Geschichte ich damals nicht in Gänze gewürdigt und dessen feine Geistes- und Lebensart ich für allzu selbstverständlich gehalten hatte.

Im Jahr 1962 war Sitor in Indonesien ein mächtiger Mann. Mit seinen frühen lyrischen Gedichten hatte er sich einen Namen gemacht. Jetzt, 1962, war er ein eher politischer Dichter und Generalsekretär der Liga für nationale Bildung; in der Anthologie war er mit drei Gedichten vertreten, die er nach einem Besuch in China geschrieben hatte.

Zoila ist ein Hausmädchen aus Kuba
in Peking. Voller Stolz
reicht sie mir das Spruchband
ihres Landes, es feiert
den Sieg ihrer Volkes
über die amerikanische Aggression.

Es war trostlos – und kaum zu glauben –, dass so viel Einfachheit Sitor und seinem Land so viel Leid gebracht haben sollte. Aber man konnte Sitor keinen Vorwurf mehr machen: Zu sehr hatte er gelitten, wie irgendjemand sagte. Und so war ich bereit, in diesen seinen politischen Gedichten nach etwas anderem zu suchen.

»Die Menschen hier haben ihre Religion verloren«, hatte er einmal zu mir gesagt. So sprach er, weil er sich von seiner Stammesgeschichte abgeschnitten fand, weil man ihn mit sechs Jahren aus seinem Dorf herausgerissen und auf ein holländisches Internat geschickt hatte. Erst als er aus dem Gefängnis kam und versuchte, seine Autobiographie zu schreiben, hatte er das Bedürfnis verspürt, diese Vergangenheit zu rekonstruieren oder zu verstehen; ohne das Wissen von seinen Ursprüngen war er außerstande, sich sein Leben zu erklären. Und jetzt schien mir, als habe ihm – einem Mann ohne Vergangenheit oder Gemeinschaft – der Sozialismus oder Kommunismus 1962 eine ersatzförmige Ganzheit verschafft. In China hatte er eine Kommune besucht.

> Gemeinschaftsleben, Solidarität und Hoffnung
> das fand und empfand ich
> in dieser Kommune. Und deshalb
> möchte ich trinken von der Wärme
> eurer Hoffnungen
> möchte ich euch die Hände drücken,
> die so emsig bei der Arbeit sind.
> Deshalb möchte ich dieses Brot essen
> das Brot der Kommune, zum Beweis, dass
> Gemeinschaftsleben, Solidarität und
> menschliche Hoffnungen wiedergekehrt sind.
> Gemeinsame Freiheit in Liebe, in
> Idealen und Wirklichkeit der sozialistischen Welt.

Das Brot der Kommune; Gemeinschaftsleben, Solidarität und Hoffnung: das war nicht nur Sitors Thema. Es war das Thema ganz Indonesiens, jetzt mehr denn je. Es war das Thema der muslimischen Pesantren. Und diese kommunistische Anthologie von 1962 machte überraschend deutlich: Viele ihrer Themen und Stimmungslagen waren – trotz allem – muslimisch und indonesisch.

Ungerechtigkeit:

[Die englische Übersetzung der Gedichte stammt von Bintang Suradi; Zeichensetzung sowie Groß- und Kleinschreibung folgen hier, soweit sinnvoll, seinen Vorgaben]

Auch auf bali reift der Reis über Meilen im Umkreis
aber auch auf bali sterben tausende Bauern am Hunger.
Wir kommen nach bali und da sind Tänzer
wir kommen nach bali und da sind scharenweise Tempel
beides ist typisch für bali
wir kommen nach bali und der Bauer stirbt
nicht weil die Ernte nicht reifte
Auch das ist typisch für bali
auch das hat Bedeutung.
(Putu Oka: »Bali«)

Die indonesische und muslimische Klage über den Verlust von Einfachheit und Brüderlichkeit:

Leben soll nicht am Überfluss gemessen werden
auch wenn Überfluss das erstrebte Ziel ist
sondern daran ob Armut ihren Kreislauf fortsetzt
und sich erkennbar über die Erde verbreitet.
im Restaurant sitzt ein Herr beim üppigen Mahl
auf dem Boden ein Bettler mit einer Büchse
gibt es einen Handel mit dem Leben?
(Putu Oka: »Leben«)

Wut und Rache:

Liebliches Periangan, in Flammen, gerötet vom Feuer
die Bauern in der Falle, verbrannt auf heimischer Erde
Genossen, Brüder, gegen diese Kampfansage hilft nur der
Wille

Widerstand, Rache in jedem Herzen
(Sobron Aidit: »Traurige Erinnerungen eines Bauern aus Tijandur«)

Politisches Leid, das zu religiöser Kränkung wird:

Mutter!
Jahr für Jahr hast du gewartet
ein endloses Sehnen in deinem Herzen
aber dein Leiden wurde nur mehr.
Schweiß und Plage, Blut und Tränen
Terroristen, Wucherer und Grundherren
saugen dir gemeinsam das Blut aus.
Stimmt es Mutter
dass alle Geschöpfe auf Erden deine Liebe besitzen?
(Rukiah Kertapati: »Anklage«)

Der Erlöser:

Und dann, wenn die Namen belangloser Richter verschwunden sind
vergessen, verbrannt oder von den Ratten gefressen
wird dein Name weiterleben, – Sohn der Massen
geboren aus einem mächtigen Schoß
dein Name wird ewig leben, den Tod nicht kennen
denn du bist das Leben selbst
(M. S. Ashar: »Freiheit und Gefängnis«)

Rache, mit der Verheißung erneuerter »Einigkeit«:

Wir besitzen nichts
als brennende Herzen rau geworden vom Leiden

die sich in Lava, Feuer und Blitzstrahl verwandeln
und die Feinde vernichten, zu Staub zermahlen könnten.
Wir die Unterdrückten tragen die Last der Freiheit
ohne Rang, namenlos
haben wir verhindert, dass unser Land ein Gefängnis wird
(Sabarsantoso Anantaguna: »Die Unterdrückten tragen die Last der Freiheit«)

Und schließlich der vollendete Glaube:

Die Gesellschaft meiner Klasse, lang träumte ich von den Sonnenstrahlen
von einer Zukunft für Udin und die anderen
die sich nach Freundesliebe sehnen dem Band zwischen Gleichen
Ach, wie schwarz und besudelt sie heute ist
aber warte nur, denn das Geschwür wird aufbrechen, flüssiges Feuer herausquellen
die Zeit wird kommen, da den Feind an des Dolches Spitze der Tod ereilt
die Schlachten für das Volk waren nicht vergeblich
sie düngten den kräftigen Setzling, den Lenin pflanzte

Im Pesantren von Pabelan hatte man mir die Kopie eines Interviews gegeben, eines Gesprächs, das – vermutlich von einer christlichen Zeitschrift auf den Philippinen – mit einem indonesischen *kiyai*, einem Pesantren-Leiter geführt worden war. »Wie kann nun ein *kiyai* zur Veränderung dieser Gesellschaft beitragen? Wie kann er Grundherren und reiche Leute dazu bringen, ihre Besitztümer aufzugeben, die nach islamischer Lehre allein Allah gehören und den Menschen, die Allahs Geschöpfe sind, zurückgegeben werden müssen? Wie kann er die Bauern dazu bringen, sich als wertvolle menschliche Wesen zu sehen, denen Gerechtigkeit widerfahren muss?«

Die Geschöpfe Allahs 1979; die Geschöpfe der Erde 1962, in einem der Gedichte. Punkt für Punkt konnte man die Übereinstimmung erkennen: der wahre Glaube, die Ungerechtigkeit im eigenen Land, die unkritischen Reisen in Länder, die den Glauben verwirklicht hatten.

Imaduddin hatte gesagt, er könne kein Sozialist sein, weil er die guten Ideen des Sozialismus im Koran fände. Damit sagte er mehr, als er wusste. Der Islam als Protestreligion war aufpoliert mit den Ideen des späten zwanzigsten Jahrhunderts. Einigkeit fanden die Menschen nun nicht mehr nur in der gemeinsamen Unterwerfung unter Allah. Sie waren Allahs Geschöpfe; und den Sinn dieser Worte dehnte das späte zwanzigste Jahrhundert aus: Allahs Geschöpfe waren »wertvolle menschliche Wesen, denen Gerechtigkeit widerfahren muss«. Das Land samt seinem Reichtum gehörte allein Allah und nicht den Menschen; und das späte zwanzigste Jahrhundert verwandelte den religiösen in einen eher politischen Gedanken.

Nach einer einzigen Friedensgeneration war die revolutionäre Strömung von 1965 wieder da, jetzt als islamische, aber der früheren sehr ähnlich: ganz als ließen sich Wut und Rachegelüst in diesem übervölkerten, ehemals feudalen Land immer wieder anzapfen – in diesem Land, wo so viele Menschen ausgegrenzt wurden, wo das alte Gleichgewicht zerstört war, wo jeder Schritt vorwärts ihnen noch mehr Sicherheit raubte, wo die neue Welt neue Gaben bescherte, aber hohe Ansprüche stellte und alle Menschen, ob oben oder unten, in Angst vor dem Persönlichkeitsverlust lebten.

Reprise

Die Gemeinschaft der Gläubigen

1

Ergebung

Karatschi, Pakistan, sechs Monate später. Vieles hatte sich in diesen sechs Monaten ereignet; in der muslimischen Welt war es drunter und drüber gegangen. Iranische Studenten hatten die amerikanische Botschaft in Teheran besetzt und fünfzig Botschaftsangehörige als Geiseln genommen. In der Moschee in Mekka hatte es eine Belagerung und Feuergefechte gegeben – Hinweis auf Untergrundbewegungen im Königreich Saudi-Arabien. Die Russen waren in Afghanistan einmarschiert.

Auch in Pakistan selbst war vieles passiert. Im August und September sprach man von Wahlen. Die Wahlen wurden abgesagt, die Kriegsrechtsbestimmungen verschärft, Zeitungen der Zensur unterworfen; öffentliche Auspeitschungen fanden statt. Ein bekannter Journalist wurde verhaftet, in Ketten vor Gericht gestellt und für ein Jahr ins Gefängnis geschickt. In den im Norden gelegenen Städten Islamabad und Rawalpindi griffen Menschenmengen, die hinter den Ereignissen in Mekka die Amerikaner am Werk sahen, amerikanische Gesandtschaftsgebäude an. Ein pakistanischer Naturwissenschaftler, der in Europa forschte, erhielt einen Nobelpreis; da er aber der verbotenen Ahmadi-Sekte angehörte, die einen eigenen Messias verehrt, kam es zu Studentenunruhen, als er Pakistan besuchte.

Das Ganze roch nach Terror und Despotie. Dennoch erklärte der Staat unverdrossen, sein Ziel sei der wahre Islam. Und das musste man ernst nehmen. In Indonesien, in Malaysia, im Iran diente der Islam anderen Zwecken oder kaschierte andere Absichten. In Pakistan war der Glaube Selbstzweck – was nicht heißen soll, dass es unter den Fundamentalisten dort nicht Politiker und Karrieristen gab.

In der muslimischen Welt stellte Pakistan einen Sonderfall dar – als Schöpfung der Muslime Indiens, einer Minorität auf dem Subkontinent, die nie aufgehört hatte, sich bedroht zu fühlen. Und in Pakistan gab es Menschen, die den Glaubenseifer auf die Spitze trieben. Für sie war der Islam mehr als eine persönliche Heilslehre, mehr als ein Corpus von Glaubenssätzen; er war zu ihrer Heimat, ihrer Kultur, ihrer Identität geworden; ihm musste man um jeden individuellen oder kollektiven Preis dienen. Im Jahr 1930, als er seinen Plan für einen eigenen indisch-muslimischen Staat umriss, hatte der Dichter Iqbal erklärt: »Ich übertreibe nicht, wenn ich sage, dass Indien vielleicht das einzige Land der Welt ist, wo der Islam als volksstiftende Kraft sein Optimum geleistet hat.« Und am Ende meiner Reise durch den Islam schien mir, dass er damit Recht hatte.

Im August, nach dem Monsun, hatte sich Karatschi als grüne Stadt dargestellt. Seitdem war kein Regen mehr gefallen, und jetzt, im Februar, waren die Gärten braun, die Bäume staubig, einige von ihnen blattlos; bis Juni würde auch kein Regen fallen.

Ich dachte daran, Nusrat aufzusuchen. Er war der Journalist von *Morning News*, der mir als Führer gedient hatte, als ich den Gerichtshof in Karatschi besuchte. Ich erinnerte mich an seine abgehackte Art zu sprechen, seine runden Backen, seinen Schnauzer. Im Gerichtsgebäude hatte er sich darüber aufgeregt, dass nicht genug Ketten für die Gefangenen da waren und manche von ihnen an Stricken geführt werden mussten, die man an ihrem Oberarm befestigte. Er hatte darüber schreiben wollen – über den Mangel an Ketten, den Schlendrian der Gefängnisbehörden. Nusrat hielt immer nach Zeitungsgeschichten Ausschau. Er arbeitete hart, mochte seinen Beruf, wurde von einer Art ängstlicher Sorge getrieben. Er war ein Mann des Glaubens. Fast als Erstes erklärte er mir, er sei ein schlechter Muslim – womit er sagen wollte, dass er seinen eigenen Ansprüchen nicht genügte, weil für ihn, wie er dann sagte, der Islam und das Leben nach dem Tod die wichtigsten Dinge auf der ganzen Welt waren.

Ich hatte mich Nusrat gegenüber zur Aggressivität hinreißen lassen. Er hatte geäußert, er wolle in die USA, um eine Doktorarbeit über Massenmedien oder Massenkommunikation zu schreiben und anschließend vielleicht eine Stelle in einer internationalen Organisation zu finden. Seine Vorstellung, dass die Außenwelt dazu da war, genutzt zu werden – während Pakistan und der Glaube gleichzeitig blieben, was sie waren, etwas Eigenes und Unantastbares –, diese Vorstellung hatte mich geärgert. Ich hatte ihm die Qualifikation für das abgesprochen, was er vorhatte zu tun. Und dieser Aggressionsimpuls gegenüber einem so freundlichen, so offenen, so besorgten Menschen war mir nachgegangen.

Ich nahm ein Taxi und fuhr zu *Morning News*. An einem langen Brett auf der Höhe des obersten Stockwerks stand in großen Lettern der Name der Zeitung; zu ebener Erde gab es eine Reihe von kleinen Läden in dem Gebäude. Steile Betonstufen führten vom Bürgersteig hinauf. Es wirkte nicht wie der Eingang zum Büro einer Tageszeitung. Und droben war es nicht anders: ein alter Fliesenboden, die Farben verblasst, als hätte sie der Staub abgescheuert; klapprige Büromöbel; alte Leimfarben an den Wänden; an Schreibtischen ein paar Männer, die es nicht eilig hatten.

Ich befand mich im falschen Gebäude, wie sich herausstellte: Hier war nur die Anzeigenabteilung. Die Redaktionsräume lagen in dem Gebäude auf der Rückseite. Ich stieg eine eiserne Wendeltreppe hinab. Das Eisen der Stufen war so abgenutzt, dass es hie und da Löcher aufwies. Ein Mann putzte die Betonstufen an der Schmalseite des Redaktionsgebäudes, schüttete schmutziges Wasser aus einem Eimer auf eine der Stufen, arbeitete das Wasser in den Beton ein, übergoss dann die darunter liegende Stufe. Jetzt verstand ich, warum die Fliesen im Anzeigengebäude so verblasst waren. Er unterbrach seine Arbeit; ich stieg vorsichtig hinauf.

Das Gebäude war neu, aber die Atmosphäre in der Redaktion glich zu dieser frühen Morgenstunde der in der Anzeigenabteilung. In einem Raum voller Akten – die so staubig waren, dass man den Eindruck hatte, sie seien ein für alle Mal abgelegt – saß ein Mädchen an einem Schreibtisch. Sie arbeitete für die Kinderseite der Zeitung. Sie beantwortete Briefe von Kindern und benutzte dazu – als wolle sie ihr Arbeitsgerät der Aufgabe anpassen – eine winzige Schreibmaschine. Sie war unverschleiert: ein merkwürdiger Anblick. Auf anderen Tischen standen Schreibmaschinen in unterschiedlichem Verfallszustand – wie die Schreibmaschinen, die ich in den einschlägigen Verkaufsbuden im Basar von Karatschi in der Nähe des Gerichtsgebäudes gesehen hatte (eines Abends konnte ich beobachten, wie in einer der Buden ein Geschäftsmann mit großer Geste einer Sekretärin in die Maschine diktierte). Die Stadt Karatschi, in der Eisentreppen Löcher bekamen und Fliesen verblassten, verlieh den Büros eine eigene Aura: Der Redaktionsraum von *Morning News* vermittelte den gleichen Eindruck wie das Gerichtsarchiv, das ich zusammen mit Nusrat besucht hatte.

Das Mädchen rief für mich in Nusrats Wohnung an. Nusrat war nicht zu Hause. Er war bereits weg, auf der Jagd nach einer Story. Das sah Nusrat ähnlich. Ich hinterließ bei dem Mädchen von der Kinderseite eine Nachricht für ihn. Er liebte seinen Beruf, war immer auf Achse; merkwürdig die Vorstellung, dass dies der Raum war, in den er seine heiße Story brachte.

Später rief er zurück.

»Ich bin gerade reingekommen. Habe Sie nicht zurückerwartet. Ich dachte, wir wären Sie endgültig los. Und jetzt bringen Sie Licht in mein Leben.«

Ich erkannte seine sonore Stimme wieder, seine Art, die Worte herauszusprudeln. Das pathetische Bild – eine für die Urdu-Dichtung typische Übertreibung – rührte mich besonders. Weil ich bereits eine ungefähre Vorstellung von dem Missgeschick hatte, das ihm widerfahren war.

Das Büro wirkte heruntergekommen. Aber nur wenige Monate zuvor hatte sich ein Drama ereignet. *Morning News* hatte sich auf der Frauenseite einen bösen Schnitzer geleistet. Sie hatten einen Artikel aus *Arab News* abgedruckt, der von einer großen arabischen Frauengestalt, nämlich der Urenkelin des Propheten, handelte. Und der Artikel hatte aus verschiedenen Gründen den Zorn der schiitischen Glaubensgemeinschaft erregt. Demonstrationen wurden veranstaltet, Drohungen ausgestoßen, und die Regierung musste einschreiten. Drei Tage lang durfte die Zeitung nicht erscheinen, und es wurde eine Untersuchung des Falles angeordnet.

Das war eine gefährliche Zeit. Hätten die Behörden nicht so gehandelt, wie sie es taten, und hätte *Morning News* einen nicht so charakterstarken Herausgeber gehabt, wer weiß, ob nicht ein Unglück passiert wäre. Ghauri, der Herausgeber, hatte die volle Verantwortung für das übernommen, was in seiner Zeitung erschienen war; er hatte durchgängig als mutiger Mensch und Mann von Ehre gehandelt. Er war sehr krank, war erst Ende vierzig, sah aber viel älter aus. Seit Monaten befand er sich in ärztlicher Behandlung; seine Krankheit gestattete ihm keinen regelmäßigen Schlaf. Als ich ihn traf, schien er körperliche Schmerzen zu leiden; er schaffte es kaum, sich im Sitzen aufrecht zu halten. Er hatte indes die Kraft gefunden, seine Zeitung durch die vielen stürmischen Wochen zu steuern, bis die staatliche Untersuchung die Sache aufgeklärt hatte.

Mittlerweile war die Geschichte erledigt. Nicht allerdings für Nusrat. Die Frauenseite fiel in seine Zuständigkeit. Der Schnitzer, die Übernahme des Artikels aus *Arab News*, ging auf sein Konto. Wochen und Monate musste Nusrat mit Bedrohung und Schuldgefühlen leben; der Herausgeber war Zeuge gewesen, wie er in sich zusammenfiel.

Worin bestand der Stein des Anstoßes bei dem Artikel, den *Morning News* veröffentlicht hatte? Um das zu verstehen, müssen wir uns ein Stückchen islamische Geschichte zu Gemüte führen. Nach der Überzeugung der schiitischen Muslime hätte Ali, der Schwiegersohn des Propheten, dessen irdischer Nachfolger (Kalif genannt) werden müssen. Dreimal überging man ihn; erst als vierter Kalif kam er an die Macht und wurde dann (nach nur fünf Jahren Herrschaft) ermordet. Ali hatte zwei Söhne. Keiner von ihnen bekam das Kalifat übertragen. Der Erste wurde vergiftet. Der Zweite kam in der Schlacht um, als er seinen Anspruch auf das Kalifat durchzusetzen versuchte. Dieser zweite Sohn, Husain, hatte eine Tochter – Alis Enkelin, die Urenkelin des Propheten. Der anstößige Artikel drehte sich um sie.

Diese Frau ist zwischen den beiden muslimischen Hauptkonfessionen umstritten. Die Araber (oder Orthodoxen) versuchen den Eindruck zu erwecken, dass sie sich für das politische Anliegen ihres Vaters Husain beziehungsweise ihres Großvaters Ali nicht interessierte. Sie habe sich, so die Behauptung, nach ihres Vaters Tod frohgemut in der arabischen Stadt Medina niedergelassen; Medina, von den Reichtümern überquellend, die durch die arabischen Eroberungen in die Stadt kamen, sei im achten Jahrhundert zu einer Stadt des Luxus und der kulturellen Verfeinerung aufgestiegen: Musikanten, Sängerinnen, Kurtisanen, Sklaven, erlesene Bordelle hätten die Stadt bevölkert und die viele Male verheiratete Tochter Husains habe in ihr wie eine Königin residiert.

In den Augen der Schiiten, die um Ali und seine Söhne trauern, macht diese Geschichte die Kränkung nur noch schlimmer. Sie weisen sie kategorisch zurück. Ihnen zufolge erreichte das Mädchen gar nicht das Erwachsenenalter und starb als Kind. Der von *Arab News* übernommene Artikel auf der Frauenseite von *Morning News* aber gab die arabische Lesart der Geschichte wieder und stellte Husains Tochter als betörende, im Luxus schwelgende Kunstmäzenin im Arabien des achten Jahrhunderts dar.

Der Artikel hätte zu keinem ungünstigeren Zeitpunkt erscheinen können. Man befand sich im Monat Mohurram, in dem die Schiiten zehn Tage lang den Tod Alis und seiner Söhne betrauern. Unter dem Kriegsrecht, das in Pakistan herrschte, waren öffentliche Massenaufläufe verboten; den Schiiten war indes in ihrem Trauermonat gestattet, sich in Moscheen oder Parks oder Grünanlagen zu versammeln; dort wurden sie gegen *Morning News* aufgehetzt. Vierzig oder fünfzig Studenten veranstalteten eines Tages einen Demonstrationszug zur Redaktion; die Zeitung bekam drohende Anrufe; es ging das

Gerücht, 40 000 Menschen planten, zum Gebäude der *Morning News* zu ziehen und es niederzubrennen. Auf einer anderen Ebene begann man von einer internationalen Verschwörung gegen die muslimische Welt zu munkeln. Gerade erst hatte die Belagerung der Moschee in Mekka stattgefunden; in Teheran war die amerikanische Botschaft besetzt worden; ein pakistanisches Flugzeug mit Pilgern war unmittelbar nach dem Start vom mekkanischen Flughafen abgestürzt.

Es waren schlimme Tage für die Zeitung. Die Gefahr bestand, dass sie endgültig dichtmachen musste und viele Menschen ihren Arbeitsplatz verloren. Und dann gab es auch noch die leibliche Bedrohung durch die Schiiten von Karatschi. Und nicht nur durch die Schiiten: Im Monat Mohurram war auch bei den Orthodoxen der Tod Alis und seiner Söhne emotional stark besetzt. Nusrat muss einen Alptraum durchgemacht haben. Nichts lag ihm mehr am Herzen, als dem Glauben zu dienen; im Lande des Glaubens muss er sich ziemlich verlassen vorgekommen sein. Die Welt hatte sich für ihn gewandelt: das Straßenbild, die Menschenmenge – alles erschien ihm verändert. Jeden Augenblick konnte eine Hetzjagd gegen ihn losbrechen.

Ich wusste nicht, ob Verzweiflung oder Überdruss aus ihm sprach, als Ghauri mir erklärte: »Es gibt vier Lesarten der Geschichte dieser Dame. Die eine Version ist die in dem Artikel vertretene. Der zweiten Version zufolge starb die Dame mit neuneinhalb. Nach der dritten Version starb sie mit elfeinhalb. Die vierte Version aber dürfte die wahrscheinlichste sein: Die Dame hat nie existiert.«

»Sie bringen Licht in mein Leben«, erklärte Nusrat am Telefon. Aber eigentlich sprach er von der Verfinsterung seines Lebens.

Und als ich ihn dann endlich traf, war er mir auf Anhieb vertraut. Er trug ein hellfarbenes, bunt kariertes Tweedjackett – sein Tribut an den Winter in Karatschi, den die Briten als »kalte Zeit« zu bezeichnen pflegten. Ich kannte das Jackett noch nicht, aber es passte zu ihm und wirkte ebenso verwegen wie seine Brille mit den runden, getönten Gläsern und sein Schnauzer.

»Pünktlicher geht's nicht«, sagte er.

»Sie sind fünf Minuten zu spät.«

»Stimmt, ich bin fünf Minuten zu spät.«

Wir fuhren mit dem Fahrstuhl hinauf zum Chandni-Restaurant, auf dem Dach des Intercontinental.

»Wie geht's der Zeitung?«

»Nicht sonderlich gut. Ich habe dafür gesorgt, dass sie drei Tage lang dichtmachen musste. Aber das haben Sie bestimmt schon gehört.«

Er sprach in munterem Ton. Man hätte denken können, er rede von einer gewerkschaftlichen Aktion oder von irgendeinem Sieg über die Unternehmensleitung. Und ich hatte nichts dagegen, die Sache auf sich beruhen zu lassen.

Erst in dem hellen Restaurant oben auf dem Dach, als wir das Büfett des Intercontinental abschritten, das mir ein bisschen weniger üppig vorkam, als ich es vom August her in Erinnerung hatte – rings um uns das bräunliche Karatschi unter einem bereits hell strahlenden Februarhimmel, der die kalte Zeit so rasch aufzehrte, dass durch die offene Restauranttür ein schon warmer Luftzug hereindrang –, erst da sah ich, dass Nusrat ergraut war. In fünf Monaten war er ein anderer geworden.

»Sie sind ergraut.«

»Sie haben es bemerkt? Es ist einfach so passiert«, sagte er. »Kein bestimmter Grund. Ich glaube nicht, dass es einen besonderen Grund dafür gibt. Ich mag mich grau.«

»Es steht Ihnen gut. Wie alt sind Sie?«

»Dreiunddreißig. Ich war auch schon bei unserer ersten Begegnung grau. Es ist Ihnen damals vielleicht nicht aufgefallen, aber ich war schon grau.«

Als wir am Tisch saßen, sagte er: »Ich wollte an dem Tag erst um vier ins Büro kommen. An dem Tag, als ich Ihre Nachricht erhielt. Dass ich hier bin, ist also so etwas wie eine glückliche Fügung. Ich hätte ja auch weg von Karatschi sein können. Ich hätte Sie verpassen können. Bestärkt Sie so etwas nicht auch im Glauben an eine schicksalhafte Verkettung?«

»Sie arbeiten zu viel.«

»Ich arbeite sehr viel. Ich stehe unter Druck. Wissen Sie, was ich neulich im Unterhaltungsteil gemacht habe? Ich habe ein Foto von einer indonesischen Schauspielerin in Nationaltracht eingerückt. Es wäre in Druck gegangen, wenn mich nicht jemand darauf aufmerksam gemacht hätte, dass die Formen ihres Körpers zu erkennen waren. Ich hatte nur die Nationaltracht gesehen. Was soll ich machen? Ich weiß nicht, wie weit ich im Unterhaltungsteil gehen darf. Ich weiß nicht einmal, ob ein Unterhaltungsteil in einer islamischen Gesellschaft überhaupt wünschenswert ist.«

Er brach ab, wartete, dass ich mich dazu äußerte. Ich schwieg.

»Das ist ein ernsthaftes Problem«, sagte er. »Etwas, das in unserer Gesellschaft diskutiert werden muss. Und was ist mit der Stellung der Frauen? Sollen sie arbeiten gehen? Oder sollen sie zu Hause bleiben? Dürfen Männer Frauen unterrichten? Dürfen Frauen Männer unterrichten? Das sind wichtige Fragen.«

»Warum sind sie so wichtig?«

»Weil wir eine islamische Gesellschaft schaffen müssen. Wir

können uns nicht im Sinne des Westens entwickeln. Entwickeln werden wir uns nur im Zuge der Schaffung einer islamischen Gesellschaft. Das sagen sie uns jedenfalls.«

Wir hatten schon im August darüber geredet. Er wusste, wie ich dazu stand. Ein, zwei Sekunden fragte ich mich, ob er es vielleicht ironisch meinte. Aber es war ihm ernst damit. Die Forschheit, die seine runden Backen, sein Schnauzer, sein Partylöwenjackett signalisierten, trog. Er war ein grauer, zergrübelter Mensch. In den fünf Monaten hatte er sich ebenso sehr verändert wie die Landschaft Karatschis.

Im August hatte ich in den Gärten hinter dem Intercontinental gesehen, wie Männer mit einer von Ochsen gezogenen Mähmaschine Heu machten. Jetzt gab es kein Gras mehr zu mähen; die Männer freilich waren nach wie vor an der Arbeit und zogen eine schwere Walze über den heideartigen Boden.

»Wann wird es regnen?«, fragte ich.

»Im Juni. Oder Juli. Im nächsten Monat wird es anfangen, heiß zu werden. Dann wird das Wasser knapp. Jetzt reden alle über Afghanistan. Aber wenn es heiß und das Wasser knapp wird, werden alle nur noch darüber reden.«

Das sah dem Journalisten, dem Kolumnenschreiber schon ähnlicher. Dann aber sagte er: »Da ist das Problem mit den Banken und den Zinsen. Darüber sollten sich die Wirtschaftswissenschaftler den Kopf zerbrechen. Das ist es, was wir herausfinden müssen: wie sich ein Banksystem ohne Zinsen schaffen lässt. Jetzt, wenn ich meine 248 Rupien von der Bank bekomme, bin ich überglücklich, weil ich dieses Geld umsonst kriege. Und meine Frau sagt: ›Ich weiß nicht, warum du dich so freust.‹ Und sie hat Recht. Es ist falsch. Meine Frau ist eine gute Muslimin. Und ich, wie Sie wissen, bin ein schlechter Muslim.«

»Das können Sie nicht behaupten. Als wir uns kennen lernten, erklärten Sie, es gebe nichts Wichtigeres für Sie als den Islam und das Leben nach dem Tod. Erinnern Sie sich?«

»Aber ich bin in einer säkularen Schule erzogen worden. Manchmal versäume ich, meine Gebete zu sprechen.«

Später äußerte er: »Ich möchte, dass sie finden, dass mit mir alles in Ordnung ist.«

»Wer sind ›sie‹?«

»Staatsdiener. Beamte. Sie wechseln, ich weiß. Aber die Akte bleibt. Die Akte – meine Akte – muss in Ordnung sein; das war es, was ich sagen wollte. Gott hat seine eigene Art, Güte zu beweisen. Wenn bestimmte Sachen passieren, muss man einfach gläubig werden. Denken Sie daran, was es für ein Glücksfall war, dass ich Ihnen damals begegnete, dass ich dieses Mal ihre Nachricht bekommen habe – ich wollte eigentlich erst am Spätnachmittag ins Büro gehen. Und dass ich jetzt mit Ihnen zu Mittag esse und wir uns unterhalten. Denken Sie an die vielen Glieder in dieser Kette.«

Ich sah in sein kummervolles Gesicht. »Ich finde, Sie sollten für ein Weilchen weggehen«, meinte ich. »Gehen Sie eine Zeit lang ins Ausland. Sie fangen an, Gespenster zu sehen.«

»Nein, nein. Wenn ich gehe, dann für immer.«

»Sie müssen mal ausspannen.«

»Sie haben Recht. Ich arbeite zu viel. Gerade heute Morgen dachte ich: ›Wenn ich so weitermache, werde ich noch krank.‹ Im Augenblick macht mir meine Menschenfeindlichkeit Sorgen. Ich verkehre mit niemandem, wissen Sie. Hierher bin ich nur gekommen, weil Sie es sind. Ich kriege manchmal einen richtigen Hass auf Menschen. Sie regen mich auf. Zum Beispiel neulich Vormittag, als ich eine Slumsiedlung in Clifton, nicht weit entfernt vom Haus der Familie Bhutto, besuchte. Ich hatte schon lange vor, über sie zu schreiben. Ich hätte Mitgefühl mit den Menschen dort haben müssen. Ich wollte mich in ihre Lage versetzen, und ich empfinde ja auch Sympathie für sie. Aber ich musste feststellen, dass ich mich über sie aufregte. Wie konnten sie es in diesen Verhältnissen zweiunddreißig Jahre lang aushalten? Nur zwei Minuten von Mr Bhutto entfernt. Warum marschierten sie nicht zu seinem Haus? Ich ärgerte mich also und war ungehalten über mich, weil ich mich ärgerte. In dieser Stimmung befand ich mich, als ich ins Büro kam und Ihre Nachricht vorfand. Und dass ich Ihre Nachricht vorfand, war deshalb in diesem Augenblick ein Glück für mich.«

Er hatte eine Mappe mit den Artikeln dabei, die er in den letzten paar Monaten geschrieben hatte. Einmal wöchentlich schrieb er eine Art von Klatsch- und Kommentarspalte für *Morning News*. Aus diesen Beiträgen wollte er ein Buch machen, und ich sollte sie durchsehen. Er meinte, sie hielten einen wichtigen Zeitabschnitt fest.

Das taten sie nicht. Aber sie waren das Werk eines Journalisten, der sein Handwerk verstand. Sie enthielten keine Anspielung auf die persönlichen Probleme, mit denen er in dieser Zeit zu kämpfen gehabt hatte. Er schrieb über gesellschaftliche Ereignisse; er beschrieb, wie er voll Freude über den Anbruch der »kalten Zeit« in Karatschi sein Tweedjackett hervorholte; er schrieb über die Zuckerknappheit. Es gab auch einen Beitrag über Jungmädchen-Zeitschriften – unpassend in diesen »Zeiten des Wandels«: Hier kam er seinen persönlichen Problemen vielleicht am nächsten.

Eine Kolumne, deren erster Abschnitt von einer öffentlichen Auspeitschung handelte, entpuppte sich danach als Schelte auf die Unzulänglichkeiten des öffentlichen Verkehrssystems. Die Menschen könnten bei der Auspeitschung nicht zuschauen, weil es zu wenig Busse gab. Keine Spur Ironie. Wie Nusrat selbst so war auch dem, was er schrieb, all seiner Munterkeit zum Trotz, eine gewisse Humorlosigkeit zu Eigen. Das gehörte zu seiner Geradlinigkeit, seinem einnehmenden Wesen. Selbstzensur war bei Nusrat kein Thema. Er identifizierte sich – lebte mit seinem Land und mit dem Glauben seines Landes. Durch das Bekenntnis zum Islam als einer Lebensform war Pakistan jetzt ein ideologisches Staatswesen. Nusrat akzeptierte die Ideologie. Er war gläubiger Bürger eines ideologischen Staatswesens, genau der Mensch, den nichts mehr schreckte als der Gedanke, aus der Gemeinschaft ausgestoßen zu sein. Misstrauten ihm seine Mitbürger, so war das schon Strafe genug für ihn.

Als wir uns wiedersahen, sagte ich ihm, dass mir seine Artikel nicht geeignet für ein Buch erschienen. Das schmeckte ihm gar nicht.

»Alles bleibt ausgespart«, sagte ich.

»Aber Leute wie Art Buchwald bringen ihre Artikel doch auch als Bücher heraus.«

Ich erkundigte mich nach seiner Frau. Ich erinnerte mich, dass es ihr im August nicht gut gegangen war.

»Sie ist an einem Geschwür operiert worden. Ich bemühe mich, die negativen Aspekte des menschlichen Lebens im Gespräch mit ihr auszusparen. Zum Beispiel würde ich ihr nicht erzählen, was Sie von den Artikeln halten.«

»Es sind gute Zeitungsartikel.«

»Würde mich eines Tages jemand zusammenschlagen, würde ich nicht heimlaufen und es ihr erzählen. Käme ich übel zugerichtet und blutend nach Hause, könnte ich natürlich nicht einfach dasitzen und schweigen; ich müsste irgendetwas sagen. Aber unter normalen Umständen ziehe ich es vor zu schweigen. Sie macht sich wirklich ein bisschen mehr Sorgen als ich.«

Die ganze kritische Zeit hindurch hatte es zu Hause also niemanden gegeben, dem er sich hatte anvertrauen können. Und dennoch war er, wie sein Verleger bemerkte, nicht zusammengebrochen. Er hatte nicht versucht, die wichtigen Leute einzuschalten, die er kannte; er hatte weiter seine Arbeit getan. Erst zum Schluss war er zusammengebrochen. Nachdem die staatliche Untersuchung vorüber und die Sache abgeschlossen war, lud ihn Ghauri, der Herausgeber, zum Essen ein.

»Jetzt ist alles überstanden«, hatte Ghauri erklärt. »Die Zeitung erscheint weiter. Aber sagen Sie, haben Sie es absichtlich getan? Ich geben Ihnen mein Wort, dass ich Sie ungeschoren lasse, egal, welche Antwort Sie mir geben. Ich möchte es einfach nur wissen.«

Nusrat begriff nicht, dass es Ghauri ernst mit seiner Frage war. Als es ihm klar wurde, brach er in Tränen aus. Die Vorstellung, dass der Herausgeber, der sich schützend vor ihn gestellt und so viel riskiert hatte, an ihm gezweifelt haben könnte, war zu viel für ihn. Ghauri ließ die Sache auf sich beruhen; seine Antwort hatte er ja bekommen. Ghauris Frau musste Nusrat trösten.

Ich sah mir den Artikel an, der so viel Ärger gemacht hatte. Als Illustration war ihm das Bild eines unbekannten europäischen Malers beigegeben; es zeigte eine unverschleierte, aber voll bekleidete Araberin, die auf einem Sofa ruhte. Wie der Artikel war auch die Illustration *Arab News* entnommen. Aber was in Arabien durchgehen mochte, war in Pakistan nach wie vor anstößig. Der Artikel selbst enthielt wenig, was sich nicht auch in einem der üblichen Standardwerke zur Geschichte der Araber finden ließ. Aber die Frau, um die es ging, war die Urenkelin des Propheten; und in Pakistan gab es Leute – aus beiden religiösen Lagern –, die schon in der Behauptung, die Frau sei schön gewesen, einen Mangel an Ehrerbietung sahen.

Der Glaube trieb die Menschen zum Äußersten. Mit keiner anderen Orientierungshilfe als dem Koran und der Überlieferung konnte man niemals sicher sein, ob man als Muslim den Ansprüchen genügte; man konnte nie sicher sein, ob man sich Allah vollständig ergeben und allen selbstischen Regungen entsagt hatte. Menschen wie Nusrat stellten immer höhere Forderungen an sich selbst. Für einen Menschen, der sich unbedingt Gott ergeben, der reinen Herzens und reinen Geistes sein wollte, wimmelte es in der Welt von Fallstricken: denken wir an seine Freude über die 248 Rupien Bankzinsen oder seinen Ärger über die muslimischen Glaubensgenossen in der Barackensiedlung.

»Sie sind ein Unglücksrabe, nicht wahr, Nusrat?«, sagte ich.

Damit hatte ich etwas getroffen. »Vergangene Woche«, erzählte er, »ging ich in eine Moschee, um an einer Hochzeit teilzunehmen. Die Schwester eines Freunds. Der Bräutigam kam zu spät. Es war die Zeit des Gebets. ›Komm, wir gehen beten‹, sagte mein Freund. Ich nahm also die Waschungen vor. Es war ein kalter Abend, und das Wasser war kalt. Ich nahm mir eine der in der Moschee vorrätigen Kappen oder Mützen aus Stroh – eine *topee* –, setzte sie mir auf und fing an zu beten. Als ich mich vorbeugte, fiel mir die Strohkappe vom Kopf, und ich dache: ›Gott weiß, dass ich ohne die innerliche Bereitschaft zum Beten herkam.‹ Ich sah, wie sich eine Hand bewegte, und dachte, jemand wolle mich unterbrechen. Aber die Hand setzte mir nur die Kappe wieder auf den Kopf. Als ich mich das nächste Mal vorbeugte, fiel die Kappe wieder herunter, und ich sah, wie sie in die Ecke rollte. Ich sagte mir: ›Das Gebet findet auch ohne Kappe Gehör, wenn die Absicht zu beten da ist.‹ Der Vorfall blieb unbemerkt. Aber warum passieren immer mir solche Sachen? Kaum zu glauben, aber ein Unfall auf der Straße ist mir noch nicht zugestoßen. Ich nehme an, das verdanke ich Gottes Gnade oder seinem Segen oder wem und was auch immer.«

Ich fragte ihn nach dem Journalisten in Rawalpindi, der für ein Jahr ins Gefängnis gewandert war.

Seine Gelassenheit überraschte mich.

»Vielleicht hat er es zu oft gesagt. Vielleicht hätte er nicht für eine ausländische Zeitung schreiben sollen. Manche Sachen kann man in einer Lokalzeitung bringen, während sie in einer ausländischen Zeitung Ärger machen. Und umgekehrt.«

Er spielte immer noch mit dem Gedanken, ins Ausland zu gehen und sich mit dem Thema Massenmedien zu beschäftigen. Jetzt sprach er allerdings anders darüber. Er war nun ein reuiger Sünder, der seinem Land und dessen Ideologie dienen wollte.

»Wir errichten unsere Gesellschaften neu und müssen den Medien eine entsprechende Form geben. Wir müssen sehen, wie weit – wenn überhaupt – die westliche freiheitliche Vorstellung von Massenmedien mit den Bedürfnissen der Entwicklungsländer im Allgemeinen und der muslimischen Länder im Besonderen in Einklang zu bringen ist. Vielleicht ist es möglich. Vielleicht auch nicht.«

Insgeheim gab es in dieser neuen Person aber immer noch den Mann, der Art Buchwald las und sich durch dessen Bücher zu eigenen Publikationsplänen anregen ließ.

Als wir uns das letzte Mal trafen, sagte er: »Niemand hat bemerkt, dass ich grau geworden bin, oder eine entsprechende Bemerkung mir gegenüber gemacht.« Und ehe wir auseinander gingen, sagte er: »Können Sie es nicht einrichten, dass ich an einen Ort komme, wo ich fünf Jahre lang in Ruhe lesen, schreiben und studieren kann? Denn wenn wir uns in fünf Jahren wiedersehen, verkaufe ich vielleicht Zement oder exportiere Konfektionskleider. Und dann hätte ich für so etwas keine Zeit mehr, könnte mich nicht mehr mit Ihnen treffen und unterhalten und austauschen.«

2

Islamischer Winter

Im August, am Londoner Flughafen, sah ich iranische Passagiere auf der Rückreise nach Teheran, schwer beladen mit den Konsumgütern Europas. Später im gleichen Monat, am Flughafen von Teheran, sah ich pakistanische Gastarbeiter auf der Heimreise, schwer beladen mit den Konsumgütern Europas und Japans. Konsumgüter – sie hielten die Welt in Schwung. Und jetzt im Februar, am Flughafen von Karatschi, das Gegenbild: pakistanische Gastarbeiter mit ihren Familien, die auf dem Weg in die Länder des Mammons dem Land des Glaubens den Rücken kehrten.

Sie hatten ihre Unbedenklichkeitsbescheinigungen und ihre Genehmigungen vom Schutzbeauftragten für Auswanderer. Dennoch waren sie sich nicht sicher. Sie wussten nur, dass sie in der Masse vorwärts drängen mussten, um nicht der Letzte zu sein und von den Hunden gebissen zu werden; also drängten sie vorwärts, hielten ihre kostbaren Bescheinigungen hin, und die Beamten prüften. Viele Frauen waren verschleiert – die Schleier schmuddelig weiß (mit einer Art von Baumwollgitter auf der Höhe der Augen) oder schwarz.

Frauen und Kinder füllten den Nichtraucherbereich der Boeing 707 und verliehen ihm die Atmosphäre einer *zenana*, eines Frauenquartiers. Das Raucherabteil war praktisch leer. Ich wechselte den Platz.

Aus der Luft erschien im August das Ödland Belutschistans und des Iran braun und schwarz, aber in der Hitze fahl. Jetzt, da ich in die Gegenrichtung reiste, wachte ich auf und erblickte Schnee. Schnee bedeckte die Berge. Die Ebenen lagen unverhüllt da, aber jede kleinste Erhebung war mit Schnee bestäubt. Über verschneite Berge gelangten wir nach Teheran, das sich auch im Winter noch sandfarben darbot. Null Grad sei draußen, sagte die Stewardess.

Brüder, Besucher, willkommen zur Hedschra [dem neuen Jahrhundert der islamischen Zeitrechnung], stand auf einem handgeschriebenen Plakat in der Ankunftshalle. Die Großbildfotos von persischen Altertümern, die noch aus der Schah-Zeit stammten und deren Farben verblasst waren, gab es immer noch. Eines von ihnen, das am Eingang zum Einreiseschalter hing, war mit einem Farbfoto von Ayatollah Khomeini überklebt.

Wir bildeten eine kleine Schlange. Nicht viele zog es nach Teheran. Der Japaner vor mir gab als Beruf »Korrespondent« an. Das verursachte gewisse Probleme. Er wurde von einem anderen Beamten aus der Einreisekabine herausgewinkt. Und dann war ich an der Reihe, Probleme zu kriegen. Ich war »Schriftsteller«. Ich brauchte ein Visum; ohne Visum keine Aufenthaltsgenehmigung.

Mein Pass wurde mir weggenommen, und man schickte mich in einen kleinen Raum am Rande der Empfangshalle. In dem Raum drängten sich Beamte, manche mit Uniformjacke und Abzeichen auf den Schultern, manche in Hemdsärmeln. Sie waren alle freundlich. Mein Pass lag mit drei, vier anderen auf einem Schreibtisch. Niemand schien sich für die Ausweise zu interessieren. Beamte mit Jacke und ohne Jacke wuselten herum; es wurde reichlich herumdiskutiert.

»Aber Sie sind doch ein revolutionäres Volk«, sagte der japanische Korrespondent zu jemandem. »In Japan interessieren wir uns für revolutionäre Menschen.«

Ein großer Mann mit Schnurrbart und in gelbem Pullover erklärte zwei oder drei iranischen Beamten: »Aber Sie können mich nicht nach Syrien schicken. Man wird mich in Syrien nicht von Bord lassen.«

»Sie nehmen die erste Maschine, die fliegt«, sagte einer der Iraner. »Alle Welt will in den Iran kommen.«

»Aber sie werden mich in Syrien nicht von Bord lassen. Sie werden mich hierher zurückschicken.«

Eine etwa dreißigjährige Frau in engen Jeans und mit kupferfarbener Haut und rötlichem Haar (Haar und Haut sprachen für den Gebrauch von Henna) versicherte: »Ich bin Türkin. Ich bin Türkin.« Als appelliere sie an die muslimische Solidarität.

Ich lief Gefahr, in Vergessenheit zu geraten. Ich wandte mich an den Mann, der mir meinen Pass weggenommen hatte. Er stand hinter dem Schreibtisch und war offensichtlich mit Nichtstun beschäftigt. Er bat mich – mit einem Lächeln –, meine Reisetasche aus dem Büro zu schaffen, in dem ja tatsächlich ziemliches Gedränge herrschte. Ich brachte die Tasche nach draußen und stellte sie auf den nassen Boden: Ein Mann wischte dort auf, und nach allem, was ich über den Iran gelesen hatte, erstaunte es mich, dass es immer noch Menschen gab, die ihrer Arbeit nachgingen und Sachen instand hielten.

Ich fühlte mich erschlagen, kraftlos. Die sechsmonatige Reise, die hinter mir lag, hatte sich als ein einziges großes Hasardspiel erwiesen; ich hatte die Dinge genommen, wie sie kamen. Und ich hatte kaum geschlafen. Die Maschine war frühmorgens gestartet, und in Karatschi war ich erst spät ins

Bett gekommen. Dass die Reise so endete, wie sie sich zu enden anschickte – mir sollte es recht sein!

Der Mann, der mir den Pass abgenommen hatte, folgte mir nach draußen. »Mit welcher Fluglinie sind Sie gekommen?«, fragte er.

»PIA.«

Die junge Iranerin, die PIA vertrat, stand mit ihrem Klemmbrett am anderen Ende der Halle: Im Zusammenhang mit dem Flug war es zu einigen Problemen gekommen. Der Mann rief nach ihr; sie kam herüber, und die beiden sprachen miteinander.

»Sie müssen wieder zurück«, sagte sie zu mir.

»Ich fliege.«

»Sie sind Schriftsteller und haben kein Visum.«

»Ich weiß. Können Sie mich in ein Flugzeug nach London setzen?«

»Das ist heute nicht möglich. Sie können zurück nach Karatschi.«

»Ich will nicht zurück nach Karatschi. Dort ist kein Zimmer frei. Im Intercontinental beginnt dort heute ein Kongress für Kinderheilkunde, und das Hotel ist ausgebucht.«

Wo sonst konnte ich an diesem Tag noch hin? Welche Städte, in denen man kein Visum brauchte, wurden angeflogen?

»Kann ich nach Athen?«

Ich wollte eigentlich nicht nach Athen. Der Name fiel mir nur ein, weil ich während der vergangenen sechseinhalb Monate zwanghaft die Werbung der Fluglinien gelesen hatte und Athen mir als eine Stadt erschienen war, die von vielen Linien angeflogen wurde.

Dem Mädchen schien die Idee mit Athen zu gefallen. Sie drückte ihr Klemmbrett gegen die Brust und sagte: »Donnerstags gibt es einen Flug der Japan Airlines.«

»Reservieren Sie mir einen Platz.«

»Das ist allerdings erst morgen.«

»Aber heute ist Donnerstag.«

»Heute ist Mittwoch, der dreizehnte«, sagte sie in scharfem Ton.

»Wo kann ich heute hinfliegen?«

»Heute gibt es keine Flüge. Es gibt nur den Flug nach Karatschi. Sind Sie sicher, dass Sie nicht nach Karatschi wollen?«

»Wissen Sie, im August bin ich ohne Visum gekommen«, erklärte ich und schlug dem Schicksal damit ein Schnippchen.

Sie reagierte so, als hätte ich dadurch ihr Problem gelöst. »Sie sind im August ohne Visum eingereist? Haben Sie denen das gesagt?«

»Es geht doch aus meinem Pass hervor.«

Sie ging in den überfüllten Raum, kam kurz darauf wieder heraus und sagte: »Die haben einen Fehler gemacht. Sie lassen Sie ins Land.«

Und als ich in den kleinen Raum gerufen wurde, wirkten alle ehrlich froh, dass sie einen Weg gefunden hatten, sich über die jüngste Anweisung des Ministeriums, Journalisten und Visa betreffend, hinwegzusetzen.

»*Sie* allerdings«, sagte einer der Beamten zu dem japanischen Korrespondenten, der sich immer noch in dem Raum befand und immer noch diskutierte, »*Sie* müssen zurück.«

Die rothaarige Türkin hatte man ebenfalls hereingelassen. Wieso war sie für eine Journalistin gehalten worden? Sie stand an der Zollabfertigung mit einem Riesenberg Sachen, Waren aus Taiwan und Japan, vieles davon funkelnagelneu, noch in Kartons und Styropor verpackt.

Ich trat in den anderen Durchgang und betrachtete den Rücken der Zollbeamtin, einer jungen Frau in dickem Wollrock und Wollpullover – offenbar ihre eigenen Kleider, keine

Uniform. Sie saß entspannt am Schalter, die Beine übereinander gelegt, während sie ihre Prüfung vornahm. Der Pullover lag eng an, der Rock spannte über den Schenkeln; sie ging mit der Mode.

Ich hatte nichts weiter als mein Bordgepäck mit. Ein Mann sprach mit der Zollbeamtin und legte ihr nahe, mich durchzuwinken. Die junge Frau fuhr mit dem Drehstuhl zu mir herum – eine Schönheit war sie leider nicht –, warf einen flüchtigen Blick auf den Pass, den ich in der Hand hielt, und kehrte mir dann wieder den Rücken zu.

Als endlich ich an der Reihe war, sagte die junge Zöllnerin zu mir: »Sie Englisch?«

»Nein.«

»Aber Sie haben diesen Pass.«

»Das ist meine Staatsbürgerschaft.«

»Aufmachen.«

Der Anblick meiner Flanellette-Schlafanzüge von Marks and Spencer – jenes unislamischen »Batiks«, das bei Khairul und seiner arabistischen Gruppe in Kuala Lumpur so viel Missbilligung erregt hatte, als sie mich in meinem Zimmer im Holiday Inn darin überraschten –, der Anblick dieser Schlafanzüge stimmte die Tochter der Iranischen Revolution milder; vielleicht fühlte sie sich dadurch an Vater oder Brüder erinnert.

»Das ist alles, was Sie haben?«

»Ja.«

»Keinen Wein?«

»Keinen Wein.«

»Sie sind in Ordnung.«

Draußen, in der Kälte, warteten die gut genährten Banditen des Flughafen-Taxidiensts, die dank der Tatsache, dass der Iran wieder dicke Schlagzeilen machte und Scharen von Journalisten kamen und gingen, noch mehr florierten als im

August. Sie verlangten 800 Rial für die Fahrt in die Stadt, die eigentlich 500 Rial kostete. Ich feilschte, aber ohne rechte Überzeugung; sie ließen einen Hunderter nach.

»Das Hotel, in das Sie wollen, es ist geschlossen«, sagte ein Mann.

»Geschlossen!« Ich erinnerte mich, dass es im August schon ganz schön heruntergekommen wirkte. »Also gut, dann ins Intercontinental.«

»Haben Sie reserviert?«

»Nein.«

»Dann ist es für Sie geschlossen. Nur fünf Hotels in Teheran sind für Sie offen.« Er spulte einige Namen herunter.

Ich begriff, dass er »geschlossen« und »offen« in einem speziellen Sinn verwendete, dass er Reisende in bestimmte Hotels lotsen wollte. Ich beharrte auf meinem Hotel. Ihm schien es egal. Er hatte gegenüber seinen Hotels seine Pflicht erfüllt; es war kalt, und er verzog sich wieder in seinen Schuppen.

Die gleichen Verkehrsstaus, der gleiche Nebel aus Auspuffgasen, die gleiche irre Fahrweise, Autos, die wie Handkarren gesteuert wurden; die Stadt aus Beton und Ziegelstein, im Winter ebenso sandfarben wie im Sommer, die kahlen Bäume so staubig wie die Autos, austrocknender winterlicher Schlamm, die ins Auge fallenden Obstauslagen der Verkaufsbuden und Geschäfte – Orangen und blass gelbe Äpfel –, die vielfarbigen Parolen und die Schablonenbilder und Plakate an den Mauern, wie das Farbengemisch auf einer Palette, den allgemeinen Eindruck der Schmuddeligkeit verstärkend. Als wir in einem Stau standen, konnte ich ausgiebig einen rotwangigen Mann in Winterkleidung beobachten, der mit einem Reisigbesen den Staub von der Straße in den betonierten Rinnstein fegte: abermals erstaunlich, dieses Zeugnis eines offenbar unberührt von den schlagzeilenträchtigen Ereignissen weitergehenden städtischen Alltags.

Im August war ich an einem Wahltag, einem Freitag, dem islamischen Sabbat, eingetroffen. Die Straßen waren frei vom Werktagsverkehr, die Geschäfte geschlossen. Teheran hatte ausgesehen wie ein Ort, der ein für alle Mal dichtgemacht hat; am Abend hatte ich beobachtet, wie unter den wachsamen Augen bewaffneter Männer die Wahlurnen in Autos verladen wurden. Bei der Wahl damals, die auf einen früheren Volksentscheid für eine islamische Republik folgte, war es um die Wahl einer Expertenversammlung gegangen, die eine islamische Verfassung ausarbeiten sollte. Khomeini hatte die Menschen aufgefordert, ihre Stimme den Geistlichen zu geben, und die Geistlichen hatten gesiegt.

Die Expertenversammlung hatte über eine Verfassung beratschlagt und Khomeini eine alle anderen, sogar den Präsidenten der Republik, überragende Stellung eingeräumt. Khomeini wurde Stellvertreter Gottes auf Erden (beziehungsweise im Iran), Statthalter des Zwölften Imam (der ein Jahrtausend lang unsichtbar oder »verborgen« blieb). Dann folgte eine Volksabstimmung über diese Verfassung, danach gab es Gemeindewahlen, schließlich eine Präsidentenwahl. Die Präsidentenwahl hatten die Geistlichen verloren. Im August sah man auf den Schablonenbildern an den Mauern noch hauptsächlich Khomeini; jetzt war das Porträt des Mannes hinzugekommen, den man wenige Wochen zuvor ins Präsidentenamt gewählt hatte. Ein paar Wochen später sollte eine weitere Volksabstimmung erfolgen, die Wahl zur Nationalversammlung. Und zwischen all den Wahlen hatte auch noch die Besetzung der amerikanischen Botschaft stattgefunden und war der erste Jahrestag der Revolution gefeiert worden: In dem Gedränge, das an diesem Tag herrschte, waren einige Leute unter einen Panzer geraten. Die Bevölkerung Teherans lebte in ständiger Aufregung. Nach drei Monaten Besetzung glich die amerikanische Geiselgeschichte einer nach wie vor beliebten, aber sehr ausgewalzten Seifenoper, der die Menschen ihr Interesse zuwenden konnten, wenn es gerade nichts Spannenderes gab.

Das Hotel hatte keineswegs geschlossen. An der Pförtnerloge befanden sich Leute, und auf dem Gelände standen Autos. Den Garten vor dem Hotel hatte der Winter braun gefärbt. Die braunen Rasenovale wiesen unter den Sträuchern und Bäumen grüne Placken auf, die merkwürdig schattenhaft wirkten. Regen, Schnee und Ruß hatte den Lorbeer, die anderen immergrünen Sträucher und die Tannen eingeschmutzt; die Wintersonne und die trockene Luft der Teheraner Hochebene hatten den Schmutz in feinen Staub verwandelt. Das Gelände wurde aber nach wie vor gepflegt: die Auffahrt war gefegt, die Rosensträucher hatte man beschnitten.

In der Empfangshalle herrschte eine angenehme Wärme, und der Fahrstuhl, der mich in den achten Stock brachte, funktionierte besser als im August. Im Korridor stand auf der Fahrstuhlseite ein Eisenbett. In den Genuss privater Waschdienste, wie sie mir ein Zimmermädchen im August ein einziges Mal geleistet hatte, waren die Hotelgäste freilich nicht gekommen: An den Türknäufen unbelegter Zimmer hingen keine Kleidungsstücke zum Trocknen.

Ordentlich hergerichtet war mein Zimmer nicht. Bei einem Vorhang fehlten einige Haken, so dass er am einen Ende herunterhing. Es gab keinen Aschenbecher mehr, keine Hotellektüre, kein Verzeichnis der Dienstleistungen, kein Schreibpapier, nicht mehr das Informationsblatt auf dem Fernsehapparat, dem ich im August noch Programmhinweise auf die bereits ausgesetzten »internationalen« Sendungen des iranischen Fernsehens hatte entnehmen können. Die Möbel jedoch waren in Ordnung, die Armaturen solide. Nennenswert verschlechtert hatte sich die Einrichtung in den sechs Monaten nicht.

Der Hotelangestellte mittleren Alters freilich, ein großer, dürrer, kahler, brillentragender Mann, bot ein Bild absoluten Jammers. Das leere Hotel und das Leben, das er darin führte, schien ihn fertig gemacht zu haben; er wirkte schäbiger als das Hotel selbst oder seine Pagenuniform. Ich gab ihm 100 Rial. Das war reichlich, beeindruckte ihn aber nicht. »Geben Sie mir etwas«, sagte er. »Mein Kopf nicht gut. Sie mir etwas geben.« Ich gab ihm ein paar Kopfschmerztabletten. Medizinische Versorgung und Zuwendung – das war es, was er wollte, nicht die Rial.

Später ging ich hinunter in die Teestube, die sich im Zwischengeschoss befand. Im August hatte der Ort besonders trostlos gewirkt, mit seinen Kellnern, die vom Nichtstun angeödet waren und jeden Glauben an sich selbst verloren hatten. Jetzt war der Raum leer. Einige der vielen Tische hatte man mit Tassen, Kuchentellern und Papierservietten gedeckt; aber niemand hielt sich dort auf, um Tee oder Kaffee zu trinken.

An einem ungedeckten Tisch saß mit dem Kopf auf den Armen ein Mann in schwarzen Hosen und grauem Jackett, der allem Anschein nach schlief. Er wirkte wie von grenzenloser Verzweiflung gepackt, wie ein Mensch, den das Teheraner Drama allen Lebensmut gekostet hatte. Handelte es sich um einen Kellner? Oder um einen Gast? Beides war denkbar. Der Scheitel seines auf die Arme gesunkenen Kopfes war kahl, dafür hatte er um so buschigere Koteletten. Die Mischung aus mitleiderregend und geschniegelt hatte etwas Rührendes.

Er döste aber nur und hob den Kopf; seine überraschten, trüben, geröteten Augen, tief liegend unter einer vorspringenden Stirn, hatten Mühe, mich zu fixieren. Der oberste Knopf seines weißen Hemds stand offen, seinen schwarzen Schlips hatte er gelockert. Immer noch auf seine Arme gestützt, sagte er endlich: »Sie gut? Sie in Ordnung? Sie von wo?«

Ich sagte es ihm.

»Sie wollen etwas?«

Es klang, als fühle er sich belästigt. Tatsächlich aber war er begierig, mir etwas zu bringen. Und der Kaffee, den er schließlich brachte, war nicht übel.

»Kaffee gut? Bedienung gut?«

»Ja, sicher. Aber wie fühlen Sie sich?«

»Nicht gut. Erkältung. Ich erkältet.«

Die Erkältung war aber nicht sein Hauptproblem. Er suchte verzweifelt nach einem Zusatzjob und dachte, ich könne ihm helfen. Am Ende musste ich mich vor ihm verstecken.

Im August hatte die Zahl der Gäste siebenundzwanzig betragen – in einem Hotel, das vierhundert beherbergen konnte. Jetzt waren es zweiundvierzig, wie ich feststellte, als ich in die Telefonzentrale hinunterging, wo die Mädchen Wassermelonenkerne aus einem rosa Plastikbeutel futterten und sich bemühten, mit der Elektronik zu Rande zu kommen.

Keine Zunahme, die ins Gewicht fiel! Aber die Leute vom Hotel gaben sich Mühe. In der Empfangshalle stand ein Tisch mit einem gebührenfreien Telefon unter einem Plakat, auf dem *Reporter willkommen!* und darunter in Englisch, Französisch und Italienisch *Direktleitung für Journalisten!* stand. Hinter der Rezeption, um eine Bar mit einer Espressomaschine (damals, im August, war der Bereich noch gesperrt), suchten kleine, tanzende Mobiles mit der handgeschriebenen Offerte *Persischer Tee* Frohsinn zu verbreiten.

Wie am Flughafen bei den Beamten der Einreisebehörde und bei der jungen Frau vom Zoll hatte man auch bei den Leuten vom Hotel den Eindruck, dass sie die Sache mittlerweile ein bisschen lockerer nahmen. Sie wirkten weniger borstig, zugänglicher, unbekümmerter. Im August hatte keine Hoteldirektion existiert; das Hotel stand unter der Aufsicht eines revolutionären *komiteh*. Freitags dröhnten aus dem Radio im Speiseraum die Reden, die bei den Massengebetsveranstaltungen in der Teheraner Universität gehalten wurden. Aber Hand in Hand mit der Freiheit und der religiösen Begeisterung hatten sich auch praktische Ängste eingestellt. Von den Angestellten an der Rezeption hatte einer traditionelle persische Geschicklichkeiten wiederentdeckt und angefangen, mit alten Münzen zu handeln. Ein anderer, stets unhöflicher Mann von der Rezeption hatte eines Tages (er spielte gerade die Doppelrolle eines Taxifahrers des Hotels) voll innerer Erregung über die Zukunft seiner Kinder zu reden begonnen. Er wollte meinen Rat haben, und wir hatten uns über Universitäten in Indien unterhalten. Als ich ihn jetzt darauf ansprach, wehrte er ab. Die Ausbildung seiner Kinder war wieder seine Privatangelegenheit.

Im Hotel – das keinem *komiteh* mehr unterstand – machte das Personal den Eindruck von Leuten, die sich nicht nur an die Krise, sondern auch an die Freiheit gewöhnt hatten, die Freiheit innerhalb des Hotels und auch außerhalb. Sie wirkten wie Menschen, die wieder bei sich waren. Ein Kellner, dem ich fünfzig Rial dafür gab, dass er mir eine Kanne Tee aufs Zimmer brachte, kam unmittelbar anschließend mit zwei Napfkuchen auf einem Teller zurück und erklärte auf Englisch: »Sie sind mein Gast.«

Im August hatte an der gläsernen Eingangstür des Hotels ein Revolutionsplakat geklebt, das Yassir Arafat von der Befreiungsorganisation Palästinas zusammen mit dem Rächer Khomeini zeigte. Jetzt gab es an der Tür kein Plakat mehr. Stattdessen hingen drinnen große gerahmte Bilder von Khomeini, Porträts des Mannes, der mehr war als ein Staatsoberhaupt. Seine Augen wirkten nicht mehr tückisch vor Zorn; es waren die Augen eines alten Mannes, der triumphiert hatte. Kein Stirnrunzeln, keine Geste des Trotzes, keine geballte Faust: Die Hände kündeten von einem Mann des Friedens, einem Mann im Frieden mit sich. Sie lagen auf den Knien, die Finger lang und grazil.

Im Norden Teherans lag Schnee auf den Bergen. Das Morgenlicht, das auf den Schnee fiel, zeichnete Richtung und Verlauf jedes einzelnen Grats nach. Der Smog im Sommer hatte die gleiche Farbe gehabt wie die Berge; dadurch entstand der Eindruck, dass es nur der sommerliche Dunst aus der staubigen Ebene war, hinter dem die Berge verschwanden. Jetzt aber konnte man vor dem Hintergrund des Schnees den Smog wie eine dunkle Wolke aufsteigen sehen. Zur Mittagszeit war von den Bergen und vom Schnee nichts mehr zu sehen, bis dann wenige Minuten vor dem Ende des Tages die untergehende Sonne den Schnee der höchsten Kämme rot färbte und sie aussehen ließ wie rote Klippen über der verhangenen Stadt, über die rasch die Dunkelheit hereinbrach und in der anfangs nur vereinzelte Lichtpünktchen aufglommen, bald aber schon allenthalben Neonlichter erstrahlten: der alte Glanz, merkwürdigerweise unverändert.

Die Stadt war frei, aber sie blieb die Schöpfung des Schahs. Ein Jahr nach der Revolution wartete sie noch immer auf ihre neue Bestimmung. Für viele Menschen – wie für die Leute im Hotel, die sich in leeren, halb hergerichteten Räumen zum Plaudern versammelten, oder für den Mann, der in der von

ITT erbauten Telefonzentrale auf dem Fußboden schlief, vom Kopf bis zu den Zehen in eine Decke gehüllt, als schliefe er auf Wüstensand –, für viele Menschen glich die Stadt nach wie vor eher einem Lagerplatz.

Hier und da sah man kleinere Baustellen, auf denen gearbeitet wurde. Die Kräne auf den großen unfertigen Gebäuden allerdings standen still. Regen und Schnee hatten die Eisenträger mit Rost überzogen: Die unverputzten, grob gemauerten Backsteinwände machten einen verwitterten Eindruck. Die Läden waren voll mit Importwaren: In diese Waren floss das schwarze Gold, das jeden Tag wie von Zauberhand emporschoss. Plötzlicher großer Reichtum hatte die moderne Stadt aus dem Boden gestampft oder vielmehr ins Land importiert und für die Ungleichheiten und Beunruhigungen gesorgt, die zur Revolution führten. Mit dem gleichen Reichtum erkaufte sich nun die Revolution Zeit.

Auf dem Boulevard der Revolution (vormals Schah Reza) südlich der Teheraner Universität verkauften wie früher Bilderhändler Ansichten von Alpenseen und Waldpanoramen, Tierbilder, einen kleinen Buben, der den Reißverschluss seiner Hose hochzog, ein kleines Mädchen, das die Schuhe ihrer Mutter anprobierte, Bilder von Kindern und wunderschönen Frauen, denen Tränen über die Wangen liefen. Unmittelbar daneben huldigte man nach wie vor der Revolution. Die Kassettenverkäufer spielten Khomeinis alte Reden ab. Auch alte Fotoalben mit Aufnahmen von der Revolution wurden noch immer feilgeboten: Fotos von Hinrichtungen, von Toten im Leichenschauhaus, von Blut. Mittlerweile gab es auch Bilder von Che Guevara und farbige Poster, die verschiedene Arten von Maschinengewehren zeigten. Und nach wie vor alle paar Meter solide Stapel russisch-kommunistischer Literatur in Englisch und Persisch – ungeachtet der Karikatur, die den

Iran als stämmige Bauerngestalt zeigte, im Kampf mit zwei Schlangen, von denen die eine als Russland, die andere als Amerika erkennbar war, und ungeachtet des einen Helm tragenden Schädels, der in einer anderen Karikatur den kombinierten Gegner symbolisierte: Russland in der einen Augenhöhle, Amerika in der anderen, ein Halstuch unter dem Helm, das am einen Ende die britische und am anderen die israelische Flagge zeigte.

Man hätte es für ein Spiel halten können – wäre da nicht die Revolution gewesen und wäre nicht echtes Blut geflossen. Der Gedanke an Blut schien angesichts der Campus-Atmosphäre und des winterlichen Jahrmarkts denkbar abwegig. An den Straßenecken und auf den Bürgersteigen gab es Buden mit glasierten Roten Beten, eingehüllt in den Duft heißen Karamells: Rote Beten, reihenweise aufgespießt und in einen Kessel mit kochendem Sirup gehängt, von dem sie permanent bespült und überzuckert und heiß gehalten wurden; ein Winteressen, das besser aussah und roch, als es mundete, weil die Beten unter dem Karamell fast nach gar nichts schmeckten.

Zu den freitäglichen Gebetsversammlungen in der Teheraner Universität kamen immer noch viele Leute – aber die Menge war nichts im Vergleich zu der runden Million Menschen, die ich am zweiten Freitag im August gesehen hatte, als ich mit Behzad, meinem Dolmetscher und Fremdenführer, hingegangen war. Zwei Stunden lang hatten wir zugeschaut, wie die Männer und schwarz verschleierten Frauen in getrennten Kolonnen herbeigeströmt kamen, das Universitätsgelände überfluteten und die umliegenden Straßen verstopften; das Geräusch ihrer Füße erinnerte an einen reißenden Fluss; der Staub, den die Menge auf dem Universitätsgelände aufwirbelte, hing als Wolke über ihr. Diese Art von Begeisterung und die vollkommene islamische Einheit, die sie nach Ansicht mancher erzeugte, konnten nicht von Dauer sein. Der heiß geliebte Ayatollah Taleqani, der diese Versammlungen initiiert hatte, war gestorben; es herrschte Winter, und dazusitzen und den revolutionären Reden zweitrangiger Ayatollahs zu lauschen, die mit Gewehren wie mit Bischofsstäben herumfuchtelten, fiel schwer.

Das revolutionäre Treiben fand an diesem winterlichen Freitag am Eingangstor der Universität statt, wo Versorgungsgüter für die Flutopfer von Chusestan, der im Südosten gelegenen Ölprovinz, gesammelt wurden. Freiwillige Helfer stoppten den Verkehr; andere schoben oder hoben Packen in Lieferwagen und Lastwagen, wo wieder andere – viel zu viele – darauf warteten, die Sachen in Empfang zu nehmen und zu verstauen. Insgesamt waren es zu viele Freiwillige: Zu viel wurde gebrüllt, zu viele bemühten sich, den Verkehr zu regeln, zu viele wuselten übereifrig oder standen untätig herum.

Was passierte dort mit der Wagenladung persischer Fladenbrote? Die Brote hatten Geld gekostet; als man sie brachte, waren sie noch heiß; sie dampften in der kalten Luft, während sie ausgeladen und weggetragen wurden; dann stopfte man sie so hektisch, als ginge es um Leben oder Tod, in Plastiksäcke und warf die Säcke in einen Lastwagen mit Decken und Kleidern. Würde das Brot nicht steinhart sein, bis es in Chusestan ankam?

Auf das Brot kam es freilich auch gar nicht an. Worauf es ankam, das war die Geste und die Begeisterung. Diese Freiwilligen in ihren khakifarbenen wattierten Jacken und ihren Pullovern waren Revolutionäre, die nach einem Jahr immer noch versuchten, die Revolution zu leben, sich immer noch übereifrig an der Regelung des Verkehrs beteiligten (um ihre Solidarität mit der Polizei zu zeigen, die ja jetzt dem Volk, nicht mehr dem Schah, diente), immer noch eifrig bemüht waren, die islamische »Eintracht« unter Beweis zu stellen, die ihnen den Sieg beschert hatte. Wie die Besetzer der amerikanischen Botschaft, die das Botschaftspersonal als Geiseln genommen hatten, waren sie Revolutionäre – mit einem von der Schwindsucht befallenen Anliegen.

Im August bei der großen Gebetsversammlung hatte Behzad erklärt: »Das hier ist kein religiöses Ereignis. Es ist ein politisches Ereignis.«

Als kommunistischer Sohn eines verfolgten kommunistischen Vaters hatte Behzad die islamische Einheit in seinem Sinne interpretiert, hatte er den Triumph und den Menschenhass der Schia in seinem Sinne verstanden, hatte er eine Revolution gesehen, die sich in eine andere Revolution überführen ließ. Und diese islamischen Revolutionäre hier in ihrer Che-Guevara-Verkleidung betrachteten sich in der Tat als Revolutionäre des ausgehenden zwanzigsten Jahrhunderts.

Der schiitische Glaube des Iran, nach 1300 Jahren unbeirrt der Sache Alis ergeben (des Mannes, dem man das, was ihm auf Erden zustand, verweigert, den man ermordet und dessen Söhne man auch noch getötet hatte) – dieser schiitische Glaube war die Religion der Erniedrigten und Beleidigten. »Die Bewohner der Erde sind nichts als bellende Hunde und lästige Tiere. Der eine heult den anderen an. Der Starke verschlingt den Schwachen; der Große drückt den Kleinen nieder. Sie sind Lasttiere, die einen aufgezäumt, die anderen frei laufend.« Das stammte aus den *Maximen Alis*, die mir der sanftmütige schiitische Arzt im pakistanischen Rawalpindi gegeben hatte. In diesem Buch fand er Trost, er meinte, mir könne es ebenso gehen.

Ungerechtigkeit, die Verruchtheit der Menschen, die Verkommenheit der Welt in ihrem gegenwärtigen Zustand, das künftige Gericht, das Glück der »Einheit«: Behzad war zwar Kommunist, aber die schiitische Leidenschaft glich der seinen. Und im August erwies sich Behzad auch insofern als guter Schiit, als ihm Unrecht und Leid widerfuhr: Die Revolution Khomeinis hatte begonnen, sich gegen die Linken zu wenden.

Wir hatten zusammen die heilige Stadt Qom besucht, hundertfünfzig Kilometer südlich von Teheran. Dort hatten wir uns mit Theologiestudenten unterhalten und einen Besuch beim islamischen Revolutionsrichter Ayatollah Khalkhali gemacht. Während wir durch die Wüste nach Teheran zurückfuhren, hörten wir im Autoradio, dass *Ayandegan*, die linke Zeitung, die Behzad las, ihr Erscheinen hatte einstellen müssen und dass Rote Garden die Redaktionsräume besetzt hatten.

Später waren wir in die weit droben im Nordosten, in der Nähe der afghanischen Grenze, gelegene heilige Stadt Mashhad gefahren. Auf der Rückreise benutzten wir den Zug, und Behzads Freundin begleitete uns. Sie war ebenfalls Kommunistin und entstammte einer vormals reichen Gutsbesitzerfamilie. Während der Reise las sie demonstrativ irgendeine kommunistische Flugschrift aus der Gegend. Und sie und Behzad spielten Karten, bis ein Revolutionsgardist ins Abteil kam und Behzad erklärte, Kartenspielen sei im Monat Ramadan und zumal am Tag der Trauer um Ali verboten. Behzad war danach rasend vor Zorn. Er sah in dem Gardisten keinen Mann des Volkes, er sah in ihm einen Lakaien der Unterdrückerklasse.

Und als er nach Teheran zurückkam, wartete dort weiterer Ärger. Die revolutionären Garden hatten die Zentrale der kommunistischen Gruppe Behzads in ihre Gewalt gebracht.

Später bekam ich die Szene zu sehen: Sandsäcke, Maschinengewehre, junge Männer, islamische Revolutionäre, in Guerillakluft auf der einen Seite der belebten Straße; die vertriebenen, unbewaffneten Männer der Linken auf der anderen Straßenseite, gekleidet wie Studenten oder städtische Arbeiter und einfach nur wartend. Und Behzad selbst gesellte sich an diesem Nachmittag den wartenden Männern bei.

Das Bild, das mir im Gedächtnis blieb, war der Anblick Behzads und seiner Freundin auf dem Bahnsteig des Teheraner Bahnhofs nach unserer nächtlichen Eisenbahnfahrt von Mashhad zurück in die Hauptstadt. Freunde des Mädchens holten sie am Zug ab, und sie und Behzad gingen vor mir her. Er war groß gewachsen und schlank, sportlich gestählt durch Skifahren und Bergsteigen. Sie war klein, hatte einen kranken Fuß und eine auf der gleichen Körperseite verkümmerte Hüfte. Sie war die Wagemutige – trug keinen Schleier, ließ die kommunistische Flugschrift mit dem Gesicht nach unten auf ihrem Sitzplatz im Zug liegen, damit alle im Gang das rote Hammer-und-Sichel-Emblem auf dem gelben Umschlag sehen konnten. Er war der Beschützer, im Gehen leicht zu ihr hinübergebeugt, glücklicher in ihrer Gesellschaft als sie dem Anschein nach in seiner.

Behzad war umgezogen und mit Examensvorbereitungen beschäftigt. Als ich ihn endlich am Telefon erwischte und wissen wollte, wie es ihm ging, verstand er meine besorgte Frage gleich richtig und sagte: »Keine Angst. Mir ist nichts passiert.«

Am folgenden Tag, zwei Tage vor einer sechsstündigen Prüfung, kam er am frühen Abend in mein Hotel, um mich zu der Wohnung zu bringen, die er gemeinsam mit einem Freund bewohnte. Ich hatte einen jungenhaften Menschen in Erinnerung, jemanden, der in einem Zugabteil herumalberte und sich mit einem Mädchen bei einem simplen Kartenspiel vergnügte. Der Behzad, der mir in der Hotelhalle entgegenkam, war ein Mann, und ein ernster dazu. Er trug ein Jackett; im August hatte er noch erklärt, kein Jackett zu besitzen. Auch sein Haarschopf wirkte üppiger.

»Haben Sie sich das Haar onduliert, Behzad?«

»Es sah schon immer so aus.«

»Sie wirken älter.«

»Ich bin fünfundzwanzig. Das ist nicht jung.«

Wir traten aus dem Hotel und gingen in Richtung Boulevard der Islamischen Republik, vormals Schah Reza.

»Die Leute im Hotel machen einen viel fröhlicheren Eindruck«, sagte ich.

»Alle verstehen allmählich, dass es mit dem Leben weitergehen muss.«

»Mir scheint, sie haben sich an ihre Freiheit gewöhnt.«

»Freiheit für sie, vielleicht. Aber nicht für unsereins. Eine weitere Revolution ist nötig.«

Wir überquerten den Boulevard, wobei mich Behzad durch den Verkehr lotste, wie er das im August getan hatte; dann warteten wir auf ein Linientaxi. Freie Taxen fuhren weiter und ließen uns stehen, sobald Behzad die Adresse nannte, zu der wir wollten. Es war kalt; ich hatte keinen Pullover oder Mantel an. Wir standen auf der Fahrbahn, knapp einen Meter vom Verkehrsstrom entfernt; unmittelbar hinter uns befand sich einer der tiefen Teheraner Rinnsteine, durch den jetzt eine Schlammbrühe floss.

»Gehen wir doch zurück und nehmen einen Hotelwagen«, schlug ich vor.

»Das ist in Teheran die Art, sich fortzubewegen«, sagte er. »Wir kriegen schon ein Taxi.«

Schließlich hielt eine der orangefarbenen Taxen an. Eine dicke Frau in Schwarz, die zwei Meter vor uns gewartet hatte, machte sich ans Einsteigen.

»Wie wollen wir uns setzen?«, sagte ich.

»Ich sitze neben ihr.«

Während das Taxi losfuhr, fragte ich: »Wie geht es Ihrer jungen Freundin?«

»Ich sehe sie nicht mehr. Es ist passiert, kurz nachdem Sie damals abgereist sind. Seitdem habe ich sie nur noch einmal getroffen.«

»Seit Mashhad?«

»Seit wir uns nicht mehr sehen. Soweit ich weiß, hat sie inzwischen einen neuen Freund.«

»Aber warum? Was ist geschehen?«

»Es war meine Entscheidung. Eine Frage unserer Charaktere. Sie passten nicht zusammen.«

Wir bewegten uns im frühabendlichen Teheraner Verkehr. Die Geschäfte strahlten hell; großstädtischer Glanz. Acht Jahre zuvor, in Buenos Aires, einer Stadt, die Teheran in mancher Hinsicht ähnelte, hatte ein Argentinier während der Zeit des abendlichen Stoßverkehrs mit einiger Bitterkeit mir gegenüber bemerkt: »Man könnte meinen, in einem entwickelten Land zu sein.« Jetzt, da ich neben Behzad saß, seinen neuen Ernst spürte und mich bemühte, seine Stadt mit seinen Augen zu sehen, fielen mir diese Worte ein.

Nach einer Weile sagte er: »Ich liebe sie aber immer noch. Ich denke immer noch an sie.«

»Wie oft denken Sie an sie? Jeden Tag? Einmal in der Woche?«

»Ich denke an sie, wenn mein Geist frei ist. Es gibt jetzt so vieles, was mich beschäftigt. Aber ich denke an sie.«

Wir stiegen an der Straße aus, die Felestin, Palästina genannt wird, weil sich jetzt das Büro der Palästinensischen Befreiungsorganisation dort befindet. Die Straße war ruhiger, dunkler und auf beiden Seiten von Platanen gesäumt.

»War sie politisch begründet, diese Unvereinbarkeit der Charaktere?«, fragte ich.

»Das spielte auch eine Rolle. Ich wollte mit einer organisierten politischen Arbeit anfangen; sie wollte das nicht. Sie wollte, dass wir einfach so weitermachten wie bisher und das Regime bekämpften, wo immer wir konnten.«

»Guerillakampf? Spektakuläre Aktionen?«

»So etwas in der Art.«

Das passte: die Revolutionärin, die gleichzeitig Landbesitzerstochter war, die gebildete Frau in einem muslimischen Land, die Frau, die sich aus vielen Gründen zu Übertreibungen bei der Behauptung ihres Standpunkts gedrängt fühlte. Klar, dass sie auf Konfrontation aus war.

»Aber das war es gar nicht, was uns trennte«, sagte Behzad. »Politisch sind wir auf einer Linie. Es war das Charakterproblem, müssen Sie wissen.«

Wir bogen in eine Seitenstraße ab und dann in ein Gässchen. Hier standen niedrige Gebäude mit Mietwohnungen. Autos parkten unmittelbar an den Häusern. Es war ruhig und dunkel; Straßenlaternen gab es nur wenige, und durch die Vorhänge der Wohnungen drang kaum Licht.

In der Dunkelheit sagte Behzad nachdenklich: »Ich könnte mir vorstellen, dass ich mein Studium gar nicht beende. Hätte ich einen Job finden können, ich hätte es bereits abgebrochen. Aber es gibt keine Jobs.«

»Wie lange studieren Sie schon?«

»Fünf Jahre.«

Wie lange brauchen Sie noch bis zum Abschluss?«

»Ein Jahr.«

»Warum dann jetzt aufgeben? Ein Jahr ist nichts.«

»Selbst wenn ich abschließe, werde ich keinen Job finden.«

»Aber so muss es nicht immer bleiben. Egal, was passiert und was Sie politisch unternehmen, es wird immer besser für Sie sein, wenn Sie eine Ausbildung vorzuweisen haben.«

»Ja, ich hätte die fünf Jahre sonst verschwendet.«

Es klang so, als habe er das schon viele Male durchbuchstabiert.

Wir kamen zu Behzads Haus. Eine Wohnung in einem Obergeschoss war hell erleuchtet, die Vorhänge waren geöffnet, und man hörte Popmusik.

»Was ist das hier für eine Gegend, Behzad? Unterer Mittelstand?«

»Nein, nein. Wir befinden uns hier im Zentrum Teherans. Das hier ist eine gutbürgerliche Gegend. Ist es nicht komisch, dass ich in einer gutbürgerlichen Gegend wohne?«

(Aber war es denn komisch? Der sich zur Revolution bekennende Sohn eines Lehrers aus der Provinz; das Universitätsstudium in der Hauptstadt; die Freundin oder frühere Freundin aus einer Gutsbesitzerfamilie, der wachsende Kreis von Bekanntschaften, die Kontakte zu Ausländern: Bewegte sich Behzad nicht in genau die Richtung, die er einschlagen musste, wenn er mit seinesgleichen verkehren wollte?)

Ein gutbürgerliches Viertel; die Mietwohnung freilich war karg möbliert und sah aus wie die Wohnung zweier zusammenlebender Junggesellen. Ein zentraler Wohnbereich, der – trotz der Möbel – darauf zu warten schien, dass er genutzt wurde; ein flüchtiger Blick in ein Schlafzimmer – beziehungsweise ein Zimmer mit Bett – auf einer Seite, und auf einer anderen Seite die Küche. Hinten in der Ecke, neben einem kleinen Bücherregal mit vielen großformatigen Lehr- und

Wörterbüchern, stand Behzads Schreibtisch, bedeckt mit Büchern und Papieren. Warm war es nicht.

Aus der Küche, wohin er gegangen war, um Tee zu kochen, sagte Behzad: »Es gab einen Streik, und wir hatten kein Heizöl. Kein Öl im Iran. Gestern fiel vierundzwanzig Stunden lang die Heizung aus. Jetzt ist sie wieder an.«

Die Heizkörper waren allerdings kalt. Die Musik, die wir drunten in der Gasse gehört hatten, kam direkt von über uns und dröhnte laut.

»Sie sind ein geschiedenes Paar und feiern jede Nacht Partys«, sagte Behzad.

»Ein geschiedenes Paar?«

»Sie waren verheiratet. Dann ließen sie sich scheiden. Sie fingen wieder an, zusammenzuleben, und jetzt feiern sie jede Nacht Partys. Sehr störend.« Er kam aus der Küche und sagte: »Ich bin in den letzten paar Monaten sehr beschäftigt gewesen. Es gibt so vieles zu erledigen. Aber ich zerbreche mir nur den Kopf und tue nichts. Ich weiß nicht, was ich machen soll.«

»Sie reden von politischer Arbeit?«

»Es ist so verkorkst. Ich denke ständig darüber nach, was ich tun soll. Sie halten das vielleicht nicht für politische Arbeit, aber das ist es. Man muss wissen, wohin man geht. Nichts hat sich hier seit dem Schah geändert, müssen Sie wissen. Die Arbeiter und die unteren Schichten leben in den gleichen Verhältnissen wie früher. Für sie hat sich nichts geändert. Zum dritten Mal in diesem Jahrhundert ist das iranische Volk also seelisch gebrochen worden. Darüber denke ich täglich nach. Manchmal hindert es mich am Studieren. Vor siebzig Jahren wollten wir die Kadscharen-Dynastie loswerden. Wir erhielten damals eine Verfassung. Aber sie wurde nie in die Tat umgesetzt. Da wurden wir das erste Mal gebrochen. Das zweite Mal war 1952, als wir die Pahlawi loswerden wollten, die an die Stelle der Kadscharen getreten waren. Der amerikanische Staatstreich verhinderte alles. Und jetzt beim dritten Mal sehen Sie ja, was passiert. Eine Revolution, und damit hat es sich. Khomeini ist ein Kleinbürger. Sie fangen das ganze System wieder von vorne an und nennen es islamisch. Das war's.«

Ich spürte, dass er diese Gedanken schon viele Male gewälzt hatte.

»Eine seltsame Art, Khomeini zu beschreiben,« sagte ich.

»Er hat zwei Leben gelebt. Er war der revolutionäre Anführer beim Widerstand gegen den Schah. Das ist sein bleibendes Verdienst. Keiner der amerikanischen Journalisten, die herkamen, haben Khomeini wirklich verstanden, seine Größe als Revolutionär. Aber er hat zwei Leben gelebt, eins vor der Revolution und eins danach.«

»Das Wasser kocht.« In der Küche röhrte der Kessel.

»Es kocht noch nicht. Ich kenne den Kessel. Wenn es kocht, klingt das Geräusch anders. Im Iran und in Ländern wie dem Iran gibt es im Wesentlichen drei Klassen. Die Bourgeoisie, das Kleinbürgertum und das Proletariat. Bei einer bürgerlich-demokratischen Revolution kann das Kleinbürgertum revolutionär sein. Aber wenn eine wirkliche Veränderung des Systems im Lande droht, dann widersetzt sich das Kleinbürgertum der Revolution. Khomeini gehört zu dieser Klasse. Er ist ein Kleinbürger und kann den Sozialismus nicht akzeptieren.«

»Aber war Ihnen denn nicht schon immer klar, Behzad, dass Khomeini, wenn er von Tyrannei und Brüderlichkeit und Gleichheit redete – war Ihnen nicht klar, dass er da vom Islam sprach? Der Islam hat das Zeug dazu, wie eine politische Ideologie zu klingen. Wussten Sie das nicht?«

»Die Menschen finden verschiedene Wege, um auszudrücken, was sie wollen. Und so sagt der Kleinbürger: ›Wir sind Muslime. Der Islam hat nichts für den Sozialismus übrig.‹«

»War das nicht ein Irrtum Ihrerseits? Als wir zu Taleqanis Gebetsversammlung im August gingen, sagten Sie, es handele sich um ein politisches Ereignis. Ich sah das nicht so.«

»Vielleicht sehe ich es jetzt auch nicht mehr so. Aber ich sagte das, weil die Religion überall auf der Welt am Absterben ist. Es gibt viele Leute, die sie am Leben zu erhalten versuchen, aber es gelingt ihnen nicht. Sogar die Amerikaner versuchen sie heute am Leben zu erhalten, wenn sie kommen, um mit uns über Allah zu reden. Aber auch ihnen gelingt es nicht.«

Er entschied, dass nun das Wasser am Kochen sei, und ich begleitete ihn in die unordentliche kleine Junggesellenküche. Nachdem er den Tee aufgebrüht hatte, benutzte er den Aluminiumkessel als Samowar, drehte den Deckel um und setzte die Teekanne darauf – so vieles erinnerte im Iran an die Nähe Russlands.

Wir tranken den Tee aus Gläsern.

»Für uns gibt es heute keine Freiheit«, stellte Behzad fest. Er meinte seine politische Gruppe. »Unsere Zeitung haben sie dichtgemacht. Damals im August. Sie erinnern sich, wir hörten die Nachricht auf der Rückfahrt von Qom. Dann haben sie unsere Zentrale besetzt. Erinnern Sie sich an den Morgen, als wir von Mashhad zurückkamen? Ein paar Bekannte meiner Freundin – meiner ehemaligen Freundin – kamen zum Bahnhof, um sie abzuholen. Sie brachten ihr die Nachricht und nahmen sie dann mit. Ich schloss mich der Demonstration gegen die Besetzung nachmittags an.«

»Damals fing ich an, mir Sorgen um Sie zu machen.«

»Die Demonstration dauerte drei Tage lang. Am dritten Tag

organisierten sie eine öffentliche Demonstration gegen uns. Es war ein riesiger Aufmarsch, überwältigend. Er war unwiderstehlich. Sie haben uns gebrochen. Jetzt sind wir machtlos.«

»Aber die Buchstände vor der Universität sind voll mit kommunistischer Literatur. Niemand scheint etwas dagegen zu haben. Und all die Kinos, in denen russische Filme gezeigt werden.«

»Der Verkauf der kommunistischen Literatur hat gar nichts zu bedeuten. Man darf lesen und schreiben, so viel man will. Aber sie lassen dich nichts machen. Zwei Tage nachdem sie uns aus der Teheraner Zentrale vertrieben hatten, gab es Probleme in Kurdistan. Haben Sie darüber gelesen? Khomeini trat im Fernsehen auf und erklärte, die Armee werde mit allen ihr zur Verfügung stehenden Kräften die Bewegung zerschlagen. Sie schickten Panzer, Hubschrauber, 106-mm-Geschütze hin. Sie brachten mindestens fünfhundert Leute um. Dann verkündete Khomeini, er habe einen Fehler gemacht, er sei über die Vorgänge in der Region falsch informiert worden. Wissen Sie Bescheid über die Hinrichtungen dort? Soll ich Ihnen die Fotos zeigen?«

»Zeigen Sie mir die Fotos nicht. Ich habe schon zu viele davon im Iran gesehen.«

Es half nichts. Er ging ins Schlafzimmer – über uns dröhnte die Popmusik vor sich hin – und kam mit zwei Fotos und einer fotokopierten Flugschrift in persischer Sprache zurück. Die Fotos waren nicht so schrecklich, wie ich befürchtet hatte. Tatsächlich hatte ich sie bereits gesehen. Es waren amtliche Fotos: Sie zeigten zehn Männer, die mit verbundenen Augen darauf warteten, von den Revolutionsgardisten, die wenige Meter entfernt standen, hingerichtet zu werden. Die Szene war zweimal aufgenommen worden, einmal von rechts, sodass man die Hinzurichtenden von vorne sah, und einmal von links. Auf dem zweiten Foto sah man einen Hingerichteten am Boden liegen; zwei Meter entfernt kauerte ein Rotgardist mit der Waffe im Anschlag – eine intime Szene, die von der Hinrichtung ein alles andere als neutrales Bild entwarf. Ebenso anrührend war die Gestalt eines der Männer, der mit verbundenen Augen und hocherhobenen Hauptes dastand. Eine gute Art zu sterben! Aber wozu starb er? Hatte er für das, woran er glaubte, überhaupt etwas ausrichten können?

»Die Menschen, die Sie auf diesen Fotos sehen, sind alles Leute von der Linken«, sagte Behzad. »Einige wurden vier Stunden nach ihrer Verhaftung hingerichtet. Khomeini schickte Khalkhali, und der verhaftete alle.«

Khalkhali, der Richter, der Scharfrichter der Revolution: der dicke, fröhliche Bauer aus Aserbaidschan, der von unerschütterlichem Selbstvertrauen erfüllt war, ein Hirtenjunge (keiner von denen allerdings, die deshalb meinen, sie seien zu kurz gekommen), der an die Macht gelangt war und Howeida, Ministerpräsident unter dem Schah, umgebracht hatte.

»Im August«, sagte ich, »haben Sie mir erzählt, Khalkhali sei ein Hanswurst und habe keine Macht.« Das war freilich im August, als Behzad noch eine eigene Vorstellung davon hatte, wohin die Revolution vielleicht führen werde.

»Ich habe mich geirrt. Erinnern Sie sich, wie er Ihnen erzählte, er sei im Besitz der Waffe, mit der Howeida umgebracht wurde? Wissen Sie, wer Howeida tatsächlich umgebracht hat? Es war ein Mullah, einer dieser Leute mit Bart und Turban. Ein junger Mann in den Dreißigern. Der Mann ist bekannt.«

Bei den Fotos von der Hinrichtung handelte es sich um amtliche Fotos, aber Behzads Abzüge waren heilige Zeugnisse, die irgendwann in der Zukunft vielleicht in einem weiteren Album der Revolution und der Märtyrer landen würden. Auf den amtlichen Fotos stellten die Männer mit den Augenbinden anonyme Personen, schlicht und einfach Rebellen, dar. Auf Behzads Abzügen befand sich über jedem der Männer eine arabische Ziffer: Sie waren allesamt namentlich bekannt. Sie entstammten der städtischen Mittelschicht. Und auch wenn ich das nicht von Behzad, sondern aus einer anderen Quelle erfuhr – sie hatten zu jenem Teil der Gruppe Behzads gehört, die für den Guerillakampf im Rahmen der Bewegung verschiedener ethnischer Minderheiten eintrat. Die Anführer waren in den Untergrund gegangen; unter ihnen befand sich auch eine Frau.

Freunde waren gestorben, und er – nachdem er mit seiner Freundin gebrochen hatte – war in Teheran geblieben, wo er sein Studium fortgesetzt und sich mit Jobs über Wasser gehalten hatte. Seit Oktober schlug er sich mit dem Problem seiner eigenen politischen Untätigkeit herum.

Er wies auf die Flugschrift in persischer Sprache. »Es gibt im Augenblick fünfzehnhundert politische Gefangene im Iran. Kommunistische Literatur zu drucken und zu verkaufen, ich sage Ihnen, das ist nichts.«

Der heiße Tee hatte in der kalten Wohnung gut getan. Er ging in die Küche und füllte die Gläser nach. Er ließ die Zuckerwürfel in seinen Tee fallen und rührte um.

»Haben Sie sonst nicht die Würfel in den Mund genommen und den Tee hindurchlaufen lassen?«, fragte ich.

Er lächelte. »Manchmal.«

»Wie war Ihre Freundin, intellektuell gesehen?«

Er zögerte. Es wirkte, als habe er mich nicht verstanden. Dann aber sagte er: »Sie war in Ordnung. Es ging gut mit uns, in jeder Hinsicht. Wie gesagt, es waren einfach nur die Charaktere.«

»Sie erzählten mir damals, die Familie sei streng muslimisch.«

»Nur ihr Bruder. Er kam nicht zurecht mit mir. Er ist ein Geschäftsmann. Aber er hatte nichts gegen mich. Er hielt mich einfach für einen Langweiler, der sich ständig nur für Politik interessierte.« Sein Gesicht hellte sich auf, er lächelte. »Ihr Vater allerdings mochte mich. Ich glaube, er mochte mich sehr.« Er wies auf das Büchelchen auf dem niedrigen Tisch, der zwischen uns stand. »Wissen Sie noch, wie wir über den Mann da geredet haben?«

Das Büchlein war in persischer Sprache geschrieben. Auf dem Umschlag sah man ein Foto von Stalin, und ein weiteres Bild Stalins befand sich auf der Titelseite, eine Bleistiftzeichnung im Stil des sozialistischen Realismus. Ich hatte das kleine Buch gesehen, ohne es recht wahrzunehmen: Es ähnelte allzu sehr den Büchern und kleinen Schriften auf dem Boulevard der Revolution, gegenüber der Universität.

»Wo wurde das hier gedruckt?«, fragte ich.

»Täbris.« In Aserbaidschan, im äußersten Nordwesten des Iran.

»Wie denken Sie heute über ihn?«

»Ich *liebe* ihn!«, sagte Behzad. »Je mehr ich über ihn lese, umso mehr liebe ich ihn. Er zählt zu den größten Revolutionären. Kennen Sie die Rede, die er zu Anfang des Krieges hielt?«

»1939 oder 1941?«

»Als die Deutschen in Russland einmarschierten.«

»1941.«

»›Das Vaterland ruft ...‹ Kennen Sie diese Rede nicht?«

»Warum zählt er nach Ihrer Ansicht zu den größten Revolutionären?«

»Weil er den Sozialismus in Russland aufgebaut hat. Das

war die erste sozialistische Revolution der Welt und die bedeutendste Wendung in der menschlichen Geschichte. Mag sein, dass er einige Fehler gemacht hat. Aber ich kann sagen, dass er der geeignetste Mann für das war, was er vollbracht hat. Was er in Russland getan hat, müssen wir im Iran machen. Auch wir werden viele beseitigen müssen. Viele.« Er begann zu lächeln, als sei er besorgt, ich könne ihn für albern halten, wie er da in seiner gegenwärtigen Ohnmacht von solch einer Riesenaufgabe fantasierte. »Wir müssen *die gesamte* Bourgeoisie beseitigen. Die gesamte Bourgeoisie der Unterdrückerklasse.« Bei der Bemerkung, dass der Vater seiner früheren Freundin ihn gemocht habe, hatte er genauso gelächelt.

Er konnte mich nicht zu Fuß zum Boulevard der Islamischen Republik zurückbegleiten, um mich dort in ein Linientaxi zu setzen. Er musste bei seinen Büchern bleiben. Deshalb rief er mir ein Miettaxi.

»Morgen veranstaltet jemand eine Party«, sagte er. »Ich weiß, dass meine frühere Freundin hingeht. Und die Frau, die die Party veranstaltet, hat mich angerufen und gesagt, ich soll auch kommen. ›Weißt du nicht, dass ich sie nicht mehr sehe‹, habe ich gesagt. ›Genau deshalb lade ich dich ja ein‹, hat sie geantwortet. Was sagen Sie dazu?«

Ich überließ ihn seinen Büchern und Papieren. Geschrieben war die mathematische Arbeit, an der er saß, in seiner feinen persischen Handschrift, die Zahlen in westlicher (oder arabischer oder indischer) Schreibweise. Viele seiner Lehrbücher kamen aus Amerika. Von so vielen Zivilisationen hatte er gezehrt; so vieles war in ihm zusammengeflossen, um ihn zu dem zu machen, was er war. Nun aber, da er – ebenso wie die Muslime, die er bekämpfte – gerade erst am Anfang seines intellektuellen Lebens stand, hatte er die Verbindung abgebrochen.

Behzad und die anderen Studenten im Iran – wie auch die schätzungsweise 300 000 iranischen Studenten im Ausland – waren im Grunde allesamt Kinder des Schahs, die ersten geistigen Früchte des Staates, den dieser aufzubauen versucht hatte. Sie waren indes zu neu, zu unfertig, zu wenig getragen von einer intellektuellen Tradition, und es gab zu viele von ihnen; weder sie noch der Staat waren mit der Situation fertig geworden.

Das Royal Tehran Hilton, das hoch droben im Norden der Stadt lag – der Boden schneebedeckt –, hieß jetzt Tehran Hilton International. Im August hatte es zwar nicht dichtgemacht, aber es hatte aufgehört, königlich zu sein. Das Wort »Royal« – die Buchstaben in orientalischem Stil geschrieben – hatte man damals von dem Schild über der Auffahrt und von der Marmorwand am Eingang entfernt; an beiden Stellen war freilich von den erhabenen Buchstaben ein schemenhafter Abdruck zurückgeblieben. Der war mittlerweile verschwunden. Die Marmorwand am Eingang hatte man aufpoliert und mit dem neuen Namen versehen; und von dem weißen Schild über der Auffahrt hatten die Winterregen die staubigen Schatten des alten Wortes abgewaschen.

Das Hotel besaß ein neues Monogramm. THI sah indes dem alten RTH so ähnlich, dass es einige Zeit brauchte, um zu erkennen, dass die Papierservietten im Café des Hotels nach wie vor königlich waren. Sie mussten irgendeinem riesigen Vorrat entstammen – wie die Banknoten, von denen die meisten Sorten immer noch das Bild des Schahs trugen.

Damals, im August, erschien mir das Hilton als ein düster-melancholischer Ort. Mittlerweile war es zu neuem Leben erwacht. Es warb mit einem einstündigen Wäscheschnelldienst. Das Hemd, das ich abgab, wurde mir eine halbe Stunde später in der Kaffeestube (das Porzellan kam von Rosenthal) gewaschen, geplättet und verpackt wieder ausgehändigt.

Behzad hatte mir erzählt, die Hoteliers in Teheran seien beunruhigt, weil Studenten ein bekanntes Hotel der Stadt besetzt hätten. Wer über leere Zimmer zu klagen hatte, geriet ein bisschen ins Rotieren, ließ in den unbelegten Zimmern nachts das Licht brennen und bemühte sich – wie auch die Leute in meinem Hotel – generell den Eindruck zu erwecken, dass alles bei ihm zum Besten stand.

In Hotels wie das Hilton allerdings war wirkliches Leben eingekehrt – dank der Journalisten und Fernsehteams, die wegen der Besetzung der amerikanischen Botschaft eingeflogen waren. Mit der Jagd nach dieser Story trieben es die amerikanischen Fernsehgesellschaften besonders arg. Es war schon seltsam: Während im einen Teil der Stadt Amerikaner als Geiseln festgehalten wurden, fanden in anderen Stadtteilen Amerikaner begeisterte Aufnahme. Und nicht nur Amerikaner: Es gab auch japanische, französische, britische und spanische Korrespondenten. Manche von ihnen, die Zeitungsleute, hatte die Geschichte, die inzwischen kaum mehr von der Stelle kam, regelrecht zermürbt. Die Fernsehleute mit ihrem ganzen Tross und ihrer Ausrüstung gaben unter Umständen ein aufregenderes Bild ab als die Ereignisse, über die sie berichteten. Etwa der französische Korrespondent, den ich eines Tages beobachtete, wie er direkt vor dem Intercontinental sein Sprüchlein in die Kamera sagte: Mir, der ich nach dem Mittagsbüfett aus dem Hotel trat, kam das Ganze merkwürdig deplatziert vor.

Das Drama der besetzten Botschaft und der Geiseln hinter ihren Mauern war allgegenwärtig. Die Botschaft lag nur eine kurze Fahrstrecke entfernt; stets standen Miettaxen bereit, einen hinzubringen. Und wie bei einer allzu berühmten Touristenattraktion empfand man es als ein bisschen peinlich, wenn man zum ersten Mal hinfuhr. Alte Hasen verirrten sich nicht mehr hin; nach drei Monaten gab es für sie dort nichts mehr zu sehen.

Eine lange Mauer aus roten Ziegelsteinen; die niedrigen Botschaftsgebäude hinter der Mauer; dahinter eine Kulisse aus schneebedeckten Bergen. Hier, im Norden der Stadt, waren die Berge ganz nah; keine Smogwolken oder hohen Gebäude versperrten die Sicht auf sie. Die lange Mauer der Botschaft war mit Parolen in Persisch und Englisch beschmiert; auf den baumwollenen Fahnen, die nach drei Monaten grau und schmuddelig aussahen, standen weitere Parolen. Der Bürgersteig war mit einem Seil abgesperrt, das man von einem Baumstamm zum anderen gespannt hatte; bewaffnete junge Männer in Khakihosen, schwarzen Stiefeln und wattierten Khakijacken standen vor jedem Eingang. Vor dem Haupttor ersetzten stählerne Gerüststangen das Absperrseil, offenbar weniger aus Sicherheitsgründen, als um die Menge im Zaum zu halten.

Als ich das erste Mal hinging – zur Zeit des Sonnenuntergangs, der abendlichen Gebetsstunde –, traf ich dort eine kleine Demonstrantengruppe an, die mit ihrem Anführer im Wechselgesang stand, als wäre er ihr Vorbeter in der Moschee. Ihre Antwortstrophen mischten sich mit dem aus vielen Radioapparaten dringenden Geräusch eines vom Rundfunk gesendeten Rufs zum Gebet. Die Gardisten verzogen angesichts des indirekten Ständchens, das ihnen die kleine Menschenansammlung brachte, keine Miene. Am kalten Himmel türmten sich Abendwolken auf; das abendliche Licht fiel auf die schneebedeckten Berge. Wie die Gebete im Radio gelangte auch die Demonstration an ihr Ende. Die Menge schwatzte und trank Tee.

Abgesehen vom staatlichen Kunsthandwerksladen, der seltsamerweise einen einwöchigen Ausverkauf veranstaltete, hatten die Geschäfte auf der gegenüberliegenden Straßenseite offenbar alle geschlossen; einige Schaufenster waren von innen mit Kleister oder Farbe zugeschmiert. Auf dem davor liegenden Bürgersteig und auf einem Teil der Straße selbst herrschte Jahrmarktsstimmung: Bücherstände, Essbuden (hauptsächlich süße Brötchen im Angebot), Teebuden (Teebeutel in Gläser mit heißem Wasser getaucht).

Jenseits des Gerüsts vor dem Haupttor hingen an der Mauer des Botschaftsgeländes unter einer Klarsichtfolie Fotos von Revolutionen und Kriegsgräueln: Vietnam, Afrika, Nicaragua – die Ereignisse des ausgehenden zwanzigsten Jahrhunderts, mit denen diese muslimischen Studenten ihren eigenen Kampf verknüpft sehen wollten. An der Ecke der Mauer lagen Sandsäcke, und die Gasse, die an der anschließenden Seite des Botschaftsgeländes entlanglief, war gesperrt und wurde bewacht.

Jenseits der Gasse gab es einen weiteren Bücherstand und direkt daneben einen Verkaufsstand mit Bildern: auch hier wieder Schönheit in Tränen aufgelöst, unerklärliche Tränen, die über die Wangen bildschöner Frauen und unschuldiger Kinder liefen. Hier allerdings diente die persische Gefühlsseligkeit, die andere Seite des schiitischen Hasses auf die Menschen, der Revolution: Ein ganz in Braun gehaltenes Bild zeigte ein weinendes, zerlumptes Kind, die Augen verschwommen von Tränen, die Manschetten seines Hemdes ausgefranst, die Jacke am Ellbogen durchgescheuert, wie es seine kleine Hand auf Khomeinis Schulter ruhen ließ. Khomeini, die Stirn gerunzelt, schien den Blick über das Kind hinweg in die Ferne zu richten; man sah förmlich, wie er auf Rache sann. Ein starkes Bild. Eine Frau mittleren Alters im schwarzen Schador, die in der hereinbrechenden Dunkelheit plötzlich vor dem Bild stand, erschrak und fasste sich mit der Hand an die linke Brust.

Das Fernsehprogramm schloss an diesem Abend mit einer kommentarlosen fünfminütigen Kameraeinstellung, die Khomeini in dem Zimmer des Teheraner Krankenhauses zeigte, in das er nach seinem Herzanfall eingeliefert worden war. Er saß in einem Lehnstuhl; Beine und Füße waren in eine gelbe Decke gehüllt. Die Kamera wanderte langsam von dem Mann zu seinem Bett und der schlichten Möblierung des Zimmers und kehrte dann wieder zu dem Mann zurück. Einmal fixierte die Kamera seine linke Hand: lange Finger, die Haut ungewöhnlich glatt für einen Achtzigjährigen. Ein-, zweimal hob sich der kleine Finger wie unabsichtlich und fiel dann wieder zurück. Eine andere Bewegung ließ sich während dieser fünfminütigen Kameraeinstellung nicht beobachten, keinerlei Zeichen einer Gefühlsregung. Das war kein Mann, der auf Rache sann; das war ein Mann, dessen Werk vollbracht war. Und die ganze Zeit über intonierte im Hintergrund ein Männerchor eine aus drei Worten bestehende Weise: »*Khomeini e Imam! Khomeini e Imam!*« »Khomeini ist der Imam.« Der Herrscher, der über allen stand, der Statthalter des verborgenen Zwölften Imam, der Stellvertreter Gottes.

Als ich das zweite Mal an der amerikanischen Botschaft vorbeiging, stand dort eine kleinere Menge, und es wurde nicht demonstriert. In einem grünen Zelt, nicht weit vom Haupttor entfernt, verkauften ein junger Mann und eine junge Frau in wattierter Militärkleidung große Plakate im Vierfarbendruck: die Hände des iranischen Volkes, den Hals Präsident Carters umschlingend, der Mund des Präsidenten weit aufgerissen und halb einen kleinen Schah auswürgend, der herauslehnt und in jeder Hand einen baumelnden Geldsack hält.

Ein hoch gewachsener ausländischer Fotograf in einer braunen Lederjacke, seine Fotoausrüstung über die Schulter gehängt, sprach mit einem Gardisten am Haupttor, den er offenbar überreden wollte, ihn einzulassen. Das Tor öffnete sich, aber nur, um einen anderen Gardisten einzulassen. Das Drama blieb aus; mehr gab es nicht zu sehen.

Dramatisch wurde es später, auf meinem Weg zurück ins Hotel. Auf dem Boulevard der Revolution, eine Straßenkreuzung weiter, in einer vormals eleganten Einkaufsgegend, die Teil des vom Schah im nördlichen Teheran geschaffenen großen bürgerlichen Stadtviertels war, saß ein kleiner Junge auf dem Bürgersteig in der Nähe von Plastiksäcken, die mit Abfällen eines Warenhauses gefüllt waren. Mit Material aus den Säcken hatte er mitten auf dem Bürgersteig ein Feuer angezündet.

Das Feuer brannte erst seit kurzem. Funken und brennendes Papier wehte auf die Passanten herab. Der Junge, der etwa zehn war, saß dicht vor seinem Feuer. Aber nicht, um sich zu wärmen. Mit wutverzerrtem Gesicht riss er an seinem Hemd herum; von der Taille aufwärts war er bereits halb nackt. Es herrschte große Kälte; ein Wind blies. Der Junge, der fast schon im Feuer saß, mit zwei Streichholzschachteln neben sich, riss unablässig an seinem Hemd. Seine nackten Füße waren schmutzig; sein Gesicht war schmutzig. Menschen blieben stehen und sprachen ihn an; er sah auf – stiere Augen in einem weichen, wohlgeformten Gesicht – und zerrte unablässig an seinem Hemd. Die Leute, die stehen geblieben waren, gingen weiter. Ein Buckliger, geistig zurückgeblieben, tauchte aus der Menge auf dem Bürgersteig aus, umkreiste mit hängenden Armen und gaffendem Mund den Jungen und das Feuer und setzte dann mit ungelenken Schritten seinen Weg fort.

Ein Feuer mitten im Gedränge der Hauptverkehrszeit: ein Signal der Verzweiflung, aber niemand war da, der auf das Signal hätte reagieren können. Nur auf Bildern waren Kindertränen schön. Die hysterische Erregung dieses Kinds, seine bis zum Zerreißen angespannte Gemütsverfassung entsprach der Stimmung vieler von denen, die vorübergingen, und war einfach zu furchteinflößend.

Auch mir machte sie Angst. Und ohne Kenntnis der Sprache konnte ich noch weniger tun als die Menschen, die anfangs stehen geblieben waren, um mit dem Kind zu sprechen. Ich ging die Revolution hinunter, bog in die Hafis ab, schlängelte mich an den Seitenstraßen durch den Verkehr (die frühere Frankreichstraße war in Neauphle-le-Château umbenannt, nach der französischen Stadt, von der aus Khomeini die Revolution geleitet hatte), ging die lange Ziegelmauer der russischen Botschaft entlang (eine Art Wasserturm, auf einen modernen Wohnblock gesetzt; die Botschaftsgelände der Mächte des neunzehnten Jahrhunderts, Großbritanniens, Russlands, Frankreichs, der Türkei, nehmen in der Teheraner Stadtmitte große Flächen ein), und nachdem ich die Boutiquen und Geschäfte und den Schreibmaschinenladen und den französischen Buchladen und das Geschäft mit einem Riesensortiment Elektrowaren (ein kleines Mädchen, in einen blumigen Baumwollschador gehüllt, saß im Eingang und verkaufte Kaugummis aus einer kleinen Schachtel) hinter mir hatte, gelangte ich schließlich, im Schatten nunmehr der großen Straßenüberführung, deren Träger aus dem Mittelstreifen des vielfach aufgerissenen Hafis-Boulevard emporragten, zu meinem Hotel, das hinter seiner eigenen hohen Mauer lag.

Wäre ich meiner ursprünglichen Absicht gefolgt und hätte mich nicht der Junge mit dem Feuer aus der Fassung gebracht, ich wäre auf dem Boulevard der Revolution zur Teheraner Universität gegangen. Und dort wäre ich Zeuge des großen Ereignisses dieses Tages geworden. Sechzigtausend *Mudschahedin*-Studenten hatten sich auf dem Universitätsgelände versammelt. Die *Mudschahedin*, die »Glaubenskrieger«, waren Muslime, aber auch links orientiert, und wurden deshalb nicht von allen akzeptiert. Teile des Teheraner Straßenpöbels – »das Volk« – waren auf die *Mudschahedin* losgegangen; man hatte sich gegenseitig mit Knüppeln, Messern und Steinen bearbeitet. Neununddreißig Personen trugen Verletzungen davon.

Von diesem großen Aufruhr, der sich nur einen kurzen Fußmarsch entfernt zutrug, bekam ich nicht die Spur mit. Und hätte mich nicht später am selben Abend ein ausländischer Korrespondent darüber informiert, ich hätte vielleicht nie davon erfahren. Der nächste Tag war ein Freitag, Feiertag, und die englischsprachige *Tehran Times* erschien an diesem Tag nicht.

Ein Jahr nach der Revolution trieb Teheran immer noch steuerlos dahin. Alle waren frei, alle warteten, allen zitterten die Nerven. Das Leben in der Stadt mochte ereignislos wirken. Tatsächlich aber war die Stadt ein Schlachtfeld, auf dem Privatkriege aller Art tobten.

Das Drama der Besetzung der amerikanischen Botschaft, durch das Hunderte von Journalisten nach Teheran gelockt worden waren, hatte ironischerweise der lokalen englischsprachigen Presse den Garaus gemacht. Wo war *The Message of Peace* geblieben, die Zeitung, die sich im August noch so streitbar präsentiert hatte, so erfüllt von der Wahrheit des Glaubens und der Falschheit alles anderen? Und *Iran Week* (Titelblatt nach dem Vorbild von *Newsweek*) mit den nagelneuen Büroräumen und den Menschen darin, denen ihre Revolution ein bisschen sehr zu Kopf gestiegen war – warum ließ sich *Iran Week* so schwer auftreiben? *The Iranian* (dem *New Statesman* vergleichbar) galt als die bessere Wochenzeitung, aber die Ausgabe, die ich kaufte, stellte sich als die letzte Nummer heraus. Die Entscheidung, das Erscheinen einzustellen, musste überstürzt gefallen sein: Auf der Rückseite warb man noch um Abonnenten, während man sich in der nur halb gefüllten redaktionellen Rubrik bereits verabschiedete.

Die Tageszeitung *Tehran Times* war geschrumpft. Sie bestand aus nurmehr vier Seiten, einem einzigen gefalteten Blatt. Im August hatte sie noch acht Seiten umfasst, auf denen es von Anzeigen, Autoren und religiösen Kundgaben nur so wimmelte. Damals war sie ein Blatt der Revolution und des Glaubens. In der Redaktion herrschte Hochbetrieb; sogar ein paar Europäer und Amerikaner halfen mit (einer der Amerikaner, ein schiitischer Konvertit, stach mit seinem Glaubenseifer alle aus). Mr Parvez, der Herausgeber, der eifrig an seinen Fahnen saß, hatte mich, als ich ihn aufsuchte, für einen Arbeitssuchenden gehalten. Und menschenfreundlich, wie er war, hätte er mir wohl auch eine Arbeit gegeben.

Irrtümer dieser Art waren jetzt nicht mehr denkbar. Die damalige Geschäftigkeit war passé. Mr Parvez saß nicht mehr an einem mit Druckfahnen übersäten Schreibtisch. Er wanderte lustlos in dem leeren Raum herum. Erinnern konnte er sich nicht mehr an mich, aber er schien froh, jemanden zu sehen, mit jemandem reden zu können. Er setzte sich an seinen kahlen Schreibtisch und lud mich ein, auf der Schreibtischplatte Platz zu nehmen.

Die Lage sei übel, meinte Mr Parvez, äußerst übel. Seit die Studenten die Botschaft besetzt hielten, hätten viele ausländische Firmen dichtgemacht. Er habe Anzeigen und Leser verloren. Die Auflage des Blattes liege jetzt bei 13 000, und er bringe nicht einmal die Druckkosten wieder herein. Mit jeder Ausgabe verliere er 300 Dollar. Für ihn und seine Geschäftspartner sei deshalb der Freitag, der Feiertag, an dem die Zeitung nicht erscheine, tatsächlich ein Tag der Erholung.

»Warum stellen Sie das Erscheinen nicht ein, bis die Zeiten sich normalisiert haben?«, fragte ich.

»Um Gottes willen, nein. Wir brauchen nur eine einzige Ausgabe zu versäumen, sage ich, dann –«

Er beendete den Satz nicht. Er wollte den Teufel nicht an die Wand malen.

Er war neunundvierzig. Im August hatte er meines Wissens erklärt, ein Iraner aus Indien zu sein. Jetzt, da er weniger unter Arbeitsdruck stand und nostalgischer gestimmt war, erfuhr ich von ihm, dass er aus der mitten in Indien gelegenen Stadt Bhopal stammte. Seine literarische Karriere hatte er dort als Dichter begonnen, der in Urdu, der halb persischen, halb indischen Sprache, dichtete, die den indischen Muslimen so lieb und teuer war. Der Name Parvez hatte ihm damals als Pseudonym gedient. Im Iran, wo er eingebürgert worden war, hatte er sich dem englischsprachigen Journalismus zugewandt. Alles Geld, das er durch frühere Unternehmungen erworben hatte, steckte er nach der Revolution in die *Tehran Times*. Von dem Geld hatte er bis jetzt nichts wiedergesehen. »Ich habe keinen Rial davon angerührt.« Wenn er jetzt scheiterte, war alles Geld verloren.

»Wir werden ein bisschen Geld leihen, irgendwo Geld zusammenkratzen und bis Neujahr durchhalten.«

Er meinte das iranische Neujahr, das in die dritte Märzwoche fiel und noch fünf Wochen weit weg war: Dies war das ominöse Datum, das viele Menschen in Teheran beschworen. An diesem verheißungsvollen Tag, so die allgemeine Hoffnung, würde sich das Blatt vielleicht wenden. Möglicherweise fand sich eine Lösung, die amerikanischen Geiseln kamen frei, und mit dem Land ging es wieder aufwärts. Die Revolution in der Revolution hatte das Land heruntergebracht. Die studentischen Geiselnehmer machten, was sie wollten. Sie bezeichneten sich als »muslimische Studenten, die den Richtlinien Imam Khomeinis folgen«; niemand wusste, wer sie im Zaum halten sollte und wozu sie sich noch versteigen würden. Sie kritisierten alles und jeden, benutzten Unterlagen aus der Botschaft für »Enthüllungen« über alle möglichen Personen; sogar der *Tehran Times* hatten sie mit »Enthüllungen« zugesetzt.

»Möglich, dass sie die Geiseln ein ganzes Jahr lang festhalten«, sagte Mr Parvez. Fast versagte ihm die Stimme: »Die Geiseln könnten sogar umkommen.«

Er saß bewegungslos auf seinem Schreibtischstuhl. Sein Gesicht indes erbebte von kleinen, nervösen Zuckungen der grauen Augenbrauen, der Augen, der Mundwinkel. Er sprach leise, stets mit einem Anflug von Erstaunen in der Stimme, als hole ihn das Bewusstsein vom ganzen Ausmaß des Unheils immer neu ein.

»Wir dachten an eine Erweiterung auf zwölf Seiten«, erzählte er. »Wir hatten im Oktober eine Konferenz. Vom ersten Januar an wollten wir zwölf Seiten herausbringen. Und dann passiert dies.«

An den Fenstern zur Straße klebten noch die Plakate. *Alle Welt liest die Tehran Times. Besorgen Sie sich unsere Zeitung. Wir haben Nachrichten für Sie*.

Auf den leeren Schreibtischen standen Schreibmaschinen, die niemand abgedeckt hatte. Auf der anderen Seite des Raums sah ich die Serienschreibmaschine, an der Mr Jaffrey im August gearbeitet hatte. Nachdem ihm klar geworden war, dass ich mich nur mit jemandem unterhalten wollte, hatte mich Mr Parvez damals an Mr Jaffrey weitergereicht. Und Mr Jaffrey hatte mir ein bisschen von seiner Zeit geschenkt, obwohl in seiner Maschine ein halbfertiger Artikel steckte.

»Wie geht es Mr Jaffrey?«

»Ich musste ihn gehen lassen. Ich musste sie alle gehen lassen. Wir waren damals zwanzig Leute.«

Wie Parvez war auch Jaffrey ein Schiit aus Indien. Ehe er in den Iran, ins Heimatland der Schia, kam, war er nach Pakistan übergesiedelt. Mr Jaffrey hatte mich mit der verqueren Logik der islamischen Erneuerungsbewegung bekannt gemacht – die mir am Ende meiner Reise noch ebenso dunkel war wie am Anfang. Als er von den Widrigkeiten sprach, denen der Iran ausgesetzt gewesen sei, erklärte mir Mr Jaffrey, schon zu Zeiten des Schahs habe er gespürt, dass »im Islam die Lösung lag«. Das hatte mich verblüfft. Bekräftigung der Religion als Lösung für politische Probleme? Warum sich nicht lieber für gerechte Löhne und Rechtssicherheit einsetzen? Warum sich für den Islam und die Unversehrtheit des Glaubens stark machen?

Dann aber hatte Mr Jaffrey seine tiefere Sehnsucht offenbart, das Verlangen, das sich hinter der anfänglich geäußerten, politischen Unzufriedenheit verbarg. Als Muslim und Schiit, hatte er erklärt, träume er seit jeher von der *jamé towhidi*, der »Gemeinschaft der Gläubigen«, wie er es übersetzte.

Diese Gemeinschaft hatte nun im Iran Fuß gefasst und fand Ausdruck in der Begeisterung über die Gegenwart eines wahren Imam, in Massengebetsversammlungen, im Streben nach der Vollendung islamischer Einheit. Aber eine Rechtsordnung und bürgerliche Einrichtungen hatte die Gemeinschaft nicht hervorgebracht: Diese Dinge waren so weit entfernt wie eh und je. Anarchie, Hysterie und diese leere Redaktion – das hatte die Gemeinschaft gebracht. Und jetzt stand Mr Jaffreys

Schreibmaschine, auf der er seine islamischen Manuskripte getippt hatte, still, stand unabgedeckt und schief auf dem leeren Schreibtisch. (Keinen Bürojungen gab es mehr, der geplagten Redakteuren eine Platte mit Spiegeleiern hätte bringen können.) Diese Schreibmaschine, das moderne Büro, die Druckmaschinen, Anzeigenabteilungen, Auslieferungen, Leser – das alles benötigte die vielschichtige »materialistische« Gesellschaft, der Mr Jaffrey, ohne sich dessen bewusst zu sein, angehörte. Diese komplexe Gesellschaft hatte ihre eigenen unerbittlichen Gesetze. Für sie brauchte es mehr als Glaubenseifer; um ihr zu genügen, musste etwas zum Glaubenseifer hinzukommen.

»Ist es schwer für Mr Jaffrey?«, fragte ich Mr Parvez.

»Es ist schwer für ihn. Für alle ist es schwer.«

»Seine Schreibmaschine steht noch dort.«

Mr Parvez betrachtete das Büro. Seine Augenlider zitterten. Die Stimme ließ ihn im Stich, als er sagte: »Das hier – das war ein besonderer Bereich.« So als spreche er von einer uralten, liebevoll gehegten Erinnerung, einem Thema für seine Urdu-Verse, sagte er mit einer langsamen, sehr indischen Bewegung des Kopfes: »Es war der Raum für die Stadtredaktion. Und das da« – der Raum hinter ihm – »war der Raum für die Reporter. Jetzt sind wir nur noch zwei.«

»Wer schreibt die Leitartikel?«

»Das mache ich.«

»Die Artikel sind gut.« Und in dem verminten Gelände der iranischen Politik waren sie das auch.

»Ich kann mich nicht konzentrieren. Die finanziellen Probleme sind zu groß, zu verwickelt.«

»Das ist der Punkt, an dem Ihnen Ihr Glaube helfen muss.«

Nach drei Monaten indes sei er mit seinen Kräften am Ende gewesen. Seit der Besetzung der Botschaft habe es tagtäglich irgendeine Stellungnahme oder ein Ereignis gegeben, die ihn hätten hoffen lassen, dass die Krise vorüber sei; tagtäglich sei seine Hoffnung enttäuscht worden. Und dazu kämen auch noch familiäre Probleme. Er habe einen Sohn, der in den USA studiere; Gott sei Dank habe der Junge geschrieben, er brauche derzeit kein Geld von zu Hause. Ein anderer Sohn war gerade dabei, sich um ein Studentenvisum für die USA zu bemühen, als die Botschaft besetzt wurde.

»Mr Parvez«, meinte ich, »Sie sind ein guter Muslim und ein guter Schiit. Ihre Zeitung hat stets vielstimmig Kritik an den materialistischen Zivilisationen geübt. Wieso studieren Ihre Söhne in den USA?«

Es schien nicht der rechte Augenblick, dem armen Mann zuzusetzen. Er wirkte allzu erschöpft. Er sprach von seinem zweiten Sohn, der kein Visum hatte bekommen können, als er sagte: »Es geht um seine Zukunft. Er studiert Computertechnik. Und Großbritannien – das ist teuer.«

Zwei Seelen wohnten, ach, in seiner Brust. Die eine bekannte sich zum Glauben und widersetzte sich allem, was von draußen kam; in einer fremd gewordenen Welt wollte er so lange wie möglich sich selbst gehören. Mit der anderen Seele erkannte er, dass die Außenwelt von höchster Wichtigkeit war, dass die Zukunft seiner Söhne von ihr abhing. Nicht weniger als von den Exzessen des Schahs hatte die islamische Revolution des Iran von dieser Gespaltenheit ihren Ausgang genommen. Und in ebendieser Gespaltenheit fand sie auch ihr Ende.

Am nächsten Tag stand in der *Tehran Times* ein Interview mit einem indisch-muslimischen Besucher. Nichtmuslime, erklärte der Besucher, seien immer wieder beeindruckt vom »umfassenden Systemcharakter des Islam«, wenn er ihnen vor Augen geführt werde; dann aber wollten sie unfehlbar wissen, in welchem muslimischen Land dieser alles umfassende Islam denn praktiziert werde. »Befriedigend beantworten könnte diese wichtige Frage am besten der Iran«, schrieb die *Tehran Times* und gab damit die Worte des Besuchers wieder, »weil die iranische Nation eine unvergleichlich kühne revolutionäre Bewegung zur Begründung der Herrschaft des Islam in Gang gebracht hat.«

Nach wie vor große Töne, die aber nichts daran änderten, dass im Iran und anderswo die Menschen ihren Frieden mit der Welt machen mussten, mit jener Welt jenseits des Glaubens, deren Existenz sich nicht verleugnen ließ.

Das Leben, zu dem der Islam erwacht war, kam nicht aus ihm selbst. Es entstammte äußeren Ereignissen und Umständen, der Ausbreitung der weltweiten Zivilisation. Das ausgehende zwanzigste Jahrhundert war es, das den Iran hatte revolutionär werden lassen, das den alten islamischen Ideen der Gleichheit und Einheit neuen Sinn verliehen, das stagnierende oder rückständige Gesellschaften aufgerüttelt hatte. Das zwanzigste Jahrhundert – und nicht der Glaube – war es, das Antworten lieferte – wenn es um gesellschaftliche Einrichtungen, Gesetzgebung, ökonomische Systeme ging. Und das Paradoxe war, dass sich durch die islamische Erneuerungsbewegung, durch den allem Anschein nach rückwärts gewandten islamischen Fundamentalismus hindurch, in vielen muslimischen Ländern die vom emotionalen Impetus des prophetischen Glaubens getragene moderne Revolutionsidee erhielt. Behzad, der Kommunist (für den nicht die iranische, sondern die russische Revolution »die bedeutendste Wendung in der menschlichen Geschichte« darstellte), war stärker vom Islam geprägt, als er ahnte. Und in den islamischen Ländern würde es immer mehr Behzads geben, die in Umfunktionierung der islamischen Leidenschaft eine andere Vision von einer gereinigten und geläuterten Gesellschaft, einer Gemeinschaft der Gläubigen, kultivierten.

August 1979 – Februar 1981

Eine Anleitung zum Weltverständnis – die Fortsetzung der Islamischen Reise

Schon einmal hatte Naipaul vier nichtarabische Länder besucht, in denen Muslime leben. Sechzehn Jahre später bereiste er sie aufs neue, um mit geschärftem Blick dort anzuknüpfen, wo er damals aufgehört hatte.

»Kaum jemand wäre besser geeignet, heutige Muslime über ihre politisch-religiöse Position zu befragen, als der Literatur-Nobelpreisträger.«
Weltwoche

V. S. Naipaul
Jenseits des Glaubens
Eine Reise
in den anderen Islam
ISBN 978-3-548-60466-4

List Taschenbuch

L148